화목을 위한 가르침

복음주의 기독교 교육의 기초와 실제

로날드 하버마스 &
클라우스 이슬러 지음
김성웅 옮김

Teaching for Reconciliation

*Foundations and Practice
of Christian Educational Ministry*

Ronald Habermas
and Klaus Issler

Teaching for Reconciliation
by Ronald Habermas, Klaus Issler

Copyright © 1992 by Ronald Habermas and Klaus Issler
Originally published in English under the title
Teaching for Reconciliation
by Baker Publishing Group,
Grand Rapids, Michigan, 49516, U.S.A.
All rights reserved.

Korean Edition Copyright © 1997 by Timothy Publishing House, Inc.,
Seoul, Republic of Korea

본 저작물의 한국어판 저작권은 Baker Publishing Group과 독점 계약한 (주)도서출판 디모데에 있습니다.
신 저작권법에 의하여 한국 내에서 보호를 받는 저작물이므로 무단 전재와 무단 복제를 금합니다.

목차

추천사
서문

제1부
교육 목회의 이론적 기초 9
제1장 교육 목회 이론 11
제2장 총체적 화목 35
제3장 그리스도인 성숙의 화목 모델 57
제4장 보편적인 탐구과 독특한 여과 필터 77
제5장 성장의 유형: 구조적 차원 103
제6장 성장의 유형: 기능적 차원 125
제7장 학습의 여러 가지 면 145
제8장 학습의 방법 165

제2부
교육 목회의 실제 187
제9장 가르침의 구성 요소(1) 189
제10장 가르침의 구성 요소(2) 215
제11장 성인 교육 241
제12장 추천할 만한 성인 교육 과정 263
제13장 청소년 교육 295
제14장 추천할 만한 청소년 교육 과정 319
제15장 아동 교육: 교실 상황 289
제16장 아동 교육: 공동 전략 427
제17장 교사들과의 동역(사람 중심) 451
제18장 사역 프로그램의 설계(사역 중심) 477
제19장 갈림길에서 499

부록 513

추천사

한 마리의 코끼리를 먹어 치우는 일은 쉽지 않습니다. 코끼리는 거대하고 그 살이 두껍고 질깁니다. 그렇지만 이 집채 만한 초식동물로부터 섭취할 수 있는 영양분은 무궁무진합니다. 만약 간이음식점에서 파는 얇고 기름기 많은 파이가 싫다면, 코끼리 고기를 끝까지 씹어 보십시오. 여러분은 그 동안 알지 못했던 놀라운 보화들을 발견하게 될 것입니다.

론 하버머스(Ron Habermas)와 클라우스 이슬러(Klaus Issler)는 코끼리 한 마리를 다 먹어 치울 수 있는 유일한 방법을 알아냈습니다. 그것은 곧 한입 한입 먹어 가는 것입니다.

그 코끼리는 거대한 동물, 바로 기독교 교육 목회를 의미합니다. 오랫동안 많은 복음주의자들이 교육 목회를 하찮게 여기고, 중대한 문제들을 무시하거나 간단히 처리해 버렸습니다. 그러나 어느 누구도 본서에서 하버머스와 아이슬러가 제시한 비전을 하찮게 여기지는 못할 것입니다. 그들이 말하는 것을 파악하기는 쉽지 않지만, 그것은 낯익은 복음주의자들이 떠들어 대는 구태의연한 소리의 재탕이나 또 다른 유행을 촉진시키는 과대 광고는 절대 아닙니다. 그것은 사실 질겨서 끈기있게 씹어야 하지만 분명히 영양가 있는 한 마리의 코끼리입니다. 그것은 확실히 소화시킬 만한 가치가 있습니다.

다양한 학문에 종사하는 분들로서 다음 세대를 주도할 사상가의 등장에 관심이 있으시면 이 두 젊은 교육학 교수가 본서에서 밝히고 있는 사고의 질과 깊이를 살펴보는 일은 가치 있는 일이라 생각합니다.

저는 여러분이 읽고자 하는 내용을 다 말하기보다는 다음의 두 가지 사실을 주목하고 싶습니다. 첫째로, 기독교 교육은 근본적으로 "신학적"입니다. 우리는 계시된 진리와 관련해서 이해의 뿌리를 내려야 합니다.

    둘째로, 기독교 교육은 하나의 "과학"입니다. 우리는 사회과학에서 제기된 질문들에 의해 이해를 증진시키고, 사회과학에서 끌어온 보기와 용어들로 그 대답을 표현하고 있습니다. 저는 특별히 하버머스와 아이슬러가 성경적이고 행동과학적 내용에 정통하고 그들의 분야에서 선두주자로서의 능력을 입증한 것을 기쁘게 생각합니다.

    로렌스. 리쳐즈

서문

루이스 캐롤(Lewis Carroll)의 「이상한 나라의 앨리스」에 나오는 하얀 토기를 기억하십니까? 그는 우연히 왕궁 앞에서 중요하면서도 이상한 메모를 발견했습니다. 토끼는 당황한 듯 신경질적으로 왕에게 그 기록을 어디서부터 읽기 시작해야 하느냐고 물었는데 왕은 "처음부터 시작해서 끝까지 계속 읽고, 그리고 나서 멈추어라."고 충고했습니다.

그 왕이 단지 한 문장으로 말할 수 있었던 것이 우리에게는 거의 6년이란 시간이 걸렸습니다. 그 세월 동안에 우리는 기독교 교육의 이론적 기초와 실제가 담긴 교재를 만들고자 시도해 왔습니다. 처음에 우리는 "처음부터 시작하라"는 말을 기억했고 이 작업이 상당히 간단하리라고 생각했습니다. 그러나 무수한 개정판을 거친 후에야 이 책이 나오게 되었습니다.

우리는 "끝까지 오게" 되었고 이제 쉬면서 숨을 돌리고자 합니다. 우리는 끝없이 계속 도는 롤러 코스터 위에 있어 온 것처럼 느껴집니다. 6년 동안의 상쾌한 롤러 코스터 열차 여행을 즐기고 레일을 내려왔을 때 공원문이 닫힌 후에도 오래도록 타고 있는 것처럼 느끼는 것은 지극히 자연스런 일입니다. 이와 같이 아직도 우리가 열차를 타고 있는 것처럼 느끼고 있는 이 때에, 여러분과 함께 이 책에 관한 것들을 나누고 싶습니다.

첫째, 우리는 하나님이 우리에게 말씀하신다는 사실을 존중합니다. 특별 계시의 중심점이 교재의 이론적 기초나 하부 구조를 이루며, 일반 계시에 대한 통찰을 통해 보충해 줍니다. 또한 충분한 사회과학적 사실이 이 책의 뼈대나 상부 구조를 이루고 있습니다.

둘째, 우리는 이론이 실제를 수행한다고 확신합니다. 우리는 사역에 관련이 있고 실질적이고 건전한 이론만을 받아들이고 있습니다.

셋째, 우리는 삶과 신앙이 역설로 가득 차 있음을 인정합니다. 우리는 자주 양극단의 입장에서 하나님의 진리를 말합니다. 이러한 마음 자세는 복잡한 질문에 단순한 대답을 제공할 수 없게 합니다.

넷째, 우리는 독자들이 우리와 함께 동승할 것을 기대합니다. 특별히 우리는 대학생, 대학원생, 기독교 교육 전공자들로부터 단지 기독교 교육학 강좌를 듣는 자들에 이르기까지 그들의 다양한 도전을 기대하고 있습니다. 따라서 우리는 좀더 깊은 정보를 요구하는 학생들을 위해서 미주, 그림, 표, 삽화 등을 세밀하게 제공하면서 필수적이고 창조적인 내용으로 각 장을 정리했습니다. 또한 각 장에는 다양하고 의미있는 활동들이 들어 있습니다. 이러한 특징들이 모든 참여자들에게 잊지 못할 여행이 되게 할 것입니다.

다섯째, 우리는 기독교 교육의 가치를 믿습니다. 처음엔 이 말이 좀 이상하게 여겨질 것입니다. 그러나 우리는 기독교 교육에 대한 포괄적인 관점이 결핍되어 왔음을 확신하고 있습니다. 우리가 좀더 진실하고 충분한 기독교 교육의 청사진을 되찾지 못하면 우리는 계속 무계획적인 교수-학습의 상태를 벗어날 수 없을 것입니다.

마지막으로, 가장 중요한 사실을 말하고자 합니다. 우리는 화목케 하시는 하나님의 능력을 의지하고자 합니다. 우리는 이 교재가 기독교 교육자들이 타협하지 않고 평생토록 화해의 사역을 감당하도록 돕는 좋은 자료가 되기를 소원합니다.

여러분의 동역자
론 하버머스, 클라우스 이슬러
1991년 12월

제1부
교육 목회의 이론적 기초

제1장
교육 목회 이론

서론
성경적 교회상
묵상할 비유
성경적 지침들
교육 모델
결론

서론

사막의 신기루처럼 우리가 보는 것을 다른 사람들도 항상 보는 것은 아니다. 아래의 장면을 상상해 보라. 당신의 마음 속에 어떤 이미지가 떠오르는가? 작가는 무엇을 말하고자 하는가?

> 한 사람이 매우 독특한 옷을 입고 9에서 1까지의 숫자들을 바라보면서 홈에 서 있다. 미래는 많은 가능성을 가지고 있지만, 그래도 모두 어려운 일들이다. 그는 아웃이 되거나 퇴장당할 수도 있다. 혹은 희생타를 쳐야 할 필요도 있고 도루를 하게 될지도 모른다. 좋은 타구가 나와도 꼭 살아야 한다는 각오로 달려야 하고 자칫 땅에 엎어지거나 목을 삘 수도 있다. 항상 긴장해서 등이 굽고 팔에 통증이 오고 얼굴은 땀으로 범벅이 되기도 한다. 태양이 작열하는 날도 있고 비가 쏟아지는 날도 있다. 그러나 특별한 사정으로 인해 콜드 게임으로 끝나더라도 경기는 내일 다시 시작될 것이다. 그러면 왜 이 모든 것을 행하는가? 그것은 집에 돌아가기 위해서다.[1]

대부분의 사람들은 국민적 스포츠인 야구를 이렇게 설명하지는 않는다. 두말할 필요도 없이 야구에 너무 친숙해 있기 때문이다. 우리는 야구의 특수 용어와 작전에 대해 너무 잘 알고 있다. 그러나 이 스포츠를 한 번도 구경해 본 적이 없는 사람들은 이런 식으로 야구와의 첫 만남을 설명할지도 모른다.

기독교 교육에 있어서도 마찬가지이다. 많은 사람들이 그들의 목표나 학습 지도안, 혹은 학생들과 같은 기존의 요소들을 친숙하고 당연한 것으로 받아들인다. 그러나 변화해야 할 때가 되었다. 이 책의 목표는 일반적으로 기독교 교육을 바라보는 익숙하고 전통적인 방법들에 도전하는 것이다.[2] 이는 곧 카메라의 표준렌즈를 광각렌즈로 교환하는 것에 비유될 수 있다.

예를 들면 우리는 가장 좋은 교수 방법이 무엇인가에 대한 토의 단계를 넘어서서 우선 "가르침에 대해 좀더 폭넓은 가정을 포함하고 있는 방법은 어떤 것인가?"라고 물어야 할 것이다. 무비판적으로 어떤 교육 과정을 받아들이는 대신 우리는 선택된 자료에서 무엇이 가르쳐지지 않고 있는지, 또 어떤 "숨겨진 교육 과정"이 전달되고 있는지를 연구해야 한다.

앞서 야구에 대한 유추를 읽어 봄으로 그 스포츠에 대한 우리의 견해는 조금이나마 넓어졌다. 마찬가지로 이 책을 통해 우리는 기독교 교육에 대한 최근의 인식을 좀더 넓히게 될 것이다.[3] 더 넓은 시각을 가질 수 있는 도전의 이 기회를 붙잡으라.

다음이 이 삽화를 보면 곧 이어 다루게 될 내용들을 추측할 수 있다. 그것은 전통적인 교수 유형에 대한 일종의 풍자라고 할 수 있다.

많은 크리스천 교사들이 프리 드로우를 가르치는 이 아버지와 같다. 교사들이 가르칠 때 학생들은 무엇인가를 배운다. 그러나 불행하게도 기독교 교육으로 생각되는 많은 것들이 이러한 방

식의 농구 지도 결과만을 이끌어 냈을 뿐이다. 아들이 무엇인가를 배운 것은 분명하다. 그러나 무엇을 배웠는가?

생각하기

1. 아버지의 의도는 아니었지만 아들이 배운 두 가지의 교훈을 적어 보라.
   교훈 1: _____
   교훈 2: _____

2. 기독교 교육을 받는 학생이 교사가 계획한 목표와는 정반대의 학습을 받을 수도 있다는 한 가지 가능한 예를 들어 보라.

성경적 교회상

마크 트웨인(Mark Twain)이 지은 십대의 부랑아 「허클베리 핀의 모험」이야기를 기억하고 있는가? 어느 날 허크는 피터 윌크스의 딸인 빨간 머리 메리 제인과 쉐밀드 교회에 대해서 이야기했다. 허크의 마구잡이식 말은 오늘날에도 많은 신자들의 신경을 자극하기도 한다. 그는 쉐밀드 교회에는 한 사람이 아닌 17명의 설교자가 있다고 비난하고 있었다. 이런 놀라운 보고를 들으면서 메리는 비명을 질렀다.

"열일곱 명이라고? 세상에! 나는 지옥에 가면 갔지 그런 거짓말은 안 하겠다. 그렇다면 일 주일 내내 설교만 해도 부족할 걸?"
"빌어 먹을, 그들은 같은 날에 모두 설교하지 않아. 그 중 한 사람만 하는 거야."
"그러면 나머지 사람들은 무얼 하지?"
"별게 아니야, 이리저리 빈둥거리고 접시나 나르고 또 이것 저것 하지만, 사실 아무 것도 하는 것이 없지."

"그러면 그들은 뭐하는 사람들이야?"
"그저 폼이나 잡는거지 뭐. 넌 아무 것도 모르는구나?"[4]

마크 트웨인이 이러한 교회 이미지를 만들어 낸 지 백 년 이상의 세월이 흘렀다. 그것은 너무나 방임된 모습이며 어떤 가치 기준도 없어 논란의 여지가 많은 관점이다. 몇몇 사람들은 트웨인이 글로써 강조했던 그 당시만큼이나 생생하게 이런 이미지를 그대로 지니고 있다.

알든 모르든 우리 모두는 교회에 대한 어떤 이미지를 갖고 있다. 그리고 하나님의 백성에 대한 나름대로의 고정관념을 가지고 있다. 교회가 요새처럼 보이기도 하고 병원, 학교, 무료 급식

그림 1.1
성경에 나타난 교회의 모습

고린도후서 2:15에서 바울은 성도들을 '생명을 창출해 내는 그리스도의 향기'에 비유하고 있다. 아래의 성경 구절들을 찾아보고 다음의 질문에 대답해 보라: 교회에 대해 생생하게 묘사된 이미지는 무엇인가? 그 이미지의 목적이나 의미는 무엇인가? 목회에 대하여 무엇을 말해 주는가? 이러한 성경적 이미지를 종합함으로써, 우리는 기독교 교육 철학을 세우는 데 기초적인 일을 시작할 수 있다.

성경에 언급된 교회의 모습	의미	목회적 의미
운동장에서 달음질하는 자들(고전 9:24-25)		
세상에 거하는 나그네와 행인(벧전 2:11)		
그리스도의 신부(엡 5:23-27, 계 19:17)		
그리스도의 몸(고전 12:27)		
하나님의 자녀들(요 1:12)		
하나님의 집(딤전 3:15, 5:1-2)		
성전(엡 2:21-22)		
귀히 쓰는 그릇(딤후 2:20-21)		
세상의 빛(마 5:14)		
온전한 사람(엡 4:13)		
갓난 아이들(벧전 2:1)		
왕 같은 제사장(벧전 2:9)		
세상의 소금(마 5:13)		
양(요 10:11-16)		
전쟁터의 군인들(엡 6:10-17)		

대로 묘사되는 것은 지극히 당연할지도 모른다. 그림 1.1은 교회에 대한 여러 가지 성경적 은유를 나타내고 있다. 당신은 어떤 모습들에 익숙한가? 색다른 느낌을 주는 교회의 모습은 어떤 것인가?

생각하기

1. 그림 1.1에서 당신에게 익숙한 6개의 비유를 적고 그 중 2개를 선택하여 그 목회적 의미를 간단히 서술하라.
   _____

2. 어떤 비유가 당신에게 색다른 깨달음을 주는가?
   _____

3. 다른 이미지들과 상충되는 이미지는 어떤 것인가?[5]
   _____

당신이 교회에 대한 어떤 이미지를 품고 있든지, 그것은 교회의 목적(신자들이 하고자 하는 것이 무엇인가?)과 사람들에 대한 당신의 견해(그리스도인들이 비그리스도인들과 무엇이 비슷하고 무엇이 다른가?)를 포함하고 있다. 이 외에도 교회에 대한 각 개인의 고정관념은 학습 과정(사람들은 어떤 영역에서 성숙해야 하는가? 어떻게 동기를 유발할 것인가? 믿음이 성장하도록 하기 위해 어떻게 해야 하는가?)에 대한 생각들을 나타내 주고 있다.

어느 누구나 교회에 대해서 적어도 하나의 상(picture)을 지니고 있는데, 이것들은 가르치는 사역에 대한 우리의 관점을 생각한 것보다 더 잘 드러내 보여 준다. 교육의 목적, 대상, 성장 과정, 그리고 학습 과정, 이런 것들은 다소 확장된 범주일 뿐이다. 다시 말하면 우리 모두가 교육 목회의 철학을 가지고 있다고 할 수 있다. 우리 모두는 우리가 왜 여기 있으며, 교회는 왜 존재하며, 무엇을 위해 부르심을 받았는가에 대한 믿음과 확신을 가지고 있다. 비록 희미하긴 하지만 어떤 계획에 의해서 움직이고 있는 것이다.

그것을 시험해 보기 위해서는 우선 자신의 현재 위치를 깨달은 다음 그것을 평가해 보아야 한다. 목회자는 강단에 올라갈 때마다 그들의 교육 목회 철학에 대해서 무언가를 말하고 있으며, 특별히 교수-학습에 대한 여러 가지 심층적 견해를 말한다. 그들의 설교를 통해서 그들이 생각하고 있는 '목적'을 읽을 수 있다. 예를 들면 목회자들이 예배 시간에 주님을 영접하는 결단의 시간을 갖게 한다면 그들은 전도에 대한 계획된 의도로 예배를 드린다는 것을 말하는 것이다.

목회자들이 누구에게 설교하느냐 하는 것은 '청중'에 대한 그들의 관점을 나타낸다. 예를 들면 어떤 목회자들은 그들이 비그리스도인들이라고 생각하는 사람들을 위해 전도 메시지를 전한다. 반대로, 다른 목회자들은 내주시는 성령의 인도함을 받는 사람들을 위해서 양육의 메시지를 주로 전한다. 청중에 대한 관점이 그들의 설교에 영향을 미친 것이다.

목회자가 메시지를 전달하는 방법은 그들이 선호하는 "성장의 과정들"(학습 유형)을 보여 준다. 예를 들면 주보에 설교를 요약해 주는 설교자들은 청중들에게 메모를 하도록 권한다. 이처럼 교육과 학습 보유력에 대한 그들의 견해가 나타나게 된다. 설교에서 무언극이나 드라마를 사용하는 창조적인 목회자들은 사람들이 어떻게 배우는가에 대한 다양한 철학적 견해를 지니고 있다.

생각하기

당신이 최근에 들은 설교를 잘 생각해 보라. 위의 세 가지 범주를 생각하면서 다음 물음에 답하고 평가해 보라.

1. 무엇을 설교했는가?(제목)
   _____

2. 누구에게 설교했는가?(그리스도인인가, 비그리스도인인가?)
   _____

3. 어떻게 설교했는가?(시청각 교재의 사용 여부)
   _____

   이 목회자의 교육 목회 철학에 대하여 요약 정리해 보라.
   _____

결국, 교육 목회의 철학은 개인적인 것이다. 때때로 이러한 견해는 일반적인 것일 수도 있다. 그러나 우리가 의식적으로 우리의 위치를 깨닫고 그것을 평가할 때에 좀더 효과적으로 하나님의 사역을 할 수 있을 것이다. 주일마다 전 세계 목회자들이 설교하는 강단에서 목회 철학이 나타나고 또 이것은 성도들에게 전달되게 마련이다. 청소년 사역, 교도소 사역, 혹은 이웃을 위한 전도 활동에서도 마찬가지다. 문제는 '이런 목회적 접근이 얼마나 성경적인가, 특별히 이런 접근들이 교수-학습에 대한 충분한 기독교적 표현이 되는가?' 이다.

부정적으로 말해서, 목회 철학에 깊은 주의와 관심을 기울이지 않는다면 그것은 하나님 나라에 돌이킬 수 없는 손해를 입힐 수 있다. 이런 관점에서 교육 목회 철학은 장거리 전화 서비스와 같다. 당신이 전화를 걸지 않으면 누군가에 의해서 걸려 오는 것처럼, 당신이 선택하지 않으면 어떤 것이든 하나가 선택되어지는 것이다. 그것은 선택을 하느냐 안 하느냐의 문제가 아니라 선택할 수밖에 없는 것이다.[6]

묵상할 비유

예수님은 사람들이 생각하고 분별하고 선택하는 일을 돕기 위해 비유로 말씀하셨다. 아래의 이야기도 같은 의도로 탁월한 복음주의자들에 의해 특별히 쓰여진 것이다.[7] 당신은 우선 "이 이야기가 기독교 교육과 어떤 관계가 있는가?"라고 물을 것이다. 그러나 조금만 기다리라. "아하!" 하고 탄성을 지를 순간이 꼭 올 것이다.

그림 1.2
놀래기(Parrot Fish)

사람들은 거미나 작고 빨간 뱀, 혹은 15cm 크기의 작은 녹색 인간을 보게 될 거라고 이야기한다. 그런데 나는 놀래기를 보았다. 더욱이 그것들이 이야기하는 것을 들었다!

차라리 입을 다무는 편이 낫겠다. 이야기는 그게 전부니까. 난 아침에는 몸이 심하게 떨려서 술병조차 입에 갖다 댈 수 없다. 때때로 술병은 이미 비워져 있다. 알다시피 나는 벌써 두 번씩이나 금주를 시도한 적이 있었다. 처음에는 7달, 두 번째에는 3달을 버텼다. 사실 노력만 한다면 그것을 할 수 있지만 난 신경과민이 되어 있었다. 그 바보 의사가 신경과민을 가려 낼 수만 있었다면 결코 또 다시 술을 마시진 않았을 것이다. 내게 문제가 있다는 것은 알고 있지만 알콜 중독자는 아니다.

사실상 이곳 자마이카에서는 술을 참을 수가 없다. 럼주, 불쾌한 음료수! 그러나 나는 즉시 코를 잡고 그것을 들이킨다.

나는 관광객들에게 스쿠버 다이빙을 가르치는 직업을 갖고 있다. 실제로 우리는 그들에게 아무 것도 가르쳐 주지 않아도 되고, 다만 그들을 지켜보면서 어려움에 빠지지 않게만 하면 된다. 나중에 그들은 술집으로 우리를 초대한다.

내 방에도 럼주가 조금 있다. 그것은 직원으로서 호텔 규칙에 위배된다. 그러나 나는 화장실 위의 수세식 물통 안에 1병을 가지고 있고 큰 면도용 로션병과 화장수병에도 들어 있다. 아주 비열하게 들릴지 모르지만 그것이 내가 잠들 수 있는 유일한 방법인 것이다.

그러나 이 물고기들, 3미터짜리 놀래기들. 말도 안 돼! 그런데 한 번도 들어 본 적이 없는 그것들을 보자마자 나는 금방 그것이 놀래기라는 것을 알아볼 수 있었다.

바다 밑으로 내려가면 고요함 그 자체이다. 내 말을 이해할 수 있겠는가? 자, 이제 고요함은 더 이상 없다. 괴상한 물고기들이 떠들어 댄다. 바다 깊은 곳에서는 소리를 지를 수가 없다. 나는 속으로 소리질렀다.

"관습? 나는 관습이 싫어. 나는 자유하고 싶어." 안경 쓴 숙녀 놀래기가 비명을 질렀다.

침묵이 다시 찾아왔고 그들 중 어느 누구도 나를 눈치채지 못했다. 시간이 흘러가자 내 심장은 다소 안정을 찾았다. 흐린 초록빛 물과 거품이 일고 있었다. 그때 교수 물고기가 "자유라고요? 안 돼요!" 하고 날카롭게 잘라 말했다. 그 말은 날카로운 바늘이 살갗을 뚫고 들어오는 것처럼 나를 움찔거리게 했다. 숙녀 놀래기가 무슨 말을 하려고 했다. 교수 물고기는 말을 계속했.

"아니, 좀더 분명히 말씀드리겠습니다. 구체적으로 말해서 무엇을 하기 위해 자유하길 원합니까?"

다른 물고기들은 큰 입을 뻐끔거리고만 있었다. 그 숙녀는 눈을 가늘게 뜨고서 그가 아직도 마마보이라고 말하는 듯했다. 그녀는 냉정하게 말하기 시작했다. "우리 위의 수면을 뛰어넘으시오. 이 형편없고, 흔들리는 변덕스러운 수면을 말이요. 우리가 항상 그 아래 머물러야만 한다고 바다의 신 넵튠의 이름으로 누가 명했습니까? 옳거나 혹은 그르다고 누가 규정했습니까? 내가 말을 끝낼 때까지 방해하지 마세요. 우리의 선조들이 아무 거리낌없이 바다 수면으로 경계를 삼았던 것은 도덕적인 절대가 아니라 관습과 편견에 의한 것으로, 그것은 임의의 경계선일 뿐만 아니라 현실적이지도 못합니다. 몇몇 문화에서는 우리가 그렇게 중요하게 생각하는 그 경계선이 완전히 무시됩니다. 내가 원해서 그것을 넘어다닌다고 해서 어느 누구에게 해가 되겠습니까? 인간들은 수면 위 아래로 마음대로 다닙니다. 그들의 도덕성은 그것을 허락합니다. 그리고 날치도…"

날치 이야기가 나오자 항의의 합창이 들려 왔다. 불쾌한 녀석들, 반동분자들, 폭탄이나 맞아라. 극우세력들, 저질스런 녀석들 같은 말들이 내 귀를 난타했고 내 머리를 어리둥절케 했다. 몇몇 물고기들은 눈에 띄게 창백해졌다.

나는 겁에 질렸다. 그 논의가 좋고 나쁘고의 여부를 떠나 모든 물고기들이 거의 정신나간 것처럼 보였기 때문이다. 그들은 술 취한 자들이 깨진 맥주병을 가지고 싸우듯이 말로 싸워 댔다. 그들은 서로를 상처 내고 있었고 어느 누구의 말도 듣지 않았다. 그들은 제 정신이 아니어서 스스로 상처를 입고 있는지 혹은 다른 누구를 다치게 하는지 마음 쓰지 않았다. 그것은 술집의 싸움판이나 다름없었다. 박살난 거울, 부서진 의자, 더러운 찌꺼들이 난무했다.

　잠시 동안 침묵이 흐른 후 이윽고 한 마리의 젊은 물고기가 말했다.

　"나는 이런 자유를 조금도 좋아하지 않습니다. 여러분이 말하듯이 그것이야말로 어느 누구에게도 상처를 주어서는 안 되는 것이지요. 어느 누구도 상처받지 않는다면 여러분이 좋아하는 것을 하시지요."

　젊은 물고기는 만족한 듯 보였다. 교수와 안경을 쓴 숙녀 물고기는 동시에 말하기 시작했다. 숙녀 물고기는 승리했지만 그녀가 큰 소동을 벌인 것은 유감이었다.

　"나는 어젯밤 해변에 갔었어요!" 감탄사가 연발되었다.

　"나는 어제 나이프와 포크로 식사를 했어요!" "…포크로!" "…포크로!"

　산호들 사이에서 메아리쳤다.

　"좋습니다. 너무 좋지요." 자유의 개념을 좋아했던 젊은 물고기가 반복해서 말했다.

　"사람들은 그렇게 하고 있어요." 그녀는 계속 말했다.

　한창 사춘기인 아이들이 낄낄거리며 웃고 있고 연장자들은 우려하고 있는 중에 아주 어린 물고기가 물었다.

　"포크가 뭐예요?"

　안경 쓴 숙녀 물고기가 "그녀를 비웃지 말아요. 우리 모두 어린 시절이 있었어요. 그것은 그 안에 지느러미를 끼울 수 있는 네 개의 날카로운 바늘을 가진 플라스틱 물건이란다. 그것들은 입으로 음식을 밀어 넣기 위해 만들어진 것이지."라고 말했다. 모든 물고기들이 그녀에게 귀를 기울였다.

　"오, 포테이토 칩과 종이 팩…"

　"가장 소화가 안 되는 것이지, 내 생각에는…" 교수 타입의 물고기가 빽빽거리며 말했다.

　"맛있었어요." 그녀는 울먹이면서 계속 말했다. 사실 어느 누구도 반대할 수 없었다.

　"그리고 여하튼 나는 자유로웠어요. 나는 바다에 묶여 있을 필요가 없어요. 나는 나의 남은 삶을 하잘것 없는 바다 음식이나 먹고 살아야 한다는 사실을 거부합니다. 더욱이 나는 나의 삶을 변화시킨 해변에서의 경험도 있습니다."

　한순간 정적이 흐르고 그녀는 자신이 하고 싶었던 말을 마음껏 했다.

　"나는 모래 위에 알을 낳았습니다."

　잠시 동안 모두 가만히 서 있었다. 왠지 모르지만 나 또한 심한 충격을 느꼈다. 한 물고기가 부드럽게 "넵튠, 나는 병들었어요. 당신은 어느 곳이든 경계선을 그리려 해요."라고 말하기까지는 어떠한 소리도, 어떠한 움직임도 그 긴장을 깨뜨리지 못했다. 이윽고 그는 천천히 돌아서서 그늘진 곳으로 멀리 헤엄쳐 갔다. 그러나 다른 물고기들은 흥분하고 신경과민이 된 상태에서 계속 머물러 있었다.

　자유를 좋아했던 젊은 물고기는 "나는 충격받지 않았어요. 지난 10년 동안 바다는 변했고 우리는 과거에 살 수 없지요. 우리는 항상 옳지는 않지만, 적어도 우리가 보기에 무의미한 기준을 따르는 척하는 위선자들은 아닙니다. 우리는 우리가 진정 원하는 것을 발견하고 싶고 그때에야 우리는 자유하게 됩니다."라고 말했다.

　색다른 목회자 타입의 물고기가 중앙에 나와서 목청을 가다듬고 말했다.

　"몇 가지 재미있는 문제들, 정말로 자극적이고 도전적인 문제들이 발생했습니다. 전체의 토론은 성숙하고 책임감 있는 수준에서 진행되었습니다. 개인적으로 나는 많은 것을 배웠습니다. 비록 모래 위에 알을 낳는 것이 어떤 유익이 있는지 나는 확신하지 못하지만요."

그는 재미있어 하는 듯했고 교수는 미소를 지으며 고개를 끄덕였다.

"유행에 뒤떨어지며 경직되었다고 생각하는 것은 우리가 넵튠에 대해 알고 있는 것과 다릅니다. 알을 낳는다는 것은 죄가 아닙니다. 모래도 나쁜 것이 아닙니다. 상황에 따라서는 모래 위에 알을 낳는 것이 매우 의미있는 일입니다. 아무튼 자유란 넵튠이 우리에게 준 선물입니다."

나의 머리는 맑아지고 있었다. 한 나이든 놀래기는 다른 것들보다 더 천천히 움츠러드는 듯했고 지느러미를 움직이지 않고 나를 똑바로 응시하고 있었다. 그는 나를 응시한 첫 번째 놀래기였고, 내가 다시 쳐다보자 더 천천히 눈을 깜박거렸다.

나도 눈을 깜박거렸다. 나는 우리가 눈을 깜박거리는 이유를 확신하지는 못했지만 그의 기분을 상하게 하고 싶지 않았다. 아무튼 나는 흠칫 놀랐다.

"자유." 그는 경멸하듯이 말했다. "자유란 네게 하도록 허용된 것을 하는 것이고 네가 얻은 모든 것을 가지고 그것을 행하는 것이다." 나머지 물고기들은 사라졌고 나이든 물고기도 점점 멀어져 갔다. 나는 그에게 좀더 많은 것을 물어 보고 싶었지만 시간이 없었다. 나는 그에게서 여전히 눈을 뗄 수 없었다. 그의 목소리는 아직도 힘이 있고 강했다. "나이프와 포크! 포테이토 칩이라고?" 그의 비웃음은 나를 움츠러들게 했다.

그것이 내가 들은 마지막 말이다. 그는 순식간에 몸을 틀어 앞으로 미끄러지듯 돌진하면서 청록빛 바다 속으로 유유히 사라졌다. 네 마리의 다른 물고기들도 야단법석을 떨면서 그를 따라갔다. 나는 마치 어떤 환상을 보는 것 같았다. 그 움직임은 아주 능란하고 호흡이 잘 맞았다. 나는 엄격하고 민첩한 발레를 보고 있었고 지구상에서 그보다 거친 훈련은 더 이상 없는 듯했다. 그러나 갑자기 나는 자유를 보고 있다는 것을 알았다. 물고기의 자유를!

그러나 나는 어떠한가? 내 산소통의 압력이 떨어졌고 나는 화장실의 수세식 탱크에 있는 럼주병이 생각났다. 나는 집으로 향했다.

자유란 내게 하도록 허용된 있는 일을 하는 것이고 내가 얻은 모든 것을 가지고 그것을 행하는 것이다. 나는 무엇을 하도록 만들어졌는가? 나는 내 몸 안에 3, 4온스의 독한 술이 들어갈 때 가장 자유롭게 느낀다. 현실의 추함으로부터 해방되는 것 같다. 자유를 느끼는 것과 자유한 상태는 동일한 것일까? 결국 나는 무엇을 위해 창조되었는가?

그것은 다시 한번 생각해 볼 가치가 있다. 술 취하지 않은 맨정신일 때에도…

자료: 화이트(1984, pp. 162-66)

그림 1.2의 이야기는 대부분 물 속에서 일어난 일이며, 물고기들이 삶의 목적에 대해 토론하고 있다. 여기서 적어도 두 가지 중요한 점을 찾아볼 수 있다.

1. 숙녀 놀래기는 자유에 관한 비정통적인 견해를 제시하고 있다. 이 견해를 주장하기 위해 그녀는 어떤 방법을 사용하는가?
2. 나이든 놀래기도 같은 안건인 자유에 대해 말한다. 그러나 그의 견해는 숙녀 놀래기의 것과는 사뭇 다른 것이다. 그는 자유를 무엇이라 정의하는가? 이를 뒷받침할 만한 어떤 근거가 있는가?

'목표들'—그것들에 대한 정의를 포함해서—을 어디에 두느냐에 따라서 개인적인 '관점'이 여러 가지로 달라질 수 있다. 기독교 교육의 목표를 어디에 두느냐에 따라 교육 목회의 성격이 아주 달라진다. 신자들간에도 이 목표가 다를 수 있다. 시간을 내어 교육 목표의 '윤곽'을 잡아 보라. 그리고 서로 비교해 보라. 아마 당신은 놀랄 만한 차이를 발견하게 될 것이다. 예를 들어, 기독교 교육이 비기독교 교육과 구별되는 점은 무엇일까? 크게 본다면, 서로 '목표'가 다르다는 것이 그 차이일 것이다.[8] 위에 나온 놀래기의 비유가 그런 경우이다.[9]

생각하기

학교 교육에 대한 다른 예를 들어 보자. 공립학교의 주요 교육 목표들은 무엇인가? 생각나는 대로 서너 가지를 말해 보라.

사립학교(기독교 학교이든 아니든)의 교육 목표는 공립학교의 것들과 어떻게 다른가? 두 가지 예를 들어 보라.

위의 두 학교 교육과 독특하게 다를 수 있는 가정 학교의 교육 목표 두 가지를 말해 보라.

모든 교사들은 종이 위에 기술된 것이든 아니든 교육의 목표를 가지고 있다. 뿐만 아니라 각각의 목표 배후에는 가정(전제)이 있다. 그것이 이미 알려진 것이든 아니든. 기독교 교육은 하나님의 말씀에 따라 이루어진다. 따라서 기독교 교육의 목표들은 하나님의 말씀에서 나온 것이어야 한다.

성경적 지침들

기독교 교육 목회와 관련있는 두 개의 성경 구절을 생각해 보라. 각 구절은 교사들이 반드시 따라야 하는 타협할 수 없는 길을 나타내 주고 있다.

모든 신자들을 위한 두 개의 명령

모든 신자들은 지상명령(마 28:18-20)에 대해서 여러 번 들어 본 적이 있을 것이다. 많은 사람들이 그것을 암기하고 있다: "예수께서 나아와 일러 가라사대 '하늘과 땅의 모든 권세를 내게 주셨으니 그러므로 너희는 가서 모든 족속으로 제자를 삼아 아버지와 아들과 성령의 이름으로 세례를 주고 내가 너희에게 분부한 모든 것을 가르쳐 지키게 하라. 볼지어다 내가 세상 끝날까지 너희와 항상 함께 있으리라' 하시니라."

이 마지막 명령을 공부할 때 대부분의 그리스도인들은 그것을 복음 전도와 제자도의 두 가지 기본 사역으로 나누어 생각한다. 그러나 지상명령에 대한 전통적인 가르침이 역설적 결과를 가져왔다. 십중팔구 이런 암기된 구절들은 잘못 사용되어지곤 한다. 즉, 신자들의 그리스도를 닮아가는 삶은 제쳐 놓고 증인으로서의 부르심만을 강조한 것이다. 우리는 양육이 아니라 중생만을 강조해 왔다. 따라서 복음 전도를 강조한 나머지 제자도를 제외시키는 실수를 저질렀다.

정직하게 자신에게 물어 보라. 당신이 마태복음의 이 마지막 구절을 자주 듣는 때는 언제인가? 물론 선교 대회, 봉사를 위한 세미나, 복음전도 훈련 모임에서일 것이다.

당신은 혹 최근에 지상명령이 제자도와 기독교 교육의 관심사들, 즉 성경 암송 프로그램을 이행하는 것, 의미 있는 공동체 예배를 격려하는 것, 가난한 자들을 돕는 것, 진정한 감사의 마음으로 하나님께 예배드리는 것을 위해 주어진 것이라는 말을 들어 보았는가? 이러한 것들은 그리스도께서 분부하신 모든 것에 명백하게 해당된다(마 28:20). 말씀을 주의깊게 공부하고 순종하는 사람이라면 이것이 양육에 대한 명령이라는 것이 분명하며, 반면에 구원에 대한 것은 암시적으로 나타나 있다는 것을 알 것이다.

복음 전도와 제자도를 구분하는 것(이 경우 대부분은 제자도를 가볍게 취급한다)은 좋지 않은 결과를 가져 온다. 신자들을 위한 건전한 교육의 부재에 대해 한때 선교사였던 한 노련한 학장은 다음과 같은 결론을 내렸다: "전 세계의 교회는 지난 수십 년간 갑작스런 성장을 보이고 있다. 그러나 우리는 새로운 개종자들을 훈련시키는 데에는 실패하고 있다. 교회가 1마일의 넓이로 성장하고 있다면 기독교 교육은 겨우 1인치 깊이로 성장하고 있을 뿐이다."[10]

요약하자면 우리는 좀더 나은 기독교 교육을 더 많이 필요로 한다. 기독교 교육은 제자도와 같은 뜻이다. 둘 다 가르침을 포함하고, 둘 다 성장을 기대한다. 둘 다 평생토록 지속되고 포괄적인 양육을 포함하고, 복합적인 학습법을 주장하며, "내가 너희에게 분부한 모든 것을 가르쳐 지키게 하라"는 주님의 도전을 따르는 것이다.

교회 교육의 유형

때때로 주제를 정의하는 가장 좋은 방법은 그것이 무엇을 의미하지 않는가를 이해하는 것이다. 히브리서를 보라. 이 영감이 넘치는 편지의 독자들은 비참한 영적 상태를 보여 주고 있다. 그들은 아주 미숙하다. 그러나 이러한 부정적인 조건이 긍정적인 시작을 낳게 한다. 히브리서 5:11-6:3을 읽으라. 신앙의 궁극적 목표는 그리스도 안에서 "완전한 데 나아가는"(6:2) 것이다. 히브리서 5:11-13에서는[11] 이 궁극적인 목표와 관련해서 히브리 신자들의 현재 모습과 그들이 이루어야 할 바람직한 모습을 대조시켜 보여 주고 있다. 표 1.1은 이 격차를 보여 준다.

이러한 신자들은 어떻게 성장해야 하는가? 적어도 세 가지 성경적인 지침이 있다. 일반적으로 그것들은 영적 성숙을 향한 연속적인 순서를 나타낸다. 그러나 이 세 가지는 신자들이 그리스도를 닮기 위해 꼭 걸어야 하는 정해진 방식은 아니라는 점에 주의해야 한다.

　　진리를 믿으라 - 히브리서 6:1-2은 우리가 믿는 신학적 개념이 우리의 믿음의 뿌리를 내려 준다는 것을 가리킨다. 우리는 하나님의 진리를 믿어야 한다.
　　진리를 적용하라 - 진정으로 진리를 받아들이기 위해서는 "머리만의 지식"에서 뛰어넘어야 한다(물론 그것도 포함하고 있다). 행동이 변하고 가치가 바뀌어야 한다(히 5:14).

진리를 증거하라 – 히브리서 5:14하에서 지혜는 진리를 적용하는 신실한 생활에서 나온다고 언급하고 있다(갈 5:22-23의 "성령의 열매"를 포함한 다른 덕목들이 역시 제시될 수 있다).

물론 이 세 가지 방식들을 통해 영적 성숙이 저절로 일어나는 것은 아니다. 그러나 그것들은 영적 성숙의 중요한 국면들을 나타낸 것이다.[12] 크리스천 교사들은 성경에 대하여 진지해야 한다. 우리는 오늘날 가르침에 있어서 성경적인 원리들을 채택해야 한다.[13]

교육 모델

교육 목회는 어떤 형태로 이루어져야 하는가? 어떤 관념적인 개념들이 알맞은 것일까? 이 책에 제시된 하나의 유용한 접근은 철학 교수인 윌리엄 프랑케나(William K. Frankena)의 모델이다.[14] 프랑케나 이론을 우리가 수정한 것이 그림 1.3에 나타나 있다.[15]

간단히 말하면, 박스 A는 삶의 이상들을 표현하고 있다.[16] 이것은 하나님의 명령으로 보일 수도 있다. 이러한 명령의 원천은 영원하고 신성하다. 하나님의 말씀은 우리가 마땅히 할 일을 깨닫게 한다.

박스 B는 실제 세상에 기초하고 있다. 왜냐하면 그것의 원천은 과학적 연구와 같은 일시적인

표 1.1
히브리 신자들의 미성숙 격차

현재의 모습	바람직한 모습
그들은 "해석하기 어려운" 가르침을 이해할 수 없었다(11절).	그들은 믿음에 관하여 좀더 많은 것을 이해할 수 있어야 한다(11절).
그들은 "듣는 것이 둔했다"(11절).	그들은 마땅히 "선생"이 되어야 한다(12절).
그들은 "말씀의 초보"를 필요로 했다(12절).	그들은 "단단한 식물"을 소화시킬 수 있어야 한다(12절).
그들은 다시 "누구에게 가르침을 받아야" 했다(12절).	
그들은 "젖"을 필요로 했다(12절).	
그들은 아직도 "어린 아이"였다(13절).	
그들은 "의의 말씀을 경험하지 못한 자"였다(13절).	

자료: 히브리서 5:11-14에 근거함

것들을 포함하고 있기 때문이다. 우리가 마땅히 할 일을 언급하는 것과는 전혀 다르게 박스 B는 현재의 상태를 설명한다. 박스 A와 B의 차이는 규범이나 명령과 기술(記述)의 차이다. 박스 A는 궁극적인 목적을 나타내는 반면, 박스 B는 우리의 특별한 관점을 통하여 그러한 목적들과 관련된 문제들을 보는 방법을 제시해 준다.

박스 A와 B는 서로를 보완해 준다. 즉 하나가 희생되면 다른 하나도 희생된다. 그것들은 서로 결합해서 우리의 세계관을 형성한다. 박스 A는 신학적, 철학적 기초에서 생겨난 우리의 가치 기준을 말한다.[17] 박스 B는 연구 자료와 개인적 경험들을 통해 얻어진 삶에 대한 우리의 가설을 가리킨다. 특별히 그것은 인간 본성과 인간 성장의 문제에 중점을 둔다.[18]

박스 C는 이 두 범주를 결합시킨다. 프랑케나는 이러한 종합물을 "우리가 산출해야 할 최상의 목록"으로 서술하고 있다. 우리는 그것들을 단기 목표라고 부른다. 박스 C는 궁극적인 목표(즉 박스 A)를 향해 가는 중간 단계이다.[19]

박스 D는 "사람들은 어떻게 배우는가?"에 대해 묻는다. 보통 교수-학습에 대한 이론들은 이 네 번째 범주에 속한다.[20]

박스 E는 기독교 교육 철학의 실제적인 계획안을 제시한다. 그것은 삶의 현장에 관한 것이다.

그림 1.3
프랑케나 이론의 수정

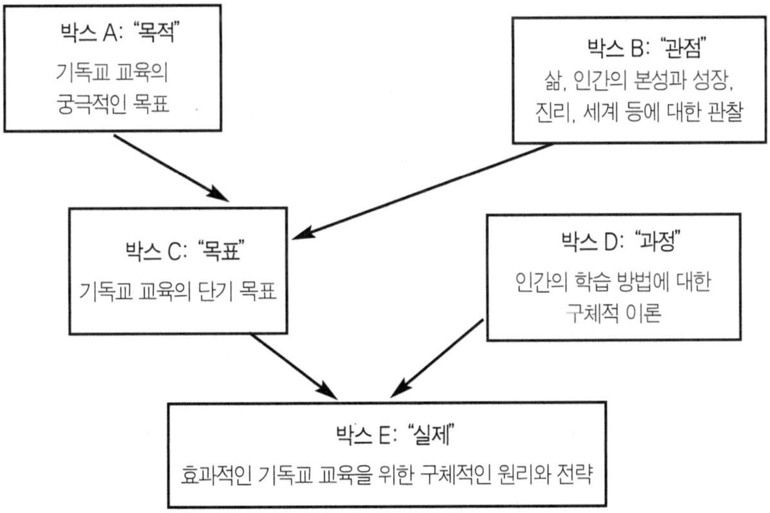

박스 A: "목적"
기독교 교육의
궁극적인 목표

박스 B: "관점"
삶, 인간의 본성과 성장,
진리, 세계 등에 대한 관찰

박스 C: "목표"
기독교 교육의 단기 목표

박스 D: "과정"
인간의 학습 방법에 대한
구체적 이론

박스 E: "실제"
효과적인 기독교 교육을 위한 구체적인 원리와 전략

자료: 프랑케나(1965)에서 수정

비교하자면, 박스 A는 궁극적인 목적를 의미하고, 박스 C는 중간 목표를 서술해 주며, 박스 E는 당면한 목표, 즉 매주 우리가 실제로 행해야 할 것을 제시해 준다. 그림 1.4는 이 다섯 가지 박스에 대해 예를 들어 설명해 준다.

"놀래기" 이야기로 되돌아가서

놀래기의 우화를 이제 좀더 잘 이해할 수 있을 것이다. 프랑케나 모델은 이 우화를 보고 새롭게 평가하는 데 필요한 새로운 광각렌즈를 제공해 준다.

프랑케나 모델이 이 우화를 평가하는 데 어떤 도움을 주는가?

우선, 이 이야기에 나오는 각각의 물고기들은 자유의 궁극적인 목적(박스 A)를 평가했다는

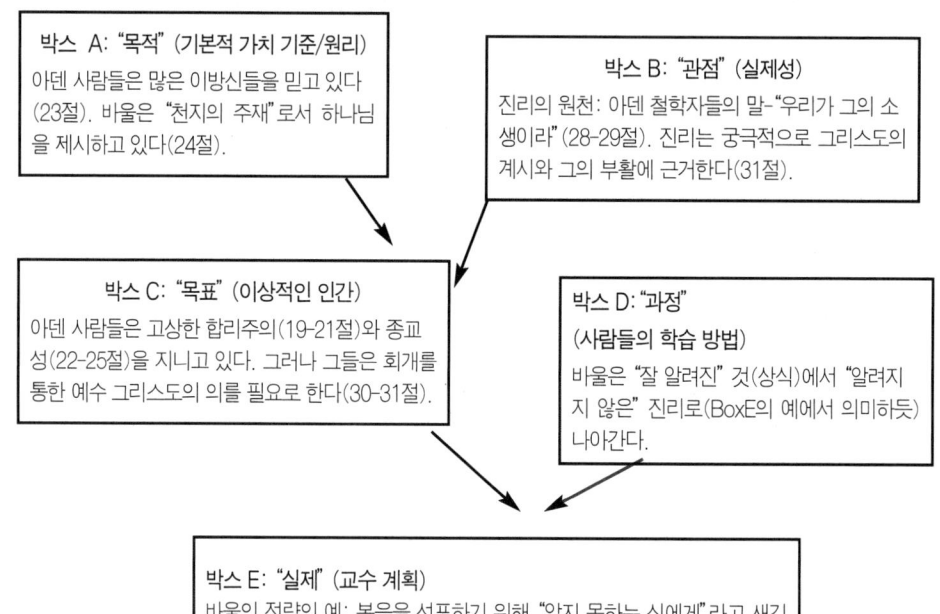

그림1.4
프랑케나 Box의 예: 사도행전 17장

것을 기억하라. 그 한 단어에 숨겨진 생각들이 말로 표현될 때 두 개의 완전히 다른 견해들이 나타났다.

기독교 교육의 철학들도 거의 같은 방법을 사용한다. 예를 들면 사실상 모든 복음주의자들은 "하나님께 영광을 돌리는 것", "하나님께 순종하는 것", "하나님을 사랑하는 것", "복음 전도"와 "제자도" 같은 단어들을 사용하여 교회의 궁극적인 목적을 나타낸다. 문제는 그렇게 일반적으로 표현하고 끝나 버린다면 오히려 생각을 흐리게 만든다는 것이다. 구체적인 내용이 설명되어져야 한다.

예를 들면 물고기 이야기에서 궁극적인 갈등은 숙녀 놀래기가 바다 아래 위의 삶에 대한 그녀의 생각을 말하기 시작한 후부터 일어난 것이다. 특히 바다의 표면이란 "임의적인 경계선"에 불과하며, 그 선을 넘어도 도덕적으로 문제가 되지 않는다는 그녀의 비정통적인 인식(박스 B)에서 갈등이 시작된다. 그녀의 판단은 어떠했는가? 인간들은 벌써 넘어 다녔다. 그녀가 가진 현실적 관점(속기 쉬운 어린 물고기의 관점을 포함해서)은 나이든 놀래기의 관점과는 현저히 다르다. 나이든 놀래기의 생각("자유란 네게 허용된 것을 하는 것이다")은 무엇이든지 마음대로 하는 것이 자유라고 생각하는 다른 물고기들로부터 그를 외톨이로 만들었다.[21]

마지막으로, 단기적이고 당면한 목적(박스 C와 E)는 그 이야기에서 궁극적이고 (박스 A) 일시적인(박스 B) 세계를 나타낸다. 비정통적인 물고기는 일반적으로 변화하는 시대를 말하고 있었다. 그들은 과거에서 탈출할 필요성을 깨달았다. 특히 숙녀 물고기에게 이것은 플라스틱 나이프와 포크를 사용하고 모래 위에 알을 낳으면서 포테이토 칩을 먹는 것을 의미했다. 이러한 급진적인 중간 목적은 박스 A와 B의 위치를 결합시킨 그녀의 논리의 연장이었다.

마찬가지로 나이든 물고기의 중간 목적은 그의 박스 A와 B의 견해를 보충하였다. 그는 자유를 정의하고 그에 따라 행동하는 언행일치를 나타내고 있다: "자유(박스 A)란 네게 하도록 허용된 것을 하는 것이고 네가 얻은 모든 것을 가지고 그것을 행하는 것(박스 B)이다." 뒤이어 행해진 화려한 수중 발레는 원로 물고기에 의한 궁극적 세계와 일시적인 세계인 박스 C와 E의 합성물이었다. 환상적인 발레에 대한 작가의 묘사는 보통 때에는 정적인 박스A를 박스C와 E의 역동적인 표현으로 변화시켰다: "갑자기 나는 자유를 보고 있다는 것을 알았다. 물고기의 자유를!" 이 환상적인 발레에 대한 묘사는 이론을 실제로 적용한 것이다.

프랑케나의 이론은 여러 가지 방법으로 요약될 수 있다.[22] 한 가지 방법은 이러한 이론을 목차와 관련시키는 것이다. 그림 1.5는 본서의 각 장들을 순서대로 배열하는 대신에 주제별로 나열해 놓았다. 이러한 도식적인 디자인을 통해 본서의 이론적 기초를 확인시켜 준다.

결론

베드로는 그의 첫 번째 서신에서 "너희 속에 있는 소망에 관한 이유를 묻는 자에게는 대답할 것을 항상 예비하되"(벧전 3:15)라고 명령한다. '대답'이라고 번역된 단어의 헬라어(apologia)는 영어의 변증론(apologetics)과 같은 뜻이다. 바꿔 말하면 베드로는 계획적인 신앙의 변호가 필요하다는 것을 인식하고 있다. 곧 이어서 좀 덜 알려진 명령이 나온다: "온유와 두려움으로 하고 선한 양심을 가지라. 이는 그리스도 안에 있는 너희의 선행을 욕하는 자들로 그 비방하는 일에 부끄러움을 당하게 하려 함이라"(3:15-16). 이 구절은 베드로전서의 두 가지 목적을 폭넓게 묘사하고 있다.

첫 번째 목적은 깨달음과 의사소통이다. 이것은 우리의 신앙적 기초를 아는 것이 얼마나 중요

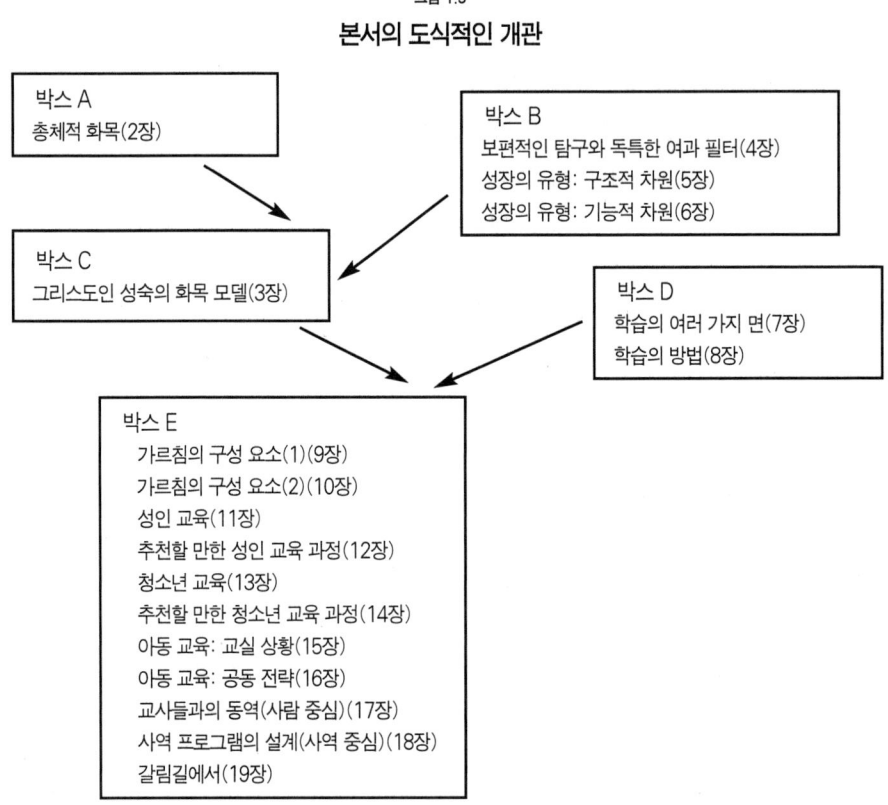

그림 1.5
본서의 도식적인 개관

한 것인지를 나타내 준다. 또한 크리스천 교사들은 우리의 신앙을 뒷받침해 주는 탁월한 신학적, 철학적 기초를 설명할 수 있어야 한다. 베드로는 이 기초를 "소망에 관한 이유를 묻는 자들을 위한 대답"에 비교하고 있다.

두 번째 목적은 책임감 있는 선택과 생활 방식이다. 이것은 무엇을 평가하고 선택하며 이것을 생활 가운데서 수행하는 실제적 삶을 말하는 것이다. 베드로는 이 점을 "그리스도 안에 있는 선행"이라고 표현한다. "선한 양심"은 이와 관련된 것이다.

이러한 두 가지 목적들은 바른 이론과 실제적 삶의 균형을 말한다. 우리가 무엇을 하고, 왜 그것을 해야 하는지를 아는 것이다. 신학적 기초(foundation)는 기능(function)과 결부되어 있다. 두 가지가 조화를 잘 이루어야 훌륭한 교육이 이루어진다. 우리가 신학적 기초에 대한 이론과 실제적 삶에 대해 조화를 유지한다면, 교육적 방법론에 토의를 한정하지 않고 연령별 특성과 같은 사소한 문제만을 토의하지도 않을 것이다. 교육 과정들을 비교하는 것도 우리의 우선적인 관심을 나타내지 못한다. 이런 주제들은 결국 기독교 교육을 분석하는 데 최종적으로 포함되어야 한다. 이러한 문제들을 처음부터 다룰 수는 없다. 처음부터 이런 문제로 우리의 에너지를 소모할 수 없다.

우리는 좀더 넓은 관점으로 토의를 시작하면서 전문 분야에 속한 사소한 문제는 다루지 않고 피해 가고자 한다. 이것은 우리가 더욱 효과적으로 기독교 교육을 발전시키기 위해서이다.[23]

옛날에 여섯 명의 소경이 한 마리의 코끼리에 대해 묘사하고자 애썼다. 그들은 각각 거대한 동물을 만져 보고서 다른 사람들을 납득시키려고 했다.

"그건 튼튼한 벽이야." 첫 번째 사람이 코끼리의 옆면을 만지면서 소리쳤다. "아니야, 창 같아." 두 번째 사람이 말했다. 그는 매끄럽고 날카로운 이빨을 어루만졌다.

"무슨 말이야? 뱀 같아! 코끼리는 큰 뱀에 비길 수 있어." 세 번째 사람이 외쳤다. 그는 양손으로 크고 꿈틀거리는 코끼리의 코를 휘감았다.

"이건 분명히 나무 같아." 네 번째 사람이 주장했다. 그는 코끼리의 한쪽 다리를 그의 팔로 감으면서 말했다. "당신들은 이 커다란 몸체를 볼 수 없소?"

"모두 거짓말이야!" 다섯 번째 사람이 외쳤다. "그건 강력한 선풍기야. 당신들은 그 바람을 느낄 수 없소?" 그는 한쪽 귀 옆에 서서 질문했다.

다른 사람들을 무시하는 듯한 태도로 여섯 번째 사람이 "로프야, 확실해! 여길 만져 봐."라고 꼬리를 치켜올리면서 선언했다.

각각의 소경들은 고집스럽게 자신의 관점을 주장했다. 어느 누구도 그 동물의 곁을 떠나지 않고 자신의 생각이 옳다고 주장했다. 그들 모두 다르게는 생각해 보려고 하지 않았으며 다른 사람의 의견에는 귀를 기울이지 않았다. 소경들은 각각 부분적으로 옳았지만 전체적으로는 모두 틀렸다.

생각하기

이 이야기를 기독교 교육에 비교해 보라. 당신이 경험한 기독교 교육의 잘못된 형태의 예를 4가지 들어 보라. 당신은 부분적으로는 옳으나 전체적으로는 틀린 기독교 교육에 대해 들어 본 적이 있는가? 그것을 써 보라.

1. _____
2. _____
3. _____
4. _____

신념들, 경험들, 특정 종파의 신조들, 신학적 배경 등이 양육과 교육에 대한 우리의 이해를 제한시킬 수 있다. 여섯 명의 소경이 보았던 것처럼, 기독교 교육에 대한 우리 자신의 근시안적이고 경쟁적인 관점은 부정확하다.

요즈음 교회에서 제출되는 보고서 중에 여기에 비교될 만한 "엉터리" 보고서 여섯 가지를 생각해 보라. 이런 것들은 기독교 교육의 포괄적인 의미를 보지 못하도록 가로막는다. 첫 번째 보고서는 기독교 교육을 오로지 주일학교와 같다고 생각한다. 두 번째 전통적인 보고서는 기독교 교육을 교회의 어린이 프로그램에만 연결시킨다. 몇몇 사람들은 기독교 교육을 기독교 학교 운동과 관련시키고 다른 사람들은 대학이나 신학교와 같은 고등교육과 제한적으로 관련시키기를 좋아한다. 또한 어떤 사람들은 기독교 교육을 복음 전도나 목회적 영역에 중점을 둔다. 마지막으로 널리 보급되어 있는 보고서는 가정에서의 훈련을 포함한다. 가정 학교를 만들기 위한 노력은 부분적으로 이 범주에 속한다.

    소경들마다 부분적으로 옳았지만 전체적으로는 모두 틀렸다.

    오늘날 교회는 기독교 교육에 대한 이런 편협한 생각을 수정해야 할 필요가 있다. 우리는 광각 좌표계를 필요로 한다. 만약 우리가 작은 것에 초점을 맞추어 놓는다면 우리는 계속 소경들처럼 더듬어 찾게 될 것이다.

    우리는 우리가 믿는 바에 대해 왜 믿고 있는지 알아야만 한다.

제2장
총체적 화목

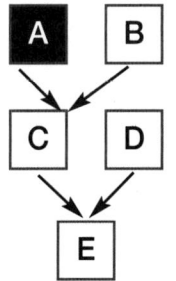

화목의 삼각 구조
화목 모델
화목을 위한 하나님의 계획
결론

어떤 사람이 "이 체인톱을 사용하면 시간당 50㎥의 장작을 자를 수 있다"라는 광고 전단을 읽었다. 선산에 있던 여러 그루의 참나무가 폭풍으로 인해 쓰러지자 그는 이 체인톱을 구입하기로 마음먹었다. 그러나 그는 1주일 후에 지치고 화가 난 모습으로 상점으로 돌아왔다.

"무슨 일로 오셨어요?" 점원이 물었다.

"반환해 주시오! 나는 5일 동안 그 톱을 사용해 보았지만 10㎥도 쌓아 올리지 못했소. 당신이 시간당 50㎥를 자를 수 있다고 말했으니 사기를 친 것이나 다름없지 않소"라고 그 사람은 소리쳤다.

"그 톱 좀 봅시다" 점원은 방어적으로 대답하면서 그 톱을 잡아챘다. 그가 휙 줄을 잡아당기자 엔진은 곧 돌아가기 시작했다.

깜짝 놀란 손님은 점원에게 달려 나오면서 "무슨 시끄러운 소리요?"라고 소리쳤다.

지시 사항을 따르면 과도한 스트레스와 실패감, 당황스러움을 면할 수 있다. 그것이 하나님의 말씀에서 비롯된 궁극적인 지시 사항일 때는 특히 중요한 것이다. 제작자의 안내서를 따르는 것이 현명한 일이다.[1]

생각하기

자, 간단한 문제를 하나 생각해 보자. 앞의 내용을 찾아보지 말고 5개의 프랑케나 박스의 구체적인 내용을 설명해 보라.

박스 A: _____

박스 B: _____

박스 C: _____

박스 D: _____

박스 E: _____

어느 정도 설명할 수 있었는가?

화목의 삼각 구조

박스 A는 하나님의 진리에 대한 "개요"를 보여 준다. 우리는 누구인가? 왜 여기에 있으며 어디로 가고 있는가? 성경의 가르침을 통해서 이러한 문제들을 분석해 보면 기독교 교육의 구조가 나타나게 된다. 즉 기독교 교육은 항상 하나님, 인간, 피조물 사이의 세 가지 관계를 염두에 두고 이루어져야 한다.

안토니 훼케마(Anthony A. Hoekema)는 인간 속에 나타난 하나님의 형상(Imago Dei)에 대해 흥미 있는 연구를 발표했다.[2] 훼케마는 유한적인 인간에게 주어진 하나님의 은총과 목적을 적절히 표현했다. 그는 하나님의 형상을 닮은 인간의 존재 의미를 "삼각 구조"로 설명했는데 이는 이론적인 신학과 실제 생활이 균형을 이루고 있다(1986, pp. 75-78).

- "인간이 된다는 것은 하나님을 향하는 것이다."
- "인간이 된다는 것은 이웃을 향하는 것이다."
- "인간이 된다는 것은 자연을 다스리는 것이다."

이 세 가지 관계는 상호 연결되어 있고 절대 필요한 것들이다. 우리가 이웃을 사랑하고 책임 있게 하나님의 피조물과 함께 일함으로 우리는 하나님을 섬기는 것이다.[3] 어떠한 피조물도(천사들조차도) 우리가 할 수 있는 것처럼 우리의 평생 과업인 이 책임을 다할 수 없다.[4] 그러나 하나님의 진정한 형상이신 예수 그리스도는 이 세 가지 면의 책임을 온전히 다 이루셨다. 우리도 이 세 가지 책임을 수행하면서 성육신하신 그분을 바라보아야 한다.

- 그리스도께서 아버지께 온전히 순종하려 하신 데서 볼 수 있는 것처럼 그는 온전히 하나님을 향해 있었다. 그는 "나의 양식은 나를 보내신 이의 뜻을 행하며 그의 일을 온전히 이루는 이것이니라"(요 4:34)고 하셨다.
- 그리스도는 "인자의 온 것은 섬김을 받으려 함이 아니라 도리어 섬기려 하고 자기 목숨을 많은 사람의 대속물로 주려 함이니라"(막 10:45)고 하신 말씀에 나타난 것처럼 온전히 이웃을 향해 있었다.
- 그리스도는 이적에 대한 기록—가나의 첫 이적에서부터 무덤에서 있었던 마지막 이적에 이르기까지—에서 보는 것처럼 자연을 다스리셨다.[5]

랜돌프 크럼프 밀러(Randolph Crump Miller) 또한 교회의 가르치는 사역을 나타내기 위해서 이와 비슷한 삼부 구조를 만들어 냈다. 밀러는 "기독교 교육의 목적은 전인(全人)이 되게 하는 것이다"라고 했다. 그는 특히 성장의 종합적 요소들을 중요하게 생각했다: "사람이 전인적인 성장을 이루는 것은 '인간' 사이의 관계들이 안정되고 '하나님' 과의 개인적인 만남이 있을 때… 인간과 그의 '환경' 사이의 유기적 관계가 있을 때 일어난다."[6]

니콜라스 월터스토프(Nicholas Wolterstorff)는 이 삼각 구조를 기초로 하여 4번째 차원을 덧붙였다. 월터스토프(1980, pp. 9-10)는 이 구조에 타락의 부정적인 결과를 포함시켰다: "인간은 자유 의지로 하나님을 반역하였고 대신에 자기 기준대로 행하기를 더 좋아하여 진실되며 하나님을 신뢰하고 순종하면서 살기를 거절했다. 인간은 본연의 책임에 대해서 혼동하게 되고 책임을 버렸다. 그래서 '땅'을 훼손했고, 그의 '이웃'에게 고통을 주며, '그의 능력'을 남용했고 '우상'을 세웠다."[7]

생각하기

당신이 지금까지 살아온 인생을 한 마디로 요약해 본다면 뭐라고 말하겠는가? 당신이 누구인지, 무엇을 이루었는지 한 단어로 혹은 구절로 말할 수 있는가?

이제 동일한 것을 성경에 적용해 보자. 성경을 한 단어나 구절로 요약해 보라. "인간에게 주시는 하나님의 사랑의 편지" 혹은 "현세와 내세의 비밀"과 같은 표현으로 말할 수 있겠는가?

위의 대답에서, 우리 신자들을 향하신 하나님의 뜻이 무엇인지 짤막하게 한 문상으로 서술할 수 있는가?

화목 모델

랄프 마틴(Ralph P. Martin)은 신약을 철저히 공부하고서 화목에 대한 성경적 가르침을 소개한다.[8] 그는 이러한 개념이 기독교 신학의 세 가지 중요한 가르침을 발전시킨다고 주장한다. 첫째로 "죄악이 횡행하는 혼란한 세상에 있는 모든 요소들"이 화목되어야 한다. 아담과 이브가 거룩하신 하나님께 불순종했을 때 이 세상은 모두 엉망이 되었다. 사탄의 세력은 해쇄되었으며 창조의 질서는 혼돈으로 변했다. 그리스도께서 이룬 화목은 모든 죄의 세력이 결국은 파멸에 처할 것을 증언해 주고 있다.

둘째, "화목이란 이 세상의 모든 관계가 회복되는 것을 말한다." 그리스도 안에서 하나님의 구원하시는 사역이 창조주와 개개의 피조물들 사이의 관계를 회복하게 하신다. 이와 함께 연쇄적인 사건들이 일어나게 되며, 그 결과 사회적 유대 관계가 새로워질 것을 바라보게 된다. 하나님의 능력이 역사하심에 따라 세상의 장벽들은 무너져 내리고, 대립은 평화로 바뀐다.

셋째, 화목은 개인적인 유익을 가져온다. 갈라디아서 2:20에 바울은 "내가 그리스도와 함께 십자가에 못박혔나니…오직 내 안에 그리스도께서 사신 것이라"고 증언하고 있다. 마틴은 1인칭 단수(나)이든 복수(우리)이든 그리스도 안에서 직접적으로 받는 축복의 중요성을 사도가 증언한다고 주장했다. 화목은 실제적이고 개인적인 것이다.[9]

어원적 의미

화목이란 '차이점의 해결'과 '조화의 회복'을 모두 포함하고 있다. 본질적으로 이 단어는 '우정을 회복하는 것'을 의미한다.[10] "화목"(혹은 화목의 상태로 돌아옴)의 어원을 더 조사해 보면 아름다운 의미를 찾게 된다. 라틴어 concilium은 영어의 '모임'(union, gathering, meeting)과 같은 뜻이고, 이것은 '위원회'(council)라는 단어이다. 그것은 한 마음이 된 개인들이 새롭게 만나는 것을 말한다. 또한 이 라틴어는 '함께 모이다', '결합하다', '완전히 수행하다'라는 뜻이다.[11]

"화목"을 헬라어 동사로 '카탈라소'(katallasso)라고 하는데, 이것은 하나를 다른 무엇과 교환하는 것을 말한다. 윌리엄 바클레이(William Barclay, 1964, p. 165)는 이러한 의미는 단순한 금전적인 교환에서 용병들이 기꺼이 세속적인 돈벌이를 위해서 그들의 생명을 교환했다는 아리스토텔레스의 언급에 이르기까지 넓은 범위로 사용된다는 점에 주목하고 있다. 신약 신학에서 이 단어는 그의 아들의 희생을 통한 하나님의 속죄와 의의 선물을 나타낸다. 바울은 하나의 대조를 통하여 공로없이 얻은 하나님의 은혜를 표현하고 있다: "곧 우리가 '원수' 되었을 때 그 아들의 죽으심으로 말미암아 하나님으로 더불어 '화목' 되었은즉 화목된 자로서는 더욱 그의 살으심을 인하여 구원을 얻은 것이니라"(롬 5:10).

생각하게 하는 성구

화목은 포괄적인 개념으로서 복음 전도와 제자도를 포함한다. 화목은 신학적인 건전함과 일상 생활의 실제적인 방향을 제공해 준다. 하나님의 계획은 신자들이 화목하게 하는 사역자로서 봉사하는 것이다.

앞서 말한 월터 스토프의 견해를 다시 생각해 보자. 타락의 결과를 말하면서 그는 화목에 적절한 네 개의 범주를 상술하고 있다.

- 개인과 하나님 사이
- 개인과 자신 사이
- 개인과 이웃들 사이
- 개인과 피조물 사이[12]

하나님은 완전하게 행하신다. 그는 완전하시고 공평하시다. 결국 우리가 그리스도 안에 있는 화목케 하는 선물을 바라볼 때, 우리는 우주적인 회복을 바라보게 된다. 모든 피조물들이 변화시키는 십자가의 능력을 느꼈다. 우리는 그리스도 안에서 화목의 어떤 면도 버리지 않아야 한다.

> 그런즉 누구든지 그리스도 안에 있으면 새로운 피조물이라. 이전 것은 지나갔으니 보라 새 것이 되었도다. 모든 것이 하나님께로 났나니 저가 그리스도로 말미암아 우리를 자기와 화목하게 하시고 또 우리에게 화목하게 하는 직책을 주셨으니 이는 하나님께서 그리스도 안에 계시사 세상을 자기와 화목하게 하시며 저희의 죄를 저희에게 돌리지 아니하시고 화목하게 하는 말씀을 우리에게 부탁하셨느니라. 이러므로 우리가 그리스도를 대신하여 간구하노니 너희는 하나님과 화목하라. 하나님이 죄를 알지도 못하신 자로 우리를 대신하여 죄를 삼으신 것은 우리로 하여금 저의 안에서 하나님의 의가 되게

하려 하심이니라. 우리가 하나님과 함께 일하는 자로서 너희를 권하노니 하나님의 은혜를 헛되이 받지 말라(고후 5:17-6:1).

요컨대 이 여섯 구절은 그리스도인의 삶의 목적과 인생관을 정리해 준다. 특별한 은사나 부르심에 개의치 않고 우리는 그리스도 안에서 우리를 연합하게 하는 것이 무엇인지를 기억해야 한다. 이 구절은 화목의 모든 차원을 보여 준다. 그것은 우리의 권위와 명령과 해방을 선언하는, 모든 신자들을 위한 "대헌장"이다.

첫째, '화목의 메시지'는 적어도 3번 기록되어 있다: "하나님은 그리스도로 말미암아 우리를 자기와 화목하게 하셨다"(5:18하). 이 역사적으로 중요한 사건이 일어난 목적은 "세상"을 향해서 하나님이 "저희의 죄를 저희에게 돌리지 아니하시기"(5:19하) 위함이다. 더욱이 "하나님이 죄를 알지도 못하신 자로 우리를 대신하여 죄를 삼으신 것은 우리로 하여금 저의 안에서 하나님의 의가 되게 하려 하심"(5:21)이다.

둘째, '화목을 통한 변화'가 일어났다. 거룩한 변화가 시작된다. 전례 없는 변화가 모든 진정한 신자들 안에 일어난다: "그런즉 누구든지 그리스도 안에 있으면 새로운 피조물이라. 이전 것은 지나갔으니 보라 새 것이 되었도다"(5:17).

셋째, '화목의 사신들'이 나타난다. 진정한 교회는 계속 변화되어 왔고 현재도 변화하고 있는 자들로 이루어진다. 바울은 믿는 자들을 "하나님과 함께 일하는 자"(6:1)로 언급하고 있다. 여섯 개의 짧은 구절 안에 적어도 여덟 번 이상 "우리"라는 단어가 사용되었다. 바울은 특히 하나님이 "우리에게 화목하게 하는 직책을 주셨고"(5:18하), "화목케 하는 말씀을 우리에게 부탁하셨다"(5:19하)고 말한다.

그림 2.1

화목: 화목을 요하는 범주와 해결

화목을 요하는 범주	해결
• 개인과 하나님 사이 • 개인과 자신 사이 • 개인과 이웃 사이 • 개인과 피조물 사이	말씀(message)으로서 변화(metamorphosis)로서 사신(messenger)으로서 사역(ministry)으로서

자료: 고후 5:17-6:1에 근거함

넷째, '화목의 사역'은 바울의 서신에서 나타난다. 18절 하반절에서 이것에 대해 정확히 언급하고 있다. 바울은 완곡한 표현 없이 직접적으로 "이러므로 우리가 그리스도를 대신하여 사신이 되어"라고 결론짓는다. 이 구절은 우리 마음 속에서 여러 가지 형상들을 만들어 낸다. 바울은 힘들지만 가치 있는 이 사명을 잘 감당하도록 독려하고 있다. 이 평생의 사명은 "하나님이 우리로 너희를 권면하시는 것"(5:20 하)을 따르는 것이다. 이 일은 우리의 '문화 명령', 즉 다스리는 것과 더불어 환경의 청지기로서의 의무를 포함하고 있다.

그림 2.1은 고린도후서 5:17-6:1의 네 가지 특징들을 요약하고 있다. 화목을 요하는 범주들은 해결을 위한 하나님의 계획과 짝지어진다.

화목을 위한 하나님의 계획

인간 역사에 대한 간단한 스케치를 통해 화목에 대한 이해를 넓혀 보도록 하자. 역사를 여러 개의 막으로 구성된 하나의 연극—하나님의 창조의 파노라마—으로 묘사해 보면 도움이 된다. 세 개의 막이 두드러지는데, 제3막에는 세 개의 장면이 있다(역사 속에 나타난 하나님의 사역의 개관에 관한 그림 2.2를 참조하라). 특히 하나님께서 하신 세 가지 일에 주의해서 보라.

그림 2.2
화목을 위한 하나님의 계획

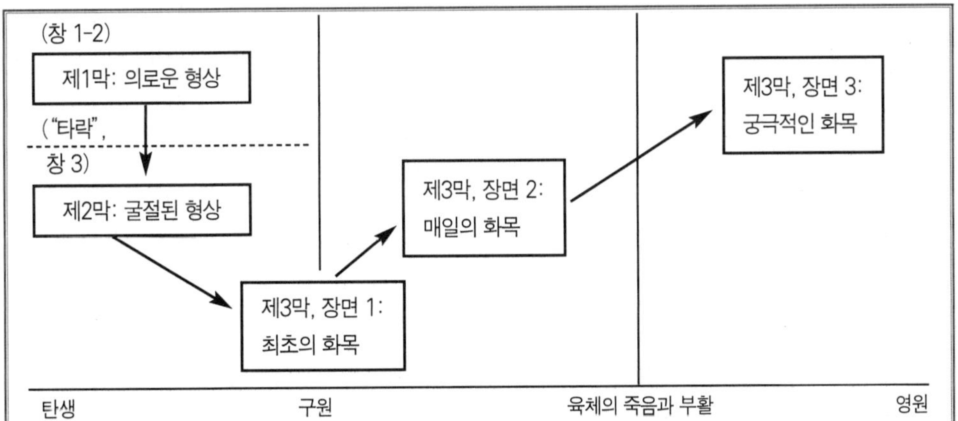

주: 제3막은 회복된 화목을 의미한다. 제3막에는 세 개의 "장면"들이 나온다.

제1막: 의로운 형상 - 역사 속에서 하나님의 창조 사역의 막이 열릴 때 모든 것은 완전하다. 특히 인간들은 그들의 창조주의 형상을 완전하게 드러내고 있다.

제2막: 굴절된 형상 - 어두움이 무대에 스며든다. 아담과 이브의 반역이 이어지고 죄의 배후에 있던 어두움과 절망이 모습을 드러낸다.

제3막: 회복된 형상 - 그리스도의 속죄의 희생을 통하여 잠재적인 회복이 실현된다. 제3막은 궁극적으로 하나님을 찬양하게 되는 세 개의 장면들로 이루어져 있다.

제1막: 의로운 형상

하나님께서 세상을 창조하시고 "좋았더라"고 말씀하셨다(창 1:10, 12, 18, 21, 25). 이어서 그분은 최초의 남자와 여자를 지으시고 "심히 좋았더라"고 말씀하셨다(창 1:31). 세상은 흠이 없고 완전했다. 우리가 이러한 완전함을 충분히 이해하기는 불가능하다. 당시에는 적어도 세 가지 면에서 의로운 형상을 가지고 있었다.

메리 반더구트(Mary VanderGoot, 1987, p. 142)는 첫 번째 면에 대해 다음과 같이 말했다: "하나님이 창조하셨고 죄로 인해 손상되지 아니한 세상에서, 인간이 하나님의 형상을 가졌다는 것은 단순히 의지를 가졌고 판단을 한다는 그 자체로서가 아니라, 올바른 의지를 행하고 진실한 지식을 가졌다는 것이다. 우리 안에 있는 하나님의 형상에 가장 필수적인 것, 즉 인간이 인간다운 것은 창조주 하나님과 그가 만드신 피조물인 인간 사이에 맺어진 관계에 있다."

하나님의 형상으로 창조되었다는 사실은 성경적인 인간학에 중대한 신학적 분위기를 제공해 준다. 그것은 타락 이전의 인간의 특성을 가장 잘 나타내 주고 또한 타락으로 이어지는 모든 인간, 즉 불신자뿐 아니라 신자도 포함한 모든 인간의 본질을 묘사해 준다.[13] 하나님의 형상으로 지은 바 되었다 함은 무엇을 의미하는가? 훼케마(1986, pp. 68-73)는 두 개의 폭넓은 범주, 즉 구조적 요소와 기능적 요소를 제시했다. 전자는 '인간은 누구인가'(그들의 본질)를 말하며, 후자는 '인간은 무엇을 행하는가'(그들의 행위)에 중점을 두고 있다. 예를 들어 하나님이 주신 많은 선물들 가운데 인간의 언어 능력(구조)은 그들의 창조자의 모습을 반영한다. 그러나 그들이 의사소통을 할 때 실제로 말하는 것은 기능을 나타낸다.[14]

아담과 이브의 완전한 상태는 창조자와의 의로운 교제, 그 이상의 것을 포함하고 있다. 수직적 관계는 항상 모든 피조물과의 수평적 유대 관계를 반영해 준다. 반더구트(1987, p. 142)가지적한 두 번째 면은 "창조자와의 완전한 조화뿐만 아니라 하나님이 만드신 모든 피조물 사이에서의 완전한 조화이다. 천국의 이미지는 각각의 피조물이 자기의 위치를 가지고 다른 모든 피조물들 사이에 존재하고 있는 모습이며, 최초의 인간의 위치는 하나님이 만드신 다른 피조물들의 특별한 관리인이 되는 것이었다."

모든 피조물을 관리하는 인류의 독특한 과업의 표시로, 하나님은 아담에게 모든 피조물들의 이름을 짓는 특권을 주셨다(창 2:15, 19-20). 창조의 절정은 "삼각 구조"의 각 요소끼리 협조하는 것이다. 불신이나 관계의 불화, 그 어느 것도 존재하지 않았다. 이것은 미래에 있을 피조물의 실재와 아주 흡사하다. 하나님은 충분히 그의 피조물을 원상태로 회복하실 것이다. 즉 이리가 어린 양과 함께 거하며 표범이 어린 염소와 함께 누우며 송아지와 어린 사자가 함께 있게 된다(사 11:6).

그림 2.3
의로운 형상의 관계들

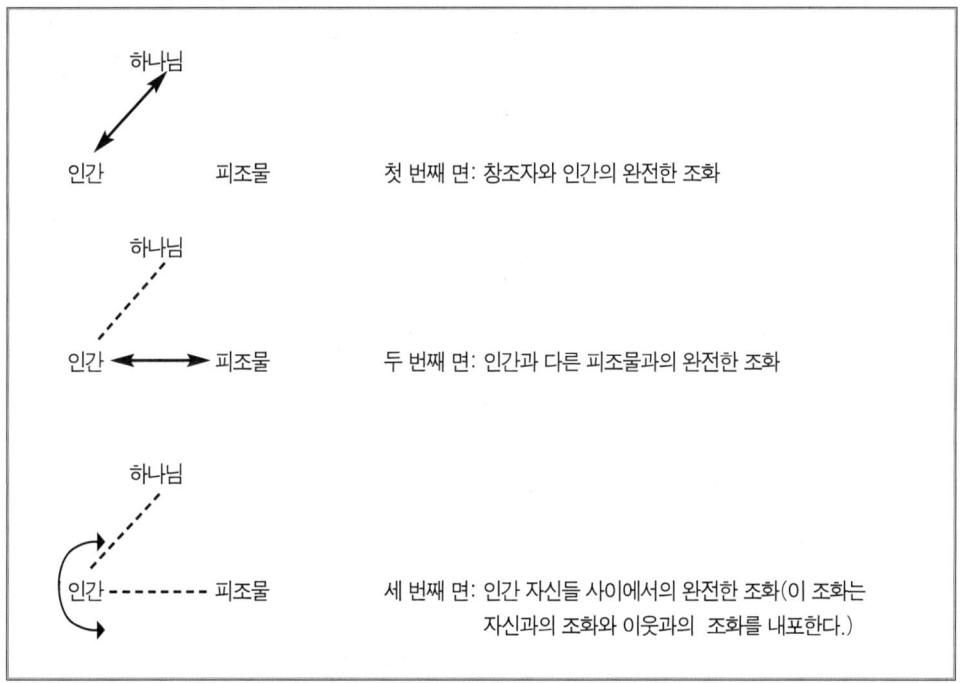

이것이 전부는 아니다. 최초의 완전한 상태에서는 사람들 사이에서도 마찬가지로 조화가 보장되었다. 세 번째 면으로 반더구트는 인류 최초의 가정 안에서의 완전한 협력을 지적했다(창 1:27-28, 2:21-24).

인류의 죄 없는 상태의 세 가지 면은 그림 2.3에 나타나 있다. 의로운 형상은 하나님, 인간, 피조물 사이의 모든 관계를 포괄적으로 포함하고 있다.

제2막: 굴절된 형상

하나님은 모든 것을 완전하게 이루셨으나, 곧 모든 것들이 죄 때문에 삐뚤어지기 시작했다. "삼각 구조"의 각 요소는 죄의 결과로 파괴적인 충격을 느꼈고 그 어느 것도 파멸을 피할 수 없었다. 반더구르는 인간의 의도적인 반역으로 초래된 우주의 파멸을 정확하게 표현해 주고 있다: "우리 안에 있는, 우리에 대한 모든 것은 왜곡된 죄의 결과로 영향을 받았다. 즉 우리의 의지는 타락되었고, 우리의 이해는 희미해졌으며, 인간 관계는 긴장되었고, 다른 피조물에 대한 청지기 임무는 믿을 수 없게 되었고, 우리의 느낌은 뒤틀렸고, 우리의 행동은 부적절하게 되었다."

그림 2.4는 이러한 파괴를 그림으로 잘 나타내 주고 있으며 모든 관계는 깨어지고 말았다.[15]

첫째로, 죄는 필연적으로 사람과 하나님과의 완전한 연합을 손상시키고 분리를 야기시켰다. 죄책과 공포의 두 감정은 이러한 분리의 결과이다(창 3:8-10).[16] 둘째로, 사탄(뱀으로 표현되었

그림 2.4
굴절된 형상의 관계들

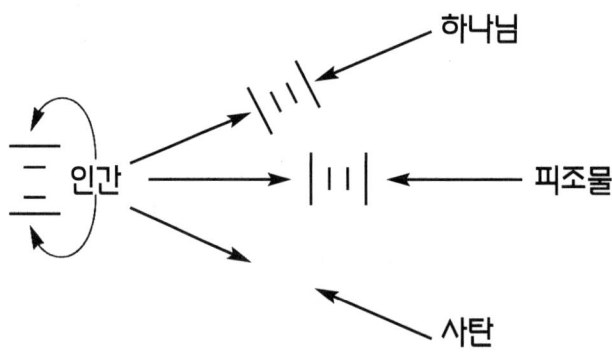

다)은 인간과 싸우고 있다(창 3:14-15). 셋째로, 해산의 고통은 모든 인간 관계에 분쟁이 있다는 것을 보여 준다.[17] 마지막으로, 전 우주와 전 인류 사이에 불화의 씨가 뿌려졌는데 그것은 저주받은 땅으로 나타났다(창 3:17-19).

"굴절된 형상"은 '꺾어진 것'을 의미하며 하나님의 드라마의 둘째 막을 가장 잘 설명해 주고 있다. "굴절"(라틴어 refractarius)은 강퍅하고 다루기 힘든 관계를 묘사한다. 즉 모든 인간 관계에 있어서 초기의 완전한 조화가 파괴된 것이다. 인간은 하나님께 온전히 순종하지 않게 되었으나, 아직도 그들의 창조자를 반영하고 있다. 그러나 이제 그 반영은 유원지에서 사람들의 모습을 굴절시키기 위해 설치해 놓은 반사경처럼 왜곡된 형상을 반영하게 되었다.

대체로 굴절에 대한 일곱 가지 표현이 창세기 3장에 나와 있다. 표 2.1은 중복되는 것이 있지만 이를 잘 요약해 주고 있다.[18]

생각하기

표 2.1에서 7개의 굴절에 대한 표현 중에서 3개를 골라 여기에 쓰라.

1. _____
2. _____
3. _____

표 2.1에 주어진 것을 제외하고 죄의 결과에 대한 다른 두 가지 예를 쓰라.

표 2.1
굴절된 형상의 의미

- 신학적 굴절(하나님, 인간, 사탄을 포함함)
- 우주론적 굴절("가시와 엉겅퀴")
- 직업적 굴절(힘든 일의 "고통스런 수고")
- 생리학적 굴절(결국 육체적 노쇠에서 "흙"으로)
- 심리학적 굴절(개인적 죄책감과 수치)
- 사회학적 굴절(출산의 고통으로 상징되는 인간 상호간의 갈등)
- 생태학적 굴절(인간과 피소물의 끝없는 갈등)

제3막: 회복된 형상

하나님께서 선고하신 심판 가운데에는 오실 메시야에 대한 약속이 있다(창 3:15). 심판에는 하나님의 은혜가 사이에 끼어 들어 의와 소망이 인간에게 주어진다.

창세기 6장에서 화목을 위한 하나님의 궁극적인 계획의 본보기가 홍수 사건을 통해서 나타난다. 방주 안에 있는 노아와 그 가족, 동물들의 구원은 갈보리 십자가에서의 사역을 예시한다. 홍수 후에 있을 지구의 회복도 미래에 있을 총체적 화목을 가리킨다. 창세기 8:21-22, 9:12-16은 인간만을 위한 것이 아니라 모든 피조물을 위한 언약을 분명하게 말해 주고 있다.

물론 그리스도의 화목케 하는 속죄는 노아나 모세의 언약들보다 더 높고 영원한 것이다(이 사실은 히브리서 전체의 전제로 나타나 있다).

굴절된 형상을 위한 하나님의 최고의 계획은 종합적인 것이다. 그 안에 세 개의 장면이 나타난다. 제3막의 모든 특징은 골로새서 1:19-23에 언급되어 있다.

> 아버지께서는 모든 충만으로 예수 안에 거하게 하시고, 그의 십자가의 피로 화평을 이루사 만물 곧 땅에 있는 것들이나 하늘에 있는 것들을 그로 말미암아 자기와 화목케 되기를 기뻐하심이라. 전에 악한 행실로 멀리 떠나 마음으로 원수가 되었던 너희를 이제는 그의 육체의 죽음으로 말미암아 화목케 하사 너희를 거룩하고 흠없고 책망할 것이 없는 자로 그 앞에 세우고자 하셨으니 만일 너희가 믿음에 거하고 터 위에 굳게 서서 너희 들은 바 복음의 소망에서 흔들리지 아니하면 그리하리라. 이 복음은 천하 만민에게 전파된 바요 나 바울은 이 복음의 일꾼이 되었노라.

장면 1: 최초의 화목(골 1:19-21)

예수를 개인적인 구주로 믿음과 동시에 누구든지 하나님 나라를 상속받는다. 이 약속은 화목케 하시는 그리스도의 희생을 통하여 역사적인 실재가 되었다. 성경은 하나님이 "그의 십자가의 피로 화평을 이루셨다"(21절)고 말한다. 이 구절은 문자적으로 "화평을 이루셨다"(계속되는 결과를 가져오는 과거의 행동)고 표현하고 있다. 바울은 의식적으로 역사상 시간의 순서를 대조하면서 "전에…하나님으로부터 멀리 떠났던"(21절) 자들이 "이제는 화목케 되었다"(22절)고 말한다.[19]

루이스 스미데스(Lewis B. Smedes)는 이와 관련되는 구절(고후 5:17)을 사용하여 화목에 관해 언급하고 있다. 바울은 인간이 그리스도 안에서 "새로운 피조물"이 '되는' 근거를 내세우지 않고 있다고 말한다. 또한 바울은 장차 어느 날에 신자가 '될 수 있다'고 말하지 않고 오히려 변화는 즉각적으로 일어난다고 논한다.

스미데스(1970, pp. 104-5)는 십자가의 역사성에 대한 중요성을 강조하기에 이른다: "하나님은 인류 역사 속에서 세 시간 동안에, 구체적인 장소에서, 특별한 사건으로 우리를 그 자신과 화목케 하셨다." 게다가 스미데스는 변증적으로 시간의 가치를 단언하고 있다.[20]

화목된다는 말은 "만물"이 하나님께로 회복되는 것임을 결코 잊지 말아야 한다(골 1:20). 바울은 의미심장하게 "땅에 있는 것들이나 하늘에 있는 것들"을 덧붙이고 있다. 때때로 복음주의자들은 마치 하나님의 회복이 오로지 우리 인간만을 위한 것인 것처럼 여기며 살아간다. 우리는 화목하게 되는 것이 개인적인 구원에만 제한되는 것으로 속기도 한다. 그러나 하나님의 갈보리 사역은 총체적이며 모든 피조물에게 영향을 주는 것이다.[21]

장면 2: 매일의 화목(골 1:23)

"이 세상은 나의 집이 아니요, 나는 다만 나그네일 뿐이다." 많은 흑인 영가들이 그리스도인의 삶을 순례 여행으로 정확하게 표현하고 있다. 베드로는 그의 독자들을 "세상에서 나그네와 행인"(벧전 2:11)이라고 부르면서 순례 여행에 대해 증거하고 있다. 믿음장이라고 불리는 히브리서 11장은 여러 명의 숭고한 순례자들에 대해 묘사하고 있다. 신실한 삶은 매일의 화목을 최초의 화목, 그리고 궁극적인 화목과 연합시켜야 한다. 바울은 거룩한 생활을 통한 현세적 증거(열매)는 하나님의 화목케 하심을 객관적으로 증명해 주는 것이라고 단호히 말했다. "만일 너희가 믿음에 거하고"(23절 상)는 믿음 없는 자와 대조를 이루고 있다. 그들은 "복음의 소망에서 흔들리지 아니하는"(23절 하)자들이다.

화목 모델에서 인간 상호간의 화목은 두 부분으로 구성되어 있음을 기억하라. 인간 관계에서 화목은 자신에 대한 의무를 포함한다. 바울은 새로워진 마음과 새로워진 행동에 대한 개인적인 책임에 대해 말한다. 두 가지 다 계속적인 성화의 과정을 요구한다(골 1:21). 인간 상호간의 화목에 대한 명령은 성경 전체에 산재해 있다. 이것은 특히 비슷한 명령들로 나타나 있다. 예를 들면, 화평에 대한 명령을 히브리서 12:14에서 찾아볼 수 있다: "모든 사람으로 더불어 화평함과 거룩함을 좇으라. 이것이 없이는 아무도 주를 보지 못하리라." 바울은 로마서에서 그보다 훨씬 더 조건적인 어투로 말하고 있다: "할 수 있거든 너희로서는 모든 사람으로 더불어 평화하라" (롬 12:18).[22]

 생각하기

히브리서 12:14은 로마서 12:18과 어떻게 다른가?

로마서 12:18을 풀어서 해석해 보라.

당신이 다른 종업원과 함께 일하는 것을 어려워하는 사람과 상담을 하고 있다면 당신은 이 두 구절에 근거해서 그 사람에게 어떤 충고를 해 주겠는가?

인간 상호간의 화목은 하나님의 형상(Imago Dei)의 한 국면을 단순히 표현하고 있다. 잠언 14:31은 좀더 복잡한 방식으로 나타난다: "가난한 자를 학대하는 자는 그를 지으신 이를 멸시하는 자요 궁핍한 사람을 불쌍히 여기는 자는 주를 존경하는 자니라"(잠 17:5과 비교). 야고보도 이와 동일하게 말하고 있다. '하나님을 찬양하는 것'과 '하나님의 모양대로 창조된 인간을 저주하는 것'은 앞뒤가 맞지 않는 일이다(약 3:9). 물론 저주는 욕하는 것에 국한되지 않는다. 이전의 잠언에 나와 있는 것처럼 어떠한 형태의 학대이든지 포함된다.

존 맥스웰(John C. Maxwell, 1989, P. 11)은 "이웃과 좋은 관계를 맺는 열쇠는 무엇인가? 그것은 자신을 다른 사람의 자리에 놓는 것이다"라고 설명한다. 이러한 공식은 등식의 형태를 지닌다. 즉 우리가 이웃을 대접하는 만큼 우리는 하나님을 대접하는 것이다.

성경의 다른 구절에서도 이러한 등식을 증명해 준다. 마태복음 25:31-46을 생각해 보라. 여기서 의인은 궁극적으로 악인과 구별된다. 왜냐하면 전자는 주께로 향한 그들의 진실한 헌신을 이웃 사람을 통하여 표현하고 있기 때문이다.

- 주리고 목마른 자에게 먹을 것을 줌
- 나그네를 영접함
- 벗었을 때 옷을 입혀 줌
- 병들었을 때 돌아봄
- 옥에 갇혔을 때 돌아봄

이와는 대조적으로, 악인은 심판을 받는다. 그들은 궁핍한 자들을 돕는 데 실패했다. 의인은 진지하게 하나님께서 그들을 보상하시는 것에 이의를 제기한다(37-39절): "우리의 인간 상호간의 친절이 실제로 왕이신 그리스도에게 드리는 친절과 같이 여겨짐은 어찜입니까?" 바꿔 말하면 의인은 선천적으로 의롭기 때문에 친절하게 행한다. 즉 외적 보상에 대한 욕구가 없다. 악인은 왕께 동일한 질문을 한다(44절). 그러나 그들의 질문 방식은 다르다. 그들의 질문을 쉽게 말하면 "주여, 우리가 그것이 당신에게 한 것인 줄 알았더면 궁핍한 자들을 도왔을 테고 우리가 적절하게 반응했을 텐데요"라고 했을 것이다. 악인은 선천적으로 도덕적인 임무를 성취할 수 없고, 오로지 외적 보상이 그들의 행동의 동기가 되며 그들이 행하기 전에 어떤 개인적인 유익이 약속되어야 한다.

왕은 두 가지 경우에 공평한 심판을 선언한다: "너희가 여기 내 형제 중에 지극히 작은 자 하나에게 한 것(하지 아니한 것이)이 곧 내게 한 것(하지 아니한 것)이니라"(40, 45절).

빌 하이벨(Bill Hybels, 1987, p. 64)는 다음과 같이 적용하고 있다: "동정심이란 우리 몰인정한 사람들에게 저절로 생기는 것이 아니다. 우리는 속력을 낮추어서 다른 사람의 입장에 서는 단호한 노력을 해야만 한다. 우리는 우리 자신에게 다른 사람들의 입장에 놓이는 것이 어떻게 느껴지는지 자문해 볼 필요가 있다."[23]

화목의 사역에 대한 이러한 표현에 덧붙여서 우리는 환경, 즉 하나님의 피조물에 대한 우리의 책임도 잊어서는 안 된다. 교회는 생태학적 개혁을 주도해야 한다. 우리가 청지기의 사명을 잘 감당하기 위해서는 이 분야에서도 모범을 보여야 한다. 불행하게도 복음주의자들은 이 분야에 많은 관심을 보이지 않아 왔다. 교육적인 자료도 거의 없는 상태이다.[24]

장면 3: 궁극적인 화목(골 1:22)

이제 우리는 딜레마에 직면해 있다. 만일 우리가 단번에 화목되었다면 우리는 왜 그것을 느끼지 못하고 그처럼 행동하지 못하는 것일까? 왜 우리는 항상 죄를 극복하며 승리하지 못하는 것일까? 그것은 우리가 지금 현재와 아직은 도래하지 않은 미래 사이에 있기 때문이다.[25]

우리가 맨 처음 하나님과 화목하게 되고, 그리고 매일 화목을 이루며 살아가는 것 외에도 바울은 미래의 어느 날 그리스도인들이 하나님 앞에 "거룩하고 흠없고 책망할 것이 없는 자"(골 1:22)로 세우심을 입는 그 날이 올 것을 말하고 있다. 바울은 미래에 일어날 일을 마치 승리가 보증된 것처럼 표현했다—지금이 아니라 미래의 그 날에. 우리가 미래에 승리할 것은 분명하지만 신자들이 "천국에 대한 생각으로만 가득 차서 현실에는 아무렇게나" 살아서는 안 된다. 스미데스(1970, p. 108)는 궁극적인 화목을 바라보는 자가 어떻게 살아야 할 것인가를 교훈하면서 이런 생각에 경고를 하고 있다.

> 그러나 그리스도인들이 현재 어두움의 세상에서 자유함을 받았고 빛의 세계에 피난처를 얻었다고 생각한다면, 하늘의 "권능"들이 떨어지고 "이 세상의 신"들이 패배했다고 생각한다면, "옛 것은 지나가고 새 것이 도래했다"고 생각한다면, 우리는 고통스러운 일을 당할 것이다. 그러나 이 고통은 옛 것이 정말 변화되었고, 또 앞으로 궁극적으로 변화될 것을 믿는 자의 고통이다. 무엇인가 변화가 일어났고, 또 앞으로도 변화가 일어날 것을 믿음으로 바라보는 자만이 "언제까지니이까?"라고 탄식할 수 있을 것이다.

프란시스 쉐퍼(Francis Schaeffer)는 비슷한 결론을 이끌어 낸다. 그는 궁극적인 화목과 매일의 화목 사이에서 계속되는 긴장감에 주목하고 있다. 그는 매일의 화목에 대한 책임을 중요시 하면서 복음주의자들이 비참하게 실패했다고 평가한다. 쉐퍼는 교회의 두드러진 두 개의 임무를 말해 주는 "실질적인 치유"라는 표현에서 그 해결책을 찾았다.

첫째로, 우리는 우리의 날마다의 노력과 결과가 제한받을 것을 인식하면서도 피조물의 회복을 계속 시도해야 한다. 이것은 신실한, 그러나 현실적인 생각을 반영한다.

둘째로, 우리는 궁극적인 회복을 마음에 품고서, 피조물을 하나님과 화목케 하고자 노력해야 한다. 이것은 희망적이고 이상적인 생각이다. "장차 인간뿐만 아니라 모든 피조물의 궁극적인 구원이 있다는 사실의 기초 위에서, 성경을 믿는 그리스도인이라면 하나님의 도우심과 성령의 능력을 힘입어 그 때(then)의 회복된 자연 상태를 바라보면서 지금(now)의 자연 환경을 관리하는 자가 되어야 한다."

제2장 총체적 화목 53

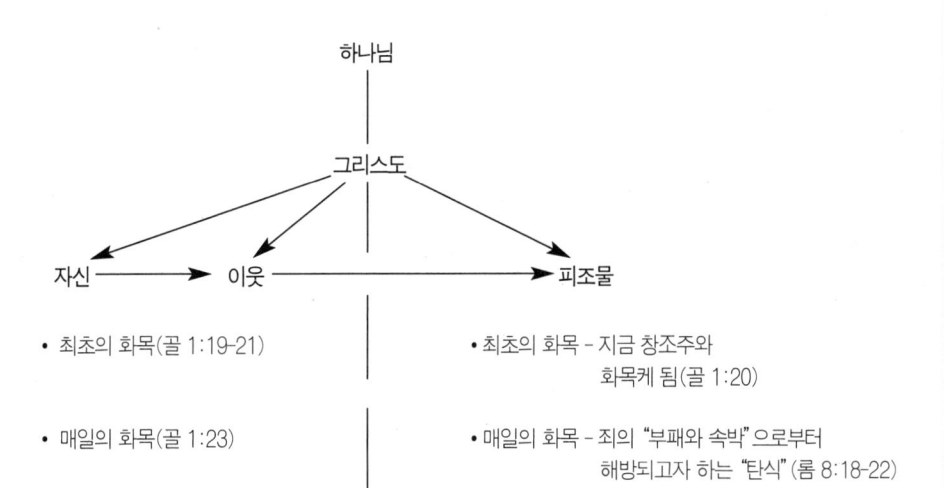

그림 2.5
모든 피조물을 화목케 하시는 하나님의 계획

그리스도로부터 사탄에 이르는 점선은 사탄이 다른 피조물들과 화목케 되지 않을 것임을 나타낸다. 그러나 세 장면의 구조에 따라서 사탄에 대한 것을 관찰해 보면 유익하다.

- 최초의 화목 - 에덴 동산에서 선언된 그리스도에 의한 패배(창 3:15)
- 매일의 화목 - "공중의 권세 잡은 자"로서의 제한된 권위가 주어짐(엡 2:2)
- 궁극적인 화목 - 영원한 피로움과 고통(계 20:10)

결론

그림 2.5는 본장에서 설명한 하나님의 화목 계획에 대해 종합적으로 보여 준다. 비록 궁극적인 화목을 이루어 가는 과정이 훨씬 더 유동적이고 역동적일지라도, 이 그림은 몇 가지 범주와

사건의 발생 순서를 강조하고 있다. 그리스도를 모든 화목의 중재자로서 나타내고 사람을 "자신"과 "이웃"으로 세분하여 이전의 화목 모델에 변화를 가져왔다. 또한 제3막(회복된 화목)의 세 장면들이 확대될 수도 있다.

죽음이 우리를 갈라 놓을 때까지

화목의 사역에 대한 헌신은 결혼에 비유될 수 있다. 결혼식 때 신랑, 신부는 식장에서 식순에 따라 주례의 질문에 "예"라고 말한다. 마찬가지로 순종하는 신자는 구원의 제단에서 "예"라고 말함으로써 영적인 순례 여행을 시작한다. 말할 필요도 없이 이 두 헌신은 일생 동안 지속된다. 각각의 결정은 날마다 계획되고 강화되며 더 깊은 수준의 충성이 요구된다. 정절, 성실, 충분한 사랑이 결혼과 신앙 모두를 위한 선행 조건이다. 신앙의 헌신이 경시될 때, 그 결과는 디트리히 본회퍼(Dietrich Bonhoeffer)가 안일한 신앙주의라고 경멸했던 "값싼 은총"이 되고 만다. 마찬가지로 결혼과 서약이 경시되는 풍조에 따라 이 세대에 급속히 늘어나는 결혼 제도의 파괴는 놀랄 일이 아니다. 결혼과 신앙의 유사성이 표 2.2에 나타나 있다. 헌신의 세 가지 국면이 화목 모델의 세 장면들과 비교된다.

표 2.2
결혼-신앙의 비교

최초의 헌신	역사적인 시점에서 우리는 결혼식장의 강단에 섰을 때, 그리고 믿음의 제단 앞에서 "예"라고 말한다.
매일의 헌신: 생각과 선택에 영향을 미침	날마다 헌신을 다짐하는 것—한 사람에게 "예"라고 말하는 것은 다른 모든 사람에게 "아니오"라고 말하는 것이다—은 우리의 생각과 선택에 영향을 미친다(우상 숭배가 어떻게 간음과 연결되는지 주의해서 보라. 고전 5:9-11, 10:7-8 참조).
감정과 태도에 영향을 줌	날마다 건전하지 못한 감정을 다스림으로 절제와 정절을 지킨다(엡 4:26-27 참조).
행동과 삶의 방식에 영향을 줌	날마다 서로 복종하는 자세를 취하는 것이 성장에 필수적이다(고전 7:3-4 참조).
궁극적인 헌신	"예"라는 선포는 죽음이 우리를 갈라 놓을 때까지 계속된다.

생각하기

표 2.2를 더 발전시켜 보라. 신앙과 결혼에의 헌신 사이에 어떤 유사점들을 더 생각해 낼 수 있는가?

신앙과 결혼의 유사성에 대해 더 생각해 보자. 결혼식의 흰 넥타이는 온전한 헌신을 상징한다. 반지의 중앙에 있는 값비싼 보석은 인간의 가치를 나타내며, 둥근 원은 신실함을 나타낸다. 한 사람이 그리스도를 구주로 영접한 날, 이와 같은 기념물을 선물로 받을 수 있다. 이와 같은 기념물을 보면서 우리는 성실한 생활을 하게 된다. 우리는 매년 결혼 기념일을 축하하면서, 왜 해마다 우리의 중생한 날을 축하하지는 않는가?

화목한 자의 삶은 연령별로 어떻게 나타나야 하는가?

일상 생활에서 화목한 삶을 살고 있는 것을 어떻게 알 수 있는가? 화목케 하는 자는 어떻게 보이는가? 하나님에 대하여 아는 것만으로는 충분하지 않다. 바리새인들은 이 점에서는 나무랄 데 없었다. 아는 것은 중요하다. 그러나 신자를 성숙시키기에는 불완전하다. 우리는 "~에 대하여"라는 전치사를 떼어 내야 한다. 우리는 날마다 성장하는 친밀한 관계를 통해서 하늘에 계신 아버지를 "알아야" 한다.[26]

연령의 관점에서 화목케 하는 직책을 생각해 보자. 화목케 하는 일 한 가지, 즉 '기도를 통한 하나님과의 개인적인 관계'를 생각해 보자. 어린 아이는 기도를 '그리스도인들이 행하는 일들'로 이해한다. 기도는 이를 닦는 것처럼 불을 끄기 전에 하나 더 해야 할 일로 생각되는 하나의 점검 항목으로 전락된 것이다. 우리는 어린 아이들이 기도란 그리스도인들이 '그들의 아버지와의 관계'를 중요시하며 누리는 교제로 이해하도록 도와야 한다. 그리하여 하나님에 대한 지식을 얻는 데 그치지 않고 하나님과의 관계에 따르는 교제를 누리게 해야 한다.

우리는 또한 청소년들을 영적으로 성숙하도록, 그리고 화목에 대해 더 잘 이해하도록 도와야 한다. 그들이 친구들과 두터운 우정을 갖고자 애쓰는 것처럼 하나님과의 관계에서도 깊은 교제를 갖고자 갈망하도록 해 주어야 한다. 그들이 가장 친한 친구와 의미 있는 대화를 나누는 것과 같은 열정을 가지고 기도 생활을 발전시켜 나가도록 도와야 한다.

성인들은 기도를 하나님과의 관계 속에서 행해야 할 어떤 의무로 보거나, 혹은 관계 그 자체를 유지하는 것으로 보아서는 안 된다. 이 두 가지는 모두 기도를 무슨 보상을 받기 위한 것으로 생각하는 것이다. 무엇을 얻기 위해(예를 들어 좋은 선물이나 좋은 친구들) 기도를 한다고 생각하는 것이다. 때때로 이 두 가지 관점이 맞는 경우가 있을지도 모른다. 그러나 그것이 성숙한 신자의 두드러진 이미지가 되어선 안 된다. 기도는 본래 아버지와의 사랑스러운 관계의 특권으로서 존중되어야 한다. 구체적으로 말하면 기도는 우리와 하나님과의 약속으로 보아야 한다. 성인들이 사랑하는 친구에게 그들의 모든 것을 나누고자 하는 것처럼 아버지께 말하도록 도와 주어야 한다. 십대의 관점과는 대조적으로 성인들은 보답으로 어떤 것을 기대하지 말아야 한다. 종종 하나님은 침묵하신다. 하나님의 침묵 때문에 우리의 헌신이 흐려져서는 안 된다.

기독교 교육에서 지도자로서 우리가 하는 일은 화목케 하는 일이다. 평화의 사신으로서 우리의 평생의 임무는 하나님과 자신과 이웃 그리고 모든 피조물에 초점을 맞추어야 한다.

그러나 이 영원한 사역을 우리는 또한 연령에 맞게 적용해야 한다. 어린 아이들은 개인적인 사랑을 요구하면서 반면에 이것을 그리스도인의 관계에 따르는 규율이라고 생각한다. 십대 청소년들은 상호간의 관습에 따라 행동하는 의식으로 간주한다. 성인들은 기도를 보상에 관계없이 충성스럽게 행하는 영적 청지기직에 따르는 권리 혹은 특권으로 생각한다. 각각의 관점이 다르다는 것은 우리가 연령에 적합하게 적용해야 함을 알려 준다.

그리스도인 교사로서, 두 가지 명심해야 할 일이 있다. 첫째로, 우리는 이러한 진리와 일치하는 화목을 설계해야 한다. 둘째로, 우리 교육자들은 학생들의 성장 과정에 민감해야 하고 적절한 전략을 통해서 성숙을 촉구해야 한다.[27]

우리는 모든 개인들이 하나님과 화목하도록 도와야 하고, 창조주를 향한 진실한 열정을 갖도록 환경을 만들어 주어야 한다. 인간이 경험하는 삶의 어떤 영역도 포기해서는 안 된다. 그것은 교육자인 우리에게 중요한 일이다.

"이것이 화목을 이루는 일인가?"라고 평가해 보는 것이 중요하다. 화목을 이루는 것이 무엇보다도 중요하다.

제3장
그리스도인 성숙의 화목 모델

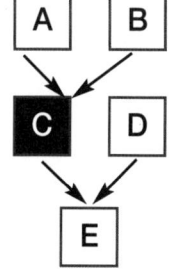

햄스터 이야기
그리스도인의 궁극적인 과업: 화목
성숙에 대한 기본적 고찰
성숙의 네 가지 주제들
피해야 할 극단들
성숙을 위한 실제적 제안
결론

햄스터 이야기

나는 결코 이런 일이 일어나리라고는 생각지 못했다. 두 가지 터무니없는 사건이 한 달 사이에 일어났다. 메리와 나는 마음이 아팠고 이 일로 스트레스를 받게 되었다. 18년의 결혼 생활과 13년간의 자녀 양육 기간을 지낸 우리 부부는 가족의 첫 번째 애완 동물로 햄스터를 한 마리 샀다. 우리는 둘 다 대가족 제도 속에서 자랐고 어린 시절 거북이와 뱀에서부터 고양이와 세퍼드에 이르기까지 여러 가지 애완 동물들을 키워 본 경험이 있었다. 그럼에도 불구하고, 혹은 그래서 인지도 모르지만 우리는 애완 동물을 기르는 문제로 오랜 논쟁을 해 왔다. "돌보기가 너무 어려워." "우리가 없을 때 누가 그것들을 돌보지?" "죽으면 어떡하지?" 등등의 문제였다. 그래서, 서로 협의해서 산 것이었다. 그런데 알빈(햄스터의 이름)을 기른 지 얼마 되지 않아 어이 없게도 설마 했던 우려들이 금방 현실로 나타났다. 온 가족이 휴가를 간 지 3일 후 우리 집을 봐 주던 사람이 알빈의 죽음을 알려 왔다. 우리는 이 사실을 아이들에게 말할 용기를 얻는 데 8일이 걸렸다.

집에 도착한 후 우리는 다시 햄스터 한 마리를 사서 벳시라고 이름 붙였다. 그러나 생각지도 못한 일이 또 다시 일어났다. 벳시가 자기 집에서 도망쳐 나간 것이다. 몇 시간 동안을 찾으러 다녔으나 헛수고였고 찾을 수 없었다. 메리는 다시 포기하자고 했다. 벳시를 찾기 위해 내가 이웃집 사냥개를 집으로 데려오자 메리는 드디어 비명을 질렀다. "당신은 애완 동물 없이도 거의 20년 동안이나 되는 결혼 생활을 했으면서 '밖에서 키우는' 개를 깨끗한 집 안으로 데려오자는 말이에요?" 나는 메리가 필사적으로 반대한다는 것을 알았다. 난 충격을 받았다. 그러나 그녀의 말에 동감이 갔다. "그것은 트랙 경기용 동물이에요. 그것이 그들의 뚜렷한 특성이죠." 그녀의 판단은 옳았다.

이 이야기는 본장의 목적을 강조하기 위해서 쓰였다. 그리스도인들은 늘 다음의 질문을 해 보아야 한다: "우리의 가장 뚜렷한 과업은 무엇인가? 우리는 무엇을 하도록 지음 받았는가?"

그리스도인의 궁극적인 과업: 화목

2장에서 우리는 그리스도인의 궁극적인 과업이 화목케 하는 일임을 알았다. 그것은 그리스도인의 삶의 건전한 목적가 된다. 하나님은 그의 아들을 통하여 이 일에 초점을 맞추기 시작하셨다. 교회가 뒤이어 그 책임을 맡았다. 성경은 화목과 관련하여 평화, 일치, 교제의 삶을 명하고 있다. 특히 신자들은 조화를 회복하고, 깨어진 관계를 개선하고, 죄를 범하고 있는 다른 신자들을 돌이키고, 잃어버린 자를 찾는 일을 하도록 명령받았다.

우리는 또한 화목을 요구하는 신앙과 삶의 네 가지 범주에 대해 생각해 보았다. 우리는 하나님, 자신, 이웃, 피조물과의 관계를 회복해야 한다. 화목이 이처럼 총체적인 것이라면 크리스천 지도자들은 이 네 가지 중 어떤 것도 결코 무시해서는 안 된다.[1]

성숙에 대한 기본적 고찰

그리스도인의 궁극적인 목적인 화목을 이루기 위하여 기독교 교육을 맡고 있는 우리는 이 평생 과업을 어떻게 세분할 수 있을까?[2] 어떤 중간 목표나 세부 목표들이 있을 수 있겠는가? 하나님이 주신 이 과업을 우리가 성취하고 있는지 아닌지 어떻게 알 수 있는가? 우리가 해야 할 일은 무엇일까?

궁극적 목표와 세부 목표들[3]

화목에 대해 종합적으로 연구하기 위해서는 신약에 나타난 유형들을 분석하는 것이 중요하다. 잘 알려진 구절인 사도행전 2:42-47은 초대 교회 성도들의 화목을 이루기 위한 중간 목표에 대해 상술하고 있다. 이 구절은 우리의 궁극적인 교육 목표의 구성 요소들을 나열하고 있다.

> 저희가 사도의 가르침을 받아 서로 교제하며 떡을 떼며 기도하기를 전혀 힘쓰니라. 사람마다 두려워하는데 사도들로 인하여 기사와 표적이 많이 나타나니 믿는 사람이 다 함께 있어 모든 물건을 서로 통용하고 또 재산과 소유를 팔아 각 사람의 필요를 따라 나눠 주고 날마다 마음을 같이 하며 성전에 모이기를 힘쓰고 집에서 떡을 떼며 기쁨과

순전한 마음으로 음식을 먹고 하나님을 찬미하며 또 온 백성에게 칭송을 받으니 주께서 구원받는 사람을 날마다 더하게 하시니라.

이 구절이 하나님의 백성에게 위임된 명령을 논하고 있는 것은 아니다. 그러나 여기에는 화목에 대한 적절한 세부 목표의 목록들이 들어 있다. 이 구절에서 교회의 책임을 네 개의 주제로 분류할 수 있다.

- 영적 교제(Communion)[4]
- 공동체(Community)
- 인격(Character)
- 사명(Commission)

그림 3.1은 이 네 가지 주제들을 사도행전 2장의 명령과 관련시키고 있다. 짝지어진 것들이 화목에 대한 이론적 특성을 어떻게 나열하고 있는지 주목하라.

그림 3.1
화목케 된 교회의 책임들

주제	로고 그림	성경 구절	1차적 초점
영적 교제		"기도" (42절) "하나님을 찬양함" (47절)	화목케 하시는 자 (하나님)
공동체		"서로 교제하며…전혀 힘쓰니라" (42절) "다 함께 있어 모든 물건을 서로 통용하고" (44절)	화목할 수 있는 사람들
인격		"사도의 가르침을 받아" (42절)	화목하는 과정
사명		"재산과 소유를 팔아… 각 사람의 필요를 따라 나눠 주고" (45절)	화목케 하는 선언

성숙의 네 가지 주제들

"영적 교제"는 네 가지 주제 중에서 가장 중요하다. 이는 하나님과의 근본적인 관계를 강조한다. 영적 교제는 우리가 우선적으로 확립 해야 할 수직 관계를 나타낸다. 나머지 세 개는 분명히 수평 관계를 말해 준다. 패커(J. I. Packer)는 다음과 같이 말한다.

> 우리는 무엇을 하도록 지음 받았는가? 하나님을 알기 위해서이다…예수께서 주신 "영생"은 무엇인가? 하나님을 아는 것이다. "영생은 곧 유일하신 참 하나님과 그의 보내신 자 예수 그리스도를 아는 것이니이다"(요 17:3). 우리의 삶에서 무엇보다도 더 많은 기쁨과 즐거움과 만족을 가져다 주는 것은 무엇인가? 바로 하나님을 아는 것이다… 우리가 이 땅에 살면서 이루어 나가야 할 가장 중요한 일이 하나님을 아는 것이라는 사실을 인식하고 있다면, 삶의 문제들은 대부분 자동적으로 해결될 것이다.

사도행전 2:42, 47에 보면 초대 교회는 기도와 찬양을 통해서 영적 교제를 나누었다. 이러한 교제를 통해서 그들은 하나님에 대하여 확실하게 체험적으로 알아갔다. 그들의 믿음이 꽃을 피우기 시작한 것이다. 이처럼 영적 교제에 가장 큰 비중을 둘 때, 네 개의 주제가 바른 순서를 이룬다. 그들이 이 수직적 관계에 주의를 기울였기에 나머지 요소들도 더 잘 이루어진 것이다.

사도행전 2장에서 가장 자주 강조되는 것은 신자들간의 교제이다. 우리는 그것을 "공동체"라고 말한다. 신자들은 자발적으로 서로를 섬겼다. 사회적 성장이 일어났고 사람들은 자신의 책임을 다했다. 두 번째 주제는 하나님의 구원 계획 안에서 '화목할 수 있는 사람들'을 가리킨다. 프레드릭 뷔크너(Fredrick Buechner, 1969, pp. 45-47)는 한 실제적인 비유를 통해서 이를 설명한다. 그는 존 던(John Donne)의 "어느 누구도 하나의 섬은 아니다"라는 말을 두둔하면서 신자들에게 "다리를 놓는 사람들"이 되라고 한다. 그는 이런 사람들을 제사장이라 불렀다. 그렇게 할 때 하나님의 나라가 세워지는 것이다.[5]

"인격"은 개인적 성장을 말하며, 이것은 하나님의 말씀에 대한 헌신을 통해서 이루어진다. 초대 교회 성도들은 오순절 첫 날에 변화되었고 사도들의 가르침(42절)을 통해서 인격 형성이 시작되었다. 교회는 질적, 양적으로 성장해 갔고 성도들은 온 백성에게 칭송을 받았다(47절). 그들은 인격의 성숙을 보여 준 것이다.

패커(1988, p. 33)는 영적 교제와 인격이라는 주제를 연결시킨다. 용서는 그 연결 고리가 된다. 왜냐하면 용서를 통해서 그리스도인의 성숙이 일어나기 때문이다: "이전에 우리가 사랑받지 못하고 무가치하다고 느꼈을지라도, 이전에 우리가 자기를 증오하고 비난하고 저주했을지라도, 지금 우리는 우리를 사랑하심으로 구원해 주신 하나님이 우리를 가치있게 하셨고, 우리를 완전히 용서하심으로, 우리가 우리 자신을 용서하도록 하셨으며, 용서하지 않는 것을 죄로 정하셨다는 것을 알아야 한다."

인격은 하나님의 용서에서 시작된다. 초대 교회 성자들이 대중의 칭송을 받았던 이유는 그들이 최초로 죄의 노예 상태에서 자유로워졌기 때문이었다. 패커가 언급했듯이 하나님의 용서는 인간의 존재 가치를 가져다 주고, 아버지의 용서를 받아들이는 것은 우리의 자존감을 충족시킨다.[6] 그리스도인의 참된 인격은 인간에 대한 새로운 관점으로부터 출발한다.

마지막으로 "사명"은 세상을 향해 나아가라는 교회를 향한 하나님의 명령이다. 복음 전도는 매우 중요하다. 그러나 "복음"에 대한 좀더 포괄적인 이해가 필요하다. 예를 들면 초기 신자들은 그들의 희생적인 사랑을 물질적인 헌신으로도 나타냈다. 그들은 재산과 소유를 팔아 각 사람의 필요를 따라 나눠 주었다. 심지어 불신자에게까지 사랑을 베풀었다.[7] 사명에는 거룩한 부르심, 타고난 재능, 사명이 수반된다. 뵈크너는 사명에 대해 다음과 같이 서술했다: "그것은 우리가 그리스도를 위해서 우리들의 삶에 신중해야 한다는 것을 의미한다. 왜냐하면 그런 삶이 이 혼란스럽고 위험한 세상에서 우리가 살아야 할 유일한 삶이기 때문이다. 그런 삶이 가치있는 삶이며, 우리가 어떻게 사느냐 하는 것은 매우 중요한 일이다."

우리 교사들은 하나님이 우리에게 가르치기를 원하시는 것을 잘 가르치고 있는지 어떻게 알 수 있을까? 개인적인 성장을 잴 수 있는 척도는 무엇일까? 어떻게 하면 다른 사람들의 성숙을 가장 효과적으로 도울 수 있는가? 외적으로 드러나는 성장의 표시는 무엇인가? 본 단원에서 두 가지의 주요 주제를 다룬다. 첫째로 성장을 이루는 화목 모델에 나오는 4개의 주제를 더 세밀히 조사했고, 둘째로 교육의 실제적인 예를 검토했다. 표 3.1은 4가지 주제들에 대한 설명과 의무들을 말해 준다.

영적 교제

고든 루이스(Gordon R. Lewis)와 브루스 디나레스트(Bruce A. Denarest)는 "특별 계시의 포괄적인 목적은 죄인된 인간이 하나님과의 영적 교제를 완전히 회복하는 것"이라고 말했다. 제임스 휴스톤(James Houston, 1989, p. 56)은 "많은 사람들은 그들이 생각하는 것과 행하는 것

표 3.1
화목의 주제들

	영적 교제	공동체	인격	사명
설명	하나님의 계시를 인정하고 순종함으로써 그를 찬양함	그리스도 안에서 하나가 되고 진정한 교제를 경험함	개인적으로 그리스도의 형상에 이르기 위해 양육을 받음	그리스도의 사랑의 복음을 전함. 궁핍한 자들을 돕는 사역을 함. 하나님의 진리를 생활과 일에 적용함
의무	하나님을 기쁘시게 함. 하나님과의 관계를 강화함. 믿음과 사랑 안에서 자람	믿는 자들을 사랑의 띠로 하나 되게 하고 교회 안에서 사회적, 도덕적 성숙을 강조함	그리스도를 닮고자 개인의 전인적 성장을 촉진함	사람들이 하나님을 알고 하나님의 부르심과 은혜를 통하여 그의 아들을 닮아가도록 도움

사이에서, 신앙과 행동 사이에서 내적 분열을 일으키고 있다. 사실상 많은 종교인들이 신앙을 하나님과의 살아 있는 관계로 보기보다는, 자신들이 인정하는 일련의 신조들로 생각한다." 하나님과의 영적 교제는 기도나 예배와 같이 하나님과의 의미 있는 대화에서 시작된다. 유진 피터슨(Eugene Peterson, 1987, p. 29)은 "기도는 우리가 먼저 하나님과 교제하고, 이후 세상에 나아가는 것을 의미한다"고 권고한다. 시편 139편에서 다윗은 우리가 우리 자신을 아는 것보다 하나님이 우리를 더 잘 아신다는 것을 보여 준다.

- 여호와여 주께서 나를 감찰하시고 아셨나이다(1절).
- 여호와여 내 혀의 말을 알지 못하시는 것이 하나도 없으시니이다(4절).
- 주께서 내 장부를 지으시며 나의 모태에서 나를 조직하셨나이다(13절).

영적 교제는 하나님과 올바르게 교제하는 것이다. 즉 우리의 의심, 상처, 분노, 고통, 절망을 하나님과 함께 나누는 것이다. 또한 그것은 기쁨과 감사와 찬양을 포함한다. 한마디로 영적 교제는 건강하고 친밀한 관계의 핵심이다. 이러한 것을 하나님과 함께 나누게 되면 영적 교제가 깊어지는 것이다. 이 주제와 유사한 성경적인 표현은 "믿음"이다. 성경에 나오는 경건한 지도자들은 믿음의 사람들로 알려져 있다. 그들은 착실하게 창조주와 교제했던 사람들이다. 이 점에 대해서 피터슨(1987, p. 28)은 "시편에 나오는 선지자들의 깊은 기도와 예배를 본받지 않으면서 선지자들의 설교와 도덕적 행동을 모방하는 목사들은 믿음 생활에는 거치는 돌이 되고 교회에는 방해물이 된다"고 말했다.

생각하기

최근에 여러분이 하나님과 올바르게 교제했던 때는 언제인가? 진지한 의심들이나 감사를 통해서 여러분의 성장을 어떻게 나타내 보였는가?

시편 55편을 읽고 다윗의 정직성에 대한 당신의 첫 반응을 말해 보라.

다윗을 괴롭혔던 두 가지 문제를 쓰고, 이러한 어려움들이 어디에서 발견되는지 기록하라.
1. (절)_____
2. (절)_____

다윗이 밝히고 있는 두 가지 보증이나 약속을 기록하고 각각의 절을 쓰라.
1. (절)_____
2. (절)_____

다윗의 안내를 따르라. 당신과 하나님의 영적 교제의 한 영역을 생각해 보라. 당신의 기도에서 좀더 정직하고 솔직할 필요가 있는 부분은 어디인가? 당신은 무슨 약속을 근거로 당신의 필요를 구하겠는가?

공동체

영적 교제가 하나님께 예배하는 것이라면, 공동체는 사람들과 교제하는 것이다. 이 두 가지는 모두 관계의 성실함을 추구한다. 이러한 유사점을 성경의 몇 구절을 통해 알아보자. 하나님을 믿는 믿음은 서로를 위한 우리의 사랑을 확증해 준다(요 13:34-35). 이는 모든 성숙한 회중들에 대한 시험임에 틀림없다. 뒤집어 말하면 우리가 하나님을 사랑하노라 하고 우리의 형제를 미워하면 거짓말을 하는 것이다(요일 4:20-21). 이러한 이중적 교제의 생생한 적용은 마태복음 5:20-26에서 나타난다. 우리가 하나님을 예배하는 동안(영적 교제) 인간 상호간의 범죄(공동체)가 생각나거든, 즉시 예배를 멈추고 화목하게 된 후에 와서 예배를 드리라고 말한다. 성경은 이러한 수직적-수평적 책임을 분리시키는 것은 불가능하다고 말한다.[8]

생각하기

어떤 죄들이 그리스도 안에서 형제, 자매 된 자들의 사이를 나쁘게 할 수 있는가? 어떤 죄들이 당신이 효율적인 크리스천 교사가 되는 것을 방해하는가? 비판적인 말? 용서하지 못하는 마음? 잔소리? 경건치 못한 파벌? 혹은 긍정적이고 친절한 행동, 즉 격려하고 감사를 표현하고 위로하는 말을 잘 못하는것?

인격

이 주제에서는 우리의 생각을 다스리는 문제에 대해 다룬다. 바울은 자주 우리에게 이 책임을 상기시킨다: "종말로 형제들아, 무엇에든지 참되며 무엇에든지 경건하며 무엇에든지 옳으며 무엇에든지 정결하며 무엇에든지 사랑할 만하며 무엇에든지 칭찬할 만하며 무슨 덕이 있든지 무슨 기림이 있든지 이것들을 생각하라"(빌 4:8). 그러나 경건한 인격이란 더 많은 것들을 의미한다. 선지자 미가는 인격의 실질적인 차원에 대해 말하고 있다: "사람아, 주께서 선한 것이 무엇임을 네게 보이셨나니 여호와께서 네게 구하시는 것이 오직 공의를 행하며 인자를 사랑하며 겸손히 네 하나님과 함께 행하는 것이 아니냐"(미 6:8). 이런 기준으로 살아가려면 다른 사람을 가르치는 우리는 공의, 인자, 겸손의 총체적 삶을 우리의 교실 안에서 실현해야 한다.

생각하기

당신은 학생들이 공의로운 삶을 살도록 어떻게 도와 주고 있는가? 학생들이 다른 사람이나 환경에 의해서 억압받고 있는 상황을 개선하려 하고 있는가? 가혹함 대신에 인자를 베풀고 있는가? 거만한 태도로 사역을 하고 있지는 않은가?

'도덕적 성장'이란 말은 경건한 인격이라는 주제를 가장 잘 말해 주고 있다. '영성'과 '도덕성'이라는 단어는 동의어는 아니지만 서로 관련이 있다. 예수께서는 미래의 심판에 대해 말씀하실 때 근본적으로 도덕적 행위들을 영적인 생명력이나 보상과 동일시하셨다(마 25:31-40).

사명

무엇이 청지기직을 충성스럽게 감당하게 하는가? 그것은 확신 있는 부르심, 사명, 목적으로부터 시작된다. 우리는 그것을 "사명"이라고 말한다. 그것은 선한 일을 위한 부르심(엡 2:10), 영적 은사의 활용(엡 4:16), 가난한 자들을 위한 진정한 봉사(행 20:35)를 포함하고 있다. 사려 깊은 교사들은 위의 세 가지 의무를 의식적으로 행하려고 노력한다. 어린이들에게도 이러한 목표를 의도적으로 이야기해 주어야 하며, 그리스도를 영화롭게 하는 행위들을 칭찬해 주어야 한다. 교사들은 어린이들에게서 사랑의 은사나 다른 사람을 대접하는 일, 지혜 등과 같은 잠재된 은사들을 깨우쳐 주고, 그것을 행할 수 있는 기회를 마련해 주어야 한다. 우리들 중 대다수는 교회와 이웃에서 봉사 활동을 했던 어린 시절의 경험을 따뜻한 마음으로 추억하고 있을 것이다.

달라스 윌라드(Dallas Willard, 1988, p. 51)는 사명에는 생태학적 관심도 포함되어 있음을 상기시킨다. 그는 이 네 번째 주제를 인류학의 학설에 연관시킨다.

> 애완 동물을 좋아하고 동물원을 만드는 등 살아 있는 동물들을 좋아하며 그것들을 길들이고 싶어하는 현대의 풍조, 그리고 지구에 사는 다른 생물들을 훈련하고 다스리는 놀랄 만한 인간의 능력은 인간에 대한 하나님의 본래 의도를 희미하게나마 반영해

준다고 하겠다. 멸종 위기의 생물에 대한 우리의 걱정과 생물뿐 아니라 지구의 운명에 대해 우리가 책임을 느끼고 관심을 갖는 것도 역시 이러한 하나님의 의도를 말해 주고 있다. 과학자들은 종종 해양과 숲과 야생 생물들을 돌볼 책임이 우리에게 있음을 자연스럽게 이야기한다. 나는 그런 책임에 대한 촉구는 본래 인간 안에 심겨져 있고 아직 전적으로 파괴되지 않은 하나님의 형상(Imago Dei)의 표시라고 생각한다.

윌리엄 디엘(William Diehl, 1991)은 사명에 대한 우리의 생각을 일보 진전시켰다. 그는 평신도들이 날마다 그들의 믿음을 세상에 나타내 보이도록 돕기 위한 방법들을 제안하고 있다: (1) 능력의 사역—신자들이 그들의 재능과 은사를 사용함으로써 그 분야에서 자신의 모든 역량을 발휘하는 사람이 되는 것,[9] (2) 동행의 사역—신자들의 말을 잘 들어 주고, 중보 기도를 통해 하나님을 믿는 신앙을 인간 관계에서 나타내는 것, (3) 윤리의 사역—평신도들이 말씀을 적용하여 실제 생활에서 윤리적인 삶을 사는 것, (4) 변화의 사역—신자들이 정의감을 가지고 사회 경제적 구조를 개선해 나가는 것, (5) 평가의 사역—평신도들이 개인의 생활 양식과 청지기로서의 삶을 포괄적으로 재평가하는 것이다.

요한은 "내가 내 자녀들이 진리 안에서 행한다 함을 듣는 것보다 더 즐거움이 없도다"(요삼 4)라고 말하며, 어느 가정 교회에 대하여 증거했다. 이 교회는 자신의 사명을 다한 교회이다. 사명은 믿음을 행동으로 나타내 보인다. 그 의도와 목적에 있어서 사명은 공동체와 대조를 이룬다. 보통 전자는 교회 '밖의' 사역과 관련되고, 후자는 교회 '안'에서의 일과 관련이 있다. 여기에서 예외적인 경우는 교회 '안에서' 직장을 가진 자들이다.[10]

생각하기

사명의 '외부로 향하는' 특성에 대해 학생들이 순종하도록 격려할 수 있는 세 가지 방법을 구체적으로 말해 보라('전도'와 같은 일반적인 말은 피하라). "진리 안에서 행한다"는 것을 학생들이 어떻게 이해하겠는지 생각해 보라.

1. _____
2. _____
3. _____

표 3.2는 4가지 주제의 실제적인 교육 목표를 상술하고 있다. 이 표는 성숙 모델에 대한 이해를 도와 주기 위한 것이다.

관점이 어떻게 주제에 영향을 미치는가[11]

궁극적인 목표는 구체적인 세부 목표들에 영향을 미친다. 겉으로 분명하게 나타나진 않지만 사람들의 관점도 또한 이와 같이 세부 목표들에 영향을 미친다. 예를 들어 화목의 궁극적인 목표를 분명하게 받아들일 수 있는 학령에 달한 아이들을 가르치는 두 명의 주일학교 교사들을 생각해 보라. 한 교사는 아이들을 축소된 어른으로 이해하고, 반면에 다른 교사는 각각의 연령 그룹을 독립적으로 본다. 두 교사가 그 학생들을 가르치는 방법은 그들의 다양한 관점들 때문에 서로 다를 것이다. 이 문제는 사람, 진리, 생활 양식에 대한 폭넓은 견해를 고려한다. 그러한 관점들은 단지 주관적인 것이 아니고, 이런 세 주제들에 대한 과학적 연구 결과와 실험적 정보에 기초하고 있다.

피해야 할 극단들

기독교 교육에 있어서 균형과 포괄성을 유지하는 것이 중요하다. 교사들이 학습자들에게 오

표 3.2
실제적인 교육 목표들

영적 교제	1. 성경 공부와 예배를 장려한다. 2. 신학과 영적 성숙에 관련된 질문을 하고 검증되지 않은 생각들(예를 들어 하나님은 악인의 기도에 응답하시는가?)에 도전하면서 우리의 기도에 대해 비판적으로 생각해 본다.
공 동 체	1. 그리스도를 닮은 인격을 가진 사람들을 본받게 한다. 2. 죄를 버리고 일관성 있는 삶을 살면서 본으로 삼는 자들의 삶을 살펴본다. 신자들간의 갈등을 해소한다. 서로 다른 의견을 조정하는 법을 배운다.
인 격	1. "능력, 사랑, 근신"(딤후 1:7)과 같은 경건한 자질을 장려한다. 2. 배우고자 하는 태도를 배양하고 나쁜 기질을 고친다. 경건한 삶에 방해가 되는 습관을 바꾼다. 자기 평가와 개인의 목표 설정을 하도록 한다.
사 명	1. 십일조 생활, 복음 전도, 은사의 풍성한 열매를 맺게 한다. 2. 하나님 나라를 세우는 데 장애물을 제거한다. 가난하고 궁핍한 자들을 돕는다. 화목케 하기 위한 포괄적인 전략을 개발한다.

직 한두 가지 주제에만 주의를 돌리게 한다면, 교육의 효율성은 약화될 것이다. 우리는 그리스도인의 삶과 교육에 대한 극단적인 해석을 피하려고 노력해야 한다.

초막의 유혹

베드로는 변화산에 머물러 세 개의 초막을 짓고서 거기에 머무르고 싶은 유혹에 빠졌다(마 17:1-8). 그는 "영적 교제"라는 주제를 전적으로 잘못 이해했다. 헬라 문화의 이원론적 사고가 베드로의 욕구에서 나타난다. 그는 영적 세계(선)와 물질 세계(악)를 분리해서 생각한 것이다. 그는 전자와 함께 남아 있길 원했고 후자는 무시했다. 이러한 무시는 독선적인 태도, 거의 혹은 전혀 불신자들과의 접촉을 하지 않는 것, 만연해 있는 율법주의로 나타나게 된다. 초막의 유혹은 경건한 교사들에게도 보이지 않게 교묘하게 스며든다. 그래서 종국에는 고립주의와 무력함에 빠지고 만다.

컨트리 클럽

어떤이들에게는 "공동체"라는 주제가 독점적으로, 그리고 비성경적으로 강조되고 있다. 그들은 "교회는 그 자신의 필요를 충족시키기 위해서 존재한다"고 주장한다. 신자들에게 컨트리 클럽과 같은 친밀한 교제가 물론 중요하다. 그 안에서의 일치가 기대된다: "우리는 서로를 기대하며, 우리는 가족이다."

그러나 컨트리 클럽 회원들은 거듭나지 못한 세상에 증거해야 할 사명(행 1:8)을 잊고 있다. 그들은 교회가 하나님의 섭리로 잇달아 일어나는 박해와 함께 "예루살렘" 밖으로 조금씩 흩어졌던 것(행 8:1)을 잊고 있는 것이다. 우리가 어떻게 무의식적으로 이러한 유혹에 빠져드는지 생각해 보라. 특별히 우리 교육자들이 어떻게 이러한 유혹에 대항할 수 있을까?

줄타는 곡예사

헨리 나우겐(Henri Nouwen, 1989, pp. 35-39)은 많은 그리스도인들이 "인격"이라는 주제를 왜곡하고 있다고 말한다. 그는 개인적으로 이러한 유혹에 빠졌음을 고백한다: "나는 떨어지거나 다리가 부러지지 않았을 때는 박수 갈채를 항상 기대하면서 이 꼭대기에서 저 꼭대기로 높고 가는 줄 위를 걸으면서 줄을 타는 곡예사로서 나의 삶의 대부분을 살아왔음을 알게 되었다." 줄타는 곡예사들은 극단적이고 개인주의적으로 삶과 사역을 이해한다. 그들은 세상으로부터 자신을 분리시킬 뿐만 아니라 다른 신자들과도 가까이 하지 않는다. 그렇게 함으로써 그들은 자신을 형식에 매이지 않게 한다. 이러한 상태에서는 어느 누구도 제자화될 수 없기 때문에 교회 지도자들의 효과적인 봉사는 움츠러들게 된다. 인격 형성을 개인적인 것으로 잘못 이해한 것이다.

마르다 신드롬

어떤 사람들은 마리아와 마르다의 차이를 성격의 차이라고 말한다(눅 10:38-42). 이 구절을 이해하는 또 하나의 방법은 두 사람의 다른 강조점들을 주시하는 것이다. 마리아는 의도적으로 예수 발 아래 앉아 말씀을 듣고 있었고, 반면에 "마르다는 준비하는 일이 많아 마음이 분주했다"(40절). 다시 말하면 마르다는 "사명"을 행하는 데 균형을 이루지 못했다. 사역과 사명을 분주하게 일하는 것으로 해석한 것이다. 이러한 사람들은 종교적인 행사에 중독되는 결과를 가져오게 된다.

생각하기

다음 질문에 간단히 대답해 보라.
1. 왜 위의 네 가지 극단들은 유혹적인가? 각각 어떤 점 때문인가?
    a. "초막의 유혹" _____
    b. "컨트리 클럽" _____
    c. "줄타는 곡예사" _____
    d. "마르다 신드롬" _____

2. 당신의 절친한 친구가 위의 예들 중 하나에서 늘 실패한다고 가정해 보라. 위의 a, b, c, d 중 하나의 경우에 동그라미를 치라. 당신은 친구에게 어떤 충고를 해 주겠는가? 두세 문장으로 적어 보라.

3. 위의 네 가지 극단에 대한 당신 자신의 예를 들어 보라. 이러한 성장에 대한 오해들이 당신에게 어떻게 나타났는가?
   a. "초막의 유혹" _____
   b. "컨트리 클럽" _____
   c. "줄타는 곡예사" _____
   d. "마르다 신드롬" _____

초막의 유혹, 컨트리 클럽, 줄타는 곡예사와 마르다 신드롬은 절제를 통해 균형 잡힌 생활을 함으로써 그 유혹을 피할 수 있다. 성숙을 이루기 위해서는 학생들은 물론 교사들도 화목의 네 가지 주제들을 종합적으로 이루어 나가야 한다. 우리는 기독교 교육을 포괄적으로 평가해야 한다. 지속적인 성숙을 이루려면 위의 네 가지 오해에 빠지지 않도록 조심해야 한다. 위의 네 가지 극단들을 재검토해 보라. 각각은 적어도 한 가지의 잘못된 점이 있다. 당신은 각 극단의 잘못된 점이 무엇이라고 말하겠는가?[12]

성숙을 위한 실제적 제안

화목 모델의 이론적인 기초뿐만 아니라 실제적인 고찰도 중요하다.[13] 각각의 주제에 대한 구체적인 교육 활동들이 분명히 있다. 앞으로 연령에 맞는 적절한 방법들을 다룰 것이다.[14] 표 3.3은 그러한 연령의 제한을 두지 않는다. 그것은 공적인 것이든 개인적인 것이든, 교실 안에서 이루어지는 것이든 교실 밖에서 이루어지는 것이든, 일반적인 활동을 위한 것이든 특별 활동을 위한 것이든 다양한 환경에 알맞게 조정된 여러 가지 훈련 목록을 보여 주고 있다.

생각하기

표 3.3은 가르침을 위한 실제적인 아이디어를 제시한다. 각각의 주제에 대한 부가적인 활동을

표 3.3
실제적인 교육 활동들

영적 교제	공동체	인격	사명
• 기도 • 찬양 • 성경이나 다른 신앙 서적을 읽는 것 • 경건한 시를 쓰고 읽는 것 • 성경, 예배 관련 서적 혹은 테이프에서 예배에 유용한 지침을 분석함 • 예배를 창조적으로 인도함 • 경건한 드라마나 무언극에 참여함 • 즐거운 마음으로 헌금함 • 하나님께 영광을 돌리는 여가 활용 • 특별한 은사나 활동으로 창조주를 영화롭게 함	• 기도 동역자들과의 교제 • 서로의 짐을 짐 • 지체들의 은사를 개발시키도록 도움 • 함께 먹음 • 교회 수련회에 참여함 • 이웃을 위한 중보 기도를 함 • 의미 있는 여가 활동에 참여함 • 동역자를 키움 • 논쟁의 여지가 있는 문제들에 대해 다른 견해를 가진 사람들과 함께 연구함으로써 다른 의견을 수용하는 법을 배움 • 다른 사람들에게 조언을 함 • 궁핍한 자들을 도움	• 말씀 암송 • 기도 • 묵상 • 성숙에 대한 구절을 연구함 • 하나님의 말씀을 생활에 적용할 방법들을 분석함 • 경건한 사람들의 삶에 대한 간증 테이프를 듣고 책을 읽음 • 윤리적 딜레마에 대한 사례 연구를 활용함 • 기도 응답에 관한 정기 간행물을 읽음 • 영적 은사의 발견과 개발 • 전인적인 건강을 도모함 • 개인적인 성령의 열매를 보면서 성령의 역사를 관찰함	• 믿지 않는 친구를 위한 기도 • 복음 전도와 제자도에 관한 책을 읽음 • 이웃에게 복음을 전함 • 외국인 학생들과 사귐 • 가난한 개인이나 가족들을 도움 • 세계 기아 기구를 위해 돈을 마련함 • 미전도 종족들을 위한 기도 • 삶을 통해 복음을 전함 • 생태학인적 관심에 주의를 기울임 • 어려운 이웃을 위한 사회 봉사 활동에 참여함 • 선교 단체의 사역(예: 육아, 대외 봉사, 구제전도단)을 후원함 • 경건한 기업 윤리를 나타냄 • 공동체 프로그램에 참여함

적어 보라.

영적 교제 _____

공 동 체 _____

인　　격 _____

임　　무 _____

결론

'하나님과 바른 관계를 갖는 것'은 하나님과 화목하는 길이다. 하나님의 입장에서 그것을 바라보라. 우리를 만드신 하나님이 우리의 행복을 위한 정확한 처방전을 알고 계신다. 따라서 영적 교제는 하나님과의 평화를 의미한다. 우리는 그리스도를 통해서 이 평화를 누린다. 바울은 "우리 주 예수 그리스도로 말미암아 하나님으로 더불어 화평을 누리자"(롬 5:1)고 말한다.

하나님과 화평을 누리는 것이 개인적인 신앙 생활에만 국한되어서는 안 된다. 성숙한 그리스도인은 다른 사람들을 화목케 하는 자가 되어야 한다. 적극적으로 평화를 이루고자 노력하는 사람들이 "하나님의 아들이라 일컬음"(마 5:9)을 받는다. 성경은 신자들에게 "서로 화목하며 살도록"(살전 5:13, 골 3:15, 딛 3:2) 명한다. 이 명령은 공동체의 실제적인 삶에 대해 말하는 것이다.

신자들도 역시 하나님이 주시는 평강이 필요하다. 하나님과 평화를 누릴 때 우리가 처음으로 하나님과 화목을 얻은 것을 기억하게 된다. 처음의 화목은 역사적 사건이다. 하나님의 평강은 매일 개인적으로 누리는 화목에 더 가깝다. 우리는 지속적으로 그것을 선택하며 살아간다. 바울은 빌립보에 있는 성도들에게 하나님의 평강을 누리기 위해 두 가지를 명령한다. 첫째로, 아무 것도 염려하지 말라(빌 4:6 상). 둘째로, 오직 모든 일에 기도와 간구로 너희 구할 것을 감사함으로 하나님께 아뢰라(빌 4:6 하). 그 결과는? 하나님의 평강이다. 우리는 그것을 인격 계발이라고 했다.

마지막으로, 경건한 행동이 평강을 누리는 삶을 살게 한다. 우리의 화목케 하는 행동은 교회를 뛰어넘어 모든 피조물과도 평화를 이루는 것이다. 바울은 그의 영적인 아들 디모데에게 모든 신자들과 연합하고 "모든 경건과 단정한 중에 고요하고 평안한 생활을 하라"(딤전 2:2)고 상기시킨다. 사명은 모든 자와 더불어 화목하는 것을 의미한다. 불신자들과도 화목한 삶을 살아야 한다.[15] 이 마지막 주제는 다른 피조물뿐만 아니라 모든 사람들을 포함하고 있다.

그리스도인의 성숙에 대한 교육의 주제들은 이렇게 비교될 수 있다.

- 영적 교제는 "화목의 말씀"을 가리킨다.
- 공동체는 "화목을 위한 사신"을 강조한다.
- 인격은 "화목을 통한 변화"를 입증한다.
- 사명은 "화목의 사역"을 말해 준다.

끝으로, 화목 모델은 임시변통의 해결책으로만 읽혀지지 않아야 한다. 화목 모델이 무엇을 성취하는 것으로 무모하게 해석되어서는 안 되며, 사람의 무죄를 말하는 것처럼 오해되어서도 안

된다. 그것은 관용을 말하고 있으며, 기독교 교육 전체가 이를 염두에 두어야 한다. 4가지 실제적인 주제들을 통해서, 우리는 궁극적인 목표를 더 잘 이해할 수 있다. "우리가 갖고 있는 것보다 더 큰 이상—더 큰 목적—이 있는가?"라고 우리는 끊임없이 물어야 한다.

 본장의 내용은 다음 두 장과 연결되어 있다. 세 장 모두 네 가지 주제에 중점을 두고 있다. 본장에서는 네 가지 주제의 신학적인 연구를 다루었다. 4장에서는 이 주제에 대한 철학적이고 인류학적인 연구를 다루고 있으며, 마지막으로 5장에서는 성숙의 네 가지 주제에 대한 심리학적인 연구를 다루고 있다.

제4장
보편적인 탐구와 독특한 여과 필터

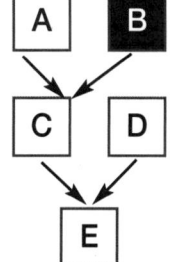

셜록 홈즈 놀이
개관
세계관의 의미
탐구와 여과 필터의 차이
탐구
여과 필터
결론

셜록 홈즈 놀이

당신은 미궁에 빠진 사건의 의혹을 풀어 나가는 것을 즐기는가? 아래의 두 가지 어려운 문제를 풀어 보라.[1]

1. 사건이 일어난 방에 들어가 보자. 로미오와 줄리엣이 마루 위에 죽어 있다. 깨어진 유리 조각과 물이 그들 주위에 있었고 고양이가 커튼 뒤에서 엿보고 있다. 그들은 어떻게 죽었을까?
2. 한 여자가 그녀의 집에 필요한 어떤 것을 구입하려고 상점에 들어온다. 그녀는 가격을 물어 본다. 점원이 "1의 값은 39센트입니다. 25의 값은 78센트이고, 144의 값은 1달러 17센트입니다"라고 대답한다. 그녀가 사려고 하는 것은 무엇일까?

당신은 "로미오와 줄리엣"의 의문점을 어떻게 풀었는가? 그들은 살해되었는가, 자살인가? 그들은 독약을 마셨는가, 총에 맞아 죽었는가, 익사했는가? 그들은 깨어진 유리로 인해서 피를 흘리다가 죽었는가? 당신이 만약 로미오와 줄리엣을 사람이라고 가정한다면 이러한 설명들은 그럴듯한 것이다. 그러나 당신이 이 가정에 변화를 준다면 어떻게 될까? 그들이 금붕어라면, 그리고 고양이를 지키는 자가 아무도 없었다면 어떻게 되겠는가?

마찬가지로 두 번째 경우에도 많은 사람들은 1, 25, 144가 구입한 물건의 양을 의미한다고 잘못 추측한다. 그러나 이 숫자들이 상점에 있는 어떤 물건들의 일련 번호라면 어떻게 될까? 여자가 집주소를 말하면서 집 번호표를 구입하고 있었다면 어떻게 되겠는가? 그 가정에 따르면 144번은 1번의 값보다 정확히 3배이다.

이런 문제들은 우리의 관점, 즉 사물을 바라보는 방법과 관계가 있다. 이제 좀더 중대한 문제인 '복음과 문화'에 대해 생각해 보자. 알게 모르게 우리는 우리의 신앙과 관련하여 여러 가지 많은 가설과 관점들을 고수하고 있다. 이것은 오로지 인간만이 할 수 있는 일이다. 그러나 단순히 이러한 편견들을 그대로 용납할 수는 없다. 왜냐하면 어떤 것들은 우리의 죄악된 본성에서 나온 것이기 때문이다.

생각하기²

다양한 교파의 신자들로부터 중요하다고 생각하는 문제들을 아래에 기록했다. 이 중 모든 그리스도인들에게 보편적이고 본질적이어서 타협이 불가능하다고 생각되는 진술은 왼쪽 빈 칸에 표시하고, 문화적 측면이나 타협 가능한 것으로 여겨지는 진술은 오른쪽 빈 칸에 표시하라.

'본질적인' 것인가, '타협이 가능한' 것인가?

__ A __ 거룩한 입맞춤으로 성도들에게 인사하라.
__ B __ 다른 그리스도인을 고소하지 말라.
__ C __ 여자들은 교회에서 기도할 때 베일을 쓰라.
__ D __ 성만찬에서 참석자들의 발을 닦으라.
__ E __ 안수식에서 목사 후보자에게 안수하라.
__ F __ 악기 없이 예배하라.
__ G __ 피를 먹지 말라.
__ H __ 간음하지 말라.
__ I __ 성만찬에서는 누룩 없는 빵과 포도주를 사용하라.
__ J __ 치료를 위해서 기름을 바르라.
__ K __ 여자들은 남자를 가르치지 말라.
__ L __ 여자들은 진주나 금을 차지 말고 머리를 땋지 말라.
__ M __ 포도주를 마시지 말라.
__ N __ 남자들은 긴 머리를 하지 말라.
__ O __ 노예들이 잘 대우를 받는다면 노예 제도는 허용될 수 있다.
__ P __ 독신으로 지내라.
__ Q __ 방언의 은사를 구하라.
__ R __ 신유의 은사를 구하라.
__ S __ 표적과 이적의 은사를 구하라.
__ T __ 기도할 때 손을 올려라.
__ U __ 개인적으로 기도할 때는 손을 올려라.

___ V ___ 일하지 않는 사람은 먹지도 말라.
___ W ___ 기도가 끝날 때는 "아멘"이라고 말하라.
___ X ___ 성도들은 세례가 아니라 침례를 받아야 한다.

당신이 다른 사람들처럼 보편적인 경우에 속한다면, 이 연습 문제가 처음에 생각한 것만큼 쉽지 않았을 것이다. '본질적인' 것과 '타협이 가능한' 것은 때때로 구별하기 힘들다.

1. '본질적인' 것으로 기입한 항목을 재검토해 보고 왜 그렇게 생각하는지 두 가지 이유를 써 보라.
    a. _____
    b. _____

2. 성경과는 명백한 관련이 없다고 생각되는 진술은 어떤 것인가? 당신이 '타협이 가능한' 것으로 표시한 것 중 처음 6개의 번호를 쓰라.
    _____

3. 그리스도인의 행동 지침을 만들면서 당신이 발견한 두 가지 가정은 무엇인가?
    a. _____
    b. _____

개관

본장에서 우리는 '관점'들을 분석하게 될 것이다. 우리 모두는 관점을 가지고 있는데 그것은 우리가 인생을 어떻게 보는가를 말한다. 사실상 '본다'는 것 자체가 이 말을 이해하는 데 도움을 준다. 한편으로는, 모든 사람들은 삶을 비슷하게 바라본다. 아마 당신은 "보편적 탐구"(universal quests)라는 용어를 들어 본 적이 있을 것이다. 인류학에서 그것은 "인간론"이라 불린다. 인류학자 월터 골드슈미트(Walter Goldschmidt, 1966, p. 133)는 다음과 같은 네 가지 공통적인 질문을 한다: "인간의 본질은 무엇인가? 인간 관계에서 흔히 일어나는 일은 무엇인가? 이 문제에 대한 사리에 맞는 해결책은 무엇인가? 그러한 해결책에 대한 부차적인 결과는 무엇인가?"

이와는 달리, 우리는 다른 사람들과 다르게 삶을 바라본다. 우리에게는 편견이 있다. 우리는 다양한 경험들을 가지고 있고 다른 가치관과 확신을 지니고 있다. 이 모든 것들로 인해서 우리는 각각 "독특한 여과 필터"(unique filters)를 갖게 되는 것이다. 찰스 크래프트(Chales Kraft, 1979, p. 26)는 다음과 같이 예를 들어 선명하게 설명한다.

> 예를 들면, 각 개인이나 그룹은 어떤 것의 실재가 무엇인지 자신의 관점을 형성한다. 이렇게 하여 다른 개인이나 그룹과는 크든 작든 다른 관점을 갖게 되어 그들의 관점을 무시하고 부정하거나, 더 강조하게 되는 것이다. 우리는 우리의 문화적, 심리적 렌즈를 통해 무엇을 바라보면서 각자의 머리 속에 실재에 대한 자신의 관점을 갖게 되는 것이다. 이 렌즈들이 질병이나 제한된 경험, 외고집 등으로 더러워지거나 초점 잃은 카메라처럼 왜곡되어 있다면, 우리는 실재를 인식하는 데 큰 영향을 받게 된다.

우리는 "보편적인 탐구"와 "독특한 여과 필터"를 통해 세계관을 형성한다. 이 두 가지가 우리의 '머리 속의 실재'를 형성한다. 이 두 가지는 우리가 저녁 뉴스를 보고 반응을 보이는 것으로부터 직업을 선택하는 일에 이르기까지, 삶의 모든 영역에서 우리가 어떻게 생활하고 어떻게 삶을 해석하는지에 영향을 미치게 된다.

세계관의 의미

선교학자 로이드 크와스트(Lloyd Kwast, 1981, p. 363)는 인간의 공통점에 대해 다음과 같이 말하고 있다.

> 어떤 문화에도 그 중심부에는 세계관이 있다. 그것은 "무엇이 실재인가?"라는 가장 기초적인 질문에 답하는 것이다. 문화의 이러한 영역은 실재에 대한 가장 '궁극적인' 질문들을 다룬다…그들이 누구인가? 그들은 어디 출신인가? 그밖에 고려되어야 할 실

재의 어떤 사물이나 사람이 있는가? 그들이 현재 보고 있는 것이 실재로 있는 것의 전부인가? 혹은 그밖에 어떤 것이나 더 많은 어떤 것이 있는가? '현재'가 가장 중요한 시간인가? 그렇지 않으면 과거에 있었던 사건이나 미래에 있을 사건들이 현재의 행동에 중대한 영향을 미치는 것인가?

이러한 삶에 대한 인식이나 세계관은 의식적인 것일 수도 있고 무의식적인 것일 수도 있다. 그래도 그것들은 힘이 있다. 왜냐하면 그것들이 "문화의 중심부에 있으면서 감동시키고, 상호작용하고, 문화의 다른 모든 면에 강하게 영향을 미치기 때문이다"(크래프트, 1979, p. 53).

사람들은 여러 가지 예를 들어 세계관의 의미를 설명한다. 어떤 사람들은 사람들의 '개념을 조작하는 것'으로 이해하기도 하고, 또 다른 사람들은 사람들이 특정한 문화 속에서 행동하는 유형을 따라 설명하기도 한다. 세계관을 설명하고자 "중앙 조절 상자"(central control 박스)라는 용어가 만들어졌다.[3] 클리포드 게르츠(Clifford Geertz)는 독도법으로 세계관을 설명했다. 첫째, 우리는 어떤 실재에 대해 인식하는 바가 각각 다른데, 이처럼 '인식된 실재'를 나타내는 지도가 있다. 이러한 지도는 삶의 현장에서 체험하는 것을 해석하고 이해하는 데 사용한다.

둘째, 우리의 행동을 지도하는 데 쓰이는 지도가 있다. 이것들은 우리가 당하는 사건들에 어떻게 반응하느냐를 결정하는 데 사용된다. 예수께서는 세상의 권세자들과 하나님의 백성들이 살아야 하는 삶을 대조하면서 이처럼 사고하는 것과 행동하는 것, 두 부분으로 구성하여 설명하셨다: "이방인의 집권자들이 저희를 임의로 주관하고 그 대인들이 저희에게 권세를 부리는 줄을 너희가 알거니와"(마 20:25). 예수께서는 "너희가 알거니와"라고 말씀하시면서 그들이 문화를 어떻게 해석하고 그들이 생각하는 지도자가 어떠하다는 것을 말씀하시며 '사고하는 기능'을 강조했다. 또한 "대인들이 저희에게 권세를 부린다"는 것을 말씀하시며, 대인들이 어떻게 살고 있는지 그들의 '행동'을 강조하셨다. 이렇게 하여 예수께서는 당신을 따르는 제자들에게 새로운 삶의 방식을 가르치셨다. 지도자에 대한 개념, 그리고 지도자의 행동이 어떠해야 하는지 대안을 제시하시면서 종으로서의 삶을 가르치셨다.

앨런 티펫(Alan Tippet)은 선교사들이 효과적으로 사역하지 못했던 주된 원인은 선교지의 세계관을 고려하지 않았던 데 있다고 주장했다. 그들은 서구의 개인주의와 경쟁주의를 아무런 평가 없이 선교지에 적용하려 했다. 예를 들면 북미 선교사들은 선교지에서 사람들이 합동으로 예수를 믿기로 결정하는 것을 이해하지 못했다. 때때로 마을 전체가 동시에 그리스도를 따르기로 결정할 때면 아연실색했다. 티펫은 아주 놀랄 만한 사건을 회고했다.

수백 명이 한꺼번에 기독교를 믿기로 집단 개종을 결정할 때, 모든 선교사들이 이것을 어떻게 처리하는가를 아는 것은 아니다. 나는 집단 개종이 성령에 의한 일이 아니라고 생각하는 선교사들 중 한 사람을 알고 있다. 그들은 그들이 가정에서 배운 방법만이 유일한 회심의 방법이라고 생각한다. 그래서 그들은 신앙을 갖기 위해 사람들이 집단으로 몰려오자 권총을 들이대고 가까이 오지 못하게 했다. 그들은 주민들이 지금까지 추구하던 이교를 버리기로 결정한 것이, 종교적 문제를 결정하는 기구에서 몇 달 동안 여러 사람들이 토의한 결과 결정된 것이라는 사실을 인식하지 못했다.

폴 히버트(Paul Hiebert)는 서구 사람들이 자신들의 세계관을 얼마나 고집스럽게 주장하는지 장황하게 설명한다. 그들은 자신들의 입장과 다른 입장-특별히 반대되는 입장-도 있다는 것을 알게 되면 정말 놀란다. 그의 논평은 기독교와 선교 등에 국한되지 않는다.[4] 서구인의 편견이 다른 나라에서는 어떤 생산성도 없다는 것은 어렵지 않게 알 수 있다. 히버트(1985, pp. 112-37)의 기록에 나타난 바, 서구인들이 고집하는 일곱 개의 세계관이 간단하게 표 4.1에 나타나 있다. 저자는 그가 기록한 진술(주요 내용이든 부수적인 내용이든)과 관련하여 실재를 이해하는 데 또 다른 대안을 제시한다. 그의 목록을 요약해 놓은 것을 읽으면서 이와 같은 관점에 대해 이전에 생각을 해 본 적이 있는지 자신에게 물어 보라. 다른 서구인들과 마찬가지로 당신도 이것을 당연한 것으로 여기고 살아오지는 않았는가?

표 4.1
서구인의 관점

1. 우리는 실재적이고 합리적인 세계에서 산다.
   이와 같은 인식은 다음과 같은 생각과도 관련이 있다.
   - 자연과 초자연적 세계 사이의 이원론적 분리
   - 인간과 다른 피조물의 존재 가치에 대한 이분법적 관념
   - 사람을 그들의 소유로 판단함-이것은 사유 재산권까지 확대된다.
   - '더 크고 더 좋아지는 것'을 '진보'라고 생각함

2. 우리는 삶에 대한 분석적인 접근을 받아들인다.
   이러한 인식은 다음과 같은 생각과도 관련이 있다.
   - '양자택일' 식의 사고를 함(예를 들면 '노동은 중요한 일이고, 반면에 노는 것은 장난이다.')

- 계획하는 일은 중요하다. 개인의 선택과 책임을 강조함
- 공리주의 혹은 실용주의가 절대적이다. 무엇이든지 일을 제대로 하는 것이 옳은 것이라고 생각함

3. 우리는 기계적인 생활 방식을 신뢰한다.
   이와 같은 인식은 다음과 같은 생각과도 관련이 있다.
   - '행함'이 '존재'보다 더 중요하다고 생각함
   - 무엇인가 외적으로 성취된 일을 보고서 성공의 여부를 판단함
   - '조립 라인'에서 대량 생산하는 것이 장인 정신보다 높이 평가됨

4. 우리는 개인주의를 지지한다.
   이와 같은 인식은 다음과 같은 생각과도 관련이 있다.
   - 개인의 정체성을 추구함
   - 자립에 대한 강조
   - 그룹 안에서 일시적이고 피상적인 관계를 맺음
   - 다른 사람이 자신을 수용하고 좋아해 주기를 바라는 강한 욕구
   - 개인 재산의 사용과 처분에 관한 독점적 권리
   - 인간의 생활에 대한 높은 관심-인도주의

5. 우리는 인간의 평등을 지지한다.
   이와 같은 인식은 다음과 같은 생각과도 관련이 있다.
   - 사회의 계층 구조를 배격하고, 비공식적인 구조를 좋아함
   - 경쟁과 자유로운 기업 활동을 수용함
   - 직접적인 관계를 취함
   - 개인적인 목표가 달성된다는 조건에서 이웃과 협력함

6. 우리는 공간보다 시간을 더 소중히 여긴다.
   이와 같은 인식은 다음과 같은 생각과도 관련이 있다.
   - 시간은 '순환하는' 것이 아니라 '흘러가는 것'으로 이해됨
   - 과거가 아닌 미래 지향적임
   - 노인보다 젊은이를 귀하게 여김

7. 우리는 다른 감각들보다는 시각을 통해서 삶을 인식한다.
   이와 같은 인식은 다음과 같은 생각과도 관련이 있다.
   - 추상적인 생각들을 전달하려는 경향
   - 비언어적 형태(예: 이야기, 춤, 의식)보다는 언어적 형태로 대화를 나눔
   - 지식을 가진 사람에게 지위가 주어짐
   - 실제적이거나 경험적 실재보다는 체계적인 사고에 가치를 둠

자료: 히버트(1985, pp. 112-37)에서 수정

생각하기

히버트의 일곱 개의 범주를 재검토해 보라(표 4.1). 그의 범주들을 당신의 세계관과는 다른 문화의 세계관에 비추어 보라. 당신이 잘 알고 있는 문화를 선택하라. 다시 말해서 상이한 문화권에서 하는 기독교 교육을 생각해 보라. 히버트의 일곱 개의 요점들 각각에 대해서, 서구의 관점을 다른 문화권에서 그대로 적용한다면 기독교 교육이 얼마나 무기력해질 수 있는지 하나의 예를 말하라(당신이 직접 비서구적 문화에 익숙하지 않다면, 간접적으로 들었거나 읽었던 다른 사람들의 경험을 생각해 보라). '개인주의'에 대한 예가 하나 주어져 있다. 그것은 티펫이 들었던 예화에서 나온 것이다.

다음 문장의 빈 곳을 채워 완성하라.
"만일 우리가…한다면 기독교 교육은 다른 문화권에서 무기력해질 수 있다."

1. _____
2. _____
3. _____
4. 신앙 고백은 집단으로서가 아니라 개인적으로 표현되어야 한다고 믿는다면…
5. _____
6. _____
7. _____

탐구와 여과 필터의 차이

세계관을 갖는 것은 숨을 쉬는 것만큼이나 우리에게 자연스러운 일이다. 우리는 우리의 경험이나 확신이나 성숙의 정도에 따라 실재에 대한 견해를 갖게 된다. 다음의 두 가지 주된 요소들이 모든 세계관을 결정짓는다.

- 탐구 – 우리가 살아가면서 삶에 대해 묻는 네 가지 보편적 질문들
- 여과 필터 – 네 가지 탐구에 대한 우리의 반응에 직접적으로 영향을 주는 세 가지 중요한 인지적 선택

위의 두 가지의 요소는 똑같이 중요하다. 사실상 그것들은 분리될 수 없다. 간단히 말해서 "탐구"는 우리가 무엇을 묻느냐를 다룬다. "여과 필터"는 우리가 어떻게 묻느냐, 즉 우리가 탐구하는 것을 어떻게 해석하는가를 다룬다.

찰스 크래프트는 '비판적 현실주의'의 개념에 대해 설명하면서 "탐구"와 "여과 필터"에 대해 언급했다. 이것은 외적 실재와 그것에 대한 우리의 인식의 결합이다. 여과 필터 개념과 함께 탐

표 4.2
기능과 형태

기능 (변하지 않는 인간의 필요들)	형태 (기능을 만족시키는 상대적인 수단들)
1. 식량	가. 사냥 나. 농업 다. 물물교환/구입
2. 주거지	가. 달개 지붕 나. 집
3. 자녀 양육	가. 핵가족 나. 대가족
4. 외부의 위협으로부터 보호	가. 개인적인 무기 나. 공동체를 지키는 그룹 다. 군대
5. 지식의 전수	가. 모방 나. 비공식적 교육 다. 공식적 교육
6. 사회 체계 유지	가. 금기 사항 나. 법 다. 경찰력 라. 민족주의 마. 애국심
7. 하나님과의 관계	가. 신앙 체계 나. 의식 다. 기도 라. 예배

자료: 크래프트(1979, p.91)에서 수정

구를 위한 네 가지 질문에 대해 말하면서, 크래프트(1979, p. 28)는 비판적 현실주의란 "우리가 물리적인 주위 환경의 실재를 다루든, 인간 본성과 심리의 실재를 다루든, 또는 하나님의 계시의 실재를 다루든 간에(탐색), 지식을 얻게 되는 과정은 관찰자의 입장에서 세워진 이론과 모델의 과정들(여과 필터)을 포함한다"는 가설로 정의를 내린다. 크래프트는 그의 정의를 바울의 증거에 비유한다: "우리가 이제는 거울로 보는 것같이 희미하나"(고전 13:12). 이어서 그는 이렇게 덧붙였다: "우리는 하나님이 보시는 것처럼, 사물의 실제 모습을 객관적으로 볼 수는 없다."

인류학에서는 '기능'(function)과 '형태'(form)를 비교하는데, 이 비교를 참조하면 탐구와 여과 필터를 구분하는 데 큰 도움이 된다. '기능'이란 모든 인간의 필요가 무엇인가를 알려 준다. 그것들은 변하지 않는 것이며 문화에 따라 바뀌는 것이 아니다. '형태'란 기능을 수행하는 사회 구조나 유형과 관계가 있다. 그것은 역동적인 것이며 문화에 따라 독특하게 변하는 것이다. 크래프트(1979, p. 91)는 이런 차이를 보여 주는 유익한 자료를 제공한다(표 4.2).

표 4.2에 나와 있는 항목 7번을 검토해 보라. 영적 실재에 대한 이러한 질문들이 다른 상황에서는 어떻게 변하겠는가? 예를 들면, 크리스천 교사가 전 세계적으로 변함이 없는 죄의 문제를 전달하면서, 어떻게 특정한 문화에 적용되는 여과 필터들을 고려할 수 있는가? 크래프트(1979, p. 95)는 표 4.3에서 이 점에 대해 유용한 실례를 제공해 준다.

크래프트(1979, p. 99)는 탐구(기능)와 여과 필터(형태)의 차이점에 대해 다음과 같이 비교한다.

표 4.3
죄에 대한 문화적 개념들

사실: 성경은 모든 사람이 죄로 인하여 하나님과 분리되었다고 말한다(롬 3:23).
질문: "죄"의 개념이 다른 문화에서는 어떻게 표현되는가?

히브리	그리스	미국	아프리카
1. 우상숭배	1. 타락	1. 삶의 무의미	1. 악한 영에 대한 두려움
2. 언약을 깨뜨림	2. 온전함에 이르지 못함	2. 자아 중심	2. 혈족과의 관계를 깨뜨림
3. 표적을 빗나감	3. 불의	3. 고독	
4. 법을 어김	4. 불법		
5. 반역			

자료: 크래프트(1979, p.91)에서 수정

여기서 말하고자 하는 것은 기독교의 특성은 우리가 취하는 형태에 있는 것이 아니라 형태를 사용하여 전달하는 의미나 수행하는 기능에 있다는 것이다. 여기에서 우리는 아주 분명하게 단순한 상대주의를 넘어설 수 있다. 우리가 주장하듯이 하나님이 상대적인 문화 형태를 사용하신다면, 이것은 사람들을 그분께로 인도하시기 위해서이다… 즉 하나님은 절대적이고 초문화적인 의미를 전달하기 위해서 상대적이고 문화적인 형태를 사용하는 사람과 협력하신다는 것이다. 문화의 형태는 그 자체가 중요한 것이 아니라 그것이 전하는 의미가 중요한 것이다. 그러므로 형태와 의미가 균형을 이룬다는 것은 매우 중요하다.

탐구

유진 니다(Eugene Nida, 1964, p. 55)는 "인간에게는 문화적 '종'(species)으로서 서로 하나 되게 하는 유사점이, 서로를 분리시키는 차이점보다 훨씬 더 많다"고 주장한다. 그는 모든 인류가 찾고 있는 일반적인 탐구에 대해 언급하고 있다. 그러한 인간이 가지고 있는 유사점들은 "상호 이해를 위한 기초를 제공하기에" 충분하다. 조지 나이트(George R. Knight)도 역시 인간의 공통점에 대해 말한다. 그는 우리에게 세계관을 갖게 하는 신념 체계가 있어야 한다는 것을 강조한다. 어떤 사람들은 자신에게 의미를 주는 것들을 신뢰한다. 반면에 다른 사람들은 옳다고 느껴지거나 인간적인 만족을 주는 것들을 좋아한다. 또 다른 사람들은 전통이나 권위를 의존한다. 그러나 이 모든 사람들이 인생의 여러 가지 문제들의 해결을 얻기 위해 다른 사물이나 사람을 바라본다. 나이트(1980, p. 27)는 다음과 같이 명백히 설명한다.

사람들은 인간의 기본적인 질문에 대한 답을 얻기 위해 연구하면서, 우주 안에서 인간의 왜소함과 무용성을 깨닫게 된다. 인간은 모든 인간이 수긍할 수 있는 최종적이고 궁극적인 것에 대해서는 아무 것도 알 수 없다는 것을 깨달아야 한다. 사람이란-회의론자와 불가지론자, 과학자와 사업가, 힌두교인과 기독교인-누구든지 믿음으로 산다. 실재가 무엇이냐, 또는 진리가 무엇이냐에 대해 특정한 입장을 취하는 것은 개개인이 믿음으로 선택하는 것이며, 이것은 특정한 생활 양식에 대한 확신을 갖게 한다.

이처럼 믿음으로 선택하는 것은 우리의 세계관 형성에 영향을 미친다. 그리고 이것이 실재에 대한 우리의 독자적인 견해를 갖게 해 준다.

생각하기

당신이 유엔에 의해 형성된 국제 평화 유지군에 속했다고 하자. 당신은 안전 보장 이사회에서 사람들이 가장 두드러지게 관심을 갖는 내용이 무엇인지 조언할 책임이 있다. 그래서 "모든 사람은 삶에 있어서 무슨 질문을 하는가? 그들의 근본적인 질문은 무엇인가?"라는 질문에 답을 해야 한다고 하자.

그런데 이 질문에 대한 대답을 하는 데 제한점이 있다. 당신은 어떠한 신학적인 용어나 교회의 특수 용어를 사용할 수 없고, 당신이 보고하는 관리들에게 익숙한 개념만 사용해야 한다. 당신은 21세기 사람들에 대해 무엇을 말하겠는가? 우리 사회는 사람들의 근본적인 관심에 대해 뭐라고 말하는가? 당신의 대답을 입증하기 위해서 어떤 구체적인 실례나 개념을 들어 설명할 수 있겠는가? 또한 무엇에 비유해서 설명할 수 있겠는가? 몇 가지 생각을 적어 보라.

_____
_____
_____

이처럼 인간의 관심을 한마디로 요약한다는 어마어마한 업무를 맞게 될 때에도 절망할 필요는 없다. 프란시스 쉐퍼(1968, p. 87)는 기독교가 '현대인의 기본적 필요에 대한 대답들'을 제공하는 하나의 '체계'로 간주되어야 한다고 주장하면서 우리가 걸어가야 할 길을 이미 제시한 것이다. 쉐퍼가 깨달은 것을 분석하기에는 시간도 지면도 충분하지 않다. 그러나 그가 어디서부터 시작했는지 주의해 보라: "인간에게 기본적으로 필요한 것들 중 첫째는 각 개인의 실재가 누구인지 알지 못하는 데에서 기인한다. 누구든지 자신이 누구인지 만족할 만한 대답을 얻기까지 그는 긴장 속에 있게 된다"(1968, p. 87).

바꾸어 말하면, 개인의 '정체성 형성'이 가장 먼저 이루어지는 것이 이런 문제에 답하는 출발점이 된다. 이것은 누구에게나 마찬가지다. 이것은 성경이나 과학에 대한 연구를 하는 데에도 관계가 있어서 우리의 관심을 끈다. 이처럼 포괄적인 주제에 대해 먼저 생각해 봄으로써 '탐구'에 대한 연구에 진척을 가져올 수 있다. 폭넓은 과학 분야의 여러 권위자들도 정체성 형성의 중요성에 대해 이야기한다.[5] 그들은 이것을 가장 우선적으로 해결해야 할 과제라고 주장한다.

특히 자존감의 문제와 관련해서, 에릭 에릭슨(1968, p. 24)은 "정체성은 한번 찾았다고 해서 완성되는 것은 결코 아니다"라고 결론짓는다. 정체성 추구는 인간이 추구하는 다른 것들과는 그 특성이 다르다. 그것은 고등학교를 졸업한다거나 퇴직을 하는 것처럼 무엇을 얻고 그것으로 끝나는 것이 아니다. 사실상 정체성에 대한 질문은 일생 동안 계속된다. 에릭슨(1968, p. 211)은 정체성을 "실재에 대한 이해를 영원히 개정해 가는 것"으로 정의한다. 그는 정체성과 관련해서 개인적인 욕구와 사회적 기대를 결합시킨다. 롤로 메이(Rollo May, 1953, p. 32)는 "모든 인간은 다른 사람들이 그에게 말하는 것이나 그에 대해 생각하는 것으로부터 그 자신의 실재를 인식한다"고 덧붙였다. 롤프 무스(Rolf E. Muus, 1988, p. 55)는 인생을 살아가는 동안 정체성을 구성하는 요소로 삶의 위기를 든다: "어느 때든지 개인의 역할에 중요한 변화-첫 번째 직업, 결혼, 부모가 됨, 이혼, 실직, 심각한 질병, 미망인 신분 혹은 은퇴와 같은 것들-가 일어날 때는 정체성에 대한 문제가 다시 일어난다."

결론적으로 이렇게 말할 수 있다. 모든 인간은 정체성을 형성할 필요가 있다.[6] 이것은 '네 가지 탐구'의 핵심과 관련이 있다.

정체성 형성의 복합적인 특성이 무엇인가를 결정하려면 에릭슨의 사회 심리학적 이론의 세 가지 보완적인 요소를 분리해 볼 수 있다. (1) 근면성: 개인적인 성취를 통해서 정체성을 향상시킨다. (2) 친밀성: 다른 사람과의 관계를 통해서 정체성을 발달시킨다. (3) 성실성: 성격 형성에서부터 어떻게 정체성이 이루어지는가를 가리킨다.[7] 어떤 의미에서 이 세 가지 탐구는 인생의 특별한 시기와 관련이 있다.[8] 그러나 좀더 넓게 보면, 이 세 가지 요소의 본질과 추구하는 것은 인생의 특정한 시기에 국한될 수는 없다(이것은 인생의 모든 시기에서 정체성이 형성되는 것과 마찬가지다).[9]

에릭슨이 말한 근면성, 친밀성, 성실성에 덧붙여서 존 스톳(John Stott, 1988)는 정체성 형성에 영향을 주는 인간의 또 다른 경험에 대해 말한다. 그는 이것을 "초월성에 대한 탐구"라고 표현했다. 간단히 말하면 스톳(1988, p. 125)는 이 말을 "물질 세계를 뛰어넘는 궁극적 실재에 대한 추구"라고 정의했다. 이것은 '영원 불멸성'을 평생 동안 추구하는 것에 비교될 수 있다. 이것은 파울러(Fowler, 1981, p. 17)가 말한 "가치와 힘의 중심"의 개념과 유사하다. 레빈슨(Levinson)은 이것을 "인간의 가장 강렬한 동기"(1978, p. 215)라고 묘사했다. 그는 이것을 단순히 생존을 위한 욕망이 아니라 "자신과 세계에 대한 의미와 가치에 대한 것"(p. 216)으로 분석했다.

부분적으로 이 네 번째 탐구는 인간이 신앙의 체계를 추구하는 것을 나타낸다. 이것은 우리 밖에서 진리와 목적을 찾고 소망하는 것을 말한다.

표 4.4는 보편적인 인간의 탐구를 요약하고 있다. 사람이 살아가면서 평생 동안 제기하는 대표적인 질문들을 기록했으며, 이것들을 인간의 필요와 서로 연관을 시켜 놓았다. 또한 3장에 나오는 네 가지 주제들은 그것과 관련된 각 질문과 연관되어 있다.

여과 필터

우리의 세계관은 탐구와 여과 필터의 결합이란 것을 기억하라. 전자는 모든 인류에게 보편적인(공적인) 것이라면, 후자는 독특한(사적인) 것이다. 크래프트(1979, p. 29)는 우리가 어떤 것을 볼 때 항상 "있는 그대로가 아니라 우리 머리 속에 존재하는 것으로부터 실재를 본다"고 말한다. 그러므로 세계관에 대한 모델들이나 이론들은 필연적으로 "관찰할 수 없는 것들을 상상하게 되는 제한적이고 부적당한 방법들이다"(Barbour, 1974, p. 38). 히버트(1976/1983, p. 6)는

표 4.4

보편적인 인간의 탐구들

박스 B 탐구들	인간의 필요들	일생의 질문들	박스 C 주제들
영원성의 추구	신앙의 필요	궁극적인 실재는 무엇인가?	영적 교제
친밀성의 추구	소속의 필요	나는 어떻게 관계를 맺어야 하는가?	공동체
성실성의 추구	존재의 필요	나는 어떤 사람인가?	인격
근면성의 추구	행동의 필요	나는 무엇을 성취해야 하는가?	사명

어떤 실재를 보는 우리의 주관성에 대해 말하면서 다음과 같이 설명했다: "사람들은 색깔이 있고 구부러진 유리창이 있는 집에서 살아가는데, 이 유리창을 통해서 바깥 세계를 볼 수 있다. 이 유리창을 통해 밖을 바라보면 세상이 색깔이 있는 것처럼 보이고 구부러져 보인다. 그러나 이러한 효과를 알아차린다는 것은 쉬운 일이 아니다."

월리스(A. F. C. Wallace, 1956)는 이와 같이 개인화된 세계관의 특성을 "미로"라고 부른다. 이 용어에 대해 언급하면서 히버트는 "어떤 사람도 같은 사회 안에서, 혹은 같은 사회의 같은 분야에서조차 똑같은 미로를 공유할 수 없다"고 주장한다. R. M. 키싱(Keesing)과 F. M. 키싱(Keesing, 1971, p. 21)은 우리의 주관성이 의미하는 것을 더 확대해서 설명했다. 그러나 그들은 이것을 절망적으로 보지는 않았다. 물론 인간에게는 한계가 있다는 것을 그들도 인정한다. 그러나 우리 자신에 대해 더 잘 이해할 수 있는 가능성도 여전히 있다.

> 우리 자신의 문화적 안경을 쓰고 다른 사람의 생활 양식을 보는 것을 자기 민족 중심주의라 부른다. 우리 자신이 문화적 안경을 쓰고 있다는 것을 의식하는 것이나 이것을 분석한다는 것은 고통스러운 일이다. 그러나 다른 사람의 문화적 안경에 대해 배운다면 도움이 될 것이다. 이 세상이 정말 무엇과 같은지 알기 위해서 자신의 안경을 벗어 버리거나 전적으로 다른 사람의 안경을 쓰고 세상을 바라볼 수는 없지만, 그들의 안경을 써 본다면 우리는 자신의 문화적 규범들에 대해서 더 많은 것을 배울 수는 있다.

어느 주일 아침 어린 멜리사는 차에 올랐을 때 당황한 모습이었다. 그녀는 두 자매들과 잘 어울리는 옷을 입었지만 그들의 조용한 기질을 공유하지는 못했다. 1학년 아이 멜리사는 들뜬 마음으로 "우리 지금 목사님이 아닌 다른 사람들도 기도하는 그 교회에 가는 거예요?"라고 물었다.

잠시 동안 멜리사 부모는 당황한 표정으로 그녀를 바라보았다. 그들은 그녀가 어떤 의도로 묻는 것인지 알지 못했다. 그 때 번쩍 떠오른 것이 있었다. 멜리사는 조금 전, 성도들이 서로 자신들의 기도 제목을 얘기하며 함께 기도하던 그 교회를 말했던 것이다. 그들은 공개적으로 서로를 위해 기도했다. 한 사람이 모든 사람을 위해 제사장의 사명을 수행하는 그런 교회가 아니었다.

멜리사는 두세 번 이 모임에 참석했다. 그러나 그녀가 예배를 드리면서 이 교회의 뚜렷한 특색을 알아차리는 데는 얼마 걸리지 않았다. 전통적인 교회에서는 한 사람(목사)이 기도했지만 여기서는 달랐다. 그 교회는 '목회자 이외의 사람들이 기도하는 교회'였다. 멜리사는 '교회'라는 주제에 대해 또 다른 여과 필터를 금방 창조해 낸 것이다.

생각하기

다음의 질문에 간단히 대답해 보라.
1. 예배 순서에 다른 점이 있다고 느낀 두세 개의 교회를 생각해 보라. 다른 점은 무엇인지 기록하라(예를 들어 예배 순서, 찬송가의 유형, 설교 방법, 특별 찬송 등).

2. 이러한 교회의 예배를 다른 교회의 예배와 비교하면서 당신이 사용한 두 개의 "여과 필터"를 말해 보라(예를 들어 예배 시간마다 예수를 믿기로 결심한 자들을 강대상 앞으로 나오라고 부르는 것을 중요한 특색으로 생각했는지에 대한 여과 필터).

사람들은 모두에게 공통적인 보편적 탐구를 통해서 뿐만 아니라 각 사람이 독특하게 가지고 있는 세 개의 여과 필터를 통해서 세상을 바라본다. 그것들은 사람, 진리, 생활 양식(또는 가치 기준)이다.[10] 모든 사람은 실재나 개인 윤리에 대한 다양한 관점을 지니고 있다. 우리는 각자 세상을 독특한 자기 방식으로 해석하면서, 비유적으로 말하자면 자신의 값을 매기며 살아가는 것이다.

고대의 사건에 나타난 여과 필터

열두 명의 정탐꾼들이 약속의 땅에 들어가기 전에 모세는 그들에게 분명하게 지시했다. 그가 정탐꾼들에게 양극화된 질문을 했던 점에 주목하라(민 13:17-20).

- 그 사람들이 강한가, 약한가(18절)?
- 그 사람들이 많은가, 적은가(18절)?
- 그들의 땅이 좋은가, 나쁜가(19절)?
- 그 성읍이 진영인가, 산성인가(19절)?
- 토지가 비옥한가, 메마른가(20절)?
- 그 곳에 나무가 있는가, 없는가(20절)?

모세의 지시는 정확하고 구체적이고 객관적인 내용을 담고 있다. 이보다 더 정확하고 구체적이고 객관적일 수는 없다. 모세는 정탐꾼들이 모두 같은 보고를 해 줄 것을 기대했다. 그러나 사실은 그렇지 않다는 것을 우리는 알고 있다. 정탐꾼들은 의견의 일치를 보지 못했다. 왜 그랬을까? 그것은 서로 다른 여과 필터 때문이었다.

처음에는 열두 명의 정탐꾼 모두가 그 땅이 아름답다고 증언했다. 그들은 과연 그 땅은 젖과 꿀이 흐르는 땅이라고 증언했다(27절). 여기에는 어떤 의견의 차이도 없었다. 그러나 무리가 이 소식을 듣고서 흥분하기 전에 상반된 견해가 나타나기 시작했다. 열두 정탐꾼 중에서 열 명은 "우리는 능히 올라가서 그 백성을 치지 못하리라. 그들은 우리보다 강하니라"(31절)고 선언했다. 그들이 자신들을 그 땅 사람들과 어떻게 비교했는지 기억하는가? 그들은 "우리는 스스로 보기에도 메뚜기 같으니 그들이 보기에도 그와 같았을 것이니라"(33절)고 했다. 그들은 사실을 보고하는 데 그치지 않았다. 그들은 사실을 주관적으로 해석했던 것이다. 그들 개개인이 가지고 있던 관점이 그들의 보고에 영향을 미치고 있었다.

갈렙과 여호수아도 또한 사건과 상황을 바라보는 그들만의 관점을 지니고 있었다. 그리고 그들은 다른 열 명과 정반대의 결론을 도출해 내고 있었다. 갈렙은 "우리가 곧 올라가서 그 땅을 취하자. 능히 이기리라"(30절)고 주장했다. 무엇이 이런 차이를 만들었는가? 왜 두 사람은 다른 열 명과 정반대의 결론을 내리게 되었는가? 그들도 자신들만의 독특한 여과 필터를 가지고 있었기 때문이다.

첫째, '사람'에 대한 그들의 여과 필터를 보라. 여호수아와 갈렙은 다수의 견해를 받아들이지 않았다. '메뚜기 자화상'은 이 경건한 두 사람으로서는 생각할 수도 없는 일이었다. 여호수아와 갈렙은 변덕스러운 회중을 보고 더 이상 참을 수 없었다(민 14:6-9). 그들은 절망 중에 "그 땅 백성을 두려워하지 말라. 그들은 우리 밥이라"(9절)고 외치면서 그들의 옷을 찢었다.

둘째, '진리'에 대한 그들의 관점이 다르다. 그 두 사람은 하나님께서 살아 계신다는 것을 믿었다. 그들은 하나님의 약속을 신뢰했다. 하나님께서 그들을 위해 전쟁에서 승리하실 것을 믿었던 것이다. 그들은 이 진리를 흔들리지 않고 굳건히 믿었다: "여호와께서 우리를 기뻐하시면 우리를 그 땅으로 인도하여 들이시고 그 땅을 우리에게 주시리라 이는 과연 젖과 꿀이 흐르는 땅이니라"(8절). 그들은 하나님께서 이 일에 간섭하실 것을 믿었다. 두 사람은 "그들의 보호자는 그들에게서 떠났다"(9절)고 선언하면서 그들의 대적은 하나님 앞에서는 아무런 대책이 없다고 말했다.

셋째, '생활 양식'에 대해 그들은 분명한 철학을 가지고 있었다. 여호수아와 갈렙의 좌우명은 간략하면서도 깊은 의미가 있다: "여호와는 우리와 함께 하시느니라"(9절). 윤리와 우선 순위가 이 좌우명에 의해서 만들어졌다. 두 사람은 다른 열 명의 정탐꾼과는 달리 사람, 진리, 생활 양식에 대해 다른 견해를 가지고 있었다. '살아 있는 믿음'이라는 그들의 여과 필터가 그들의 견해에 변화를 가져다 주었던 것이다.

모세가 열두 명에게 요구했던 것들을 재검토해 보는 것은 중요하다. 그는 가나안 땅에 대해 객관적인 사실을 보고 받기를 기대했다. 그러나 약속의 땅에서의 40일간의 탐지 기간 동안에 각 사람들은 주관적인 필터를 통해서 객관적인 질문들을 여과시켰던 것이다. 객관적인 사실에 주관적인 평가가 영향을 미치지 않는다는 것은 전혀 불가능한 일이다.

여과 필터는 언제나 존재한다. 이 필터들은 강력하고 또한 설득력이 있다. 여과 필터가 달라지면 가치 기준과 행동도 달라진다는 것은 쉽게 이해할 수 있다. 실재에 대한 가설이 다르면 세계관도 달라진다.

니고데모의 여과 필터

니고데모가 밤에 예수께 왔을 때, 그가 호기심을 가졌던 것은 주님께서 행하시는 "놀랄 만한 표적"(요 3:2) 때문이었다. 관원이 예수에 대해 "하나님이 그와 함께 계시다"고 말할 정도로 예수는 믿을 만한 사람이라는 것을 모두가 인정했다. 그러나 두 사람이 대화를 나누는 가운데 예수께서는 기적적인 '사역'으로부터 자신이 전하는 '메시지'로 대화의 주제를 바꾸셨다: "사람이 거듭나지 아니하면 하나님 나라를 볼 수 없느니라"(3절). 이 말씀을 들으면서도 니고데모는 예수께서 무엇을 말씀하시는 것인지 도무지 이해할 수 없었다.

당신은 다른 사람과 대화를 나누면서 "우리가 도대체 무슨 말을 하고 있는지 알 수가 없어. 다른 사람이 무슨 말을 하는지 알지도 못하면서 서로 자기 말만 하고 있잖아!"라고 혼잣말을 한 경험은 없는가? 이것이 바로 주님과 니고데모 사이에 있었던 일이다. 그들은 서로 대조적인 필터를 가지고 있어서 효과적인 대화를 나눌 수가 없었던 것이다. 요한복음 3:1-12을 읽어 보라. 예수와 니고데모의 대화에서 서로 대조적인 표현을 가능한 대로 많이 찾아보라.

다음의 세 가지 범주에 대해 서로를 대조해 보라. '인간'의 본성에 대해 뭐라고 말하고 있는가? '진리'에 관해 어떤 모순된 진술을 발견할 수 있는가? '생활 양식'에 따라 가치 기준들이 어떻게 충돌하는가?[11]

생각하기

예수와 니고데모의 대화에서 대조적인 표현을 발견했는가? 무슨 내용인가? 세 가지 범주에서 상충되는 내용들을 예로 들어 아래의 질문에 답해 보라(대응절도 함께 쓰라.)

1. 인간의 본성에 관한 대화에서 여러 가지 다른 필터로 인해 대화가 비효과적으로 이루어진 것이 어디에 나타나는가?

2. 진리에 대한 서로 다른 필터가 그들의 대화를 어떻게 제한시켰는가?

3. 생활 양식 혹은 가치 기준에 대한 어떤 모순된 견해를 발견했는가?

표 4.5는 요한복음 3장의 만남을 요약하고 있다. 세 가지 범주의 차이점들을 다시 한번 주의해 보라.

표 4.5
요한복음 3장 – 부딪히는 여과 필터들

	니고데모의 여과 필터	예수의 여과 필터
'인간'의 본성과 목적이 무엇인가? 인간은 오직 육체적인 존재에 불과한가, 아니면 영적인 존재이기도 한가?	니고데모에게 있어서 사람이 "거듭난다"는 것은 문자적인 재출생을 의미한다. 첫째, 사람은 늙으면 다시 태어날 수가 없다(4절 상). 둘째, 사람은 무태에 두 번째 들어갈 수가 없다(4절 하).	예수께서는 물질적인 세계(물로 난 사람들)와 영적인 세계(성령으로 난 사람들)가 모두 있다는 것을 인정하신다(5절). 그는 또한 인간의 실재에 두 영역(육과 영)이 구별되어 있다고 부신다.
'진리'가 무엇인가? 어떤 진리가 우리가 무엇을 믿어야 할지 결정하도록 도와 주는가?	니고데모가 바라보는 진리는 그의 인간관에 영향을 미친다. 그가 생각하는 진리(인간의 감각과 경험을 통해 얻은 진리)는 "거듭난다"는 것은 생물학적으로 다시 태어나는 것을 말한다. 따라서 "거듭난다"는 것은 이미 잘 알려진 자연 법칙을 깨뜨리는 것이다. 예수의 첫 번째 설명(5-8절) 이후에도 니고데모는 '당신은 농담을 하려 하시는군요!'(9절)라는 반응을 보였다. 니고데모의 진리관은 인간의 경험과 판단의 범위를 벗어나지 못했다.	예수께서는 진리는 물질적이고 또한 영적이라고 주장하신다. 그는 바람을 비유로 들어 설명하신다(8절). 예수께서는 언어유희로 이것을 설명하신다. 헬라어로 '프뉴마'(pneuma)는 '바람' 또는 '성령'이란 뜻이다. 예수께서는 니고데모가 두 가지 실재를 연결시키도록 도와 주신다. 예수께서는 인간이 실험적으로 증명할 수 있는 경험만이 "실재"라는 주장을 반박하신다. 그는 바람은 "실재"라는 것을 말씀하시면서, 이는 우리가 그것이 어디서 와서 어디로 가는지 알지 못하지만 그 효과를 보기 때문이라고 하신다. 이어서 그는 영적 재출생과 비교하신다: 우리는 영적 세계의 세부적인 것들을 알지 못한다. 그러나 그것은 실재하는 것이다.
'삶'에서 가치 있는 것은 무엇인가? 우리는 무엇을 위해 살아야 하는가?	니고데모의 인생관은 그가 그리스도를 만나고 하나님께서 함께 하신다는 표적을 보도록 그에게 흥미를 일으켰다(2절). 그에게는 이런 표적들 자체가 그 최종적인 목표가 되는 것이다.	예수께서는 이적 뒤에 감추인 더 큰 가치, 즉 '하나님의 나라'에 초점을 맞추신다(3, 5절). 두 가지 입장이 대조되어 나타난다. 니고데모는 이 세상의 것들에 주목하고, 예수께서는 영원한 것을 강조하신다(12, 15, 16절).

결론[12]

알버트 아인시타인(Albert Einstein)은 우리가 완전한 수단과 혼돈된 목적의 시대에 살고 있다고 말한 적이 있다. 다음의 기괴한 이야기는 목적과 수단이 모두 혼돈되어 있음을 보여 주고 있다.

수세기 전에 괴상하고 치명적인 전염병이 리투아니아의 작은 마을을 덮쳤다. 이 질병이 괴상한 것은 이 병에 걸린 자는 말할 수 없이 심한 통증을 느낀다는 것이다. 이 병에 걸리면 거의 죽은 듯한 혼수 상태에 들어간다. 대부분의 사람들은 24시간 내에 죽고 만다. 그러나 고통을 잘 견디어 내면 때때로 건강을 온전히 회복한 경우도 있었다. 문제는 18세기 초에는 의술이 발달하지 못했기 때문에 병든 사람이 죽었는지 살았는지 분별하기가 어려웠다는 것이다. 그러나 대부분의 사람들은 사실상 죽었기 때문에 이것이 크게 문제가 되지는 않았다.

그러던 어느 날 누군가가 산 채로 매장되었음이 발견되었다. 마을 사람들은 무척 놀랐다. 그래서 그들은 그러한 상황이 다시는 발생하지 않도록 조치를 취하기 위해 마을 회의를 소집했다. 긴 시간의 토론 끝에 대부분의 사람들은 다음의 해결책에 동의했다. 그들은 매장된 사람 옆에 음식이 든 바구니를 놓아 두기로 했다. 뿐만 아니라 그들은 관에서부터 땅 표면까지 공기 구멍도 만들기로 했다. 이러한 일은 돈이 많이 드는 일이었다. 그러나 몇몇 사람의 생명을 구할 수만 있다면 그 이상의 가치가 있는 일이었다.

또 다른 그룹이 두 번째 안을 제시했다. 그것은 비용이 덜 드는 제안이었다. 그들은 모든 희생자들의 심장 바로 위 관 뚜껑 안에 12인치 길이의 막대기를 세로로 끼워 넣자고 제안했다. 관 뚜껑이 닫히기만 하면 그 사람이 살아 있는지 죽었는지 의심할 필요가 없게 되는 것이다.[13]

생각하기

아래의 질문들을 생각해 보고 간단하게 답하라.

1. 좀더 비싼 해결책을 제안한 마을 사람들은 무슨 동기를 가졌는가?
   _____

2. 덜 비싼 계획을 제안한 두 번째 그룹은 어떤 사고 과정을 거쳤겠는가?
   _____

3. 두 그룹이 사람을 바라보는 인간관에는 주된 차이가 있었다. 당신이 알고 있는 여러 회중

들을 생각해 보라. 그들이 갖고 있는 다른 인간관을 적어도 두 가지 이상 말해 보라.

_____

_____

리투아니아의 전설은 모순된 목적과 수단에 관한 이야기이다. 서로 상반되는 대안을 제시한 두 부류의 사람들은 그 마을 사람들의 다른 사고 유형—특히 그들의 분석적 질문—을 말해 준다. 폰 오크(Von Oech, 1983, p. 26)는 리투아니아의 전설을 정확히 해석하고 있다: "첫 번째 부류의 사람들은 '우리가 살아 있는 사람을 매장했을 경우에 대비해서 무엇을 해야 하는가?'를 생각한 반면에, 두 번째 부류의 사람들은 '우리가 매장한 사람들이 모두 죽은 자라는 것을 어떻게 확신할 수 있는가?'를 생각했다."

다시 말하면, 전자는 "생명—어떤 희생을 치르고서라도"라는 기치를 들었고, 후자는 "생명—그것이 너무 비싸지만 않다면"이라는 기치를 들었다. 여기에는 두 가지 다른 관점, 즉 두 가지 상충되는 세계관이 나타난다. 어쩌면 살아 있을지도 모르는 사람들을 구하는 것과 매장된 사람은 다 죽은 것이라고 살아 있는 사람들에게 확인시키는 것이다. 또한 여기에는 서로 관계가 있는 관점들이 있다: 사람을 구할 수만 있다면 더 비싼 값을 치러야 하는 방법도 가치가 있다는 것과 싸면 쌀수록 좋다는 사고 방식이다. 이러한 것들이 결합하여 전혀 다른 두 가지 단기 계획이 제시되었다. 한 쪽은 음식, 물, 공기 구멍을 제시했고, 다른 한 쪽은 1피트 길이의 막대기를 제시한 것이다.

세계관은 '보편적인 탐구'와 '독특한 여과 필터'로 이루어져 있다. 유진 니다(1960, pp. 90-91)는 간단하게 두 요소의 가치를 강조하고 있다. 그의 견해는 우리 교육자들에게 유익한 점이 많다. 그의 논평은 가르치고 배우는 데 중요한 요소, 즉 교육 과정을 구성하거나 조직하는 방법과 관련이 있다:[14] "모든 사람들의 사고 과정은 기본적으로 동일하다. 그러나 이러한 사고를 하게 하는 전제들이나 다른 사람들의 판단에 영향을 주는 기본 범주들은 약간씩 다르다…인간은 사고 능력이 다른 것이 아니라 그들의 출발점이 다른 것이다."

히버트(1976/1983, p. 6)의 도표를 약간 수정한 다음의 그림은 우리의 보편적 탐구와 우리가 삶에 대해 독특하게 인식하는 것의 관계를 형상화하도록 도와 준다(참조. 그림 4.1).[15]

탐구와 여과 필터에 민감한 교사들은 학생들의 세계를 더 잘 이해하게 되며, 더 효과적인 지도자가 된다. 이 두 주제에 대해 자신의 입장을 살펴보는 것은 주인 의식을 갖게 해 준다. 다른 사람들의 입장을 존중하는 자는 다른 사람들이 자신과 달리 선택하는 것에 대해 이해와 존경을 표한다. 간단히 말하자면, 더 열매 맺는 사역을 하게 되고 다른 사람을 돌아보게 된다는 것이다.[16]

부분적으로 이것은 허버트 케인(J. Herbert Kane, 1981, pp. 62-69)이 말한 "세계적인 그리스도인"의 관점을 소유한 신자들을 말한다. 케인의 논평은 교육과 선교에서 함께 관심을 가지고 있는 부분을 다루고 있다. 그는 특히 세계관에 초점을 맞추었다. 아래에 나오는 케인의 일곱

그림 4.1
탐구와 여과 필터

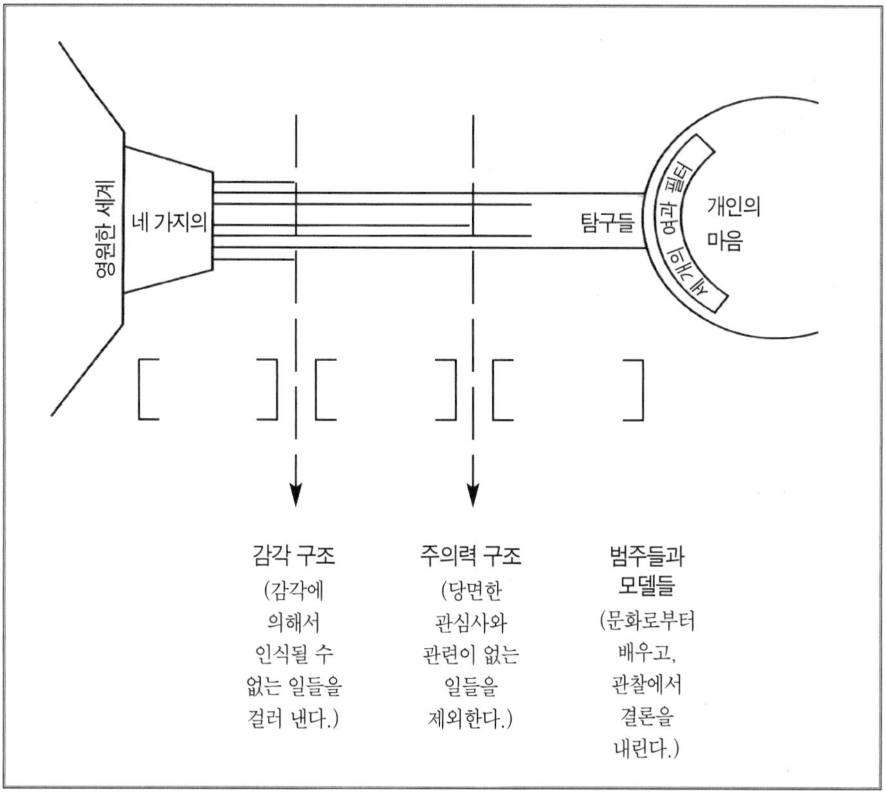

```
           네 가지의          탐구들         개인의
  현실 세계                                   마음
                    세계관 여과 필터
                         여과 필터

           [    ]    [    ]    [    ]
              ↓         ↓
           감각 구조    주의력 구조    범주들과
                                      모델들
           (감각에      (당면한       (문화로부터
           의해서       관심사와       배우고,
           인식될 수    관련이 없는   관찰에서
           없는 일들을  일들을         결론을
           걸러 낸다.)  제외한다.)     내린다.)
```

히버트의 도표를 참조함(1976/1983, p. 6)

가지 설명을 읽으면서, 어떤 내용이 당신에게 개인적인 세계관을 형성하는 데 성장하도록 도전을 주는지 생각해 보라. 어느 것이 당신의 탐구와 여과 필터를 더 잘 이해하도록 도와 주는가?

세계적인 그리스도인은

1. 세계에서 일어나고 있는 사건들에 대한 지식을 증진시키고자 한다.
2. 교회관을 확장시킨다.
3. 기독교 선교에 대한 이해를 증진시키고자 한다.
4. 그들의 기도 생활의 범위를 넓힌다.
5. 기회가 된다면 해외로 나간다.
6. 그들의 생활 양식을 변화시킨다.
7. 세계 선교에 개인적인 책임이 있다는 것을 인식한다.

제5장
성장의 유형: 구조적 차원

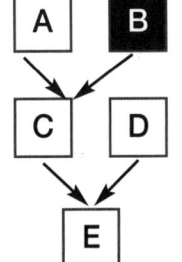

서론
인간 본성의 특징
엘리아와 인간의 본성
신체적 성장
인지적 성장
인격적 성장
결론

서론

 생각하기

다음의 익숙한 노래들을 기억하는가?

> 깊고도 넓고도
> 깊고 넓은 샘물 흐르네
> 깊고도 넓고도
> 깊고 넓은 샘물 흐르네 (Herbert G. Tovey)

> 올라가자 올라가자 햇빛 비치는 산으로 천상의 미풍이 불어오누나
> 올라가자 올라가자 햇빛 비치는 산으로 얼굴이 붉게 달아오른다
> 돌아서라 돌아서라 죄와 의심에서 하늘을 바라보라
> 올라가자 올라가자 햇빛 비치는 산으로 너와 나 함께 (E. Pate)

1. 이 노래들은 무엇을 의미하는가?

2. 더 많은 의견을 얻기 위해서 다른 사람들에게 물어 보라. 한두 명의 어린이와 십대들, 그리고 성인들을 꼭 포함시키라. 그리고 나서 그들의 반응을 비교해 보라.

당신의 견해와 다른 사람들에게서 발견한 것들을 표 5.1, 5.2의 견해와 비교해 보라.[1] 특별히

> **표 5.1**
> ## "깊고도 넓도다" 노래 해석
>
> ### 어린이
> 6살. 그것은 큰 바다에 대한 재미있는 노래다.
> 9살. 그것은 율동이 있는 재미있는 노래다. "깊은" 것은 바위산 위에서 떨어지는 폭포를 말하며 모든 사람들이 그것을 구경하고 있다. "넓은" 것은 바다를 말한다.
> 10살. 그것은 거미에 대해 노래하고 있다—난 잘 모르겠다.
>
> ### 십대
> 13살. 이 노래는 많은 것을 의미하진 않는다. 다만 많은 율동이 있을 뿐이다.
> 15살. 하나님은 무한한 분이시다. 그분은 어디에나 계신다. 하나님은 그렇게 순수한 샘물과 같다.
> 16살. 그것은 아마도 영적인 샘물을 뜻하고 성령을 의미하는 것 같다.
>
> ### 성인
> 42세. 그것은 모든 사람들을 편히 쉬게 하는 좋은 율동이 있는 노래이다. 강물이 샘물보다 더 많이 흐르기 때문에 "샘물"이란 단어는 "강물"로 바꾸어야 한다.
> 45세. 나는 그것을 하나님의 은혜로운 본질과 자비로 본다. 샘물은 그리스도의 보혈이라고 생각한다.
> 60세. 그것은 측량할 수 없는 하나님의 사랑을 말한다. 그러나 착한 불교신자도 그런 노래를 부를 수 있다. 그것은 특별히 기독교적인 노래는 아니다.

> **표 5.2**
> ## "햇빛 비치는 산에 오르자" 노래 해석
>
> ### 어린이
> 6세. 나는 태양을 향해 사다리를 오르고 있다. 내 얼굴은 햇빛을 받아 좋아지고 따뜻해질 것이다.
> 7세. 그것은 착한 일을 해서 천국으로 올라간다는 말이다.
> 9세. 나는 산을 오르고 있는 한 사람을 본다. 그 산은 바위산이어서 그 사람은 지팡이를 짚고 간다. 그러나 그는 노래하고 있고, 그가 알고 있는 모든 사람들의 얼굴을 생각하고 있다.
>
> ### 십대
> 13세. 우리는 모두 이런 태양이 있는 산을 오르고 있다. 그 곳에서는 천국의 미풍이 우리의 땀을 식혀 준다. 산을 오를 때 우리는 우리의 죄를 뒤에 남겨 두고 염려를 멈추어야 한다.
> 15세. 당신은 하나님의 현존 앞에 있다. 모든 죄악은 문제되지 않고 오직 평화와 사랑만이 있을 뿐이다.
> 16세. 자신의 문제에 하나님의 빛을 비춘다면 그 문제들은 사라지게 되거나 그 문제들이 얼마나 작은 것인지를 보게 된다는 뜻 같다.
>
> ### 성인
> 23세. 그것은 천국이, 너와 내가, 그리스도가 어디에 있는지를 말해 준다. 하나님이 계신 곳을 나는 알지 못한다.
> 45세. 그것은 천국에 가는 것을 비유적으로 말한 것이다. 땅에서 천국으로 향하여 갈 때 얼굴은 천국의 영광으로 인해 타오르고 우리는 땅위의 죄로부터 돌이킨다.
> 53세. 나는 교회 안에서 자라 왔다. 이 노래는 재미있는 율동이 있는 귀여운 노래이다. 꼭 신학적인 것만은 아니라면 아주 밝고 긍정적인 노래이다.

어린이와 십대와 성인들의 견해가 어떻게 다른지 주목하라. 일반적으로 어린 아이들의 해석은 초보적인 인식에 불과하다. 즉 문자상의 실재를 단순한 말로 표현한다. 반면에 십대와 성인의 해석은 좀더 복잡미묘한 상징적인 함축이 있다.

인간 본성의 특징

위의 인터뷰 내용은 연령 수준에 따른 다양한 사고의 경향을 설명해 준다. 또한 그것은 인간 본성의 복잡성과 기이함을 엿볼 수 있게 해 준다. 인간은 하나님께서 지으신 최상의 창조 작품임을 나타내 준다. 인간은 근본적으로 하나님의 형상대로 창조되었기 때문에 하나님이 인간의 형태를 입으시는 것은 가능하다. 하나님이신 우리 주님의 성육신은 에덴 동산에서 원래 정하신 인간 본성의 가치와 선함을 입증한다(창 1:31). 누가복음 2:52은 예수 그리스도의 성숙과 성장에 대해 기록하고 있다.[2]

성장에 따른 변화

성경은 인지적 능력에 있어서의 차이점을 인정하고 있다. 바울은 그의 유명한 '사랑장'에서 "내가 어렸을 때에는 말하는 것이 어린 아이와 같고 깨닫는 것이 어린 아이와 같고 생각하는 것이 어린 아이와 같다가 장성한 사람이 되어서는 어린 아이의 일을 버렸노라"(고전 13:11)고 말한다. 바울은 어린 아이들은 어린 아이와 같이 말하고 깨닫고 생각하는 것이 아주 당연하다고 말하고 있다. 어른들에게는 훨씬 더 많은 것들이 기대된다. '어린 아이 같음'과 '유치함'에는 차이가 있음을 주의하라.[3] 하나님의 계획은 우리가 성숙을 향하여 나아가는 것이다. 우리는 하나님이 설계하신 발달 과정을 따라서 성장한다. 우리는 놀라운 변화를 경험하게 된다.

본장과 다음 장에서 우리는 '정상적인' 성장의 요소들이 무엇인지를 다룰 것이다.[4] 다섯 살 박이가 아주 마르고 작거나, 말을 하지 못하거나 걸을 수 없다면 우리는 무엇인가 잘못되었다고 생각하게 된다. 신체적인 발달과 함께 다른 면의 성장 또한 예상되는 유형을 따르고 있다. 따라서 비정상적으로 성장이 저지되고 있을 때, 우리는 신경을 쓰고 긴장하게 된다.

전체적인 발달 유형을 알고 있을 때 우리는 계속적으로 성장하고자 도전을 받는다. 자족해 버리는 것은 좋지 않다. 비유로 설명한다면 우리는 여덟 개의 실린더 엔진의 잠재력을 가지고 있는데 오직 서너 개의 실린더로 달리고 있을지도 모른다. 우리에게 본을 보여 준 바울처럼 우리는 온전한 성장을 향해 돌진해야 한다: "내가 이미 얻었다 함도 아니요 온전히 이루었다 함도 아니라 오직 내가 그리스도 예수께 잡힌 바 된 그것을 잡으려고 좇아가노라"(빌 3:12).

신약성경은 자주 성장에 관해 말하고 있다: "오직 우리 주, 곧 구주 예수 그리스도의 은혜와 저를 아는 지식에서 자라가라"(벧후 3:18).[5] 사고의 성숙 외에도, 우리는 다른 면에서 성장을 경험해야 한다. 누가는 성장의 구체적인 영역을 언급하면서 예수의 어린 시절을 얘기하고 있다: "예수는 그 지혜(인지적)와 그 키(신체적)가 자라가며 하나님(영적)과 사람(사회적)에게 더 사랑스러워 가시더라"(눅 2:52, 삼상 2:26 참조). 몇몇 영역의 성장은 평가가 분명하고(예: 신체적 발달) 다른 영역은 평가하기에 좀더 어렵다(예: 사회적 발달).

구조와 기능

인간됨에 대한 기독교의 기본 개념은 모든 인간은 하나님의 형상대로 창조되었다는 것이다. 안토니 훼케마(1986, pp. 68-73)는 "형상"은 구조적 차원과 기능적 차원을 둘 다 포함한다고 시사하고 있다. 구조적인 차원은 우리의 유전적인 능력, 즉 신체적인 것(예: 몸의 근육의 움직임)과 비신체적인 것(예: 마음, 양심) 둘 다에 관련된다. 기능적인 차원은 하나님의 목적과 의지에 따라서 이러한 능력들을 알맞게 사용하는 것과 관련된다(예: 누군가를 저주하기보다는 사랑 안에서 진리를 말하는 것).

건축물에 비유해 보면, 구조적인 차원은 인간의 상부 구조라고 할 수 있다. 그것은 신체적, 인지적, 인격적 영역을 포함하고 있으며 인간을 구성해 주는 요소들이다. 이러한 상부 구조는 인간 발달의 기능적 차원을 형성해 준다. 기능적 차원은 우리 존재의 하부 구조, 인간됨의 핵을 나타낸다. 3장의 신학적 연구에서는 이런 하부 구조가 영적 성숙의 네 가지 주제로서 나타났다. 이와 짝을 이루는 인간의 네 가지 보편적 탐구는 4장에 나타난 철학적이고 인간론적인 통찰에서 파생된 것이다. 본장에서는 심리학적인 관점이 언급되고 있다.

우리는 각각의 영역들을 그들 각각의 집단으로 묶어 놓았는데 거기에는 두 가지 이유가 있다. 첫째, 구조적 차원에서의 공통점은 신체적, 인지적, 인격적 영역들이 각각 그들의 발달에 영향을 끼치는 선천적으로 타고난 요소들을 지니고 있다는 것이다. 이것은 신체적 발달에서 더욱 뚜렷하지만 인격의 기질적인 특성도 유전의 영향을 받는다.

성장의 기능적 영역	성숙의 주제
신앙적 발달	영적 교제
사회적 발달	공동체
도덕적 발달	인격
사명적 발달	사명

둘째, 우리가 거듭날 때(두 번째 출생) 하나님은 우선적으로 "기능적" 차원에서 중대한 변화를 일으키신다. 우리는 성령의 인도함을 받아 살며 그 안에 거하게 된다(신앙적 – 롬 8:8, 엡 2:1-5). 우리는 그리스도의 몸의 지체가 되고 세례를 받는다(사회적 – 고전 12:12-14). 우리의 양심은 깨끗해지고(도덕적 – 히 9:14, 벧전 3:21) 몸의 공동 이익을 위해 섬기도록 은사를 받는다(사명적 – 고전 12:7, 11).

구조적 차원에서의 변화는 앞으로 우리가 영광스러운 몸을 입을 때 일어난다(롬 8:23, 고전 15:50-54).

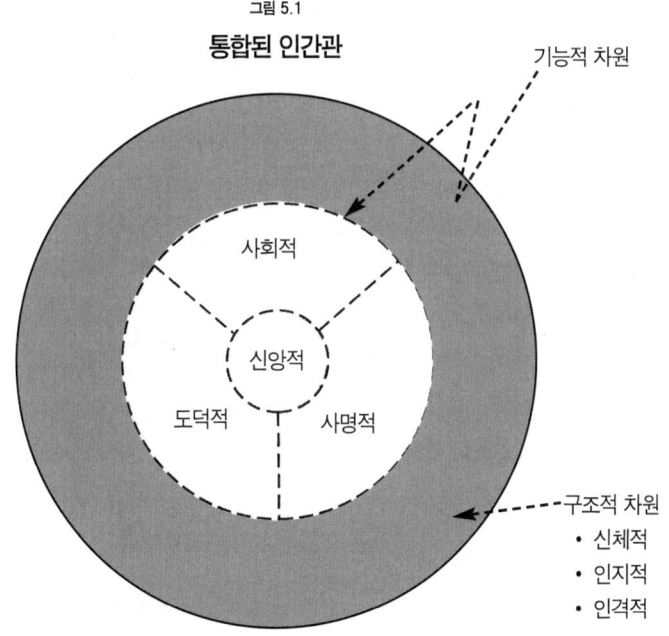

그림 5.1
통합된 인간관

주의: 점선은 기능적, 구조적 차원 사이에서 뿐만 아니라 네 개의 "기능적" 영역 안에서의 상호 작용을 나타낸다.

그림 5.1은 이러한 영역의 도형적 개관을 나타내고 있고, 표 5.3은 그것을 말로 요약해 주고 있다.[6]

구조의 기초가 없이는 어떠한 기능도 있을 수 없다. 그리고 적절한 기능 없이는 인간은 하나님께 영광 돌리려는(고전 10:31) 삶의 목적을 성취할 수 없다. 예를 들면, 시계는 먼저 시간을 측정하고 나타내기 위해서, 둘째로는 매력적인 장신구로서의 기능을 위해 만들어진다. 시계를 다른 목적으로 사용하고자 시도한다면(예: 못을 박거나 이를 닦는 데) 좋지 못한 결과를 가져올 것이고, 그 시계는 정당한 목적을 영원히 성취하지 못하게 될 것이다. 따라서 인간의 구조적 재능은 위대한 디자이너이신 하나님의 기능적인 목적과 조화되도록 사용되어야 한다.

엘리야와 인간의 본성

대부분의 신자들은 열왕기상 18장에 나오는 갈멜산상에서 바알에게 승리를 거둔 의기양양한 엘리야에 대해 잘 알고 있다. 그러나 대부분 그의 차후의 인간적 투쟁에 대해서는 주의를 기울이지 않는다. 열왕기상 19:2-3에서 엘리야는 이세벨 왕후의 위협을 받고 두려워하게 된다(인격적 영역 - 정서적). 그는 목숨을 지키기 위해 도망하여 브엘세바에 이르렀다. 두려워할 만한 여러 가지 이유들을 생각하며 더 큰 두려움에 빠져 들었다. 그리고 기진맥진하여 죽기를 구하면서(4절) 무기력한 자존감을 고백한다(인격적 영역 - 정체성).

하나님은 엘리야의 정당한 공포감에 대해 언급하는 일을 늦추시고 먼저 선지자의 육체적 필요를 채우신다. 하나님은 음식물과 이틀 동안의 휴식을 주셨다(5-8절). 하나님과 엘리야 사이의 특별한 만남의 시간이 점점 다가오고 있었다(신앙적 영역). 다시 기운을 차린 엘리야는 하나님의 산 호렙을 향해 40일 동안 여행한다(8-9절). 하나님은 우선 대화를 통해서 엘리야의 인지적 능력을 깨우신다. 그분은 엘리야에게서 상황에 대한 인식을 이끌어 내신다(10-14절). 이것을 강조하기 위해서 하나님은 엘리야에게 거듭 "네가 어찌하여 여기 있느냐?"라고 물으시고, 엘리야는 "내가 만군의 하나님 여호와를 위하여 열심이 특심하오니 이는 이스라엘 자손이 주의 언약을 버리고 주의 단을 헐며 칼로 주의 선지자들을 죽였음이오며 오직 나만 남았거늘 저희가 내 생명을 찾아 취하려 하나이다"(10, 14절)라고 대답한다.

여러 가지 경고의 깃발들이 올라간다. 선지자의 대답에는 그가 특히 염려하는 문제들이 나타난다.

1. 엘리야는 신앙의 문제에 대해 고통받고 있다(신앙적 영역). 그는 하나님에 대한 그의 충성스러움을 알고 있다. 그러나 하나님과의 친밀한 교제가 있는가? 하나님은 갈멜산 전쟁에서 승리하셨다. 그러나 바알과의 전쟁에서는 지고 있는 것처럼 보인다.
2. 하나님의 사람 엘리야는 고독을 느꼈다(사회적 영역). 자신 이외의 어떤 다른 경건한 하나님의 선지자도 남아 있지 않다.
3. 엘리야는 정의의 문제로 고민하고 있다(도덕적 영역). 하나님의 선지자들이 살해되었고 엘리야는 다음 차례다.
4. 오직 엘리야만 하나님의 사자로서 섬기도록 살아 남아 있다. 그의 죽음 후에는 어느 누구도 사역을 수행할 수 없게 되었다(사명적 영역).

하나님은 이미 엘리야의 '신체적' 필요를 채우셨다. 그분은 이제 남아 있는 각각의 영역에 대해서(인지적 영역을 사용하셔서) 엘리야와 대화를 나누신다. 하나님은 바람, 지진, 불 등의 자연의 방법을 사용하셔서 엘리야에게 강력한 방법으로 자신을 드러내신다. 이러한 방법을 통해서 하나님은 엘리야의 신앙, 지식, 인격(정서)에 대해 말씀하신다. 덧붙여서 하나님은 바알을 숭배하지 아니한 7천 명(신앙적, 사회적, 사명적 영역)을 남겨 두셨다고 말씀하신다. 하나님은 심판(도덕적 영역)의 도구로 사용된 살인자들인 아람의 하사엘, 이스라엘의 예후를 처리하시겠다고 약속하신다. 게다가 하나님은 사역의 동반자로서 엘리사를 주신다(사회적 영역). 엘리사는 엘리야 곁에서 섬길 것이다. 이 젊은 초보자가 엘리야의 차후에 예언적 사역(사명적 영역)을 계속할 것이다. 엘리야는 충분한 공급을 받았고, 다시 하나님의 선지자로 돌아갈 준비가 되었다. 하나님은 각각의 영역에서 그의 필요들을 채우셨다.

생각하기

당신의 지난 1, 2년의 삶을 생각해 보라.
1. 다음의 영역들 중에서 당신이 급격한 성장을 경험한 부분을 말해 보라.

구조적 발달의 영역
신체적: _____

인지적: _____

인격적: _____

기능적 발달의 영역

신앙적: _____

사회적: _____

도덕적: _____

사명적: _____

2. 현재 당신은 어느 영역에서 가장 많은 성장을 이루고 있는가? 왜 그렇다고 생각하는가?

3. 어느 영역에서 성장이 가장 지체되고 있는가? 그 이유를 설명해 보라.

본장의 나머지 부분에서는 쉽게 관찰될 수 있는 인간 성장의 구조적인 영역, 즉 신체적, 인지적, 인격적 발달에 주의를 기울여 다루게 된다.[7] 성숙을 향한 기능적 성장은 이 세 가지 구조적 영역의 내용들을 통해서 여과되기 때문에 우리들 각자는 기독교 정신을 나타내는 방법에 차이가 날 것이다.

우리에게는 신체적 모습과 얼굴, 인지적 능력, 기질들이 서로 다르게 주어졌다. 수많은 서로 다른 눈송이처럼, 우리 각자는 그리스도 안에서의 풍성한 삶을 독특하게 표현한다. 더 이상 빵틀로 찍어낸 붕어빵에 찬사를 보내지 않는다! 이 세 가지 구조적 부분들은 다음 장에서 설명되어질 네 개의 기능적 부분들을 형성하는 데 중요한 역할을 한다.

신체적 성장

도토리는 결국 사과나무나 해초 혹은 새가 아닌 한 그루의 참나무가 될 것이다. 그 기본 설계는 적당한 성장 조건, 즉 태양, 무기질이 풍부한 땅, 풀 등이 있으면 성장할 수 있도록 종자 안에 본래부터 가지고 있다. 같은 방법으로 하나님은 인간의 본질 안에 하나의 설계를 갖고 계신다. 적절한 양육을 통하여 우리는 성인으로 성장할 것이다. "성장"이란 단어는 식물의 씨앗 속에 있는 유전인자를 따라 식물이 자라는 것을 보면 쉽게 이해될 수 있다.

최종 형태와 발달 과정

각각의 씨앗 안에는 최종적인 형태와 거기에 이르는 일반적인 발달 유형(발달 시기와 발달 단계)이 이미 결정되어 있다. 그 최종 형태의 설계 안에 여러 가지 모습(예: 키, 몸무게, 얼굴 모양, 피부색, 머리, 눈)과 다양한 수준의 신체적 능력이 들어 있다.

이와 더불어 성숙의 유형들을 고려해 볼 가치가 있다. 그것은 발달 단계와 발달 시기를 포함하고 있다. 올바른 발달 단계를 따른다면 성인들은 처음에는 어린 아이의 단계를 거쳐야 한다. 우리는 태어나서부터 어른이 되기까지 어느 정도 추측 가능한 신체의 변화들을 경험한다. 이러한 변화들은 우리의 행동과 신체적 능력에 영향을 준다. 예를 들면 사춘기는 12세경에 시작하는데 신체적 발달의 중대한 이정표가 되며, 이제 곧 성인이 된다는 것을 나타낸다. 이 특별한 이정표는 1차적, 2차적인 신체의 변화를 포함하고 있다. 또한 중요한 인지적, 인격적인 요소들이 나타난다. 성인으로서 기본적인 능력을 갖추는 데는 약 15년 내지 20년이 걸린다.[8]

성인의 역할에 대한 발달 시기에 있어서도 사람마다 차이가 있다. 긍정적이고 교육적인 환경은 발달 단계에 따른 "정상적인" 성장을 촉진시킨다. 그러나 성장이 늦추어질 때는 점진적인 변화를 가져오도록 적절한 도움을 주어야 한다. 매우 부정적이고 억압적인 환경은 성장을 늦춰 성인으로서 결코 최적의 능력을 갖춘 수준에 이르지 못하게 만든다. 이 원리는 광야에서 자라나거나 오랫동안 인간과 접촉을 갖지 못한 어린 아이들에 대한 보고서에 의해서 확인되었다.[9] 우리의 신체적 능력의 범위와 여러 가지 변화들을 이해하는 것은 학생들 각자의 타고난 가능성들과 제약들을 이해하는 데 도움이 된다.

기독교적 관점

신체적 성장에 대한 연구는 인간과 다른 피조물 사이의 유사성과 상이점을 보여 준다. 보고 움직이는 능력과 같은 몇몇 신체적인 기능들은 다른 피조물들과 유사하다. 그러나 다른 능력들은 인간에게 독특한 것이다. 예를 들면 인간에게는 미소를 짓거나 얼굴을 찡그릴 수 있도록 하는

28개의 피하안면근육과 같은 독특한 신체적 특징들을 지니고 있다. 성대는 인간이 복잡한 언어를 구사하도록 특별히 설계되었다.[10] 이렇게 훌륭한 재능에도 불구하고 바울은 신자들이 "우리 몸의 구속"을 기다리면서 "속으로 탄식하고" 있음을 상기시킨다(롬 8:23). 그것은 궁극적으로 우리의 육체적인 몸은 변화될 것이기 때문이다. 우리는 새로운 존재의 상태에 들어갈 때(벧후 3:13) 영광스런 몸에 영원의 옷을 입게 될 것이다(고전 15:52).[11]

인지적 성장

아이들과 성인들은 실제로 다르게 사고한다. 성숙의 과정에서 지식의 기초는 넓어진다(양적 변화). 인간의 사고방식의 논리도 역시 변화한다. 이 성장은 복잡성이 증가된다는 것(질적 변화)을 나타낸다. 스위스의 심리학자 장 피아제(Jean Piaget)[12]의 선구자적인 저술에 기초하여 '이성'의 네 가지 일반적인 '질적' 수준이 밝혀졌다. 우리 모두는 출생부터 청년이 되기까지 이러한 수준들을 따라 성장하고 있다.

피아제의 연구 결과의 단순화된 실례가 '모노폴리'(monopoly) 게임을 이용하여 아래에 기술되어 있다. 여러 명이 이 게임을 하고 있는 것을 당신의 마음 속에 그려 보라. 여러 가지 정신적 발달 단계들을 나타내면서 각각의 참석자들이 그 게임에 접근하는 방법을 대조해 보라.

- 감각 운동기(출생-2세):[13] 아이들이 그들의 입 속에 집, 호텔, 주사위 등을 넣는다. 그들은 카드를 이빨로 씹고 있다.

- 전 조작기(약 2-7세): 학령 전 아동들은 모노폴리 '위에서' 논다. 그러나 직관적으로 그들 자신의 규칙을 만들어 낸다. 그들은 차례 차례 노는 것과 많은 돈을 교환하는 데(임대료가 지불되어야 하고 돈을 소유하는 것) 어려움을 느끼기 때문에 지시 사항들을 이해할 수 없다. 일반적으로 그들은 게임의 목적을 이해하지 못한다.

- 구체적 조작기(약 7-11세): 학령기의 아이들은 기본적인 지시들을 이해한다. 그들은 규칙을 따를 수 있지만 저당권, 대출, 다른 사람들과의 복잡한 거래에 관한 가설적인 거래를 다룰 수 없다.

제5장 성장의 유형: 구조적 차원 115

그림 5.2
양적 그리고 질적인 지적 성장

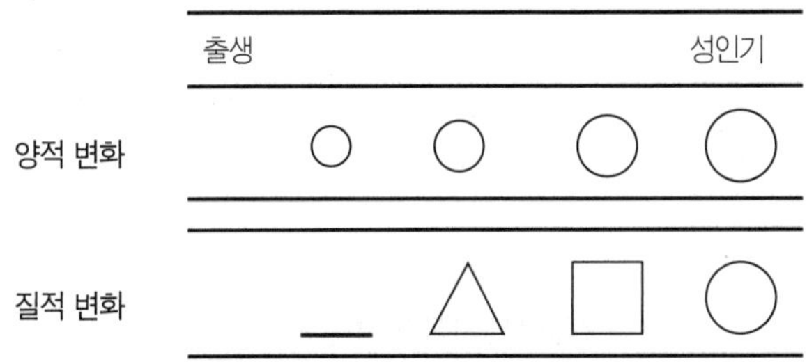

	출생			성인기
양적 변화	○	○	○	○
질적 변화	—	△	□	○

형식적 조작기(약 12세 이상): 십대와 성인들은 더 이상 구체적이고 명백한 규칙에 매이지 않는다. 그들은 각각의 게임에 독특하고 복잡한 가설적인 거래에 참여할 수 있다 (Dworetzky, 1981, p. 316).

한 신학생은 그의 어머니가 얼마나 현명하게 추상적인 개념들을 그의 발달 단계에 적절하고도 구체적인 용어로 설명해 주었는지를 기억하고 있다.

> 4학년경에 나는 '사랑'이라는 단어와 씨름하고 있었다. 나는 '좋아한다'는 것이 무엇을 의미하는지를 알았다. 나는 나의 개를, 그리고 나의 선생님을 좋아한다. 그러나 이 소녀는 나에게 그 이상의 의미를 가지고 있었다. 그것은 틀림없이 '사랑'이었다. 어느 날 나는 내가 사랑하고 있는지 어떻게 알 수 있는가에 대해 나의 어머니에게 물었다. 어머니는 진정한 사랑이 무엇인지를 10살난 내 마음 속에 분명히 확립시켜 준 '구체적인' 예를 들어 설명해 주셨다. 어머니는 "사랑이란 네가 크리스마스 장난감 카탈로그를 바라보는 것을 좋아하는 것만큼 그렇게 한 사람과 이야기하기를 기대하는 것이란다"고 말씀하셨다. 아, 나는 그것이 그렇게 심각한 것인 줄 몰랐다. 나는 내가 사랑하고 있는 것이 아니라는 것을 즉시 알아차렸다.[14]

요점은 어린 아이들은 성인들이 생각하는 것과 동일한 방법으로 생각하지 않는다는 것이다. 그림 5.2는 양적 변화와 질적 변화 사이의 차이를 보여 준다. 두 세트의 도형들은 출생(왼쪽)부터 시작해서 성인기(오른쪽)를 향해 이동하는 연속선상에 위치하고 있다. 첫 번째 줄에서 원의 크기가 점점 커지는 것은 이전의 정보에 대한 이해가 비례하여 확장되었음을 나타낸다. 두 번째 줄에서 모양이 변해 가는 도형들(선에서 세모, 네모, 원으로)은[15] 각각의 사고의 단계에 따라 정보 처리를 위한 새로운 차원으로 바꾸어 가고 있음을 의미한다. 각각의 단계는 이전의 단계보다 근본적으로 다른 사고방식을 나타내고 있다. 질적인 인지 발달의 4단계 이론의 기술적 정의는 피아제에 의해 발전되었고 표 5.3에 나타나 있다.[16]

표 5.3
피아제의 인지적 발달 단계

── 감각 운동기(출생-18개월/2세)
유아들은 최초로 그들의 감각적 인식과 움직이는 활동을 통해서 그들의 세계를 탐험한다. 피아제는 이를 "실제적 사고력"이라 부른다. 이러한 초기 몇 년 동안에 그들은 여러 가지 개념들(예: 원인과 결과, 시간과 공간, 물체의 내구성, 자기 의식)과 능력들(예: 의도적 행동, 신체적 행동의 상징적 의미, 기본적인 대화 기술)을 발달시킨다.

△ 전 조작기(약 2-7세)
걸음마를 하는 어린 아이들과 학령 전 아동들은 상징적 수준에서 그들의 세계를 탐험하기 시작한다(상상, 그림, 꿈, 가장놀이, 제스처, 언어). 아이들은 성인들의 행동을 모방하고 세상에 적응하는 법을 배운다. 이 기간의 후반기에도 어린 아이들의 개념은 아직은 희미하고 약간 혼돈되어 있다. 피아제는 이를 "반(半) 논리적"이라고 부른다. 예를 들면 어린 아이들은 모든 것은 이유와 목적을 가지고 있고 따라서 전 세계가 그들과 똑같은 느낌과 생각을 갖고 있다고 믿는다.

□ 구체적 조작기(약 7-11세)
학령에 달한 아이들은 구체적인 물체를 정신적으로 조직하고 분류하는 "조작적" 사고를 할 수 있게 된다. 아이들은 이제 네 가지 수학적 조작, 즉 더하기와 빼기(덧셈의 영역), 그리고 곱하기와 나누기(곱하기의 영역)를 할 수 있다. 그러나 그들의 사고는 주로 그들 자신의 구체적이고 실제적 경험들에 한정되어 있다.

○ 형식적 조작기(약 11세경에 나타남)
정신적 조작의 새로운 세계가 청소년들에게 열린다. 즉 구체적, 실제적 물체뿐만 아니라 사상과 아이디어에 대해 생각한다. 완전한 성인의 판단 능력이 가능해져서 청소년들은 이제 추상적이고 가설적인 개념들, 귀납적이고 연역적인 논리, 가설의 생성과 검증을 고려할 수 있게 된다.

자료: 피아제와 인겔더(1969), 풀사키(1980)
(중심 용어: 정신적 조작─존재하고 있는 것이나 관찰한 것들을 단순히 모방 혹은 표현하는 것 이상의 정신적, 논리적 활동)

각각의 단계에서 새로운 사고방식들이 나타난다. 마치 변화는 수동 변속장치를 가진 차의 기어를 바꾸는 것과 같다. 기어의 비율은 힘과 속도를 바꾸는 정도에 따라 다르다. 요구되는 수준으로 엔진을 움직이기 위해서 운전자는 그 다음 기어로 변속한다. 적당한 순서가 이어진다. 1단, 2단, 3단, 4단, 그리고 오버드라이브.[17]

잠재력과 실행

피아제의 연구에서는 잠재력과 실행을 구분한다. 아이들과 성인들이 어떤 사고 수준의 능력(피아제의 연구의 초점)을 가지고 있다 할지라도 그들의 행동은 그 수준만큼 따라오지 못할 수도 있다. 예를 들면 누군가가 차를 소유했다는 이유만으로 그가 그 차를 최대한으로 사용할 수 있다는 것은 아니다. 무능력은 훈련과 경험의 부족에 의한 것이거나 현재의 환경이 능력의 충분한 사용을 요구하지 않거나 허락지 않기 때문이다. 또한 도시에서만 운전하도록 제한되어 있다면 운전자는 오버드라이브 기어는 사용해 보지도 못할 것이다. 완전한 실행은 다양한 환경에서 정규적인 연습을 통해서 이루어진다.

인지적 발달의 경우에도 그와 같다. 몇몇 성인들이 복잡한 수준(형식적 조작)의 사고 잠재력을 가졌다 할지라도 실제로는 덜 복잡한 것(구체적 조작)만 사용할 수도 있다. 비슷한 점이 히브리서 5:11-14에 나타나 있다: "단단한 식물은 장성한 자의 것이니 저희는 지각을 사용함으로

표 5.4
성장의 구조적, 기능적 차원

범주	구조적 차원	기능적 차원
영역	• 신체적 • 인지적 • 인격적	• 신앙적 • 사회적 • 도덕적 • 사명적
가능성	선택의 여지가 적음 출생시 타고난 능력	선택의 여지가 많음 양육하여 성숙시킴
이슈	타고난 능력을 어떻게 충분히 활용할 것인가?	어떻게 대처할 것인가? a. 성숙에 대한 주제(3장) b. 인간의 보편적 탐구(4장)

연단을 받아 선악을 분변하는 자들이니라." 히브리서 저자는 그의 청중의 능력에 높은 기대를 가지고 있었다: "때가 오래므로 너희가 마땅히 선생이 될 터인데"(12절 상). 그러나 그들의 행위는 표준 이하였다: "너희가 다시 하나님의 일상의 초보가 무엇인지 누구에게 가르침을 받아야 할 것이니 젖이나 먹고 단단한 식물을 못 먹을 자가 되었도다"(12절 하). 그들은 청지기로서 그들의 잠재력을 잘못 관리한 것이다.

교사로서, 우리는 때때로 학생들 안에 있는 하나님이 주신 지적 능력을 충분히 사용하는 것을 방해할 때가 있다. 예를 들면 학생들이 질문들을 통해서 스스로 사고해야 할 때 그들에게 손쉽게 '정답'을 준다. 이것은 우리가 그들의 성장 과정을 방해하는 것이다. 교리적 내용을 정확하게 암송하는 것이 그 의미에 대한 충분한 이해를 보증하는 것은 결코 아니다. 성경 암송 프로그램 같은 것을 진행할 때는 그 의미를 명백히 해 주어야 한다.

바울이 고린도전서 13:11에서 설명한 것처럼 우리는 특히 하나님의 말씀을 이해하는 데 있어서 어린 아이와 같은 판단의 수준을 넘어서야 한다. 허만 멜빌(Herman Melville)의 소설「모비 딕」(Moby Dick)을 다시 읽어 내려가면서 한 고등학생이 느낀 감상에 귀를 기울여 보라: "내가 어린 아이로서 이것을 읽었을 때 나는 그것을 단지 하나의 산뜻한 고래잡이 이야기로 생각했다. 지금은 그것이 다르게 보인다. 왜 선장은 이 고래에 그렇게도 사로잡혀 있는가? 그것은 어떤 특별한 의미를 갖고 있는가?" 마찬가지로, 성인들이 실제로는 엉성하게 깨닫고 있으면서 그들은 성경의 주된 의도와 말씀을 이해하고 있다고 생각할 수도 있다. 그들은 어린 아이 수준으로 성경 공부 모임에 정규적으로 참석해 왔을지도 모른다. 또한 많은 성경 이야기에 익숙해져 있을 수도 있다. 그러나 그런 이야기들에 대한 이해는 어린 아이처럼 유치한 사고 수준에 기초하고 있다. 그들은 성구들을 외울 수도 있고 중요 교리에 대한 완전한 정의를 내릴 수도 있다. 그러나 성경을 인용하여 그들의 신앙을 변호하지 못할 수도 있다. 게다가 삶을 통해서 이러한 거룩한 진리의 증거를 거의 나타내지 못할 수도 있다.

목회에의 적용

인지적 발달에 대한 연구 결과 교회는 각각의 새로운 지적 단계에 따라서 교인들의 성경적 이해가 향상되도록 도와야 한다는 것을 알게 되었다. 이 일은 십대와 청년기에 특히 중요하다. 중고등학교와 대학 시절에 청년들은 자주 성인의 관점에서 그들의 신앙에 대해 생각하도록 강요받

제5장 성장의 유형: 구조적 차원 119

는다. 교회는 이렇게 도전하기 위해서 그들을 먼저 준비시켜야 한다. 또한 성경 역본을 선택할 때 그들의 수준을 따라 적절한 역본을 선택해야 한다는 것이다.

생각하기

당신은 서로 다른 읽기 수준을 정확하게 분별할 수 있는가? 일간 신문은 8단계의 읽기 수준에 맞게 조정되어 있다. 표 5.5는 복음주의자들이 공통적으로 사용한 성경 역본에서 로마서 12:16의 번역을 기록하고 있다.

1. 각 번역의 읽기 수준과 어느 성경 역본이 제시되었는지 말해 보라.
   힌트 1. 읽기 수준은 3급에서 12급까지의 범위에 걸쳐 있다.
   힌트 2. 다음의 여섯 개의 성경 역본이 제시된다. 알파벳 순서로 기록되어 있다. : International Children's Version(ICV), King James Version(KJV), New American Standard Version(NASV), New International Version(NIV), New King James Version(NKJV)[18]

표 5.5
로마서 12:16의 서로 다른 번역들

가. 서로를 향해 같은 마음을 가지라. 마음에 오만하지 말고 낮은 자들과 연합하라. 네 자신의 생각으로 지혜 있는 체 말라.
나. 서로간에 함께 평화롭게 살라. 자랑하지 말고 대수롭지 않게 보이는 사람들과 친구가 되라. 네가 얼마나 지혜로운가는 생각지 말라.
다. 다른 사람들을 향해 같은 마음을 가지라. 높은 것들에 주의를 기울이지 말고 낮은 지위에 있는 사람들에게도 자신을 낮추라. 네 독단으로 지혜 있는 체 말라.
라. 서로를 향해 같은 마음을 가지라. 너의 마음을 높은 것들에 두지 말고 겸손한 자들과 함께 하라. 네 자신의 생각으로 지혜 있는 체 말라.
마. 서로간에 조화를 이루고 살라. 자랑하지 말고 기꺼이 낮은 지위에 있는 사람들과 함께 하라. 우쭐해 하지 말라.

2. 성경 낭독을 위해서 어느 역본을 추천하겠는가? 왜 그러한가?

3. 당신은 (a) 젊은이들과, (b) 글을 읽을 수 있는 어린 아이들을 위해서 어느 역본을 추천하겠는가? 왜?

기독교 개혁자들의 괄목할 만한 공헌은 공통적으로 사용되는 언어로 성경을 번역하는 일을 확고하게 후원한 것이다.[19] 오늘날에는 어린이, 젊은이, 성인들의 변화하는 지적 능력에 적합한 훌륭한 성경 역본들이 많이 있다.

인격적 성장

"인격"은 한 인간을 독특하게 만들어 주는 모든 특징들을 말해 주는 총체적 개념이다. 본서는 인격의 두 가지 기본 요소—기질과 정체성—에 대해 설명한다.

기질

기질이란 한 인간이 어떻게 느끼고 생각하는가에 중대하게 영향을 끼치는 성향들의 집합체라고 할 수 있다. 로트바르트(Rothbart, in Goldsmith et al. 1987)는 기질은 정서적 각성의 반응이나 강도,[20] 활동과 금지에 대한 자기 규범이나 그 정도를[21] 포함한다고 말한다. 이런 요소들이 결합하여 우리 가족이나 친구들에게서 볼 수 있는 다양한 인격의 유형을 만들어 낸다.[22]

영아에게서 독특한 기질을 발견할 수 있다는 사실(Goldsmith, 1983)을 보면 기질은 태어날 때부터 인간에게 주어진 것일까?[23] 하나님이 모든 자에게 천부적인 재능을, 특히 신자들에게는 영적 은사를 주신다면, 그분이 또한 모든 자들에게 독특한 기질을 주시지 않을까? 기질은 주로 타고나는 것이지만 그 기질이 표현되는 것은 환경적 요인과 우리가 얼마나 성령으로 행하느냐에 따라 영향을 받는다(갈 5:25).

정체성

'나는 누구인가?' 명백하게 혹은 암암리에 우리는 어린 시절부터 청소년기, 성인기에 이르기까지 계속해서 이 문제에 직면한다. 한번은 유명한 나무 조각가가 그가 실물 크기의 상을 조각할 때 나무 목판에서 어디를 잘라야 할지 어떻게 아느냐고 질문을 받았다. 그는 속하지 않는 것은 잘라 버리고 속하는 것은 남긴다고 대답했다. 일생을 통하여 우리는 무엇이 우리의 인격에 속해야 하는지 그리고 속해서는 안 되는 것은 무엇인지 결정해 가는 것이다.

우리는 "미분화된" 유아로서 인생을 시작한다. 세계는 우리 자신들의 연장이다. 인격의 성장은 일생 동안의 "분화" 과정을 포함하는데, 우리는 성숙해 가는 자아의 모습과 건전한 인간 관계를 고수하려는 것과, 미숙하고 죄악된 자신의 모습과 건전하지 못한 관계들을 벗어나려는 것 사이에서 긴장감의 균형을 맞추고자 노력한다.[24] 예수께서도 그러한 긴장감에 대해 암시하셨다: "아무든지 나를 따라 오려거든 자기를 부인하고…누구든지 나와 복음을 위하여 제 목숨을 잃으면 구원하리라"(막 8:34-35).[25]

인격 발달의 본질은 우리가 함께 놀고 일하고 생활하는 부모나 친척들, 혹은 교인들이나 선생님들과는 다른 자신만의 독특한 정체감을 창조하는 것이다. 인격 발달에 대한 기독교적 관점은 그 과정에 이중적 요소가 있다고 본다. 우리는 홀로 자랄 수 없다. 우리 각자는 하나님과의 독특한 협력 관계 속에서 자라난다: "내가 그리스도와 함께 십자가에 못박혔나니 그런즉 이제는 내가 산 것이 아니요, 오직 내 안에 그리스도께서 사신 것이다. 이제 내가 육체 가운데 사는 것은 나를 사랑하사 나를 위하여 자기 몸을 버리신 하나님의 아들을 믿는 믿음 안에서 사는 것이다" (갈 2:20). 이와 같이 각각의 신자는 주님과의 신비로운 연합의 기초 위에서 성숙해 간다.

우리 삶의 구조적 차원의 일부로서 우리의 자화상은 중요한 역할을 한다. 안토니 훼케마는 건전한 자화상을 발달시키는 데 있어서 두 가지 극단을 피하라고 말한다: "인간의 자화상은 때때로 과도하게 높거나(죄악된 자만심의 형태로) 지나치게 낮다(수치심이나 무가치감의 형태로)" (1986, p. 104). 그는 첫 번째 극단인 죄악된 자만심에 대하여, "하나님은 우리가 진실되고 겸손한 마음을 기르도록 도우신다. 이것은 우리가 우리의 장점과 약점을 둘 다 정직하게 깨닫게 됨으로 자아의 실재 모습을 보게 하기 위함이다"(p. 106)라고 했다.

두 번째 극단에서 생겨나온 "벌레 신학"에 답하여, 훼케마는 세 가지 중요한 개념—하나님의 용서, 성령의 사역을 통한 계속적인 성장, 새로운 피조물로서의 우리의 신분—을 주의깊게 이해

표 5.6
에릭슨의 심리사회적 단계들

시기	심리적, 사회적 위기	긍정적, 부정적 결과
영아기	신 뢰 : 불 신	희 망 : 의기소침
유아기	자율성 : 수치와 의심	의 지 : 강박관념
학령 전기	주도성 : 죄의식	목 적 : 금 지
학령기	근면성 : 열등감	능 력 : 타 성
청소년기	정체성 : 정체성 혼동	충 성 : 거 부
청년기	친밀감 : 고독감	사 랑 : 배타성
장년기	생산성 : 침체성	보살핌 : 거 절
노년기	통합성 : 절망감	지 혜 : 경 멸

자료: 에릭슨(1963, 1982)

하는 것이 우리가 긍정적인 자화상을 형성하는 데 기초가 된다고 말한다. 마지막으로, 훼케마는 "그리스도인의 자화상은 결코 그 자체가 목적이 아니다. 그것은 항상 하나님을 위한 삶을 살기 위한 목적의 한 수단이다…그것은 우리가 자신에 몰두하지 않도록 우리를 구해 주며, 행복하게 하나님을 섬기고 이웃을 사랑하도록 하기 위해서 우리를 해방시킨다"고 말한다(p. 111).

인격의 발달 과정

에릭 에릭슨(Erik Erikson, 1963)은 모든 사람은 유아기로부터 노년에 이르기까지 여덟 단계의 심리사회적 위기를 맞는다고 가정한다(표 5.6을 보라).[26] 에릭슨에 따르면, 우리가 긍정적인 태도로 각각의 위기를 해결해 나가지 못하면, 그 문제가 건전한 인격의 성장과 역할을 계속 방해하게 될 것이다.

임상 의사들이나 교육자들은 모두 에릭슨의 이 개념들을 사용해서 환자들과 학생들의 성장을 돕고 있다.[27] 예를 들면 잘 알려진 용어 "정체성 위기"는 청소년들이 직면하는 특별한 위기에서 시작된다. 이 위기가 청소년과 대학생 나이의 젊은이들에게 얼마나 중요한가를 이해함으로써 청소년 사역자들은 이런 중요한 정체성 형성 시기에 있는 그들을 더 잘 도울 수 있도록 준비할 수 있다. 마찬가지로 영아와 유아들을 돌보는 자들은 신뢰를 키워 주어야 한다. 인격 발달에 관한 다른 이론들은[28] 이러한 인간 성장의 근본적인 것들에 대해 다른 면에서 이해를 도와 준다.

결론

그리스도인으로서, 우리는 신체적, 인지적, 인격적 영역에서의 성장이 우리의 영적인 성장에 얼마나 중대한 영향을 미칠 수 있는지를 깨닫지 못할 수도 있다. 그러한 구조적인 성장은 이웃을 위한 사역의 잠재력에 도움이 될 수도 있고 방해가 될 수도 있다.

생각하기

1. 본장에 나왔던 "생각하기"의 문제에서, 우리는 신체적, 인지적, 인격적 영역에서 당신 자신의 성장을 평가해 보도록 했다. 이러한 세 가지 인간 성장의 구조적 차원에 대해 더 많은 것을 알게 된 지금 당신의 응답들 중 어느 것을 교정하고 싶은가?

2. 당신이 가르치고 있는 몇몇 사람들, 특히 인지적 혹은 인격적 영역에서 성장이 저지된 증거를 보이는 사람들을 생각해 보라. 이 새로운 지식이 그들의 성장을 돕는 데 어떻게 도움이 되겠는가? 특별히 그들이 긍정적으로 성장을 향해 다음 발을 내딛도록 어떤 도움을 줄 수 있을까?

예를 들면, 인지적 발달을 생각해 보라. 당신이 청소년 사역에 참여하고 있다고 상상해 보라. 젊은이들의 사고방식이 급진적으로 변화하고 있다는 것을 기억하라. 그들은 "추상적인" 성인의 판단 능력을 갖추고 있다. 그들은 이미 당신이 성경에서 가르치고 있는 것들을 알고 있다고 주장할 수도 있다. 그러나 미리 회의를 느낄 필요는 없다. 이번 기회를 통해 십대들이 "어린 아이" 수준으로 성경을 이해하던 데서 "성인" 수준으로 이해할 수 있도록 지도해 주는 것이 중요하다. 교회 안에서 양육 받은 청소년들은 결코 많은 정보를 필요로 하지는 않는다. 다만 그들이 필요로 하는 것은 다음과 같다.

- 그들이 혼자 힘으로 생각하도록 해야 한다.
- 그들이 가지고 있는 성경 지식의 의미를 곰곰이 생각해 보게 해야 한다.
- 그들의 견해를 구체화하기 위해 동료들, 성인들과 함께 대화할 필요가 있다.
- 그들이 '성인'이라는 확신을 행동으로 보일 수 있어야 한다.

본장에서 우리는 구조적 성장(신체적, 인지적, 인격적 성장)을 위한 정상적인 발달 유형을 서술하였다. 인지적 미성숙은 학습 누능력과 피상적인 사고로 분명하게 나타난다. 마찬가지로 인격적, 정서적 미성숙은 그에 따르는 신앙이나 도덕적 발달과 같은 기능적 영역에서의 성장을 제한시킨다. 그리스도인의 성숙에 대한 총체적인 개념을 이해하기 위해서는 이러한 구조적 차원을 잘 알아야 한다. 인간 본성의 상부 구조로서, 구조적 차원은 기능적 차원의 발달, 즉 신앙적, 사회적, 도덕적, 사명적 발달에 중요한 뼈대를 제공해 준다. 다음 장에서, 우리는 인간 본성의 이러한 영역들을 더 자세히 다루게 된다.

제6장
성장의 유형: 기능적 차원

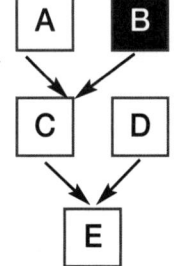

서론
신앙적 발달: 영적 교제
사회적 발달: 공동체
도덕적 발달: 인격
소명적 발달: 사명
영적 성장은 어떠한가?
결론

서론

일단 시계가 작동하고 있을 때는 우리는 거의 시계에 대해 별 생각을 하지 않는다. 그것은 우리 몸의 일부와 같다. 이 기계는 우리에게 일하러 갈 시간, 사업 약속 시간, 친구들을 만날 시간, 운동하러 갈 시간, 좋아하는 뉴스를 시청할 시간을 정확히 가르쳐 준다. 이처럼 시간을 철저히 지키는 문화에서는 정확한 시계가 우리의 하루를 이끌어 간다. 그러나 그것이 고장날 때까지는 우리가 얼마나 시계에 의존하며 살고 있는지를 깨닫지 못한다. 시계가 고장이 나면 우리는 곧바로 시간 감각을 잃게 된다.

시계가 작동을 멈출 때 우리는 어떻게 하는가? 태엽이 고장났다면 우리는 시계 수리인에게 가지고 갈 것이다. 디지털 시계라면, 밧데리를 교환하거나 새로운 모델로 교환하기도 한다. 왜 우리는 문제를 해결하려고 그렇게 많은 노력을 하는가? 그것은 시계가 시간을 말해 줄 수 없다면 시계로서 아무 쓸모가 없기 때문이다. 작동하는 '구조'가 없이는 어떠한 '기능'도 있을 수 없다. 고장난 시계는 그 원래의 목적을 성취할 수 없다.

하나님의 형상으로 창조된 인간의 경우에도 그러하다. 인간의 필수적인 구조(신체적, 인지적, 인격적 영역) 없이 우리는 하나님의 영광을 위해서 창조된(고전 10:31) 기능이나 목적을 만족시킬 수 없다. 그러나 구조적 차원에만 초점을 맞추는 것은 인간의 부분적인 모습만을 보는 것이다. 기독교 세계관에 있어서 더 중요한 것은 인간 성장의 기능적 차원, 즉 신앙적, 사회적, 도덕적, 소명적 발달이다(그림 6.1 참고). "하나님은 지금 그분과 함께 교제하고, 그분의 가치 기준을 따르고, 그분의 사역을 함께 할 사람을 이 타락한 세상으로부터 구원하고 계신다"(Lewis and Demarest, 1990, p. 103).

3장에서 제시한 대로, 성경은 그리스도인의 성숙에 대해 네 개의 관련된 주제를 말하고 있고, 그 각각은 네 개의 기능적 영역과 짝지어질 수 있다. 먼저 중심부에 있는 신앙적 발달에 대해 말하고자 한다. 그러면 사회적, 도덕적, 소명적 발달의 부차적 영역들이 특징지워질 것이다.

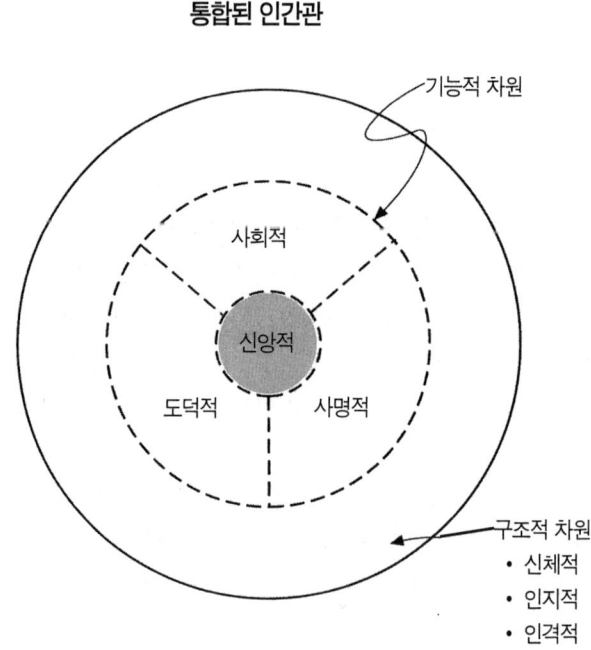

그림 6.1
통합된 인간관

주의: 점선은 기능적, 구조적 차원 사이에서 뿐만 아니라 네 개의 "기능적" 영역 안에서의 상호 작용을 나타낸다.

신앙적 발달: 영적 교제

"너희 믿음이 어디 있느냐"(눅 8:25)? 제자들에 대한 주님의 가장 강력한 책망은 하나님께 대한 그들의 믿음의 부족에 대한 것이다. 어떤 관계든지 그 중심에는 신뢰가 있다. 인격 발달에 대한 에릭슨의 심리사회적 이론에서 신뢰(혹은 불신)의 개념은 모든 사람이 직면하는 기본적인 문제로 자리잡고 있다. 우리와 하나님과의 관계의 중심에도 그분에 대한 우리의 성장하는 믿음이 있다.[1]

신앙과 보는 것

우리는 하나님께서 그의 말씀 속에서 약속하신 것을 신뢰할 수도 있고, 혹은 우리의 '보는 것',

즉 물리적 세계 속에서 우리의 환경에 대해 우리가 보고 믿는 것을 신뢰할 수도 있다. "믿음을 바라는 것들의 실상이요, 보지 못하는 것들의 증거니"(히 11:1). 우리 주님은 도마에게 믿음이 부족함을 지적하시면서 이러한 믿음을 칭찬하셨다: "너는 나를 본 고로 믿느냐? 보지 못하고 믿는 자들은 복되도다"(요 20:29). 신자들은 물질적 실재보다는 영적 실재에 더 큰 신뢰를 두어야 한다(왕하 6:16, 마 14:30). 그러한 믿음은 어둠 속으로 돌진하는 것이 아니다. 그것은 하나님에 대한 신뢰에 기초하고 있다(히 11:6). 우리는 우리의 눈을 보이지 않는 곳에 고정시키고(고후 4:18) 하나님 나라를 먼저 구하며 그 북소리에 맞추어 행진해 나아가야 한다(마 6:31-34).

신앙의 진보

우리가 믿음으로 구원받았다 할지라도 우리의 믿음은 계속해서 성장해야 한다. 제자들은 "우리에게 믿음을 더하소서"(눅 17:5)라고 예수님께 재촉했다. 하나님을 믿는 우리의 믿음은 어떻게 발전하는가?[2] 브루스 파워스(Bruce Powers, 1982)는 어린 시절부터 성인기에 이르기까지 신앙이 어떻게 성장하는가에 대한 개요를 제시했다. 다음에 나오는 5단계는 그가 자신과 다른 사람들의 신앙 생활을 보면서, 그리고 설문 조사를 통해서 얻은 것이다.

0-6세	양육받음	돌봄과 사랑을 받는 느낌
7-18세	교화	신앙의 내용에 정통함
19-27세	실재에 대한 시험	모순을 밝혀 내고 부모의 신앙과 어린 시절에 받은 영향과는 분리된 신앙을 확립함
28-35세	선택	자신의 선택에 대해 책임을 짐, 해결하려는 시도를 함
36세 이상	적극적인 헌신	실제로 자신의 확신대로 생활함

생각하기

당신의 순례 여행은 파워스의 신앙 단계와 어떻게 비교되는가? 어떤 유사점과 차이점을 경험했는가? (만약 당신이 어려서부터 신앙 안에서 성장하지 않았다면 연령을 무시하고, 여러 가지 성장 단계에 초점을 맞추어 생각해 보라.)

신앙 발달에 관한 또 다른 견해는 존 웨스터호프(John Westerhoff, 1976)에 의해 제시되었다. 그는 신앙을 나무의 나이테에 비유했다. 나무의 핵심에 있는 첫 나이테는 어린 아이와 같은 마음으로 처음 '경험한 믿음'이다. 적절한 양육 환경이 주어진다면, 더 많은 믿음의 나이테가 생길 것이다: '귀속적 믿음' —우리의 가정과 친구와 교회의 영향을 받는 믿음(초기 사춘기에), '탐구적 믿음' —신앙에 대해 의문을 제기하고 자신의 해석을 책임있게 받아들이는 믿음, '고백적 믿음' —하나님의 부르심에 의심치 않고 헌신하는 가운데 성장의 최고점에 달하는 믿음. 적절한 환경이나 믿음 안에서 상호 작용이 부족하다면 우리의 신앙 발달은 정지될 것이다. 신앙에 있어서 다음 단계로의 성장은 매우 느린 과정이며 시간이 걸린다. 그것은 재촉할 수 없다. 하나의 나무가 자라는 것을 눈으로 볼 수 없듯이, 어느 누구도 신앙이 성장하는 것을 눈으로 볼 수는 없다. 그러나 그 결과는 볼 수 있다. 어떤 신앙의 나이테도 예외가 아니다. 새로운 나이테가 이전의 것에 추가된다. 이미 있는 신앙의 나이테를 잃어버리지도 아니하고, 그것을 벗어나서 성장하지도 않는다.[3]

유한한 피조물로서 우리는 현세에서도 내세에서도 계속적으로 하나님을 좀더 친밀하게 알아가고 그분을 신뢰하는 일에 더욱 자라가야 한다. 영생의 본질은 속죄 받은 인간과 함께 영원히 거하실 처소를 만드시고 계신(계 21:3) 하나님을 아는 것이다(요 17:3). 신앙적 발달은 영적 교제라는 우리의 평생의 과업과 같은 의미이다.

사회적 발달: 공동체

"새 계명을 너희에게 주노니 서로 사랑하라. 내가 너희를 사랑한 것같이 너희도 서로 사랑하라. 너희가 서로 사랑하면 이로써 모든 사람이 너희가 내 제자인줄 알리라"(요 13:34-35). 교회의 표지는 서로를 적극적으로 돌보는 사람들이다. '가족'은 우리의 믿음의 식구들에 대한 관계의 특징을 말해 주는 뛰어난 비유이다. 우리는 실제로 가족 구성원의 역할을 떠맡고 있다: "늙은이를 꾸짖지 말고 권하되 아비에게 하듯 하며, 젊은이를 형제에게 하듯 하고, 늙은 여자를 어미에게 하듯 하며, 젊은 여자를 일절 깨끗함으로 자매에게 하듯 하라"(딤전 5:1-2, 마 12:48-50을 보라). 성장의 두 번째 분야는 기독교 교육의 주제인 공동체를 가리킨다.

인격적 발달의 구조적 영역의 범위 안에서, 우리는 서서히 건강한 자의식을 발전시킨다. 사회적 발달의 기능적 영역에서, 우리는 건강한 이웃 의식을 갖게 된다. 우리가 다른 사람들이 지닌 다른 관점들과 그들의 개인적인 필요들을 인식하고 존중할 때까지, 이웃을 진정으로 사랑한다는 것은 어려운 일이다.[4]

다른 사람을 진심으로 사랑하기 위해서는 그들과 공감대를 형성해야 한다. 그러기 위해서는 다른 사람의 입장에 서야 한다. 이것이 사회적 관점을 형성해 나가고 역할을 담당해 가는 과정이다. 한 어머니가 심한 두통으로 고통하면서 소파에 앉아 있는 모습을 머리 속에 그려 보라. 어린 후앙이 최근에 생일 선물로 받았던 드럼을 힘껏 치면서 방으로 들어온다. 어머니는 후앙에게 두통이 있으니 즉시 연주를 그만두도록 요구한다. 어머니의 고통을 덜어 주려고 애쓰면서 이 네살바기 아이는 자랑스럽게 어머니를 위해 노래를 연주해 주겠다고 제안한다. 어머니의 반응은 훨씬 더 무서웠고, 꼬마는 마지못해 멈춘다. 그러나 후앙은 자기가 드럼을 좋아하는 것만큼 어머니가 드럼을 좋아하지 않는 이유를 이해하지 못한다. 그는 쓸쓸히 방을 나간다.

한 개인이 다른 사람의 일을 더 많이 감당해 보면 할수록 그 사람은 다른 사람의 관점도 더 빨리 수용하게 된다. 문헌 연구를 통해서, 마틴 호프만(Martin Hoffman, 1977)은 다른 사람들에 대한 의식이 생겨나는 사회적 발달의 네 가지 국면을 제안했다(개념과 연령 범위가 피아제 이론과 비슷한 점에서 서로 밀접한 관계가 있음을 주목하라).

1. 출생기: 아기들은 자신들의 연장으로서 세계를 본다. 자신과 다른 사람들을 개념적으로 분리할 수 없다.
2. 유아기: 걸음마 단계의 유아는 다른 사람들이 자신과는 분리되어 있으며 변함없는 존재라는 것을 인식하기 시작한다.
3. 아동기: 아이들은 다른 사람들은 자신과는 구별되는 그들 자신의 생각과 느낌, 가치 기준을 지니고 있음을 깨닫기 시작한다.
4. 청소년기: 청소년들은 각자의 생각, 느낌, 다른 많은 내적인 상태들이 독특한 개인적 환경에 의해서 영향을 받고 있음을 인식하게 된다.

성인들은 네 번째 수준의 성숙에 이를 수 있는 잠재력을 가지고 있다. 그러나 어떤 사람들은 습관적으로 세 번째나 두 번째 수준에 머무르고 만다. 이러한 성인들은 다른 사람들이 일반적으로 그들이 생각하는 것만큼 생각한다고 가정한다. 그들은 다른 사람들이 그들이 하는 방법대로 문제들을 해결한다고 믿는다. 우리는 하나님의 사랑을 전해야 할 사명이 있기 때문에 우리 자신이 "타인의 입장에서 생각하는" 사람이 되어야 할 필요성을 간과해서는 안 된다. 타인의 입장에 서지 못한다면 결국 이웃을 향한 진정한 사역을 이룰 수 없다.

적절한 예로서, 우리는 고통받는 친구가 우리의 충고를 필요로 한다고 생각할지도 모른다. 그러나 실제로 그가 필요로 하는 것은 들어 주고 공감해 주는 귀이다. 마찬가지로, 남편이 그의 아내에게 무엇인가 특별한 것을 사줌으로써 사랑을 보이고자 시도할 수도 있다. 결국 그것은 바로 그가 선물을 받을 때 어떻게 느끼는가를 보여 주는 것이다. 그러나 그의 아내는 연극이나 영화를 보면서 특별한 저녁 식사를 하고 조용한 대화를 나누는 것을 더 좋아할 수도 있다. 우리는 우리의 필요를 충족시키는 것이 반드시 다른 사람들의 필요를 충족시킬 것이라고 생각해서는 안 된다.

미국에서는 자(自)민족 중심주의(문화적 자기 중심주의)가 강하게 나타나고 있다. 미국인들은 영어 하나만 알면 누구와도 의사소통을 할 수 있다. 그러나 세계의 많은 지역이 자신들만의 독특한 언어와 문화를 가지고 있다. 그들은 이웃 도시에 사는 사람들과 이야기하기 위해서 두세 언어나 방언을 알아야 한다. 외국어로 의사소통을 하려면 자신의 모국어를 사용할 때와는 다른 사고 형태로 생각해야 한다.

기독교 교육의 주된 목적은 하나님이 인생을 보시는 방법대로 삶을 바라보는 하나님의 관점을 얻는 것에 중점을 두고 있다. 하나님의 관점은 모든 관점들 중에 가장 넓은 관점을 포함하고 있다. 우리는 최대한으로 다른 사람들과 공감대를 형성하기 위해 그들의 입장에 설 수 있는 능력을 키움으로써 죄악된 세상에서 좀더 깊은 사랑을 보이며 살아갈 수 있다. 그리스도의 성육신은 하나님의 궁극적인 역할 담당의 자세를 보여 주는 것이다. 사랑 안에서 그는 우리와 같은 사람이 되셨다. 이렇게 함으로써, 예수는 우리가 은혜의 보좌 앞에 담대히 나아갈 수 있는 긍휼하신 대제사장이 되셨다(히 4:15).

우리가 더 많은 경험을 할수록 사회적 사고 능력을 신장시킬 수 있고, 우리 자신의 관점과 다른 관점들을 받아들일 수 있게 된다. 그러므로 기독교 교육에 있어서 우리는 성숙한 사회적 사고를 촉진시키는 활동들을 장려해야 한다: 역할극, 다른 사회 경제적 지위에 있는 사람들과의 교제, 다양한 문화를 접하거나 비교할 수 있는 장소에 가는 것, 외국어를 배우는 것, 우리의 신앙을 다른 종교적 배경을 가진 사람과 함께 나누는 것 등.[5]

생각하기

신약성경 중에서 "서로"라는 말이 나오는 구절들이 표 6.1에 나와 있다.

1. 지난 몇 달 동안 당신의 경험을 생각해 보라. 각 구절에서 요구하고 있는 바를 행해야 했던 특정한 예들을 생각해 볼 수 있는가? 그 사람이나 사건을 적어 보라.

2. 당신이 적용하기에는 여건과 재능이 부족하다고 생각되는 구절을 한두 개 골라 보라. 당신이 그 구절을 적용해 볼 수 있는 유익한 경험을 주시도록 기도하라.

도덕적 발달: 인격

진정한 도덕적 성숙이나 도덕적 사고가 중생과 분리되어 존재할 수 있을까? 그 전형적인 예가 젊은 부자 관원이다(눅 18:18-23). 그는 도덕적 행위에 대해서 존경할 만한 실적, 즉 예수께서 책망하시지 않을 만한 기록을 가지고 있었다. 이런 사례는 율법의 '수평적' 혹은 도덕적 필요 조

표 6.1
"서로"나 "피차"가 들어 있는 구절들

이러므로 그리스도께서 우리를 받아 하나님께 영광을 돌리심과 같이 너희도 서로 받으라 (롬 15:7).
모든 지혜로 피차 가르치며 권면하고(골 3:16).
서로 돌아보아 사랑과 선행을 격려하며(히 10:24).
형제를 사랑하며 서로 우애하고 존경하기를 서로 먼저 하며(롬 12:10).
서로 인자하게 하며 불쌍히 여기며 서로 용서하기를 하나님이 그리스도 안에서 너희를 용서하심과 같이 하라(엡 4:32).
오래 참음으로 사랑 가운데서 서로 용납하고(엡 4:2).
너희가 서로 짐을 지라. 그리하여 그리스도의 법을 성취하라(갈 6:2).
피차에 비방하지 말라(약 4:11).
서로 대접하기를 원망없이 하고(벧전 4:9).
이러므로 너희 죄를 서로 고하며 병 낫기를 위하여 서로 기도하라(약 5:16).

건을 준수하는 것이 반드시 하나님이 만족하시는 '수직적' 혹은 신앙적 책임을 의미하지는 않는다는 것을 입증하고 있다. 바꿔 말하면, "도덕적"인 것이 "신앙적"인 것과 같지는 않다는 말이다.

도덕적 성숙은 비그리스도인에게도 나타나는 하나님의 일반 은총의 결과이다. 우리 모두는 양심이라는 은총의 선물(롬 2:15), 즉 옳고 그름을 분별하는 도덕적 능력을 소유하고 있다. 그러면 우리는 이웃을 어떻게 대해야 하는가? 어떻게 도덕적 인격으로 성장할 수 있는가? 우리의 "새 사람"은 "하나님을 따라 의와 진리의 거룩함으로 지으심을 받았다"(엡 4:24). 그러나 바울은 오직 경건에 이르기를 연습할 것을 우리에게 권고하고 있다(딤전 4:7-8). 그것은 혼자 행할 수 있는 일이 아니다. 성령의 능력을 힘입어서(갈 5:22, 25) 같은 순례 여행을 하는 자들과 함께 의를 좇아야 한다(딤후 2:22). 그리스도인들에게 있어서 도덕적 발달에 특히 기여하는 두 가지 중요한 평생 활동을 강조해야 한다.

1. 양심(시 119:11)
    가. 도덕적 표준이 되는 깨끗한 양심을 교육하고, 평가하고, 따른다(롬 14:22-23, 약 1:22-25).
    나. 양심은 도덕적 결정에 관한 판단의 장소가 되므로 도덕적 판단과 의사 결정을 향상 시킨다(히 5:14).
2. 생활 양식의 습관
    자제심을 키우고 유지해 주며, 개인적인 습관과 영적 훈련을 통해서 도덕적 행동에 참여한다(고전 9:24-27).[6]

내용과 이론적 근거

교회 안에서 도덕성에 관한 토론을 해 보면, 대부분 사람들을 그 대답이 왜 옳은지에는 별 관심도 없이 오로지 옳은 대답을 찾는 데에만 초점을 맞추려는 경향이 있다. 그러나 성경은 우리가 행하는 것(내용)과 마찬가지로 행하는 이유(이론적 근거)도 똑같이 중요하다고 증거하고 있다(마 6:1-18). 사람들이 도덕적 문제에 대해서 어떤 결정을 하는가는 사회과학을 연구하는 사람들에게 계속 관심의 대상이 되고 있다.[7] 콜버그(Kohllberg, Levine, and Hewer, 1983)는 도덕적 판단에 대한 심리학적 연구에서, 어린이가 성인으로 신체적 성장을 이뤄 감에 따라 자기의 행동에 대한 판단력 또한 성숙해야 한다고 말한다.[8] "내용"과 "이론적 근거"의 개념의 차이는 다음의 설문 반응을 통해 설명될 수 있다.

> 면담자: 애슐리, 사람들은 서로에게 거짓말을 해야만 할까?
> 애슐리(6세): 아니오(내용: 거짓말하는 것은 나쁘다).
> 면담자: 왜 거짓말하는 것이 나쁘지?
> 애슐리: 내가 거짓말을 하면 부모님이 벌을 주실 거예요(이론적 근거).
>
> 면담자: 갈렌, 사람들은 서로에게 거짓말을 해야만 할까요?
> 갈렌(26세): 아니오(애슐리의 대답과 동일한 내용).
> 면담자: 왜 거짓말하는 것이 나쁘지요?
> 갈렌: 내가 거짓말을 하면 부모님이 벌을 주실 거예요(동일한 이론적 근거).

첫 번째 질문에 대한 갈렌의 대답은 적절하다. 그러나 두 번째 대답은 26세 청년으로서는 부적절하게 보인다. 성장하면서 우리의 믿음과 가치 기준(내용, 예: "거짓말하지 말라")은 많이 변화하지 않을지라도, 이러한 믿음과 가치 기준이 왜 옳은지 그 이유(이론적 근거)는 변화할 필요가 있다. 십대와 성인들이 어린 아이에게나 적절한 이론적 근거들을 계속해서 사용한다면, 그들은 도덕적 성장에 있어서 중대한 장애를 일으키게 된다.

관심사의 범위

각 발달 단계에서 도덕적 의사결정의 적절한 이유들(이론적 근거)은 무엇일까? 어린 아이들은 오로지 그들 자신의 필요와 관심사만을 생각하는 경향이 있다.[9] 아동기 후기나 십대 초기에서는, 자신에 대한 관심과 함께 또래들의 인정을 받고자 애를 쓰기 시작한다. 성인기에는 관심사의 세 번째 렌즈를 통해 그들은 추상적이고 도덕적인 원리에 따라 생각하고 생활하게 된다. 이와 같이 각각의 성장 단계마다 부딪히는 도덕적 문제들을 평가할 때 우리가 생각해야 할 요인들의 수를 늘릴 수 있다. 그러나 성인기의 복잡한 인지 능력만으로도 우리는 도덕적 의사결정에 있어서 관심의 대상인 세 개의 렌즈들을 기억할 수 있다.[10] 그림 6.2는 아동기부터 성인기에 이르기까지 나타나는 렌즈의 발달을 표시하고 있다. 성숙한 그리스도인들은 이 세 가지 렌즈를 가지고 하나님의 관점으로 자신과 이웃과 도덕적 원리들에 대한 적절한 관심을 가져야 한다.

십대와 성인들이 도덕적 원리를 고려하지 않고 오로지 '자신'과 '이웃'에만 관심을 둘 때는 문제에 부딪히게 된다. 예를 들면 관심의 대상이 두세 개의 렌즈에 제한될 때 '황금률'은 어떻게 이해될 수 있을까? 표 6.2는 이런 제한된 관점과 각각의 견해를 설명하는 성경적 사례가 기록되어 있다. 어린이와 십대 전기의 소년들이 그들의 제한된 인지 능력에 따라서 오로지 자신과 이웃에만 집중하는 것은 정상적인 것임을 기억하라. 그러나 이런 제한들이 십대 후기의 청소년들과 성인들에게도 계속된다면 성숙에 장애가 될 것이다.

표 6.2의 예들은 어떤 행동이 다른 사람들에게 선한 것으로 보일 수 있을지라도, 아이들에게 적절한 이론적 근거가 될 수 있는 것이 십대와 성인들에게는 적절치 못할 수도 있음을 나타내고

표 6.2
"자신"과 "이웃"에 초점을 맞춘 도덕적 성장의 렌즈

오로지 자신에게만 초점을 맞춤

어린이들에게 적절한 관점들:
"나는 다른 모든 사람들이 내 입장이 된다면 똑같은 일을 할 것이기 때문에 내가 하고 싶은 것을 하겠다."
"타협하자. 네가 나를 위해 이것을 해 준다면, 나도 너를 위해 하겠다."

부적절한 성인들의 관점에 대한 성경의 사례들:
요한복음 12:3-8. "유다가 말하되 이 향유를 어찌하여 삼백 데나리온에 팔아 가난한 자들에게 주지 아니하였느냐 하니 이렇게 말함은 가난한 자들을 생각함이 아니요 저는 도적이라. 돈 궤를 맡고 거기 넣는 것을 훔쳐 감이러라."
마가복음 7:9-13. 예수는 종교 지도자들이 내가 드려 유익하게 할 것이 고르반 곧 하나님께 드림이 되었다고 하기만 하면 그만이라 하고 제 아비나 어미에게 다시 아무 것이라도 하여 드리기를 허하지 아니하는 것을 책망하셨다(드려진 재산은 세속적인 목적으로 사용될 수 없었다. 딤전 5:8 참고).

오로지 자신과 이웃에게만 초점을 맞춤

청소년들에게 적절한 관점들:
"그룹에 있는 모든 사람들이 그것을 한다면 나도 그것을 하겠다."
"나는 너의 입장에서 너에게 최선의 것을 하고자 한다—행동 그 자체가 옳든지 틀리든지간에."

부적절한 성인의 관점에 대한 성경의 사례들:
마태복음 6:2. 예수께서는 종교 지도자들이 구제를 할 때 하나님을 기쁘시게 하려고 하는 것이 아니라 사람에게 영광을 얻으려고 한다고 주장하셨다.
사도행전 4:36-5:11. 아나니아와 삽비라가 바나바의 예를 따르고 초대 교회의 인정을 받기 위해서 그 소유를 팔아 다 드리는 척했으나 실제로는 그 값에서 얼마를 감추었다.

있다. 또한 의사 결정에서 우리가 늘상 사용하는 렌즈의 수는 우리가 성경을 해석하고 도덕적 가르침을 이해하는 데 영향을 미친다. 예를 들어 목회자가 '황금률'에 대해 설교를 할 때 회중들은 표 6.2에서 설명한 바와 같이 그들 자신의 사고방식 안에서 그 말씀을 이해할 것이다.

교육자로서의 우리의 목표는, 십대와 성인 신자들이 도덕적 결정을 내릴 때 세 개의 렌즈들을 모두 사용하도록 돕는 것이다.[11] 표 6.3은 재정에 관련된 몇 가지 예를 제공한다. 하나님의 진리는 궁극적으로 우리 자신이나 이웃, 도덕적 원리에 대한 우리의 관심사와 대립하지 않기 때문에, 세 개의 렌즈 사이에 하나님의 말씀의 조화를 경험할 수 있다. 다니엘의 세 친구들(단 3장)의 예와, 베드로와 요한(행 4:1-31)의 예를 비교하라. 시력 측정자가 우리들이 잘 볼 수 있도록 돕기 위해 여러 가지 렌즈를 사용해 보는 것처럼, 우리도 하나님의 진리에 대한 분명한 관점을 얻기 위해서 관심사의 세 개의 렌즈를 사용해야 한다.

소명적 발달: 사명

우리의 존재 목적은 하나님을 섬기는 것이다: "우리는 그의 만드신 바라. 그리스도 예수 안에서 선한 일을 위하여 지으심을 받은 자니 이 일은 하나님이 전에 예비하사 우리도 그 가운데서 행하게 하려 하심이니라"(엡 2:10). 하나님은 우리에게 생명과 함께 은사와 재능을 주셔서 섬기

그림 6.2
도덕적 성장의 렌즈들

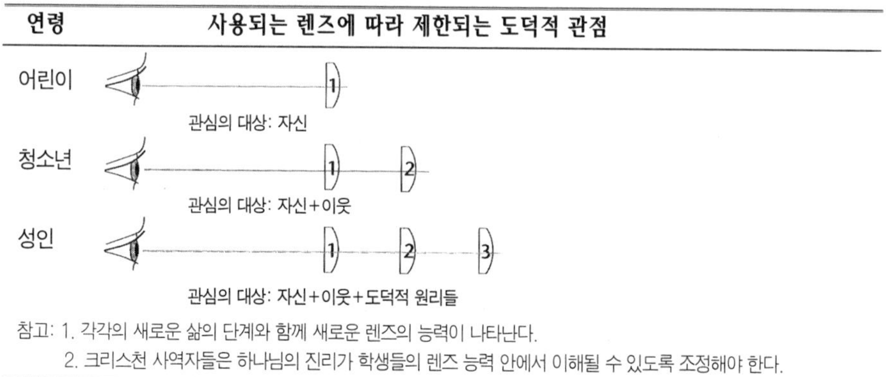

연령	사용되는 렌즈에 따라 제한되는 도덕적 관점
어린이	◁─[1]─────────────────
	관심의 대상: 자신
청소년	◁─[1]──[2]───────────
	관심의 대상: 자신+이웃
성인	◁─[1]──[2]──[3]──────
	관심의 대상: 자신+이웃+도덕적 원리들

참고: 1. 각각의 새로운 삶의 단계와 함께 새로운 렌즈의 능력이 나타난다.
2. 크리스천 사역자들은 하나님의 진리가 학생들의 렌즈 능력 안에서 이해될 수 있도록 조정해야 한다.

자료: 콜버그(1981), 리코나(1983), 와드(1989)에서 수정

게 하신다. 인생 과업의 관점에서, 우리는 "소명(vocation)"이라는 용어의 완전한 의미를 되찾아야 한다. 이 단어는 라틴어 "부르심"(vocatio)에 근거하고 있다. 여러 세기 동안 그리스도인들은 "하나님의 부르심"이라는 표현을 사용해 왔다. 불행하게도 우리는 지금 이 단어의 의미를 전문적인 종교 사역에만 국한시키고 있다.

하나님의 안목으로는 그분께 헌신되어진 인생의 모든 것들은 거룩하다. 그리스도인에게는 거룩한 것과 세속적인 것의 이원론적 구분이 없다. 하나님은 우리 각자를 그의 은혜와 은사의 청지기로 만드셨다. 그리고 그분은 우리의 시간, 재능, 재물들에 대해 우리가 책임을 지게 하신다(눅 12:42-48). 특히 마태복음 25:14-30의 달란트 비유는 소명에 대한 이런 포괄적인 견해를 생각하게 한다. 소명감이 자라난다는 것은 하나님이 주신 기회와 능력의 청지기로 살아감에 있어서 능력과 확신이 자란다는 것을 의미한다.[12] 궁극적으로 우리는 하나님과 함께 다스릴 것이요, 영원히 그분을 섬길 것이다(계 22:3-5).

표 6.3
도덕적 성장의 세 가지 렌즈를 하나님의 진리에 맞추어 조정함

> 베드로는 아나니아와 삽비라가 그들의 돈을 어떻게 사용하든지 자유가 있다고 했다. 자신들을 위해 사용하든 성도들의 필요를 위해 헌금을 하든 그것은 전적으로 그들의 결정 사항이었다. 그런데 그들은 실제로 행한 것보다 더 많은 것을 주었다고 주장함으로써 성령을 속였다(행 5:3-5).
>
> 가르침을 받는 자는 말씀을 가르치는 자와 모든 좋은 것을 함께 하라(갈 6:6, 딤전 5:17-18)
>
> 스스로 속이지 말라. 하나님은 만홀이 여김을 받지 아니하시나니 사람이 무엇으로 심든지 그대로 거두리라. 적게 심은 자는 적게 거두고 많이 심은 자는 많이 거둔다(갈 6:7, 고후 9:6).
>
> 하나님의 은혜가 주로 이방인인 마게도냐 신자들(빌립보, 데살로니가, 베뢰아)의 희생적인 연보에서 나타났다. 가난에도 불구하고, 그들은 예루살렘에 있는 가난한 자들을 위한 풍성한 연보를 넘치도록 하였다(고후 8:1-5, 참고: 롬 15:26, 행 24:17).
>
> 그리스도의 자비롭고 헌신적인 희생의 예를 기초해서, 바울은 주로 이방인인 고린도의 신자들에게 예루살렘에 있는 가난한 자들을 위해서 이전에 풍성한 헌금을 했던 것처럼 이제도 추가로 헌금을 함으로 그들의 헌신을 채우라고 촉구하고 있다. 장래에 이 유대 성도들은 고린도 교회의 필요를 도울 수 있을 것이다(고후 8:6-15, 9:5, 비교: 롬 15:26, 행 24:17).
>
> 하나님은 즐겨 내는 자를 사랑하신다(고후 9:7).

영적 은사는 청지기로서 책임의 한 부분이다. 바울은 디모데에게 그의 은사를 불일 듯하라고 격려한다(딤후 1:6). 우리가 거룩한 은사들을 받아서 그것들을 충분히 활용하고 있다 할지라도, 그것들을 책임있게 사용하는 법을 배워야 할 필요가 있다. 우리는 믿음의 선배들의 안내를 받아 따라갈 때 좀더 유능하게 확신을 가지고 일할 수 있게 된다.

각각의 기술이나 일을 위한 구체적인 성장 유형들이 명확히 표현되어야 한다.[13] 일반적으로 두 가지 기준, 즉 능력과 자발성을 기초로 기술 발달의 수준들을 평가할 수 있다.[14]

수준 1: 능력이 없고 자발적이지도 않은 사람

이런 사람들은 기술이나 일에 있어서 능력도 없고 자신도 없다. 그들에게 기대되는 것이 무엇인지 확실히 알지 못할 수도 있고, 이 분야에서 성공할 수 있을지 의심할지도 모른다. 히브리서 기자는 이 범주에 속한 신자들에게 "듣는 것이 둔하므로"(히 5:11)라고 지적하고 있다. 성장을 멈추고자 하는 그들의 선택이 그들을 신앙의 어린 아이로 남게 하는 원인이 되었다. 그들이 선생이 되었을 만한 충분한 시간이 지났기 때문에, 이런 결과는 더 더욱 유감스런 일이다.

수준 2: 능력이 없으나 자발적인 사람

이런 사람들은 확신이 있으나 거기에 요구되는 기술에 있어서 특정한 훈련이 부족한다. 한 소년은 예수의 말씀을 경청하던 많은 군중들을 먹일 수 없었지만, 보리떡 다섯 개와 물고기 두 마리의 점심을 기꺼이 나누어 먹고자 했다(요 6:9).

수준 3: 능력이 있으나 자발적이지 않은 사람

이들은 기술이나 일에 대해 어떤 면에서는 확신이 없을 수도 있다. 그들은 헌신이 부족하든지 혹은 다른 이유로 그 일을 하기 싫어한다. 선지자 요나의 이야기가 마음에 떠오른다. 하나님은 특별한 방법으로 요나에게, 니느웨 백성들에게 하나님의 메시지를 전하는 태도와 행동을 재고하도록 강요하신다.

수준 4: 능력이 있고 자발적인 사람

이들은 섬길 준비와 장비를 갖추고 있다. 그들은 최소량의 감독을 필요로 한다. 옛날에 모세는 하나님으로부터 계획을 받았고, 브사렐과 오홀리압 그리고 다른 숙련된 장인들은 기꺼이 광야에서 성막을 짓기 시작했다(출 36:2).

생각하기

두세 명의 동료 사역자들이나 당신이 최근에 사역하고 있는 대상들을 생각해 보라. 당신은 그들이 하고 있는 어떤 일에 대해 기꺼운 마음이 없다고 느끼는가? 위의 평가를 사용해서 그들이 가지고 있는 특정한 장벽을 진단해 보라. 능력과 훈련(예: 수준 1이나 2), 혹은 자발성과 헌신(예: 수쥰 1이나 3)이 부족한가? 당신이 알고 있는 상황에 대해 평가해 보고 주된 문제(수준 1, 2나 3)에 대한 예비 진단을 내려 보라. 그리고 나서 동료가 이 문제를 직면하도록 도와 주고 특별히 미숙한 분야에서 성장할 수 있는 전략을 개발하라.

당신 자신은 어떠한가? 당신은 사역의 어떤 분야에서 더 성장할 필요가 있는가? 당신을 특히 억압해 오고 있는 것은 무엇인가?[15]

영적 성장은 어떠한가?

우리는 인간 발달의 영역에 대해 살펴 왔으며 이제 영적 성장에 대해 이야기하고자 한다. 이것은 의도적으로 그렇게 한 것이다. 인간 발달의 본질과 과정은 기본적으로 보편적이다. 대부분 성숙의 표시는 신자와 불신자들에게 똑같이 나타나는 것이 사실이다. 그러나 최적의 인간 발달은 오직 그리스도인들에게만 가능하다.[16] 바울은 이것을 정확하고 특징적인 전문 용어를 사용하여 설명한다. 고린도전서 2-3장에서 그는 불신자들은 자연적 인간 발달 기준에 의해서 평가되는 반면에, 신자들은 영적 평가 체제를 필요로 한다고 말한다. 이렇게 함으로 우리는 하나님의 창조의 행위, 즉 첫 번째 인간의 창조(지금은 타락했음)와 은혜 안에서의 재창조(고후 5:17)를 통해 하나님께 영광을 돌린다. 거듭남이란 인간 이상의 어떤 것을 만들어 내는 것이 아니다. 그리스도 안에서 우리는 완전한 인간이 될 잠재력을 갖는다. 우리는 이제 온전히 살아 있는 것이다(엡 2:5).

우리의 견해로는, 독립된 영적 영역은 존재하지 않는다. 우리의 '영성'은 그리스도 안에서 살아난 인간 본성 전체를 말한다. 거듭난 순간에 새신자가 자동적으로 신체적 능력이나 지혜 혹은 도덕적 인격을 채움 받는 것은 아니다. 신학적으로 말하면, 우리는 죄의 노예 상태에서 해방되었다. 그리고 실제적으로 우리는 그리스도를 닮게 될 능력을 입었다. 인간 발달의 관점에서, 다시 태어난 사람은 인생의 모든 잠재력을 활용할 능력을 가지고 있다. 그들은 슈퍼맨이나 슈퍼우먼은 아니다. 그러나 영적 죽음으로 인해 초래된 제한들로부터 자유함을 얻었고, 풍성한 삶을 살아갈 능력을 받게 되었다.[17] 그래서 우리는 하나님을 아는 기회를 갖게 되었고(엡 2:1-10), 피차간에 사랑 안에서 자라갈 수 있고(살전 3:12), 더 많은 성령의 열매를 맺을 수 있다(갈 5:22-23).

"영적" 성장에 대해서는 적어도 다음의 네 가지 중심 쟁점들을 다루어야 한다.

1. **거듭남**: 어떻게 인간들이 "자연인"들과는 구별되는 "영적" 사람이 되는가? 거듭남을 통해 영적 인간이 되기 위해서는 어떤 신적 요소와 인간적 요소가 필요한 것인가? 인간 발달이 어떻게 거듭남에 영향을 미치는가? 예를 들면, 신앙의 가정에서 자라난 어린이들은 어떠한가? 거듭난다는 것은 성인들이나 어린이들에게 모두 동일한 것인가? 그렇지 않으면 인지 발달에서처럼 성장 요인들에 따라 어떤 차이가 있는가? 지적으로 무능력한 사람들은 어떤가? 아주 어린 나이에 죽은 유아들은 어떤가?

2. **거듭난 사람의 본성**: 영적인 사람의 본성은 무엇인가? 그리스도인을 결정짓는 구성 요소는 무엇인가? "자연인"과 "영적인" 사람이 공유하는 요소들은 무엇인가? 영적인 사람의 독특한 면은 무엇인가? 영적 신분이 되면 어떤 요소들이 보류되고, 어떤 요소들이 변화되며, 어떤 요소들이 새로워질 것인가?

3. **지속적인 성장**
   가. 영적 성장에 힘을 주고 가능케 하는 것은 무엇인가? 어떤 신적 자원들과 어떤 인간적인 자원들이 사용될 수 있을까? 영적 성장이 일어날 때, 어떤 부분이 하나님에 의한 것이고, 어떤 부분이 인간적 노력에 의한 것일까? 개인이나 인간의 노력은 어떤 역할을 하는가? 예를 들면, 우리는 영적 성장의 어떤 면을 관리할 수 없으며, 어떤 면은 관리할 수 있는 것인가?
   나. 영적 성장의 전형적인 방법은 무엇인가? 항상 "위로 향하고" "긍정적인" 태도를 갖는 것인가? 퇴보와 타락의 기간이 있는가? 모든 신자들이 경험하게 될 어떤 뚜렷한 단계

들이 있는 것인가? 혹은 각각의 순례 여행은 독특한 것인가? 외적 증거들이 있다면 영적 성장이 일어난 것으로 평가될 수 있을까?

다. 어떤 초자연적인 혹은 자연적인 장애물들이 있는가? 언제 타락이 일어나고 누가, 무엇이 원인이 될 수 있을까? 예를 들면, 두 신자 중 한 사람이 비난을 받고 자라났다면 두 신자에게 성장에 대한 책임을 똑같이 묻겠는가?

라. 그리스도인들은 반드시 성장하여 그리스도를 닮은 자질을 나타내야만 하는가? 그리스도인들에게 이 땅에서 사는 동안 성장을 추구하도록 동기를 유발할 수 있는 합리적인 이유들은 무엇일까? 성장을 추구함으로 어떤 유익이 있는가? 노력을 게을리한 책임은 무엇일까?

4. **성장의 최종 목표**: 성숙한 그리스도인의 특성은 무엇인가? 이상적인 그리스도인은 어떠해야 하는가? 모든 신자들이 공통적으로 나타내야 하는 특성은 무엇인가? 영적 성숙은 다양하게 표현될 수 있는가? 영원한 세계에서도 성장이나 학습이 일어나는 것일까?

성경은 총체적인 "영적" 성장의 이정표를 제공해 준다고 볼 수 있다. 인간 발달 과정에 비유될 수 있는 하나의 실례가 고린도전서 3:1-3에 나온다. 이 예를 통해서 바울은 믿음의 초보적 단계에 있는 신자들을 "그리스도 안에서 어린 아이들"과 같다고 언급한다. 이 단계에 있는 사람의 전형적인 특징은 말씀을 받아들이는 데 있어서 "단단한 음식" 대신에 "젖"만 받을 수 있으며, 비신자들과 흡사한 '세속적인' 생활 양식을 따른다. 바울은 고린도 교인들이 자라서 좀더 도전적인 진리를 소화할 수 있기를 기대하고 있다.

영적 성장에 대한 위의 두 견해에 덧붙여서, 요한일서 2:12-14은 세 번째 범주에 대해 소개하고 있다. 요한은 그의 청중을 "아이들", "청년들", 그리고 "아비들"로 언급하고 있다. 이에 대해 스톳트(Stott)는 "요한은 몇몇 사람들이 생각해 온 것처럼 그들의 육체적인 연령을 나타낸 것이 아니고, 그들의 영적 발달의 단계를 나타내고 있다. 이는 하나님의 가족이 모든 인간 가족들이 그런 것처럼 서로 다르게 성숙한 사람들로 구성되었기 때문이다…아이들은 그리스도 안에서 새로 태어난 자들이고, 청년들은 영적 전쟁에서 강하고 승리를 거둔 좀더 성숙한 그리스도인들이다. 반면에 아비들은 원숙한 기독교적 경험의 깊이와 안정을 소유하고 있다"고 설명한다(1963, p. 96). 이와 같은 성경의 뒷받침은 신자들의 성숙의 과정을 묘사하는 데 가능성을 제공해 준다. 그러나 우리가 믿음의 순례 여정에서 성장의 분명한 이정표를[18] 찾기 원한다면 이 구절들과 연관

된 다른 구절들에 대해 더욱 심도있는 연구가 해야 할 것이다.[19]

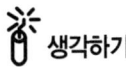 생각하기

당신은 당신이 영적으로 성장했다고 말할 수 있는가? 성장의 어떤 외적 증거를 보여 줄 수 있는가? 크리스천 지도자들은 교인들이 영적으로 성장하고 있다는 것을 어떻게 평가할 수 있는가? 당신은 성장의 증거로 네 가지 기능적 영역들 중 어느 것을 들겠는가? 크리스천 지도자들은 교인들이 성장하고 있는지를 꼭 평가해야 하는가?

당신은 사람의 신체적 발달(아이, 청소년, 성인)에서와 같이, 모든 신자들이 통과하는 어떤 공통된 이정표나 단계가 있다고 생각하는가?

결론

하나님은 사람을 복잡한 존재로 만드셨다. 사람들이 매우 복잡한 방법으로 성장한다는 사실이 우리에겐 놀랄 일이 아니다. 우리가 5장에서 제안했듯이, 본장에서도 하나의 주요 개념을 찾아보라. 그 개념에 담긴 사역의 의미를 생각해 보라. 현재의 가르치는 사역에서 그 개념을 반영시키라. 그 개념을 당신 자신이 실험해 보라. 그리고 기능적 발달의 또 다른 영역으로 나아가라.

예를 들면, 도덕적 영역에서 우리는 생활 양식의 습관에 초점을 맞출 필요가 있음을 강조했다. 올림픽 경기를 생각해 보라. 우리는 그들이 보여 주는 자기 훈련에 놀란다. 자, 성령의 사역인 "절제"(갈 5:23)에 대해 생각해 보자. 어떻게 "자연인" 올림픽 선수가 성령의 특별한 도우심 없이도 그처럼 자기 훈련을 할 수 있을까? 그리고 왜 많은 그리스도인들이 초자연적인 자원을 가지고 있으면서도 올림픽 선수들보다 더 높은 수준의 절제를 보여 주지 못하는 것일까?

바울은 우리에게 모범을 보이고 있다.

운동장에서 달음질하는 자들이 다 달아날지라도 오직 상 얻는 자는 하나인 줄을 너희가 알지 못하느냐. 너희도 얻도록 이와 같이 달음질하라. 이기기를 다투는 자마다 모든 일에 절제하나니 저희는 썩을 면류관을 얻고자 하되 우리는 썩지 아니할 것을 얻고자 하노라. 그러므로 내가 달음질하기를 향방 없는 것같이 아니하고 싸우기를 허공을 치는 것같이 아니하여 내가 내 몸을 쳐 복종하게 함은 내가 남에게 전파한 후에 자기가 도리어 버림이 될까 두려워함이로라(고전 9:24-27).

그리스도인으로서 그 이름에 부끄럽지 않게 살고자 한다면, 우리는 주님의 다음과 같은 통찰력 있는 질문을 신중하게 생각하면서 행동해야 한다: "너희는 나를 불러 주여 주여 하면서도 어찌하여 나의 말하는 것을 행치 아니하느냐"(눅 6:46)?

제7장
학습의 여러 가지 면

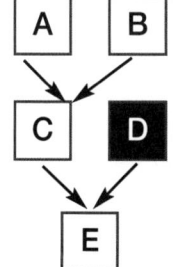

이론과 실제
학습이란 무엇인가?
결론

이론과 실제

어떻게 사람들에게 학습이 이루어지는지에 대해 왜 염려하는가? 우리는 그냥 가르치고 성령께서 사람들 안에서 역사하시도록 해야 하는가? 이러한 질문들은 기독교 교육에 있어서 근본적인 관심이 무엇인지를 보여 준다. 이런 문제들을 다루기 위해 의학의 역사를 살펴보자.

의학의 이론과 실제

사혈은 의사들이 사용했던 아주 특별한 기술 중 하나였다. 그것은 초기 그리스인들이 사용하던 방법으로, 미국에서는 일반적으로 19세기까지 실시되었다.[1] 사혈은 치료를 목적으로 피를 몸으로부터 빼내는 것으로 그 피는 일단 환자로부터 뽑은 후에 버리게 된다.[2]

의사들은 의학 이론에 의해서 이런 진료를 계속해 왔다. 중세의 생리학에서는 몸이 체액이라고 불리는 네 가지의 기본 액체를 담고 있다고 추측했다. 그것은 주된 체액인 피와, 점액, 황담즙, 흑담즙을 말한다.[3] 건강한 몸은 이런 체액들이 균형을 이룬 것이라고 믿었다. 모든 질병은 그것들의 불균형에서 온 것이라고 생각되었다. 따라서 병의 진단은 간단했다. 정확한 진단은 체액 사이의 불균형으로 결정되고, 이 네 가지 체액은 서로 연결되었다고 믿었기 때문에 사혈은 체액을 정상화시키는 가장 직접적인 방법이었다. 한 가지를 빼내게 되면 다른 것도 빠지게 되고, 그런 식으로 알맞은 비율로 회복된다는 것이다.

이러한 역사가 주는 교훈은 무엇인가? 간단히 말하면 다음과 같은 원리이다. 우리가 행하는 것은 항상 우리가 생각하는 것에 기초한다는 것이다. 즉 이론이 실제를 결정한다. 의학 실습은 몸이 어떻게 작용하는가의 가설이나 이론에 기초하고 있다. 가르침의 실제 또한 일련의 이론들을 지니고 있다. 의사들이 치료를 촉진하기 위해서 인간의 몸에 대한 하나님의 설계를 따르는 것처럼, 교사들도 학습을 촉진시키기 위해서 정신과 마음에 대한 하나님의 설계 안에서 사역한다.[4] 유능한 의사들이나 교사들은 하나님의 창조 목적과 조화를 이루면서 각각의 훈련을 익힌다.

이러한 역사적 사건으로부터 또 다른 적용을 한다면, 우리의 몸에 대한 그릇된 가설이 그릇된 실제로 인도한다는 것이다. 때때로 교회 안에서의 가르침에도 '체액 이론'에 필적하는 '그릇된 이론들'이 내포되어 있다.

생각하기

모든 효과적인 교수법들은 하나 혹은 그 이상의 건전한 학습 원리에서 나온 것이다. 세 가지 일반적인 교수법은 강의, 그룹 토의, 퀴즈/시험이다.

1. 왜 각각의 교수법들이 활용되고 있는가? 각 교수법은 학생들에게 '학습의 가치'를 높여 주는 특별한 요인들을 가지고 있는가?

2. 학습의 가치를 높여 주기 위해서 각 교수법에 대해 개선해야 할 점을 한 가지씩 제안해 보라.

본장과 다음 장의 목적은 학습 심리학에 대해 보다 명확하게 이해하기 위한 것이다.[5] 보다 효과적으로 가르치기 위해서 기본적인 학습 이론들을 서술하고자 한다. 이것들을 알고 나면 우리는 두 가지 기술의 발전을 가져올 것으로 기대한다: (1) 왜 어떤 특정한 교수 방법이 사용되는지, 그것이 학습에 기여하는 이유를 설명할 수 있고, (2) 더 훌륭한 학습을 촉진하기 위해서 가르침의 제반 문제에 대한 정확한 진단을 할 수 있게 될 것이다.

다음 단락에서 교육 심리학에 대한 일반적인 신념에 대해 검토하게 된다. 우리의 견해는 정확한가? 학습 과정에 대한 우리의 이해는 실제적인 가르침을 좌우한다. 만약 그릇된 학습 원리를 신뢰한다면 교사는 실제로 학생들의 학습을 방해하게 될 것이다.

🎯 생각하기

"운동장을 한 바퀴 돈 학생들은 그렇지 않은 자들보다 더 잘 배우게 된다."라는 거짓된 학습 원리가 사실이라고 가정해 보라. 이 특별한 학습 이론이 대학이나 신학교의 교육 현장에 어떤 영향을 끼치겠는가? 아마도 교수들은 학교가 개학하기 전이나 수업이 시작되기 전에 학생들에게 운동장을 한 바퀴 돌도록 권하게 될 것이다. 만약 두 바퀴를 돌면 어떻게 될까?
이 잘못된 학습 이론으로 인해 생길 수 있는 결과를 최소한 두 가지 이상을 말해 보라.

1. _____
2. _____

이제 이것을 교회 교육에 적용해 보자. 이 학습 원리가 (a) 주일 학교에, (b) 주일 예배 설교 시간에, (c) 가정 성경공부 그룹에 어떤 영향을 끼치게 될까?
이 세 가지 중 하나를 선택하여, 잘못된 학습 이론으로 인해 생길 수 있는 결과를 두 가지 이상 말해 보라.

1. _____
2. _____

학습 이론에 대한 개인적인 신념은 그 사람의 실제 가르침 속에 나타난다. 오늘날 신자들 사이에 만연해 있고 바람직한 것으로 여겨지고 있는 몇 가지 오해들을 비판해 보라.

누가 학습에 대한 책임을 질 것인가?

주일 학교 교사들이 학습에 대하여 다음과 같은 '이론'을 신뢰한다면 어떻게 될까?

"그리스도인에게 있어서 학습은 오직 하나님을 통해서만 이루어진다."

이것이 사실이라면, 교사들에게 요구되는 일들은 무엇인가? 첫째, 교사들은 준비하는 고통을 감수하려 하지 않을 것이다. 학생들의 학습은 창조주로부터 시작되고 지속되기 때문이다. 둘째, 교사들은 어떤 훈련도 받을 필요가 없게 된다. 교육의 결과가 교사의 책임이 아니기 때문에, 훈련을 한다든지 훈련이 부족하다는 말은 아무 의미가 없다. 셋째, 인간 교사들이 필요 없어진다. 하나님이 신자들의 생활에서 유일한 사역자라면 그분만이 우리가 필요로 하는 모든 존재라는 얘기이고 인간의 노력은 불필요한 것이 된다.

그러나 우리는 경험적으로나 성경적으로 기독교 교육에 있어서 인간의 역할이 있다는 것을 알고 있다. 하나님은 신자들이 사역할 수 있도록 다양한 은사를 주셨다. 그 은사 중의 하나가 가르치는 것이다(롬 12:7, 고전 12:28, 엡 4:11). 그러므로 기독교 교육에 있어서 인간의 노력을 낮게 평가해서는 안 된다.[6] 오히려 그러한 은사들은 책임과 의무를 수반하고 있다. 그런데 얼마만큼 책임을 져야 하는가?

교사들이 학습에 대한 또 다른 '이론'을 신뢰한다고 생각해 보라.

"그리스도인에게 있어 학습은 오직 인간을 통해서만 이루어진다."

이것이 사실이라면, 기독교 교육이라고 해서 독특할 것이 없다. 학습은 그리스도인이나 비그리스도인에게 다를 바가 없을 것이다. 우리는 '기독교 교육'에서 '기독교적'인 것을 빼 내게 된다. 오직 교육 심리학과 학습 과정에 대한 경험적 연구만이 중요하게 된다. 학생들이 배운 것을 확실히 알도록 기도할 필요도 없게 된다.

이런 그릇된 견해는 분명히 교사에게 너무 많은 책임을 부과한다. 그것은 주제넘게 하나님의 역사를 무시한 것이다. 우리는 교사이신 하나님께서 인간 교사 안에서, 또한 그 곁에서 함께 사역하고 계심을 깨달아야 한다. 사실 성령의 이름 중의 하나인 '파라클레테(Paraclete)'는 '우리 곁에서 상담하시는 분'이라는 뜻이다.

이 두 가지 극단적인 학습 이론들은 모두 잘못된 것이 분명하다. 하나님도 인간 교사들도 결코 무시되어서는 안 된다. 크리스천 교사는 학습을 효과적으로 이루기 위해서 정신과 마음에 대한 하나님의 설계 안에서 사역해야 한다.

교수법에 대한 일반적 오해

사람들이 학습에 대해 오해하고 있는 또 다른 "이론"을 생각해 보라.

"그리스도인 학생들은 그들이 듣는 것을 무엇이든지 완전히 이해한다."

이 이론은 실제 가르침에서 어떤 의미를 가지고 있는가? 대학들과 신학교들은 오직 커다란 강의실만을 요구하게 될 것이다. 교사들이 그저 가르칠 내용을 발표하고 그것으로 끝날 것이다. 그들은 결코 어떠한 교재도 재검토하지 않을 것이다. 교사들은 학생들의 어떤 질문에도 대답할 필요가 없을 것이다. 학생과 교사간의 어떤 대화도 필요치 않게 된다. 사실상 학생들은 가정에서 오디오 테이프를 듣거나 비디오 테이프를 통해서 공부할 수도 있고, 학교에 발도 들여 놓지 않을 수도 있다. 우선 무엇보다도 간단한 퀴즈나 시험을 볼 필요가 없다!

이 잘못된 이론은 사람들로 하여금 강의법에만 전적으로 의존하게 만든다. 오늘날 왜 강의법이 아직도 가장 보편적으로 사용되고 있는 교수 방법인지 묻는 것은 당연한 일이다. 우리는 인쇄기가 발명되기 전에 가장 신속하게 지식을 전해 주는 유일한 수단이 바로 강의였던 것을 알고 있다. 그러나 인쇄기는 정보의 보급 방법을 급속히 변화시켰다.[7] 오늘날 최첨단 시대에 살고 있는 우리는 청각 매체(레코드, 카세트 테이프, 콤팩트 디스크)와 시각 매체(오버헤드 프로젝터, 영화, 비디오 테이프)를 통해 수없이 많은 지식을 전달받고 있다. 사진 복사와 컴퓨터 기술을 연결시켜서 강의법보다 더 효율적으로 시간에 구애받지 않고 정보를 보급할 수 있다.[8]

교수-학습에 대한 오해들

학습은 숨을 쉬는 것처럼 매일 매분마다 일어나며, 그렇게 자연스럽게 일어나기 때문에 눈에 잘 띄지 않는다. 학습은 그처럼 일상적인 경험이기 때문에, 우리는 그 복합성을 무시하기 쉽다. 교수-학습에 대한 오해들은 정규적인 교육 환경에서도 마찬가지로 많이 일어나고 있다. 우리가 이런 잘못된 생각들을 인식하고 고치기까지 우리는 교수-학습에 있어서 전적으로 실패할 것이며, 하나님의 모든 계시를 활용하고 가르침의 은사를 사용하는 데에도 실패하고 말 것이다. 학습에 있어서 수많은 장벽들을 만들어 내는 세 가지의 잘못된 견해들을 생각해 보자.

"가르치는 것은 말하는 것이다."

이 오해는 가르친다는 것을 사실을 전달하는 것과 같다고 생각한다. 정보가 학생들에게 전해질 때, 학습이 일어난다고 말한다. 그러나 여기에는 두 가지 속임수가 있다.

첫 번째 속임수는 어떤 교과에 대한 학생들의 숙지 정도는 전적으로 교사의 책임이라고 간주하는 것이다.[9] 이 경우에 학습자에게는 최소한의 관심만 주어진다. 예를 들어 몇몇 학생들이 어떤 특정한 내용에 대해서 몹시 힘들어하는 것은 왜 그럴까? 이것에 대한 답변으로 대부분의 경우, 교사가 교수할 내용을 이해하고 있다면 학생도 당연히 이해하고 있다고 생각하기 때문이다.

훌륭하게 가르쳐서 그 교과를 숙지시키는 데에는 커다란 기술을 필요로 한다. 그러나 학생들이 교과를 가장 잘 배우기 위해서도 또한 기술이 필요하다. 마가복음 4:33은 대교사이신 주님의 균형 잡힌 전략을 보여 준다: "예수께서 이러한 많은 비유로 저희가 알아들을 수 있는 대로 말씀을 가르치시되." 우리 복음주의자들은 주님의 예에서 첫 번째 부분(즉 "말씀"을 가르치는 것)에는 가치를 둔다. 그러나 많은 사람들이 두 번째 부분에 대한 기술이 부족하다. 우리도 주님처럼 학생들의 한계가 무엇인지 잘 아는 것이 필요하다. '교과'는 학생들의 '생활'과 관련이 있어야 한다.

두 번째 속임수는 복잡한 학습 현상을 너무 단순하게 여겨 버리는 것이다. 그것은 가르침의 방법들 중 하나(이 경우에는 강의법)가 가르침의 전체적인 개념으로 대체될 수 있다고 잘못 가정한다. 그러므로 '가르치는 것 = 말하는 것'이라는 매우 간단하고 공식화된 오해를 낳게 된다. 그리하여 결국 가르침에 대한 피상적인 견해를 갖게 되는 것이다.

"말하는 것은 아는 것이다."

두 번째 오해는 학생들은 교사가 말하는 모든 것을 정확하고 충분하게 이해할 것이라고 가정하는 것이다. 이런 그르치기 쉬운 학습의 견해는 다음의 사례에 해학적으로 나타나 있다.

> 어느 주일 학교 교사가 소돔과 고모라를 멸망시키려는 하나님의 결정에 대해서 그녀의 반 어린이들에게 말했다: "하나님은 롯을 아끼셔서 그에게 그의 아내를 데리고 도망하라(flee)고 말씀하셨어요." 교사가 설명을 마치고서 자리에 앉았다. 학생들이 침묵하는 것은 그들이 다 이해했기 때문이라고 생각했다. 한 작은 소년이 과감히 질문했다: "벼룩(flea)에게 무슨 일이 일어났어요?" (Schimmels, 1989, pp. 19-20).

다음의 사례에서 나타나듯이, 때로는 교육적인 의도까지도 왜곡되고 만다. 어떤 교사가 실험을 통해 6학년 어린이들에게 알코올의 위험성에 대해 가르치고자 했다.

> 교사는 물을 넣은 비이커와 알코올이 들어 있는 비이커를 준비한 다음 물이 가득 찬 비이커에 벌레 한 마리를 떨어뜨렸다. 그 벌레는 신이 나서 장난을 치며 놀고 있었다. 그리고 다른 벌레를 알코올이 들어 있는 비이커에 떨어뜨렸다. 벌레는 즉시 죽어 비이커 바닥에 가라앉았다.
> 교사는 상냥한 목소리로 "자, 여러분, 실험을 통해 무엇을 깨달았지요?"라고 물었다. 학생들이 대답을 준비하는 듯 침묵이 흘렀다. 마침내 한 학생이 용기를 내어 "제 생각으로는 술을 마신 사람들의 몸 속에는 벌레가 살지 못한다는 것입니다"라고 심각하게 대답했다(Shimmels, 1989, p. 226).

위의 두 가지 사례에서 보았듯이 교사의 의도와 학생들의 학습 결과는 별개의 것이 될 수 있다. 이들 사례에서는 교사가 학생들에게 반응을 표시할 기회를 제공해 주었기 때문에 우리는 그 모순을 인식하게 된 것이다. 그렇지 않을 경우에, 얼마나 많은 잘못된 교육의 사례들이 나타날 수 있을까?

"아는 것은 행하는 것이다."

세 번째 오해는 일단 학생들이 새로운 정보를 얻게 되면 자동적으로 그들의 행동이 변화할 것이라고 가정하는 것이다. 이 학생들의 실상을 고려하지 않은 가르침의 견해는 우스꽝스러운 것이 되고 만다. 그것은 르바(LeBar, 1958/1989)가 언급한 학생들의 '내적 요소들'—죄성, 동기 유발, 성령에의 반응, 의사 결정에 있어서의 복잡성, 인내심 등—을 무시한 것이다. 정보와 이해는 성장의 필수적인 요소들이다. 그러나 다른 요소들도 고려해 한다.

생각하기

당신 자신의 학습 경험을 기억해 보라.
  1. 다음의 두 문장에 대해 적어도 3-5개의 응답문을 만들어 보라.

a. 나는 _____ 때 가장 잘 배운다.
b. 교사가 _____ 때 나는 가장 괴롭다.

2. 당신의 응답에 대해 연구하라.
   a. 학습에 대한 당신의 관점에 대해서 무엇을 발견했는가?
   b. 당신의 반응은 앞에서 언급했던 학습에 대한 오해들과 관련되는가? 그 이유를 설명하라. (관계가 없다면, 다른 어떤 오해들이 있는가? 당신 자신의 속임수에 대해 설명을 해 보라.)

학습이란 무엇인가?

학습 과정에 대한 올바른 이해는 다음의 다섯 가지 요소와 관련이 있다.

학습 수준(Level of learning) - 무엇을 배우는가?
학습 정도(Extent of learning) - 얼마나 잘 배우는가?
학습 방법(Avenues of learning) - 어떠한 방법으로 배우는가?
학습 준비도(Readiness for learning) - 배울 준비가 되어 있는가?
학습의 본질(Nature of learning) - 학습이란 무엇인가?

본장의 나머지 부분은 각각의 학습의 요소에 대한 개관을 다루고 있다.[10]

학습 수준

어떤 종류의 학습이 가능할까? 단 한 번의 수업에서도 다양한 학습 결과가 나타난다. 학습 결과의 세 가지 주된 영역은 다른 교육 서적에서도 찾아볼 수 있다. 특히 학습자들은 다음의 세 가지 영역에서 개선되거나 발전을 가져올 수 있다.

1. 지식(인지)

2. 태도, 가치 기준과 정서(신념)
3. 신체적 기술과 습관(능력)[11]

우리가 이 영역들을 분석하기 위해서 이와 같이 분리해 보았지만 실제로는 분리시키기 어려운 일이다.[12]

지식(인지)

가장 널리 인식된 학습의 형태는 지식의 획득이다. 우리는 이 영역을 정규 교육의 최우선 목표로 삼는다. 사실을 아는 것은 또한 사고의 기술을 발전시키는 것—사실을 처리할 수 있는 능력 (예: 문제의 해결, 성경 구절의 해석, 외국어로 대화하는 것)—을 포함한다. 의심할 여지없이 하나님은 신자들이 무엇을 알고 있으며 무엇을 생각하는지에 관심을 갖고 계신다(고후 10:5, 빌 4:8). 그러나 학습에는 이보다 훨씬 더 많은 요소들이 있다.

태도, 가치 기준과 정서(신념)

그리스도인의 생활은 다음과 같은 이웃에 대한 사랑을 필연적으로 수반한다: 긍휼과 자비와 겸손과 온유(골 3:12-14). 하나님은 그분을 섬기는 '자발적인 마음'을 원하신다(출 35:5-6). 이런 덕목들은 '가르쳐지기보다는 몸에 배는' 것이기 때문에 우리가 성숙하기 위해서는 시간을 필요로 한다. 식물을 재배하면서 열매를 얻기 위해 오랫동안 기다리는 것처럼, 신념을 갖기까지는 인내를 필요로 하는 것이다. 동기 유발, 정서, 태도 또한 학습되어지는 것이다. 어떤 사람은 수학을 좋아하고, 어떤 사람은 경제학을 싫어한다. 어떤 사람은 성경 공부를 기대하고, 어떤 사람은 전도를 회피한다. 모든 교육 환경에서 학생들은 교사나 교과, 혹은 교실에 대해 개인적이고 실제적인 반응을 나타낸다. 이런 태도들은 미래의 학습에 영향을 미친다.

신체적 기술과 습관(능력)

테니스 볼을 서브하는 것이든 인쇄기를 작동하는 것이든 옷을 꿰매는 것이든 자동차를 운전하는 것이든 간에 우리는 많은 기술들을 익혀 왔다. 기도나 복음 전도와 같은 활동들까지도 학습을 통해 그 능력을 습득한다. 좋은 습관을 익히고 일상적인 삶의 과정을 잘 참아 내는 것은 그리스도인의 인격을 발전시키는 데 기여한다(딤전 4:7-8).

학습의 이 세 가지 수준은 베드로의 설교를 들은 사람들에게서 살펴볼 수 있다(행 2장). 누가가 기록한 종합적인 표현을 주목하라: "저희가 이 말을 듣고(인지) 마음(신념)에 찔려 베드로와 다른 사도들에게 물어 가로되 형제들아 우리가 어찌할꼬 하거늘"(37절). 그들에게 잇따라 일어난 회개, 세례, 증거, 교제는 초대 교회에서 볼 수 있는 그들의 '능력'을 말해 준다(38-47절).

학습 정도

우리는 얼마나 잘 배워 왔는가? 우리의 학습은 비교적 단순한 편인가 복잡한 편인가? 예를 들어 지식이나 인지 영역에서(첫 번째 "수준"), 우리는 어떤 사실에 대한 학습의 숙련 정도가 다 다르다: (1) 자각(어떤 것을 인식함), (2) 이해(그것의 의미에 대해 더 나은 인식을 함), (3) 지혜(중요한 결정을 하는 데 있어서 그 사실을 일관되게 적용함).[13] 지구가 둥근 공과 같다는 것을 안(자각) 다음에, 어떤 사람은 세계를 돌며 여행할 수 있고 결국 출발점으로 되돌아 올 수 있다는 것을 추론할 수 있다(이해). 더 나아가 실제로 세계를 돌며 여행하는 것이 잘한 판단인지 아닌지를 결정할 수 있다(지혜).[14] 학습의 인지 영역을 위해 벤자민 블룸(Benjamin Bloom과 그의 동료들, 1956)은 교육 목표의 표준 분류법을 개발하였다.[15] 이 분류법은 인지적 기능을 6단계로 분류하여 나타낸다. 이 여러 가지 단계들을 설명하기 위해 자전거라는 주제를 생각해 보자.[16]

자각

자전거에 대해서 당신이 처음으로 소개를 받는다고 상상해 보라. 당신은 난생 처음으로 그것에 대해 듣는다. 간단한 설명을 듣고, 당신은 자전거가 무엇인지 인식할 수 있다. 자동차, 쇼핑 수레, 스케이트 보드 등 여러 개의 그림들 중에서 자전거 그림을 찾아 낸다. 지각은 정신적 개념이 어떤 사물과 관련되어 있음을 의미한다.

이해

이것은 당신이 스스로 자전거 그림을 그림으로써 기초적인 이해를 하고 있음을 보여 주는 것을 말한다. 당신은 자전거의 기본적 부품들이 들어 있고, 각 부분들이 서로 연결된 그림을 그릴 것이다. 그러기 위해서는 당신 자신이 이해하고 있는 개념을 표현할 수 있어야 한다. "자각"과는 대조적으로 이 그림은 외부의 자료를 보고 그린 것이 아니라 당신의 내면에서 나온 것이다.

적용 혹은 학습의 전이

당신이 외발 자전거나 세발 자전거가 무엇인지 알지 못한다고 가정해 보라. 그러나 당신은 자전거가 무엇인지는 이해하고 있다. 당신에게 세 가지 자전거가 모두 있는 그림이 주어졌다. 그런데 당신은 한 가지밖에 알지 못한다. 두 개의 바퀴를 가진 자전거에서 추론하면서 스스로에게 묻는다. 이것을 자전거(bicycle)라 부른다면 다른 두 가지는 뭐라고 불러야 하나? 정확한 용어는 사용하지 못할지 모르지만 'bi' (둘)와 'cycle' (바퀴)에 대한 이해로부터 나머지 이름을 붙여 볼 수 있을 것이다. 이처럼 몇 가지 알려지지 않은 요소들이나 새로운 상황에 이미 알고 있는 원리들을 적용하거나 전이할 수 있다.

분석 혹은 문제의 해결

이 단계에서 학습자는 사용되고 있는 부품들과 그 상호간의 관계를 잘 이해해야 한다. 숙련을 위해 수선해야 할 부서진 자전거가 당신에게 주어질 수도 있고, 자전거 조립 부품이 들어 있는 상자가 주어질 수도 있다.

종합 혹은 창작

당신은 모든 부품들을 모아서 그것들을 새로운 형태로 재조립할 수 있는가? 그것이 이 단계의 도전이다. 한번 시도해 보라. 자전거의 기본 부품들(예: 좌석, 핸들, 바퀴, 페달)을 사용해서 모터는 없지만 페달이 있는 다른 종류의 육상 운송 수단의 형태를 디자인해 보라. 기대고 탈 수 있는 자전거나 2인승 자전거를 만들어 보아도 좋을 것이다.

평가

마지막 단계는 학습자가 일련의 기준에 근거해서 어떤 사물에 대한 판단을 내리도록 요구한다. 예를 들어 "다음의 운송 수단의 형태들 중에서 어느 것이 가장 좋은가?"라고 물을 수 있다.

- 10m/초의 여행용 자전거
- 18m/초의 산악용 자전거
- 세발 자전거
- 2인승 자전거
- 외발 자전거

그 대답은 각자 사용하는 표준—어떤 목적으로, 어떤 상황에서 사용할 것인가? 누가 그것을 사용할 것인가? 사용자가 필요한 기술을 소유하고 있는가?—에 따라 다를 것이다.

리로이 포드(LeRoy Ford, 1978)는 "자각" 이외의 다섯 가지 인지 학습의 범주를 세 가지 기본적인 범주와 구분해서 "이해"의 제목 아래 분류해 놓았다. 표 7.1은 비판적 사고의 이 다섯 가지 범주에 대해 요약해 주고 있다.

이런 식의 분류는 우리가 학생들에게 요구하는 다양한 인지적 과제를 효과적으로 평가할 수 있도록 돕는다.[17] 예를 들면, 우리는 학생들이 개념을 분석하고 종합하도록 도전하고 있는가? 아니면 단지 자각하고 이해하는 데서 만족하는가? 각각의 범주에 대한 토의 문제의 보기가 표 7.1에 나타나 있다.

인지 영역 외에도 학습의 다른 두 "수준들"—학습 태도와[18] 기술[19]—에 있어서도 숙련의 단계들이 있다. 표 7.2는 각각의 학습 수준에 따른 학습 정도를 실례를 들어서 나타내 주고 있다. 편의상 숙련의 정도를 1, 2, 3단계로 나타내었다.[20]

표 7.1
비판적인 사고의 범주들

범주/의미	관련 동사	관련 활동/질문
이해 　새로운 정보를 현재의 정보와 통합함	해석하다 번역하다 설명하다	모세가 불타는 떨기나무의 사건을 겪는 동안 가졌을 생각과 걱정을 자신의 말로 요약하라(출 3장).
적용 혹은 학습의 전이 　정보를 새로운 상황에 이용함	세우다 증명하다 이행하다	열 가지 재앙이 일어나는 동안 모세와 바로 왕의 대결을 지켜보았던 종들 중의 하나와 면담을 해 보라.
분석 혹은 문제 해결 　사실들을 그 관계 속에서 구별해 냄	분류하다 도표로 나타내다 개요를 그리다	모세의 불타는 떨기나무의 경험과 바울의 다메섹 도상의 경험의 유사점과 차이점을 말하라.
종합 혹은 창작 　사실들을 새롭게 재조직하거나 통합함	설계하다 개발하다 계획하다	출애굽기 14장의 홍해를 건넌 사건을 2분 라디오 뉴스 방송대본으로 창작하라.
평가 　지정된 기준을 사용해서 사실을 판단함	평가하다 석차를 매기다 등급을 정하다	출애굽기 15:1-21, 22-24을 읽으라. 모세의 입장에서 느낀 점을 말하라. 당신이 미리암이라면 어떻겠는가?

자료: 미상

표 7.2
학습의 숙련

학습 수준	학습 정도		
	1단계	2단계	3단계
인지(지식)	지각	이해	지혜
신념(태도/가치 기준/정서)	다른 사람들에 대한 민감성으로 표현됨	감정이입으로 표현됨	동정적인 행동으로 표현됨
능력(기술/습관)	약간 힘겹게 이루어짐	용이하게 이루어짐	즉흥적으로 이루어짐

학습 방법

우리는 실제로 어떤 방법으로 배우는가? 모든 교사들은 특정한 학습 과정에 대해 가정을 하고 판단한다. 우리는 보통 우리의 생각에 학생들이 가장 잘 배울 것이라고 여기는 방법들을 사용한다. 즉 상호 활동과 의사 결정을 돕는 그룹 토의나 더 깊은 이해와 개인적인 적용을 도와 주기 위한 여러 가지 활동들을 한다. 각각의 방법은 특정한 학습 원리에 근거한 것이다.

크레이그 다이크스트라(Craig Dykstra, 1990)는 하퍼(Harper)의 「종교교육 백과사전」의 학습 이론에 대한 평론에서, 세 가지 중요한 학습군—행동주의적 학습 이론, 인지적 학습 이론, 사회적 학습 이론—을 명시하고 있다. 이 학습군은 가르침에 있어서 중요한 역할을 하므로 다음 장에서 좀더 자세히 다루게 된다.

학습 준비도

우리는 어린 시절 운동회에서 달리기를 할 때마다 듣던 총소리를 기억할 것이다: "준비… 땅!" 교실에서 교사는 가르칠 준비가 되어 있다. 그런데 학생들은 어떠한가? 효과적인 학습이 일어나기 위해서, 학생들은 배울 수 있는 '능력'과 배우고자 하는 '자발성'이 있어야 한다. 고린도 교인들의 경우, 바울은 그들이 성숙의 다음 단계로 나아갈 준비가 되어 있지 않은 것에 대해 실망했다: "내가 너희를 젖으로 먹이고 밥으로 아니하였노니 이는 너희가 감당치 못하였음이거니와 지금도 못하리라"(고전 3:2, 참조. 히 5:11-12).

능력

능력은 앞의 두 장에서 다루었던 발달의 단계를 포함하고 있다. 교사가 각각의 학생들이 '평준화된' 정신적 혹은 육체적 기능을 지니고 있다고 잘못 가정할 때 무슨 일이 일어나겠는가? 학습이 불가능한 학생들이나 신체적으로 장애를 가진 학습자는 "학습 능력" 면에 있어서 보통 학생들과는 다른 방법으로 가르쳐야 한다.

능력의 또 다른 요소는 사전 학습이다. 예를 들어 사람들에게 성경을 연구하는 법을 가르치려면 그들이 성경을 읽을 수 있기까지는 불가능하다. 일단 한 사람이 하나의 외국어를 학습하면 또 다른 언어를 배우는 것이 더 쉬워진다. 교사로서 우리는 학생들이 알고 있는 것에 대해 정확하게 파악하고 있는가? 그들의 경험에 대해 정확한 가설을 가지고 있는가? 그들의 성취한 바를 알고 있는가? 사전 학습의 이런 요소들은 학습이 어린이, 청소년, 성인의 수준에 따라 어떻게 조정되어야 하는지를 보여 준다.

자발성

이 개념은 학생의 동기 유발과 학습하고자 하는 의욕과 관련된다.

> 학습자의 내면의 요소들은 그들이 모든 상황에 대하여 느끼는 방식과 관련된다. 이런 저런 수업에서 겪은 과거의 경험이 학습자들에게 수업을 받고자 하는 열망을 일으키는가? 그들은 그룹 활동에 참여하는가? 그룹에 무관심한가? 혹은 그들 자신의 흥미를 발견하고자 노력하는가? 수업을 통해 안전, 사랑, 인식, 새로운 경험, 죄로부터의 자유에 대한 그들의 개인적인 심리학적 필요들이 충족되고 있는가? (LeBar, 1989/1958, p. 34).

학생들은 학습의 주제, 교수법, 교사, 교실에 대해 긍정적이거나 부정적인 태도를 발전시킨다. 그 결과 그들의 참여 욕구 또한 직접적으로 영향을 받는다. 학습이 일어나지 않는 경우 종종 학생들의 동기유발이 이유가 된다. 교사의 과제는 학생이 학습에 흥미를 얻도록 하고 그것을 유지시키는 것이다. 다양한 요소들이 학생의 학습 동기 유발에 요인이 된다. 그 중 확실한 요소들 내에서 교사들은 교사의 능력과 열심, 주제의 관련성, 가르치는 방법, 학생들에 대한 교사의 기대, 교사와 학생간의 관계들을 잘 조절해야 한다. 하워드 헨드릭스(Howard Hendricks)가 말했듯이, "진리로 사람들을 곤란하게 하는 것은 죄악이다."[21] 교사로서 자신의 가르침이 효과적이길 원한다면, 학생들이 얼마나 자발적이며 배울 능력이 있는지 그들의 준비도를 평가해 보아야 한다.

학습의 본질

"배운다는 것은 변화하는 것이다! 학습은 변화이다!"(Leypold, 1971, p. 27). "변화"라는 용어가 학습의 핵심으로서 사용될 때, 물론 적합치 않은 변화를 말하는 것은 아니다. 우리는 신체적 발달과 같은 자연적인 성장 과정에 따르는 변화는 학습이 아니라는 것을 알고 있다.

간단히 말해서 학습은 우리의 경험과 상호 활동을 통해 일어나는 어떤 것이다. 그러나 이것은 의도하지 않았던 변화까지도 포함한다. "너는 네 친구들한테서 그런 쌀쌀 맞은 버릇을 배웠니?" 이런 경우에 학습은 일보전진 이보후퇴의 결과를 이끌어 낸다. 따라서 기독교 교육자들은 항상 성경의 목적에 초점을 맞추는 것이 절대 필요하다. 우리는 하나님의 계시의 표준을 고수해야 한다. 우리는 하나님이 정하신 성장 유형이 어떤 것인지에 주의를 기울여야 하며, 그것을 통해 하나님께서 의도하시지 않은 학습에 대해 경고를 받아야 한다. 야고보의 말을 빌리자면 "듣는 사람"이 아닌 "행하는 자"가 진정한 학습자이다(약 1:22-25).

결론

기독교적 세계관으로 학습은 자연적이고도 초자연적인 일이다. 기독교 교육은 그리스도를 닮아 가는 변화, 인간의 노력과 성령의 사역을 포함하는 과정을 수반하고 있다(고후 3:17-18). 그리스도인의 학습은 성령의 감독하에서 계획적이거나 우발적인 경험을 통해 일어나는 변화이며, 그 안에서 지식, 태도, 가치 기준, 정서, 기술, 습관 등을 얻어 더욱 더 그리스도를 닮은 삶의 양식을 갖추어 간다.[22]

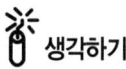 생각하기

복습을 위해서 학습의 다섯 가지 기본 특성들을 정리해 보았다.
 학습 수준(Level of learning) - 무엇을 배우는가?

학습 정도(Extent of learning) - 얼마나 잘 배우는가?
학습 방법(Avenues of learning) - 어떤 방법으로 배우는가?
학습 준비도(Readiness for learning) - 배울 준비가 되어 있는가?
학습의 본질(Nature of learning) - 학습이란 무엇인가?

위의 다섯 가지 특성들에 대한 설명에서 어떤 단어들이 각각의 특성과 관련되어 있는지 찾아 밑줄을 긋고, 다섯 가지 특성의 영어의 첫 글자를 모은 "배우다"(LEARN)라는 말을 붙여 읽어 보라.[23]

학습에 대한 좀더 폭넓은 이해는 학습의 난이도를 진단하는 데에 유익한 분석 체계를 제공한다. 예를 들면 분반공부 시간에 한 어린이에게 암송한 성경 구절을 설명해 보라고 했을 때 아이가 "나는 몰라요"라고 대답했다고 하자. 이 문제를 어떻게 진단하느냐에 따라 처방 또한 달라질 것이다. 여기에 몇 가지 가능한 예를 제시한다.

1. 학습 수준
목소리의 어조: 경멸적임. 그 학생은 지루해졌다(신념의 수준). 그는 그 절이 의미하는 바를 알고 있지만 말하려 하지 않는다. 그는 학습 활동에서 흥미나 도전을 받지 않았으며 그 프로그램에 대한 "나쁜 태도"를 발전시켜 왔다. 그러나 그의 엄마는 그에게 참여하길 요구한다. 긍정적인 태도를 갖게 되도록 도움이 필요하다.

2. 학습 정도
목소리의 어조: 진실함. 그 학생은 정말로 모른다. 그가 그 절에 대해 알고 있는 것은 다만 자각의 단계에 불과하다. 다음 단계를 향해 나아가도록 도와 줄 필요가 있다.

3. 학습의 준비도
목소리의 어조: 주저함. 그 학생은 틀린 답을 말할까봐 두려워한다(자발성). 그는 그 절이 무엇을 의미하는지 좋은 생각을 가지고 있으나 당황스러워 대답하려 하지 않는다. 그를 용납해 주

고 확신을 갖게 해 줄 필요가 있다.

　학습에 대해 더 잘 이해함으로써, 교사들은 문제를 정확하게 처방할 수 있게 된다. 일단 진단이 이루어진 후에 우리는 그들이 학습의 다음 단계로 나아가도록 어떻게 도울 것인가? 다음 장에서는 그 세부 사항에 대해 다루고 있으며, 사람들의 기본적인 학습 방법을 철저하게 다루고 있다.

제8장
학습 방법

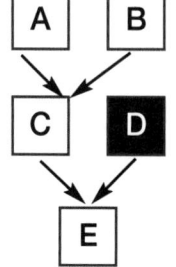

악한 눈
정보처리 학습군
조건 학습군
사회 학습군
생산적인 학습을 위한 여섯 가지 방법
결론

악한 눈

당신이 제3세계의 어느 시골 마을의 보건소 직원이라고 상상해 보라. 당신은 무력한 부모들에게 어린 아기들의 설사를 예방하도록 도와 주고 싶을 것이다. 유아 설사는 주로 깨끗하지 못한 우유병을 사용하는 제3세계의 국가들에 널리 퍼져 있는 질병이다. 엄마들에게 보다 위생적인 모유를 다시 먹이도록 설득하는 일은 쉬운 것처럼 들린다. 그러나 부모들이 당신의 논리로 왜 쉽게 설득되지 않는지를 알게 되면 당신은 매우 좌절하게 될 것이다. 그들은 설사의 원인이 "악한 눈" 때문이라고 믿고 있다(Rogers, 1983, p. 102). 그들은 어떤 사람이 건강한 유아를 쳐다보면 무서운 결과를 가져온다고 믿는다. 악한 눈으로 인한 질병을 예방하기 위해서, 엄마들은 아기의 목이나 손목 주위에 여러 가지 주문을 매어 준다. 그리고 그런 치명적인 눈짓을 피하기 위해서 귀여운 아기들을 공개적으로 드러내지 않는다. 그들은 건강한 아기에 대한 어떠한 칭찬도 환영하지 않는다.

생각과 신념은 곧바로 행동에 영향을 미친다. 이것은 우리가 제3세계의 시골 마을에 살든 미국의 대도시에 살든, 우리의 생각이 옳든 그르든 상관없이 적용된다. 앞 장에서 언급했듯이, 실제 가르침은 사람들이 어떻게 배우는가에 대한 우리의 관점에 의해 영향을 받는다. 우리는 학습 과정에 대한 여러 가지 오해들—"가르치는 것은 말하는 것이다", "말하는 것은 아는 것이다", "아는 것은 행하는 것이다"—에 대해 다루었다. 우리의 실제 가르침은 학습 과정을 염두에 두고 어떻게 조절해 나가느냐에 비례해서 진보될 것이다.

본장에서는 사람들이 어떻게 배우는가에 초점을 맞춘다. 일반적으로 교육심리에 대한 분석은 지나치게 복잡해서 실제 가르침에 적용될 수 있는 것은 거의 없다. 스탠포드 대학교 교육학 교수는 이러한 실상에 대해 다음과 같이 논평했다: "비난의 손가락이 미혹케 하는 자들(교육 심리학자들)과 미혹된 자들(교사들)을 가리키고 있음이 틀림없다. 전자는 혼돈을 만연시키기 때문이며, 후자는 그것을 묵인하기 때문이다"(Jackson, 1986, pp. 37-38). 주제를 "명백히" 하기 위해 본서에서는 여섯 가지 학습 방법을 제안한다. 그것들은 다이크스트라(1990)가 요약한 세 가지 학습군—인지적 혹은 정보처리 학습군,[1] 행동주의적 혹은 조건 학습군, 사회 학습군—의 기본적인 방법을 나타내고 있다. 각각의 학습군은 한 쌍의 대조적인 방법을 포함하고 있다. 이 여섯 가지 방법들은 상호간에 배타적이지 않으면서 각각 다른 방법과 특징들을 공유하고 있다. 그림 8.1은 세 가지 주요 학습군과 관련한 여섯 가지의 학습 방법을 나타내고 있다.

예수께서는 끊임없이 건전한 교육 이론을 보여 주셨다. 교사의 모범이신 주님은 본보기를 위한 훌륭한 지침을 제공해 주셨다. 5천 명을 기적적으로 먹이신 사건은 각 학습 방법을 효과적으로 사용하고 있음을 보여 준다.

정보처리 학습군(Information-Processing Learning Family)

인지적 혹은 정보처리 학습 이론은 학습자의 지능 개발에 적극적인 역할을 한다. 특히 학습자

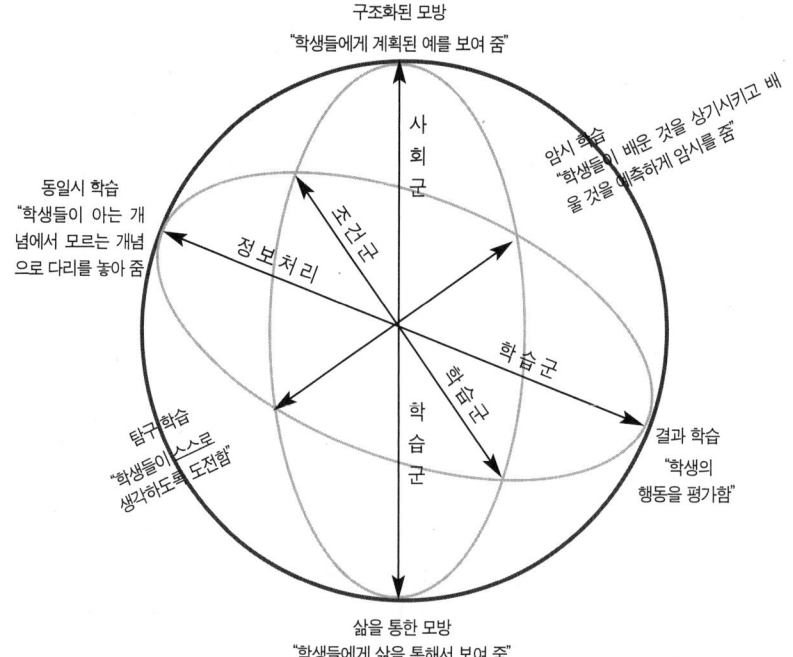

그림 8.1
학습군과 관련된 학습 방법들

는 정보를 계산하고, 분류하고, 조정하고, 연구하고 비평한다. 동일시 학습과 탐구 학습은 두 가지 중요한 인지적 학습 방법이다.

동일시 학습(Identification Learning)

5천 명을 먹이신 배경을 기억해 보라. 열두 명의 제자들은 군중들의 필요에 대해 근심하고 있었다. 군중들은 하루 종일 예수를 따라다녔다. 그들은 배가 고팠고 인접한 곳에서 먹을 것을 구할 수가 없었다(눅 9:12). 예수께서는 그들을 불쌍히 여기셨다. 그러나 그는 예기치 못한 방법으로 행하셨다.

예수께서는 육체적 필요와 함께 영적 필요도 채우셨다. 기적이 일어난 그 다음날 같은 군중들에게 설교하시면서 예수께서는 그 자신을 "생명의 떡"(요 6:35)이라고 선포하셨다. 이 은유적 표현은 전날에 기적적으로 먹이신 사건과 명백히 관련되어 있다(요 6:26). 그것은 광야에서 하나님이 이스라엘 백성들에게 만나를 준비해 주신 일과 유사하다.

동일시 학습은 학생들의 삶과 의미 있는 관련성을 찾아 내고, 그 정보를 새로운 정보를 가르치기 위한 매체로 사용한다. 이렇게 삶을 교과에 관련시키는 접근은, 알고 있는 것에서 모르는 것으로 진행된다. 다시 말해서 학생이 현재 이해하고 있는 개념에서 새로운 개념으로의 다리를 놓아 준다. 예를 들면 인간의 양심이 어떤 기능을 하는가를 설명하기 위해서 교사는 여러 가지 실제 삶의 예를 들 수 있다: 소방서에서 화재 경종이 울리는 것, 엔진의 고장을 표시하는 자동차 계기판의 번쩍이는 빨간 경고등, 자고 있는 가족을 깨우기 위해 큰 소리로 울리는 연막 경보기 등. 우리는 종종 학생들에게 새로운 아이디어를 소개해 주기 위해서 친숙한 물체들을 사용한다. 그러나 이와 같은 것들은 특정한 문화의 영향을 받는다. 그것들은 교사와 학생이 함께 공통적으로 경험한 것이어야 한다.

좀더 정교하게 짜여진 구조로 비교하려면 '그림 안의 그림'을 사용한다. 간단한 비유로, 기도를 하나님과의 전화 통화로 설명할 수 있다. 하나님이 항상 우리들의 간구에 주의를 기울이고 계심을 강조할 목적으로 한 어머니는 초등학교 3학년인 자녀에게 "너는 하나님께 말씀드리기 위해 발신음을 기다릴 필요가 없어. 하나님과 통화할 때는 통화중 신호도 없단다. 그리고 통화대기 서비스를 받을 필요도 없단다"라고 설명했다.

동일시 학습으로서 최상의 성경적 예는 성육신이다: "말씀이 육신이 되어 우리 가운데 거하시매"(요 1:14). "우리 중 하나"가 되신 것 외에도, 그리스도께서 가르치신 내용 중에는 삶과 연관된 예증으로 가득 차 있다. 그는 자주 목자나 포도원과 같은 문화적으로 적절한 비유를 사용하셨다. 신약성경에는 그리스도와 교회와의 관계를 설명하기 위해서 머리와 몸(고전 12, 엡 1), 건물의 모퉁이돌과 돌(엡 2, 벧전 2), 신랑과 신부(계 19:7)와 같은 은유가 사용되었다. 그리고 그리스도인의 삶은 군대의 전쟁(엡 6), 달음질(고전 9, 히 12), 권투 시합(고전 9, 딤전 6), 밭에 씨를 뿌리고 추수하는 것(고후 9)으로 묘사되었다.²

제4장에서 동일시 학습의 한 예에 대해 언급한 것을 생각해 보라. 예수께서는 니고데모에게 중생에 있어서 성령의 사역의 실재를 가르쳐 주고자 하셨다. 그는 자연 현상에 비유하여 산난히 설명하셨다: "바람이 임의로 불매 네가 그 소리를 들어도 어디서 오며 어디로 가는지 알지 못하나니 성령으로 난 사람은 다 이러하니라"(요 3:8). 주님은 아는 것에서 모르는 것으로 진행시켰을 뿐만 아니라 오랫동안 기억할 수 있도록 훌륭한 소재를 사용하셨다. 그는 언어유희 기법을 사용하셨다. 헬라어 "프뉴마"(pneuma)는 "영"과 "바람" 두 가지로 번역된다. 보통 영적 실재는 보이지 않기 때문에 그것들은 듣는 자가 알고 있는 용어로 이해되어야 한다. 그러한 유추는 듣는 이들의 당면한 필요와 관련되어야 한다.³

탐구 학습(Inquiry Learning)

예수께서 기적을 행하시기 바로 전, 열두 제자들에게 5천 명의 배고픈 군중을 먹이는 '문제'를 말씀하셨다(요 6:5-6). 빌립은 그 일이 불가능하다고 주장했다(요 6:7). 그러나 안드레는 믿음으로 소년의 작은 도시락을 드림으로써 그 문제에 대한 해결을 시도했다(요 6:8-9). 탐구 학습은 어려운 상황에 직면하거나 당황스런 문제가 발생했을 때 일어나게 된다. 그런 경우에 학습자는 그들 혼자의 힘으로 해결책을 찾게 된다.

오늘날의 예를 생각해 보자. 차를 사는 데에 확신을 갖지 못한 사람은 다른 사람들로부터 조언을 구하거나 적절한 잡지를 읽거나 가능한 차량에 대한 비교 연구를 하게 될 것이다. 이런 상황은 좋은 학습의 기회가 될 수 있다. 하나님은 이스라엘 백성들의 일상적인 의식과 가정의 습관을 통해 아이들이 질문하는 것을 격려하고 학습의 기회로 삼도록 의도하셨다. 그것은 성인들이 다음 세대에 그들의 신앙의 유산을 전달하는 기회를 제공했다. 우리는 유월절 식사(출 12:23-27), 첫 열매로 드리는 희생(출 13:11-16), 요단강의 기념돌(수 4:5-7) 등을 통해 적합한 교육을 하는 그들의 의도적인 학습 전략에 대해 읽은 적이 있다.

삶의 시련들은 우리에게 우리의 신학과 생활방식에 대하여 생각해 보고, 분명하게 하고, 조화시키는 기회를 제공해 준다. 삶의 준엄한 시련 속에서 그런 깊은 고투를 통해 얻어진 학습은 쉽게 잊혀지지 않는다.

교사들은 교실에서 비판적 질문, 자극적인 말, 논쟁, 사례 연구, 퍼즐 게임, 통합적인 숙제를 통해서 탐구 학습을 자극한다. 학생들에게 개인적인 경험에 대해 숙고하도록 장려하는 것은 일생 동안 비판적 사고 기술을 자극한다.[4]

학생의 사전 지식의 기초 위에서 이루어지는 동일시 학습과는 대조적으로, 탐구 학습은 새롭게 당면한 문제를 해결하는 데에 초점을 맞추고 있다. 다시 말하면 전자는 이해가 되는 이슈를 강조하고, 후자는 이해가 되지 않는 이슈를 다룬다.

표 8.1은 동일시 학습과 탐구 학습을 위한 몇 가지 적절한 교수법을 제안하고 있다.

표 8.1
동일시 학습과 탐구 학습을 위한 교수법

동일시 학습	탐구 학습
"학생들이 아는 것으로부터 모르는 것을 가르침"	"학생들이 스스로의 힘으로 생각하도록 도전함"
1. 도식적 표현: 은유, 유추, 비유	1. 좋은 토론 문제들, 생각하게 하는 말
2. 전체적인 윤곽에 대한 설명	2. 사례 연구, 도덕적 딜레마
	3. 당혹스런 사건에 대한 탐구

 생각하기

정보처리 학습군의 이 두 가지 방법을 통해서 자신의 학습 경험들을 생각해 보라. 각각의 방법을 통해서 어떻게 배웠는지 하나의 예를 들어 보라. 혹은 다른 사람들에게 가르치고 싶은 개념을 하나 선택해서, 이 두 가지 방법을 어떻게 사용할 수 있나 각각 하나의 예를 들어 보라. 다음에 나오는 두 가지의 예를 참조하라.

1. 동일시 학습

   최근에 우리는 어떤 목사님이 용서에 대해 설교하는 것을 들었다. 그는 용서가 관계의 윤활유라는 유추를 사용했다. 설교의 결론에서 그는 우리에게 기름의 정도를 점검하도록 도전했다.

2. 탐구 학습

　어떤 사람이 잔디 깎는 기계의 날을 날카롭게 갈아 줄 필요가 있었다. 그런데 그 양 날이 빡빡하게 죄어져 있어서 풀기가 힘이 들어 문제가 발생했다. 나사를 풀기 위해서 그는 정상적인 방향(즉 시계 반대 방향)으로 돌려야 했을까, 아니면 반대 방향으로 돌려야 했을까? 그가 만약 방향을 잘못 선택했다면, 그는 나사못을 너무 죌 수도 있었고 나사 홈을 닳게 할 수도 있었을 것이다. 그는 동네 상점에 전화를 걸었고 그 문제가 해결되었다. 그는 너 큰 자신감과 노력으로 나사못을 쉽게 풀 수 있었다

자, 이제 당신의 개인적인 학습 경험이나 가르치고자 하는 실례를 말해 보라. 각각의 방법에 대해 하나의 예를 들어 보라.

1. 동일시 학습
　_____

2. 탐구 학습
　_____

조건 학습군(Conditioning Learning Family)

　모든 학습자는 다른 사람들에 의해 영향을 받으며, 환경 또한 우리를 형성하는 요인이 된다. 이 자명한 이치는 조건 학습군의 근본적인 기반이 된다. 조건 학습군은 결과 학습과 암시 학습을 포함하고 있다.

결과 학습(Consequence Learning)

　5천 명을 기적적으로 먹이신 사건으로 인해 무슨 일이 일어났을까? 오직 극소량의 음식만이 공급 가능하다는 사도들의 주장에도 불구하고(막 6:37-38) 무리들에게는 결국 먹을 것이 충분하게 주어졌다. 사실상 제자들은 음식을 먹고 나머지를 열두 바구니에 가득 차게 거두었다(요

6:12-13)! 얼마나 황당하면서도 눈이 번쩍 뜨이는 일인가! 우리는 제자들이 예수에 대해 그들의 신뢰가 부족했던 죄를 어떻게 깨닫게 되었을지 상상해 볼 수 있다.

우리는 늘 어떤 일에 대한 결과들을 경험한다. 주로 그 결과들에 기초해서, 우리는 특정한 생각, 느낌, 말이나 행동들을 반복하기도 하고 중단하기도 한다. 어떤 결과들이 좋은 것으로 판단되면 거기에 고무되어서 그 행동을 다시 하게 된다. 그러나 어떤 결과들은 나쁜 것으로 판단되어 낙심하게 되고 그 행동을 하지 않을 수도 있다.

사실상 모든 활동은 결과를 수반한다. 예를 들면 대화에서 고개를 끄덕임은 동의나 찬성을 나타내는 반면, 얼굴을 찌푸림은 반대를 나타낸다. 또 다른 예를 들어 보자. 열쇠가 날름쇠나 자물쇠에 쉽게 들어가지 않을 때 어떻게 하는가? 경험에 기초해서, 우리는 재빠른 판단을 한다. 문제가 열쇠나 자물쇠에 있을 수 있다. 열쇠가 거꾸로 꽂혔을 수도 있고, 틀린 열쇠일 수도 있다. 자물쇠가 부서졌을 수도 있고 고정되어 있을 수도 있다. 하나의 예를 더 든다면, 기말고사 시험지를 되돌려 받았을 때 학생들은 기대를 가지고 그들이 얼마나 잘했는지를 알아보려고 교사들의 논평을 읽는다. 이것은 서면으로 된 결과이다. 대부분의 학생들은 시험지에 선생님의 특별한 언급이 없으면 속은 느낌을 받는다. 시험의 결과들은 잘되어진 것들을 더 잘하도록 강화하고 필요한 개선점들을 지적해 준다.

격려는 신자들에게 건설적인 결과를 가져다 주는 적절한 방법 중 하나이다. 바울은 데살로니가 교인들을 향한 격려를 통해서 바로 이런 전략의 본을 보여 주었다(살전 1:2-10). 훈계 또한 신자들에게 자신들의 삶을 돌아보게 한다. 교정은 하나님의 원리에서 멀리 떠난 자들을 돕는다(살전 5:14, 약 5:19-20). 훈계는 화해의 첫걸음이다(마 18:15-20). 우리의 자아 개념이 주로 다른 사람들이 우리를 보는 관점에 의해 영향을 받기 때문에, 우리도 다른 사람들을 대할 때 주의깊게 대해야 한다(엡 4:29-32). 이런 결과 학습 방식은 사람들 사이에서 하나님이 우리를 가르치시는 하나의 의도된 계획이다.[5] 하나님은 그렇게 함으로 우리가 하나님과의 관계 속에서, 또한 서로간의 관계 속에서 성장하도록 설계하셨다.[6]

암시 학습(Cue Learning)

예수께서는 이 땅에서 사역하시면서 사람들이 정확하게 날씨의 징후(암시)는 분별하면서도 더 중대한 메시야의 표적을 분별하지 못함에 대해 지적하셨다(마 16:1-14, 눅 11:29-32). 복음서에서 누가는 예수께서 메시야임을 증명하는 마지막 사건으로 5천 명을 먹이신 사건을 들고 있다(9:10-17).[7] 이 기적은 열두 제자로 하여금 그것을 이해하도록 돕는 마지막 "암시"였다.

암시 학습은 하나의 물체와 그 물체가 의미하는 것 사이에 정신적 연결 고리를 형성한다. 우리는 날마다 자극에 의해 깨우침을 받는다. 우리는 이런 많은 만남에 의미를 부여하고 그것들의 중요성의 정도를 평가한다.

예를 들면 어린 리타는 아빠와 함께 차를 타고 있다. 그녀는 아빠에게 차가 왜 갑자기 정지했는지 묻는다. 아빠는 신호등을 가리키며 빨간색은 차가 멈추어야 함을 의미한다고 설명해 준다. 리타는 모든 운전자들이 빨간 신호등과 차를 정지한다는 것을 연결시킨다고 깨닫기 시작한다. 그녀가 나이가 들게 되면 그것에 대한 더 많은 단서들을 얻게 될 것이다. 예를 들어 빨간 신호등에 불이 켜지면 무엇을 의미하는지 알게 될 것이다. 더욱이 그녀는 교차로에서 빨간 신호등에 불이 켜지는 것과 철도 건널목에서 그와 같은 불이 켜지는 것을 구분할 수 있게 될 것이다. 어떤 것의 의미와 그 중요성은 모두 이러한 암시들에 의해 깨닫게 된다.

암시를 잘 터득하게 되면, 그에 수반되는 행동이 학습되어지고 또한 습관이 형성된다. 따라서 나중에는 별 생각 없이도 그렇게 행동하게 된다.[8] 우리가 어떤 암시를 얼마나 중요하게 생각하는지 혹은 어떻게 이해하고 있는지가 습관 형성에 영향을 끼친다. 예를 들어 우리는 어떤 것들은 무시하고자 노력한다. 그래서 우리는 새벽 4시에 울리는 기차의 기적 소리를 들으면서도 잠을 자게 될 것이다. 어떤 것들은 무시하지 않기 위해 열심히 노력한다. 그래서 아침 6시에 울리는 자명종에는 잠을 깨게 된다. 암시 학습은 아주 평범하게 일어난다. 그러나 교사나 학생 모두 종종 이를 의식하지 못하고 지나치기 쉽다.

암시 학습은 그 행동 이전에 일어난 것들에 초점을 맞춘다. 즉 빨간 신호등(암시)을 보면 차를 멈추려고 브레이크를 밟는다(반응). 반대로, 결과 학습은 그 행동 이후의 것에 중점을 둔다. 우리는 사고를 내거나 교통 위반 딱지를 받는 것을 피하려고(결과) 브레이크를 밟는다(반응).

생각하기

창조적으로 읽고 쓰고 하는 것은 암시 학습의 한 방법이다. 말과 실재와의 사이에 도움을 주는 연결고리를 형성하면서 교사들은 학생들이 효과적인 의사소통 기술을 향상시킬 수 있도록 도전한다. 예를 들어 다음의 "암시"를 읽을 때 어떤 느낌이 드는가?

따뜻하고 화창한 날이었다. 나무들은 온갖 색으로 물들여져 금방 터트린 장엄하고 영원한 불꽃과 같았다. 빨간 빛, 노란 빛, 오렌지 빛으로 너무 찬란하게 아름다워서 크레욜라는 감히 아이들에게 크레파스로 그것을 종이에 담아 보라고 말할 수 없었다. 그 아름다움을 망칠 것 같아서…(Keillor, 1987, p. 133).

당신의 느낌을 두 가지만 적어 보라.

_____
_____

기억을 도와 주는 것들

암시들—그리고 우리가 만든 연결고리들—은 사실을 기억하도록 돕는다. 바늘과 실의 관계처럼 어떤 것과 그것과 관련된 메시지는 한 쌍을 이룬다. 즉 한 가지를 볼 때, 다른 것이 마음에 떠오른다. 반복된 경험을 통해서, 첫 번째 것이 두 번째 것의 암시가 된다. 우리에게 친숙한 연결고리에는 이런 것들이 있다. 유명한 사람을 생각나게 하는 이름들(예: 베이브 룻, 아돌프 히틀러), 중요한 성경 구절들(예: 요 3:16, 시 23), 독특한 명성을 가진 물리적, 지리적 장소(예: 백악관, 라스 베가스, 월 스트리트), 중대한 역사적 장소(예: 아브라함 링컨의 출생지)나 기념적 중요성을 가진 장소(베트남 기념관)를 들 수 있다. 이스라엘 백성이 행하는 종교 의식과 습관들은 그들의 하나님과의 특별한 관계를 생각나게 하는 것들이다. 요단강 둑 위의 제단을 기억해 보라. 이 돌들은 요단 동쪽의 지파들을 위한 하나의 "증거"로 세워진 것이다(수 22:21-28). 교회에서의 성찬식은 신자들에게 주님의 지상 생애와 십자가의 죽음을 생각나게 한다. 더 나아가 그것은 장차 다시 오실 주님에 대해 암시 역할을 한다(마 26:29).

암시 학습은 여러 가지 교육 체계에서 사용되었다. 우리 중 몇몇은 "homes"라는 단어를 사용하여 5대 호수의 이름을 기억하도록 배웠다(편집자 주. 미국의 5대 호수—Huron Lake, Ontario L. Michigan L. Erie L. Superior L.—의 첫 글자를 따서 "homes"를 만들었음). 유명한 연설가들은 연설의 개요를 생각해 내는 데 이와 유사한 방법을 사용했다(Lorayne and Lucas, 1974). 이런 기술들은 열거된 사실들을 기억하는 데 적합하다. 성경 인물들의 목록, 전화 번호, 사람 이름, 현금 자동 인출을 위한 개인 비밀 번호 등은 암시 학습을 활용한 몇 가지 예이다. 이런 유익한 기억 장치들은 시간을 절약해 준다. 또한 이것을 성공적으로 사용할 때 당황스런 기억 상실을 예방할 수 있다. 프란시스 벨레자(Francis Bellezza, 1981)는 유익한 기억 장치의 개관과 분류를 제공한다.

학습 태도

어떤 암시들은 우리에게 사실들을 기억나게 하는 것만큼, 또한 중요한 느낌들이나 감정들, 그리고 가치 기준을 생각나게 한다. 학습 태도는 결과 학습을 통해 발전됨을 주목하라. 예를 들어 한 학생이 어떤 교과 시간에 지루함을 느낀다. 이런 느낌이 차후의 수업에 지속된다면 그 학생은 교실에 들어올 때마다 그 과목 자체가 지루할 것이라는 암시를 받게 된다. 그 과목에 대해 생각만 해도 냉담한 느낌을 불러일으킬 수 있다.

특별한 암시에 따라 어떤 느낌이나 가치 기준을 갖게 되며 때로는 기대감을 불러일으키기도 한다. 예를 들어 좋아하는 찬송을 부르면 이전에 감동적으로 드렸던 예배가 기억난다. 좋아하는 음식의 냄새, 가족 사진 앨범, 치과 의사의 소름끼치는 드릴 소리는 의미 있는 암시가 된다. 능숙한 교사들은 먼저 학생들이 그들의 가르침에 대해 긍정적인 태도를 갖도록 돕는다(Mager, 1984a).

암시 학습을 정리해 보면서 하나의 예를 더 들어 보자. 감각 기관과 보충적인 암시들을 통해 우리는 가까이에 불이 있음을 확신한다. 우리는 밝은 불꽃을 보고, 매운 연기 냄새를 맡고, 타버릴 듯한 열기를 느끼며, 불꽃이 탁탁 튀는 소리를 듣고, 또 공기 중에 날아다니는 뜨거운 재가 몸에 닿는다. 그 때 어떤 공포감이 우리의 마음을 휘어잡고, 우리는 안전을 위해 무의식적으로 뛰쳐 나갈 듯한 행동을 하게 된다.

표 8.2
결과 학습과 암시 학습을 위한 교수법

결과 학습	암시 학습
"학생들의 성취도를 평가함"	"학생들을 위해 유익한 기억 장치와 기대감을 조성함"
1. 언어적 평가(말로 혹은 글로, 예: "좋아." "넌 할 수 있어.")	1. 예술을 사용함: 음악(노래, 음반), 시각 자료(포스터)
2. 비언어적 평가(예: 미소, 고개를 끄덕임)	2. 일상적인 수업 시간, "습관들"
3. 성취에 대한 보상	3. 수업 중의 연습과 훈련
가. 구체적 보상(예: 사탕, 자유 시간)	4. 기억 장치들
나. 상징적 보상(예: 점수, 학년)	

각각의 암시는 어떠한 방법으로든지 학습되어진 것이다. 그런 지식은 직관적인 것이 아니다.[9] 표 8.2는 조건 학습군에 대한 교수법을 제안해 주고 있다.

생각하기

1. 당신이 좋아하거나 싫어하는 몇 가지 음식들을 생각해 보라. 이런 음식들의 어떤 점이 특히 당신을 매혹하거나 불쾌감을 주는지 설명할 수 있는가? 당신이 맛을 분석하는 데 안내자 역할을 하는 오감(미각, 시각, 후각, 촉각, 청각)을 생각해 보라. 어떻게 최초로 그것들을 좋아하거나 싫어하게 되었는지 기억할 수 있는가? 어떤 해산물의 비린내를 싫어하는 것은 어린 시절에 간유를 복용한 결과일 수도 있다. 어떤 사람들은 오렌지 쥬스에 간유 성분이 들어있기 때문에 쥬스를 마실 수가 없다. 당신이 싫어하거나 좋아하는 것들의 이유를 설명할 수 있는가?

2. 우리는 어떤 과목을 좋아하거나 싫어하는 경향이 있다(예: 신학, 체육, 수학, 물리학). 당신은 어떤 과목을 좋아하고, 또 싫어하는가? 이런 과목들에 대해 특별한 느낌을 받는 이유들을 찾아 낼 수 있는가?

3. 신자로서, 우리는 어떤 기독교 활동과 영적 훈련에 끌리거나 회피한다(예: 학급의 크리스천 모임, 개인 성경 공부, 전도, 찬양, 기도, 금식). 당신이 참여하고 싶은 몇 가지 기독교 활동들과 정규적으로 하고 싶지 않은 활동들을 골라 보라. 암시 학습 이론의 관점에서, 당신이 선택한 활동들에 대한 당신 자신의 습관에 대해 무엇을 말할 수 있는가?

사회 학습군(Social Learning Family)

다른 사람들을 지켜보면서 우리는 많은 것을 배운다. "그 아버지에 그 아들"이란 말은 가정에서의 사회 학습의 영향을 시사하고 있다. 이 원리는 다른 환경에도 적용된다. 정보처리적 요소와 조건적 요소들이 통합된 사회 학습 이론은 반사와 모방에 초점을 맞춘다. 다른 사람들이 말하고 행동할 때 우리는 관찰하고 우리가 본 그것들을 분석한다. 그리고 그와 동일한 행동을 따를 것인가 혹은 회피할 것인가 가치 판단을 하게 된다. 만약 따르기로 결정했다면 우리는 그것을 우리 자신의 환경에 적용시킨다.

알버트 반두라(Albert Bandura, 1977, 1986)는 흔히 "모방"이라고 말하는 사회 학습의 세 가지 주요 방식을 제시했다. 직접적인 모방은 직접적인 경험을 통해 일어난다. 직접적인 경험을 하게 되면 실제 행동들을 생생하게 마음에 그리게 된다. 부모가 아이를 껴안는 모습을 볼 때, 누군가가 따뜻한 미소를 머금고 당신과 악수했을 때, 혹은 반대 의견을 가진 두 사람이 열띤 논쟁을 벌이는 것을 볼 때 그것들은 당신에게 직접적인 모방이 된다. 누가 적절한 식사 예절을 지키기 위해서 공식 만찬에서 주인이나 여주인 쪽을 바라보지 않겠는가? 그런 직접적인 관찰을 하면서 자연스럽게 평가를 하게 된다. 또한 어떤 행동의 결과는 적절한 본이 될 수 있다. 한 사람이 어떤 종류의 옷을 입었는가, 또는 어떤 타입의 차를 운전하는가를 주목하는 것, 심지어 학기말 논문의 깔끔한 외관을 주목함으로써도 직접적인 모방이 일어난다.

언어적 모방은 글로, 혹은 말로 '방법적인' 설명을 하는 것을 포함한다. 당신은 위대한 기독교 지도자의 감동적인 일대기나 존경받는 크리스천의 공개적인 간증에 매료된 적이 있는가? 그 때 당신은 언어를 통한 모방을 경험한 것이다. 직접적인 모방과 언어적 모방이 결합되어 나타나면 학습 잠재력을 증대시킬 수 있다. 컴퓨터 사용법에 대해 시범을 보여 주는 것(직접적)과 컴퓨터 사용법을 설명하는 것(언어적)을 동시에 해 준다면 학습 효과를 증대시킬 수 있다.

텔레비전, 영화, 비디오 테이프, 잡지, 신문과 같은 시각 대중매체도 모방을 일으키는 강한 힘을 가지고 있다.[10] 그것은 또한 교육적으로도 유익하게 사용될 수 있다. 예를 들면, 인적자원 관리부에서 비디오를 통해 판매원들이 좀더 능률적으로 일을 수행하도록 훈련시킬 수 있다. 이러한 훈련을 통해 관리자들은 고용인들 사이의 사기를 북돋아 줄 수 있다.

우리는 다른 사람들의 삶을 통해서 지대한 영향을 받는다. 많은 성경 구절들이 이런 학습 방식을 나타내고 있다. 누가는 "온전케 된 자는 그 선생과 같으니라"(눅 6:40)고 기록하고 있다. 야고보는 교사들에게 더 큰 심판이 있을 것(약 3:1)에 대하여 의심없이 경고했다. 서신서들에 나오는 "예"(example)를 보면, 세 개의 헬라어 단어 중 하나가 사용되었다: mimetes("모방자"), tupos("예"), hupodeigma("예").[11] 바울은 피해야 할 예의 하나로 이스라엘의 실패를 들고 있다(고전 10:11). 모든 삶의 영역에는 영웅들이 있다. 사업계에서는 "멘토"(mentor)라고 불리고, 스포츠광들에게는 수퍼스타가 있으며, 대중매체광들은 TV나 영화 속의 우상들에게 열광한다. 요한은 우리가 어느 본을 따를 것인가 조심하도록 권고하고 있다(요삼 11).

구조화된 모방(Structured Modeling)

열두 제자들은 예수의 개인적 삶과 사역을 증거했다. 그의 긍휼하신 치유 사역은 그들이 매일 보는 전형적인 일이 되었다. 5천 명을 먹이신 기적이 일어나기 전, 제자들은 다시 한번 예수의 긍휼하심을 보았다. 예수께서는 피곤함에도 불구하고 병든 자를 고치셨고(마 14:14), 하나님 나라에 대하여 가르치셨다(눅 9:11). 기적에 뒤이어 그는 습관대로(눅 5:16) 기도하시러 혼자 계실 곳을 찾으셨다(마 14:23).

구조화된 모방은 "일을 계획하고 그 계획을 실천하는 것"을 포함한다. 그 예로 강의나 설교, 단막극, 한 편의 영화를 들 수 있다. 이러한 것들은 실제 시작에 앞서 준비(리허설까지도 함)를 할 필요가 있다. 일상적인 일이나 습관들이 이 범주에 들어간다. 말하자면 어떤 일상적인 일을 시작하기에 앞서 그 일이 계획되었거나, 한 번 해 보고 반복할 만한 가치가 있는 것으로 생각되었기 때문에 계속하는 것이다.

구조화된 모방의 명백한 목적은 모방의 표준을 제공하는 것이다. 훌륭한 가르침은 철저한 계획을 필요로 하기 때문에 구조화된 모방의 예라 할 수 있다. 그런 가르침을 통해 바람직한 질적 교육을 이룰 수 있다. 예를 들면 주의 깊게 준비된 학습 활동들은 학생들의 학습을 향상시킨다.

영화, TV 프로그램, 잡지들도 우리에게 다양한 본보기들을 제시한다. 대중매체는 20세기 사람들에게 가장 현저하게 모방을 일으키게 하는 것 중의 하나이다. 반두라는 지리적으로 널리 사상과 가치 기준을 보급할 수 있는 것으로 대중매체의 힘에 대해 이야기하고 있다.

> 이전에는 주로 인접한 지역 공동체에서 다른 사람들의 행동을 보고 모방을 했던 반면, 요즈음은 TV 매체를 통해서 다양한 행동 방식들이 가정에까지 속속 들어오고 있다. 어린이들도 어른들도 TV를 통해 전달되는 삶의 태도와 사고 방식, 정서적 흐름과 새로운 생활 방식들을 모방하고 있다. 그 모방의 효과가 광범위하게 공개적으로 노출된다는 점에서, TV를 통한 모방은 인간의 사고와 행동을 형성하는 데 막대한 영향을 끼치고 있다(1986, p. 70).

생각하기

TV와 영화는 우리 생활의 기본적인 요소가 되었다. 긍정적이든 부정적이든 당신에게 의미심장한 영향을 끼쳤던 TV 프로그램이나 영화를 생각해 보라.

1. 그것이 당신의 삶에 특별한 영향을 끼쳤다면, 구체적으로 어떤 영향인가?
   _____

2. TV 프로그램이나 영화가 어떻게 그런 영향을 끼칠 수 있는가? 구체적으로 어떻게?
   _____

삶을 통한 모방(Spontaneous Modeling)

5천 명을 기적적으로 먹이신 사건은 순간의 필요에 의해서 일어났다. 예수께서 이전에 행하셨던 모든 기적들을 보고서도(예: 병자와 소경, 절뚝발이와 나병 환자들을 고치시고 죽은 자를 일으키심), 열두 제자들은 감히 예수께 그 많은 군중들을 먹이시도록 요구하지 못했다. 이 기적은 제자들에게 너무나 특별한 것이었고 예수가 메시야라는 사실을 그들에게 확증해 주었다. 군중들은 기적에 압도되어 예수를 왕으로 모시고자 했다(요 6:15). 그러나 예수께서는 제자들을 멀리 흩어 보내셨다(마 14:22). 아직은 그가 이 땅 위에 그의 왕국을 세울 때가 아니었다. 예수의 이러한 삶의 본보기는 제자들을 당황케 했음에 틀림없다.[12] 예수께서는 이 땅 위에 그의 통치를 회복하러 오시지 않았는가? 그는 군중들이 그를 지지하는 절호의 기회를 놓친 것인가?

삶을 통한 모방은 계획에 의해 일어나는 것이 아니라 그냥 일어나는 것이다. 그것은 우리가 다른 사람들 앞에서 우리의 삶을 어떻게 살아가는가를 말한다. 우리가 다른 사람들을 어떻게 대하는지, 또한 삶의 다양한 환경에 어떻게 대처하는지를 나타낸다. 타이어에 펑크가 났을 때, 커피를 엎질렀을 때, 혹은 시험에서 C학점을 받았을 때 우리는 뭐라고 말하며 어떻게 반응하는가?

신명기 6:6-9에는 이 영향력 있는 학습 방법이 나타나 있다: "오늘날 내가 네게 명하는 이 말씀을 너는 마음에 새기고 네 자녀에게 부지런히 가르치며 집에 앉았을 때에든지 길에 행할 때에든지 누웠을 때에든지 일어날 때에든지 이 말씀을 강론할 것이며 너는 또 그것을 네 손목에 매어 기호를 삼으며 네 미간에 붙여 표를 삼고 또 네 집 문설주와 바깥문에 기록할지니라."

기독교 교육의 특징이 바로 이 명령 안에 담겨 있다. 삶의 역동적인 특성 때문에 우리 교육의 많은 부분은 계획되지 못한 채 전달되고 있다. 삶을 통해 본을 보이기 위한 준비는 쉽지 않다. 그것은 문자 그대로 평생이 걸린다. 우리의 인격은 어느 때든지 사람들 앞에 나타나게 된다. 그것은 수업 시작 전 몇 마디의 대화에서, 예정되지 않은 상담 활동에서, 의도하지 않은 대결의 순간에, 우리가 이성에 대해서 어떻게 이야기하고 대하는가에 있어서 자연스럽게 나타나는 것이다. "너희가 서로 사랑하면 이로써 모든 사람이 너희가 내 제자인 줄 알리라"(요 13:35).

삶을 통한 모방이 학습에 유익을 주는 이유는 우리가 다른 사람들의 삶 속에서 믿음을 관찰할 수 있다는 것이다. 우리 자신은 우리가 믿는 진리의 살아 있는 "주석"이라고 할 수 있다. 우리는 하나님과 친밀한 관계에 있다는 것이 무엇을 의미하는지를 삶을 통해 나타내 보인다. 삶을 통한 모방을 보이려면 먼저 우리의 개인적인 생활에서 성숙해야 한다. 왜냐하면 우리의 행동을 통해서 우리의 인격이 우리 주변 사람들에게 공개적으로 나타나기 때문이다.

우리는 학생들에게 "삶을 통한 모방"을 위해서도 "계획"을 세우도록 가르칠 수 있다. 예를 들어 질의와 응답 시간들을 가질 수 있다. 교사로서, 우리의 인격은 그런 시간에 어떻게 나타나 보이는가? 우리는 학생들이 질문을 할 때 방어적이 되는가? 교사라는 지위를 학생들을 위협하는 데 사용하지는 않는가? 우리가 어떤 질문에 대답을 할 수 없을 때 정직하게 그것을 인정할 수 있는가? 비언어적으로 나타나는 우리의 모습이 우리의 언어와 일치하는가? 둘 다 요한복음 13:35에 합격점을 나타내고 있는가? 질의와 응답 시간은 수업에 방해가 되지 않는다. 그것은 수업 시간에 진정한 자신의 모습을 볼 수 있는 확실한 기회가 된다.[13]

표 8.3은 사회 학습군에 적합한 교수법에 대해 요약하고 있다. 우리 그리스도인들은 다른 사람들의 본을 통해 배울 것인지 배우지 않을 것인지가 아니라, 어떤 행동을 본받는 것이 가장 적

표 8.3
구조화된 모방과 삶을 통한 모방을 위한 교수법

구조화된 모방	삶을 통한 모방
"학생들에게 계획된 본을 보여 줌"	"학생들에게 삶을 통해서 보여 줌"
1. 실제로 시범을 보여 줌	1. 개방된 질의와 응답 시간, 토론 시간
2. 전기 문학의 인용문을 읽어 줌	2. 교실에서 갖는 "공회당" 모임들
3. 훈련 비디오 테이프를 보여 줌	3. 견학

합한가를 결정해야 한다. 뒤집어 말하면 우리가 본이 될 것인지 아닌지의 문제가 아니라 어떤 본이 될 것인가를 결정해야 한다.

생산적인 학습을 위한 여섯 가지 방법

우리는 5천 명을 먹이신 사건이 열두 제자에게 중요한 학습 기회가 되었음을 주목해 보았다. 표 8.4는 이런 교육적 현장에 적합했던 학습 방법을 제시하고 있다. 교사들의 본이 되신 주님은 여러 가지 학습법들이 적용될 때 더 많은 성장을 가져올 수 있음을 아셨다.[14]

표 8.4
학습 방법들과 5천 명을 먹이신 사건

정보처리 학습군

동일시 학습: 제자들은 당연히 배고픈 무리들을 걱정하고 있었다. 예수께서는 그들의 필요에 관심을 가졌고, 그들의 배고픔을 해결하셨다. 그들은 그리스도께서 행하신 일이 무엇을 의미하는지 '이해하게' 되었다. 그 기적은 배고픈 무리들의 필요를 채워 주는 것으로서 그들의 관심사와 '동일시' 되었다. 그 후 설교에서 예수께서는 자신을 생명의 떡이라고 말씀하셨다. 이와 같이 그는 그들이 알고 있는 것에서부터 모르는 것으로 나아갔다. 그는 그들이 기적적으로 먹은 떡과 광야에서 이스라엘 민족이 먹었던 만나를 연결시켜 가르치셨다.

탐구 학습: 예수께서 기적을 행하셨을 때, 그는 군중들이 예기치 못했던 방법으로 그것을 행하셨다. 그는 기적을 일으키는 데 제자들이 함께 참여하도록 요구하셨다. 그는 그들에게 식량 문제를 해결하도록 도우라고 하셨던 것이다. 열두 제자와 함께 군중들의 부족한 음식에 대해 토의한 후 예수께서 처음으로 행하신 일은 '이해가 되지 않는 것'이었다. 예수께서 행하신 기적은 그들로 하여금 그 문제를 해결하고자 숙고하게 했다.

조건 학습군

결과 학습: 또한 제자들은 남은 음식을 열두 광주리나 거둠으로써 그 일에 참여했다. 그것은 그들이 처음 나누어 주기 시작할 때 가지고 있던 것보다도 훨씬 더 많은 음식이었다. 이 간단한 계산이 그들로 하여금 하나님에 대한 믿음이 부족했음을 깨닫게 해 주었다.

암시 학습: 이 기적은 제자들로 하여금 새로운 것을 깨닫도록 해 주었다. 이 기적은 예수께서 메시야임을 확증하는 또 하나의 중요한 기억의 연결고리가 되었다.

> ## 조건 학습군
>
> **구조화된 모방**: 예수께서는 긍휼이 많으신 분이셨다. 그는 일상적으로 그리고 신실하게 군중들을 가르치시고 돌보셨다. 아마도 이 기적이 일어나는 동안에도 그의 기도는 주기도문과 비슷한 표준적인 형태를 따랐을 것이다.
>
> **삶을 통한 모방**: 예수께서는 어떤 계획된(구조화된) 방법으로 사역을 하셨지만 그는 또한 사람들의 즉흥적인 필요에 따라서도 일하셨다. 이 기적은 바리새인과는 대조적으로 예수께서 철저히 일관된 삶의 양식을 따르셨음을 말해 준다.

모든 방법이 거의 모든 학습 상황에서 사용될 수 있다 할지라도, 몇몇 방법은 특정한 학습 수준을 달성하는 데 더욱 효과적이다. 학습 수준과 방법 사이의 배열(표 8.5)을 보면 특정한 학습 방법은 특정한 학습 수준을 성취하는 데 기여도가 높다는 것을 알게 된다. 학습 목표를 세우게 되면 적절한 학습 방법을 선택하는 데 도움이 된다. 그리고 이런 학습 방법들은 우리에게 적절한 교수법과 학습 활동들을 선택하게 해 준다.

표 8.5
학습 수준과 학습 방법들

학습 수준	탁월한 학습 방법들
인지(지식)	탐구 학습, 동일시 학습, 결과 학습
신념(태도, 가치 기준, 느낌)	암시 학습, 결과 학습, 삶을 통한 모방
능력(기술과 습관)	구조화된 모방, 결과 학습, 암시 학습

표준적인 교육 환경에서 어떤 학습 방법들이 가장 일반적으로 사용되는가? 표 8.6은 세 가지의 다른 교육 환경에서 여섯 가지 학습 방법들이 어떻게 사용되는지를 요약해 준다: (1) 주일 아침 설교나[15] 성인 주일학교 강의, (2) 전통적인 강의 중심의 대학이나 신학교 수업, (3) 다양한 학습 활동들을 수반하는 성인반. 만약 우리가 가르치고자 하는 목표가 초보적인 자각을 일으키는 것이나 새로운 정보를 재빨리 전달하는 것이라면 한 시간 정도의 강의가 좋은 방법이 될 수 있다. 그러나 우리의 최종 목표가 전인적으로 성숙한 사람을 양육하는 것이라면 우리는 포괄적인 교수 방법을 사용해야 한다. 여러 가지 방법을 사용하는 것은 평생 학습이 이루어지도록 도와 주고 오랫동안 기억에 남게 한다.

결론

 생각하기

1. 이제 당신은 학습 방법에 대해 더 잘 이해하게 되었다. 당신이 본장의 첫 번째 "생각하기"에서 분석했던 교수법에 적절한 학습 방법들을 찾아보라.
   a. 강의:_____
   b. 그룹 토의:_____
   c. 퀴즈/시험:_____

2. 어떻게 하면 각각의 교수법을 더 잘 사용할 수 있겠는가? 어떻게 학습의 잠재력을 충분히 개발할 수 있는가?
   a. 강의:_____
   b. 그룹 토의:_____
   c. 퀴즈/시험:_____

이 응답을 처음에 응답한 것과 비교해 보라.[16]

3. 모든 좋은 교수법들은 하나 이상의 학습 방법을 활용한다. 그밖의 실제 가르침들을 분석해 보고 그 가르침에 적합한 주요 학습 방법들을 찾아보라.

4. 다음 문장을 완성하라.
   "학생들의 학습을 독려하기 위해서, 다음 번에 내가 가르칠 때에는 반드시 _____ 하도록 하겠다."

학습에 대해 폭넓게 정의를 내리는 것은 '좋은 소식'도 되고 '나쁜 소식'도 된다. 좋은 소식은 학습에 대해 더 넓고 깊게 이해하게 된다는 것이다. 이렇게 되면 학습에 대해 더 정확한 평가를

표 8.6
교육 환경과 학습 방법들

설교나 주일학교 강의	중요하게 사용되는 방법: • 동일시 학습: 실례들, 익숙한 단어들, 이야기, 유모어 • 암시 학습: 목회자, 교회, 성경, 하나님에 대한 태도와 기대감; 개요를 필기함 약간 사용되는 방법: • 구조화된 모방: 개인적인 간증이나 성경을 통해 어떻게 행할 것인지 '실제적인 방법'을 가르침 거의 혹은 전혀 사용되지 않는 방법: • 결과 학습 • 탐구 학습 • 삶을 통한 모방
전통적인 강의 시간 (대학이나 신학교)	중요하게 사용되는 방법: • 동일시 학습: 실례들, 이야기, 익숙한 어휘 • 탐구 학습: 시험, 수업 중 질문 제기, 숙제와 독서 • 결과 학습: 과제에 대한 평가, 학과 점수, 수업 중 질문에 대한 대답 • 암시 학습: 교사, 주제, 교과, 반복된 개념, 교과의 개요에 대한 태도; 노트 필기 약간 사용되는 방법: • 구조화된 모방: 수업 시간과 독서를 통해서 어떻게 행할 것인가를 가르침 • 삶을 통한 모방: 학생들의 질문에 대답
다양한 교수법을 사용하는 성인반	중요하게 사용되는 방법: • 동일시 학습: 실례들, 이야기, 익숙한 어휘 • 탐구 학습: 수업 중 개인이나 그룹의 과제(사례 연구, 문제 해결) • 결과 학습: 수업 중 소그룹 활동에 대한 교사의 평가, 수업 중 질문에 대한 대답 • 암시 학습: 교사, 주제, 교과, 반복된 개념, 교과의 개요에 대한 태도; 노트 필기 • 구조화된 모방: 비디오 테이프, 수업 시간과 독서를 통해서 어떻게 행할 것인가를 가르침 • 삶을 통한 모방: 역할극

내릴 수 있게 된다. 우리는 단지 인지적 학습에 완벽을 기한다거나, 학습의 한 수준을 성취하는 것으로는 만족하지 못하게 된다. 우리는 더 복잡한 사고, 태도(신념)와 기술들(능력)을 기대하게 된다.

이런 유익한 점은 역설적으로 '나쁜 소식'이 된다. 그것은 학습 과정이 아주 복잡해진다는 것이다. 그래서 열심 있는 교사들의 열정마저 저해할 수 있다. 이것은 다루기 힘든 교육적인 문제들에 대해 지나치게 단순한 대답을 원하는 사람들에게는 특히 가혹한 것이다. 야고보는 자격이 없는 교사들에게 이렇게 경고했다: "너희는…많이 선생이 되지 말라"(약 3:1). 부적절하고 시건방지게 가르치는 것—이것은 교육을 너무 단순하게 생각하는 데서 기인하기도 한다—은 교사와 학생 모두에게 파괴적인 결과를 가져온다. 교육 목회에 대해 이처럼 복합적으로 이해하는 것이 궁극적으로 신자들을 낙심시키는 일이 되어선 안 된다. 오히려 이런 지식이 가르치는 것과 배우는 것에 대해 합당한 관심을 불러일으켜야 한다.

제2부
교육 목회의 실제

제9장
가르침의 구성 요소 (1)

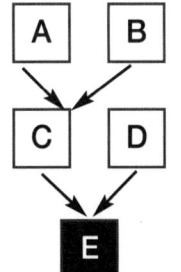

어느 주일 아침에…
가르침의 7가지 구성 요소
• 교사
• 명확한 교육 과정
• 학습 목표
학급과 개인 학습자
전체적인 환경
교육 활동
가르침의 결과
결론

본서의 제1부는 교육 목회에 있어서 가르침의 이론적 기초를 강조하고 있다. 제2부는 본장에서부터 시작되는데 가르침의 실제를 강조한다.[1] 특히 9, 10장에서는 가르침의 기본적인 구성 요소들에 대해 기술하고 있다.[2] 이후의 장들은 여러 연령층(성인, 청소년, 어린이)과 관련해서 가르침의 다양한 면들을 보여 준다. 17, 18장에서는 교육 목회의 종합적인 모습이 제시되고 있으며, 다양한 연령층에 대한 교육을 조정하고 지도력을 발휘하는 데 초점을 맞추어 다루고 있다. 교육 행정상의 의사 결정에 유익한 아이디어도 제시했다.

어느 주일 아침에…

마리너가 다니는 교회의 청년 주일학교 교실에 오늘은 왠지 다른 분위기가 곳곳에 배어 있다. 어떤 것은 익숙하고 어떤 것은 아주 낯설다. 청년들은 향기로운 원두커피 냄새에 아주 익숙해져 있다. 먹음직스럽게 진열된 과일 조각과 덴마크 롤빵이 또한 유명하다. 익숙치 않은 광경들도 있다. 가구가 이상하게 배열되어 있고 왠지 안정감이 없어 보인다. 산뜻하게 배열된 의자들은 하나도 없다. 사실 의자들은 어느 곳에도 보이지 않는다. 이런 불안정한 분위기는 이 청년들이 어릴 적 학교 생활에서 선생님이 아프셨을 때, 또는 담당자가 그 날 수업 준비하는 것을 잊어버렸을 때 느꼈던 분위기와 비슷하다.

수업 시작 5분 전에야 의자를 펴느라 탕탕거리는 소리가 학생들의 재잘거리는 소리와 함께 크게 울려 퍼진다. 그러나 대화를 방해할 만큼 소란스러운 소리는 아니다. 청년들은 스나이더 목사, 중커 부목사, 교회 위원회 의장인 마샬 트로이어를 뚫어지게 쳐다보고 있다. 세 사람은 수업을 위해서 의자들을 열심히 정리했다. 몇몇 사람들이 같이 참여하려 했지만 그 세 사람은 그들에게 다과 시간을 즐기라고 하면서 말린다. 세 사람은 커다란 원 모양으로 의자들을 정리한다.

학생들의 주의 끌기

마리너의 교사인 칼 로운트리는 칠판에 "위협을 통한 승리", "일등이 되라"는 두 마디를 적은 후, 모든 사람에게 앉으라고 권했다. "이 말을 이해하고 있는 사람 누구 있어요?"라고 칼이 질문한다. 두세 사람이 머리를 끄덕인다. 한 사람이 그 용어는 지난 10년 동안 경제계에서 많이 쓰던 말이라고 했다.[3] 칼은 그의 말이 맞다고 인정해 주었다. 그는 심리학적 효과를 얻기 위해 사용하는 몇 가지 '위협 전략'을 설명한다. 로운트리는 사무실에서 가구를 배치하는 것을 예로 들어 설명한다: "사람을 위협하는 자들은 그들의 책상을 출입문 가까이에 놓습니다. 그래서 사무실 공간이 책상 앞보다는 주로 그 뒤에 위치하게 합니다. 방문자들은 처음부터 불리한 조건에 처했다는 느낌을 받습니다. 게다가 방문자가 앉을 의자의 위치가 중요합니다. 방문자들이 창을 마주보고 앉도록 의자를 두어서 그들이 사람과 대화하려면 곁눈질로 바라보게 해야 합니다." 로운트리의 말을 듣고서 사람들은 웃음을 터뜨렸다. 제리는 성공적인 외판원이었는데, 그는 그런 사무실을 방문한 경험을 전하면서 "그런 분위기에서 정신을 집중해서 설명한다는 것은 불가능했습니다"라고 털어놓는다.

신시아는 그 개념을 확대하여 또 다른 예를 들려 주었다. 그녀의 친구들 중에는 욕심 많은 테니스 선수가 있었는데 그녀에게 몇 가지 전술을 가르쳐 주었다: "테니스 코트에 들어갈 때 네게 가까이 있는 코트를 선택해라. 그러면 너의 상대 선수는 먼 쪽으로 걸어가야 하고, 그것은 네가 주도권을 잡고 있다는 인상을 주게 된다." 다른 학생들도 '위협'의 또 다른 예들을 나누었다.

수업을 시작하기 전에 이런 이야기를 주고받으면서 학생들은 그 날 배울 주제가 무엇인지 알게 된다.

성경 본문을 살펴보기

로운트리는 칠판으로 돌아가서 '위협'이란 단어 위에 줄을 그어 지워 버리고, 바로 그 위에 '겸손'이라고 쓰면서 말했다: "오늘은 진정한 성공에 이르게 하는 열쇠를 가르쳐 드리겠습니다. 그것은 '위협'이 아닌 '겸손'을 통한 승리입니다." 칼은 이와 관련된 성경 구절을 '겸손을 통한 승리'라는 구절 바로 옆에 기록했다. 그는 학생들에게 요한복음 13:1-17을 연구해 보라고 했다. 학생들이 성경에서 그 구절을 찾고 있는 동안, 교사는 요한복음이 전하는 메시지는 '예수는 하나님의 아들이다'라는 것을 말해 주었다. 또한 요한복음을 세 부분으로 구분하여 그 개요를 설

명했다: 일곱 가지 이적(1-12장), 다락방에서의 가르침(13-17장), 마지막 이적(18-21장). 학생들은 이 개요를 따라 요한복음을 전체적으로 살펴보았다.

칼은 요한복음 13:1-5을 읽었다. 그는 '다락방에서 세족식'이 있기 전에 일어났던 사건들을 본문의 배경으로 설명했다. 칼은 학생들이 당시의 상황을 더 잘 이해하도록 돕기 위해 예수님과 열두 제자들이 그 중대한 모임에서 무엇을 기대하고 있었을까를 생각해 보라고 했다. 예수님과 제자들이 기대한 것은 네 가지 관점에서 연구되어질 것이며, 3-5명이 한 조가 되어 각각 베드로, 유다, 그리고 예수님과 제자들의 태도를 살펴보게 될 것이다.[4]

10분 후에 칼은 각 그룹에서 반별 보고를 하게 하고, 칠판에 그들이 발견한 내용을 요약했다. 그룹의 반응들은 다음과 같은 내용을 포함한다. 베드로는 다른 모든 제자들이 멀리 떠나더라도 두려움 없이 예수 곁에 있겠노라고 했다(막 14:29). 유다는 선생이요 친구인 예수를 돈 때문에 배반했다. 제자들은 서로 누가 가장 크냐에 대해 논쟁했다(눅 33:23-30). 칼은 제자들이 예수의 필요보다는 그들 자신에 대해 염려하고 있었다고 결론을 내린다.

예수께서는 이들과는 아주 대조적인 태도를 보여 주셨다. 다락방에서 그는 겸손한 종의 태도에 대해서 뜻하지 않게 살아 있는 교훈을 주셨다. 그는 제자들의 발을 씻기셨고 열두 제자, 특히 베드로는 이에 당황했다(이 실물 교육은 그 후에 겸손한 섬김의 결정적인 예, 즉 그리스도의 십자가상의 희생적인 죽음으로 연결된다.)

칼은 발을 씻기는 당시의 문화적 배경으로서 먼지 많은 도로와 사람들이 신고 다니는 샌들에 대해 간단히 설명했다. 발을 씻겨 주는 것은 환대의 표시였다. 일반적으로 이 일은 그 집에서 가장 낮은 종이 행하는 것이다.

다음 주에는 6-11절을 공부할 것임을 시사하고 칼은 요절(13-14절)을 큰 소리로 읽었다. 그는 시험지를 배포하고서 "이번에는 13-14절을 자신의 말로 써 보세요. 이 구절들은 실제로 무엇을 의미합니까?"라고 물었다. 몇 분 후, 학생들이 풀어 쓴 구절들을 읽게 한다. 칼은 그들의 해석에 반복해서 나타나는 중심 내용을 요약해 준다. 그는 다음과 같은 성경적 등식을 기록했다: "겸손한 섬김=어떠한 일이라도 너무 비천해서 못할 일이란 없다."

오늘날 우리에게 주는 의미를 찾기

칼은 다음의 글을 스크린에 비추었다: "생명을 소생시키는 방법을 배우라." 그는 광고 후원주에게 하듯 퀴즈를 냈다. 몇 사람이 "적십자"라고 외쳤다. 적십자 기구는 심폐 기능 소생법(CPR)

에 관한 과목을 수강하도록 하고 있었다. 칼은 "광고업자들은 그들의 시청자가 누구인지 알고 있지요. 그래서 그들이 전하고자 하는 메시지를 그림에 담아 전달합니다"라고 했다. 이어서 그는 옛 민요곡에 다른 가사를 붙여 노래를 불렀다: "풍덩 풍덩 쉿 쉿. 오, 진정한 위로로다!" 학생들이 미소를 짓고 있었다. 그것은 칼이 징글 벨을 부르고 있는 것을 안다는 표시였다.

칼은 학생들에게 다시 이렇게 말했다: "3-5명의 그룹으로 다시 만들어요. 각 그룹이 성공적인 광고 대행업자라고 상상해 보세요. 여러분이 할 일은 현대 사회에 맞는 겸손한 섬김의 메시지를 강조하는 광고를 만들어 내는 일입니다. 다섯 내지 일곱 단어를 사용해서 광고 게시판을 만들든지, 인기있는 노래를 골라서 새로운 가사를 붙이든지, 30초짜리 TV 상업 광고를 만들 수도 있습니다. 각 그룹의 리더는 가나다 순으로 해서 가장 마지막 순서의 이름을 가진 사람입니다. 아이디어에 도움이 되기 위해 여러 종류의 신문 잡지들을 앞쪽에 쌓아 두었습니다. 시각 자료를 위해 큰 종이와 유성 싸인펜을 준비해 놓았습니다." 이어서 그룹별로 자유로운 토론이 시작되었다. 광고를 만들기 위해 각 조들은 점점 활기를 띠었다.

15분 후, 칼은 각 그룹들이 만든 광고를 제출하도록 했다. 한 그룹의 대표가 "머리가 아니라 꼬리를 취하라"는 광고 게시문을 내보였다. 학생들은 낄낄거리며 웃었고, 칼은 그 게시문을 가까운 벽에 붙였다.

또 다른 그룹 리더는 TV 상업 광고를 내보이며 설명했다: "광고는 철판 위에 지글지글 타고 있는 스테이크가 클로즈업되는 장면부터 시작된다. 그 모습이 사라지고 지글거리는 소리는 광고 전체의 배경음으로 계속된다. 작은 사각형이 스크린 중앙에 나타난다. 거기에는 치과 의사가 이디오피아 어린이들을 치료하는 모습이 담겨 있다. 이 사각형은 스크린의 왼쪽 위 코너로 옮겨진다. 새로운 사각형이 중앙에 나타나고 한 무리의 사람들이 낡은 집을 단장하는 모습이 나타난다. 이 장면은 스크린의 오른쪽 위로 이동한다. 가운데 사각형에는 기독교 사회복지 시설의 급식 라인이 나타났다가 스크린의 오른쪽 아래 코너로 이동한다. 네 번째 나타나는 사각형에는 병원 침대에 누워 있는 에이즈 환자를 위로하고 있는 사람이 나타난다. 이 모습은 왼쪽 아래로 이동한다. 마지막으로 한가운데에 검정색 사각형이 나타나면서 '잘하였도다 착하고 충성된 종아' 라는 글씨를 선명하게 비춘다. 지글거리는 소리가 사라진다. 작고 검은 사각형은 글씨와 함께 점점 확대되어 전체 스크린에 가득 찬다. 광고 끝."[5] 한바탕 박수가 터져 나오고 그룹 리더는 자리에 앉는다. 다른 그룹 리더들도 그들이 준비한 것들을 제시했다.

칼은 깊이 생각하게 하는 광고를 만들었다고 학생들을 칭찬했다. 그는 칠판에 큰 글씨로 다음과 같은 제목들을 썼다: "가정에서", "일터에서", "교회 모임에서", "이웃 사람들 속에서", "운전하면서". 칼은 다섯 개의 제목들을 가리키면서 "그리스도인들이 이러한 영역에서 이웃을 섬길 수 있는 몇 가지 분명하고 실제적인 방법들이 무엇일까? 특히 다른 사람들이 꺼리는 일들을 생각해 보세요"라고 권고한다.

개인적이고 책임있는 적용을 하기

한 학생이 나와서 백지를 각 그룹원들에게 나눠 준다. 칼은 칠판에 "이번 주에 나는 ＿＿＿을 하겠다"라는 문장을 쓴다. 다시 한번 그는 요한복음 13:13-14을 읽고서 이렇게 말했다: "우리가 방금 토의한 이 다섯 가지 영역 중 하나를 선택하여 이번 주에 여러분이 행할 몇 가지의 섬길 내용을 백지에 15자 내외로 간단히 적으세요. 그것을 항상 기억할 수 있도록 눈에 띄는 장소에 붙여 놓으세요. 다음 주에는 자신의 실행 결과를 함께 나누게 될 것입니다." 칼은 수업을 마치면서 어느 저명한 사람이 다른 사람들을 섬기기 위해서 겸손하게 행한 일에 대해 들려주었다. 그리고서 "승리의 열쇠는 위협을 통해서가 아니라 겸손을 통해서입니다"라고 학생들에게 상기시킨다.

섬김과 관련된 찬양을 부른 후, 칼은 학생들에게 조금 전에 언급했던 등식을 큰 소리로 읽도록 지시했다. "겸손한 섬김=어떠한 일이라도 너무 비천해서 못할 일이란 없다." 이어서 다같이 요한복음 13:13-14을 다시 읽는다. 마지막으로 칼은 하나님께서 이번 주에 각 학생들이 다른 사람을 섬기는 것을 도와주시도록 마무리 기도를 드린다.

생각하기

당신이 실제로 칼의 반에 속해 있지 않았다 할지라도, 당신은 그 그룹의 관찰자였다. 다섯 가지 영역에서 어떻게 적용할 것인지 생각해 보라.

| 가정 | 일 | 교회 | 이웃 | 운전 |

성령께서는 당신이 이번 주에 어떻게 다른 사람을 섬기며 봉사하라고 격려하시는가?

_____

가르침의 7가지 구성 요소

가르침은 야고보가 우리에게 상기시키는 것처럼(약 3:1) 중대한 사명이며 진지한 관점을 필요로 하는 사역이다. 교회 지도자(장로로서)의 주된 책임 가운데 하나는 가르치는 것이다(딤전 5:7). 주께서 성도들의 사역을 위해서 주신 모든 은사들 중에서 가르치는 은사는 두드러진 역할을 한다(롬 12:7, 고전 12:28, 엡 4:11-12).

교사가 된다는 것은 무엇을 의미하는가? 가르침과 학습은 매우 일반적으로 일어나는 일이기 때문에 처음에는 이 질문이 단순한 질문인 듯하다. 그러나 좀더 면밀히 조사해 보면 가르친다는 개념이 아주 복잡하다는 것을 알게 된다. 당신은 어떤 교사상(像)을 가지고 있는가? 교사란 강의용 탁자 앞에 서서 계속 말을 하는 사람이라고 생각하는가? 교사는 그가 가르치려는 주제에 대해 가장 잘 알고 있는 사람이라고 생각하는가?

'가르침이란 무엇인가'에 대한 우리의 이해는 우리가 어떻게 가르치는가에 중대한 영향을 끼친다: "가르치고자 하는 사람은 그가 가진 개념이 그의 행동에 직접적으로 영향을 미치기 때문에 가르침에 대한 그의 개념을 분명히 해야 할 필요가 있다"(Hyman, 1974, p. 35). 어떤 사람들은 가르침을 제자 훈련이나[6] 설교와는[7] 명백히 구분하는데 이는 불필요한 일이다. 그러나 교육목회의 발전을 위해서 어떤 형태로 가르치든지 효과적인 교육의 공통 요소들을 살펴보는 것이 좋을 듯하다.[8]

가르침에 대한 어떤 개념이든 그것은 적어도 일곱 개의 포괄적인 구성 요소들을 포함한다.[9] 따라서 교육이 일어나는 상황을 이 일곱 개의 범주를 따라 분석해 볼 수 있다.

    교사(Teacher)
    명확한 교육 과정(Explicit curriculum)
    학습 목표(Aims of the lesson)
    학급과 개인 학습자(Class and individual learner)
    전체적인 환경(Holistic environment)
    교육 활동(Educational activities)
    가르침의 결과(Results of teaching)

제9장 가르침의 구성 요소 (1) 197

그림 9.1은 이 일곱 가지 개념들이 어떻게 연관되는지 그림으로 나타내고 있다. 각 구성 요소에 대해서 하나 하나 연구하게 되는데 본장에서는 처음 세 가지를 다루고, 나머지 네 가지는 10장에서 다루게 된다. 각각 어떤 특성을 가지며 다른 것들과 어떻게 관련되어 있는지를 주목해 보라.

그림 9.1
가르침의 구성 요소

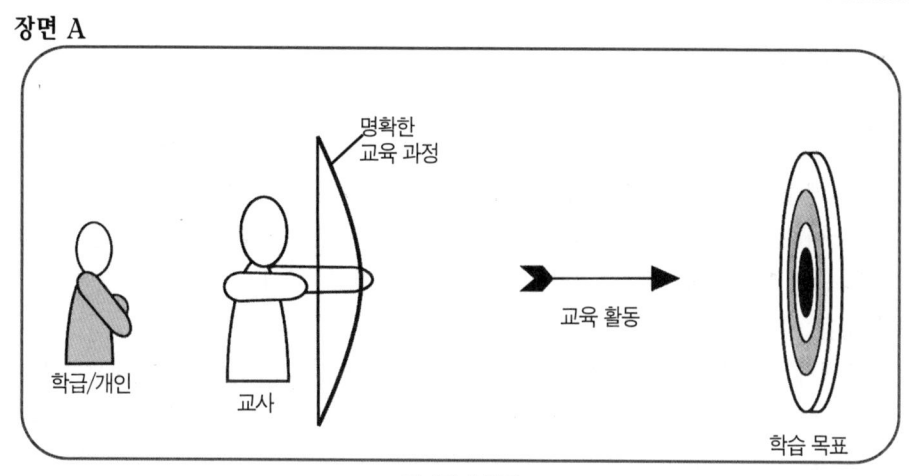

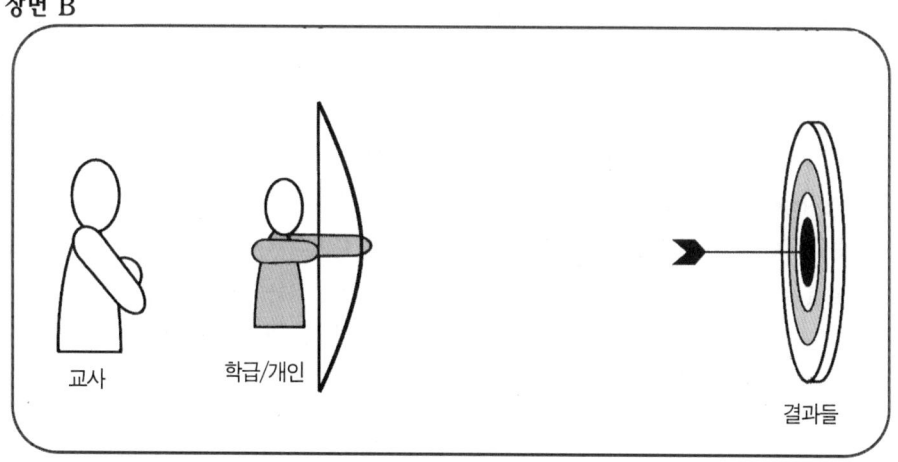

교사(Teacher)

기독교 교육이 이루어지려면 성령님과 교사에게 모두 주의를 기울여야 한다. 성령께서는 성경을 쓰셨고 모든 신자들의 말씀 교육에 지속적인 영향을 끼친다. 몇몇 기독교 교육자들은 가르침을 성령의 단독적인 책임으로 간주한다. 그러나 하나님은 인간을 도구로 사용하셔서 그분의 뜻을 이루기를 원하신다. 그분은 우리들 중 몇 사람에게 초자연적인 능력을 주셔서 가르치는 일을 하게 하신다.

가르치는 은사

영적 은사가 '타고난' 재능과 같은 것인지 아닌지에 대해 논쟁이 있어 왔다.[10] 성령님은 은사와 타고난 재능을 신자들에게 주권적으로 주신다. 그러므로 영적 은사들과 재능은 모두 하나님이 주신 것이다. 그러나 확실한 차이점은 있다. 영적 은사는 (1) 특별한 '목적' (교회를 유익하게 하고 하나님의 나라를 세우는 일, 고전 12:7, 14:26, 벧전 4:10)과 (2) 성령을 통한 특별한 '능력' (고전 12:6, 11)을 지니고 있다.[11]

하나님께서 주권적으로 가르치는 은사를 주시지만, 사람은 받은 은사를 개발하고 사용해야 할 책임이 있다. 바울은 디모데에게 "그러므로 내가 나의 안수함으로 네 속에 있는 하나님의 은사를 다시 불일 듯하게 하기 위하여 너로 생각하게 하노니"(딤후 1:6-7)라고 권고한다. 영적 은사가 남용될 수도 있기 때문에 이런 교훈이 성경에 들어 있는 것이다. 신자들은 잘못된 목적으로 그들의 은사를 사용할 수도 있다. 고린도 교인들이 은사를 잘못 사용하는 것을 보고서 바울은 고린도전서 12-14장에서 이 문제에 대해 언급했다. 영적 은사의 목록은 충성스럽게 섬기기를 원하는 그리스도인들에게 은사를 사용하는 안내 역할을 한다. 그러나 은사는 규칙적인 사용을 통해서, 그리고 그리스도의 몸된 교회에서의 확증을 통해서 가장 잘 분별될 수 있다.

모든 신자들에게 다 가르침의 은사가 있는 것은 아니다(고전 12:29). 그러나 모든 성도들은 제자 삼는/가르치는 사역에 부르심을 받았다. 우리가 말 한마디 하지 않고도 본이 되는 삶으로 다른 사람들을 가르칠 수도 있고 영향을 끼칠 수도 있음을 성경은 말한다(벧전 3:1-2). 이처럼 가르침의 은사가 있든 없든간에 우리 모두는 더 좋은 교사가 되도록 노력해야 한다. 우리는 성령의 능력을 받아야 하고 온전한 교사이신 주님과 함께 동역해야 한다.[12]

대부분의 교사들은 무엇을 알고 있는가?

탁월하게 가르치는 능력을 가진 사람은 흔하지 않다. 탁월한 교사들은 중요한 네 가지 영역에 주의를 기울인다. 첫째, 교사들은 완전한 교사이신 주님을 알아야 한다. 기독교 교육에 있어서 하나님과 인간 교사는 학생들을 위해서 조화를 이루며 사역한다. 궁극적으로 우리가 어떤 주제를 가르치느냐와는 상관없이, 우리는 신자들을 제자로 삼아 하나님을 알도록 도와 주어야 한다. 우리가 하나님을 깊이 알면 알수록, 학생들이 하나님을 알도록 잘 도와 줄 수 있다. 신명기 6:4-9은 어떤 순서로 교육이 일어나는지 그 순서를 보여 준다. 여기에서 부모는 교사의 역할을 한다. 부모들이 먼저 하나님을 알고 그들 자신이 하나님을 사랑해야 하며, 그리고 나서 자녀들에게 하나님을 알고 사랑하도록 가르쳐야 한다. 우리는 우리 자신이 소유한 것만을 전할 수 있다.

둘째, 교사들은 그들이 누구를 가르치고 있는지를 알아야 한다. 교사이신 주님께서 열두 제자에 대해 알고 계셨던 것을 생각해 보라: "예수께서 이러한 많은 비유로 저희가 알아들을 수 있는 대로 말씀을 가르치시되"(막 4:33). 학생들의 특정한 필요들을 충족시키기 위해서는 먼저 그들을 잘 알아야 한다. 그들의 장점과 약점은 무엇인가? 그들의 가장 절박한 문제는 무엇인가? 그들의 능력과 잠재력을 기초로 그들에 대해 기대하는 바는 무엇인가? 우리는 학생들과 교실 안에서, 그리고 교실 밖에서 부단히 접촉해야 한다.

셋째, 유능한 교사들은 그들이 가르치는 내용을 알아야 한다. 가르치고자 하는 주제에 대해 정통하며, 개인적인 신념과 열심이 있어야 한다. 복음서를 보면 군중들이 예수께 가르쳐 주실 것을 구했음을 알 수 있다. 그가 말씀하신 것은 다른 사람들의 주의를 끌었고, 그는 서기관들이 가르치는 것처럼 가르치지 않으셨다. 그는 권위를 가지고 가르치셨다. 그림 9.2에서 조셉 로우만(Joseph Lowman, 1984)은 훌륭한 가르침이란 어떤 것인가를 요약해 주고 있다. 주제에 대한 숙련의 정도와 사람을 다루는 기술은 서로 관계가 있다. 어느 것도 다른 것을 위해 희생되어서는 안 된다.

마지막으로, 뛰어난 교사들은 가르치는 법을 안다. 앞에서도 언급했듯이, 가르침은 '말하는 것' 이상의 의미를 내포하고 있다. 숙련된 교사들은 어떻게 하면 학생들이 가장 잘 배우며, 학생들을 어떻게 인도해야 하는가를 알고 있다. 교사들은 학생들과 교육적인 만남을 이루기 위해서 무슨 방법을 쓰고 있는가? (새로운 정보를 전달하는 효과적인 방법들이 많이 있기 때문에, 이제 지식을 전달하는 일은 교사만의 독점적인 기능은 아니다.) 학습의 여섯 가지 방법들을 사용해서, 표 9.1은 교사의 중요한 임무를 제시하고 있다.[13] 훌륭한 가르침에 대한 에스라의 본은 오늘날에도 우리에게 도전을 준다. 여기에 나타난 순서를 주의해서 보라: "에스라가 여호와의 율법을 연구하여 준행하며 율례와 규례를 이스라엘에게 가르치기로 결심하였더라"(스 7:10).[14]

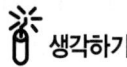
생각하기

표 9.1의 아홉 가지 항목들에 대해 연구해 보라.
1. 당신이 가르치는 데 있어서 잘할 수 있는 한두 가지 항목을 찾고 각각에 대하여 최근의 경험에서 예를 들어 보라.

2. 특별히 개선할 필요가 있는 항목을 한 가지 선택하고 그것을 위해 취할 수 있는 실제적인 단계를 계획해 보라.

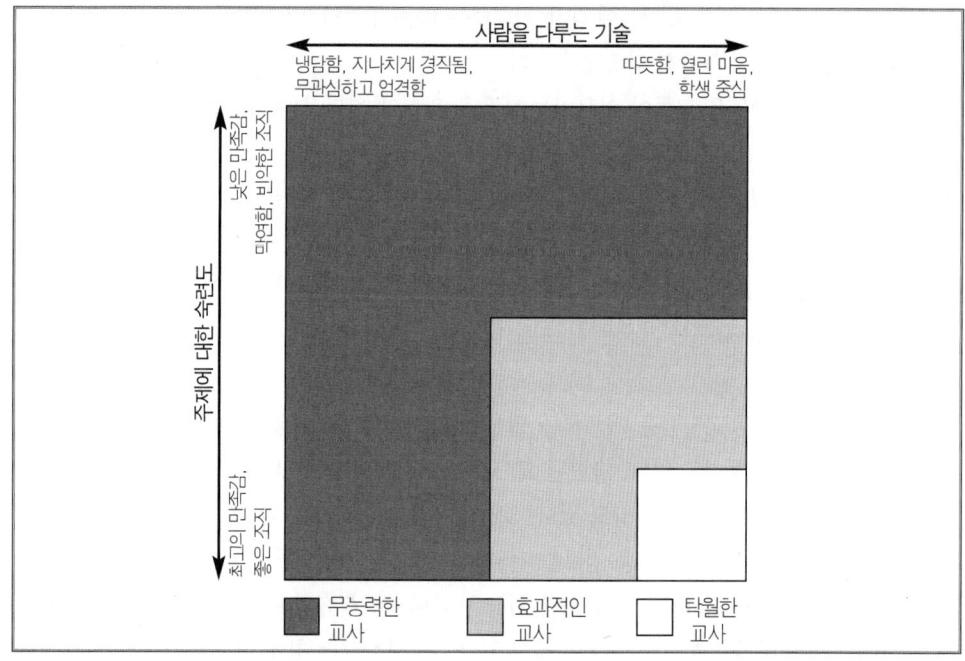

그림 9.2
주제에 대한 숙련도와 사람을 다루는 기술

자료: 로우만(1984, p.20)을 윌호잇과 라이켄(1988, p.65)이 수정

표 9.1
교사의 임무

동일시 학습
1. 주제를 잘 알 수 있는 개요와 종합 정리를 제공하여 학생들이 전체적인 윤곽을 볼 수 있도록 돕는다. 학생들에게 각 부분들이 전체와 어떻게 연관되는가를 수시로 나타내 보여 준다.
2. 학생들의 경험이나 환경에 익숙한 어휘, 도해, 보기들을 사용하고 그들이 이미 알고 있는 것과 연관지어 새로운 주제를 제시함으로써 학생들이 쉽게 이해할 수 있도록 가르친다. 가르치는 주제를 학생들의 특별한 목적이나 필요와 연관시킨다.

탐구 학습
3. 학생들이 주제에 대해서 좀더 깊고 넓게, 진보적으로 생각하도록 돕는다. 주제에 대해 단순하고 피상적인 이해를 뛰어넘도록 학생들의 사고 능력을 배양한다.

결과 학습
4. 주제를 학습하고 있는 각각의 학생들이 진보를 이루고 있는지 정기적으로 적절하게 개인적 평가를 내리고 격려해 준다. 각자에게 강한 부분과 개선을 필요로 하는 부분에 대해 적절하고 유익한 말로 확인해 준다.

암시 학습
5. 학생들이 주제에 대해 긍정적이고 수용적인 태도를 지니도록 양육한다. 수업이 끝난 후에라도 다루었던 주제에 대해 계속 성장하고 배우기를 원하도록 격려한다.
6. 학생들을 신뢰한다. 주제에 대한 학습이 이루어지도록 학생 개개인의 능력과 발전에 대해 적합한 기대치를 설정한다.
7. 학생들이 주제에 대한 중요한 요소들과 개념들을 기억하도록 여러 가지 감각을 사용하여 유익한 방법들을 제공한다.

구조화된 모방
8. 적절한 교수 활동과 시청각 교재를 사용해서 주제에 대한 이론적 기초와, 실제적인 일의 수행에 있어서 가장 좋은 예와 시범을 학생들에게 제시한다.

삶을 통한 모방
9. 가르치는 주제가 교실에서의 당신의 태도에, 그리고 일상적인 생활 양식에 나타나도록 한다. 그 주제를 개인적 가치로 삼고 있음을 일관되게 나타내 보인다.

명확한 교육 과정(Explicit curriculum)

모든 교사들은 어떤 것인가를 가르치고 있다. 우리는 그 "어떤 것"을 주제, 내용, 혹은 교육 과정이라고 부른다. 교육에서 끊임없이 대두되는 물음 중의 하나는 '어떤 지식이 가장 가르칠 만한 가치가 있는가?' 이다. 그러나 그리스도인들은 분명한 대답을 가지고 있다. 우리는 하나님을 알고 그의 말씀을 알며 그에게 순종하기를 원한다. 우리가 가르치는 것(주제)과 성취하고자 하는 것(목표)은 모두 이 기본적인 단계에 집중되어 있다.

그리스도인의 성숙을 촉진하는 가르침

기독교의 핵심은 하나님, 자신, 이웃, 그리고 피조물간의 관계와 관련이 있다. 제2장에서는 모든 신자들의 공통 목표인 성숙의 모델을 제시했다. 이 화목 모델에서 가장 중요한 것은 하나님과 우리와의 영적 교제이다. 창조주와의 교제도 다른 관계들처럼 시간과 더불어 성숙해 가는 것이다. 이 세상에 거하는 동안 우리는 결코 완성된 상태를 이루지는 못한다. 우리는 늘 새롭게 성장하는 것이다. 야고보서는 "하나님을 가까이하라. 그리하면 너희를 가까이하시리라"(4:8)고 약속하고 있다.

하나님과의 영적 교제를 지속함으로써 우리는 적어도 세 가지 측면을 통해 하나님을 닮아가게 된다. 첫째, 우리는 공동체 안에서 성숙하고 다른 신자들을 사랑하게 된다. 하나님의 가족은 우리에게 더욱 소중하게 여겨지고, 주 안에서 '같은 상속인'으로서 공동의 정체감을 얻게 된다. 둘째, 그리스도의 인격으로 자라나게 된다. 우리는 일관성 있게 살면서 의와 거룩함을 나타낸다. 주위 사람들과 맺는 수평적 관계에 따르는 도덕적 의무를 다하는 것은 우리가 하나님과 맺고 있는 수직적 관계를 반영해 준다. 셋째, 하나님이 주신 은사와 능력을 충성스럽게 사용함으로 우리의 사명을 다하게 된다. 모든 교회의 교육 과정은 학습자들이 이처럼 화목의 목적을 향해 나아가도록 해야 한다. 네 개의 소주제가 균형있게 강조되어야 한다.

과정을 계획함

"교육 과정"(curriculum)이란 말은 '경주로'를 의미하는 라틴어에서 유래했다. 교육에 있어서 그것은 '연구의 과정'을 의미한다.[15] 교회 지도자들은 "우리가 신자들의 성숙을 돕기 위한 '과정'이나 종합 계획을 개발하였는가?"라고 자문해 보아야 한다. 주제의 선정과 배열을 위해서는 이론적 근거가 있어야 한다. 만약 그렇지 않으면, 임시 방편으로 매주 다른 기초 위에서 주제를 설정하게 된다.

열두 제자를 훈련하는 데 있어서, 예수님은 각기 다른 숙련의 단계에 따라 독특하게 강조하는 점이 달랐으며, 또한 모든 단계에서 공통된 요소들에도 초점을 맞추고 있음을 볼 수 있다. 예를 들면, 그는 영적 교제와 신앙 발달의 주제를 중점적으로 강조하셨고, 하나님에 대한 제자들의 신앙의 부족에 대해서 지속적으로 꾸짖으셨다. 그는 또한 하나님께 기도하는 생활의 모범이 되셨고, 기도에 대해서도 지속적으로 가르치셨다.

제자들을 교회의 사도와 세계를 향한 증인으로서의 특별한 역할—임무와 사명—을 감당하도록 준비시키기 위해서 세 가지 훈련 단계를 독특하게 고안하셨다. 각 단계는 독특한 목적을 달성하도록 해주며, 또 이것은 다음 단계의 훈련을 위한 기초를 제공한다. 표 9.2는 이 세 가지 단계에 대한 개요를 나타내고 있다.[16] 주님은 이처럼 교육 과정을 계획하는 데 있어서 모범을 보여 주셨다.

주일학교를 위한 교육 교육 과정을 출판하는 발행자들은 그들의 완전한 연구 과정을 '범위와 연속성'의 도표로 나타내고 있다. 이 도표들은 어떤 특별한 주제들(범위)을 어떤 순서(연속성)로 가르쳐야 하는가를 설명해 준다. 분기별로 나오는 교사용 교범에는 전반적인 계획의 일부로서 12-13개의 연속되는 수업에 대한 교수 계획이 나온다. 발행자들은 보통 성경 각 권들과 중요한 신학적 주제들을 2, 3, 4년 주기로 공부하게 한다.[17] 한 주기를 마치고 다음 주기에 들어가게 되면 같은 주제를 더 깊이있게 공부할 수도 있다.[18]

표 9.2
열두 제자들에 대한 예수님의 훈련

1단계
교수 요점: "내가 메시야이다"(복음서에서 암시하고 있음)
결론: 베드로의 고백과 예수님의 변형(마 16:13-20, 막 8:27-30, 눅 9:18-21)

2단계
교수 요점: "메시야는 고난당하시고, 죽으시고, 다시 살아나신다"(마 16:21-26, 막 8:31-37, 눅 9:22-25)
결론: 그리스도의 승천 전 마지막 날들(눅 24:44-49, 행 1:3-5)

3단계
교수 요점: "너희는 모든 나라를 향한 나의 증인이다"(행 1:6-8)
결론: 예루살렘 공회(행 15:1-35)

교육 과정의 결정

주제 선정에 대해서 누가 방침을 만들고 결정을 하는가?[19] 대부분의 경우에 두 사람 이상, 혹은 그룹이 참여한다. 예를 들면, 주일학교나 가정 성경 공부 혹은 기독교 고등 교육의 중요한 의사 결정자들은 주로 (1) 교육 과정 위원회나 회의(교회, 교단, 종파 혹은 다른 준교회 기관), (2) 교육 과정 혹은 교재 발행자들, (3) 지침서의 목표를 따라서, 혹은 자신이 좋다고 생각하는 것을 가르치는 교사들,[20] (4) 학생들(참여가 거의 혹은 전혀 없다면 수업은 취소될 수도 있음)이다. 이러한 모든 모임들이 교육 과정을 결정하는 데 동등한 역할을 하는 것은 아니다. 그러나 우리가 어떤 한 그룹이라도 무시한다면 그것은 어리석은 일이다. 각 그룹은 어떤 방법으로든지 무슨 주제를 가르쳐야 할 것인가를 결정하는 데 영향을 미친다.[21]

숨겨진 교육 과정

만일 학생들이 미리 계획된 교육 과정만을 배우게 된다고 생각한다면, 그것은 잘못된 생각이다. 계획되지 않은(혹은 암시적인) 학습이 가르치는 동안 모든 과정에서 일어난다. 대부분 암시적이거나 "숨겨진" 교육 과정은 사람들이 인식하지 못한 채 그냥 지나친다. 그러나 극단적인 경우 이 숨겨진 가르침은 겉으로 드러난 주제와 모순될 수도 있다. 즉 비언어적 가르침이 말로 전달하는 언어적 가르침보다 더 설득력 있게 전달되는 것이다.[22] 우리가 말로 표현하지는 않지만 교육 과정에 대해 부정적인 태도를 가지고 있다면, 이는 역효과를 낼 수도 있다. 우리가 학생들에 대해 나쁜 감정을 품고 있다면, 이는 하나님과의 건강한 관계를 갖지 못하도록 방해하는 요소가 될 것이다. 이런 것들을 이해하고 있었기에, 칼 로운트리는 교실 의자들을 커다란 원으로 배열한 것이다. 이는 학생들이 얼굴과 얼굴을 대하고서 대화에 적극적으로 참여하게 하기 위한 것이었다. 그는 의도적으로 그의 목표를 이루기 위해 환경을 조성했다. 그의 비언어적, 언어적 의사 전달은 모두 적합한 것이었다. 또한 세 명의 교회 지도자가 수행한 섬기는 사역은 "겸손을 통한 승리"라는 명확한 주제의 본이 되었다.

"숨겨진 교육 과정"에 대한 몇 가지 유익한 예들을 생각해 보라. 그것들은 당신에게 무엇을 교훈하는가? 훈련되지 않은 자들에게는 이것이 얼마나 평범하게 보일 것인지에 주목하라.

1. 목회자가 일관되게 성경의 특정한 역본만을 사용하여 설교를 할 때, 번역본에 대하여 어떤

가르침이 암시적으로 전달되는가?
2. 교회 결혼식에서 신랑 신부의 엄숙한 결혼 서약을 목회자가 중요하게 강조할 때, 참석한 부부들에게 그들 자신의 헌신에 관하여 암암리에 무엇이 전달되겠는가?
3. 신자의 장례식에서, 목회자가 고인의 기독교적 소망과 함께 인생의 짧음에 대하여 설교할 때, 모인 자들에게 어떤 암시적인 교훈이 전달되겠는가?

생각하기

1. 독신인 사람이 "우리는 가족 단위로 성경을 연구합니다"라고 말하는 교회에 참석했을 때, 어떤 암시가 그에게 전달되겠는가?

2. 당신은 숨겨진 교육 과정을 배운 경험이 있는가? 외적으로 나타난 학습 목표를 도와 주는 것이거나, 아니면 그것과 모순되는 한두 가지 예를 들어 보라.

교회 지도자들이 숨겨진 교육 과정의 중요성을 조금이라도 깨닫게 된다면 영적 교제나 세례와 같은 의미깊은 일들을 좀더 강력하게 가르칠 수 있을 것이다.[23]

학습 목표(Aims of the lesson)

가르친다는 것은 의도적인 행동이다. 교사들은 학생들이 배우기를 원한다. 모든 교수 상황은 명백한 목표와 암시적인 목표들을 포함하고 있다. 목표는 가치 진술을 나타낸다. 그것은 무엇이 당연한 것인가를 말하는 것이다. 기독교 교육에서 모든 교사들의 넓은 의미의 목표는 학생들이 그리스도 안에서 충분히 성숙하는 것이다. 교사들이 무엇보다도 이런 중요한 목표—이상적인 그리스도인의 형상을 이루는 것—를 이해하게 될 때 그들은 가르치는 사역에 더욱 집중하게 된다.

목표와 학습 계획

교사의 사역은 영적 성장을 위해서 어떤 단계를 거쳐야 하는가를 학생들에게 가르쳐 주는 것이다. 순례의 길을 함께 걸어가는 자로서 우리는 그들의 연령에 적절한 주제들을 다루며, 그들이 하나님과 그리고 이웃과 화목을 이루도록 촉진시키는 일을 한다. 그러한 목표를 달성하려면 계획이 있어야 한다. 우리는 단지 내용을 준비하는 것으로 끝나는 것이 아니라 그것을 전달하기 위한 학습 계획안을 개발해야 한다. 이 계획안에 따라 실제적인 가르침이 일어나는 것이다. 또한 학습 '과정' 뿐만 아니라 이 학습을 통해 이루어질 '결과' 까지도 계획을 세워야 한다.

학습의 계획을 세우는 일은 탐험 여행을 계획하는 것과 같다. 여행 안내자는 궁극적인 목적지를 알고 있다. 안내자는 길을 따라가며 여러 가지 흥미를 끌 수 있는 장소들을 보여 주고 설명해 준다. 이 안내자는 동료 여행자들의 책임과 한계를 실감한다. 마찬가지로 교사는 목적과 수단, 학생들의 참여도를 알고 있어야 한다. 여행으로 설명하자면, 여행 안내자는 따라오는 동료 여행자들의 관심과 필요를 고려해야 한다. 교사 혼자서 하든 학생과 협력해서 하든간에 학습 목표를 문자로 진술하는 것은 교수 목표를 분명히 해 준다. 이러한 과정들을 생각해 보면 가르친다는 것이 도전해 볼 만한 일이고, 또한 우리가 이룰 수 있는 일이라는 것을 알게 된다.

교사들은 가르치려는 주제만 정하고 마는 경향이 있다. 그러나 다른 요소들도 분명하게 표현할 필요가 있다. 목표 진술을 구성하기 위한 이론적 모델로서 "AIM"(목표)의 각 글자를 사용하여 어구를 만들어 보았다. 그 모델은 세 가지 요소들을 포함하고 있다.

> 학생들의 학습 성취 수준(Achievement level of student learning)
> 학생들의 학습 척도, 또는 계획된 탐구(Indicator of student learning or Investigation planned)
> 가르침의 중심 주제(Main subject taught)

다시 말한다면, 특정한 학습 주제는 세 번째 요소인 '주요 주제' 속에 명확히 나타난다. 성취 수준은 도달해야 할 학습의 특정한 '수준' 과 '정도' 를 나타낸다.[24] 우리는 학생들이 배우는 주제에 대해 자각하는 정도로 만족할 것인가? 아니면 학생들이 그 주제에 대해 더 이해하기를 바라는가? 아니면 학생들이 배운 것을 지속적으로 적용하기를 원하는가? 우리가 원하는 성취 수준은 전체적인 목표를 세우는 데에 영향을 준다. 많은 경우 우리는 학생들에게 낮은 수준의 인지적 기능만을 기대하고 있다. 학생들이 좀더 깊이 생각하도록 도전하려면 더 많은 계획을 세워야 한다.

척도인가, 탐구인가?

목표 진술을 쓰는 데 있어서 가장 어려운 부분은 "척도" 혹은 "탐구"의 요소이다. 목표 진술에 있어서 "척도"나 "탐구"를 어떻게 명시하느냐는 교사가 학습 결과를 어떻게 의도하였느냐에 달려 있다. "척도"는 보통 정답이 하나이거나, 소수에 불과할 때 쓰는 것이며, 이 정답들은 본질적으로 비슷한 것들이다. "탐구"는 해결책이 여러 가지로 다양하게 많이 있을 경우에 쓰는 것이다.[25]

"척도"는 학생들이 학습한 내용을 학습 성취 수준과 관련하여 어느 정도까지 달성해야 한다는 교사의 예측을 나타낸다. 위에 기록된 대로, 평가의 범주들이 제한되어 있다. 의학적 용어로 비교한다면, 의사들은 건강 상태를 검사할 때 "척도"를 사용한다. 정상적인 신체 기능, 즉 혈압, 체온, 눈동자, 호흡, 반사 작용 등 생명 유지에 필요한 다양한 증후들을 조사한다. 사업에 있어서는, 경영자들이 그들 기업의 '건강상태'을 간파하기 위해서 수입과 지출의 총결산을 본다.

14세기 스페인의 유대인들이 천주교도가 되지 않으면 죽음에 직면하게 되었을 때, 많은 사람들이 겉으로는 천주교로 개종했으나, 가정에서는 전과 같이 유대인의 종교적 관습을 따랐다. 스페인의 한 종교 재판관은 그들의 개종의 척도가 잘못된 것임을 깨닫게 되었다. 어느 토요일 오후 씨빌에 있는 유대인 지역을 자세히 돌아보면서, 그는 그의 조수에게 "가서 날씨가 얼마나 추운지, 몇 개의 굴뚝에서 연기가 나오는지 알아보시오"라고 말했다. 그는 자신의 종교를 진실되게 믿는 유대인들은 불 피우는 것을 안식일을 어기는 것으로 생각한다고 판단했다.[26]

하나님은 기드온에게 미디안 사람을 대항해서 전쟁을 할 수 있는 300명의 군사들을 확인시켜 줄 두 가지 척도를 주셨다(삿 7:1-8). 첫째, 두려워하지 않는 군인들만 선택되었다(3절). 둘째, 무릎을 꿇고 손으로 물을 움켜 마신 자들만 선택되었다(5-6절). 바꿔 말하면, 그들이 이 두 가지 척도를 입증할 때에만 시험에 통과되었다. 가르침에 대한 평가로 말하자면, 우리는 그들이 학기말 시험에서 100%의 점수를 얻었다고 말할 수 있을 것이다. 그것은 그들이 학습한 것과 성숙함을 증명해 보였기 때문이다.[27]

의사들이나 사업가들이 사용하는 "척도"와는 대조적으로, 그리스도인의 성장에 대한 표준 척도는 아주 복잡하다. 모든 사람들이 동의하는 척도에 대한 공통의 목록도 구할 수 없고, 모든 척도들을 빠짐없이 다 포함할 수도 없다. 그러므로 기독교 교육에 있어서 교사는 가능성이 있는 많은 척도들 중에서 몇 개의 대표적인 척도들을 선택한다. 정규 학교 교육에서는 세 가지 형태로 학생들을 측정한다: (1) 문자화된 형태(예: 시험, 퀴즈, 기말 시험), (2) 언어적 형태(예: 수업에서의 발표, 수업 중의 질문이나 의견들), (3) 비언어적 형태(예: 당황한 표정과 고개의 끄덕임). 학생들의 반응을 통해 교사는 학생들의 학습 성도를 측정한다. 학교 교육에서는 학생들의 학습을 평가하는 데 대부분 문자화된 척도에 기초하고 있다. 그러나 주일학교와 같이 정규 학교가 아닌 대부분의 실제적인 환경에서는 언어적, 비언어적 형태가 활용되고 있다. 세 가지 형태 모두 학생들을 평가하는 데 기여하고 있다. 그러나 이 세 가지 형태 모두 학습자의 반응을 해석하는 데에는 각각 다른 형태의 문제들이 제기된다. 예를 들면, 대부분의 교사들은 비언어적 형태에 속하는 학생들의 시선뿐만 아니라 진위형 시험의 한계도 실감하고 있다.

이러한 세 가지 요소들을 하나의 목표(AIM) 진술로 나타내면 교수 목표를 구성하는 다음과 같은 공식을 만들어 낸다.

"학생은 '척도' (I)로서 '중심 주제' (M)의 '성취 수준' (A)을 나타낼 것이다."

예를 들면, 지적 혹은 인지적 영역에 있어서 간단한 목표 진술은 다음과 같다.

"학생은 각각의 '세 가지 범주에 대한 한 가지 예' (I)를 제공함으로써 '목표 진술의 요소들' (M)에 대한 '이해' (A)를 나타낼 수 있을 것이다."

이러한 척도는 여러 가지 다양한 표현들이 나올 것을 기대한다. 두 가지의 예만 들어 본다면, 학생들은 칠판 위에 그들의 답을 쓸 수도 있고, 질의-응답 형태로 구두로 대답할 수도 있다.[28] 교사가 이러한 방법으로 정확하게 목표를 진술했는지 어떤지는 중요하지 않다. 교사가 계획 과정에서 이 세 가지 중요한 개념들을 충분히 생각해 보았다는 것이 중요하다. 기독교 교육이 학생들에게 포괄적인 학습을 제공하기 위해서는 계획을 세우는 일도 당연히 포괄적으로 이루어져야 한다. 표 9.3은 요한복음 13장의 수업에 대한 여러 가지 척도들의 예를 보여 주고 있다. 칼 로운트리는 그의 수업에서 이 중 몇 가지를 사용했다.

생각하기

당신이 가르쳤던 최근의 수업이나 성경 공부 그룹에 대해 생각해 보라. 수업이나 그룹의 참여자들에게 각각 점수를 주어야 한다고 가정해 보라. 우수한 학생 몇몇을 골라 보라.

1. 그들에게 A, B, C 중 어떤 점수를 주겠는가?

2. 점수를 주는 분명한 이유를 밝혀 보라. 무슨 근거로 그런 점수를 주겠는가?

당신이 평가한 결과에 대해 생각해 보라. 이 요소들은 학생들의 학습에 대한 암시적인 척도를 나타낸다.

표 9.3
요한복음 13장의 학습을 위한 "척도" 견본

중심 주제: "겸손하게 서로를 섬기는 것"	
성취 수준	가능한 척도
지식	(대부분 이것은 교실 환경에서 쉽게 평가될 수 있다.)
자각	요한복음 13장의 주제가 겸손과 섬김임을 안다. 겸손한 섬김을 정의하는 암송 말씀을 기억한다.
이해	겸손한 섬김의 예를 말한다. 요한복음 13:1-17의 주안점에 대해 요약하여 진술한다.
태도, 가치 기준과 정서	(대부분 이 척도들은 교실 밖에서의 학생들의 행동을 관찰한 것, 특히 행동 유형에 기초한 것이다.) 정기적으로 교회, 캠퍼스나 이웃 주변에서 쓰레기를 줍는다. 규칙적으로 하루에 한 사람 이상에게 친절하고 격려하는 말을 건넨다. 점차적으로 TV 시청 시간을 줄이고 그 대신 도움을 필요로 하는 가족 구성원이나 친구를 돕는다.
신체적 숙련과 습관	다른 사람들을 격려하는 대화 기술 능력이 향상된다. 다른 이를 민감하게 돕는 기술 능력이 향상된다. 안내자가 되는 기술 능력이 향상된다.

학생들의 학습을 진전시키기 위한 "탐구"

결과를 정확하게 평가할 수 있을 때, 인지(지식)와 능력(기술)을 평가할 때, 객관적인 자료로 평가할 수 있을 때에는 "척도"를 사용하는데, 이는 다양한 학습 결과를 추구하지 않는 학습 목표와도 부합되는 것이다. 바꾸어 말하면, 학습 결과가 분명치 않을 때에는 목표 진술을 하는 데 있어서 "탐구" 요소를 쓰는 것이 적합하다. 이러한 학습에서는 여러 가지 다양한 결과들이 나올 수 있다. 교사가 학생의 인지나 능력에 대해 단순히 평가할 수 없는 고등 수준―예를 들어 '사고하는' 능력―을 바랄 때는 이것을 평가하기 위해 정확한 "척도"를 사용하기란 어려운 일이다. 또한 학생이 학습을 마친 후에 어떤 신념(태도, 가치 기준이나 정서)을 갖기를 원할 때에도 이것을 확인하기 위해 "척도"를 사용하기가 어렵다.

엘리엇 아이스너(Elliot Eisner, 1985)는 다양한 결과가 나타나는 학습은 몇 가지 특정한 척도로 평가를 내릴 수 없다고 말한다. 만일 우리가 학생들에게 어떤 문제를 해결하고, 사례 연구를 분석하고, 비디오를 보도록 요구한다면 우리는 그들에게 무엇인가 경험하기를 바라는 것이 있을 것이다. 그러나 그들에게 바라는 학습 기대는 정확하게 규정할 수는 없는 것이다. 이런 경우에 목표 진술을 기록할 때에는 학생들이 참여하게 될 여러 가지 사명이나 "탐구" 사항을 기록하게 되는 것이다. 표 9.4를 주의깊게 살펴보라. 요한복음 13장을 가르치기 위해 준비한 "탐구"를 주목하라. 표 9.4에 나오는 비교적 다양한 제안들과 표 9.3에 나오는 명확한 척도들을 비교해 보라.

'복음 전도'라는 주제를 생각해 보라. 전도자들에게 질문한다면, 그들은 전도 메시지의 공통된(유사한) 핵심 요소들을 열거할 수 있을 것이다. 그러나 복음을 전하는 데에는 다양한(상이한) 전도 전략들이 나타날 것이다. 또는 기독교 윤리에 대해 생각해 보라. 그것은 설교처럼 세 가지 요점으로 나타낼 수는 없는 것이다. 그리스도인의 자녀 교육은 그 내용이 무궁무진하다. 그래서 이런 주제는 포켓형 소책자로 축소할 수 없는 것이다. '하나님의 뜻을 분별함'이란 주제도 복잡한 것이기에 두세 번의 상담으로 해결될 수 없다. 우리의 신앙에 대해서 일반적으로 '알려진 것들' (예를 들어 유혹을 피하는 것, 성령 안에서 행하는 것)이 있다. 그러나 그것들을 구체적으로 실제 삶에 적용하려고 하면 그 상황에 따라 여러 가지 '알지 못하는 것들'이 훨씬 더 많이 나타나는 것을 본다.[29]

표 9.4
요한복음 13장 학습을 위한 "탐구"

성취 수준	가능한 탐구
지식	
이해	그리스도인들이 다른 사람들을 섬기는 데 있어서 좀더 겸손해야 할 필요가 있는 상황은 어떤 것이 있겠는가? 겸손히 섬기는 자가 나타낼 수 있는 여러 가지 표현들을 제안해 보라. 겸손한 섬김을 행하기에 어렵거나 불가능한 상황을 찾아보라. 가설적인 사례 연구에 기독교적 해결책을 제공해 보라.
지혜	겸손한 섬김이 결핍되어 있는 개인적인 문제에 기독교적 해결책을 찾아보라. 이처럼 새롭게 발견한 것과 관련하여 어떤 삶의 관점이나 습관이 변화되어야 하겠는가?
태도, 가치 기준, 정서	겸손한 섬김이 주제가 되어 있는 영화를 보라. 영화에 대해 토론하고 개인적인 생각들을 나누라. 개인적 태도나 신념에 변화가 있었거나 확신을 갖게 된 것이 있는가? 왜 그런가?

목표 설정의 융통성

순례 여행을 떠난 자가 예기치 않은 탐험을 하는 것처럼, 교실 안에서의 경험들이 모두 단조롭고 비슷한 것은 아니다. 어떤 교수-학습 시나리오들은 단순하여 다양한 결과를 도출해내지 못한다. 예를 들면, 학생들은 요한복음 3:16을 암송할 수도 있고 못할 수도 있다. 그들이 지상명령의 의미를 설명할 수도 있고 못할 수도 있다. 이런 경우에는 목표 진술에 "척도"를 포함시키는 것이 좋다. 광범위하고 여러 가지 다양한 결과들이 나올 경우에는 사전에 어떤 것이 나올 것인가를 결정하기가 그렇게 쉽지 않다. 이런 경우에는 "탐구"를 포함시키는 것이 적절하다.

때때로 우리는 학습 목표를 조정할 필요가 있다. 예를 들면, 우리가 바라는 것만큼 학생들이 준비되어 있지 못할 경우에 우리는 학습 목표를 바꿔야 할 수도 있다. 예수께서는 제자들을 가르치시면서 그런 경험을 하셨다(마 16:5-12). 바울도 고린도 교인들에게서 그런 경험을 했다(고전 3:2). 특별한 사건이나 어려운 일이 있을 때는 미리 정해 놓은 수업 대신에 그 사건을 다룰 수도 있다. 만일 그 지역의 고등학교 학생이 자살했다는 소식을 듣게 되었다면 당신은 어떻게 하겠는가? 당신이 인도하는 고등학생 성경 공부를 시작하기 1시간 전에 이런 소식을 들었다면 어떻게 하겠는가? 교수 계획에 어떤 차질이 있겠는가? 미리 정해진 교수 계획에서 벗어나 죽음과 그리스도인의 소망에 대해 가르친다면 도움이 되지 않겠는가?

학습 목표는 도로 지도와 같다. 당신은 목적지를 알고 있다. 그 지점에 이르는 길이 많이 있을지라도, 당신이 생각하기에 최선의 길을 선택해야 한다. 그러나 그 길을 따라갈 때에도 학생들의 관심과 필요에 따라서 임시 우회로를 택할 수도 있고, 몇 군데 특별한 여행을 첨가할 수도 있을 것이다. 당신이 궁극적으로 가고 있는 곳을 안다면, 그 길로 돌아오기는 어렵지 않다. 그러나 마지막 종착점이나 여행 일정에 대한 계획이 없다면, 학생들은 배우는 것도 별로 없이 이곳 저곳 방황하다가 여행을 끝마치게 될 것이다.[30]

결론

생각하기

가르침의 세 가지 구성 요소에 대해 머리 속에 떠오르는 두 가지 질문을 적어 보라. 이 질문을 통해 본장에 나오는 요점을 명백히 할 수도 있다. 또는 이 질문들로 본장에서 다루지 않은 부분을 조사할 수도 있다.

구성 요소	질문
교사:	1. _____
	2. _____
명확한 교육 과정:	1. _____
	2. _____
학습 목표:	1. _____
	2. _____

복음서에서 예수님은 마흔두 번이나 "선생님"으로 언급되었다. "예수께서는 이처럼 자주 '선생님'이라고 불리었는데 영어 흠정역본(King James Version)에서 이를 '매스터'

(Master)로 번역한 데서 지금은 그 의미가 모호해졌다. 루이스 셰릴(Lewis J. Sherrill)이 지적했듯이, 성경을 번역하던 당시에는 '매스터'(라틴어로 Magister)가 학교 교사를 의미했다. 그러나 지금은 일반적으로 '매스터'라는 단어는 교사라는 의미를 상실했고, 몇몇 최근의 역본들이 헬라어 '디다스콜로스'(Didaskolos)를 '선생님'(Teacher)으로 번역하고 있다"(Coleman, 1984, p. 16). 로날드 알렌(Ronald Allen, 1985, pp. 59-60)은 예수께서 교사의 직위를 가지신 것으로 인식해야 한다고 말한다.

> 정통 개신교 신학에서는 일반적으로 예수 그리스도께서 세 가지 중요한 직위를 가지신 것으로 생각한다: 선지자, 제사장, 왕. 선지자로서 그리스도께서는 모세보다 위에 계시고, 제사장으로서 그는 아론보다 크시며, 왕으로서 그는 다윗보다 더 위대하시다. 그리스도의 직위에 대한 우리의 이해에 다른 것을 더 첨가해야 할 때가 되었다. 그리스도의 직위 중에서 우리가 주의를 기울이지 않는 것이 있다. 그는 또한 교사이시라는 점이다. 예수께서는 솔로몬을 능가하는 지혜자이시다. 잠언 1-9장에 나오는 의인화된 지혜는 그의 지혜를 가리키고 있다. 그는 참된 하나님을 설명하기 위해 오신 위대한 랍비, 모든 시대의 교사 중의 교사이시다.

가르치는 일은 고귀한 부르심이다. 완전한 교사이신 주님은 우리가 따라야 할 본보기가 되셨다. 우리는 기독교 교육에 있어서 탁월성을 추구해야 한다.

제 10 장
가르침의 구성 요소 (2)

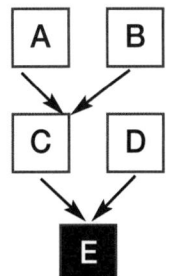

서론
가르침의 7가지 구성 요소
교사
명확한 교육 과정
학습 목표
• 학급과 개인 학습자
• 전체적인 환경
• 교육 활동
• 가르침의 결과
다양한 연령층을 가르치기 개요
결론

서론

 생각하기

사람들은 전통적으로 교사가 학생들의 학습에 대해 전적인 책임이 있는 것으로 생각해 왔다. 이러한 관점이 옳다면, 학생들은 학습 과정에서 어느 정도의 책임이 있는 것일까?

a. 학생 0% — 교사 100%?
b. 학생 10% — 교사 90%?
c. 학생 25% — 교사 75%?
d. 학생 ___% — 교사 ___%? (자신의 평가에 따라 빈 칸을 채우라.)

이 문제를 논하기 전에, 우선 앞 장에서 소개된 가르침의 일곱 가지 구성 요소(TEACHER)의 개념을 정리해 보자. 어떠한 학습이든지 다음의 일곱 가지 요소들이 포함되어 있다.

교사(Teacher)
명확한 교육 과정(Explicit curriculum)
학습 목표(Aims of the lesson)
학급과 개인 학습자(Class and individual learner)
전체적인 환경(Holistic environment)
교육 활동(Educational activities)
가르침의 결과(Results of teaching)

앞 장에서는 처음 세 가지 요소들에 대해 살펴보았다. 나머지 네 가지 요소는 본장에서 다룬다. "생각하기" 부분에서 제기된 학생들의 책임 문제로 돌아가 보자.

학급과 개인 학습자(Class and Individual Learner)

교육의 책임 소재에 대하여, 대다수 사람들은 교사들이 학생들의 학습에 대해 전적인 책임을 지는 것으로 생각하고 있다. 그러나 우리가 배운 신학에 의하면, 각 사람은 모두 청지기로서 창조주에 대해 책임이 있음을 알려 주고 있다. 학생들의 삶 또한 그러한 청지기직의 한 영역에 해당되며 학생들 자신에게도 그 책임이 있다.

> 물론 학생은 그가 배우든 안 배우든간에 역시 책임이 있다. 요즈음의 많은 교육자들은 이 사실을 받아들이려 하지 않는다. 그들은 학생이 배우지 않았다면, 이는 교사가 가르치지 않았기 때문이라고 말한다. 이것은 상황에 따라 사실일 수도 있고 그렇지 않을 수도 있다. 이것은 모든 상황에서 단정적으로 말할 수 있는 것이 아니다. 학생은 하나님 앞에서 책임있는 존재로서 자신의 책임을 다하여 학문을 탐구하는 데 열중해야 한다. 교사가 적절하게 동기 유발을 시킨다 할지라도 학습이 자동적으로 되는 것은 아니다(Harper, 1981, p. 21).

기독교 교육에 있어서, 학생들은 어떠한 연령층에 속했을지라도 거기에 적합한 책임을 져야 한다.[1]

앞 장에서 언급했듯이, 유능한 교사들은 그들이 가르치는 상대를 알아야 한다. 교사들은 학생들의 참여도(그들의 성숙도와 학습 상태)에 대한 평가(또는 가설)를 근거로 수업 계획을 세워야 한다. 정상적인 성장 발달 유형과 각 연령별로 적절한 능력이 어떤 것이라는 것을 안다면, 교사는 학습자에서 비정상적인 것들을 발견해 낼 뿐만 아니라 정상적으로 더 성장하도록 격려할 수 있게 된다.

또한 효과적으로 가르치기 위해서는 필수적으로 학습 과정에 대해 충분히 이해하고 있어야 한다. 예를 들면, 소그룹 운용에 대한 지식이 있다면 개개인의 학습을 격려하는 데 유용하게 사용될 수 있다. 몇몇 학생들은 수업 중에 발표하는 것을 꺼려할 수도 있다. 그러나 동료 학생들과 소그룹을 이루어 학급의 문제들을 자유롭게 토론하는 것을 좋아할 수도 있다. 요약하자면, 박식한 교사들은 더 좋은 학습 계획안을 만들어 내며, 책임 있는 학생들은 더 잘 배우려고 노력하는 경향이 있다.

전체적인 환경(Holistic Environment)

교사와 학생은 특정한 상황—교실, 거실, 커피 숍, 캠프 등—에서 가르치고 배운다. 어떠한 상황에 있든지, 거기에 포함되어 있는 요인들 중 학습에 다리를 놓아 주는 것도 있고 장애물이 되는 것도 있다. 유익한 요소들에는 편안한 좌석, 적당한 조명, 칠판이나 오버헤드 프로젝터와 같은 교육용 보조 기재들이 있다. 학습에 장애가 되는 요인들은 주위를 산만하게 하는 여러 가지 요소들을 말한다. 즉 큰 길 가까이에 위치하여 교통이나 건축 공사로 인해 교실이 시끄럽다든지, 귀찮게 구는 파리, 개 짖는 소리, 너무 덥거나 너무 추운 방 등은 학습에 장애를 주는 환경들이다.

이러한 물리적인 요소들 이상으로 다른 요소들도 또한 중요하다(Elias, 1983; Bronfen

표 10.1
전체적인 학습 환경

물리적 요소 적당한 온도, 쾌적한 좌석 배열, 방해받지 않는 가시도, 적당한 조명, 양호한 음향, 적절한 통풍, 방의 크기, 유용한 교육용 보조 기재들
조직적 요소 교육 방식(정규 혹은 비정규), 교육 과정과 행정과 실제, 재정과 예산안, 각종 교육 기관과 교육에 전념하도록 돕는 직원들, 단체의 규칙, 교재와 교육 과정 자료들, 학습 지도 과정 계획안, 수업의 특성에 대한 교사와 학생간의 합의, 학급 관리와 징계, 교실에서 지킬 규칙과 습관들
관계적 요소 교사와 학생간의 관계, 교실 안팎에서의 학생 상호간의 관계, 존경, 신뢰, 보호, 의사 결정에 대한 학생들의 참여, 격식의 정도, 교실 밖에서의 교사의 인터뷰 기회, 학급의 사기
문화적 요소 국가 정부의 형태(예: 민주주의, 전체주의), 교사와 학생의 역할과 기대, 교육에 대한 공동체의 평가, 공동체의 사회 경제적 지위와 가치 기준, 언어와 방언의 다양성, 여성의 사회적 역할에 대한 견해
역사적 요소 긍정적이든 혹은 부정적이든 학습에 영향력이 있었던 이전의 학교 수업

Brenner, 1979). 표 10.1은 다섯 가지 중요한 국면, 즉 물리적, 조직적, 관계적,[2] 문화적, 역사적인 면을 포함한 전체적인 학습 환경에 대한 개념을 요약해 주고 있다.

조직적 요소에 대해 한 가지 더 설명을 요하는 것이 있다. 우리는 학교 형태의 정규적 교육 방식에 매우 익숙하기 때문에, 교육에의 모든 접근 방식이 전형적인 학교 교실의 특성을 채택해야만 한다는 잘못된 생각을 가지고 있다. 정규 교육(formal education) 외에도 두 가지 방식—비형식적 교육(informal education: 사회 속에서 배우는 교육)과 비정규적 교육(nonformal education: 기능을 배우는 구조화된 학습 경험)—이 더 있다(표 10.2를 보라).

표 10.2
교육의 세 가지 형태

주요 특성	예	기독교 교육에서의 적용
정규 교육(formal education) 목적: 자격증을 얻기 위하여 　　　(이론 지향적, 학구적 발전) 주제: 교사/행정가가 선택함 학습: 구조화됨 참여: 요구됨 사회적 역할: 보존/안정	각급 학교 외국어 교육 과정	기독교 주간 학교 기독교 고등 교육
비정규 교육(nonformal education) 목적: 능력을 얻기 위해(기능 지향적, 　　　삶의 기술을 얻기 위함) 주제: 교사와 학생에 의해 선택됨 학습: 구조화됨 참여: 자발적임 사회적 역할: 변화 지향적	사업상 여행을 위한 개인적인 언어 교습 클럽에 의해 후원받는 회화 수업	세미나/웍샵 주일학교 프로그램 소그룹 프로그램 부모 교육 리더쉽 개발 가정 교육
비형식적 교육(informal education) 목적: 문화와 기본적인 생활 기술을 　　　전수하기 위해(사회화됨, 기능 지향적) 주제: 환경에 의해 선택됨 학습: 구조화되지 않음 참여: 요구됨 사회적 역할: 보존/안정	2개 국어를 병용하는 가정에서 언어를 학습함 해외 여행	사회화됨: 사람 (가정, 친구, 교회, 공동체)에 의해서, 매체(TV, 영화)에 의해서

자료: 와드

정규, 비정규 교육은 몇 가지 특성을 공유한다(예를 들어 둘 다 구조화되어 있고, 전담 직원을 두고 있다). 그러나 중요한 다른 점도 있다(예: 정규 교육은 좀더 이론 지향적인 반면에, 비정규 교육은 좀더 기능 지향적이다).[3] 정규 교육에 익숙한 우리들은 교회에서 여러 연령층을 가르칠 때(즉 비정규 교육 방식에 적당한 환경에서) 생각의 방향을 적절하게 바꾸지 못하게 되는 경우가 많다. 우리가 가르치는 방식은 정규 교육으로 더 기우는 경향이 있다. 비정규 교육인 '성인 평생 교육' 방식보다는 좀더 '학구적인' 방식을 따르게 된다.

교육 활동(Educational Activities)

어떠한 교수 상황이든간에, 교사는 학생과 그 주제를 가지고 상호 관계를 맺을 수 있도록 어떤 방법을 선택하게 된다. 교사들이 교수 방법을 선정하는 데 있어서 고려할 핵심적인 질문은 다음과 같다. 이 수업의 주된 목적이 무엇인가? 학생들의 학습을 촉진하기 위하여 시간을 어떻게 가장 잘 사용할 수 있을까? 학생들이 어떤 기술을 소유하고 있는가? 어떤 활동들이 그들에게 배우고자 하는 학습 동기를 유발시키는가?

목수가 부엌용 찬장을 만들고 있는 것을 마음 속에 그려 보라. 도구라고는 유일하게 망치만 있을 뿐이다. 목수가 나무판을 평평하게 하고, 나사를 꼭 조이고, 나무를 재서 자르고, 페인트를 칠하는 데 그 망치만을 사용한다고 생각해 보라. 이것은 터무니없는 일일 것이다! 그러나 우리 교사들은 이와 비슷한 형태를 열심히 흉내내고 있다. 우리는 종종 교육 목적을 새로운 정보를 전달하는 것이라고 가정한다. 그러므로 우리는 가장 좋은 방법은 강의라고 확신하고 있다. 왜 우리는 반복적으로 이 방법을 사용하는가? 한 노련한 베테랑의 설명에 귀를 기울여 보라.

> "우리는 우리가 배운 방법대로 가르친다"라는 오래된 격언이 있다. 이 말은 듣는 사람의 관점에 따라서 경고가 되기도 하고 안심시키는 말이 되기도 한다. 우리는 이 말에 동의하고 싶은 생각이 없을 수도 있다. 그러나 대부분의 사람들이 인정하는 것보다 사실은 더 많은 진리가 여기에 있음을 확신한다. 우리가 어떤 것을 배웠던 방법, 우리 마음에 두었던 방법, 우리가 처음으로 이해하게 되었던 방법은 단순한 학습 방법으로 끝나는 것이 아니다. 이것은 우리가 학습한 것의 일부분이 된다. 이것은 교사들이 그들

자신을 이해하는 데에도 중요할 뿐만 아니라, 또한 부모들이 자신을 이해하는 데에도 역시 중요하다.

우리는 대부분 '미화된 나'를 기준으로 삼아 교육적인 결정과 평가를 한다. "나는 내가 배운 방법을 기억하고 있다. 나는 거의 완전하기 때문에, 모든 사람은 나와 같은 방법으로 배워야 한다"라고 우리는 말한다. 이 말은 학교와 교회의 교육 방법에 왜 그렇게 변화가 없는지를 설명하는 데 도움이 된다(Schimmels, 1989, p. 123).

강의법의 적절한 사용

많은 연구들이 강의법의 장점과 단점을 제시하고 있다(이것은 Gage & Berliner, 1988, p. 401에 요약되어 있다).

강의법은 다음과 같은 상황에서 적합하다.

- 교재가 다른 곳에서는 사용되지 않을 때
- 교재가 특정한 그룹을 위해 특정한 방법으로 조직되고 제시되어야 할 때
- 주제에 대한 흥미를 이끌어 내는 것이 필수적일 때
- 학생들이 짧은 시간 동안에 교재를 기억해야 할 필요가 있을 때
- 다른 교수 방법으로 가르치고자 하는 분야에 대해 소개가 필요할 때나 학습 과제를 위한 지시가 필요할 때

강의법은 다음과 같은 상황에서는 부적합하다.

- 정보의 습득보다 다른 목표가 추구될 때
- 오랜 기간 동안 기억할 필요가 있을 때
- 교재가 복잡하고, 세부적이거나 추상적일 때
- 학습자의 참여가 목표 달성에 필수적일 때
- 높은 수준의 인지적 목표(분석, 종합, 평가)가 교육 목표일 때

생각하기

 그렇게 많은 교사들이 강의법을 사용하는 우선적인 이유는 학생들이 새로운 정보에 정통하기를 원하기 때문이다.

1. 학생들이 새로운 정보를 알도록 돕기 위해서 교사들이 강의법 대신에 대안으로 선택할 수 있는 두 가지 방법을 쓰라.
   a.
   b.

2. 자신의 학습을 위해서, 당신은 강의법을 좋아하는가, 아니면 당신이 위에 기록한 방법을 좋아하는가? 이유를 설명해 보라.

3. 학생으로서, 교사들이 강의법을 사용하는 것을 적합하게 생각했던 때는 언제인가?

 목공이 여러 가지 연장들을 각각의 특정한 의도에 따라 사용하는 것처럼, 교사들은 여러 가지 다양한 교수 방법들을 그들의 목적에 따라서 선택해야 한다.[4] 교사들이 가르침에 있어 다양한 활동 기술을 습득함에 따라, 그들의 자신감도 높아진다. 또한 그들의 지혜가 많아질수록, 주어진 학습 목표에 따라 가장 적절한 방법을 선택하게 된다.
 교수 활동은 다음과 같은 사항을 고려하여 조직할 수 있다.

- 연령에 적절한 활동
- 활동 형태(예: 시각 매체의 사용 등)
- 책임 있는 참여자(예: 그것이 주로 교사 활동이든 학생 활동이든)
- 활동을 뒷받침하는 학습 원리(예: 여섯 가지 학습 방법으로 정리됨)
- 활동 기능(예: 학생의 학습 결과에 대한 예측에 기초함)

표 10.3은 앞 장의 사례 연구에서 칼 로운트리가 사용했던 특별한 학습 방법을 확인시켜 준다. 표 10.4는 세 개의 범주로 된 기능적 개요에 대해 일련의 본보기가 되는 교수 활동들을 보여 준다.[5] 표 10.5는 학습의 신념 수준에 초점을 맞추고 있다. 학습 방법들은 여섯 가지 학습 방법에 따라 작성되어 있다.

표 10.3
로운트리의 교수 방법

정보처리 학습군

동일시 학습
(이해한다)
- 세족 관습에 대한 강의
- 그룹 프로젝트: 광고
- 위원회의 목록: 적절한 섬김의 과제

탐구 학습
(이해하지 못한다)
- 제자들에 대한 그룹 연구
- 13-14절을 의역하기
- 그룹 프로젝트: 광고
- 섬김에 대한 갖가지 제안들
- 적용할 프로젝트를 선택

조건 학습군

결과 학습
(경험에 뒤따른다)
- 정확한 대답을 위한 격려
- 다음 학습 중 그들의 반응을 점검

암시 학습
(경험에 앞선다)
- 복음의 목적을 재검토함
- 기억나게 하기 위해 응답 카드를 사용함
- 노래: "나로 종이 되게 하소서"

사회 학습군

구조화된 모방
(계획된 본보기들)
- 직접적: 목회자들에 의해 정렬된 의자들
- 언어적: 발을 닦으시는 예수

삶을 통한 모방
(계획되지 않은 본보기들)
- 갖가지 제안을 받는 과정에서 제안에 대해 민감하게 반응함

표 10.4
교수 활동에 대한 기능적 개요

비판적 사고
- 1차적 기능: 학생들의 평가적인 사고 기술뿐만 아니라 개념에 대한 지식을 향상시키기 위해서
- 예: 학문적인 가르침이나 강의, 전체 개요, 기억 장치들, 탐구, 사례 연구, 청취팀, 성경 탐구, 질의-응답, 인터뷰

협력
- 1차적 기능: 학생들 사이에서 학습에 대한 상호간의 노력을 촉진시키기 위해서, 학생들이 하나의 그룹으로서 해결책을 찾도록 격려하기 위해서, 사회적 기술을 향상시키기 위해서
- 예: 토론, 역할극, 드라마, 패널 토의, 주변 자극, 소그룹 활동, 소그룹 토의, 모의 실험, 그룹 프로젝트

명상과 표현
- 1차적 기능: 학생들이 그들 자신을 이해하도록 격려하기 위해서, 독립심과 자제심을 개발하기 위해서, 과거 경험과 현재의 능력 수준 이상으로 도달하기 위해서, 사람이나 사회적 구조의 변화를 유도하기 위해서
- 예: 창조적인 글쓰기, 예술이나 음악, 교실에서의 '공회당' 모임, 개인적인 프로젝트, 명상 훈련, 영화, 이야기하기, 현장 견학, 선교 사역 등

자료: 학습군과 교수 방법은 조이스와 우기일(1986)에서 수정: 어떤 교수 방법은 강겔(1974), 레페버(1985), 레이폴트(1967)에서 인용

표 10.5
교수 신념을 갖기 위한 지침들

정보처리 학습군
동일시 학습
- 학습자들에게 의미있는 정서적 경험들을 갖게 한다(예: 사진 전시, 느낌을 설명, 영화 관람, 현장 견학).(5)

탐구 학습
- 학습자들이 그들 자신의 가치 기준을 분석하는 기회, 즉 도덕적, 윤리적 문제에 대한 의사 결정을 행하는 기회를 제공한다(예: 사례 연구, 모의 게임, 역할극).(7)
- 학습자들이 긍정적인 행동을 하도록 인도한다. 이렇게 하려면 주로 교실 밖에서 활동해야 할 것이다(예: 현장 견학에 대한 보고서 쓰기, 자원 봉사, 사람들의 필요에 대한 조사, 의회 대의원들에게 편지 쓰기).(6)

조건 학습군
결과 학습
- 학습자들이 그들의 경험들을 하나님의 말씀에 비추어서 곰곰이 생각해 보도록 한다.(8)
- 학습자들이 자유롭게 다른 사람의 의견을 수용하고 서로 돌아보는 분위기에서 다른 사람들과 함께 자신이 깨달은 것을 나누도록 한다(예: 소그룹 모임).(9) (이는 삶을 통한 모방과도 같다.)

암시 학습
- 학습자들이 태도와 가치 기준을 밝혀 내고, 그것들이 의미하는 바를 학습하도록 한다(예: 주어진 목록에서 적절한 태도와 가치 기준을 선택함, 그것들을 예로 들어 설명하는 이야기를 만듦, 동의어와 반의어를 씀).(4) (이는 탐구 학습과도 같다.)

사회 학습군

구조화된 모방
- 학습자들이 삶의 태도나 가치에 본보기가 되는 다른 사람들에 대해 읽거나 듣도록 한다(예: 전기, 영화).(2)
- 학습자들이 권위 있다고 생각하는 자료들을 접하게 한다(예: 성경, 전문가에게 듣거나 인터뷰함, 권위 있는 저서를 읽음).(3)

삶을 통한 모방
- 학습자들이 일상 생활 속에서 옳은 삶의 태도나 가치의 본보기를 보여 주는 사람들을 관찰하도록 격려한다(예: 당신의 삶, 초대된 강연자, 다른 사람들을 만나는 현장 견학).(1)

자료: 포드(1978)
주: ( ) 안의 숫자는 포드(Ford, 1978)가 주창한 원리의 순서를 나타낸다.

표 10.6
성경 학습을 준비하기 위한 지침

A. 교수 상황에 중요한 '주어진 것들'은 무엇인가?
1. 명확한 교육 과정: 교회나 교육 기관에서 학생들이 그리스도인의 네 가지 성숙의 주제—영적 교제, 공동체, 인격, 임무—에 있어서 균형 잡힌 생활을 하도록 안내하기 위해 따르고 있는 전반적인 교육 과정은 무엇인가?
2. 전체적인 환경: 어떤 요소들이 교수 상황을 위한 기본적인 범위를 제공해 주는가?
    1) 물리적 요소(예: 교실 크기), 2) 조직적 요소(예: 만나는 시간), 3) 관계적 요소(예: 학생들이 서로를, 그리고 당신을 얼마나 잘 아는지), 4) 문화적 요소(예: 교사와 학생의 역할), 5) 역사적 요소(예: 이전의 수업)
3. 학급과 개인 학습자들(중심 주제): 어떤 특정한 분야에서 학생들이 성장할 필요가 있는가? 학생들이 이 분야에서 성장하도록 해야 할 다음 단계는 무엇인가?
4. 교사
    1) 성령: 어떤 특별한 성경 구절들이 위의 "3"번에서 지적한 주제와 관련이 있는가? 이것에 관한 하나님의 관점을 얻기 위해 충분히 연구하라.
    2) 인간 교사: 당신은 당신의 삶 속에 이런 진리들을 어떻게 적용하고 있는가? 당신은 개인적으로 이 수업을 위해 자신을 어떻게 준비해 오고 있는가?

B. 교과의 주된 목표가 무엇인가?
5. 학습 목표: 위의 "A"에서 제시된 항목에 대한 이해의 범위내에서
    1) 당신은 학생들이 어느 수준까지 학습하도록 도울 수 있는가?
        (1) 주제에 대한 이해?
        (2) 주제에 대한 적절한 태도, 가치 기준이나 느낌들?
        (3) 주제에 기초한 삶의 기술들?

2) 당신은 학생들로부터 어떤 반응(학습 결과)을 기대하고 있는가?
    (1) 장기적으로?
    (2) 단기적으로(즉 그 수업을 통해, 척도 아니면 탐구)?

C. "A"와 "B"의 내용에 비추어서 당신은 그 교과에서 어떤 교육 활동을 사용하겠는가?
6. 학생들의 학습을 위해서(여섯 가지 학습 방법)
    1) 주제를 그들의 경험이나 현재 알고 있는 지식의 수준에 어떻게 관련시킬 것인가? 당신이 비교해서 설명할 수 있는 이야기가 있는가? 당신은 그들이 알고 있는 것에서부터 모르는 것으로 어떻게 진행할 수 있는가?(동일시 학습)
    2) 학생들이 그들의 인지 능력에 따라서, 특히 하나님의 관점에서 더 깊은 수준으로 주제에 대해 사고하도록 어떻게 자극하겠는가?(탐구 학습)
    3) 수업 중에, 또는 수업을 시작하기 전후에 어떻게 학생들의 학습 진전에 대한 평가를 해 줄 수 있겠는가?(결과 학습)
    4) 그들이 요점을 기억하도록 어떻게 도울 것인가? 당신은 학생들이 어떤 반응을 보이기를 기대하고 격려하고 있는가?(암시 학습)
    5) 주제에 대한 보기와 실물 교수를 어떻게 제공하겠는가?(구조화된 모방)
    6) 학생들이 주제를 정하고, 당신은 그들이 요청하는 것에 응답하는 기회들을 어떻게 제공하겠는가?(삶을 통한 모방)

7. 학생들의 동기 유발을 위해서
    1) 교사와 학생의 관계: 학생들이 주제에 대해 배우고 싶고 그리스도인으로서 성숙하고자 하는 마음(예: 하나님을 좀더 깊이 사랑하는 마음)을 갖도록 어떻게 학생들과의 관계를 갖겠는가? 교실 분위기는 어떠해야 하겠는가?
    2) 학생들의 특별한 관심과 좋아하는 것을 어떻게 수업에 연결시키겠는가? (예: 동기 유발의 ARCS 모델—주의(Attention), 관련성(Relevance), 확신(Confidence), 만족(Satisfaction)—과 부록 D에 나오는 콜브와 둔의 학습 스타일 이론을 보라.)
    3) 학생들의 흥미와 학습을 향상시키기 위해 논리적 순서 대신에 심리적 순서를 따라 교재와 교육 활동들을 어떻게 인도해 나가겠는가? 학생들의 경험에서 시작하여 주제를 다루고 이어서 삶의 적용까지 나아가기 위해서는 어떻게 교과를 조직하겠는가? (예를 들어 리처드스의 네 가지 순서—주의 끌기〈Hook〉, 주제를 연구하기〈Book〉, 적용점을 살피기〈Look〉, 실천 사항을 찾기〈Took〉, 같은 과정이 있다.)

교수법 선택의 지침

일반적으로 말해서, 교수법을 선택할 때는 (1) 학생들이 학습에 참여하도록 동기 유발을 하거나, (2) 학생들이 주제에 대한 실제적인 학습을 하도록 촉진시키는 데 도움이 되는 방법을 선택해야 한다. 표 10.6은 교수법 선택에 대한 기본적인 요소들을 확대한 것이다.

가르치는 순서를 계획할 때에는 "논리적" 순서(표 10.6의 7-3항)뿐만 아니라 "심리학적" 순서에 주의를 기울이라. "논리적" 순서는 기초적인 문제에서부터 특별한 관심사로, 이론에서 실제로 진행된다. 예를 들면, 교사들은 앗시리아의 역사와 이스라엘 선지자들의 역할을 조사해 봄으로써 요나서에 대한 연구를 시작할 수 있고 그 다음에 요나서 본문을 연구할 수 있을 것이다. 1장에서 4장까지는 연속적으로 사건의 순서에 따라 열거되어 있다.

이와는 대조적으로, "심리학적" 순서를 생각해 보라. 이러한 접근은 학생들의 흥미를 확실하게 유지시킬 수 있는 가장 좋은 방법을 계획하게 될 것이다. 예를 들면, 교사는 두 번째나 세 번째 수업까지는 앗시리아의 역사를 취급하지 않을 수도 있다. 어쩌면 요나서를 공부하는 마지막 시간에 앗시리아의 역사를 공부할 수도 있을 것이다. 첫 번째 수업에서 학생들은 그 책의 기본 메시지, 즉 하나님 나라에 속하지 않은 사람을 향하여 불쌍히 여기는 마음을 갖는 것을 다룰 수 있을 것이다. 교사는 실제로 요나서의 마지막 장에 나오는 요나서의 핵심 문제부터 시작할 수도 있다: "당신은 화난 적이 있습니까? 당신은 하나님께 대하여 화난 적이 있습니까?" 이렇게 해서 요나서를 공부하는 출발점으로서 학생들 자신을 선지자 요나와 동일시하도록 한다. 앗시리아에 대한 관련된 정보, 구약의 선지자들, 그리고 요나에 대해서는 본문을 귀납적으로 연구하는 중에 다룰 수 있다.[6]

좀더 폭넓게 심리학적 순서의 체계를 사용한 것은 리처드스(Richards, 1970)의 "Hook, Book, Look, Took" 접근법—주의 끌기(Hook), 주제를 연구하기(Book), 적용점을 살피기(Look), 실천 사항을 찾기(Took)—이다. 모든 학습이나 학습 시리즈는 이런 네 가지 구성 요소들을 지닌다.

"주의 끌기"(Hook) 단계는 학생들이 흥미를 갖고서 학습 주제에 초점을 맞추도록 돕는다. 즉 출발점을 학습자와 함께 하는 것이다. 예를 들어 칼 로운트리의 학급은 사업가들이 어떻게 다른 사람들을 위협함으로써 승리하고자 시도하는지에 대해 토론했다.

"주제를 연구하기"(Book) 단계에서 중요한 주제를 연구하고 설명한다. 마리너의 학급은 예수와 열두 제자들이 다락방에서 가졌던 기대들을 연구했다. 칼은 겸손한 섬김의 예로서 예수님의 세족식을 인용했고 각 학생들은 13-14절을 자신들의 말로 의역해 보았다.

"적용점을 살피기"(Look) 단계에서는 주제의 적용을 폭넓게 탐구한다. 이 메시지가 현재에 주는 일반적인 의미는 무엇인가? 칼은 학생 그룹들에게 배운 내용을 전달하기 위해서 현대적인 광고를 만들어 내도록 했다. 후에 그들은 섬김의 봉사 목록을 다양하게 개발해 냈다.

"실천 사항을 찾기"(Took) 단계에서는 학습 주제를 개인에게 적용한다. "나는 개인적으로

제10장 가르침의 구성 요소 (2) 229

그림 10.1

학습을 위한 교수법의 선택

I. 주의 끌기(Hook): 학생들의 세계에 초점을 맞추고 교과를 시작하라.

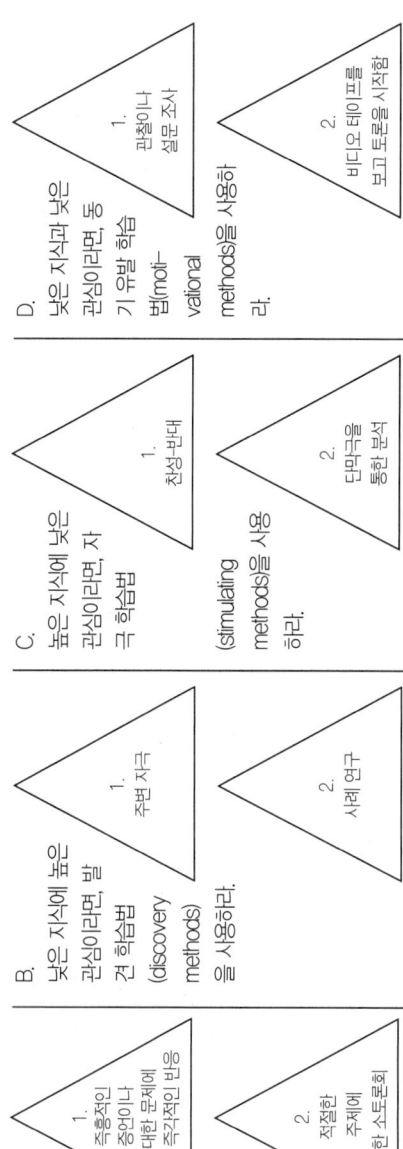

A.
학생들이 학습 주제에 대한 지식과 관심을 모두 지니고 있다면, 높은 수준의 참여하는 학습법(high level commitment methods)을 사용하라.

1. 즉흥적인 중얼이나 중대한 문제에 대한 즉각적인 반응

2. 적절한 주제에 대한 소그룹토의

B.
낮은 지식에 높은 관심이라면, 발견 학습법 (discovery methods)을 사용하라.

1. 주변 자극

2. 사례 연구

C.
높은 지식에 낮은 관심이라면, 자극 학습법 (stimulating methods)을 사용하라.

1. 찬성-반대

2. 단막극을 통한 분석

D.
낮은 지식과 낮은 관심이라면, 동기 유발 학습법(motivational methods)을 사용하라.

1. 관찰이나 설문 조사

2. 비디오 테이프를 보고 토론을 시작함

II. 주제를 연구하기(Book): 하나님의 말씀을 이해함으로 교과를 연구하라

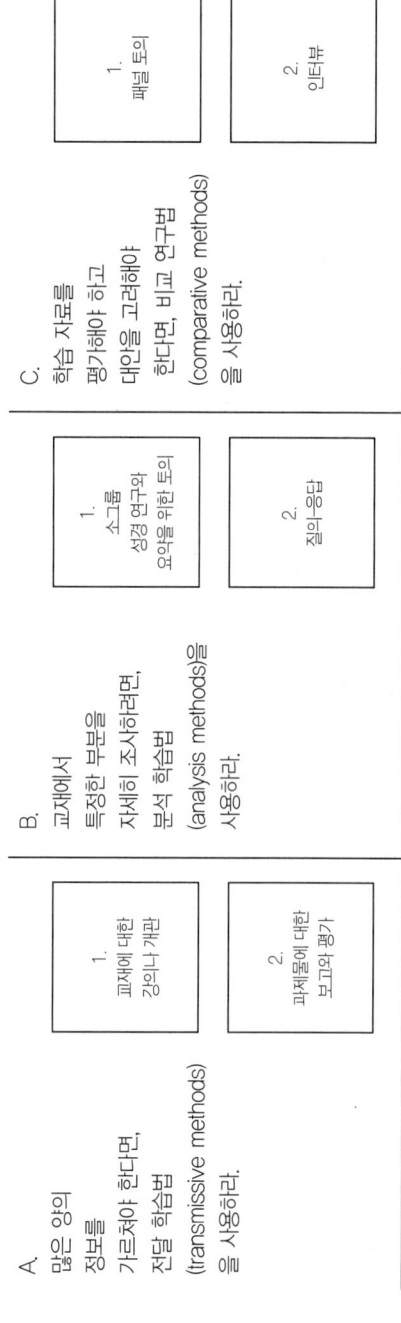

A.
많은 양의 정보를 가르쳐야 한다면, 전달 학습법 (transmissive methods)을 사용하라.

1. 교재에 대한 강의나 개관

2. 교재물에 대한 보고와 평가

B.
교재에서 특정한 부분을 자세히 조사하려면, 분석 학습법 (analysis methods)을 사용하라.

1. 소그룹 성경 연구와 요약을 위한 토의

2. 질의응답

C.
학습 자료를 평가해야 하고 대안을 고려해야 한다면, 비교 연구법 (comparative methods)을 사용하라.

1. 패널 토의

2. 인터뷰

230 화목을 위한 가르침

Ⅲ. 적용점을 살펴보기(Look): 적용 가능한 분야를 다양하게 검토함으로써 교과를 수고하라.

A.
교파가 장기적인 문제를 강조한다면, 계획 학습법 (planning methods)을 사용하라.

1. 가능한 목적을 지향하는 전략들을 개발함
2. 어떤 신조나 교리를 작성함

B.
교파가 직접적인 관심사에 중점을 두고 있다면, 요약 학습법 (summarization methods)을 사용하라.

1. 빈 칸에 알맞은 대답을 채워 넣음
2. 학습에 대한 몇 가지 솔루우건을 만들거나 의역하는 일

C.
교파가 단기적 혹은 장기적 주제에 제한될 필요가 없다면, 브레인스토밍 학습법 (brainstorm methods)을 사용하라.

1. 그룹 전체에서 말씀을 하나님의 모든 가능한 방법들을 머리에 떠오르는 대로 기록함
2. 개인 작업의 목록을 작성하고 그룹에 내어놓 보고함

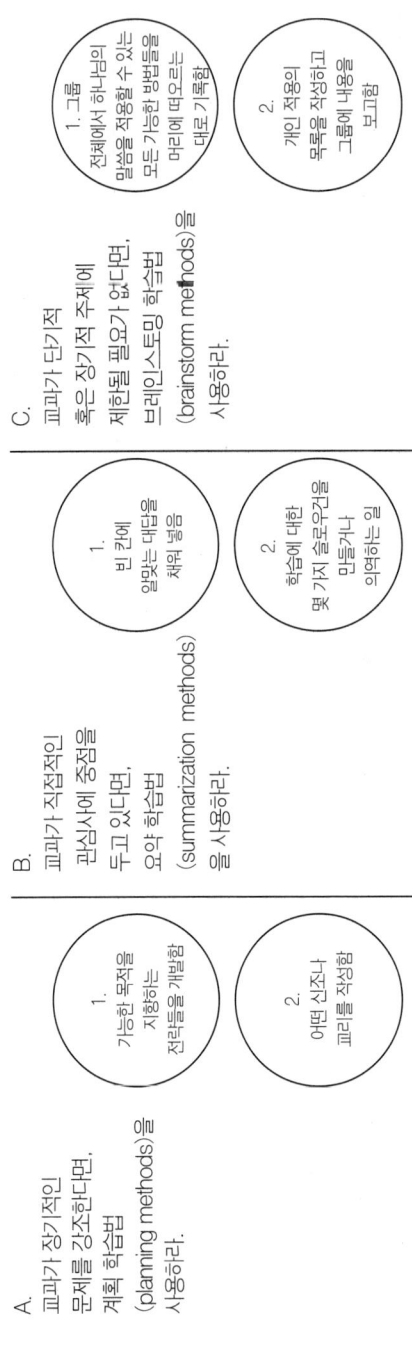

Ⅳ. 실천 사항을 찾기(Took): 적절하게 보충함으로 교과를 결론 지으라.

A.
교파가 개인적 반응에 적합하다면, 개별 학습법 (personalized methods)을 사용하라.

1. 간단한 시를 쓰기
2. 카드 위에 결단이나 약속을 쓰기
3. 개인적인 기도를 하기

B.
교파가 그룹 반응에 적합하다면, 협동 학습법 (corporate methods)을 사용하라.

1. 2-3명으로 그룹 지어 기도하기
2. 특별히 관심 있는 분야에 책임질 사람과 짝을 짓기
3. 자발적으로 선택하고 조정한 현실적인 프로젝트

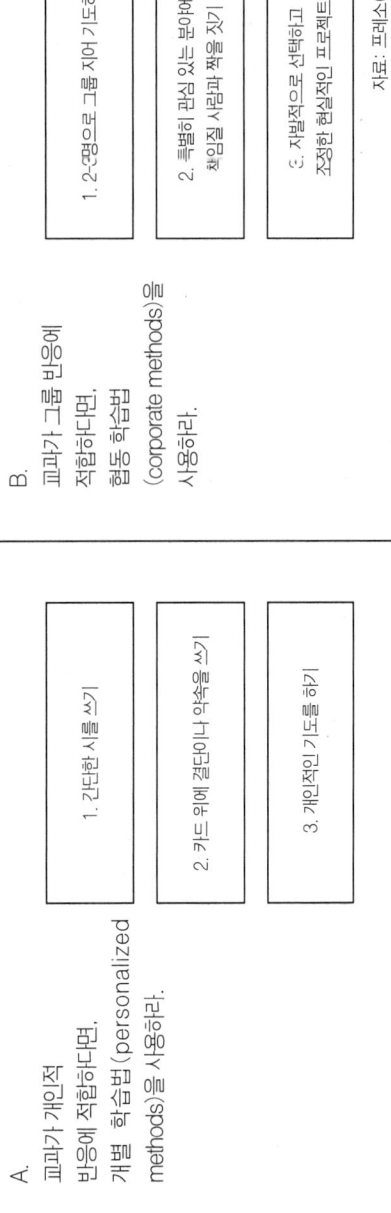

자료: 프레소(1982, p.62)

그림 10.2
학습의 이동

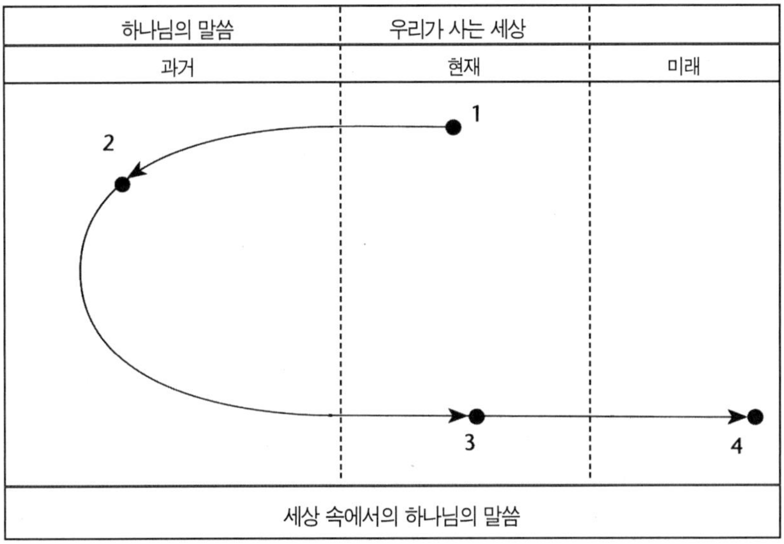

	하나님의 말씀	우리가 사는 세상	
	과거	현재	미래

세상 속에서의 하나님의 말씀

1. 주의 끌기(Hook): 일반적 주제
2. 주제를 연구하기(Book): 적절한 성경 말씀
3. 적용점을 살피기(Look): 가능한 전략들
4. 실천 사항을 찾기(Took): 개인적인 실천 사항들

무엇을 해야 하겠는가? 이 단계에서 칼의 학생들은 응답 카드를 작성했다. 그들은 오는 주간에 무엇인가 특정한 일을 통해 겸손한 섬김의 본을 보이겠다고 헌신했다.[7]

그림 10.1은 의미 있는 교수 방법을 선택하는 여러 가지 경우를 제시하고 있다.[8] 그림 10.2는 네 단계 구성 체계가 일반적으로 어떻게 진행되는가를 시각적으로 보여주고 있다.

가르침의 결과(Results of Teaching)

"결과"란 학습의 결과로 학생들에게 나타나는 변화들을 말한다. 그런 변화들은 학습 과정에서, 그리고 학습 후에도 일어난다. 유능한 교사들은 학습의 목적을 설계하면서 학생들에게 어떤 학습 결과가 나타날 것인가를 계획한다. 그들은 학습의 실제적인 결과가 나타나고 이것을 평가할 때, 이 점이 잘 이루어졌는가를 살펴본다.

교사들이 "예상하는" 것과 "실제적인" 것을 분별하는 것을 돕기 위해서, 우리는 로버트 스테이크(Robert Stake, 1967)의 기초 이론에 대한 토론을 다룬다.[9] 스테이크의 모델은 두 부분으로 나누어져 있다. 왼쪽 절반은 수업을 가르치기 전에 교과에 대한 교사의 생각을 나타내 준다. 여기에는 세 부분이 포함되어 있고, 이것들은 수업 전 계획을 나타내 준다. 이 세 부분은 위에서부터 아래로 다음의 사항들을 제시한다.

준비 작업에 대한 예상: 가르치기 전에 교사가 학생들과 교수 상황에 대해 사실일 것이라고 추정하는 것들(학생의 동기 유발, 그들의 지식 수준, 교사의 동기 유발과 준비성 등)

계획에 대한 예상: 교사가 학습 목표를 이루기 위해 수업 시간 동안에 할 것으로 계획을 세운 학습 활동의 순서

결과에 대한 예상: 교육 활동 후에 성취되어질 것이라고 생각하는 것, 학습 활동 후에 학생들이 인지, 신념, 능력에 대해 학습할 것을 희망하는 것

스테이크 모델의 오른쪽 절반은 동일한 세 개의 범주를 사용하지만 한 가지 중요한 변화가 있다. 왼쪽 절반이 '예상하는' 혹은 기대하는 요소들에 초점을 맞추고 있는 반면에, 오른쪽 절반은 '실제적인' 요소, 즉 실제로 일어난 일에 초점을 맞추고 있다. 실제적인 교육은 역동성이 있으므로 오른쪽의 세 가지 범주의 내용은 항상 다르며, 어떠한 교수 경험도 항상 동일하지는 않다.

스테이크의 이론에서 나온 평가 문항들은 유익한 것이 많아서 교육적인 개선에 도움을 준다. 그러한 개선은 기독교 교육에 있어서 필수적이다. 왜냐하면 대부분 학습 결과에 대한 완전한 평가를 무시하기 때문이다. 우리가 학습한 것을 평가할 때는 학습의 저조한 부분에 대한 판단을 하게 된다. 우리는 쉽게 측정할 수 있는 것들—출석과 손을 드는 것과 같은 학생의 반응—을 너무 신뢰한다. 학생의 학습 효과를 평가할 때 다음과 같은 몇 가지 일반적 원칙을 명심해야 한다.

1. 다양한 평가 전략을 사용하라(예: 자기 보고서의 평가 형식, 퀴즈 시험, 역할극, 인터뷰, 그룹 토의, 발표, 시범을 보이기, 연구 프로젝트 등).
2. 여러 가지 많은 평가를 하라. 한두 가지 평가에만 기초하여 판단하지 말라.
3. 장기적인 관찰을 하라. 어떤 학습은 그 효과가 나타나기까지 일정한 시간을 필요로 한다.

그리스도인의 삶은 100m 달리기가 아니라 마라톤 경주와도 같다.
4. 다양한 배경과 상황에서 평가를 하라. 교실 안에서의 성장의 척도가 학생들이 효과적으로 성경을 가르친다거나, 유혹에 저항한다거나, 결혼 생활을 신실하게 하는 것을 보증해 주지는 않는다.
5. 여러 성숙한 지도자들이 평가를 해야 한다. 성경은 사람을 판단할 때, 두세 증인의 필요성에 대해 언급하고 있다(신 19:15, 마 18:16).

표 10.7에 나오는 세 가지 범주를 사용해서, 학생들이 학습한 것을 평가하는 전략을 고안해 낼 수 있다. 이러한 범주들은 직접적인 방법(예: 실제 삶 속에서 일어난 일에 대한 간증을 듣고서 어떤 반응을 보이는가를 조사하는 것)에서부터 간접적인 수단(예: 얼마나 많은 사람들이 과거에 도서관에서 기독교 전기들을 빌려 왔는지를 조사하는 것)에까지 걸쳐 있다. 우리는 조사 결과를 입증할 수 있을 만큼 정확하고 믿을 만한 근거를 가지고 판단해야 한다.[10] 어떤 결과들은 즉시 관찰될 수 없다는 것을 기억하라. 그것들은 학생들의 생활 속에 잠재해 있거나 얼마 후에 드러난다. 그것들은 선한 이유로(마 6:1-6), 혹은 하찮은 이유로(마 23:3) 인해 개인적인 일로 남아 있을 수 있다. 어떤 결과들은 오직 하나님만 아신다. 즉 그 결과가 훨씬 후에 분명해질 때까지(딤전 5:24-25) 교사와 학생 모두 알아보기 힘들다.

표 10.7
학습 결과의 평가 기준

1. 목적(교육 과정과 목표)
1) 의도된 결과: 학습 목표가 어느 정도까지 성취되었는가?
2) 의도되지 않은 결과: 어떤 다른 변화들이 학생들의 생활 속에 일어났는가? (학습에 의해서든 다른 원인에 의해서든)
3) 그리스도인의 성숙에 대한 화목 모델: 학생들의 학습 결과가 성경적인 이상들과 어떻게 비교되는가? (영적 교제, 공동체, 인격, 임무)

2. 영역(학습의 "수준")
1) 인지(지식)
2) 신념(태도, 가치 기준과 정서)
3) 능력(기술과 습관)

3. 숙련(학습의 "정도")
1) 복잡미묘함의 정도(예: 지식의 수준―자각, 이해, 혹은 지혜―은 어떠한가?)
2) 보유 정도(단기인가, 장기인가?)
3) 효과: 학급에서 몇 퍼센트의 학생들이 최소한의 숙련도를 얻었는가?

주님은 사람을 평가하는 것과 관련하여 성경적인 원리들을 제시하셨다: "나무도 좋고 실과도 좋다 하든지, 나무도 좋지 않고 실과도 좋지 않다 하든지 하라. 그 쌓은 선에서 선한 것을 내고 악한 사람은 그 쌓은 악에서 악한 것을 내느니라"(마 12:33-35).[11] 우리가 어떤 교육 과정을 따라 가르친다 하더라도, 우리 학생들을 온전한 영적 성숙을 이루도록 양육해야 한다. 하나님과 이웃과 화목되는 것이 무엇보다도 중요한 교수 목표이다. 결국에는 우리가 성취하고자 하는 모든 일들은 모두 이 목표를 이루는 것이어야 한다. 때때로 우리는 너무 사소한 세부 사항에 관심을 기울이다가 결국에는 너 중요한 문제를 간과하게 된다. 이 때 우리는 목표를 놓치게 된다. 가르침의 일곱 가지 요소 중에서 마지막 요소인 "결과"는 우리가 목표를 정확하게 바라보도록 도와 준다.[12]

생각하기

1. 앞 장에서 당신이 학생들을 평가했던 것을 기억하라. 학습 결과를 평가하는 새로운 제안들을 고려하여 학생들의 학습에 대한 "평가"를 개선하기 위한 세 가지 방법을 기록하라.
    a.
    b.
    c.

2. 당신이 교회에서 집사나 장로로 선택되기 위해 후보가 되어서 평가를 받고 있다면, 위원회가 어떤 원칙을 따라 평가하기를 바라는가? 그들이 당신을 정확하게 평가하도록 하기 위해서, 그들에게 추천할 수 있는 세 가지 다양한 평가 원칙을 구체적으로 써 보라.
    a.
    b.
    c.

다양한 연령층을 가르치기 - 개요

효과적인 가르침은 학생들의 필요와 특성에 맞추어 가르치는 것이다. 예를 들면, 영적 성숙을 이루기 위해서는 신앙에 대한 적절한 질문을 해야 한다. 그러나 아이들에게 적절한 것이 청소년이나 성인들에게는 적절치 못할 수도 있다. 우리는 성인, 청소년, 어린이들을 가르치기 위해서 각 연령층에 적절한 지침을 따라야 할 필요가 있다.

성경을 가르치는 데 있어서의 차이점

인지 발달 이론에 따르면 어린이들은 성인들과 생각하는 것이 다르다. 이것이 성경을 가르치기 위해 교과를 준비하는 데 있어서 어떻게 적용될 수 있을까? 십대를 가르치는 것과 성인을 가르치는 것은 어떻게 다른가? 일반적인 지침으로서, 각 연령층에 대해 다음과 같은 강조점들을 제안하고자 한다.

어린이

어린이들의 구체적인 경험과 관계된 설명과 어휘를 사용하라. 그들에게 친숙한 것을 사용하라(예를 들면, 자동차를 타는 것보다는 자전거 타는 것을 실례로 들라.) 그들은 단어를 문자적으로 이해하는 경향이 있다. 경험에 근거한 지식을 확장시키기 위해 새로운 일들을 하게 하고, 새로운 물건을 보여 주고, 현장 견학 여행에 데리고 가라. "경험을 통한" 학습을 강조하라.

청소년

청소년들이 성인처럼 사고할 수 있도록 도우라. 그들에게 의미있는 문제를 제시하고, 그들로 생각하며 이 문제를 풀어 보게 하라. 그들이 '어린이 수준의 신앙'에서 충분히 성숙한 '성인의 신앙'으로 변화하도록 도전하라. 그들에게 자신의 견해를 시험하고 새로운 이론을 시험해 보도록 기회를 주라. 그들이 당연히 실패할 수도 있다는 것을 기억하라. 그들에게도 모순이 있다는 것을 깨닫게 하고, 여러 가지 관련된 요소들을 고려해서 진리를 배우도록 도우라.

성인들

그들이 당면한 인생의 문제들을 해결하기 위해 성경적 원리들을 이해하도록 도우라. 그들의 풍부한 경험을 사용하라. 그들이 가정에서, 이웃 속에서, 직장에서 직면하는 곤란한 문제들이 무엇인지 민감하게 파악하라. 그들이 처한 특정한 상황에 성경의 가르침을 비추고, 그들에게 있는 모순과 건전치 못한 습관들을 바꾸도록 격려하라.

연령층에 따른 학습 방법의 차이점

일반적으로 말해서 세 가지 학습군과 이에 관련된 방법들이 각 연령층에 모두 적절하게 적용될 수 있다. 그러나 각 연령층에 적합한 교수 전략을 살펴볼 때 좀더 분별력 있는 관점으로 살펴보아야 한다. 인간의 성장 과정에 따른 필요에 따라서, 각 연령층을 한 가지 학습군과 연관을 시켰다. 다른 두 가지 학습군도 사용될 수 있지만, 각 연령층에는 한 가지 학습군이 가장 적합하게 사용될 수 있다. 이와 같이 연령층과 학습군을 연결시키는 것은 성장 이론에 대한 비교에 기초한 것이다. 그림 10.3은 각 연령층과 이에 적합한 학습군을 나타내고 있다.

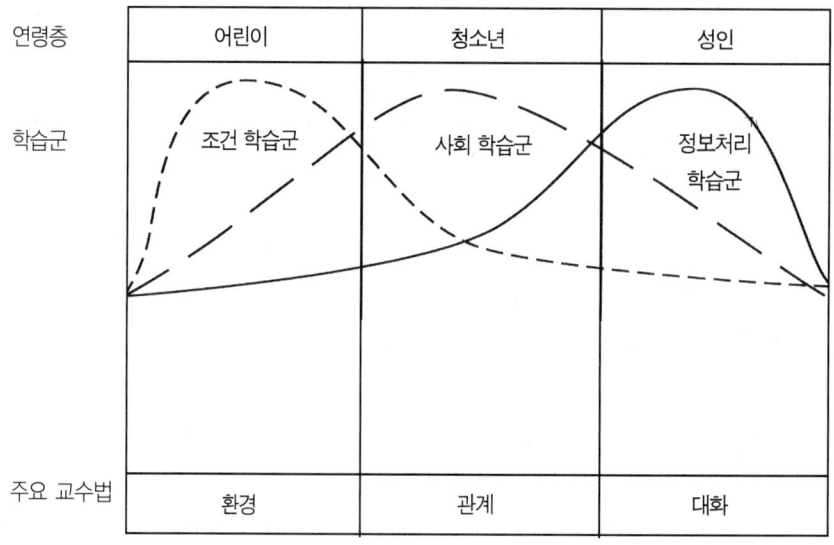

그림 10.3
연령층에 적합한 학습군

자료: 콜버그(1981, 1984)와 와드(1989, p.94)에서 수정

이처럼 연령층과 학습군을 연관시킨 것은 '도덕적 추리 이론'에 근거한 것인데, 이 이론은 로렌스 콜버그(Lawrence Kohlberg, 1981, 1984)가 발전시켰고, 후에 테드 와드(Ted Ward, 1989, p. 94)가 변화를 준 것이다. 예를 들면, 어린이(콜버그의 수준 I)는 근본적으로 보상과 벌에 의해 동기가 유발된다. 이것은 조건 학습군의 기본적 특성이다. 성숙한 청소년(수준 II)은 사회 규범과 어떤 역할에 대한 모방을 통해 더 잘 배운다. 사회 학습군이 이와 유사한 관점을 보여 준다. 성숙한 성인(수준 III)은 대화와 인간 상호간의 계약을 통해 학습이 잘 이루어진다. 정보처리 학습군이 여기에 적합한데, 복잡한 사상이나 인간 상호간의 작용에 의해서 성장이 이루어지는 것으로 보이기 때문이다.

연령층과 학습군 사이의 연관은 그림 10.3에서 묘사되었듯이 서로 배타적 관계가 아니라는 점을 기억하라. 즉 한 연령층은 한 가지 학습군을 효과적으로 사용할 수 있으며, 또한 다른 학습군도 사용할 수 있다는 것이다. 이것을 기억하고서 세 가지 학습군에 따른 여섯 가지 학습 방법을 각 연령층에 적용한 제안을 살펴보라(표 10.8을 보라).

표 10.8
연령층과 학습군에 따른 교수 전략

연령층	학습군과 학습 방법	전략
성인	동일시 학습	• 필요와 관심을 채워 주는 주제를 연구하라 (예: 재정).
정보처리 학습군	탐구 학습	• 사고하게 하는 학습을 조직하라(예: 사례 연구, 문제 제기).
청소년	구조화된 모방	• 좋은 매체를 선택하라(예: 음악, 잡지, TV, 영화/비디오, 책).
사회 학습군		• 스타들(남녀주인공들)을 평가하라.
	삶을 통한 모방	• 역할 모델을 제공하라(예: 친구, 청소년 지도자, 성인 후원자).
		• 다양한 경험과 본보기를 제공하라 (예: 타문화권 여행).
어린이	결과 학습과	• 경건한 태도를 발전시키라(예: 사랑, 기쁨, 평화, 인내).
조건 학습군	암시 학습	• 경건한 습관/생활 양식을 갖게 하라 (예: 매일 성경 읽기, 기도, 갈등 해결)

결론

 생각하기

당신은 다음과 같은 경우에 어떻게 행하겠는가?

1. 당신은 시골 주유소에서 차에 기름을 넣고 있다. 갑자기 어느 자가용이 끼익— 하는 날카로운 소리를 내며 당신 옆에 급히 정차한다. 한 남자가 뒷 좌석에 앉아 있고, 그 옆에는 배가 부른 임산부가 극심한 고통 가운데 있다. 운전자가 허둥대며 당신에게 가장 가까운 병원에 가려면 어떻게 해야 하느냐고 묻는다. 당신은 어떤 반응을 보이겠는가? 당신은 그에게 길을 가르쳐 주어야 하는데 어떻게 '가르쳐' 주겠는가?

2. 동일한 상황을 다시 생각해 보자. 이번에는 길을 묻는 사람이 청소년이고 이제 겨우 운전을 시작한 초보 운전자라고 가정해 보자. 당신은 이런 '가르침'의 상황에서 어떤 반응을 보이겠는가? 첫 번째 경우와 비교해서 어떻게 다르게 행동하겠는가?

3. 마지막으로, 동일한 상황을 상상해 보라. 당신과 마주서 있는 사람이 외국인으로서 당신과 대화가 거의 통하지 않는 사람이다. 당신은 어떤 느낌을 받겠는가? 이번에는 어떤 '가르침'의 방법으로 접근하겠는가?[13]

이 사례 연구를 통해, 지금까지 배운 내용을 복습해 보자. 효과적인 교육은 적어도 일곱 가지 가르침의 요소들을 포함하고 있다.

교사: 어느 경우에나 가르치는 자로서 당신의 역할은 매우 중요하다.
명확한 교육 과정: 어느 경우에나 병원의 위치와 병원으로 가는 방향은 동일한 것이다.
학습 목표: 각 경우에 모두 동일한 것은 아니지만 목표는 운전자가 지시 사항을 이해하도록

돕는 것을 포함한다.

학급과 개인 학습자: 세 가지 예에서 학생은 다양한 학습자의 필요를 나타낸다(그들의 독특한 특성을 대조하라).

전체적인 환경: 당신은 그 때 그 곳의 지리에 익숙해 있었고, 병원이 어디에 있는지 정확히 알고 있었다. 그러나 당신이 익숙지 못한 지역에 있다면 어떻게 하겠는가? 이 경우에 당신은 학생들이 환경—주유소에서 병원으로 가는 모든 길—에 얼마나 익숙해 있는지도 확신하지 못한다.

교육 활동: 말할 필요도 없이, 당신이 기대하는 교육 전략은 다양할 것이다. 예를 들면, 운전자에게 당신이 말한 지시 사항을 따라서 말하도록 하는 것이 좋겠는가? 세 번째 경우에 지도를 그려 주는 것이 유익하겠는가? 그들에게 당신을 따라오라고 말하겠는가?

가르침의 결과: 당신이 당신의 차를 타고 병원으로 향하는 부부를 뒤따르지 않는다면 학생의 학습을 온전히 평가하기는 어렵다. 당신은 그 학생을 당신의 차에 태우고 병원으로 데려가기로 결정할 수도 있다. 그러나 당신의 차에 태우고 가는 것은 원래의 학습 목표와 다르다는 것을 주목하라. 결과는 더욱 만족스럽겠지만, 학습 활동들에 상당한 변화를 가져오게 된다.

유능한 교사가 되고자 뜻을 품는 것은 도전적인 일이다. 이것은 땀을 흘려야 이루어지는 일이다.[14] 가르친다는 것은 용기가 없는 자들에게는 적합한 일이 아니다. 학생들이 무엇인가 성취한 듯 보이는 것으로 만족하는 자들에게도 적합하지 않다. 기독교 교육을 담당하는 자는 여러 가지 은사와 기술, 판단 능력이 있어야 한다. 기독교 교육은 가치 기준을 담고 있는 학습 목표를 의식적으로 추구해야 한다. 또한 탁월하게 가르치는 것은 성령의 능력과 인도하심이 있어야 한다.

제11장
성인 교육

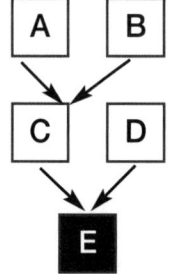

한 세기 전의 학습
각기 다른 "나무들"
성인 학습을 위해 사용하는 질문들
화목 주제의 "숲"(개관)
결론

한 세기 전의 학습

1860년대말 어느 날 아이오와에 살던 한 농부는 그의 농장 가까운 곳에 건축 중인 대륙 횡단 철도를 보기 위해 1시간 동안 농장을 비웠다. 선로가 놓여 있고 몇 분 후에 증기 기관차가 지나가는 것을 본 농부는 농장으로 되돌아오면서 생각했다. '철도 부설 작업이란 선로를 놓고 기차들이 그 위를 지나다니는 것, 바로 이거로구나.' 농부는 철도가 가지고 있는 무한한 가능성을 보지 못했다. 그는 훨씬 더 빨리 생산물들을 시장으로 운반할 수 있고, 생산물들을 새로운 시장에 가져가 더 많은 곳에서 가져온 생산물들과 경쟁을 벌여야 한다는 것을 깨닫지 못했다. 그는 시카고, 캔사스 시티, 덴버, 샌프란시스코의 발전과 대륙간 무역의 발달을 예견하지 못했다. 또한 그는 대륙을 건너는 데 1주일도 안 걸릴 것이며, 거리와 시간에 대한 사람들의 개념이 달라질 것을 생각하지 못했다.[1]

농부는 기관차와 강철 선로만을 보았지 전체적인 안목을 가지고 보는 데는 실패했다. 그는 부분을 보았을 뿐 전체를 보지 못한 것이다. 그의 좁은 관점은 처음에는 순진함으로 여겨질 수도 있으나, 장기적으로 보면 그 순진함은 그의 생활에 손해를 끼치게 될 것이다.

기독교 교육에서도 마찬가지로, 우리는 때때로 주간 프로그램에만 매달리곤 한다. 이 농부처럼 선로만을 보고, 더 큰 문제들은 간과할 수 있다. 특히 연령에 따른 사역을 생각해 볼 때, 교회 안에서 각 그룹을 구분하는 데 실패하게 된다. 그룹들의 서로 다른 점은 무엇인가? 전체를 조감해 볼 때 우리는 무엇을 알 수 있는가?

생각하기

당신이 교회에서 성인 사역을 시작한다고 생각해 보라. 당신은 성인들의 관심사에 대해 어떤 것을 마음 속에 두고 있는가? 다음의 예를 참고하여 성인들의 독특한 욕구들을 기록해 보라.

1. 성인은 보통 직업과 관련된 욕구를 가진다.
2. 성인은 주로 가족에 대한 책임으로 걱정한다(예: 아이들과 나이 드신 부모님).
3.
4.
5.
6.

아이오와의 농부 이야기에서 한 가지 더 생각해 볼 점은, 우리가 잘 알고 있는 "나무와 숲"의 비유일 것이다. 농부의 문제는 그가 나무들 때문에 숲을 볼 수 없었다는 것이다. 그는 전체적인 그림을 이해하지 못했는데 이는 심각한 문제이다. 많은 기독교 교육자들이 이런 오류를 범하고 있다.

나무를 보지 않고 숲만 보는 것도 역시 역효과를 가져온다. "숲"이 전반적인 성인 사역의 윤곽이라면 "나무"는 그 세부 사항을 나타낸다. 우리는 그 세부 사항들을 놓치지 않으려고 애쓴다. 사역을 구체적으로 하지 못하는 전문가는 힘을 잃기 때문이다. 세계적으로 유명한 철학자 괴테는 "자신의 사상을 행동으로 옮기는 것이 세상에서 가장 어려운 일이다"라고 말했다.

각기 다른 "나무들"

"나무"와 "숲"은 둘 다 중요하다.[2] 사실 이 둘은 하나가 다른 하나를 보충해 주는 역할을 하기 때문에, 모든 성공적인 사역들은 이 둘 모두를 필요로 한다. 우리의 날마다의 교육 활동—세부 사항들—은 회복과 화목을 입증하는 것이어야 하고, 교육의 전체적 개관—보편적인 것들—도 우리의 시선을 바로 그 화목에 집중시킬 수 있게 하는 것이어야 한다.

성인의 독특한 관심사들

앞에 나온 "생각하기"에서 작성했던 것들을 재검토해 보라. 당신은 성인들이 다른 연령층과는 다르게 일생 동안 필요로 하는 것들이 무엇이라고 기록했는가? 그들이 필요로 하는 것은 어린이나 청소년들이 필요로 하는 것과 어떻게 다른가? 당신이 기록한 것에 특정한 유형은 없는가?

성인들을 위한 훌륭한 교사는 성인들의 필요를 이해하고 채워 주는 교사이다. 이러한 지식이 교육 과정의 목표와 전략에 반영될 때, 성인 학습자들은 성숙하게 된다. 제리 스터블필드(Jerry M. Stubblefield)는 일생에 걸쳐서 성인들이 배우기에 적절한 기회를 열아홉 가지로 제안하고 있다(표 11.1을 보라).[3] 그들이 특별한 필요에 직면했을 때가 바로 그들이 배우기에 적합한 기회이다.[4] 이런 필요들에 주의를 기울일 때, 학습자들의 동기가 유발된다. 뿐만 아니라 배운 것을 오랫동안 간직하게 된다. 반대로, 이들의 연령에 따른 특정한 필요에 주의를 기울이지 않으면, 교육 계획은 그들의 필요와는 상관없이 엉뚱한 것이 되고 만다.

성인 사역의 목표들을[5] 제시하고 있는 다양한 자료들이[6] 있다. 이 자료에는 성인들의 구체적인 필요와 거기에 맞는 사역을 연관시켜 놓았다.[7] 우리가 하나님의 뜻을 따라 살고자 한다면 우리는 전인적 성장을 위한 성경의 권고에 유의해야 한다.[8]

성인의 독특한 학습 방법

우리는 앞 장에서, 일반적으로 세 가지 학습군과 여섯 가지 학습 방법들이 모든 연령층에서

11.1
성인이 배우기에 적절한 기회들

- 독립적인 생활을 준비하는 일
- 결혼에 대해 결정하는 일
- 훌륭한 시민이 되는 일
- 공동체의 지도자가 되는 일
- 수입에 맞게 생활하는 일
- 배우자와 함께 생활하는 일
- 나이 드신 부모님께 순응하는 일
- 은퇴 후 줄어드는 수입에 적응하는 일
- 친구들과 함께 생활하는 일
- 생활을 재정비하는 일
- 직업 세계로 들어가는 일
- 자녀 출산에 대해 결정하는 일
- 좋은 친구를 선택하는 일
- 십대들과 함께 생활하는 일
- 여가 활동을 선택하는 일
- 생리학적 변화를 받아들이는 일
- 자신의 나이를 받아들이는 일
- 배우자의 죽음에 적응하는 일
- 좋은 친구가 되고 좋은 시민이 되는 일

자료: 스터블필드(1986, pp. 239-55)에서 수정

사용 가능하다는 것을 알았다. 그러나 각각의 연령층 안에서 가장 적절한 학습군은 한 가지가 있다는 것을 주목한 바 있다. 각 연령층의 특성상 한 학습군이 다른 두 개보다 사용하기에 더 적절하다고 볼 수 있다. 조건 학습군은 어린이들에게 더 도움이 된다. 어린이들은 교육 환경에 의해서 많은 영향을 받는다. 사회 학습군은 청소년들에게 적절하다. 청소년들은 근본적으로 모방과 친구들을 통해서 학습한다. 정보처리 학습군은 성인들에게 적절하다. 성인들은 기본적으로 문제 해결과 비판적 사고를 통해 학습한다.

성인의 독특한 성장

히브리서 5:11-6:3은 그리스도인의 성장에 대한 세 가지 핵심 국면을 나타내며, 성인의 발달에 대한 몇 가지 독특한 특징을 묘사하고 있다. 히브리서 6:1은 기독교 교육의 궁극적인 목표를 나타내고 있다: "그러므로 우리가…완전한 데 나아갈지니라." 다음에는 성인들을 제자 삼기 위한 세 가지 실제적인 지침이 나타나 있다.[9]

진리를 믿는 것(Truth-Believing)

우리는 우선 어떤 것을 믿을 수 있어야 한다. 믿음이란 감정적인 헌신뿐만 아니라, 필연적으로 인지적인 헌신이 있어야 한다. 교회 안에서 성인들은 진리에 단단히 뿌리를 박아야 한다. 어떤 진리에 뿌리를 내려야 하는가? 히브리서 6:1-2은 여섯 가지 교리를 세 쌍으로 분류한다. (1) 회개와 믿음(1절)은 구원론과 관계가 있다. (2) 세례(결례를 말할 수도 있음)와 신자들의 임직("안수", 2절)은 교회론과 관련이 있다. (3) 부활과 심판은 종말론을 나타낸다. 여기서 핵심적으로 말하는 것은 어떤 기본적인 진리가 있어서 이 진리를 믿을 수 있어야 한다는 것이다.[10] 그런데 성인들이 믿는 이런 기본적인 교리들이 아이들에게는 너무나 추상적으로 보인다는 것을 알아야 한다.[11] 많은 청소년들도, 마찬가지로, 이런 교리들을 이해하지 못한다. 이처럼 성장을 위한 첫 번째 지침은 성경에 근거하여 성인의 독특한 발달 구조가 있다는 것을 말해 주고 있다.[12]

진리를 행하는 것(Truth-Behaving)

성경은 성도들이 성숙해지는 목적이 개인만을 위한 것도 아니고 금욕적인 삶을 살기 위한 것도 아니라고 증거하고 있다. 히브리서 5:14 상반절은 성인 신자들이 두 가지 방법으로 성장한다고 설명하고 있다. (1) 그들은 진리를 "계속적으로 사용함으로써" 생활 속에 적용한다. 즉 우리는 영원히 하나님의 계시를 우리의 삶에 적용하는 것이다. (2) 그들은 진리를 사용하여 "자신을 연단"한다. 진정한 믿음은 진실한 행동으로 나타나는 것이다. 진리를 받아들인다는 것은 진리를 행한다는 것과 같다. 우리는 교실 안에 국한된 성인 교육에 만족해서는 안 된다. 어떤 교리나 암기해야 될 목록에만 의존하는 양육 계획을 세워서는 안 된다. 기독교 교육은 삶의 변화를 가져온다. 일상 생활이 변화되고 동기와 태도가 변화한다. 이것이 성인에게 독특한 성장의 두 번째 지침을 마련해 주는 지속성의 문제이다. 청소년에 관하여 다음 장에서 보여 주듯이, 청소년의 성숙은 지속적이지 못하고 쉴새 없이 바뀐다. 아이들은 훨씬 더 일관성이 부족하다. 이와는 대조적으로, 성장하는 성인들은 비교적 한결같고 일관되게 경건한 삶의 유형을 나타내 보인다.

진리와 같이 되는 것(Truth-Becoming)

히브리서 5:14 하반절은 진리를 생활에 광범위하게 적용함으로써 "선악을 분변하는" 능력을 갖게 된다고 말한다. 이것을 성경적인 말로 표현하면 "지혜"라고 부르는데, 이것은 초신자에게서는 쉽게 찾아볼 수 없는 것이다. 지혜는 우리가 확고부동하고 일관성 있게 살 때 나타난다. 우리는 즉각적인 성숙에 대한 허황된 꿈을 버려야 한다. 왜냐하면 기독교 교육은 즉효약이 아니기 때문이다. 어린이나 청소년은 거의 지혜의 덕을 나타내지 못한다. 그들에게서 지혜를 기대하기가 어렵다. 이는 진리와 같이 "되는 것"이 성인기에 지닐 수 있는 인격의 특성이기 때문이다.[13]

이처럼 성장을 세 부분으로 나누어 묘사하는 것은 신약 성경에서 믿는 자들을 묘사한 말에 근거한 것이다. 초기 그리스도인들은 "그 도"(道)를 좇는 자들로 알려져 있다(행 9:2, 19:9). 의심할 여지없이 이 이름은 요한복음 14:6의 그리스도의 주장에서 나온 것이다. 그러나 더 직접적인 언급은 바울의 증언에서 볼 수 있다. 그는 벨릭스 앞에서 증언하면서, 이 유명한 "종파"(유대인들이 그리스도인들을 이렇게 묘사했듯이)에 대해 자세하게 털어놓았다.

생각하기

사도행전 24:14-16에 나타난 바울의 증언을 읽으라. 성인의 성장에 대한 세 국면을 찾아보라.

성장의 각 국면을 설명하는 절이나 단어들을 쓰라.

1. "진리를 믿는 것" _____
2. "진리를 행하는 것" _____
3. "진리와 같이 되는 것" _____

당신의 대답과 본서에서 제시한 것을 비교해 보라.[14]

성인들의 각기 다른 경험

지금까지 우리는 성인들의 삶과 사역의 독특한 양상에 대해 다루었다. 성인들의 필요와 주요 학습 유형, 그리고 성경적인 성숙의 유형에 있어서 그들이 어린이들이나 청소년들과 어떻게 다른지에 대해 분석해 보았다. 이제부터는 성인 개개인의 차이에 초점을 맞추고자 한다. 분명히 우리 지도자들은 서로 다른 모든 사람들의 구미를 다 맞추어 사역 계획을 세울 수는 없다. 그러나 그들이 다른 사람들과는 달리 독특하고 의미있게 경험한 것들이 무엇인지에 대해 좀더 민감해질 수 있다.

성인들의 서로 다른 점을 이해하기 위해서는 두 가지의 기본 요소—인생의 사건들과 인생의 시기들—를 비교해 볼 수 있다. "인생의 사건들"은 그들이 도전한 일, 우연히 일어난 일, 성취한 일들로 이루어져 있다. "인생의 시기들"은 성인으로서 특별한 경험을 하는 시기를 말한다. 예를 들면, 나는 13살, 9살, 5살난 세 딸이 있다. 같은 연령의 동료 하나는 5살난 아들이 있다. 어떤 면에서 두 집 부모들은 현재 동일한 인생의 사건들을 맞고 있다(예: 나이 드신 부모님들을 대하기). 그러나 우리 동료의 가족은 처음으로 외아들을 학교에 보내게 되었다. 우리 가족은 벌써 8년 전에 그 일을 겪었다. 이 예는 인생의 시기들이 각각 다르다는 것을 보여 주는 것이다. 중년이 된 우리 동료는 대체로 청년들이 그들의 시기에 겪는 인생의 사건을 이제야 경험하고 있는 것이다.

이 이야기에서 한 가지 교육적 의미를 생각해 보라. 이 동료가 그의 아내와 함께 그들의 나이에 맞추어 별생각 없이 중년 주일학교 반에 들어간다면 어떤 일이 일어날까?[15] 어떤 면에서 그들에게는 사실 청년 반이 더 맞지 않을까? 특히 두 반이 모두 가족과 관련된 주제를 공부하고 있다면 청년 반이 그들에게 훨씬 더 적절하지 않겠는가?[16] 표 11.2는 성인들이 겪는 비슷한 경험과 다른 경험들을 복합적으로 나타내 준다.[17]

"회중의 사건들"은 확실하게 나타나는 사건들을 나타낸다. 그것들은 사건이나 날짜에 있어 확실하게 정해진 사건들이다. 일반적으로 거의 예외가 없다.[18] "이정표가 되는 사건들"은 기대되는 사건들이지만 시기는 경우에 따라 변한다.[19] "중요한 사건들"은 날짜는 정해졌지만 누구에게 일어날지는 불확실한 사건들이다. 그것들은 교회력과 특별한 날이 표시된 일반 달력(예: 어버이날)에 있는 것들이다. 이 3/4분면에 있는 질문들은 공적으로 정해진 날짜가 확실하기 때문에 개인적으로 적용하게 된다. 예를 들면, 몇몇 교회에서는 1년 중 분기마다 "누가 이번에 세례를 받을 것인가?"라는 통상적인 질문을 하게 된다. 때로는 많은 지원자들이 나오고, 때로는 지원자들이 너무 적거나 없어서 취소되거나 연기되기도 한다. 5월 둘째 주일이 되면 위원회에서는 "몇 명의 부모들이 있는가?"라고 묻게 된다. 이 때가 되면 주기적으로 부모와 자식의 도리에 대해서 설교하는 목회자들은 또 다른 메시지를 준비해야 한다.[20]

"사적인 사건들"은 경험하는 시기뿐만 아니라 사건들도 불확실하다. 보통 사역의 효과 면에

표 11.2
성인이 경험하는 '사건들'
인생의 시기들

	비슷하다	다르다
인생의 사건들 비슷하다	"회중의 사건들" (예: 주일학교 소풍, 크리스마스 프로그램, 성만찬) 설명: 기대된 날짜에 모두에게 일어남 비슷하다 비슷하다	"이정표가 되는 사건들" (예: 고등학교 졸업, 운전을 배움, 은퇴) 설명: 예기치 않은 시기에 사실상 모두에게 일어남
다르다	"중요한 사건들" (예: 세례, 어버이날과 같이 예견된 연중 행사들) 설명: 기대된 날짜에 특정인에게 일어남	"사적인 사건들" (예: 이혼/재혼, 승진, 직업을 바꿈) 설명: 예기치 않은 시기에 특정인에게 일어남

서 볼 때, 4/4분면에 나타난 경험들이 표 11.2에서 가장 어려운 일에 속한다. 성인들 개개인의 독특한 경험을 인정해 준다는 것은 힘든 일이다. 그것은 시간이 걸리는 일이며, 희생과 대화하는 기술을 필요로 한다. 그러나 많은 사람들을 섬기기 위해서, 지도자들은 "사적인 사건들"의 종이 되어야 한다. 지도자들은 성인들이 다양하게 도전하는 것들, 그리고 성취하는 것들에 대해 공감할 수 있어야 한다.

앤더슨(Anderson, 1990)은 성인들의 다양한 경험들에 대해 유사한 관심을 표현하고 있다. 그는 세대 차이라는 관점에서 이 주제에 접근하고 있다. 예를 들면, "베이비 붐 시대에 태어난 사람"과 "출생률이 급속히 떨어질 때 태어난 사람"은 다른 배경을 갖게 된다. 그들 부모들의 경험은 훨씬 더 다르다. 그는 다음과 같이 요약하고 있다(p. 65): "함께 경험한(혹은 함께 경험하지 못한) 것들이 세대를 하나로 결집시킨다. 이것은 강력한 현상으로서, 많은 사람들은 다른 세대의 관점을 전혀 이해하지 못한다. 그러므로 서로 대화가 통하지 않아서 세대간에 함께 호흡을 맞춰야 하는 가족이나 공동체, 사업체, 혹은 교회들에게 많은 손해를 끼치고 있다. 이것을 인정하게 되면 우리는 왜 교회에서 어떤 유형들이 생겨나게 되는지 이해할 수 있게 된다."

생각하기

표 11.2에서 각 4분면에 하나 이상의 예를 들어 보라.

"회중의 사건들"_____
"이정표가 되는 사건들"_____
"중요한 사건들"_____
"사적인 사건들"_____

동료 신자들이 당신의 개인적인 필요에 무감각하다고 특별히 느꼈던 "사적인 사건들"에 대한 실례를 들어 보라(당신의 개인적인 실례를 들 수 없다면, 다른 사람의 삶에서 들은 적이 있는 한 가지 예를 써 보라).

성인 학습을 위해 사용하는 질문들

어떻게 성인들에게 효과적으로 사역을 할 수 있을까? 그들의 연령에 적절한 "학습군"과 인생의 주기에 따른 필요들을 고려한다면 어떤 질문들을 사용해야 하는가? 어떻게 하면 성인으로서 그들이 가진 독특한 경험들을 귀하게 사용할 수 있을까?

어떤 환경에서도 성인 교육을 하려면 질문을 기술적으로 사용해야 한다. 이것은 간단하지만 매우 중요하다.

특별히, 세 가지 질문법이 유용하다. 이 질문법은 성인들이 정보처리 학습군을 통해서 가장 잘 배운다는 주장을 뒷받침해 준다. 각각의 질문들은 다양한 수준의 사고를 하게 하며, 성인들의 당면한 필요와 성숙 정도와 경험들을 토대로 한다. 이런 질문들에는 (1) 대답을 요구하는 질문들, (2) 토론을 필요로 하는 질문들, (3) 문제를 제기하는 질문들이 있다. 이 순서는 제한적인 질문에서 확산적인 질문으로 옮겨 가는 것이다. "대답을 요구하는 질문들"은 그 답변이 제한된 범위 내에 있다. "토론을 필요로 하는 질문들"은 좀더 넓은 범위에서 해결책을 찾게 한다. "문제를 제기하는 질문들"은 가장 광범위한 참여와 반응이 일어나게 한다. 실제로, 세 번째 질문을 통해서 나타나는 결과는 어느 한 가지 결과로 제한될 수 없다. 이 질문에서 제기되는 문제를 다루기 위해서는 여러 가지 방법을 사용할 수 있다(예: 사례 연구, 인터뷰, 연구/보고서를 만들게 한다). "문제를 제기하는"이라는 표현은 학습자의 다양한 반응과 이러한 여러 가지 방법들이 있을 것을 나타내 주는 말이다.

이제 세 가지 다른 질문법이 무엇인지 알고 난 후에는, 이 세 가지 질문 형태의 유사성을 주목해야 한다. 각 질문법은 비판적 사고 기술을 갖게 해 준다. 그리고 성숙한 신자로서 "소망에 관한 이유를 묻는 자에게 대답할 것을 항상 예비하기"(벧전 3:15) 위해서는, 이러한 질문법을 사용하는 것이 좋다. 성인들은 인생을 살아가는 동안 "내가 믿는 바가 무엇인가?"와 씨름할 때 신념을 소유하게 된다.

대답을 요구하는 질문들

프란시스 베이컨(Francis Bacon)은 "능숙한 질문을 통해 이미 절반은 알게 된다"라고 결론지었다. 주님은 질문을 능숙하게 사용하며 가르치셨는데, 이는 그분이 대교사이심을 실증하는

것이다. 주께서 마가복음에서 사용하신 두 가지 질문 방법에 주목하라.[21]

주께서 색다른 방법으로 가르치신 사건이 마가복음 5장에 나타나 있다. 예수께서 야이로의 집으로 가시는 중에 큰 무리가 따라가며 에워싸 밀 때 갑자기 멈추시면서 "누가 내 옷에 손을 대었느냐?"(막 5:30)라고 물으셨다. 속된 말로 표현하자면 제자들은 예수께 이렇게 대답했다: "농담 마세요. 무리가 당신을 에워싸 미는 것을 보시면서도 '누가 내게 손을 대었느냐?' 고 물으십니까?"

그러나 예수께서는 평상시처럼 의도적으로 가르치고 계셨던 것이다. 제자들의 반응에는 상관치 않으시고 손을 댄 사람을 찾고 계셨다. 12년 동안 앓아 온 혈루증에서 나음을 받은 그 여인이 결국 앞으로 나타났다.

예수께서는 의도적으로 질문—대답을 요구하는 질문—을 사용하신 것이다. 그는 질문을 던지시며 개인이 책임있게 응답하도록 하신 것이다.

마가복음 8장에는 4천 명을 먹이신 사건이 나타나는데, 여기에 두 가지 단순한 질문이 나온다. 예수께서는 그들을 가르치기 위해 정보처리 학습군을 사용하고 계신다. 그는 기적을 일으키기에 앞서 제자들에게 주의깊게 귀를 기울이셨다. 제자들은 논리적으로 군중들이 처한 곤경에 대해 말했다: "이 광야에서 어디서 떡을 얻어 이 사람들로 배부르게 할 수 있으리이까?"(4절)

예수님은 동일시 학습 질문을 사용하셨는데, 이는 그들의 생각과 조화를 이루는 것이었다: "너희에게 떡 몇 개나 있느냐?"(5절) 이 질문은 언뜻 들으면 그들이 곤경에 처한 것을 인정하는 것처럼 보였다. 그들은 즉시 "일곱이로소이다"라고 대답했다. 예수께서는 그들의 주장—군중을 먹이는 문제가 인간적으로 불가능하다는 것—이 옳다는 것을 증명하시는 듯했다.

모든 주일학교 어린이들은 어떻게 자비로운 기적이 뒤이어 일어났는지에 대해 알고 있다. 그러나 그들이 배우지 않은 것이 있다. 그들은 예수께서 탐구적인 질문을 제기하셨다는 것에 주의를 기울이지 않고 지나친다: "삼가 바리새인들의 누룩과 헤롯의 누룩을 주의하라"(15절). 예수께서는 열두 제자에게 상징적인 표현으로 경고하셨다. 이어서 그는 이와 관련된 질문을 하셨다: "떡 일곱 개를 사천 명에게 떼어 줄 때에 조각 몇 광주리를 거두었더냐?"(20절). 제자들은 "일곱이니이다"라고 대답했다. 이에 예수께서는 "아직도 깨닫지 못하느냐?"(21절)라고 물으셨다.

기적을 일으키시기 전에, 그리고 일으키신 후에 질문을 던지시며 예수께서는 그의 기적을 확실하게 기억하도록 하셨다. 더욱이 그는 그의 진리를 그의 대적들의 거짓된 가르침과 대조시키려고 하셨다.

대답을 요구하는 질문에는 적어도 세 가지 형태가 있다. 각 형태에는 두 가지 대조적인 질문이 있다.[22]

1. '개방형' 질문과 '폐쇄형' 질문. "하나님의 뜻을 분별하는 법에 대한 당신의 신념을 설명하라"는 질문은 전자를 나타내고, "몇 명의 정탐꾼이 약속된 땅을 조사했는가?"는 후자를 나타낸다. '정답의 범위'에 따라 어떤 형인지 구분하게 된다.

2. '특정인'을 향한 질문과 '모든 사람'을 향한 질문. 전자는 어떤 학생을 지적해서 질문을 한다(예: "앤, 너는 숙제를 하면서 어떤 것들을 발견하게 되었니?"). 후자는 모든 학생들에게 대답할 수 있는 기회를 줌으로 학생들의 참여를 촉진시킨다. 여기서는 '응답자의 범위'에 따라 구분한다.

3. '단정적인' 질문과 '가설적인' 질문. 전자는 사람들이 반응을 보이는 것을 제한하는 경향이 있다. 반면에 후자는 그 반대의 결과를 가져온다. 여기서는 '기대하는 반응의 범위'에 따라 구분된다. "여기에 있는 어느 누구도 유아 세례를 믿지 않는다. 그렇지 않은가?"와 같은 질문은 참가자들로 반응을 보이지 않고 잠잠하도록 만든다. 대조적으로, 사람들의 반응을 촉진시키는 질문은 다음과 같다: "당신이 유아 세례를 믿는다면 어떻게 될까? 어떤 성경적 개념이나 성구들이 그런 입장을 지지해 줄까?" 보통 "…이라면 어떻게 될까?"와 같은 질문은 학생들이 반응하도록 분위기를 조성해 준다.

토론을 하게 하는 질문들

이 두 번째 질문법은 광범위한 대화를 강조한다. 이 범주의 질문들은 양적, 질적인 면에서 대답을 요구하는 질문들과는 차이가 있다. 먼저, 이러한 질문을 사용하려면 더 많은 사람들이 참여해야 한다. 질문을 사용하여 적절한 토론을 이끌어 낼 수 있으며 교사와 한 학생 사이로 대화가 제한되는 것을 막을 수 있다(양적). 종종 생산적인 토론은 학습자들 사이에서 일어나게 되며, 교사는 최소한의 역할만을 담당한다. 또한 토론은 주제에 대해 포괄적으로 분석할 수 있는 잠재력을 가지고 있다. 토론을 통해 세부 사항들을 더 많이 검토할 수 있고, 더 나은 결론을 이끌어 낼 수 있다(질적). 다시 말해서 토론은 대답을 요구하는 질문보다 그 넓이와 깊이 면에서 더 유리한 점을 지니고 있다.[23]

성공적으로 토론에 불을 붙이기 위해서 우리는 토론을 계속 진행시키는 방법을 알아둘 필요가 있다. 주의할 점: 우리는 또한 얼굴에 화난 모습을 나타내지 않는 법을 터득해야 한다. 엠 그리핀(Em Griffin, 1982, pp. 101-5)은 우리에게 유익한 여섯 가지 행할 일과 하지 말아야 할 일을 제안하고 있다. (1) "판단하지 말라." 다른 사람들의 의견을 들으려면 그들을 판단하지 말라. (2) "설교하지 말라." 이러한 접근은 다른 사람들의 참여를 막게 된다. (3) "학자와 같은 자세를 피하라." 언어적 표현뿐만 아니라 비언어적 표현은 지도자가 그룹원들의 생각을 받아들이고 있는지 어떤지를 나타내 준다. (4) "앞서서 계획을 세우라." 미리 준비했다고 해서 토론하는 자리에서 즉각적인 반응을 보이며 토론을 제지시키거나 방해해서는 안 된다. 또한 즉각적인 반응을 보이게 된다고 해서 미리 준비할 필요가 없다는 것도 아니다. (5) "유머를 사용하라." 인도자의 솔직함을 보여 주기 위해 인생의 재미있는 면들이 자연스럽게 나타나게 하라. 신랄하게 비꼬는 말이나 부적절한 유머는 삼가라. (6) "균형 잡힌 참여를 유도하라." 침묵하는 회원은 참여시키고, 반면에 토의를 독점하려는 자들은 통제하라.

대교사이신 주님은 교회가 본받도록 성인을 위한 토론 기술의 모형을 보여 주셨다. 우리 교사들은 주님이 보여 주신 세 가지 예로부터 배울 수 있다. 마태복음 8:27-30에는 예수의 정체성에 관한 토론이 나온다. 예수께서 소문과 진실을 구별하기 위해 질문을 던지며 토론을 시작하셨다. 그의 두 가지 질문은 광범위한 것에서 한정된 것으로 이동한다: "사람들이 나를 누구라고 하느냐"(27절)? "너희는 나를 누구라 하느냐"(29절)?

마가복음 11:27-33에는 그리스도의 권위가 도전받는 내용이 나타난다. 대적하는 자들이 예수의 권세를 도전하며 질문하자(28절), 예수께서는 다시 질문을 던지시며 그들에게 대답하셨다: "요한의 세례가 하늘로서냐 사람에게로서냐, 내게 대답하라"(30절). 대적들은 모른다고 대답을 회피했다. 예수께서는 그를 반대하는 사람들이 함께 연합하여 그를 대적하지 못하도록 토론법을 사용하셨다.

마가복음 12:13-17에는 납세에 대한 논쟁이 나온다. 예수께서는 실물 학습을 위해 데나리온 한 개를 보이시면서 "이 화상과 이 글이 뉘 것이냐?"(16절)라고 물으셨다. 그의 목적은 세속적인 의무와 하나님에 대한 의무, 두 가지를 모두 인정하기 위해 토론을 사용하시고자 함이었다.

요약해서 말하자면, 그룹 토론법에 대해 두 가지 가르침을 생각할 수 있다. 각 가르침은 토론 과정에서 참여자들이 균형을 이루어야 할 것을 말하고 있다. 아래에는 각 가르침이 무엇인지, 그리고 그에 따르는 유익한 점은 무엇인지 나타나 있다.

첫째, 참여자들이 서로 의존하면서도 각 사람의 다양성을 인정해야 한다. 여러 가지 다양한 견해를 존중하고, 빗나간 질문들까지도 받아들이라. 그렇게 하지 않는다면 그저 한 사람만, 혹은 한 가지 견해만 있으면 그만일 것이다. 거꾸로 말한다면, 토의를 통해서 참여자들의 연대 관계는 지속되어야 한다. 그렇지 못하면, 집단으로 기능을 해야 할 아무런 이유가 없게 된다. 토의에 참여하는 자들은 토의에 기여하면서, 또한 집단의 기능에 헌신해야 한다.

둘째, 토론의 시작과 목적에 대해 참여자들의 의견이 모아져야 한다. 즉 생산적인 그룹 토론을 유지하기 위한 규칙이나 가정, 조건들이 있어야 한다는 것이다(예: 그룹 회원들은 서로 다른 참여자들을 존중하는가). 또한 토론의 목적에 대해 의견이 모아지면 생산적인 방법을 찾게 된다. 토론의 시작과 목적에 대해 의견이 모아진다면, 토의의 시작부터 끝까지 일관성을 유지할 수 있게 된다. 참여자들은 주기적으로 "우리가 분석하고 있는 것이 무엇인가? 우리의 목표가 무엇인가?"라고 물을 것이다.

문제를 제기하는 질문들

허만 호온(Herman H. Horne, 1982, pp. 33-34)은 예수께서 그의 청중들에게 제기하셨던 문제들을 잘 요약해 주고 있다. 예수께서는 사람들이 사고하도록 문제들을 제기하셨다. 그는 사람들이 '나는 이 주제에 관하여 진정 무엇을 믿는가?'라고 스스로 묻고 생각하도록 하셨다. 우리 교사들도 그렇게 해야 한다.[24]

표 11.3에 있는 목록 중에서 당신의 주의를 끄는 것은 어느 것인가? 이것들은 대부분 대교사이신 주님께서 사용하신 방법들을 마가복음에서 뽑아 낸 것이다

표 11.3
문제 제기를 위해 주님께서 사용하신 전략들

사람들	그들의 문제들
서기관들(2:7)	누가 죄를 사할 수 있는가?
서기관과 바리새인들(2:16)	예수께서 죄인과 세리들과 함께 계심
바리새인들(2:24)	안식일을 지키는 일
서기관들(3:22)	예수께서 귀신을 어떻게 쫓아내는가?
고향 사람들(6:2, 3)	예수의 권세의 원천
서기관과 바리새인들(7:5)	제자들이 왜 장로들의 유전을 지키지 않는가?
바리새인들(8:11)	표적을 원함
베드로, 야고보, 요한(9:11)	엘리야가 먼저 오는 일
제자들(9:34)	"누가 가장 크냐?"
요한과 다른 사람들(9:38)	다른 사역자들에 대한 관용
바리새인들(10:2)	이혼
젊은 부자 관원(10:17)	영생을 얻기 위한 방법
야고보와 요한(10:37)	예수님의 좌우에 앉는 일
사두개인들(12:23)	부활
서기관(12:39)	첫째 계명
베드로, 야고보, 요한, 안드레(13:4)	"어느 때에 이런 일이 일어나는가?"
시몬의 집에서 식사하실 때의 어떤 사람들(14:4)	향유의 낭비
대제사장(14:61)	예수께서 자신을 그리스도라고 주장한 일

자료: 혼(1982, pp. 33-34)에서 수정

 생각하기

다음 질문들에 대해 간단히 답하라.

1. 표 11.3에서 문제를 제기하는 사건들 중 어느 것이 당신의 관심을 끄는가? 그 이유는 무엇인가?

2. 예수께서 문제를 제기하셨던 다른 딜레마들을 적어 보라(표 11.3에 나타나지 않은 것 중에서).

3. 예수께서 사용하신 문제들 중 하나를 선택해서, 당신이 군중의 한 사람이었다면 어떻게 반응했을까 생각해 보라.

크리스천 교사들은 어떻게 성인 학생들에게 적절한 문제들을 제기할 수 있을까? 우리가 삶의 현장에서 겪었던 실제적인 갈등들을 함께 나누면서 문제를 제기할 수 있다. 또한 국내적인 문제나 국제적인 문제에서 21세기 교회가 생각해 보아야 할 딜레마들을 선정하여 문제를 제기할 수 있다.

전쟁이라는 주제를 생각해 보라. 엠 그리핀(1982, p. 102)이 주제를 가지고 어떻게 윤리적인 논쟁에 활용하고 있는지 주목해 보라: "온화하게 문제를 제기하며 다른 사람들의 생각을 알아보는 것은 정말 흥미있는 일이다. 상대방을 도전하는 것이 아니라 친근한 호기심을 가지고 다른 사람들이 말하고 있는 깊은 의미를 찾아보라. 한 소녀가 전쟁에 반대한다고 말한다면 나는 무슨 전쟁인가를 밝혀 내고자 할 것이다. 베트남 전쟁? 이집트에 대항한 이스라엘의 6일 전쟁? 히틀러에 대항한 2차 세계대전 중 연합군과 히틀러의 전쟁? 이렇게 탐구하다 보면 그녀가 지지하고 있는 전투도 있다는 것이 판명될 수 있을 것이다."

그리핀이 어느 그룹 안에서 시험해 본 또 다른 딜레마를 생각해 보자. 그는 한 가지 문제를 제기하며 토론을 벌였는데, 이는 성경의 인물과 관계된 것이다: "만일 하나님이 우리에게 절대로 거짓말을 하지 말도록 하셨다고 한다면, 나는 다락에 정탐꾼들을 숨기고서 거짓말을 했던 기생 라합에 대해 언급하겠다. 히브리서 11:31에서 그녀는 믿음에 대한 칭찬을 받았다. 이 점에 대해 더 자세한 얘기는 하지 않겠다. 그러나 내가 제기하는 문제는 다른 사람들이 토론을 시작할 수 있도록 하는 기폭제가 될 수 있다"(1982, p. 102).

문제를 제기하는 교육법은 토론을 하게 하는 교육법보다 더 복잡하고 다양한 교수 방법들을 만들어 낸다. 전자는 후자와 같이 토론으로 시작할 수 있다. 그러나 이 외에도 여러 가지 다양한 전략들을 사용할 수 있다. 그래서 제기된 문제를 풀기 위해서 인터뷰, 소그룹 활동, 조사나 보고 등의 방법도 쓸 수 있다. 예를 들면, 앞에서 말한 라합의 예나 코리 텐 붐의 생애에 있었던 딜레마를 사용하면서 성인 교육을 위한 사례 연구를 할 수도 있다. '거짓말하는 것이 옳을 때'라는 제목이 사람들로 하여금 생각하게 하는 제목이 될 수 있을 것이다.

문제를 제기하는 질문들의 결론으로서 문제의 세 가지 유형을 살펴보자. 표 11.4에서 성인들의 문제를 제기하는 교육에 활용할 수 있는 실제적인 제안을 포함시켰다.

사실상 모든 기독교 교육 환경—가정, 교회, 공동체—에서 신자들은 가치 기준이 서로 다를 수 있는 신앙의 애매한 문제들에 대해 적절한 '정책'이 무엇인가에 대해 그들의 관심을 표현한다. 우리는 우리와 다른 신념을 가지고 있는 그리스도인들과 함께 지내는 법을 배워야 한다.[25] 우리는 대화를 통해 이 일을 시도해 볼 수 있다.

효과적인 문제 제기를 위한 지침들은 아주 중요하다. 그것이 없다면 기독교 교육은 비생산적이 된다. 성인들을 맡은 교사들은 몇 가지 기본 지시 사항들을 지켜야 한다

- 중대한 문제를 선택하라.
- 관련이 있는 문제를 선택하라.

표 11.4
문제의 분류

사실에 대한 문제
사실에 관한 문제는 정보에 초점을 맞춘다. 예를 들면: "히브리서는 천사에 대해 무어라 말하는가?" 우리는 귀납적 성경 연구를 통해 이 질문에 대한 사실을 찾아볼 수 있다.

가치에 대한 문제
가치의 문제는 도덕적 표준과 판단에 초점을 맞춘다. 예를 들면: "신자들이 신앙에 관한 애매한 문제들에 대해 동의하지 않을 때 그들은 어떻게 해야 하는가?" 사실을 찾는 것 외에도 우리는 옳고 그름을 결정해야 한다. 또한 서술적인 표현과 규범적인 표현의 차이점도 알아야 한다. 신자들은 그들이 속한 문화에서 애매한 문제들에 대해 가치 기준을 세워야 한다.

정책에 대한 문제
정책의 문제는 사실과 가치 기준을 적용하는 것, 즉 의사 결정 과정에 초점을 맞춘다. "교회는 로마서 14장에서 바울이 말한 원리들을 어떻게 적용할 수 있는가?"라는 질문은 '정책'에 대한 실례를 보여 준다. 예를 들면, 1960년대 후반과 70년대 초반에 많은 교회와 선교 단체들은 남성들이 머리 기르는 것을 금지하는 정책을 만들었다. 그런데 1990년대에 이르러서는 대부분의 단체에서 이 정책을 받아들이지 않아 이것은 낡은 정책이 되고 말았다. 이처럼 교회는 새로운 세대들에게 바울의 원리를 재적용해야 한다. 어떤 문제들이 문화적인 명령이며, 또 어떤 문제들이 초문화적인 명령인가?

자료: 포터와 앤드슨(1976, pp. 118-21))에서 수정

- 사고를 자극하는 문제를 선택하라.
- 적절한 말로 표현된 문제를 선택하라.
  - 질문 형태로 진술된 것
  - 탐색하도록 진술된 것
  - 주인 의식을 촉진시키도록 진술된 것
  - 다루기 쉬운 문제로 진술된 것
  - 명백하게 진술된 것
  - 공평하게 진술된 것
  - 간단하게 진술된 것[26]

화목 주제의 "숲" (개관)

어느 연령층에 대한 사역일지라도 3장에서 다루었던 네 가지 주제로부터 시작한다. 교사들은 자신들의 교육적 전략이 성경적이고, 자신들이 적절한 목표를 향하고 있음을 확신하기 위해 평가하는 척도가 있어야 한다. 예를 들면, 각 연령층은 "영적 교제"에 대한 주제를 다루어야 한다. 학습자들이 창조자와의 관계를 바로 갖도록 어떻게 도움을 줄 수 있는가? "공동체"라는 주제는 어디엔가 소속해야 한다는 소속의 필요성을 만족시킨다. 우리는 학생들이 그리스도인의 친교에 따르는 특권과 책임을 알게 되길 원한다. 또한 모든 연령층에 "인격"이라는 주제를 다루어야 한다. 하나님은 우리 개개인이 어떠한 사람이 되기를 원하시는가? "사명"이라는 주제는 우리가 주변의 세상과 어떻게 연관을 가져야 하는가를 다룬다. 이 주제에는 복음 전도, 청지기직, 생태학적 문제들이 포함된다.

4장에서 기록한 것처럼, 이 네 가지 주제가 네 가지 보편적 탐구와 정확하게 짝을 이룬다는 것을 꼭 기억해야 한다.

'영원에의 추구'는 "영적 교제"와 짝을 이룬다. 우리가 평생 동안 묻는 "인간의 궁극적 실재는 무엇인가?"라는 질문은 '신앙의 필요성'을 표현해 주고 있다.

'친밀감에의 추구'는 "공동체"와 짝을 이룬다. 우리는 계속해서 "나는 다른 사람들과 어떤 관계를 가져야 하는가?"라고 묻는다. 여기서는 '소속의 필요성'을 나타내 주는 것이다.

'성실함'은 "인격"과 짝을 이룬다. 여기서 '존재의 필요성'은 "나는 누구인가?"라는 질문을 불러일으킨다.

그리고 '근면'은 "사명"과 짝을 이룬다. "나는 무엇을 성취해야만 하는가?"는 '행동의 필요성'을 나타내 준다.

다음 부분은 '탐구'와 '주제' 사이의 관계를, 특히 성인을 대상으로 하여 간단히 재검토하고 있다. 여러 사회 과학자들이나 종교 교육자들은 이러한 관련을 인정하고 있다.[27] 예를 들어 에릭 프롬(Erich Fromm, 1955, pp. 27-66)은 "여러 연령층과 다른 문화 속에서 모든 사람에게 동일한"(p. 69) 인간의 다섯 가지 필요를 지적하고 있다.[28] 조사한 바에 따르면 모든 성인들은 이러한 인간의 추구를 중심으로 활동하고 있음을 보여 준다. 게일 쉬이(Gail Sheehey 1976, p. 32)는 20대 청년들이 이런 보편적인 탐구를 어떻게 대하고 있는지 주목한다. 그녀는 자신이 경험했던 "야망의 20대"의 심층 추구를 다음과 같이 묘사하고 있다: "야망의 20대는 성인들의 세계에서 어떻게 행동해야 하는가를 생각한다. 교사들은 이들의 변화에 맞추어 교육을 해야 한다. 20대가 되면 청소년 후기의 내적 소용돌이— '나는 누구인가?' '무엇이 진리인가?' —에서 거의 전적으로 외형적인 것들— '나는 어떻게 나의 열망을 실행할 수 있을까?' '어떻게 시작하는 것이 가장 좋은 방법인가?' '누가 나를 도울 수 있을까?' '다른 사람은 그것을 어떻게 했는가?' —을 성취하는 데에 몰두하게 된다."[29]

청년들과 마찬가지로 중년들 또한 '인간의 탐구' 문제에 직면하게 된다. 쉬이는 중년들이 35세부터 45세 사이가 되는 기간을 "최후의 10년"이라 부른다. 중년들이 "이것이 나의 마지막 기회"라고 느끼는 자아의 위기는 보통 직업적인(사명) 위기와 관련되어 있다. 쉬이는 이것을 다음과 같이 설명한다(1976, p. 36): "이런 자아의 위기를 극복하기 위해서, 우리는 인생의 목적을 재검토하고 우리의 자원을 어떻게 사용할 것인가를 재평가해야 한다. '나는 왜 이 모든 것을 하고 있는가? 나는 정말 무엇을 믿고 있는가?' 우리가 무엇을 해 왔더라도, 우리가 표현하지 못하고 억압되어 온 부분, 그래서 이제는 실현해야 할 부분이 있을 것이다. 나쁜 감정도 좋은 감정과 함께 인정해야 하는 것이다."

노년들도 또 다른 관점에서 '인간의 탐구' 문제에 부딪히게 된다. 앨버트 코울(Elbert C. Cole, 1981, p. 265)은 장년들이 일반적으로 사회와 삶에 대한 두 가지 질문을 한다고 추론한다. (1) "나는 생활을 어떻게 유지할 수 있을까?" (2) "무엇이 인생의 의미와 목적을 가져다 주는가?" 코울은 "두 가지 질문 다 종교적인 의미를 가지고 있고, 신앙 공동체는 이 문제들에 좀 더 적극적으로 응답할 필요가 있다"고 결론 짓는다. 좀더 넓은 관점에서 마틴 하이네켄(Martin J. Heinecken, 1981)은 사회가 공동으로 노년들의 필요를 채워 주는 것이 중요하다고 제안했다. 그는 '탐구'에 대해 다음과 같이 말했다(p. 78): "한 문화권에서 노인들을 대하는 태도는 사람들이 인간의 삶, 가치, 그리고 최종적인 운명에 대해 어떤 관점을 가지고 있느냐에 의해 결정된다."

결론

그러면 성인의 발달을 어떻게 이룰 수 있는가? 이 목적을 이루기 위해 어떤 전략을 사용하는가? 물론 특별한 비결이 있는 것은 아니다. 달라스 윌라드(Dallas Willard)는 「훈련의 영」(The Spirit of Disciplines, 1988)에서 몇 가지 의미 있는 지침들을 제시했다. 표 11.5에서 삶의 열다섯 가지 훈련들을 화목의 네 가지 주제에 따라 분류해 놓았다. 이 분류는 성인 사역에 관한 "나무"와 "숲"을 종합적으로 보여 주고 있다.

성인들을 섬기는 일은 인간의 능력을 초월한다는 것을 깨닫게 될 것이다. 궁극적으로 하나님의 은혜가 우리를 붙들어 주신다. 우리가 제기하는 질문들—탐구들—까지도 인간의 노력으로 해결되는 것이 아니다. 이 네 가지 주제는 한쪽만의 문제가 아니다. 이 화목의 주제들을 시작하신 하나님이 또한 그 일들을 행하신다. 그분은 화목하는 일을 시작하셨고, 이 일을 꼭 이루실 것이다. 그러므로 "영적 교제"라는 주제가 우리의 관심의 초점이 되는 것이다. 여기에서

표 11.5
삶의 훈련들

주제	훈련
영적 교제	고독, 침묵, 연구, 예배, 기도
공동체	축하, 친교, 순종, 자백
인격	금식, 검소, 정숙, 희생
임무	봉사, 은밀한 일

자료: 윌라드(1988, 8장)

다른 주제들도 관심을 끌게 된다. 하이네켄(Heinecken, 1981, p. 77)은 다음과 같이 간결하게 요약했다: "우리 인간들은 피조물이다. 그러므로 우리를 지으신 창조주와의 관계가 바르지 않으면 우리 자신과의 관계, 다른 사람과의 관계, 그리고 피조물과의 관계 역시 바르게 될 수 없다."

제12장
추천할 만한 성인 교육 과정

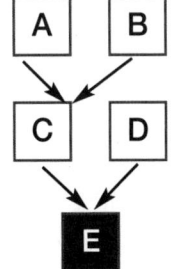

현실적인 평가
추천할 만한 교육 과정
기존의 교육 과정을 사용하려면…
결론

현실적인 평가

모든 성인들이 성장할 준비가 되어 있다고 믿는 것은 무모한 일이다. 성인들 모두가 성숙하기를 원한다고 생각하는 것도 역시 어리석은 일이다.[1] 신중한 교육자는 이러한 학습의 장애물들 사이에 있는 차이점이 무엇인지 분별해 낸다. 아무리 좋은 교수 전략이라 할지라도 그것이 모든 교육적 환경에서 효과가 있다고 믿는 것은 어리석은 일이다. 케네스 갱글(Kenneth Gangel, 1974, p. 36)이 만난 성인 그룹은 그렇게 특별난 학급이 아니었다.

약 10년 전 나는 일리노이즈 남부의 한 교회에서 열린 기독교 교육 협의회를 인도하고 있었다. 회합을 마칠 무렵 나는 청년 주일학교의 수업을 인도하도록 부탁을 받았다. 나는 대화를 통한 접근을 시도하기로 결정하고 어떤 반응을 보이는지 지켜보았다. 나의 첫 번째 질문인 "여러분은 이번 학기에 무엇을 공부해 오고 있습니까?"라는 질문에 20명의 청년들은 아무런 반응도 하지 않았다. 이번에는 "그것이 구약인가요, 신약인가요?"라고 물었지만 여전히 아무런 응답도 없었다. 두세 개의 질문을 더 던지자 그제야 뒷줄에 앉아 있던 한 여자가 수줍게 손을 들고서 알고 있는 바를 짧게 얘기했다.

그 수업을 통해서 나는 그들이 가지고 있는 주일학교에 대한 태도를 알 수 있었다. 그것은 분명히 교사가 말하고 있는 동안 학생들은 앉아서 듣기만 하는 장소에 불과했다. 이와 같은 반 학생들은 그들의 태도를 쉽게, 그리고 빨리 바꾸지 못한다.

생각하기

갱글이 가르친 반 학생들이 왜 그처럼 쉬운 질문에도 대답을 못했는지 몇 가지 이유가 있을 수 있다. 본문에 나와 있는 것 외에, 당신이 생각할 수 있는 이유들을 다섯 가지 쓰라.

1._____

2. _____
3. _____
4. _____
5. _____

갱글의 결론은 아주 정확하다. "이와 같은 반 학생들은 그들의 태도를 쉽게, 그리고 빨리 바꾸지 못한다." 당신이 1년 동안 그러한 학급을 가르치게 되었나고 생각해 보라. 당신의 목표는 좀 더 학생들이 학습에 참여하도록 촉진시키는 데 있다. 이 목표를 성취하기 위한 세 가지 실제적인 아이디어를 적어 보라.

1. _____
2. _____
3. _____

추천할 만한 교육 과정

기존의 출판물들 중 훌륭한 학습 자료에는 어떤 것이 있을까? 본보기가 될 만한 교육 자료가 있는가? 화목의 주제들에 따라서 우리는 효과적인 성인 사역을 위한 바람직한 자료들을 살펴보게 될 것이다.[2] 제10장에서 우리는 정보처리 학습군이 성인들에게 가장 적절하다고 제안했다. 따라서 여기에서 분석하고 있는 자료들은 대부분 비판적으로 사고하는 기술을 강조한다. 우리는 성인들에게 그들이 무엇을 믿는지 그 내용뿐만 아니라, 왜 믿는지 그 이유를 함께 가르쳐야 한다.

본장의 예시에 나오는 참고용 교과 과정은 세렌디피티(Serendipity)의 「고린도전서-신앙의 기초들」(I Corinthians-Mastering the Basics, Lyman Coleman and Richard Peace)에서 발췌한 것으로 모두 학생용 교재에서 인용했다(지도자용/교사용 교범도 따로 나와 있다).[3]

영적 교제/인격을 위한 교육 과정

기독교 고전에 속하는 「당신의 하나님은 너무 작아요」(Your God Is Too Small)는 신앙의 기본적인 문제들에 대해 정확하게 가르쳐 준다. 50년 전 필립스(J. B. Phillips)가 했던 주장은 아직도 기독교 성인 교육에 영향을 끼치고 있다. 그가 말하고자 하는 핵심은 우리가 우주의 창조자를 잊고 있다는 점이다. 우리는 신학 자체를 위해서 신학을 배우고, 하나님께서 하신 일에 인간적인 평가와 등급을 매기기 때문에 하나님의 역사를 제한하게 된다.

마가복음 6:1-6에서 예수님의 고향 사람들도 바로 그와 같은 일을 했다. 그들의 눈에 예수

표 12.1
하나님을 제한하는 관점들

1. 천국의 경찰관 - 하나님은 법을 세우기 위해서만 존재하신다.
2. 천국의 부모 - 육신의 부모에 대한 심리적 죄책감과 공포감을 하나님께 투영한다.
3. 수염 난 할아버지 - 절대 주권자이신 하나님은 늙었을 뿐만 아니라 구식이고 약하게 보인다.
4. 순하고 온화함 - 예수님에 대한 왜곡된 이미지로 인해 하나님은 부드럽고 감상적인 분으로 그려진다.
5. 절대 완전함 - 하나님은 사람들로부터 100% 완전을 요구하시며, 그 이하의 어떤 것은 받아들이지 않으신다.
6. 행복한 도피처 - 하나님을 섬기기 위해서라면 이 세상에 대한 책임들을 회피할 수 있다.
7. 상자 안에 갇힌 하나님 - 신자들의 편협한 사상으로 인해 창조주 하나님을 상자 속에 가두어 제한하려 한다(예: 교파간의 배타성).
8. 초월적인 최고 사령관 - 광활한 우주를 생각할 때, 하나님이 개개인에 대해 관심을 갖고 계신다고 믿는 것은 터무니없는 일이다.
9. 매체에 의해 훼손된 존재 - 대중 매체들이 하나님을 잘못 나타내기 때문에 사람들은 하나님에 대해 거짓된 진술을 듣게 된다.
10. 영원한 실망 - 응답되지 않는 기도나 부당하게 일어나는 재해를 볼 때, 그는 사람들을 실망시키는 분이시다.
11. 창백한 갈릴리 사람 - 하나님은 근본적으로 신자들의 생활 속에서 부정적 영향을 끼치신다. 신자들의 영성을 감소시켜 율법적인 규율에 얽매이게 한다.
12. 우리의 이미지 속의 하나님 - 하나님은 우리가 하나님께 대해 생각하는 것과 같은 분이시다. 하나님은 '다른 사람들'이 행하는 것들을 싫어하시지만 우리 자신의 허물은 간과하시는 분이시다.
13. 시간에 쫓기시는 분 - 급하게 일을 처리하는 간부처럼, 아버지 하나님은 많은 사건과 시간에 쫓기신다.
14. 영원한 엘리트 - 하나님은 특권층에게 호의를 보이시는 편애하는 분이시다.
15. 시내산의 초월자 - 구약의 율법은 신약의 원리보다 더 가치가 있다. 일하시는 하나님은 은혜로우신 하나님보다 더 소중하시다.
16. 비인격적인 힘 - 하나님은 실제로 궁극적인 가치 기준을 나타내며, 합리주의에 대한 각성과도 같다.
17. 다른 이름들을 가지신 하나님들 - 창조주 하나님은 명성, 행운, 성공의 '신들'과 관계가 있다.

자료: 필립스(1956, pp. 8-64)에서 수정

는 "야고보와 요셉과 유다와 시몬의 형제"(3절)이며 "마리아의 아들"에 불과했기에, 그 곳에서 그리스도는 능력을 발휘하실 수가 없었다. 하나님의 아들 그리스도께서 "거기서는 아무 권능도 행하실 수 없어 다만 소수의 병인에게 안수하여 고치실 뿐이었다"(5절). 이것은 하나님을 상자 안에 가두어 둔 것에 대한 생생한 증언이다! 사람들이 거룩하신 자의 능력을 제한한 것이다! 마지막 절에 그리스도께서 어떻게 반응을 보이셨는지 주목해 보라: "저희의 믿지 않음을 이상히 여기셨더라"(6절). 그들의 불신앙은 주님께 충격을 주었다! 우리가 하나님을 제한할 때마다 그와 똑같은 일을 행하는 것이다. 우리가 그분이 어떤 분이신지 오해하고 있을 때 우리는 생활 속에서 하나님의 사역을 제한하게 된다. 이 점에 대해 데이비드 시몬즈(David A. Seamonds, 1991, p. 9)는 다음과 같이 말했다: "솔직히 말해서 나는 그리스도인들의 정서적 문제와 성격 장애의 약 3/4은 그들이 하나님에 대해 생각하고 있는 개념, 즉 그들이 하나님에 대해 어떻게 느끼는가, 또한 하나님이 그들에 대하여 어떻게 느끼시는가에 대한 그들의 잘못되고 왜곡된 개념에서 온다고 생각한다."

필립스(1956, pp. 9-64)의 글을 약간 수정한 표 12.1에서 우리 스스로 하나님을 제한하는 몇 가지 관점을 생각해 보자. 하나님에 대한 자신의 관점 중에 혹시 이와 같은 잘못된 것들이 있지는 않는가?

생각하기

표 12.1에 제시된 것 외에 하나님의 사역을 제한하는 또 다른 오해들을 말할 수 있는가? 머리에 떠오르는 대로 한두 가지를 적고 설명해 보라.

이러한 표현들이 하나님과의 영적 교제에 어떤 부정적 영향을 미치는가?

'영적 교제/인격' 이라는 주제는[4] 성인을 위한 학습 자료의 첫 번째 예로서, 예시 12.1에 나타나 있다.

세 가지 학습군과 여섯 가지 학습 방법이 모두 예시 12.1에 나타난다.

예를 들면, "연구" 부분에서 보여 주듯이, 대부분의 두드러진 교수 전략들이 정보처리 학습군을 염두에 두고 있다. 따라서 기본적인 귀납적 성경 공부 기술이 요구된다. 성인들이 성경을 공부하기에는 동일시 학습법이 적절하다. "적용" 부분에서는 '지혜'에 대한 연역적 이해를 통해서 탐구 학습을 촉진시킨다.

조건 학습군은 여러 부분에서, 특히 "그룹 토의 사항"에서 사용되었다. 암시 학습은 "당신의 신앙 여정에서 언제 '그리스도의 마음'이 당신의 가치 기준과 선택, 그리고 결정에 영향을 주기 시작했는가?"라는 "결론" 부분의 두 번째 질문에 나타난다. 이 질문은 거듭난 사고에 관한 신학을 중점적으로 다루기에 앞서 나타난다. 결과 학습은 또한 "지난 한 해 동안 '그리스도의 마음'이 당신에게 영적인 깨달음을 가져다 준 어떤 증거가 있는가?"라는 질문에 나타나고 있다("결론"을 보라). 이와 같이 지난 한 해를 돌아봄으로써 우리는 보다 실제적인 신앙을 갖게 된다.

사회 학습군의 몇 가지 예는 "도입" 부분에서 분명하게 강조되었다. 영적 판단력을 가진 사람들 외에 영향력 있고 지혜로운 사람들을 추억해 보았다. 이런 실제 인물에 대한 기억들은 뒤이어 나오는 가설적 사례 연구와 대조를 이룬다("심화 학습"을 보라). 전자는 '삶을 통한 모방'을 나타내고, 후자는 '구조화된 모방'을 나타낸다.

표 12.2는 위의 단락을 요약하고 있다. 그것은 예시 12.1에서 사용된 여섯 가지 학습 방법을 도식적으로 보여 주고 있다.

표 12.2
영적 교제/인격을 위한 성인 교육 과정

정보처리 학습군	동일시 학습	귀납적 성경 연구 문제들
	탐구 학습	'지혜'를 이해하는 데 적절한 연역적 문제들
조건 학습군	암시 학습	개인적, 영적 성장 과정에서 '그리스도의 마음'의 실제성에 대한 숙고
	결과 학습	한 해를 돌아보며 매일의 삶에서 '그리스도의 마음'이 나타난 '증거'를 찾아내는 연습
사회 학습군	삶을 통한 모방	영향력 있는 사람들에 대한 회고
	구조화된 모방	모방에 대한 가설적 사례 연구

예시 12.1

단원 4 - 성령으로 난 지혜/고전 2:6-16

본문

성령으로 난 지혜

⁶그러나 우리가 온전한 자들 중에서 지혜를 말하노니 이는 이 세상의 지혜가 아니요 또 이 세상의 없어질 관원의 지혜도 아니요 ⁷오직 비밀한 가운데 있는 하나님의 지혜를 말하는 것이니 곧 감추었던 것인데 하나님이 우리의 영광을 위하사 만세 전에 미리 정하신 것이라 ⁸이 지혜는 이 세대의 관원이 하나도 알지 못하였나니 만일 알았더면 영광의 주를 십자가에 못박지 아니하였으리라 ⁹기록된 바 하나님이 자기를 사랑하는 자들을 위하여 예비하신 모든 것은 눈으로 보지 못하고 귀로도 듣지 못하고 사람의 마음으로 생각지 못하였다 함과 같으니라 ¹⁰오직 하나님이 성령으로 이것을 우리에게 보이셨으니 성령은 모든 것 곧 하나님의 깊은 것이라도 통달하시느니라 ¹¹사람의 사정을 사람의 속에 있는 영 외에는 누가 알리요? 이와 같이 하나님의 사정도 하나님의 영 외에는 아무도 알지 못하느니라 ¹²우리가 세상의 영을 받지 아니하고 오직 하나님께로 온 영을 받았으니 이는 우리로 하여금 하나님께서 우리에게 은혜로 주신 것들을 알게 하려 하심이라 ¹³우리가 이것을 말하거니와 사람의 지혜의 가르친 말로 아니하고 오직 성령의 가르치신 것으로 하니 신령한 일은 신령한 것으로 분별하느니라 ¹⁴육에 속한 사람은 하나님의 성령의 일을 받지 아니하나니 저에게는 미련하게 보임이요 또 깨닫지도 못하나니 이런 일은 영적으로라야 분변함이니라 ¹⁵신령한 자는 모든 것을 판단하나 자기는 아무에게도 판단을 받지 아니하느니라 ¹⁶누가 주의 마음을 알아서 주를 가르치겠느냐 그러나 우리가 그리스도의 마음을 가졌느니라.

연구

읽기

첫 번째 읽기/첫 인상
본문은 어떤 성격의 글인가? (두 가지를 표시하라.)
__설교 __가르침 __경고 __위로 __간청 __변호 __기타

두 번째 읽기/주제
주된 요점이나 주제는 무엇인가?

탐구

1. 바울이 하나님의 지혜가 아닌 것을 설명하기 위해 사용한 표현 두 가지를 찾아 쓰라(6절).

2. 하나님의 지혜가 어디에 있었는지를 설명하기 위해 바울이 사용한 두 단어는 무엇인가(7절)?

3. 그 이유는 무엇인가(7절)?

4. 왜 세상의 관원들은 처음부터 하나님의 지혜에 응답하지 못했는가(8-10절)?

5. 누가 하나님의 지혜를 이해하게 되었는가(10절)?

6. 누가 영적인 것들에 대한 이해를 가능하게 하는가(10절)?

제12장 추천할 만한 성인 교육 과정 271

그룹 토의 사항

7. 바울은 지혜로운 사람들이 알지 못하는 영적인 것들을 이해하는 "낮고" 무식한 사람들에 대해 어떻게 설명하고 있는가(10-11절)?

8. 영적인 판단력 외에 성령께서 또 주시는 것은 무엇인가(12-13절)?

9. 하나님의 영을 소유하지 못한 사람은 영적 진리를 어떻게 보는가(14절)? 그 이유는 무엇인가?

10. 성령께서 믿는 자들로 하여금 할 수 있게 하신 것은 무엇인가(15-16절)?

적용

본문에서 '지혜' 라는 단어에 대해 연구하라. 우선 관계 있는 구절을 쓰고 그 절이 '지혜' 에 대해서 말하고 있는 내용을 적는다. 그런 다음 각 구절의 내용을 25자 이내로 요약하라.

보기:
6절. 두 종류의 지혜가 있다…

요약/25자 이내로

4인조 소그룹으로 나눈 후 순서에 따라 토의를 시작하라.

도입/10분(1-2개를 선택하라.)
• 오늘날 살아 있는 가장 지혜로운 사람들 중의 하나를 꼽으라. 왜 이 사람을 선택했는가? • 당신은 누구를 영적인 이해력과 지혜를 가진 사람으로서 존경하는가? • 당신은 어렸을 때 비밀을 얼마나 잘 지켰는가? 당신의 인생에서 비밀을 함께 나누었던 사람은 누구인가? • 본문을 읽고서 "읽기" 난에 무엇을 적었는가?

심화 학습/20분(2-3개를 선택하라.)
• 성경 연구의 "탐구" 부분을 함께 공부하라. 한 번에 하나씩 질문하라. • 바울에게 이런 회답을 구하는 고린도 교회의 내부 상황을 자신의 생각으로 적어 보라. • 로마서 1:20을 읽으라. 하나님에 대해서 분명하게 이해할 수 있는 것은 무엇인가? 하나님의 성령의 도우심이 있어야 이해할 수 있는 것은 무엇인가? • 당신은 이 구절에서 하나님의 지혜의 본질을 어떻게 요약하겠는가? • 사례 연구: 당신의 친구가 평소에 관심을 가지고 있었던 기를 배우다가 '명상' 에 잠기곤 한다. 그녀의 선생은 마음과 육체가 명상을 통해서 하나가 되기를 추구하는 동양 종교에 빠져 있다. 그리스도인으로서 당신은 친구에게 뭐라고 말하겠는가?

결론/5-10분(1-2개를 선택하라.)
• '지혜' 에 관한 연구를 통해서 무엇을 배웠는가? • 당신의 신앙 여정에서 언제 '그리스도의 마음' 이 당신의 가치 기준과 선택과 결정에 영향을 주기 시작했는가? • 그리스도인이 된 이후로 당신의 인생관을 변화시킨 특별한 사건이 있었는가? • '그리스도의 마음'을 가진다는 것이 실제적으로 당신에게 무엇을 의미하는가? 지난 한 해 동안 '그리스도의 마음' 이 당신에게 영적인 깨달음을 가져다 준 어떤 증거가 있는가?

공동체/인격을 위한 교육 과정

빽빽한 밀림으로 둘러싸여 외부 세상으로부터 격리되어 살고 있는 한 종족을 상상해 보라. 여러 가지 금기 사항과 규칙들이 그들의 일상 생활의 모든 삶에 영향을 미치고 있다. 종교적 의식을 행하면서 공포감을 쫓아내기는 하지만, 그런 의식들이 또 다른 공포감을 생기게 한다. 거기서 함께 사는 사람들은 그들이 믿는 미신을 믿어야 하고 종교 의식도 참여해야 한다. 만일 어느 누가 이유 없이 종교적 무도회에 나타나지 않으면, 그는 일시적이나마 벌을 받거나 추방될 것이다. 그들은 사람들의 비웃음과 조롱을 받을 것이 두려워 다른 사람들과 똑같이 생활하려고 한다.

어떤 사람이 이렇게 추방을 당해 이리저리 방황하다가 빽빽한 밀림 변두리까지 와서 외부의 다른 세계를 보았다고 가정해 보라. 그는 난생 처음으로 자신들과 다른 방법으로 살아가는 종족을 만난 것이다. 그들은 자신들과 동일한 종교 의식을 행하지는 않지만, 그래도 그들의 삶을 보니 풍요롭게 살아간다. 그들은 그가 독약이라고 믿고 있던 음식들을 먹고 있지만 어떠한 해도 당하지 않는다.

예전에 그는 그의 종족의 관습과 규율이 유일하게 옳은(즉 절대적인) 것이고 모두를 위한 (즉 보편적인) 것이라고 생각해 왔다. 그가 만약 다른 관점들을 가지고 있는 더 많은 종족들을 만난다면, 그는 자신의 종족뿐만 아니라 다른 종족들이 보편적이고 절대적인 것으로 생각하는 것까지도 의심하기 시작하지 않겠는가? 상대주의가 그의 생각을 지배할 것인가? 그는 무엇을 느낄까? 살아가기 위해 그는 어떤 가치 기준과 규율들을 선택할까?

그가 다시 고향으로 돌아간다면 무슨 일이 일어날까? 그는 자신의 종족이 행하는 쓸모없는 의식에 대해 이제 침묵할 수만은 없을 것이다. 권력자들은 그들의 토속 신앙과 관습을 방어하기 위해 그를 받아들이지 않을 것이며, 아마도 그에게 벌을 주거나 또 다시 추방하려 할 것이다. 그는 가족과 공동체를 사랑하고 그들에게 소속하기를 갈망하고 있기 때문에 그의 동족을 버린다면 고통을 받게 될 것이다. 그러나 그가 얻게 된 지적 각성이 그를 가족과 공동체에서 분리시킨 것이다.

그는 다시 돌아와 그 종족의 방식에 순응할 수도 있었으나, 그렇게 하려면 자신을 부정해야 했다. 사회에 순응하지 않으면 사회에 대하여 실망하게 되고 냉소적이 되어서 결국에는 내성적인 사람으로 끝나 버릴 수도 있다.

그는 어느 누구도, 어느 것도 믿지 않고 오직 자신만을 믿게 될 것이다.[5]

생각하기

1. 이 추방된 방랑자의 경험과 비슷한 개인적인 경험을 간단히 적어 보라. 당신의 지식이나 가치 기준을 자세하게 검토해 볼 때, 당신의 신앙은 어떤 영향을 받았는가?

2. '개인적인' 신념과 '대인 관계에서의' 기대감, 즉 인격과 공동체 사이에서 당신은 어떤 갈등을 발견했는가?

3. 이러한 갈등 가운데서 당신은 어떤 것을 따랐는가? 만일 그런 경험이 있었다면 어떤 해결책을 찾았는가?

4. 당신과 비슷한 경험을 하고 있는 사람이 당신에게 충고를 구한다면 뭐라고 말하겠는가?

우리 교사들은 의미있는 학급 토론을 통해서 '공동체/인격'이라는 주제를 정규적으로 그리고 효과적으로 접하게 된다.[6] 능숙한 토론 인도자는 개인적인 면과 대인 관계 사이에서 균형을 유지할 필요가 있다는 것을 알고 있다. 스티픈 브룩필드(Stephen Brookfield, 1990, pp. 201-2)가 잘 요약해 준 것처럼, 토론을 이끌어 가려면 다른 사람들과 자신 사이에서 균형을 유지해야 하는 것이다.

> 토론을 촉진시키는 것은 근본적으로 균형의 문제이다…자신감 있고 의사 표현이 분명한 사람들의 참여를 받아들이면서도 침묵하는 회원들에게 말할 기회를 주는 균형… 모든 회원들의 견해를 존중하면서도 인종적 편견이나 편협한 견해는 용납하지 않는 균형, 토론에 참여하는 자들이 자신의 견해를 정직하고 스스럼없이 말하면서도 그 견해를 모든 사람들에게 강요하지 않도록 하는 균형, 토론 주제가 성인들의 직접적인 생활

예시 12.2
단원 14 - 이스라엘의 역사를 통한 경고/고전 10:1-13

본문

연구

이스라엘을 향한 경고

10 ¹형제들아 너희가 알지 못하기를 내가 원치 아니하노니 우리 조상들이 다 구름 아래 있고 바다 가운데로 지나며 ²모세에게 속하여 다 구름과 바다에서 세례를 받고 ³다 같은 신령한 식물을 먹으며 ⁴다 같은 신령한 음료를 마셨으니 이는 저희를 따르는 신령한 반석으로부터 마셨으매 그 반석은 곧 그리스도시라 ⁵그러나 저희의 다수를 하나님이 기뻐하지 아니하신 고로 저희가 광야에서 멸망을 받았느니라 ⁶그런 일은 우리의 거울이 되어 우리로 하여금 저희가 악을 즐겨한 것같이 즐겨하는 자가 되지 않게 하려 함이니 ⁷저희 중에 어떤 이들과 같이 너희는 우상 숭배하는 자가 되지 말라 기록된 바 백성이 앉아서 먹고 마시며 일어나서 뛰논다 함과 같으니라 ⁸저희 중에 어떤 이들이 간음하다가 하루에 이만 삼천 명이 죽었나니 우리는 저희와 같이 간음하지 말자 ⁹저희 중에 어떤 이들이 주를 시험하다가 뱀에게 멸망하였나니 우리는 저희와 같이 시험하지 말자 ¹⁰저희 중에 어떤 이들이 원망하다가 멸망시키는 자에게 멸망하였나니 너희는 저희와 같이 원망하지 말라 ¹¹저희에게 당한 이런 일이 거울이 되고 또한 말세를 만난 우리의 경계로 기록하였느니라 ¹²그런즉 선 줄로 생각하는 자는 넘어질까 조심하라 ¹³사람이 감당할 시험밖에는 너희에게 당한 것이 없나니 오직 하나님은 미쁘사 너희가 감당치 못할 시험당함을 허락지 아니하시고 시험당할 즈음에 또한 피할 길을 내사 너희로 능히 감당하게 하시느니라.

읽기

첫 번째 읽기/첫 인상
본문은 어떤 성격의 글인가? (두 가지를 표시하라.)
___설교 ___가르침 ___경고 ___위로 ___간청 ___변호 ___기타

두 번째 읽기/주제
주된 요점이나 주제는 무엇인가?

탐구

1. 바울은 고린도 교회 몇몇 사람들의 고의적인 불순종에 대해 무엇을 경고하는가(1절)?

2. 바울이 언급한 이스라엘 자손들에게 주어진 다섯 가지 특권은 무엇인가(1-4절)?

3. 그들에게 주어진 "성례식"이 이스라엘 자손을 보호해 주었는가(5절)? 왜 그렇지 못했는가?

4. 바울은 왜 역사로부터 받은 이러한 교훈을 하나 하나 열거하고 있는가(6절)?

제12장 추천할 만한 성인 교육 과정 275

5. 고린도 교회에 있는 어떤 네 가지 문제들을 경고하고 있는가(7-10절)? 그들이 이러한 행동을 했을 때 이스라엘 자손들에게 무슨 일이 일어났는가?

6. 바울은 왜 특별히 고린도 교인들에게 경고하고 있는가(11절)?

7. 바울은 그들에게 "넘어지지 않도록" 어떻게 격려하고 있는가(12절)?

8. 바울이 시험에 대해서 말하고 있는 네 가지 사실은 무엇인가(13절)?

적용

본문에는 꼭 기억해야 할 약속이 하나 있다. 이 말씀을 암송 카드에 적어 눈에 잘 띄는 곳에 붙여 놓으라.

다음 만남 이전에 이 구절을 암기하라: "사람이 감당할 시험밖에는 너희에게 당한 것이 없나니 오직 하나님은 미쁘사 너희가 감당치 못할 시험당함을 허락지 아니하시고 시험당할 즈음에 또한 피할 길을 내사 너희로 능히 감당하게 하시느니라" (고전 10:13).

그룹 토의 사항

4인조 소그룹으로 나눈 후 순서에 따라 토의를 시작하라.

도입/10분(1-2개를 선택하라.)
• 당신의 선조에 대해 기억하는 것 중 두 가지만 적어 보라. • 당신의 가족 중에서 훌륭한 '이야기꾼'은 누구인가? 당신 가족의 전통과 유산에 대한 이야기를 누가 생생하게 보존하고 있는가? • 본문을 읽고서 당신은 "읽기" 난에 무엇을 적었는가?

심화 학습/20분(2-3개를 선택하라.)
• 성경 연구의 "탐구" 부분을 함께 나눈 다음 각각의 질문에 차례로 돌아가면서 답하라. • 바울은 1-5절에서 이스라엘 역사의 어떤 사건에 대해서 언급하고 있는가(출 13-17장을 보라)? 어떤 면에서 이러한 사건들이 오늘날 그리스도인의 여정에서 일어나는 사건들과 유사한가? • 이 구절에서 얻는 영적 원리나 교훈은 무엇인가? 경고는 무엇인가? 믿는 자에게 주시는 커다란 약속은 무엇인가? • 사례 연구: 당신과 함께 방을 쓰는 친구가 독실한 기독교 가정에서 자랐고, 큰 교회에 다녔고, 일찍부터 그리스도께 헌신한 자였다. 그러나 대학에 간 이후 그는 달라졌다. 그는 영적 뿌리를 잃어버렸고, '고리타분한' 교회를 비웃으며 하나님에 대해 반항하고 극한의 상황에까지 자신을 몰아갔다. 어젯밤 그가 여자 친구를 주말에 방으로 데려와도 좋은지 당신의 의사를 물었다면 뭐라고 대답하겠는가?

결론/5-20분(1-2개를 선택하라.)
• 모든 사람이 암송 말씀을 완벽하게 외울 수 있는지 점검해 보라. 서로 격려하라. • 당신의 선조들은 어떤 영적 유산을 남겼는가? 당신이 자녀들에게 영적 유산으로 전수해 주기를 원하는 것은 무엇인가? • 자신의 삶을 돌아볼 때 13절의 약속이 실제로 일어났다는 것을 증명할 수 있었는가? 어떤 일이 있는가? • 당신이 지금 갈등을 겪고 있다면, 그 갈등은 무엇인가? 하나님은 13절에서 이 문제에 대해 무엇을 말씀하시는가?

환경이나 관심사와 관련이 있다는 것을 강조하면서도 예전에 직접적인 관련이 없는 것이라고 제외시켜 버렸던 것들을 다시 돌아보고 탐구하게 하는 균형, 학습자들이 절실하게 필요하다고 느끼는 문제를 다루게 하면서도 그들이 좋아하지 않는 활동에도 참여하도록 하는 균형, 그리고 학습자들이 학습의 기쁨을 누리며 생동감을 느끼면서도 때로는 비판적 사고를 통해 고통이 따르는 자기 성찰을 하도록 하는 균형이다.

쳇 메이어즈(Chet Meyers, 1986, pp. 61-65)는 개방적인 교실 분위기를 창조하고 유지하기 위한 여섯 가지 열쇠를 제안하고 있다. (1) 모든 수업을 논쟁이 될 만한 문제로 시작하라.[7] (2) 문제에 대해 숙고하도록 침묵하는 시간을 주라. (3) 토론하기에 좋은 교실 배치를 하라. (4) 가능한 대로 대화를 많이 하도록 하라.[8] (5) 사람의 마음을 끄는 따뜻한 환경을 창조하라. 어떤 방법을 사용하든지,[9] 토론 수업은 위험이 따를 뿐만 아니라[10] 유익한 면도 있다.[11]

기독교 교사들은 이 공동체/인격의 문제를 교회 안에서 어떻게 다루고 있는가? 예시 12.2는 하나의 본보기가 된다. 이 자료는 '공동체'와 '개인의 인격'이라는 주제와 관련된 '단체 속에서의 개인'에 균형을 잡아 준다. 그것은 성인 학습자들이 공동체와 인격 둘 다에 초점을 맞추도록 격려해 준다.

구약의 역사에 대한 연구는 오늘날의 신자들에게도 매우 귀중한 교훈을 준다. 바울이 역사를 통해 말하고자 하는 핵심은 사회 학습군을 통해 전달된다. 특히 그는 이스라엘을 경건치 못한 모델로, 피해야 할 부정적인 본보기로 표현하고 있다. 그가 선택받은 하나님의 백성들에게 있는 어두운 면을 보여 준다 할지라도, 그 학습 효과는 긍정적인 이미지와 마찬가지로 크다. 성경 연구의 "탐구" 문제 5번은 구조화된 모방의 한 예를 나타낸다: "고린도 교회에 있는 어떤 네 가지 문제들을 경고하고 있는가(7-10절)? 그들이 이러한 행동을 했을 때 이스라엘 자손들에게 무슨 일이 일어났는가?" 즉 잘못한 이스라엘에 대한 바울의 사례 연구는 버려야 할 비도덕적인 삶의 양식에 대해 말하고 있다. 학습 전반에 걸쳐 본보기와 유산에 대한 부가적인 질문들이 계속된다: "당신의 선조들은 어떤 영적 유산을 남겼는가? 당신이 자녀들에게 영적 유산으로 전수해 주기를 원하는 것은 무엇인가?" ("결론"을 보라.) 두 번째 질문은 특히 삶을 통한 모방의 특징을 나타내고 있다. 이 질문은 응답자로 하여금 가족들이 삶 속에서 보여 준 신앙에 대해 개인적이고 직접적인 평가를 하도록 한다.

또 하나의 뚜렷한 학습 방법은 정보처리 학습군이다. 성경 본문을 분석하기 위한 많은 질문들("읽기"와 "탐구")이 이것을 말해 준다. 특히 전반부의 질문들은 종합적인 연구를 할 수 있도록 해 주고(예: "중요한 요점이나 제목이 무엇인가?") 후반부의 질문들은 분석적 사고를 촉진시킨다(예: 질문 8. "바울이 시험에 대해서 말하는 4가지 사실은 무엇인가?"). 이러한 질문들은 탐구 학습을 뒷받침해 준다. 이와 유사한 존 화이트(John White)의 교육 과정(예시 12.2에는 나와 있지 않음)에는 '시험'이라는 주제가 더 자세하게 분석되어 있다. 화이트는 이 주제를 설명하기 위해 음악적 유추를 사용한다. 그렇게 함으로써 동일시 학습을 통해 독자들이 시험에 대해 더 잘 이해할 수 있게 된다.

조건 학습군도 또한 주목할 만하다. "적용" 부분에서 학생들은 암송 카드에 고린도전서 10:13을 쓰게 된다. 이 구절을 암기하고 그것을 카드에 적게 함으로써 결과 학습을 조성한다. 카드가 부착되는 곳—자신의 눈에 잘 띄는 곳—은 암시 학습의 가치가 있다. 시험에 관한 이 구절은 이제 일상 생활과 직접적으로 연관을 갖게 된다.

표 12.3은 예시 12.2의 정보를 종합적으로 요약한 것이다. 세 가지 학습군과 여섯 가지 학습 방법들이 어떻게 사용되었는지 정리해 놓았다.

인격을 위한 교육 과정

우리는 성인들이 자신의 진실된 모습을 평가해 보고 발전시키도록 어떻게 격려하고 있는가?

표 12.3
공동체/인격을 위한 성인 교육 과정

정보처리 학습군	동일시 학습	시험에 관해 음악적 유추로 설명한 존 화이트의 글
	탐구 학습	시험이라는 주제와 관련된 성경 연구 질문들
조건 학습군	암시 학습	시험에 관한 암송 카드를 눈에 띄는 곳에 부착해 일상 생활 가운데서 기억하도록 돕는 것
	결과 학습	고린도전서 10:13을 카드에 쓰고 암기하는 것
사회 학습군	삶을 통한 모방	가족들에게 학습자들의 영적 유산을 어떻게 전수해 주고자 계획하는지를 숙고하고 토론하는 것
	구조화된 모방	고린도 교회에 보낸 바울의 서신에서 경건치 못한 모델로서 이스라엘을 연구함

우리는 그들이 겪은 승리뿐만 아니라 현재 겪고 있는 내적 갈등도 평가하도록 어떻게 도울 것인가? 다음에 나오는 찰스 스윈돌(Charls Swindoll)의 개인적인 간증을 들어 보라.[12]

나는 나이가 들면 들수록 모르는 것이 더 많아짐을 느낀다. 이 말은 농담반 진담반으로 들릴지 모르나 사실은 100% 진실이다. 내가 젊었을 때, 나는 지금보다 더 많은 대답들을 가지고 있었다. 모든 것의 흑과 백, 옳고 그름, 예와 아니오, 안과 밖이 분명한 것처럼 보였다. 그러나 이제 많은 것들이 변하고 있다. 더 많이 여행을 하고 독서를 하고 씨름하며 생각할수록 모든 것이 그렇게 단순하지만은 않다는 것을 알게 되었다. 이제 나는 모든 것을 몇 개의 간단한 범주 속에 간단히 분류하는 식으로 일반화시켜 버리는 일에 만족하지 못한다. 예를 들면, 사람들을 몇 개의 범주로 분류해서 일반화할 수는 없다. 사람들이나 우리가 부딪히는 여러 가지 상황들은 우리가 생각하는 것보다 훨씬 더 복잡하다.

- 모든 감리교회 교인들이 다 진보적인 것은 아니다.
- 모든 운동 선수들이 다 머리가 나쁜 것은 아니다.
- 모든 공화당원들이 다 훌륭한 기독교인은 아니다.
- 모든 대학생들이 다 반정부주의자는 아니다.
- 모든 예술가들이 다 괴짜는 아니다.
- 모든 영화들이 다 문젯거리는 아니다.
- 모든 질문들이 해답을 가진 것은 아니다.
- 모든 성경 구절들이 다 분명한 것은 아니다.
- 모든 문제들이 다 쉽게 풀리는 것은 아니다.
- 모든 죽음이 다 설명될 수 있는 것은 아니다.

아마도 이러한 목록은 당신에게 신선한 충격으로 다가올 것이다. 만약 이것들이 당신에게 한 번 더 생각하는 기회를 제공해 준다면 그 충격은 바람직한 것이다. 우리 복음주의자들은 교리의 돌들을 가지고 전통의 시멘트를 발라 튼튼하게 벽을 세우는 데 능숙하다. 우리는 자신의 주위에 이러한 벽들을 빙 둘러 조직적으로 튼튼하게 세운 다음, 각자 지나치게 단순화되고 완고한 '입장'에 선다…그러나 때때로 이상한 일이 일어난다. 작은 불안감이 벽 안쪽에서 솟아 나온다. 몇 가지 생각들이 도전을 받게 되고 의문이 일어난다. 그 결과 대안이 나오게 된다. 전통에 위협을 받는다. 우리의 폐쇄적이고 상투적인 대답으로는 통하지 않는다. 시멘트가 깨어지기 시작하면서 돌들도 부서져 내린다.

생각하기

스윈돌은 우리 모두가 고정관념이 깨어지는 경험을 하게 되지만 어느 누구도 동일한 경험을 하는 것은 아니라고 결론을 내린다. 당신은 '인격'과 관련해서 어떤 도전을 받은 적이 있는가? 그것으로 인해 당신의 인생관에 어떤 변화가 나타났는가? 무엇이 당신의 신앙적 관점들을 바꾸어 놓았는가? 인생의 위기나 어려운 경험을 돌이켜 생각해 보면 도움이 될 것이다. 자신의 고정관념이 깨어진 경험을 하나 적어 보라(도움을 주기 위해 우리가 전문 교육자로서 경험했던 것을 하나 예로 들어 놓았다).

예: "높은 학점을 얻은 모든 학생들이 기독교 사역에 다 효과적인 것은 아니다."

당신의 예:_____

스윈돌(1983, pp. 320-21)은 사람들이 이와 같이 고정관념이 깨어지는 것에 대해 사람마다 서로 다른 경험을 할 뿐 아니라, 여기에 반응을 보이는 것도 다양하다고 덧붙였다. 그가 관찰한 것들을 숙고해 보라.

우리는 일반적으로 두 가지 반응을 일으킬 수 있다. 첫 번째는 우리가 현재의 '견해'를 고수하고 변화에 완고히 항거함으로써 벽이 무너지지 않게 일시적으로 수습하는 것이다. 두 번째는 벽이 무너져 내릴 때 "나는 모른다"고 솔직히 자백할 수 있다. 그 때 우리는 사실을 있는 그대로 직면하게 되며 새로운 생각을 할 수 있게 된다[13]…이제 우리는 작년에 의자 밑에 붙여 둔 딱딱하고 맛없는 껌처럼, 고정적이고 진부한 이야기를 더 이상 주장하지는 않을 것이다. 생각하며 사는 사람은 지각 있고 분별력 있는 답을 찾게 된다. 그런 사람은 벽에 갇힌 무감각한 로봇이 의미 없이 지껄이는 틀에 박힌 말에 싫증이 나 있다…만약 당신이 생각하기를 멈추고 자신의 행동을 시험대 위에 올려 놓는 일을 하지 않는다면, 당신은 이미 성장을 멈춘 것이다.

그러면 우리는 어떻게 해야 하는가? 우리는 성인들이 인격에 대해 도전을 받도록 어떻게 도울 수 있을까? 그들이 하나님이 원하시는 형상을 이루도록 어떻게 도울 수 있을까? 근본적으로 우리는 비판적 사고, 특히 성인의 신앙에 대한 비판적 사고를 촉진시켜 주어야 한다. 그들이 믿음의 확신을 갖도록 해 주어야 한다.[14]

"인격"에 관해 진지한 관심을 가지고 부지런히 연구하는 기독교 교육자들에게 도움이 될 만한 많은 자료들이 나와 있다. 인간 발달에 대한 여러 가지 연구 결과는 개인적인 선택을 하는 데 있어서 비판적 사고의 중요성을 지적하고 있다. 예를 들어, 게일 쉬이(Gail Sheehey, 1976)는 자유에 대한 욕망과 무엇을 선택하고 헌신한다는 것 사이에서 균형을 유지하는 것에 대해 말하고 있다.[15] 선택에 대한 주제가 다니엘 레빈슨(Daniel J. Levinson, 1978)의 연구에 충분히 나타나 있다. 그는 사람의 일생 동안 성숙의 두 가지 국면이 상호 작용하고 있다는 이론을 발전시켰다. 하나는 과도기적(혹은 체계가 변화하는) 기간이고, 다른 하나는 안정된 (혹은 체계를 세우는) 기간이다. 레빈슨은 사람이 중요한 선택을 하는 것은 후자의 기간에 해당한다고 주장한다. 이러한 선택에는 목표와 가치 기준을 선택하는 것도 포함한다.[16]

여러 가지 다른 자료들을 언급할 수 있으나[17] 성인의 비판적 사고의 목표를 강조하는 세 가지 훌륭한 자료들에 주목해 보자. 이런 교육 목표는 스티븐 브룩필드(1987)의 연구에서 도움을 받은 것이다. 여러 가지 논제들 중 브룩필드는 비판적 사고의 본질과 요소에 관해 서술하고 있다. 비판적 사고의 과정에 다섯 가지 국면이 나타난다: 동기가 되는 사건(즉 학습이나 성장에 대한 필요를 느끼게 하는 것), 평가(자기 반성을 포함한 현재의 상태에 대한 평가), 탐구(삶의 모순이나 불만을 설명하는 새로운 방법을 찾음), 대체 관점을 발전시킴, 신념(예: 어느 해결책이 필요를 가장 만족시키며 그것들이 어떻게 삶으로 엮어지는지를 결정하는 것). 또한 브룩필드는 비판적 사고를 이끌어 내는 열 가지 유용한 전략을 제공하고 있다.

자기 성찰과 비판적 사고의 핵심들을 얻을 수 있는 두 번째 자료는 토마스 그룸(Thomas

H. Groome)의 「기독교 종교 교육」(Christian Religious Education, 1980)이다. 그가 제시한 "함께 경험한 일"의 개념은 성찰과 비평 외에도 교사와 학생 사이의 대화를 촉진시켜 준다. 그룸이 보여 주는 것처럼 이런 교육적 접근은 엠마오 도상에서 예수께서 보여 주신 교훈과 유사하다.[18]

샤론 팍스(Sharon Parks)의 「위기의 해」(The Critical Years, 1986)도 또한 성인에게 필요한 인지 능력에 대해 통찰력 있는 견해를 제공한다. 윌리암 페리(William G. Perry, 1986)의 자료를 토대로 팍스는 페리의 여섯 가지 인지의 범주를 네 가지로 압축했다. 그녀는 성인들의 권위의 문제를 신앙의 형태와 결합시켰다. 예를 들면, 팍스(pp. 70-71)는 권위주의적 인식—의존적이고 타인지향적인 신앙을 형성함—을 가진 사람은 대부분 하나님을 오직 "나를 돌보시고 인도하시는" 부모님과 같은 분으로 본다고 했다. 팍스의 연구가 주는 유익한 점은 교사들이 사고의 유형, 정서적/사회적 구조, 신앙 양식 사이의 상호 관계를 이해하도록 도와 준다는 것이다.

요약하자면, 이 세 가지 교재는 기독교 교육자들이 비판적 사고의 폭넓은 차원들을 볼 수 있게 해 준다. 이것들은 각각 성인 교육에 필요한 비판적 사고의 본질과 과정 그리고 결합 형태들을 보여 준다.

인지 능력을 발달시키기 위한 한 가지 방법이 아래에 제시되어 있다. 당신의 귀납적, 연역적 사고 능력을 재미있게 시험해 보라.

생각하기

제일교회의 직원들은 모두 연례회의에 참석할 계획을 열심히 세웠다. 그러나 예산 부족으로 세 명 중 하나는 못 가게 되었다. 수석 목회자인 엘리슨 박사는 그의 수행원으로 오직 두 명의 직원만 선택해야 했다. 일이 복잡하게 되어서, 몇몇 직원들은 다른 지도자들과 싸우고 있었고, 몇몇은 함께 가기를 거절하는 회원들을 조사했다. 최종적으로 어느 두 사람이 회의에 참석했는가? 엘리슨 박사가 선택한 두 사람을 쓰라. 그들의 성과 이름, 그들의 직분을 쓰라.

1. 미키는 뉴 베리 씨와 함께 가기를 거절했다.

2. 사이크스 씨는 나이 드신 목회자와 함께 가기를 거절했다.
3. 돈은 청소년 담당 목회자와 함께 가기를 거절했다.
4. 톰은 사이크스 씨가 아니다.
5. 바우티스타 씨는 청소년 담당 목회자가 아니다.
6. 어린이 담당 목회자는 돈이 아니다.[19]

사명/인격을 위한 교육 과정

이 마지막 주제를 새롭게 대하기 위해서 "소명"의 의미에 대해 연구하는 것이 좋다.[20] 파울러(Fowler)는 이 단어의 동의어로서 "하나님과의 동역 의식"을 들었다. 그 결과 성인 사역을 위한 '소명'이 실제적으로 어떤 뜻인지 밝혀지게 되었다. 예를 들면, 파울러는 우리의 삶을 사명의 관점에서 이해한 결과로 변화된 여섯 가지 태도와 습관들을 제공하고 있다.[21]

- 사람들은 그들의 사명에 대한 부르심이 각각 독특하다는 것을 깨닫는다. 그 결과 다른 사람들과의 경쟁은 줄어든다.
- 우리는 누군가가 우리에게 주어진 특별한 부르심을 이행할 수도 있다는 걱정으로부터 자유롭다.
- 우리는 다른 사람들 안에 있는 하나님의 은총과 은혜를 즐거워하고, 그들로 인해서 위협받지 않는다.
- 우리는 "모든 사람들을 만족시켜야 한다"는 잘못된 죄책감으로부터 자유롭다. 우리는 각자가 행해야 할 소명을 지니고 있다는 하나님의 계획 안에서 위로를 받는다. 더한 것도 없고, 덜한 것도 없고, 우리를 제외시킬 어떤 것도 없다.
- 우리는 자기를 변명하는 사고나 행동으로부터 자유롭다. 자신의 가치를 증명할 필요도 없다. 우리는 삶의 모든 책임(가족, 문화, 교회) 안에서 시간과 에너지의 균형을 모색한다.
- 시간에 대한 압박감이 더 이상 우리를 감금시키지 못한다. 우리는 삶에 있어서 그리고 죽음에 있어서도 하나님의 은총을 받은 자이다.

'사명'은 결코 진부한 것이 아니다. 우리의 삶에 변화가 있을 때 하나님께서는 사명도 바꾸어 주신다. 사명의 형태는 끊임없이 변화하며 조정된다. 파울러(p. 105)는 이렇게 결론을 내렸다: "인간의 소명에 대해 기독교적 관점으로 볼 때, 하나님과의 동역 의식은, 성인들의 변화하는 삶의 구조를 조율하는 원리를 발견하는 가장 효과적인 방법이다."

생각하기

1. 위의 여섯 가지 태도와 습관 중에서 어느 것이 임무를 가장 잘 이해하도록 돕는가? 그 이유는 무엇인가?

2. 어느 진술이 좀더 의식적으로 이 주제를 다루도록 격려하는가? 설명해 보라.

3. 이 여섯 가지로부터 이끌어낼 수 있는 다른 추론은 무엇인가? 임무에 대하여 이 목록에 첨가할 수 있는 내용을 한두 가지 적어 보라.

교회에서 열심을 내는 복음 전도를 제외하고, '사명'에 대한 참신한 예로서 교회가 세상에서 하는 일에 종합적인 초점을 맞추는 것을 들 수 있다. "목양 센터" 모델은[22] 하나의 프로그램도 아니고 장소를 말하는 것도 아니다. 그것은 노년층에[23] 대한(그리고 노년층과 함께 하는) 사역인데 "특정 지역 안에 살고 있는 사람들의 필요에 의해서 생겨났다. 그것은 노인들이 가능한 한 독립된 존재로 살아가도록 도와 주며, 그들이 노년의 삶에 대한 의미와 목적을 발견할 수 있도록 돕고자 일한다"(Vogel, 1984, p. 146).

그 센터의 영향력 있는 초기 지도자 중 하나였던 엘버트 코울(Elbert C. Cole, 1981, pp. 264-65)은 무엇보다도 중요한 네 가지 사역 목표 혹은 사역 방향에 대해 설명해 주고 있다: (1) 삶을 유지해 주는 사역 - 육신의 기본적인 필요에 대한 것, (2) 삶을 풍성케 하는 사역 -

교육적 관심과 개인적 재능에 대한 것, (3) 삶을 재건하는 사역 – 삶의 변화와 위기 상황의 필요에 대한 것, (4) 삶을 마무리하는 사역 – 유산과 영원한 소망에 대한 궁극적인 문제에 대한 것.[24]

린다 제인 보겔(Linda Jane Vogel, 1984, p. 147)이 다음과 같이 언급했듯이, 목양 센터의 사역을 뒷받침해 주는 신학적 가설은 분명하다: "삶의 의미와 목적을 발견하는 데 유대-기독교적 전통이 그 원천이 될 수 있다. 신앙 공동체는 하나님과 인간에 대한 그들의 관점 때문에 인간을 양육하고 부양하도록 부르심을 받았다." 보겔(pp. 144-45)은 기독교 교육자들은 사역의 형태를 잡아주는 모든 전제들을 염두에 두고 있어야 한다고 말한다. 그렇게 하지 못할 때 우리는 청지기직을 잘 수행하지 못하고 있음을 보여 주는 것이다. 그녀는 우리가 고려해야 할 열 가지 사항을 제안하고 있다.[25]

'인격'과 관련시켜 말한다면 '사명'은 필연적으로 개인적인 선택을 수반하는 것이다. 우리 지도자들은 성인들이 전형적인 극단에 빠지지 않고 자의로 대외 봉사 활동에 참여하도록 격려해야 한다.[26] '사명'은 "하나님과의 동역 의식"을 의미한다고 했다. 그러므로 우리는 사람들이 죄책감이나 압력에 의해서, 혹은 심지어 전통이나 전례에 의해서 참여하는 것이 아니라, 봉사하고자 하는 강한 욕구를 갖도록 도와야 한다. 우리는 성인들이 하나님의 은혜로 하나님 나라를 위해 무엇을 할 수 있을까 생각하도록 도와 주어야 한다.[27]

교사들을 위한 이런 도전을 가장 분명하게 적용한 실례를 몇 해 전 전국 모범 교사였던 가이 라이스 다우드(Guy Rice Doud)에게서 들 수 있다. 다우드(1990)는 교실에서 마태복음 25장의 진리를 배웠다. 교사들에게 근본적으로 요구되는 것은 사랑스럽지 않은 자들을 사랑하고, 모든 학습자들이 그들의 특별한 삶의 목표를 구체화하도록 돕는 것이라고 그는 언급했다. 이렇게 할 때 복음은 보다 명백하게 선포된다.

'사명'('인격'과 결합된)에 대한 추천할 만한 교육 과정이 예시 12.3에 나타나 있다. 각 학습군이 어떻게 사용되었는지 찾아 낼 수 있는가?

정보처리 학습군의 좋은 예를 성경 연구 "탐구"에서 찾아볼 수 있다. 예를 들어, 3번 질문은 사랑이 무엇인지와 사랑이 아닌 것을 대조해 놓았다(탐구 학습). 보충 자료가 될 수 있는 루이스 스메데스(Lewis B. Smedes)의 글(예시 12.3에는 나타나지 않음)에는 바울의 유명한 "사랑에 대한 논문"을 설명하기 위해 여러 가지 삶의 유추를 많이 사용하고 있다. 이와 같이 동일시 학습이 사용되고 있다.

사회 학습군은 교과를 시작할 때 사용되고 있다. 학생들에게 인간적인 사랑의 예들을 흥미롭게 상기해 보도록 했다("도입" 부분을 보라). 이것은 삶을 통한 모방의 예이다. 사례 연구("심화 학습"을 보라)에서는 사회 학습에 속하는 실례를 제안하고 있다(가설적 상황에 대한 구조화된 모방을 통해 학습한다). 마지막 질문("…당신은 자신의 경험으로부터 이런 사람을 어떻게 상담하겠는가?")은 의도적으로 모방을 통해 학습하게 하는 것이다.

암시 학습과 결과 학습(조건 학습군)은 둘 다 "결론" 부분에서 나타난다. 먼저, 자기 성찰적 평가를 통해 개인적 경험을 성경에 연결시킨다. 즉 "당신은 불타는 듯한 사랑을 경험한 적이 있는가? 그것은 언제였으며 무엇이 잘못되었었는가?" "그런 사랑은 바울이 말하는 사랑과 어떻게 다른가?" 이런 "암시"들은 학습자들로 하여금 본문을 개인의 삶에 접속시키게 도와 준다. 또한 학생들은 고린도전서 13:4을 알기 쉽게 자신의 말로 설명한다. 결과 학습은 학생들이 의역한 것을 함께 나누도록 하는 마지막 부분에서 나타난다.

표 12.4는 도표 형태로 앞의 내용을 요약하고 있다. 사명과 인격에 대한 주제를 다루면서 언급했던 6가지 학습 방법이 정리되어 있다.

표 12.4
임무/인격을 위한 성인 교육 과정

정보처리 학습군	동일시 학습	루이스 스메데스의 "사랑장"(고전 13장)에 적합한 삶의 유추
	탐구 학습	기독교적 사랑과 사랑이 아닌 것의 비교
조건 학습군	암시 학습	학습자들의 개인적 경험과 성경을 연결시킴 학습자들이 고린도전서 13:4을 의역함
	결과 학습	학습자들이 고린도전서 13:4을 의역한 것을 함께 나눔
사회 학습군	삶을 통한 모방	인간적 사랑에 대해 학습자들의 개인적 예들을 상기함
	구조화된 모방	학습자들이 사례 연구에 참여한다. "당신은 자신의 경험으로부터 이런 사람을 어떻게 상담하겠는가?"라는 마지막 질문이 모방에의 의도적 접근을 보여 준다.

예시 12.3
단원 21 - 사랑/고전 13:1-13

본문

13 ¹내가 사람의 방언과 천사의 말을 할지라도 사랑이 없으면 소리나는 구리와 울리는 꽹과리가 되고 ²내가 예언하는 능이 있어 모든 비밀과 모든 지식을 알고 또 산을 옮길 만한 모든 믿음이 있을지라도 사랑이 없으면 내가 아무 것도 아니요 ³내가 내게 있는 모든 것으로 구제하고 또 내 몸을 불사르게 내어줄지라도 사랑이 없으면 내게 아무 유익이 없느니라 ⁴사랑은 오래 참고 사랑은 온유하며 투기하는 자가 되지 아니하며 사랑은 자랑하지 아니하며 교만하지 아니하며 ⁵무례히 행치 아니하며 자기의 유익을 구치 아니하며 성내지 아니하며 악한 것을 생각지 아니하며 ⁶불의를 기뻐하지 아니하며 진리와 함께 기뻐하고 ⁷모든 것을 참으며 모든 것을 믿으며 모든 것을 바라며 모든 것을 견디느니라 ⁸사랑은 언제까지든지 떨어지지 아니하나 예언도 폐하고 방언도 그치고 지식도 폐하리라 ⁹우리가 부분적으로 알고 부분적으로 예언하니 ¹⁰온전한 것이 올 때에는 부분적으로 하던 것이 폐하리라 ¹¹내가 어렸을 때에는 말하는 것이 어린 아이와 같고 깨닫는 것이 어린 아이와 같고 생각하는 것이 어린 아이와 같다가 장성한 사람이 되어서는 어린 아이의 일을 버렸노라 ¹²우리가 이제는 거울로 보는 것같이 희미하나 그 때에는 얼굴과 얼굴을 대하여 볼 것이요 이제는 내가 부분적으로 아나 그 때에는 주께서 나를 아신 것같이 내가 온전히 알리라 ¹³그런즉 믿음, 소망, 사랑 이 세 가지는 항상 있을 것인데 그 중에 제일은 사랑이라.

연구

읽기

첫 번째 읽기/첫 인상
본문은 어떤 성격의 글인가? (두 가지를 표시하라.)
__설교 __가르침 __경고 __위로 __간청 __변호 __기타

두 번째 읽기/주제
주된 요점이나 주제는 무엇인가?

탐구

1. 바울이 사랑과 비교한 세 가지 중요한 "영적 은사"는 무엇이며, 각 은사를 사랑과 어떻게 비교하고 있는가(1-3절)?

2. 바울이 말하고자 하는 요지는 무엇인가?

3. 사랑이 무엇인가? 사랑의 여덟 가지 특성과 사랑이 아닌 것 일곱 가지를 말하라(4-7절).

사랑인 것   사랑이 아닌 것
_____   _____
_____   _____
_____   _____
_____   _____
_____   _____

4. 바울은 8-12절에서 무슨 대조를 하고 있는가?

5. 왜 영적 은사들이 필요 없게 되는가(11-12절)?

6. 영원까지 지속되는 것 세 가지는 무엇인가(13절)?

적용

• 4절의 첫 번째 구절 "사랑은 오래 참고"를 당신 자신의 말로 다시 써 보라. 이 말씀이 당신의 가정, 학교, 직장 생활에서 무엇을 의미하는지 자신의 해석을 덧붙여 보라.

• 이 말씀에 대해 그렇게 하고 있는지 아닌지 정직하게 자신을 평가해 보라.

• 다음에 나오는 구절 "사랑은 온유하며"를 일상적인 자신의 말로 다시 써 보라. 4절 전체를 일상적인 언어와 상황 속에 적용해 보라: "사랑은 오래 참고, 사랑은 온유하며 투기하는 자가 되지 아니하며 사랑은 자랑하지 아니하며 교만하지 아니하며."

그룹 토의 사항

4인조 소그룹으로 나눈 후 순서에 따라 토의를 시작하라.

도입/10분(1-2개를 선택하라.)

• 당신이 어린 아이였을 때, 누가 당신을 가장 사랑한다고 느꼈는가? • 서로 사랑하는 관계에서 가장 중요한 특성이 무엇이라고 생각하는가? • 당신의 가족 외에, 당신에게 무조건적 사랑을 베풀어 줌으로 당신의 생애에 지울 수 없는 감명을 준 사람은 누구인가? • 본문을 읽고서 당신은 "읽기" 난에 무엇을 적었는가?

심화 학습/20분(2-3개를 선택하라.)

• 성경 연구의 "탐구" 부분을 함께 나누라. 각 사람이 한 문제씩 차례 차례 답을 말하고 서로 의견을 교환하라. • 한 성경학자는 바울이 사랑하는 사람이 되고자 하는 그의 노력 때문에 사랑에 대해서 웅변적으로 쓸 수 있었다고 말했다. 당신은 그 말에 대해 어떻게 생각하는가? 어떤 사람은 천성적으로 다른 사람들보다 사랑이 더 풍부하다고 생각하는가? 천성적으로 사랑하는 것과 바울이 말하고 있는 사랑은 무엇이 다른가? • 사례 연구: 사회학자 토니 캄폴라(Tony Compolla)는 보통 사람들은 결혼 전에 일곱 번, 결혼 후에 일곱 번 사랑에 빠진다고 했다. 당신의 친구가 그런 과정을 겪으면서 눈물을 흘리며 당신에게 왔다면 당신은 자신의 경험으로부터 이런 사람을 어떻게 상담하겠는가?

결론 5-20분(1-2개를 선택하라.)

• "적용" 부분에서 4절을 자신의 말로 의역한 것을 함께 나누어라. • 당신은 불타는 듯한 사랑을 경험한 적이 있는가? 이런 일은 언제 있었으며 무엇이 잘못 되었는가? 그런 사랑은 바울이 말하는 사랑과 무엇이 다른가? • 지난 6개월 동안 당신은 사랑에 대해 무엇을 배웠는가? • 마지막 구절을 자신의 말로 적어 보라.

기존의 교육 과정을 사용하려면…

우리는 성인 학생들의 학습 준비도나 자발성에 대한 그릇된 가설을 인정할 수 없다. 그렇다고 전문적으로 준비된 교육 과정에 대해 실제로 입증되지 않은 결론을 내릴 수도 없다. 다만 우리 자신을 위해 건설적인 비판만을 제기할 뿐이다. 교사들은 항상 전문인들이 준비한 자료만을 사용해야 하는가? 아니면 자신의 것만을 사용해야 하는가? 이 두 가지를 함께 사용하도록 해야 하는가?

전문적으로 쓰여진 자료를 사용하는 경우, 장점과 단점을 살펴보자. 많은 장점들이 있다. 전문가들이 학습자의 연령 수준에 맞게 잘 구성해 놓은 교과들과, 단원별로 짜여진 일관성 있는 교수 계획안에 따라 가르칠 수 있다. 성경 본문 중심뿐 아니라 주제별 성경 공부 자료들도 풍부하다. 교수 전략과 방법에 관한 일관성 있는 교육 모델도 제시된다. 그 외에도 학습안과 시청각 자료 등 많은 도움을 받을 수 있다. 이런 교육 자료들의 비용도 적절하다.

가장 큰 단점은 우리가 이런 교육 과정에 너무 의존하게 되는 경향이 있다는 것이다. 부지불식간에 우리의 창조적인 아이디어는 고갈된다. 전문적으로 쓰여진 교재가 교사 역할을 해 준다고 생각하는 경향이 있다. 교사가 교재 자체를 너무 신뢰하는 나머지 개인적 책임을 망각하기 쉽다.

대부분의 경우, 기존의 교육 과정을 의존하면서도 독립성을 유지하는 것이 가장 좋은 교수 결과를 가져온다고 보여진다. 교사는 독립적인 요소로서 다음과 같은 기본적인(그러나 구체적인) 질문들로 시작할 수 있다. (1) 나의 구체적인 교육 목적은 무엇인가? (2) 나의 학습자들은 어떤 사람들인가(예: 그들의 요구, 동기, 영적 은사 등)? (3) 내게 주어진 교육 환경은 어떤 것인가(예: 장소, 시간 할당, 설비 등)?

우리에게 적합한 자료를 평가하는 기준이 없다면 우리는 너무 쉽게 전문적인 자료들에 의해 좌우될 것이다. 예를 들어, 우리 자신의 학습 상황을 평가해 보기도 전에 어떤 훌륭한 모의 게임 자료를 보고서 흥분한 나머지 그것을 사용한다면, 그 게임에서 요구하는 사람의 절반 정도의 학생들 밖에 없다는 것을 뒤늦게 깨닫게 될 수도 있다. 또한 게임을 하는 데 필요한 시간이 얼마나 되는가를 간과할 수도 있다. 혹은 성인 학생들이 그런 게임을 해 본 일이 없다는 사실을 잊을 수도 있다. 아마 그들은 게임에 필요한 기술이나 관심도 부족할 것이다.

우리는 먼저, 구체적인 계획들을 구상한 후에 전문적인 자료를 사용해야 한다. 그뿐 아니라 때때로, 가르치는 시간 중에라도 기존의 교육 과정과 우리 자신의 아이디어들을 교육 환경에 적절하게 조정해야 한다.

구입한 교육 과정을 우리 개인의 교육 환경에 맞추어 조정을 하게 되면 교재에 대한 의존성을 줄여 준다. 긍정적으로 말하자면, 우리가 전문적인 교육 과정을 실제 교육 환경에 적절히 사용한다면 우리 학생들의 구체적인 필요를 충족시켜 줄 수 있다.

의존성에서 벗어나려면

성인들에게 의미있는 학습을 시키기 위해서는 포괄적인 교육의 요소가 무엇인지 주목해 보아야 한다. 특히 다음의 균형 잡힌 세 가지 개념을 유념한다면 교육의 효과를 높이게 될 것이다.[28]

- 기독교 성인 교육은 단지 인지적인 것만이 아니고 감정적이다.
- 기독교 성인 교육은 단지 개인적인 것만이 아니고 상호 관계적이다.
- 기독교 성인 교육은 단지 형식적인 것만이 아니고 비형식적이다.

이미 출판된 기존의 자료들을 무비판적으로 사용하다 보면 우리는 부주의하게 이 세 가지 개념의 두 번째 개념은 상관하지 않고 첫 번째 개념만 생각할 수 있다. 우리가 살펴본 바에 의하면, 실제 가르침에 있어서 사람들은 자신이 전적으로 인정하지 않는 교육 철학을 무의식적으로 채택할 수도 있다. 이런 불균형을 수정하기 위해서 우리는 우리 자신의 과거를 되돌아보며 어떻게 배웠는가를 살펴보아야 한다. 우리는 어떻게 학습했는가? 어떤 것들이 생각나는가? 놀랍게도 우리는 의미있는 학습이 다음과 같은 것들을 포함하고 있다는 것을 발견하게 될 것이다: (1) 감상적이고 의지적이고 가치있는(즉 "감정적인") 경험들, (2) 다른 사람들과 함께 기억할 수 있는(즉 "상호 관계적인") 시간들, (3) 교실 밖에서 있었던(즉 "비형식적인") 학습의 기회들. 성인 교육의 인지적, 개인적, 형식적 요소들이 좋은 결과를 가져온다는 것은 분명하다. 그러나 이런 학습 방법만이 성경을 가르치고 배우는 데 유일한 학습 방법은 아니다.

이런 균형 잡힌 세 가지 개념들을 마음에 두고 있다면 다음의 가설적인 시나리오가 이미 출판된 기존의 교육 과정에 의존하는 것을 벗어나게 한다. 이것은 기존의 교육 과정에서 지시하는 세분화된 규범들을 최소한으로 따르면서 성인 지도자 훈련에 집중할 수 있다. 역으로 말하자면, 그것은 자발적인 참여를 소중하게 생각하는 것이다. 이 시나리오는 교회의 성도를 교육하는 첫 단계를 나타내 주고 있다. 세부 사항을 자세히 표현했지만, 전반적으로 앞서 언급한 목표를 지향하고 있다. 기존의 교육 과정에의 의존도를 줄이기 위해서는 우리에게 적합한 목적을 가지고 시작해야 한다. 우리는 우리의 사람들, 신념들, 필요들을 반영하는 계획을 세워야 한다. 이렇게 하고서 출판된 기존의 교육 과정을 살펴보아야 한다. 교육 계획을 세우는 과정 중에도(그리고 실제로 교육을 시행하는 동안에도) 우리는 우리 특유의 관심사를 잃어서는 안 된다.

다음의 네 가지 요소가 성인 지도자 교육을 위한 계획안을 만드는 데 영향을 끼친다.

교육 환경: 교회 지도자를 육성하는 데 감정적, 상호 관계적, 비형식적 필요를 충족시켜 줄 수 있는 캠프나 수련회 시설을 선택한다.

직원: 신임 임원들이나 기존의 교회 임원들을 모두 초대하고, 또한 관심 있는 직원들도 참석하도록 격려한다.

시기: 교회 임원들과 직원들이 선출되거나 임명된 직후 주말에 훈련을 하도록 계획한다.

전략: 지도자 훈련에 관계된 문제들을 네 단계로 나누어[29] 주말 훈련에서 다룬다. 여기서 제기되는 부수적인 문제들은 한 해 동안 지속적으로 다룬다.

제1단계: "그룹별로 자리를 정하고 의견을 교환하라." 수련회 참석자들은 다음과 같은 내용을 생각한다: "나는 어떤 경건한 지도자들을 보아 왔는가? 그들은 어떻게 그들의 지도자로서의 사명을 감당하면서도 나를 한 인간으로서 대해 주었는가?" 참석자들은 본이 되는 신자들을 상기하게 된다. 인지적인 면과 감정적인 면이 합쳐지게 된다. 두세 명씩 무리를 지어 생각하는 시간을 갖는다. 그룹원들은 캠프장 주위를 걷거나 조용한 장소를 찾아 낸다. 그들은 지도자의 특성에는 어떤 것들이 있는가를 찾아보고, 각 특성을 잘 들어내 주는 사람을 찾아본다. 각자가 생각하는 것들을 말하게 하고 그것들을 정리하여 그룹 보고서를 작성한다. 이렇게 해서 첫 번째 단계를 결론짓고, 자연스럽게 두 번째 단계로 넘어간다.

제2단계: "성경을 통해 점검하라." 참석자들은 "경건한 지도자란 어떤 사람인가?"에 관해 소그룹 성경 연구를 한다. 지도자의 성품, 기질, 경건과 불경건의 대조 등에서 원하는 것들을 다룰 수 있다. 참석자들은 그들이 선호하는 분야를 선택한다.[30] 소그룹에서 연구한 것들을 전체 집회에서 보고한다. 제1, 2단계에서는 사회 학습군이 주류를 이루고 있음을 주목하라. 특히 제1단계는 삶을 통한 모방을 보여 주고, 제2단계는 성경에서의 구조화된 모방을 제시한다.

정보처리 학습군에서 사용되는 방법으로 제2단계의 성경 공부에서 발견된 것들을 제1단계의 토의 내용과 연관짓는다. 어떤 것은 특정한 지역 교회의 관심사와 관련지어 연구할 수 있다. 예를 들면, 참석자들은 성경 구절을 읽고서 다음과 같은 질문들을 받을 수 있다: "다윗이 '하나님의 마음에 합한 자'(삼상 13:14)였다는 사실이 우리에게 무슨 의미가 있는가? 이 진리가 우리 교회의 지도자 훈련에 어떻게 영향을 미쳐야 하는가? 당신이 기억하는 지도자를 생각해 볼 때(제1단계), 다윗의 인격이 21세기의 삶에서 어떻게 나타나야 한다고 생각하는가?" 동일시 학습(즉 익숙한 구절의 사용)과 탐구 학습(즉 다윗의 증거와 오늘날 교회에서 행하는 훈련 사이의 상호 관계를 분별하는 것)이 함께 나타난다.

제3단계: "가능한 과정들에 대해 자유롭게 의견을 제안하라." 지금까지 우리는 수련회 참여자들이 과거에 영향력 있는 지도자들을 돌아보고, 성경에서 지도자들이 어떠해야 한다고 말하고 있는가를 연구하도록 했다. 이제 우리는 여기 저기서 가능한 방법을 연구해야 한다. 지도자 개발을 위한 과정으로 가능한 것은 어떤 것들이 있는가? 어떤 단계들이 필요한가(예: 우리는 견습 계획을 세워야만 하는가)? 이 과정들을 실행하기 위해 필요한 행정은 무엇인가? 우리는 훈련받고 있는 모든 지도자들이 무엇을 경험하기를 원하는가? 성경은 지도력 개발의 "과정"에 대해 무엇을 가르쳐 주는가? 제3단계는 무엇을 평가하기 위한 것이 아니다. 이 단계에서 사람들이 많은 제안들을 하도록 격려해야 한다.

생각하기

마태복음 17:24-27을 읽으라. 예수께서는 여러 차례 의도적으로 제자들에게 지도자 훈련을 시키셨는데 마태는 그 가운데 하나를 여기에 기록하고 있다. 이 네 구절에 나타난 지도자 훈련 과정에서 당신이 관찰한 것들을 가능한 대로 많이 적어 보라. 대교사이신 주님은 베드로가 지도자로서 성장하고 책임을 다하도록 격려하기 위해서 무엇을 하셨는가?

당신이 관찰한 것들을 우리가 제시한 것들과 비교해 보라.[31]

제3단계에서는 가능한 모든 방법들을 제안한다. 여러 가지 의견들을 폭넓게 제시할 수 있다. 각기 다른 의견들이 나타날 것이다. 결론은 마지막 단계에 가서 나타난다.

제4단계: "구체적인 계획을 세우라." 지금까지 구체적이고 다양한 지도자의 본이 제시되었다. "무엇인가"에서 "무엇이어야 하는가"로 토의를 바꾸는 것은 결코 쉬운 일이 아니다. 그러나 지도자 훈련에 있어서, 본이 되는 지도자에 대한 서술로부터 우리가 어떤 사람이 되어야 한다는 규범직 사고로 전환하는 것은 중요한 일이다. 궁극적으로 "우리는 지금 무엇을 해야 하는가?"라고 묻게 된다. 마지막 단계에서는 책임 있는 계획을 하게 된다.

먼저, 제2단계와 제3단계에서 토의했던 내용을 돌아본다. 소그룹에서 조사하기 원하는 "과정"에 대한 진술, 한두 가지를 선택한다(미주 31에 나오는 8가지 요소 중에서 어떤 것을 선택하여 분석해도 좋다). 그들은 "우리 교회를 위한 지도자 훈련에 대한 내 자신의 해석에 가장 적합한 것은 무엇인가?"라고 물을 수 있다. 이와 관련하여 물을 수 있는 질문은 다음과 같다: "어떤 목표를 따라서 지도력 개발 프로그램이 세워져야 하는가? 우리의 훈련은 구체적이고 실제적인가? 성도들은 그들의 은사를 따라 직책을 맡고 있는가?"

소그룹에서 토의하기 위해 "과정"에 대한 진술문을 한두 가지 선택한 다음 구체적인 계획안을 만든다. 예를 들면, 만일 훈련 과정에 탐구 학습이 적절하다고 생각하면 이에 따라 구체적인 학습 전략을 세우는 것이다. 몇 가지 방법을 선택할 수 있다. 지도자들은 토의를 활발히 진행시키기 위해서 사례 연구를 할 수도 있다.

요약하자면, 이와 같이 성인 지도자의 개발을 위한 교육 계획을 세우게 되면 이미 출판된 기존의 교육 과정에 대한 의존도가 감소하게 된다. 위에 나타난 네 가지 단계를 따라서 수련회를 인도하는 자들은 그들의 목표를 달성할 수 있게 될 것이다. 전문적으로 준비된 자료들은 보조적이긴 하지만 유익하게 사용될 수 있다.

결론

허만 멜빌(Herman Melville)의 「하얀 자켓」(White Jacket)에서, 우리는 기독교 교육자들이 성인 사역에서 결코 해서는 안 될 일이 무엇인지를 보게 된다.[32] 불행하게도 이런 일은 자주 일어난다. 멜빌의 선상 의사인 큐티클은 한 선원의 병을 진단하고 급작스런 다리 절단 수술을 지시한다. 그는 수술을 도울 수 있는 동료 선원들 중에서 무지한 의료 팀을 만들었다. 이 괴짜 의사는 외과 수술 자체에 골똘해져서, 환자에 대해서는 잊어버렸다.[33] 그는 무지한 동료 의료 팀을 향해 강의에 열중한 나머지 그의 조수가 그를 옆으로 데리고 와서 그의 빠진 틀니를 건네줄 정도였다![34] 이런 중에서도 선상 의사는 오로지 수술에만 열중할 뿐이다. 환자에게 주의를 기울일 때도 드물게 있지만, 이 때에도 그는 환자에게 선심을 쓰는 척하거나 비난을 해 댄다.[35] 결국 수술이 끝나기 전에 환자는 죽고 말았다. 이는 놀랄 만한 일이 아니다. 무지한 의료 팀도 이러한 결과를 예상은 했지만 의사의 권위에 눌려서 그의 독주를 중단시키지 못했던 것이다!

우리는 우리의 '환자들'에게 더 친절하게 대해야 한다. 전문적으로 준비된 자료에 나오는 세세한 지시 사항을 따르는 데에 집중할 것이 아니라, 정말 학습자들에게 헌신된 교사가 필요하다.

이렇게 하는 것이 성경 해석이나 교과를 준비하는 기술을 결코 감소시키지 않는다. 오히려 교사로서의 직분을 더 잘 감당하게 도와 줄 것이다. 우리는 대교사이신 주님처럼 진리를 온전히 알고 성인 각 사람의 필요에 민감해야 한다. 엠마오로 가는 길에서도 예수께서는 한 가지를 위해 다른 것을 희생시키지 않으셨다(눅 24). 예수께서 두 제자들에게 진리를 가르치시기 전에 그들이 구체적으로 무엇을 필요로 하는지를 이해하셨다. 그는 제자들의 행동과 표정에 나타난 절망감을 읽어 내셨다. 그는 제자들이 메시야에 대해 어떻게 이해하고 있는지, 그들의 불신까지도 귀를 기울여 들어 주셨다. 그리고 나서야 비로소 그는 하나님의 진리를 그들에게 설명하였다. 그는 제자들이 선지자의 글에서 무엇을 오해했는지 가르쳐 주었다. 이렇게 하여 그는 그들의 소망을 회복시켜 주었다.

기독교 교육에 있어서 "큐티클 의사의 파국"을 피하기 위해서 우리는 그리스도의 통찰력 있는 엠마오 전략을 되찾아야 한다. 지혜로운 종처럼, 우리는 이미 준비된 계획들과 자료들(출판된 교육 과정을 포함해서)과 우리의 실제 전략들(학습 중의 성령의 인도를 포함해서) 사이에서 균형을 유지해야 한다.[36]

제13장
청소년 교육

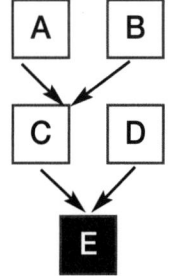

자연, 문화, 그리고 우화
정체성 형성의 중요한 요인들
전략
결론

자연, 문화, 그리고 신화

카멜레온은 피부색을 갈색에서 녹색으로, 녹색에서 갈색으로 바꾸는 신비한 능력을 지니고 있다. 어떤 카멜레온은 배경색에 따라 부분적으로는 갈색을, 부분적으로는 녹색을 띠기도 한다.

구조상으로 볼 때 청소년은 카멜레온과 매우 비슷하다. 그들은 변덕스럽고 순간적으로 신조를 바꾸기도 하며 두 가지 다른 세계를 동일시하기도 한다.

카멜레온은 피부색 외의 다른 방법으로도 환경에 적응한다. 꼬리가 잘리면 다시 자란다. 또한 제각기 움직이는 눈동자의 덕을 톡톡히 본다. 그 이름은 말 그대로 "땅 위의 사자"를 의미한다. 비록 밀림의 왕의 속성을 많이 지니고 있지는 않지만 카멜레온은 환경을 지배한다. 변하기 쉬운 속성과 회복력이 카멜레온의 특징이다.

예일대의 정신의학자인 로버트 리프턴(Robert J. Lifton)은 히로시마와 나가사끼의 생존자들과 같은 엄청난 위기를 견뎌 냈던 사람들에 대한 연구에 있어서 선두주자였다. 그의 연구에 의해서 여러 가지 다른 위기 상황에서 대처하는 방법의 틀이 점차 밝혀졌다. 리프턴은 어떤 내적인 적응력이 있다는 것에 주목했다. 그리스 신화에서 이와 비슷한 점을 연구하던 중 그는 바다의 신 '프로테우스'가 다른 모습으로 변할 수 있다는 점을 발견했다. 카멜레온보다 더 변모를 잘하는 프로테우스는 용이나 사자, 심지어는 일순간의 밀물이 되기도 했다. 그러나 프로테우스의 강점은 곧 그의 약점이었다. 그에게는 자기 자신이 되는 것보다 다른 모습을 취하는 것이 더 쉬웠다. 리프턴은 다음과 같이 설명했다: "[프로테우스]가 어렵게 여기고, 붙잡혀서 사슬에 묶이지 않으면 할 수 없었던 일이 있다면 그것은 바로 단 하나의 형태, 즉 본래의 자기 자신이 되는 것이었다"(1971, p. 319).

청소년은 그들 자신의 정체성을 결정할 때 프로테우스와 같이 그들의 내적인 약점에 굴복당하기 쉽다. 때때로 그들은 그들의 진정한 자아와 전혀 닮지 않은 것처럼 보인다.

제임스 파울러(James W. Fowler)도 프로테우스의 비교 추리에 접근한다. 그는 그것을 인간 성장 이론의 정적인 "티피 모델"(tepee model)과 비교한다. 그렇게 함으로써 청소년이 직면하는 정체성 형성의 외적인 면을 보여 준다. 티피 모델은 구성원들에게 강력한 영향력을 미치는 사회에 관한 것이다. 이 사회는 개인의 가치관을 형성하는 엄격한 문화적 관습을 지니고 있다. 예를 들어 사회는 구성원들의 종교의 선택, 경제적 기준, 사회적 임무에 직접적인 영향을 끼친다. 이러한 기준들은 대개 엄격하고 양도할 수 없는 것들이다. 이 사회는 미리 결정된 자립적인 조직을 연출한다.

프로테우스는 진정한 자기 자신이 되는 것이 매우 어렵다는 것을 알았다. 결국 내적인 강점이 그를 좌절케 했다. 티피 모델의 사회는 여러 가지 이유로 성격 형성을 금한다. 그들은 인간의 개성에 대해서 전혀 고려하지 않는다. 개인적인 관점은 무시된다. 미리 규정된 역할과 규칙을 부여함으로써 구성원들은 정체성에 관한 외적인 요인에 직면한다. 파울러(1984, p. 14)는 인간 성장과 문화에 대한 이 두 가지 지배적인 묘사가 연속체의 극단면을 보여 준다고 말한다. 변이성과 불확실성은 안정과 정체성(停滯性)의 반대 위치에 있다.

> 나는 프로테우스와 티피 모델이 우리 각자의 마음과 우리가 속한 문화에서 서로를 강력하게 끌어당기는, 정반대의 요인 아래에 있는 두 가지, 즉 '열망'과 '실제'를 묘사한다고 생각한다. 이들 열망과 실제-무자비한 변화의 경험과, 연속과 안정에 대한 열망-는 우리의 사회적, 문화적 삶에 깔려 있는 가치와 확신의 유동적인 지층 가운데 남아 있으면서 갈등한다.

어떤 면에서 프로테우스는 루이스 캐롤(Lewis Carroll)의 「이상한 나라의 앨리스」(Alice in Wonderland)에 나오는 가짜 거북이와 비슷하다. 이 곳에서는 어떠한 인물도 자기가 누구인지 알지 못한다. 앨리스와 가짜 거북이는 둘 다 실제와 반대로 대답했다. 처음에 앨리스가 다가갔을 때 가짜 거북이는 '마음이 무너지는 것처럼 한숨을 쉬면서' 절망감을 나타냈다. 앨리스는 가짜 거북이가 왜 슬퍼하고 있는지 물었다. 앨리스는 그의 감정이 모두 꾸며진 것이라는 사실을 알게 되었다. "모두 그의 공상이야. 그는 조금도 비통하지 않단다"라는 말을 들은 것이다.

프로테우스와 같이 십대들은 여러 가지 상황에 따라서 자신들을 변형시킨다. 그들은 정체성(正體性)을 찾고 있다. 그들에게 있어서 가장 어려운 도전은 그들이 누구인지, 하나님께서 그들을 어떤 존재로 만드셨는지를 결정하는 것이다. 가짜 거북이처럼 청소년들은 실제와 상상의 세계 속에서 씨름한다. 실제란 무엇인가? 환상이란 무엇인가? 꾸며진 것은 무엇인가?

생각하기

당신 자신의 청소년기를 생각해 보라. 어떠한 선택이 당신에게 가장 어려웠는가? 당신에게 당혹스러운 상황은 어떠한 것이었는가? 성장 과정에서 당신을 가장 괴롭혔던 문제는 무엇이었는가? 다른 청소년들에게서는 어떤 압박감을 느꼈는가? 어른들에게서는 어떠한 기대를 받았는가? 이러한 질문들에 대한 대답으로, 아래의 문항에 두 가지 구체적이고 개인적인 예를 적어 보라.

1. 당신이 청소년기에 겪었던 내적인 혼란의 예를 적어 보라.
   a. _____
   b. _____

2. 당신이 직면했던 외적인 도전의 예를 적어 보라.
   a. _____
   b. _____

정체성 형성의 중요한 요인들

청소년들이 정체성을 형성하는 데에는 두 가지 중요한 요인들—내적 요인과 외적 요인—이 있다.[1] 전자는 성장 과정에 초점을 맞추고, 후자는 사회적, 문화적인 문제를 다룬다.

내적 요인

머톤 스트롬먼(Merton Strommen)은 「청소년의 다섯 가지 문제」(Five Cries of Youth, 1974)에서 청소년에게 결핍되어 있는 것들의 대부분은 자기 혐오에서 비롯된 것임을 밝혀 냈다. 7천 명의 고등학교 학생들을 대상으로 연구한 결과, 자기 혐오는 낮은 자존감, 개인적인 결함에 대한 상심, 자신감의 부족으로 인한 것임이 드러났다. 로버트 로런트(Robert Laurent,

1988)는 그보다 더 대상을 좁게 잡아(4백 명의 십대들) 조사했는데, 그도 역시 낮은 자존감의 심각성을 지적했다. 로런트의 연구 의도는 십대들의 신앙 거부에 대한 열 가지 원인을 분석하는 것이다. 낮은 자화상은 네 번째 위치를 차지한다. 그가 쓴 책의 한 장에는 "추한 것이 죄라면 나는 감옥에서 태어났으리라"는 제목을 붙였는데, 이 제목이 그가 쓴 책의 내용을 잘 말해 준다.

자아에 대한 내적 생각들

데이빗 엘킨드(David Elkind)의 작품을 보면 청소년들이 낮은 자존감을 갖게 되는 복잡한 이유들을 알 수 있다. 그는 십대들이 가지고 있는 세 가지 오해에 대해 약술했다.[2]

첫 번째 오해는 "모든 사람이 나를 주시하고 있다"는 것이다. 십대들은 추상적으로 생각한다. 우리는 이러한 현상에 대해 이미 분석한 바 있다. 이 새로운 능력에는 좋은 점과 나쁜 점이 있다. 좋은 점은 그들이 더 이상 어린애처럼 생각하지 않는다는 것이다.[3] 나쁜 점은 그들이 자신들의 내면을 지극히 비판적으로 본다는 것이다. 청소년들은 가짜를 알아내는 재주가 있다. 그들은 똑같은 방법으로 자신들 스스로를 공격한다. 지나치게 자의식적인 그들은 그들 자신의 가장 지독한 적이 된다.[4] 그들은 점차 자기 중심적이 된다. 여드름과 유행에 민감하게 된다.

이것이 도가 지나칠 경우에는 사회를 바라보는 관점이 바뀌게 된다. 그것은 다른 사람을 보는 관점이 복잡하게 바뀐다는 것을 포함한다. 십대들은 모두가 그들을 주시하고 있다고 생각하는 것으로 끝나지 않는다. 그들은 다른 사람들이 그들을 관찰하고 있다는 사실을 그들이 알고 있음을 다른 사람들이 안다고 생각한다.

엘킨드(1984, p. 3)는 이 첫 번째 오해를 '가상의 청중'이라고 불렀다. 청소년들은 그들이 무대에 서 있으며 온 세계가 그들을 지켜보고 있다고 생각한다. 성인들에게는 이러한 마음 상태-때로는 주연으로, 때로는 조연 배우로-가 간혹 일어나는 반면, 청소년들은 그렇지 않다. 비유로 말하자면 십대들은 끊임없이 자신들을 조연이 아니라 주연 배우로 생각한다. 그들은 항상 무대의 중앙을 차지하는 것이다.

두 번째 오해는 "나는 유일한 자아이다"라는 것이다. 자의식의 확대된 결과로 청소년들은 극도로 이기주의적인 경향이 있다. 전문 용어로는 "자아 중심주의"라고 한다. 어떤 소녀는 젊은 목회자에게 반해 있는데, 그가 다른 회원들보다 자기를 더 좋아한다고 확신하기 때문이다(그가 표현하지 않을지라도). 어린 십대는 "아무도 내 기분을 모를거야!"라고 한탄한다. 학교 성적이 나쁘거나 친한 친구를 찾을 수 없을 때 그는 자기 상황이 전례가 없는 것이라고 생각할지도 모른다.

또 다른 극단에 치우친 청소년들은 자신은 결코 암으로 죽을 수 없으며, 기아(飢餓)로 죽지 않을 것이며, 자신은 결코 이혼의 사유가 되지는 않을 것이라고 생각한다. 엘킨드(1984, p. 36)는 이 두 번째 가정을 '개인적인 오해'라고 명명했다.

성인들도 가끔 이러한 혼잣말을 한다. 우리는 스스로 "나는 특별해"라고 말한다. 이러한 개인의 내면적인 말은 성경적인 근거에 따라 알맞게 취한다면 건전한 것이다. 시편 8편을 읽어 본 사람은 우리의 창조에 근거한 자아 정체성에 대해 고상하게 표현되어 있음을 알 것이다. 그러나 성인들은 가끔 다음과 같은 말로 그릇된 생각을 자기 자신의 상태인 양 선전한다. "다른 사람들은 교회를 떠나는 반항아를 키우고 있을지 모르지만 나는 그렇지 않다." 또는 "다른 사람들은 하나님의 뜻을 발견하지 못하지만 나는 발견할 것이다." 그것은 우리가 인생의 주류에서 면제되거나 제외되었다고 생각하면서 우리의 특별성을 잘못 이해한 것이다. 청소년들은 이 사실을 특히나 잘 왜곡한다.

세 번째 오해는 "나는 내 역할을 다했다"는 것이다. 첫 번째 오해는 자의식을, 두 번째 오해는 자기 중심성을 묘사한다. 이 마지막 오해는 자기 성취의 특징이 있다. 처음 두 가지 오해에 이어서 이 관점도 심하게 왜곡되었다.

이 생각의 한 가지 유익함이 있다면 청소년들이 어려운 문제에 대해 통찰력 있는 대답을 할 수 있다는 것이다. 그러나 약점은 그들의 이상에 맞는 장기적인 계획을 철저히 해 내지 못하는 경우가 종종 있다는 것이다. 열정은 곧 사그라든다. 그들의 근시안은 우리 성인 지도자들이 예상하는 바이다. 청소년들에 의한 장기적인 헌신은 이러한 점에서 신중히 고려되어야 한다.

우리 중 한 사람이 선교에 대한 현장 교육을 목적으로 몇몇 지역 교회의 십대들을 모았다. 우리는 한 도시 구제 선교회에 가서 견학을 하고 회장의 말을 경청했다. 2주간의 모임 동안 십대들은 선교 기술을 구체적으로 설명하는 프로그램에 참여했다. 몇몇 청소년들에게는 선교에 참여하고 싶은 열망이 불일 듯이 일어났다. 그들은 3개월간 복음 전파하는 데 도전해 보기로 했다. 그러나 대다수에게 심각한 문제가 발생했다. 그들은 자신들이 해야 할 일을 충분히 했다고 생각했다. 2주 동안의 의무 기간이 끝난 후 '선교'는 그들의 '할 일' 목록에서 제외된 것이다.

다른 사람들에 대한 내적 욕구

청소년들은 영웅과 여걸들에게 정신을 쏟는다. 음악가, 탤런트, 스포츠 선수 등에 빠져 있지 않은(적어도 한 주 동안) 청소년은 드물다(이것이 정확하게 사회 학습 이론이 십대 훈련을 위한 추천할 만한 전략을 내놓는 이유이다). 십대들은 많은 시간과 정력과 돈을 친구들과 미디어(음악, 텔레비전, 잡지, 영화 등)에 소비한다. 그들은 지도자를 선망한다. 그들은 가치있는 명분을 추구한다. 그들은 신의를 나눌 사람들과 친하게 지낸다.

이러한 그들의 모방에 대한 타고난 충동 외에, 청소년들은 인식력에 있어서도 성장을 계속한다. 그들은 새로운 추리력으로 가정하고, 세밀히 조사하며, 심사숙고할 수 있다. 이러한 두 가지 특성(모방에 대한 욕구와 추리력)의 결합은 위험한 혼합을 예고한다. 광산 시굴자들이 4륜 짐마차에 니트로글리세린을 싣고 힘들게 록키 산맥을 넘나드는 옛 서부 영화에서처럼 성인 사역자들은 청소년 사역자들과 함께 주의깊게 전진해야 한다. 십대들의 악명높은 외침인 "위선자들!"이라는 말은 이러한 결합의 한 가지 예를 보여 준 것이다. 그들은 이제 점차적으로 완벽한 부모와 목사, 완벽한 교사란 어떠해야 하는가를 이해할 준비가 되었다. 그들은 이상과 현실간의 두드러진 차이점을 집요하게 포착해서 드러낸다.

외적 요인들

구조화된 모방

청소년들은 미디어, 특히 텔레비전에 의해서 나쁜 영향을 받는다. 네일 포스트먼(Neil Postman, 1985)은 텔레비전의 영향에 대해 특별히 간결한 비평을 내렸다. 그는 텔레비전은 사실보다는 사람들의 감정이나 개인적인 의견을 중요시하고, 상업 광고는 마치 어떤 문제라도 해결책을 쉽게 얻을 수 있는 것으로 묘사하며, "이미 만들어진 해결책을 받아 쓰는 것이 문제에 대해서 연구하며 해결하려고 노력하는 것보다 낫다"(p. 131)는 암시를 준다고 주장했다. 또한 현실을 중시하는 것이, 앞으로 어떤 역사적 기여를 하기 위해 노력하거나 미래를 준비하는 것보다 훨씬 가치가 있는 것처럼 보이게 하며, 십대들에게 세상은 어느 때고 필요한 대로 만들어지는 것이라고 가르친다고 했다. 포스트먼은 이와 같은 인생관을 주도하는 미디어가 구조화된 모방을 통해 우리 모두에게 영향을 끼친다고 말한다.

> 그러나 위의 미디어와 텔레비전이 우리가 세상을 진지하게 보지 못하도록 끼치는 해악은 심각하다. 청소년들은 텔레비전을 보고서 세상을 어떻게 살아가야 하는지 실마리를 찾게 되는데, 그들에게 끼치는 해악은 무엇보다도 심각하다. 다른 어떤 부류의 시청자들보다도 청소년들은 뉴스를 보면서 잔인한 사건이나 죽음이 지나치게 과장된 것이

고, 그래서 심각하고 진지하게 받아들일 것이 못된다고 생각하게 된다.

　텔레비전의 뉴스 쇼에 나타난 초현실주의는 논리와 추리와 이치와 반박의 법칙을 저버린 대화 형식이 특징인 "반매체 이론"을 보여 준다고 말할 수 있다. 미학에서 이 이론에 주어진 명칭은 '다다이즘'(제1차 세계대전 중에 일어난 일종의 허무주의적인 예술 운동—역자주)이고, 철학에서는 '허무주의', 정신의학에서는 정신분열증이다. 연극 용어에서 이것은 '보더빌'(노래와 춤이 곁들인 소희극—역자주)로 알려져 있다(p. 105).

삶을 통한 모방

　베르논과 칼로스는 농구를 좋아했다. 교회의 농구팀이 그들의 열정의 배출구를 마련했다. 칼로스는 매우 책임감 있는 13세 소년이었다. 그는 착실하고 훈련이 잘 되어 있었다. 그는 그가 가진 모든 것을 바쳤다. 그러므로 마이크 목사(코치를 겸하고 있는 청년 사역자)가 칼로스를 믿을 수 있었던 것은 전혀 놀라운 일이 아니었다. 연습 시간에 칼로스는 모든 지시를 따랐다. 그는 기합도 즐겁게 받았다. 그는 지시에 따라 양손으로 드리블했다. 그는 슛팅 기술을 정확하게 익혔고 마이크 목사가 호각을 불 때는 온 정신을 집중했다. 시합을 할 때면 칼로스는 유니폼을 단정하게 입고 왔다.

　칼로스는 전심을 다했지만 베르논은 그렇지 않았다. 그는 다른 고수의 북소리에 장단을 맞추어서 단숨에 질러가서는 오른손으로만 드리블했다. 호각 소리가 난 뒤에 베르논은 마지막 슛팅을 하곤 했다.

　한 가지가 더 있는데, 칼로스는 키가 4.8피트이고 베르논은 쭉 빠진 6피트였다. 끊임없는 연습 후에 마침내 첫 번째 경기의 밤이 되었다. 부모와 친구들이 작은 체육관에 모였다. 칼로스는 유니폼을 단정하게 입고 정확하게 20분 일찍 나왔다. 그는 코치의 격려 연설을 초조하게 기다리고 있었다.

　그러나 코치가 도착했을 때 그가 주목한 것은 칼로스가 아니었다. 외출복을 입고 서 있는 베르논이었다. 6피트의 장신은 유니폼 입는 것을 잊었던 것이다. 코치의 꾸지람은 순간적으로 작전 계획을 꾸미는 것에 불과했다. 베르논은 난처하다는 듯이 씩 웃었다. 서둘러 다음 결정이 내려졌다. 충격을 받은 것은 베르논이 아니라 칼로스였다. 코치의 명령으로 키가 작은 소년은 기계적으로 자기 옷을 벗어서 무책임한 동료에게 건네주었다. 칼로스는 눈에 띄지 않는 선수 대기석 끝으로 보내졌다. "대기하고 있어!"라는 말에 멍해진 칼로스는 다시 한번 순종적으로 임했다.[5]

생각하기

다음의 질문들에 간략하게 대답해 보라.

1. 칼로스는 이 농구 경험에서 무엇을 "배웠을까?"
   _____

2. 베르논이 "배운" 것은 무엇일지 말해 보라.
   _____

3. 이 사건이 칼로스와 베르논이 서로를 대하는 데에 어떤 영향을 주겠는가?
   _____

4. 칼로스는 이제 주일학교에서 마이크 목사가 공정과 정의에 대해 가르칠 때 무엇을 배우겠는가?
   _____

알게 모르게 베르논과 칼로스는 교육을 받은 것이다. 마이크는 목사와 코치, 그리고 교사의 역할을 했다. 정식 커리큘럼은 없었다. 사실 교과서나 과제물도 없었다. 그럼에도 불구하고 두 소년은 가공할 방법으로 훈련을 받았다. 그들은 쉽게 잊혀지지 않는 교훈을 받은 것이다. 그런데 가장 중요한 것은 베르논과 칼로스가 배운 교훈이 무엇인지는 자신들만 안다는 사실이다. 아무도 그들이 무엇을 배웠는지 말하지 않았다.

그들이 배운 또 다른 교훈들이 있다. 베르논과 칼로스는 삶의 외적인 도전을 받게 되었다. 청소년 지도자/코치는 고된 훈련이 항상 성공을 가져오는 것은 아니며, 당신이 6피트 키의 십대라면 성공할 것이라고 가르친 셈이 되었다. 인생은 공정하지 않다. 소년들은 어른들의 우선순위에 대해서도 배웠다. 경쟁에서 "수단과 방법을 가리지 않고 이기면 된다"고 배운 것이다.[6] 아마도 모든 것 중에서 가장 비극적인 교훈은 십대들이 전혀 어쩔 수 없는 것, 즉 키가 높이 평가되었다는 것이다. 그들은 삶을 통한 모방으로 교훈을 받은 것이다.

내외적 요인들

제임스 마르시아(James Marcia, 1966)는 인간의 성장에 "결함"이 되는 어떤 요인들을 정의했다. 에릭슨과 그 외 사람들의 연구에 근거하여 그는 청소년 후반기와 대학생 연령의 성인들의 정체성 형성 단계를 연구했다.[7] 그는 네 가지 범주를 발견했다.

"정체성 혼동"은 무엇에도 자신을 헌신하지 않는 상태를 의미한다. 개인적인 신념이 이들에게서는 거의 발견되지 않는다. 우정은 표면적이고 쉽게 이를 저버린다.

"정체성 닫힘"은 인간의 존재 가치를 아는 데 도움이 되는 단서들이 자신의 내면에서가 아니라 다른 사람들에게서 나오는 것을 의미한다. 목사나 부모나 고용주나 친구들이 자아에 관한 질문들에 대답을 제시해 준다. 상징적으로 '닫혔음'이라는 표지가 정신의 창문에 걸려 있다.

"정체성 유보"는 다른 사람들에게는 '혼동'처럼 보인다. 그는 어느 것에도 헌신하지 않는 것처럼 보인다. 그러나 이 둘 사이에는 실제적인 차이점이 있다. '유보'란 중요한 결정을 미루는 것이다. 대안을 시험하고 곰곰이 생각하기 위해서이다.

"정체성 획득"은 개인적인 위기나 대결과 같은 갈등을 거쳐서 무엇엔가 헌신하게 되는 것을 말한다. 불 가운데서 금이 정련되듯이, 여러 가지 인생 경험과 가치관의 갈등을 겪으면서 의미있는 결정을 내려가는 가운데 자신의 주관을 갖게 되는 것이다.

우리 교사들은 청소년들이, 자신이 누구이며 하나님이 자신을 어떤 사람이 되도록 도우시는지를 이해하도록 그들을 도와야 한다. 그들이 마르시아가 말한 "정체성 획득" 단계에 이를 때에야 화목의 세 가지 주제를 말할 수 있다. 제임스 파울러는 여기에서 진지한 결론을 내린다. 그의 방대한 연구를 통한 발견들은 기독교 사역을 위해 진지하게 고려해 볼 만하다: "수년간 관찰한 결과, 우리는 우리 자신과 함께 있을 준비가 되어 있어야 다른 사람들과 더 친밀해질 수 있다는 것이 분명한 것 같다. 마찬가지로 우리는 우리 자신과 다른 사람들과 함께 할 준비가 되어 있어야 하나님과 더 친밀해질 수 있다"(1987, p. 87).

전략

교회가 청소년들을 효과적으로 양육하려면 십대들에게 잠재되어 있는 비판적인 사고와 모방의 결합에 건설적으로 대응해야 한다. 지도자들은 부당한 외적인 요인에 호각을 불어야 한다. 청소년 문화에 관한 성경적인 원리가 분석되고 성경적인 해결책이 갖추어져야 한다. 포스트먼의 "반매체 이론"의 의미도 강론되어야 한다. 이 기회에 효과적인 청소년 사역의 세 가지 전략을 말하고자 한다.

정규적, 비정규적 훈련

청소년 사역의 목표를 이룰 수 있는 한 가지 방법은 청소년들이 보는 뮤직 비디오, 드라마, 광고 방송, 시트콤을 평가하는 것이다.[8] 이러한 접근법은 구조화된 모방의 영향력에 의도적으로 맞서는 것이다. 표 13.1은 정식 미디어 비평에 청소년이 참여하기를 바라는 십대 사역자들을 위한 지침을 제시한다.[9]

표 13.1
성경적 미디어 비평을 위한 지침

1. 토론 중에 조용히 있는 회원을 격려하려면
   "테레사, 네 관점으로는 이 성경의 명령을 어떻게 해석하겠니? 네가 관찰한 시트콤에 이것을 관련시킨다면 말이야."

2. 감정과 기독교 가치관의 표현을 지지하려면
   "이 성경 구절은 우리 문화가 이 도덕적 논의를 평가하는 한 가지 전형적인 방법에 대해 어떻게 도전하니?"

3. 제기되지 않은 논점에 주의를 불러일으키려면
   "여기에서 빠진 것이 있니? 이미 언급된 것 중에서 양자 택일을 한다면 너는 어느 것에 동의하겠니?"

4. 고찰하는 기술을 기르고 개인적 경험을 말하도록 하려면
   "2분 후에 각 사람에게 이 주제에 관한 반응들을 묻겠다. 그러니까 이 질문, '이 비디오는 당신이 사실이라고 알고 있는 것에 대해서 어떻게 과장 혹은 거짓말을 하는가?' 에 대해 나눌 수 있는 한두 개의 보기를 적어 두라."

5. 토론하고 있는 주제의 요점이 계속 유지되도록 하려면
   "시드, 그것 재미있구나. 그렇다면 이 논점은 우리의 주제에 어떤 관련이 있을까?"

6. 갈등을 건설적으로 이용하려면
   "이 논제의 결론에 이르지 못하는 것 같으니 다음 사항으로 넘어갈까? 아마 정보를 더 수집하면 논점이 분명해질거야."

청소년에게는 사방의 벽으로 둘러싸인 교실에서 훈련받는 정규 교육 이상의 것이 요구된다. 그들은 신앙에 대해 현실적인 제시를 요구한다. 이러한 이유로 삶을 통한 모방 열 가지에 대한 적절한 설명에 주의를 기울이고자 한다.[10]

효과적인 모방 원리에 대한 가장 유익한 설명의 하나가 래리 리처드스(Larry Richards)에 의해 제시되었다. 행동과학 문학에서 이끌어 낸 리처드스의 연구는 신학적인 방향도 긍정한다. 그의 일곱 가지 요점에 대한 설명(표 13.2 참조)은 청소년들에게 비정규적인 훈련이 필요하다는 것을 시사한다.

---

7. 풍성한 토론을 계속하기 위해서 더 많은 정보가 필요하다고 제안하려면
    "이 구절의 전후문맥을 잘 살펴봐. 우리가 읽은 성경 구절 전후에서 기자가 말하는 것이 무엇인지 주의해 봐. 이 새로운 정보가 앞에서 말한 것을 어떻게 조명해 주니?"

8. 정보의 자료를 인용하려면
    "좋아, 그건 기억하기에 좋은 경고로구나, 테드야. 테드가 말한 것 외에 이 경고를 성경 어디에서 또 찾을 수 있는지 누가 말해 줄래?"

9. 특정한 관점을 수용하는 정도를 점검하려면
    "몇몇 주석가들은 그 관점에 동의하지만 몇몇은 그렇지 않다. 이 관점에 얼마나 많이 동의하는지 손들어 볼까?"

10. 관련된 단체나 개인에게 주의를 분산시키기보다 주제에 주의를 집중시키려면
    "우리는 여기에서 두 번째 주제에 많은 주의를 기울이고 마음을 쏟고 있는 것은 아닐까? 아마도 우리의 주인공들에게 무비판적이고 지나치게 주의를 집중시키고 있는지도 몰라."

11. 대화를 주도하는 몇몇 사람이 그 대화를 독점하지 못하도록 하려면
    "미안하구나, 이본. 네가 계속하기 전에 의견을 발표하지 않은 사람의 말을 들어 볼까?"

12. 절차상 결론을 내릴 필요를 제기하려면
    "이 특정한 주제에 대해서 10분이나 소비했구나. 관련된 주제를 두 개 더 토론할 계획이었는데. 지금 주제를 계속할까? 아니면 다른 두 주제로 넘어갈까?"

13. 토론을 마칠 필요에 대해 말하려면
    "이제 토론을 마치면서 결론을 두세 가지 더 말해 볼까?"

14. 다음 내용에 대해 말하려면
    "복습할 때 다음 성경 공부 시간을 위한 준비에서 우리가 하기로 결정한 것은 무엇이지?"

자료: 포터와 앤더슨(1976, pp. 51-52)에서 수정

생각하기

1. 당신의 생각으로는 리처드스의 일곱 가지 원리 중 어느 것이 성공적인 청소년 사역을 위해 중요한가? 당신이 가장 중요하다고 생각하는 두 가지 원리를 선택해 보라.

    a._____

    b._____

2. 당신이 선택한 것을 간략히 설명하라. 왜 이 두 가지를 선택했는가?

    _____

3. 리처드스의 일곱 가지 원리 중 어느 것이 청소년 사역에서 가장 남용되거나 무시되고 있다고 생각하는가? 왜 그러한 결론에 이르렀는가?

    _____

제롬 케이건(Jerome Kagan, 1972, p. 103)은 청소년들에게는 동료들이 중요하다는 것을 상기시켜 준다: "초기 청소년기에는 많은 친구들을 원한다. 그들에게는 그들의 신념을 새워 주

표 13.2
효과적인 모방 원리

1. 청소년은 모델과 장기적이고 잦은 접촉이 필요하다.
2. 청소년은 모델과 따뜻하고 사랑스러운 관계를 경험해야 한다.
3. 청소년은 모델의 감정과 내면적인 가치에 노출되어야 한다.
4. 청소년의 모델은 다양한 삶의 배경과 상황에서 관찰될 필요가 있다.
5. 모델은 행동과 가치관에 있어 분명하고 일관된 것을 보여야 한다.
6. 모델의 행동과 신념이 그 모델의 더 넓은 공동체(예를 들어 교회 단체)의 기준과 조화되어야 한다.
7. 모델이 삶에서 시범을 보이는 것과 더불어 모델의 생활 양식이 설명되어야 한다.

자료: 리처드스(1975, pp. 84-85)에서 수정

고 결정을 검증해 주며 그들의 용기를 평가하는 낯선 사람에 대한 새로운 태도를 시험해 주며, 깨어지기 쉬운 그들의 새로운 가설에 대한 지지를 얻도록 도와 주는 동료들이 필요하다."

랄프 키즈(Ralph Keyes, 1976, p. 183)는 통찰력 있는 그의 저서인 「고등학교 이후의 삶」(Is there Life after High School?)에서 청소년기를 "특히 감수성이 예민한 시기"로 언급한다. 그는 십대들이 성인들의 가치관에 강하게 영향을 받는다는 전통적인 관점을 뒤집는다. 키즈는 "성인의 가치관은 고등학교에서 직접적으로 나온 것"(p. 182)이라고 주장한다. 마이크 야코넬리(Mike Yaconelli)와 짐 번스(Jim Burns, 1986)는 동료들의 압력과 사회 집단의 영향력에 관해 보고한다. 커리큘럼의 자료들은 십대들의 사회적 유대의 중요성을 일관되게 증명한다.[11]

결국 그것은 모방에 이르게 된다. 중요한 것은 청소년들이 다른 사람을 모방하는가 않는가의 문제가 아니라 누구를 모방하는가의 문제이다. 누가 그들의 영웅이 될 것인가? 교회는 두 가지 자료, 즉 경건한 동료와 경건한 어른들을 통하여 세계적 지도자들을 선택하도록 도와 줄 책임이 있다. 야코넬리와 번스(1986, p. 107)는 앞의 문제에 대해 건설적인 제안을 한다.[12] 전문 용어로 이 집단 영향력을 "동료 사역"이라고 한다.

1. 청소년들은 청소년 모임에 단순히 참석만 하는 것이 아니라 청소년 활동을 하도록 허용되어야 한다. 그들은 당신의 청소년 사역 프로그램에서 단지 자리를 차지하고 앉아 지켜보기만 할 것이 아니라 그들의 재능을 발휘할 기회를 가져야 한다.
2. 청소년들이(어른들 없이, 혹은 어른들이 있어도 의견을 제시하지 않는 가운데) 주제를 토의하고 그들 자신의 결론에 이르도록 많은 소그룹 활동을 제공하라. 소그룹 활동은 동료 사역의 주요 자원이다. 많은 청소년 단체들이 소그룹 활동을 하지 않고 있으며, 한다고 해도 함께 참여하기보다는 어떤 활동을 수행하는 데 그친다.
3. 간행물을 만들고 편지 쓰기를 하는 것은 동료 사역에 많은 기회를 제공한다.
4. 봉사 활동은 동료 사역을 위한 또 다른 큰 발판이 된다.

경건한 어른들이 보충될 필요가 있을 때는 팀을 이루어서 하는 것이 좋다. 레스 크리스티(Les Christie)는 외로운 방랑자의 사고방식에 대해 경고한다. 이러한 태도는 큰 교회의 청년 사역뿐만 아니라 작은 십대 그룹들에도 널리 퍼져 있다. 크리스티는 청년 목회자들이 성인 팀의 가치를 인식하고 다양한 성인 모델을 육성하도록 충고한다.[13] 그는 다음의 이론을 제시한다(1987, pp. 17-18).

아마도 당신은 궁금해 할 것이다. '내가 사역하는 데 다른 어른들이 왜 필요한가? 나는 이 몇몇 아이들을 나 혼자서도 잘 다룰 수 있다.' 내 그룹에 몇 명밖에 안 되는 아이들이 있다 해도 여전히 나와 함께 일할 다른 어른들을 보충해야 할 것이다. 내 필요에 의해서가 아니라 아이들에게 필요하기 때문이다. 아이들에게는 다양한 성인 모델이 필요하다.

아이들과 규칙적으로 교제하는 몇몇 어른들은 그들에게 모델이 된다. 성인 팀을 구성할 때 다양한 역할 모델-결혼한 부부, 독신자, 젊은 사람과 나이 든 사람-을 찾으라. 청소년들은 여러 사람들에게 각각 다르게 반응할 것이다. 아이들은 조용한 어른, 사색가, 잘 안아 주는 사람, 익살꾼, 진지한 사람, 농담 잘하는 사람 등을 만날 필요가 있다. 그들은 최근에 헌신한 그리스도인들뿐만 아니라 깊은 신앙심을 가지고 체험을 많이 한 그리스도인들도 만날 필요가 있다.

마지막으로, 도우그 스티븐스(Doug Stevens, 1985, pp. 127-28)는 성인 팀 구성원들이 청소년들을 이해할 수 있는 매우 실제적인 방법을 제시한다. 계획성이 효과적인 청소년 사역의 핵심이라는 사실을 기억하라. 표 13.3은 스티븐스의 개념을 보여 준다.[14]

예상 훈련과 실제 훈련

청소년들은 교실 밖에서 인생과 믿음에 관해서 더 많이 배운다. 이것은 놀라운 일이 아니다. 십대들은 인쇄된 커리큘럼이 미치지 못하는, 어떤 정형적인 틀의 네 벽 너머에서 일상적인 영향을 받는다. 그러나 현명한 지도자들만이 그러한 교실 밖에서의 영향력이 교실 안에서의 훈련에 심각한 영향을 준다는 사실을 알고 있다. 청소년들은 그들 나름대로의 확신과 양식, 인식과 이해, 경험, 질문, 가치들을 모든 정형적인 환경에 가지고 온다. 따라서 커리큘럼 작성자들은 교실에 오게 될 십대들에 대해, 교육을 받아서 추측만 할 수 있을 뿐이다. 전문적으로 작성된 자료들은 기껏해야 실제로 일어나는 일에 대해 예상하고 있을 뿐이다.

교사들이 이러한 "예상"과 "실제"의 범주를 구분하는 데 도움이 되는 매우 간단한 이론이 로버트 스테이크(Robert Stake, 1967)에 의해 발표되었다. 이 이론은 제10장에서 간략하게 논의되었다. 여기서는 실제 교실에서 사용할 목적으로 좀더 상세하게 다루어 보겠다. 스테이크 모델은 표 13.4에서 제시된다.[15]

표 13.3
청소년과의 관계를 강화하기 위한 실제적인 방법들

청소년을 이해하기 위하여
학교 체육 행사에 가라.
볼일이 있을 때 십대를 동반하라(차로 드라이브하는 시간이 대화를 용이하게 한다).
실내 골프 경기를 하라.
명화를 보러 가라.
해변이나 호수를 거닐라.
아이스크림을 사 먹으러 나가라.
어떤 일을 같이 하거나 함께 물건을 고치라.
십대에게 좋은 기독교 서적이나 CD를 빌려 주고 나중에 그것에 대해 토론하라.
가끔 전화로 안부를 물으라.
학교 경기나 뮤지컬에 참석하라.
방과 후 십대를 집에까지 태워다 주라.
텔레비전 쇼를 함께 보라.
점심 시간 동안 십대를 만날 자리를 마련하라.
청년회 활동 후 십대를 집에까지 태워다 주라.
학교 가기 전에 아침 식사 모임을 가지라.
함께 잠을 자면서 하는 소녀들의 파티나 남자애들의 밤샘 파티를 열라(지도자가 남자인지 여자인지에 따라서).
십대의 과제를 도와 주라.
편지나 쪽지, 또는 카드를 쓰라.
활동 후 집으로 가는 길에 외식하면서 이야기를 나누라.
탁구나 농구 또는 체스 같은 게임을 하라.
산책을 하거나 하이킹을 가라.
그들의 친구와 함께 집을 방문하라.

좋은 관계를 맺기 위하여.
청소년 그룹의 명부를 만들라.
만나고 방문해야 할 십대들에 대해서 기록하라.
그들에게 전화하라.
청소년 모임에서 만날 것을 약속하라.
그들을 태워 오라.
친한 친구들에게 그들을 데리고 오라고 요청하라.
시간에 앞서 확인 전화를 하라.

자료: 스티븐스(1985, pp. 127-28)에서 수정

표 13.4
수정된 스테이크의 커리큘럼 모델 개관

모든 교실을 위해 전문적으로 쓰여진 아이디어들	각 교실에서 실제로 이루어진 훈련
예상 준비 작업	실제 준비 작업
예상 계획	실제 계획
예상 수행	실제 수행

자료: 스테이크(1967)에서 수정

표 13.5
스테이크의 커리큘럼 모델의 의미

커리큘럼의 아이디어들	실제 가르침
이전: 수업에 앞서 예상되는 요인들 1. 시간을 온전히 다 사용하리라고 예상하는가? 2. 칠판을 사용할 수 있다고 기대하는가? 3. 청소년들을 위해 필요한 다른 자료들은 어떤 것이 있을까? 4. 교실은 적당히 따뜻하거나 시원할까?	이전: 수업에 앞선 실제 요인들 1. 시간에 맞추어 끝냈는가? 아니면 길어졌는가? 2. 누군가가 칠판을 가져왔는가? 분필을 사용할 수 있었는가? 3. 연필과 그림, 인쇄물들이 충분히 준비되었는가? 4. 냉난방 장치가 예상했던 대로 가동되었는가?
동안: 예상 수업 경험 1. 십대들이 성경에 흥미를 갖게 하려면 어떤 방법으로 시작해야 하는가? 2. 어떤 성경 구절을 가르칠 것인가? 3. 강의를 해야 하는가, 귀납적인 성경 공부를 해야 하는가, 혹은 반별 토의를 하거나 칠판에 있는 도표를 사용해야 하는가? 4. 예상하고 있는 청소년은 몇 명인가? 5. 어떤 청소년이 성경을 가지고 올 것인가?	동안: 실제 수업 경험 1. 수업 시작은 잘 되었는가? 청소년들에게 흥미로웠는가? 2. 모든 본문을 잘 마쳤는가? 3. 계획하고 있었던 방법을 사용했는가? 아니면 다른 방법을 사용했는가? 4. 예상했던 청소년이 모두 다 왔는가? 5. 가지고 온 성경의 수가 기대와 일치했는가?
이후: 수업에서의 예상 결과 1. 성경을 더욱 깊이 이해한 결과로 청소년이 어떤 삶의 문제와 씨름했으면 좋겠는가? 2. 당신이 가르친 청소년에게서 더욱 일관되게 증명되는 것을 보고 싶은 그리스도다운 삶의 특징은 무엇인가? 3. 학생들이 실제로 배웠음을 보여 줄 행동의 변화는 무엇일까?	이후: 수업에서의 실제 결과 1. 이 문제들이 학생들에 의해 다루어졌다는 어떤 증거가 있는가? 그들이 이미 가지고 있던 성경 지식에 대해 나는 실제로 이해하고 있는가? 2. 내가 가르친 십대들이 이러한 특징들을 증명하려고 노력하고 있다는 어떤 증거가 있는가? 3. 어떤 습관의 변화에 대해서 그들이 이야기하는가? 아니면 내가 보았는가?

스테이크 모델의 왼쪽 부분은 다음 세 가지로 이루어진다: (1) 훈련 이전에 예상된 요인들(학생과 교사의 경험과 동기를 포함), (2) 훈련 동안 상호작용을 위한 모든 바램들(학생과 교사, 환경, 하나님, 그리고 다른 학생들을 포함), (3) 훈련 후에 의도된 모든 결과들(변화된 태도, 새로 발견한 지식, 삶의 적용 포함).

스테이크 모델의 오른쪽 부분은 똑같이 이전-동안-이후의 범주를 반복하지만 실제로 일어난 일을 열거한다. 앞서 말했던 것을 반복하자면 이러한 다양하고 독특하게 움직이는 역동적인 교실 상황 때문에 가르치는 일은 언제나 똑같을 수 없다.

이제 스테이크 모델을 출발점으로 하여 효과적인 교육과 학습을 도모하기 위해 유익한 몇 가지 질문들을 제기할 수 있다. 표 13.5는 그러한 질문들 중 대표적인 것들을 열거한다.[16]

스테이크 모델의 또 한 가지 이점은 교육 평가가 이루어질 때 드러난다. 질적인 교육을 위해서는 각 단계에 따라 적어도 여섯 가지 질문이 제기되어야 한다. 그림 13.1은 이러한 질문들의 표본이다.

그림 13.1
스테이크 모델에 기초한 평가 질문들

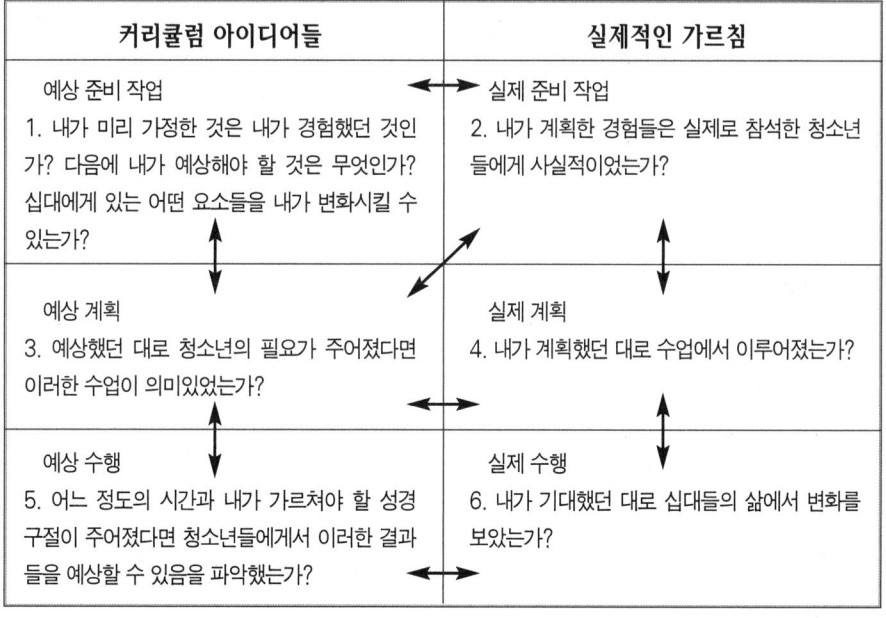

스테이크 모델이 실제로는 어떠한가? 그것이 청소년들의 성장을 도모하기를 원하는 성실한 교사들에게 어떠한 도움을 주는가? 당신이 여름 청소년 제자 훈련 프로그램을 계획한다고 가정하자. 예상 준비 작업은 당신이 금요일 밤 7시부터 8시 30분까지 교회에서 성경 공부를 가질 계획임을 보여 준다. 예상 규모는 흥미를 나타내며 참석하기로 약속한 12명의 고등학교 학생들이다. 예상 계획은 광범위한 로마서 주석 공부와 더불어 잠깐 동안의 기도와 찬송 시간을 포함한다. 청소년들은 충실하게 참석하여 기록을 하면서 열심히 들으리라 기대된다. 할당된 주간 과제물의 완성이 한 가지 예상 수행이 된다. 성경 암송과 하나님 말씀에 대한 진정한 열의가 다른 예상 결과의 하나이다.

그러나 실제 준비 작업으로 당신은 더욱 실제를 의식하게 된다. 여름 아르바이트와 다른 일들로 인해 8명의 청소년들만이 참석한다. 또한 당신은 8월의 마지막 두 주간은, 늘 십대 사역자들을 요구하는 교회 사역중 하나인 여름 성경 학교가 예정되어 있음을 알게 된다. 이러한 영향으로 여름 제자 훈련 프로그램은 3분의 2 규모로 축소되고, 12주에서 10주로 줄어든다. 실제 계획은 십대들이 주의깊게 필기를 하지만 그들은 이 프로그램에서 더 많은 것을 원한다는 것을 보여 준다. 그들은 또한 적용 가능한 선교 계획을 원한다. 그리하여 여름 성경 공부의 마지막 반 동안 그들은 복음 전도의 '로마로'(Roman Road)[17] 방법을 채택함으로써 그들이 공부한 것들을 적용한다. 결과적으로 실제 수행은 극적으로 변한다. 8명의 십대들은 5주간의 토요일마다 도시 공원에서 열성적으로 증거한다. 성경 공부 중에 기도 시간은 새로운 초점이 되고 그들의 찬송은 더욱 진실해지며 새로운 심령으로 토의 질문이 쏟아진다. 이 모든 "계획"은 "수행"에 의해서 직접적인 영향을 받으며, 또한 수행도 계획의 영향을 받는다. 더욱이 "준비 작업"은 주간마다 바뀐다. 여름 훈련을 시작한 청소년들은 8월 중순의 십대들이 아니다. 그들의 삶에 변화가 일어난 것이다.

생각하기

1. 그림 13.1을 다시 보라. 여섯 개의 질문 중 어느 것이 더욱 효과적인 청소년 훈련에 대해 통찰력을 갖게하는가? 그 이유는 무엇인가?
   _____

2. 당신이 청소년들과 함께 사역할 성인들을 훈련하기 위해 토의를 인도한다고 가정해

보라. 스테이크 모델에 기초하여 이 성인들과 함께 나눌 세 가지 구체적인 제안 사항을 말해 보라.

a. _____
b. _____
c. _____

스테이크 모델은 전문적으로 쓰여진 커리큘럼이 기껏해야 실제 수업의 반(즉 왼쪽 부분)만을 제공할 뿐임을 우리에게 상기시킨다. 우리 교육자들은 교실에서 나머지 반을 보충해야 한다.

청소년에게 화목을 가르치기

청소년 교육을 위한 처음 두 가지 전략은 다음과 같은 대조적인 노력에 초점을 맞춘다. 첫째, 우리는 청소년들에게 비정형적인 방법뿐만 아니라 정형적인 방법으로도 가르칠 필요가 있다. 둘째, 우리는 실제적인 교육 항목뿐만 아니라 예상 교육 항목에도 온 힘을 기울여야 한다. 셋째, 모든 나이에 걸치는 훈련 목표를 나타낸다. 그것은 곧 네 가지 화목의 주제들이다. 이 주제들이 모든 기독교 교육을 특징짓는다 할지라도 우리 지도자들은 나이에 따른 특징에 민감해야 한다. 십대들의 필요를 고려해서 이 주제들을 가지고 청소년에게 접근해야 한다.

결론

본장에서의 여러 가지 중요한 주제 가운데서 우리는 팀 사역의 가치를 강조했다. 동료 사역과 성인 사역자들은[18] 그 두 가지 예를 보여 준다. 팀 사역의 실용적인 가치 외에도 성경에서의 언급이 이 관점을 뒷받침해 준다. "외로운 방랑자 증후군"(Lone Ranger Syndrome)은 책임과 지혜에 대한 성경의 가르침이다. 또한 이러한 "세상에 저항하는 나"의 마음 상태는 고통과 소멸의 결과를 낳는다.

다음의 재미있는 비유를 통하여 고독의 해악을 알아본다. 이 이야기는 건강 보험 청구에 근거한 것이다. 보험 계약자인 벽돌공이 작업장에서의 사고에 대한 보험금을 청구했다. 그 회신으로 보험회사는 무능력한 주장에 대해 더 많은 정보를 요구했다. 다음은 벽돌공의 두 번째 편지이다.[19]

나는 상해 이유를 묻는 보험 양식의 11번 난에 기록한 정보를 설명해 달라는 귀사의 요구에 답하고자 합니다. 나는 "일을 혼자서 하려고 하다가"라고 대답했었습니다. 다음의 설명이면 충분하리라 생각합니다.

나는 직업상 벽돌공입니다. 상해를 당하던 날, 나는 3층 건물 옥상 둘레에 벽돌을 쌓는 일을 혼자서 하고 있었습니다. 그 일을 끝냈을 때 500파운드의 벽돌이 남아 있었습니다. 나는 벽돌을 손으로 옮기기보다는 통에 담아 그 건물 옥상에 묶여 있던 도르래를 이용해서 벽돌을 내렸습니다.

나는 땅에 있는 밧줄의 끝을 단단히 묶고 건물의 옥상으로 가서 벽돌을 통에 쌓고 벽 쪽으로 그것을 밀었습니다. 그리고는 땅으로 다시 가서 통이 천천히 내려오도록 안전하게 그것을 잡으면서 밧줄을 풀었습니다. 보험 양식의 6번 난에서 보듯이 나는 몸무게가 145파운드입니다. 통에 있는 500파운드의 벽돌이 급속하게 땅으로 내려오는 충격으로 나는 정신을 잃고 밧줄을 놓는 것을 잊어버렸습니다.

나는 2, 3층 사이까지 따라올라가서 통에 부딪혔습니다. 이로 인해 상체에 타박상과 열상을 입었습니다. 다행히도 나는 정신을 차리고 밧줄을 꼭 잡고 있었는데 건물 벽으로 멈추지 않고 급속히 올라가는 바람에 오른손이 도르래에 끼어 짓눌렸습니다. 이로 인해 엄지 손가락이 부러졌습니다(4번 난을 보세요). 너무나 아팠지만 나는 계속해서 밧줄을 꼭 붙들고 있었습니다. 불행히도, 통이 땅에 부딪힘과 동시에 통밑바닥이 떨어져 나갔습니다. 벽돌의 무게가 없어지자 통은 이제 50파운드가 되었죠. 다시 한번 내 몸무게가 적혀 있는 6번 난을 주목해 보십시오. 나는 급격히 내려가기 시작했습니다.

2층 근처에서 나는 올라오고 있는 통에 부딪혔습니다. 이로 인해 다리와 하체에 상해를 입었습니다. 속도가 약간은 줄었지만 나는 여전히 내려가서 벽돌 더미 위에 떨어졌습니다. 다행히도 내 등은 약간 삐기만 했습니다. 그러나 나는 다시 정신을 잃고 밧줄을 놓았습니다.

나는 이것이 당신의 관심에 대한 대답이 되었으리라 믿습니다. 제발 내가 혼자서 일을 하려고 하다가 기진맥진했음을 알아 주십시오.

효과적인 청소년 사역을 위해서는 팀 사역이 요청된다. 십대들에게는 다른 십대들이 필요하다. 십대들은 다양한 성인 모델을 통하여 성장한다. 이러한 팀 전략은 그리스도의 몸이 일하고 있음을 보여 준다.

제14장
추천할 만한 청소년 교육 과정

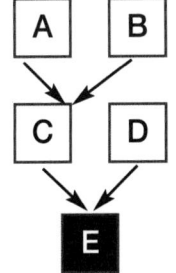

개신교 고양이들?
농구 이야기로 되돌아가서
화목을 가르치기 위한 교육 과정
결론

개신교 고양이들?

의심할 여지 없이 청소년은 다른 연령층과는 다르다. 우리는 그들에게 성인들의 신앙과 생활을 보여 주기를 기대할 수 없다. 그렇다고 어리다고 말할 수도 없다. 데이빗 엘킨드(1984, p. 33)는 어린이의 사고 과정과 십대의 새로운 추리력을 비교한다.

> 청소년들은 자기가 사고한다는 것을 생각한다. 어린이들은 생각하지만 사고에 관해서 생각하지는 않는다. 예를 들어 종파에 대한 어린 아이들의 개념에 관한 한 연구에서 나는 다음과 같은 질문을 했다: "개나 고양이는 개신교도(또는 천주교도나 유대교도)가 될 수 있을까?" 종파에 상관없이 아이들은 개나 고양이는 개신교도 혹은 천주교도나 유대교도가 될 수 없으며, 그 이유는 목사 혹은 신부나 랍비가 동물들은 교회나 회당에 들어오지 못하도록 할 것이기 때문이라고 대답했다. "그들은 시끄럽게 하고 돌아다닐 거예요!" 하고 한 아이가 설명했다.
> 한편, 십대들은 한결같이 다른 대답을 했다: "그들에게는 지능이 없어요. 그들은 종교를 이해하지 못할 거예요." 다른 십대는 "그들은 하나님을 믿지 않아요"라고 대답했다. '지능'이나 '이해', 그리고 '믿음'과 같은 말들은, 아이들은 거의 사용하지 않지만 십대들은 점점 자주 사용하는 '사고'에 관한 개념들이다. 십대들은 사고에 관해서, 즉 그들의 머리에 무엇이 있으며 다른 사람들의 머리에는 무엇이 있는지에 관해서 생각할 수 있다.

생각하기

크리스천 교육자들은 십대들에게 새로 생긴 추리력의 의미가 무엇인지 생각하는 데 그리 큰 어려움을 겪지 않는다. 다음 질문들을 스스로 해 보라.

1. 점점 성장하는 그들의 지능에 비추어 우리가 이제 청소년들에게 새롭게 가르칠 수 있는 새로운 진리 형태(즉 아이들에게 가르칠 수 없는 것)는 무엇인가?
   _____

2. 위의 엘킨드의 마지막 문장을 생각해 보라: "십대들은 사고에 관해서, 즉 그들의 머리에 무엇이 있으며 다른 사람들의 머리에는 무엇이 있는지에 관해서 생각할 수 있다."
   a. 청소년 교육에 대한 한 가지 구체적이고 긍정적인 의미를 적어 보라(즉 이 사실을 알고서 우리가 가르쳐야 하는 주제는 무엇인가).
   _____
   b. 이 인용문에서 한 가지 부정적인 의미를 제시해 보라(청소년들 안에 있는 새로운 걱정거리에 비추어).
   _____

농구 이야기로 되돌아가서

우리는 청소년들을 만날 때마다 알게 모르게 그들을 가르치고 있다. 우리의 교육이 의도적인 것이거나 의식하지 못한 것이거나 그것은 실제 모습 그대로이다. 당신 자신의 청소년 때의 일을 생각해 보라. 십대 시절, 당신을 위해 문을 열어 주거나 당신에게 격려의 말을 해 주거나 과제물을 늦게 제출한 것에 대해 관용을 베푼 선생님과 함께 재미있게 놀았던 때를 기억해 보라. 대중 앞에서 당신을 당혹하게 했거나 그리스도의 증인으로서 부족했던 선생님, 당신을 위축시킨 선생님에 대해서는 어떤가? 우리는 가르칠 때마다 십대의 "기억할 만한 교훈 은행"에 저축을 하고 있는 것이다. 학습은 대변(貸邊)과 차변(借邊) 계정을 둘 다 포함한다.

칼로스와 베르논에 대해 다시 생각해 보라. 이번에는 네 가지 주제에 의한 시나리오를 평가해 보라. 칼로스와 베르논은 '인격'에 관해서 무엇을 배웠는가? 코치는 칭찬할 만한 칼로스의 자기 훈련 자질에 어떻게 반응했는가? '공동체'에 대해서는 어떠한가? 경쟁에 대해서 어떤 교훈이 강조되었는가? 교회의 다른 청소년 기능들에 견주어 보았을 때, 이 주제가 두 소년에게 무슨 영향을 끼쳤다고 생각하는가? 이 교육 경험에 스며든 '사명'의 가치는 무엇인가? 공동체에 기여하는 인간의 어떠한 면이 존중되었는가? 베르논이 칼로스의 운동복을 받았을 때 어떤 죄책감을 느꼈으리라고 생각하는가? 마지막으로, 마이크 목사는 어린 청소년들에게 '영적 교제'에 관해서 무엇을 가르쳤는가? 이 부당한 상황이 소년들의 하나님과의 관계에 어떠한 영향을 미쳤겠는가? 칼로스가 다른 영적 생활에 관하여 끌어낼 추론은 무엇일까?

우리 성인 지도자들이 정기적으로 제기해야 할 질문들은 다음을 포함한다: 우리 청소년들이 화목의 주제들에 대해 어떻게 배우고 있는가? 간과되는 것은 무엇인가? 이러한 의도된 목표들에 대해, 우리가 하고 있는 비생산적인 일은 어떤 것이 있는가?

화목을 가르치기 위한 교육 과정

우리가 청소년을 대상으로 폭넓은 기독교 교육을 할 계획이라면 화목의 네 가지 주제들에 충실하게 주의를 기울여야 한다. 본장은 추천할 만한 청소년 커리큘럼에서 끌어낸 각 주제를 상세히 설명한 예들을 제시하고 있다. 특별히 두 출판사에서 나온 자료를 자세히 살펴보았다.[1] 물론 몇가지 다른 자료들도 분석했다.[2] 사회 학습 이론이 십대들의 교육에 큰 영향을 끼치고 있으므로, 공동체의 주제를 특별히 강조해서 다루고 있다.

영적 교제

스티픈 존스(Stephen D. Jones)는 신앙의 형성 양식에 대해 묘사한다. 그는 청소년들이 하나님께 어떻게 가까워지는가에 대해 특별한 통찰력을 제시한다. 존스에 의하면 어린 시절부터 십대 중반기까지는 "입회기"이다. 십대 중반기에 이르기까지 아이들은 주로 친근한 사회 집단에 의해 믿음에 이르게 된다. 예를 들어 그들은 부모님이 그 방식을 원하기 때문에, 또는 그것이 할아버지, 할머니를 기쁘게 해 드리기 때문에 영적인 실재를 받아들인다. 고등학교 후반기부터 20대 중반기까지는 "인격화 시기"이다. 이 시기에는 신앙을 점점 더 자기 것으로 삼게 된다. 또 다른 조직 체계에 집착하면서 존스는 청소년의 성장에 관하여 연령에 따라 세 부분으로 분류한다(표 14.1 참조). 존스의 구체적인 묘사는 청소년들의 '영적 교제'의 필요성을 진지하게 나타낸다(1987, p. 54).

존스 이론의 한 가지 유익한 특징은 청소년들의 성장을 돕기 원하는 어른들에게 방향을 제시한다는 것이다. 부모와 마찬가지로 십대 사역자들은 일곱 가지의 특별한 신앙 형성의 사명에 대처하도록 훈련받아야 한다(표 14.2 참조). 존스에 의하면 이 일곱 가지 목표는 정확하게 청소년들의 일련의 신앙의 시련과 관계가 있다.[3]

어른들과 마찬가지로 십대들에게도 표 14.2에 나오는 여섯 번째 항목은 가장 어려운 것이다. 청소년들이 이 영적인 발전의 시기에 갈등하는 것을 지켜보기란 쉽지 않다. 그러나 야고보는 "너희 믿음의 시련이 인내를 만들어 낸다"(1:3)고 약속한다. 이 성경적인 원리에 우리는, 믿음을 세밀히 조사하는 것-믿음에서 분리되기도 하는 것-은 종종 더 깊은 헌신을 가져온다는 사실을 덧붙인다. 데이빗 엘킨드(1984, p. 43)는 청소년들을 양육하기 원하는 성인들에게 이와 비슷한 충고를 한다. 성인들은 "청소년들이 그들이 진정 누구이며 어떠한 존재인지를 발견하도록

표 14.1
청소년의 신앙 발달

후기 아동기와 십대 초기(초등학교와 중학교 시기)
- 신앙에 대한 부모와 사회의 기대 이상으로 첫발을 내딛음
- 내적인 신앙 체계와 외부적인 신앙 체계간의 심각한 갈등을 가지고 삶
- 신앙에 관한 개인적 가치와 관점, 신앙의 필요성을 이해하고 주장하기 시작함
- 입교나 세례와 같은 "개인적인 결정"에 의해 신앙 공동체에 입회함

십대 중반기(고등학교 시기)
- 물려받은 신앙과 자기 것이 된 신앙 사이의 갈등이 고조됨
- 부모의 신앙 영향력은 줄어들고 다른 어른들과 동료들로부터의 영향이 커짐
- 개인성과 정체성을 나타내고 이전의 한계를 벗어나서 행동함
- 자신이 선택한 신앙에 대해 확신함
- 여러 가지 분야의 신앙 활동을 실험함

십대 후반기와 이십대 초기(고등학교 후반기, 대학, 직장생활 초기)
- 새로운 신앙 개념을 실험함. 불안감을 나타냄
- 산만한 신앙 성장 가운데서 가장 중요한 삶의 방향을 설정함
- 부모의 영향력에 반발하고 자신이 물려받은 신앙을 떠남
- 스스로의 신앙 형성의 도전과 한계를 인식하면서 어른의 독립성에 직면함

자료: 존스(1987, p.54)에서 수정

표 14.2
십대의 신앙의 시련에 대한 어른의 임무

십대의 신앙 시련	어른의 신앙 형성 임무
#1 - 경험 청소년은 영적인 감정에 직면한다.	여러 가지 복합적인 감정을 수용하라. 너무 빨리 판단하지 말라. 자신을 더욱 완전하게 표현하도록 하는 감정을 갖도록 격려하라. 청소년이 스스로를 솔직하게 표현하도록 허용하라. 기억할 만한 경험을 쌓으라. 당신 자신의 감정으로 본을 보이라. 감정으로 그치지 말라. 십대들이 준비가 되면 다음 단계를 도전하도록 격려하라.
#2 - 분류 청소년은 감정과 가치와 경험을 분류한다.	기독교 사상과 가치를 함께 공부하라. 십대들을 참여시키라. 정한 해답에 초점을 맞추지 말고 폭넓게 제시하라. 신뢰받을 수 있는 사람으로 인격을 계발하라. 사상이 아무리 우스꽝스러울지라도 결코 비웃지 말라. 수용적이 되라. 모든 것을 지나치게 심각하게 생각하지 말라. 긍정적이 되라. 정직하게 평가하라. 모든 것을 부정직하게 동의하지는 말라.
#3 - 선택 청소년은 진리가 무엇인지를 결정한다.	청소년이 생각하도록 격려하라. 그들을 도전하라! 당신 스스로의 가치와 선택으로 본을 보이라. 분별되고 선택된 신조에 초점을 맞추어 논의하라. 청소년에게 건설적으로 의심하는 방법을 가르쳐서 더욱 확실한 믿음을 갖게 하라. 점점 추상적이고 비판적으로 생각하는 그들의 능력을 이용하라. 사례 연구나 실생활에서 일어나는 갈등을 다루라.
#4 - 주장 청소년은 어떤 진리에 충실할지를 결정한다.	여러 가지 상황에서 신앙에 헌신하도록 초청할 것을 계획하라. 청소년이 충성스럽게 믿기로 결정한 것에 대해 개인별로 친근하게 이야기를 나누라. "주장"이 있을 때 적절하게 축하하는 기회를 만들라. 그러한 결정을 내린 후에 이에 따르는 도움을 꼭 제공하라. 주장에 대해 그것 자체로서 끝난 것으로 여기지 말고 인생의 한 단계로서 생각하라. 청소년에게 하나님의 지혜를 구하는 기도를 어떻게 하며 영적인 변화를 어떻게 받아들이는지를 가르치라.

#5 – 깊어짐 청소년은 활동적인 신앙 안에서 성숙한다.	준비된 청소년에게 적절한 지적 자극을 주라(예를 들어 이단 종파에 대한 변증). 현실적인 기대를 하도록 하라. 당신의 깊은 신앙과 갈등, 의문들과 점점 커지는 믿음의 영역을 나누라. 도움을 주는 유능한 사람이 되라. 당신이 기도와 지지로 그들을 감싸고 있음을 알게 하라.
#6 – 분리 청소년은 의심하며 한동안 신앙을 제쳐 둔다.	이러한 일이 일어날 때 실망하거나 불필요하게 걱정하지 말라. 정직한 반응을 보이되, 믿음을 떠난 청소년을 존중하고 자유를 주라. 이 시련으로 관계를 끊지 말라. 개방적이고 신뢰를 주는 대화가 열쇠이다. 계속 접촉하라! 죄의식과 좌절감, 또는 실패를 맛본 적이 있는 다른 어른들이나 부모님과 함께 사역하라. 모든 사람이 이러한 시기의 목적이 무엇인지 알 수 있도록 도우라. 이러한 일이 일어날 때 새로운 성장이라는 점에 대해 축하하라.
#7 – 응답 청소년은 그들을 향한 하나님의 뜻에 헌신한다.	사람이 준비되었을 때, 이렇게 응하는 것을 격려하라. 그들이 어떤 반응을 보이는지 민감하게 살피며 시작하라. 소명을 인격적이고 고귀하며 역동적인 것으로 묘사하라. 청소년과 함께 은사, 기도와 묵상에 대해 공부하라. 십대의 은사와 능력과 재능에 대해 항상 긍정적으로 대하라. 청소년이 그들 자신의 선교와 삶의 목적을 실험할 수 있도록 따뜻하고 적극적인 분위기를 제공하라.

자료: 존스로(1987, pp. 60-61)에서 수정

가치와 신념에 대해 논의하고 행동하며, 사회적 경험을 하는 기회를 제공해야 한다"는 것이다.

듀이 버톨리니(Dewey Bertolini, 1989)는 영적 교제에 대한 한 가지 근본적인 접근법은 청소년 사역에 대한 "열정"을 품고 진실해야 한다고 말한다. 구체적으로 그는 성인들이 하나님을 사랑하는 마음이 자라갈 때, 청소년들을 더욱 완전하게 사랑하게 될 것이라고 말한다. 이처럼 깊이 있는 신앙을 가진 성인들은 말씀으로 양육받으며(딤전 4:6), "허탄한 신화를 버린다"(딤전 4:7). 짐 번스(Jim Burns, 1988, p. 104)는 의도적으로 예배에 초점을 맞추는 것이 가치있는 일이라고 말한다. 그는 청소년들이 "하나님을 예배하는 법을 알게 된다면, 좀 전통적인 교회에서도 규칙적이고 의미있는 예배를 경험할 수 있다"고 말한다.[4]

영적 교제의 두 가지 특별한 측면에 주목할 필요가 있다. 공적적인 영역과 개인적인 영역이 그것이다. 우리는 종종 함께 모이는 것만 생각한다. 그러나 "개인적인 시간"이나 "헌신" 또한 청소년 사역에 결정적이다. 데이빗 린과 마이크 야코넬리(1985)는 개인적인 예배와 성장에 대한 제안을 한다.[5] 성장의 징후를 기록하는 일지를 사용하고 있는 이 자료는 영성에 대해 괄호 채우기식의 접근법보다 낫다. 이와 유사하게 버톨리니(1989, p. 20)는 시편 119편으로부터 성숙에 대한 지침을 제시한다. 표 14.3은 지도자들과 십대들이 성경을 어떻게 존중해야 하는지를 보여 준다. 버톨리니의 도표는 하나님 말씀을 통한 영적 교제에 대하여 유익한 자료를 제시한다.

표 14.3
개인적인 예배의 목록

시편 119편을 보라. 176개의 구절이 진리의 말씀에 대한 시편 기자의 마음속에서 우러나는 깊은 헌신을 분명하게 표현했다. 당신의 마음도 이와 똑같은 생각을 되뇌는가? "여호와의 증거를 지키고 전심으로 여호와를 구하는 자가 복이 있도다. 실로 저희는 불의를 행치 아니하고 주의 도를 행하는도다"(2-3절). 말씀에 표현되었듯이 하나님의 도는 다음과 같다.

- 즐거워하고 기뻐하는 것(14, 16절)
- 기이한 것으로 가득함(18절)
- 소생하게 하는 힘과 세우는 능력(25, 28절)
- 친밀하고 의뢰하는 것(31, 42절)
- 항상 영영히 끝없이 지켜짐(44절)
- 사랑받음(31, 42절)
- 위로(50절)
- 의로운 규례(62절)
- 천천 금은보다 나음(72절)
- 신실하고 영원함(86, 89절)
- 영원히 잊혀지지 아니함(93절)
- 우리를 원수보다 지혜롭게 함(98절)
- 스승보다 나은 통찰력을 우리에게 줌(99절)
- 명철함이 노인보다 낫게 함(100절)
- 내 입에 꿀보다 더 단 것(103절)
- 내 발에 등, 내 길에 빛(105절)
- 내 마음의 즐거움(111절)
- 우리의 바램(114절)
- 기이하고 갈망하는 것(129, 131절)
- 철저히 시험된 것(140절)
- 진리(151절)
- 주께서 영원히 세우신 것(152절)
- 경외함(161절)
- 내 혀의 노래(172절)

자료: 버톨리니(1988, p. 20)에서 수정

공적인 예배는 개인적인 예배를 보완하는 것이다. 참석한 사람들 모두가 적극적으로 참여하는 것이 중요하다. 그렇지만 지도자들은 예배가 늘 그들에게는 무의미한 것 같다는 십대들의 아우성을 아무런 비판 없이 받아들이는 데는 신중을 기해야 한다. 번스(1988, pp. 104-5)는 다음과 같이 통찰력 있는 조언을 한다: "예배 의식이 지루하다고 아이들이 말할 때 그들의 욕구를 충족시키지 못한 것에 대해 사과할 필요는 없다. 예배가 그들과 정말 무관한 것이었는지, 그들이 기대감이 없이 왔는지 그들이 이해하도록 도와야 한다. 예배는 적극적인 반응이므로 우리는 청소년들이 왜 참석해야 하며 어떻게 참여할 수 있는지를 이해하도록 도와야 한다."

「복음의 빛」(Gospel Light)의 "중학생들을 위한 성경 공부—빛의 힘"(The Complete Junior High Bible Study) 시리즈(1988)와 릭 번즈슈(Rick Bundschuh, 1989)의 「현장 학습」(On Site)이 추천할 만한 청소년 자료로 선택되었다. 제12장에서 전문적으로 쓰여진 교과처럼 이 자료들은 다음의 두 가지 이유로 선택되었다. (1) 각 교과는 그리스도인의 성숙에 관한 주제를 적어도 하나씩은 언급한다. (2) 각 교과는 세 가지 학습군에 대해서 한 가지 이상을 보여 준다.

첫 번째로 선택된 교과인 "예수께서 가능케 하신다"는 '영적 교제'에 적합한 대표적인 자료이다(예시 14.1을 보라). 중학생들은 오직 주님이 주시는, 고동치는 믿음의 깊이를 발견할 것이다.

예시 14.1에서 조건 학습군은 다음과 같은 방법으로 나타난다. 암시 학습은 다음과 같은 때 일어난다: (1) 개봉되지 않은 편지에 대한 학생들의 호기심이 발동할 때("주의 끌기 - 대안"을 보라), (2) 학급 게임을 통하여 학생들의 흥미가 유발될 때. 숨겨진 암시 카드가 이 흥미를 더 부추긴다("성경 탐구" 제2단계를 보라). 이러한 방법들은 "성경의 진리를 공부하는 것은 재미있다"는 사실을 인정하게 한다.

결과 학습은 다음의 것을 포함한다: (1) 개봉되지 않은 편지를 교실에 가지고 온다면 교사와 함께 콜라를 즐기는 즐거움("주의 끌기 - 대안"을 보라), (2) "작은 보상"이 있는 시합("성경 탐구" 제2단계를 보라), (3) 하나님과의 관계에 대한 세 가지 모토 만들기("성경 탐구" 제3단계를 보라). 이러한 훈련에 대한 지침들이 영적 교제의 깊은 의미를 보강하고 있음을 주목하라: "이러한 예들은 하나님께서 우리와의 관계를 정립하기 위해서 어떻게 손을 뻗치시며 그러한 관계를 이루기 위해 우리들이 해야 할 일은 무엇이며 하지 말아야 할 일은 무엇인지를 알 수 있게 해 준다."

사회 학습군도 역시 예시 14.1에서 나타난다. "인기있는 페이지"를 보라. 하나님 말씀을 읽는 것(요 3:1-18)은 조직화된 모방이다. 삶을 통한 모방은 "성경 탐구"를 통해서 일어난다. 학생들은 3-5명의 그룹으로 나뉘어 성경을 공부한다. 성경뿐만 아니라 십대 세계의 주제들도 논의된다. 청소년들과 교사의 삶의 예들이 치열하게 거론된다.

마지막으로 정보처리 학습군이 주의를 끈다. 동일시 학습이 "니고데모 파일"에서 나타난다. 여기에서 알려진 사실에서 알려지지 않은 사실로 연결되는 다리는 현대의 예술과 니고데모의 약력을 통하여 세워진다. "하늘 나라의 미로"는 예수 그리스도가 하늘 나라로 가는 유일한 길임을 그림으로 보여 준다. 탐구 학습은 학생들이 그들의 믿음을 통하여 생각하도록 하는 도전을 통해 이루어진다. 이것은 다섯 가지 "토의 문제"("인기있는 페이지" 참조)와 "그리스도와의 관계"("결론과 헌신" 참조)에 나타난다. 이 마지막 학습 전략은 학생들이 자발적으로 '그리스도와의 개인적인 관계'를 평가하도록 해야 한다는 사실을 인식하는 것이 중요하다. 예를 들어 십대가 표시할 수 있는 대답 두 가지는 '의심이 생기기 시작한다'와 '아직 이 문제를 생각할 준비가 되어 있지 않다'가 될 수 있는 것이다. 이 부분에서 자유로운 선택을 허락하는 것(존중하는 것)은 스티픈 존스가 청소년들을 양육하는 성인들에게 이미 충고한 것이다.

표 14.4는 앞의 내용을 종합한 것이다. 따라서 "예수께서 가능하게 하신다"는 교과의 여러 학습군을 한눈에 보게 한다.

리치 번즈슈의 「현장 학습」은 청소년들의 영적 교제에 관하여 적어도 두 가지 교훈을 주고 있다.[6] 예시 14.2는 십대들이 나무 위에 앉아 보도록 하는 것이다. 그 목적은 예수님을 만난 삭개오의 경험을 흉내내는 것이다. 누가복음 19:1-10에서의 교훈은 청소년들이 '예수님은 우리가 여전히 죄인일 때 찾아오신다'는 것을 깨닫도록 해 준다. "일상 생활의 적용" 부분은 그 말씀의 적용이다.

예시 14.3은 청소년들이 직접적인 참여를 하도록 주의를 환기시킨다. "다락방에서"라는 교과는 마지막 성만찬을 재연한다. 청소년들은 도전적이고 역사적인 순간을 경험한다. 그들을 위한 예수님의 죽음을 기념함으로써 청소년들이 그분의 희생에 대해 새롭게 인식하게 된다. 그들은 "그리스도께서 우리의 죄값을 치르기 위해 피를 흘리셨다"는 사실을 상기하게 된다. 청소년들은 여러 가지 성경 인용문을 읽으면서 제자들의 생각과 느낌을 묵상하게 된다. 마지막 성만찬에 개인적으로 동참하기 위해 각 청소년은 "그리스도의 피가 깨끗이 씻어 버린, 이번 주에 지은 죄를 기록하라"는 요청을 받는다. 그런 다음 자백과 용서의 실제적인 힘을 나타내기 위해 그 종이 조각들은 찢어서 버린다.

예시 14.1

예수께서 가능케 하신다

"빛의 합" 제2과

이 과의 주제

그리스도는 하나님과의 관계를 가능케 하시는 분이다.

공부할 성경 말씀

에베소서 2:1-10

요절

"너희가 그 은혜를 인하여 믿음으로 말미암아 구원을 얻었나니 이것이 너희에게서 난 것이 아니요 하나님의 선물이라. 행위에서 난 것이 아니니 이는 누구든지 자랑치 못하게 함이니라" (엡 2:8-9).

이 과의 목표

이 과를 공부하는 동안 학습자는 다음 사항을 한다:

1. 하나님께서 궁극적인 사랑의 표현을 통하여 어떻게 인간과의 관계를 회복시키시는가를 고찰한다.
2. 하나님께서 그들과 갖기를 원하시는 관계에 관한 표어들을 기록한다.
3. 그리스도와 그들이 개인적인 관계이다. 그 관계를 시작하거나 회복할 필요성을 생각해 본다.

지도자를 위한 도움말

하나님께서는 우리를 특별한 은혜로, 우리를 지닌 사람으로, 그리고 그분이 관계를 맺기를 원하시는 사람으로 창조하셨다. 마지막 주에 배우는 과는 이 사실에 초점을 맞추었다.

이 과에서 당신은 하나님이 우리와 맺기를 원하시는 관계를 가로막고 있는 장애물을 살펴보고, 우리가 그 관계를 맺을 수 있도록 그분이 장애물을 제거하셨다는 사실을 살펴볼 것이다.

당신의 허물로 죽음

에베소서 2:1-10은 이 과의 본문 말씀이다. 바울은 신자들이 어떻게 살아있는가를 상기시킴으로써 이 말씀을 시작한다. 정신적 가장자리 따뜻한 분위기에서 자라고 성경에서 많은 정보를 얻었던 학생들은 바울이 묘사하는 삶의 방식과 동일시하기가 어려울 것이다. 어떤 청소년들은 그들이 "죄의 구덩이"에서 빠져나왔다고, 마야아나 범죄 모든 부도덕한 것은 구원이고 명백한 어떤 것에서 구원받지 않았다고 생각할지라도, 그들이 경험에서 무언가를 빼뜨렸다고 생각하도 모른다.

실제로 아무도, 바울에 의해 묘사된 "세상의 풍속"을 한번 맛보기 위해 멀리까지 찾아갈 필요가 없다. 사도는 구체적인 죄악을 기록하지 않았다. 대신 그는 모든 문제에 근원, 즉 자기 자신이 요구를 충족시키기 원하는 이기적인 본성에 의해 야기된 하나님에 대한 의도적인 불순종에 대해 지적하고 있다. 자기 중심적인 옛 성품은 가장 헌신적인 성도에게조차 모든 때 매달려 있다. 당신이 그러한 성품을 지니고 있다고 나가서 증명할 필요는 없다. 주의깊게 자신을 살펴보면 우리가 보통 인정하고 있는 것보다 훨씬 더 드러날 것이다. 사람들을 묶어 두는 실상이나 하나님과 그분의 은혜에는 말 그대로 죽게 내버려 두며 하나님과 인간의 관계를 파괴하는 것은 하나님과 그분의 규율에 대한 반역이다.

죄는 한편으로는 좋은 이상이 있을 했다. 그것은 하나님과의 관계를 회복하는 어떠한 능력도 파괴했다. 죽은 사람은 말을 하지 못하며 그들을 죽이는 상처를 치료하지 못한다. 그러므로 인간에 유일한 희망은 하나님께서 어떤 조치를 취하시는 것이다.

그리스도와 함께 삶

바울은 "긍휼에 풍성하신 하나님이 우리를 사랑하신 그 큰 사랑을 인하여 허물로 죽은 우리를 그리스도와 함께 살리셨다"(엡 2:4-5)고 말한다. 하나님은 자신이 만드신 사람들과 관계를 회복하시기를 원하신다. 그리스도는 죄로 인한 상처를 치료하기 위해 뻗으시는 하나님의 팔이시다.

이 성경 말씀에는 우리의 죄로 인한 그리스도의 희생에 관해서 구체적으로 말하고 있지는 않지만 그것에 대한 분명한 암시가 있다. 좀더 성숙한 그리스도인들은 이 사실을 재빨리 분별할 것이다.

우리를 위한 그리스도의 사역의 장엄함이, 하나님과의 관계를 회복하기 위해 우리가 자신의 노력으로 할 수 있는 일은 아무 것도 없음을 극적으로 보여 준다. 오직 예수 그리스도를 믿고 의지함으로써만 누구든지 창조주를 알기 위해 나아올 수 있다: "너희가 그 은혜〔우리에게 합당치 않은 호의〕를 인하여 믿음〔하나님을 신뢰하고 의지함〕으로 말미암아 구원〔구출됨〕을 얻었나니 이것이 너희에게서 난 것이 아니요 하나님의 선물이라. 행위〔자신의 노력, 선행과 애씀〕에서 난 것이 아니니 이는 누구든지 자랑치 못하게 함이니라"(엡 2:8-9, 설명을 덧붙임). 처음에 하나님이 인간의 조언이나 도움 없이 인간을 창조하신 것처럼 이제 그분의 은혜와 능력으로 "예수 그리스도 안에서" 우리를 재창조하신다. 영적으로 죽은 상태에서는 선행을 한다고 해서 새로운 삶을 만들어 낼 수 없다. 그러나 우리가 그리스도 안에서 다시 살아나면 하나님이 행하신 결과로 우리에게서 선행의 열매가 맺히고, 이것은 그분께서 이전의 자기 중심적이고 반항적인 우리를 변화시킨 증거이다.

이 말씀은 소망 없는 인간이 하나님 쪽에서의 큰 희생을 통하여 그분의 사랑과 보살핌에 의해 구원받았음을 분명히 보여 준다. 몇몇 학생들은 이것을 여러 번 들었을 것이며 그들에게 이 과는 반복이 될 것이다. 그러나 복음의 메시지가 새롭고 낯설기만 한 배경에서 자란 학생들도 몇몇 있을 것이다. 또한 최근에 "들을 귀"가 열려서 여러 번 반복해서 들었던 진리가 마침내 스며든 학생들도 있을 것이다. 나머지 학생들은 그들을 향한 하나님의 사려깊은 사랑에 대해 처음으로 진정한 인식을 하고 있을 것이다.

하나님은 당신뿐만 아니라 당신의 반에 있는 각각의 학생과도 관계를 맺기 원하신다. 그분은 그 관계를 가능케 하시기 위하여 그의 아들을 보내셨다. 당신과 학생들은 무엇을 해야 하는가? 당신의 학생들은 이 과에서 배우게 될 진리에 대해 여러 가지로 응답할 것이다. 어떤 학생들은 처음으로 하나님을 알게 되고, 그리스도와 관계를 맺기 원할 것이다. 이미 그 관계를 누리고 있는 다른 학생들은 그분이 행하신 일에 대해 감사하거나 그 메시지를 다른 사람들과 나누기를 원할 것이다. 어떤 학생들은 그들의 믿음에 관해서, 또는 그들이 받을 필요가 있는 믿음의 훈련에 관해서 더욱 진지해지기를 원할 것이다.

몇몇 학생들은 현재로서는 하나님과의 관계를 맺을 준비가 되어 있지 않을지도 모른다. 그들은 우정이나 활동의 면에서 어떤 대가를 치를 것이라는 사실을 깨닫게 될 것이다. 그들은 하나님을 영접하고 그분의 사랑을 누리기 전에 좀더 하나님과 씨름할 필요가 있을 것이다.

이 과의 결론으로, 학생들은 그리스도께 응답할 기회를 갖게 될 것이다. 어떤 학생들은 결정을 내리기 전에 당신과 더 많은 대화를 나누기 원할 것이다. 또한 그렇게 방향을 정한 사람들과 접촉하여 확신을 갖기 원할 것이다. 그리스도를 영접할 필요와 의심을 동시에 표현한 이들을 위해 기도하라. 당신의 학생들이 직면할지도 모르는 영적인 투쟁에서 그들에 대한 지원을 아끼지 말라.

수업 계획

수업을 시작하기 전: "길" 학습지와 "재미있는 페이지"를 복사하라.
"주의 끌기 - 대안"을 참조하라. "탐구"를 위해서도 특별한 준비가 요구된다.

수업을 시작하기 전에 학습지와 각 학생에게 어떤 선한 것을 얻기나 성취하기 위해 가까이 나아갔던 때에 관한 한 문장씩 기록하게 하라. 학생들이 기록한 주의 다음과 같이 질문하라: "여러분이 어떤 선한 것을 얻거나 성취하기 위해 가까이 나아갔던 때는 언제인가?"

주의 끌기

주의 끌기(3-5분)

종이와 연필을 나누어 주라. 각 학생들에게 어떤 선한 것을 얻기나 성취하기 위해 가까이 나아갔던 때에 관한 한 문장씩 기록하게 하라. 학생들이 기록한 주의 다음과 같이 질문하라: "여러분이 어떤 선한 것을 얻기 위해 가까이 나아갔던 때는 언제인가?"

몇몇 학생들에게 발표하게 하고 다음과 같이 말하라: "우리는 어떤 것을 성취하려고 나아갔지만 그것에 하나님이 이야기하고 있다. 성경이 바로 이것이 모든 사람이 하나님과 관계를 맺을 때 직면하는 목숨을 상황이라고 말한다. 하나님은 완전하시다. 빛이 어둠과 나란히 존재할 수 없는 것처럼 미친가지로 불완전한 그분의 존재에 나아갈 수 없다. 불을 켜면 어둠은 사라지기 때문이다. 사람들은 완전하지 못하다. 여러분이 그 사실을 인정한다면 주변을 둘러보라. 그러나 하나님은 어떤 방법으로도 우리와의 관계를 원하신다. 오늘 우리는 하나님이 우리와 맺기를 원하시는 관계를 시작하기 위해 하나님이 함께신 일이 무엇인가를 알아보려고 한다."

주의 끌기 - 대안(2-3분)

필요한 자료: 종이, 봉투, 도장, 학생들의 주소록(공부 예 앞서 편지를 보내기 위해)

준비: 이 과를 시작하기 전 주에 다음과 같이 편지를 쓰라: "내가 내 반에 속한 것이 고맙구나. 이 편지를 열어 보지 않은 채 가져오면 그것에 대한 보답으로 이번 주에 곧다를 사 주마." (당신이 좋아하는 것을 상으로 줄 수 있다.) 당신 반의 반도 학생들에게 보내기 위해 이 편지를 복사하라. 봉투를 접지 않고 받은 빛에 비추어 보지 못하도록 편지를 접어라. 봉투의 앞쪽에 이렇게 쓰라: "이번 주일 아침에 이 편지를 열어 자체로 이렇게 쓰라: "이번 주일 아침에 이 편지를 열어 보지 않은 채로 가져오너라." 공부가 시작하기 전에 주가 도착하도록 편지를 일찍 보내라.

학생들이 이 편지들을 가지고 오면 다음과 같이 질문하라: "편지를 들어 보지 않았다고 정직하게 말할 수 있는 사람은 몇 명이나 되는가? 빛에 비추어 편지를 읽어 보려고 했던 사람은 몇 명인가? 검을 쏘여 표나지 않게 편지를 들어 보려고 했던 사람은 몇 명인가?"

학생들이 대답하게 한 후, 편지를 열어 보게 하라. 상을 받을 만한 학생들의 이름을 기록하라(이 점에 있어서 당신이 철저하다는 것을 확신시키라).

학생들에게 다음과 같이 말하라: "여러분은 이 일이 의

제14장 추천할 만한 청소년 교육 과정 333

공부를 시작하기 전에 "교수 자료 페이지"에 있는 아홉 가지 질문을 오려 내라. 그 질문들을 교실의 의자 아래, 천장, 문틈 등 흥미있는 장소에 붙여 두라.

제1단계(1-2분): 학생들을 3-5명의 그룹으로 나누고 그들에게 말하라: "에베소서 2:1-10을 읽어 보자. 몇 분 후에 이 구절에 관한 9가지 질문에 대답해야 한다." 성경 구절을 큰 소리로 읽으라(아니면 몇몇 지원자들이 읽도록 하라).

제2단계(10-15분): 이렇게 말하라: "우리는 재미로 몇 가지 시험을 하겠다." (이것이 학생들에게 더욱 자극을 준다고 생각하면 작은 상을 주라.)

"길" 학습지에서 여러분은 1에서 9가지의 문항을 발

성경 탐구

탐구(25-35분)

견할 것이다. 내가 '시작' 이라고 말하면 교실에서 질문 카드를 찾으라. 그것에 대답하기 위해서 그룹별로 움직이라 (우리가 막 읽은 구절을 여러분의 성경에서 손가락으로 짚어 가며 읽어야 할 것이다). 교실 어딘가에 숨겨져 있는 또 다른 질문을 찾아서 대답하라. 연습지에 완벽한 대답을 기록해야 한다는 것을 기억하라. 나중에 그것을 발표하라고 할 것이다. 목표는 시간이 끝나기 전에 모든 질문들을 찾아서 정확하게 대답하는 것이다. 준비, 시작!"

학생들도 각 그룹이 진행하고 있는 것을 보조를 맞추라. 학생들이 대답을 발견하는 데 어려움을 겪고 있다면 9가지 질문을 전부 완성할 시간이 없음을 알려 준다. 학생들이 향상되지 시간을 잘 활용하고 있다면 제3단계를 위한 시간에 여유가

도가 무엇인지 궁금할 것이다. 나는 사람들이 어떤 귀중을 따르기가 엄마나 어려운지를 보며 주기를 원했다. 여러분 중 대부분은 편지를 열어 보지 말라고 했기 때문에 더 편지를 열어 보고 싶었을 것이다. 그러나 그것이 하찮은 우편물 조각이었다면 전혀 성가시게 열어 보려고 하지 않았을 것이다. 우리가 하나님과 관계를 갖기 위하여 우리 자신의 노력으로 그분을 기쁘시게 하려면, 우리는 편지에 기록한 그분의 명령을 따라야 할 것이다. 왜냐하면 하나님은 온전하시고 우리분에 불온전한 것을 허락지 않으시기 때문이다. 우리의 실험에서 답을 수 있는 것처럼 우리는 매우 간단한 명령

조차 순종하기가 어렵다. 사실, 주님은 우리가 어떤 일을 하고자 원하기만 해도, 반역의 의미에서 그것을 향한 결과를 맞닥뜨리라고 말씀하신다(그것이 독특은 사회적 결과를 낳지 않을지라도 말이다). 우리 자신의 힘을 하려는 이러한 경향이 우리로 하여금 하나님께 불순종하고 죄를 짓도록 한다.
이 실제적인 가르침이 우리가 자신이 죄악된 성품에 관해 아는 데 도움이 된다고 생각한다. 오늘 우리는 이 죄악된 성품 때문에 하나님이 우리를 위해 행하신 일이 무엇이며, 그 분이 어떻게 그 큰 사랑으로 우리와의 관계를 확립하셨는지를 보게 될 것이다."

있을 것이다. 시간 기록계를 듣고 있다가 주기적으로 남아 있는 시간을 알려 주라.

시간이 끝나갈 때 학생들에게 질문에 대한 답을 발표하게 하라. 답이 틀리면 그룹이 대답을 얻은 구절에 어디 있는지 지적하라고 하라. 다음과 같은 질문을 함으로써 몇몇 해답에 대한 토의를 하도록 이끌어 주라: "여러분이 아는 대답분이 사람들이 그 말에 어떻게 대답하겠는가? 친구들이 이해하기가 가장 어려운 구절은 어느 것인가? 친구들이 모두 이 구절을 이해하고 믿는다면 여러분이 전해는 어떻게 자료를 사용하게 느껴지는가?"

제3단계(12-15분): 학생들에게 다음과 같이 말하라: "이제 각 그룹은 여러분이 막 읽었던 구절에서 나올 수 있는 적어도 세 가지 모토를 따라야 하라. 이러한 모토들은 하나님이 우리와의 관계를 확립하기 위해 어떻게 하는 것이 있다. 또한 그 관계를 맺기 위해서 우리가 해야 할 일은 무엇이며 하지 않아야 할 일은 무엇인지를 알수 있게 도와 준다."

(학생들이 당신이 말씀을 잘 이해하지 못한다면 고려 을 위해 하고 있을 요약한 모토를 가지고 있는 화살의 예를 보여 주라. 그런 후 다음과 같이 보문을 예를 들라: "여러분은 오늘 주시는 주님을 환영하는 만큼 임하지 않았지만 하나님은 어쨌든 여러분에게 주시 시간을 줄 것이다. 그들에게 그 모토는 환상적이거나 매력적이지는 못하지만 그 모토는 우리와의 관계를 확립하고 기독하는 데 필요하다.)

제4단계(3-4분): 그룹들에게 그들이 만든 모토를 발표하게 하라. 그리고 그것을 주보에 기록하거나 칠판에 쓰라.

결론과 헌신

결론(5-8분)

다음과 같이 말함으로써 이 과를 마무리하라: "우리는 하나님께서 그리스도를 통하여 우리의 관계를 어떻게 기록하게 하셨는지에 대해서 살펴보았다. 우리는 그리스도와 이러한 관계를 맺기 위해 우리 스스로 할 수 있는 일은 아무 것도 없다는 것을 알았다. 나는 여러분이 '길' 학습지의 '그리스도와의 관계' '님을 살펴보기 전에 나에게 주고 있으면 하다. 그다음 학습지를 받으로 절이라. 어를 이쯤 여기를 떠나기 전에 이쯤 학습지를 하십으로."

학생들이 그들의 학습지를 환상한 후에 기도로써 듣을 맺으라. 그들의 문을 나선 학생들이 학습지를 모으라. "제미있는 페이지"를 나누어 주라.

이번 주에 당신이 지시한 대로 행한 사람들에게 약속대로 할 것임을 확신시키라.

길

> "너희가 그 은혜를 인하여 믿음으로 말미암아 구원을 얻었나니 이것이 너희에게서 난 것이 아니요 하나님의 선물이라. 행위에서 난 것이 아니니 이는 누구든지 자랑치 못하게 함이니라."
> (엡 2:8-9)

9가지 질문
다른 종이에 답을 써도 좋다.

1.   6.

2.   7.

3.   8.

4.   9.

5.

그리스도와의 관계
현재 당신과 그리스도와의 관계를 가장 잘 묘사한 항목에 표시하라.

( ) 나는 그분을 알지만 별로 많은 대화는 하지 않는다.
( ) 나는 그분을 오랫동안 알았지만 지금 의심하기 시작했다.
( ) 나는 주님을 안다. 그리고 우리의 관계는 멋지다!
( ) 나는 실제로 이 모든 것에 대해서 잘 이해하지 못한다.
( ) 나는 그분에 관한 것은 모두 알지만 그분을 알지는 못한다.
( ) 기타:
( ) 나는 그리스도와의 관계에 대하여 더 알고 싶다(당신의 이름과 전화 번호를 쓰라).
    이름:_____   전화 번호:_____
( ) 나는 아직 이 문제를 생각할 준비가 되어 있지 않다.

교수 자료 페이지

질문들을 잘라서 "탐구" 난에서 지시했듯이 교실에다 이것을 숨겨 두라.

1. 우리가 세상의 방법을 따랐을 때 우리는 어떤 종류의 영적인 삶을 살았다고 묘사할 수 있는가?	2. 우리가 그리스도인이 되기 전에는 누구를 따랐는가? 또 다른 이름은 무엇인가?	3. 그리스도가 우리를 변화시키기 전에 우리의 내적인 성품은 본질적으로 어떠했는가?
4. 하나님은 우리를 위한 그분의 사랑을 보여 주시기 위하여 어떤 일을 행하셨는가?	5. 은혜라는 말은 무슨 뜻인가 (여기에서 성경은 그 말을 정의하지 않고 있지만 여러 가지 암시를 주고 있다)?	6. 이 구절에서 보아 하나님과 인간의 관계를 확립하기 위하여 누가 먼저 행동했는가? 그 행동은 무엇인가?
7. 이 구절은 우리가 하나님의 사랑과 구원과 용서를 어떻게 받는다고 말하는가?	8. 구원을 위한 우리의 행위에 관해서 이 구절은 어떻게 말하는가?	9. 우리는 어떤 행동을 하도록 지음받았는가?

제14장 추천할 만한 청소년 교육 과정 337

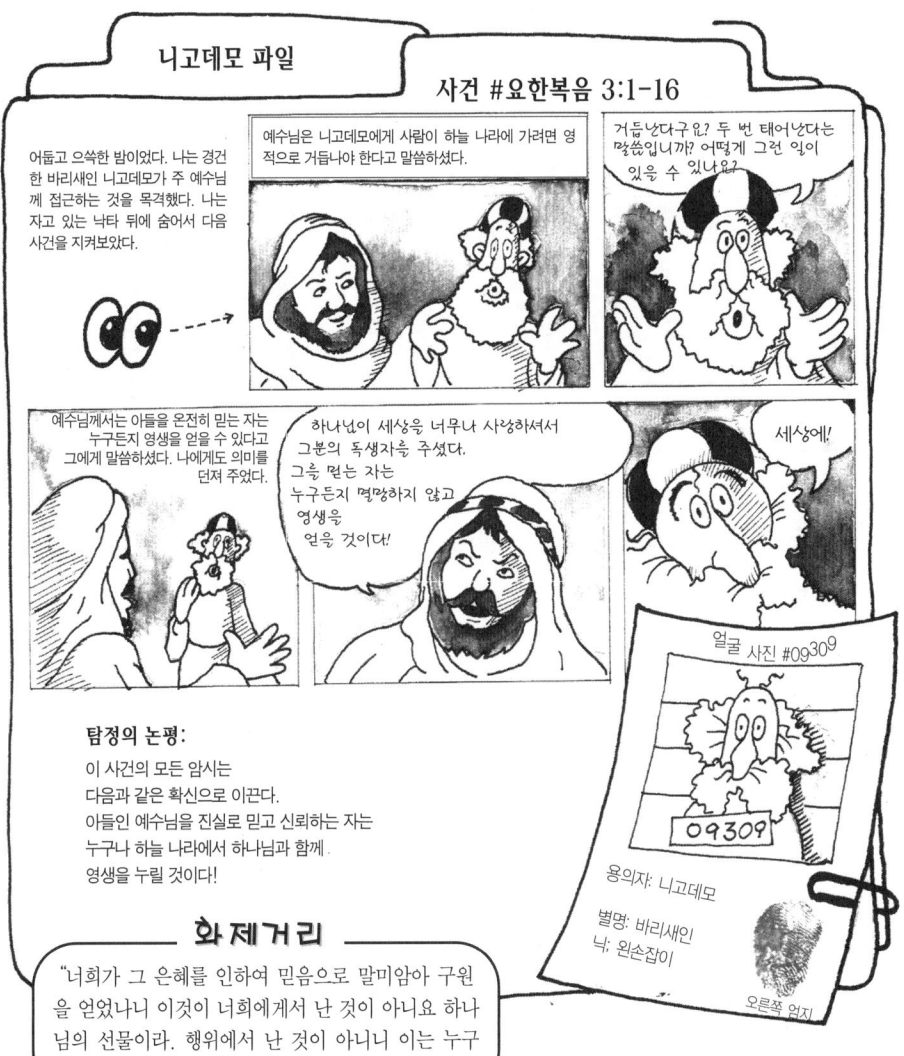

"인기있는 페이지" 주제: 그리스도께서 우리를 하나님께로 이끄심

성경 공부 개요

요한복음 3:1-18을 읽으라. 시간이 허락하는 대로 다음과 같이 말하라.

도입: 니고데모는 모든 것을 소유하고 있는 것처럼 보이는 사람이었다. 그는 하나님께 모든 그 자신과 희망을 누리는 경건한 지도자였다. 그러나 그는 해답을 찾으러 예수에게 왔다.

1-3절: 아무도 니고데모가 예수께서 바쁘시기 때문에, 아니면 자신이 주님과 함께 있는 것을 누가 볼까봐 염려했기 때문에 밤에 예수님을 찾아갔을 것이다. 예수님은 역동적이고 논쟁적인 인물이었다. 니고데모는 그분이 아마 한 선생이시며 표적들 행하시는 분이 줄 알았다. 니고데모는 인사에 대한 대답으로 예수님은 예상치 못한 주제, 즉 거듭남에 대해 거론하셨다. 니고데모는 거듭나지 않았던 것이다. 그는 그 의미조차 알지 못했다.

4-8절: 예수님은 구원을 성령과 관련하여 설명하셨다. 영적으로 거듭나지 않고는 아무도 하늘 나라에 들어갈 수 없다.

9절: 니고데모는 예수께서 무슨 말씀 하고 계신지 이해하지 못했다.

10-15절: 니고데모는 예수께서 하늘에서 오셨으며 모든 사람이 영생을 얻도록 그분이 죽으셔야 한다는 것을 이해하지 못했다.

16-18절: 이 구절들은 거듭나는 방법을 묘사한다.

(이제 다음에 나오는 '이상한 출생' 이야기를 하라.)

이상한 출생

(이 이야기는 하나님의 가족으로 태어나는 데는 단 한 가지 방법밖에 없다는 사실을 예시하기 위해 제시한 것이다. 우리는 출산과 관련하여 다음에 묘사된 모든 과정을 용납하는 것은 아니다.)

1987년 9월 28일, 팻 안토니는 세상에서 처음으로 자기 자신의 손자를 낳은 여인이 되었다. 팻의 딸이 자연스런 방법으로 아이를 가질 수 없자 팻은 대리모를 자처했던 것이다. 딸이 난자가 그 남편의 정자와 실험실에서 결합되었다. 그리고 그 수정란이 팻의 자궁으로 옮겨졌고 여러 달이 지난 후 그녀는 딸 마사에게 세 쌍둥이를 낳았던 것이다! 팻은 48세였다.

한데 마땅히 때때로 소위 "시험관" 출생이 자연 출산을 대신하는 것을 가게 되었다. 자연 출산도 모한 임신이 잘 되도록 고안된 약물에 의해 도움을 받는다. 제왕절개 수술로 아기는 어머니의 배를 통해서 태어나오기도 한다. 이 모든 과정에 의해 아기들은 자연 분만이 아니어도 태어날 수 있게 되었다.

그러나 다시 태어남, 예수님이 말씀하신 거듭남에 있어서는 한 가지 방법밖에 없다. 예수님이 우리의 주님이시다. 영생에 이르는 다른 길은 없다. (거듭남의 필요성과 선정 생활을 시작하는 가장 좋은 방법을 말함으로써 결론을 맺으라.)

토의 문제

1. 니고데모가 스스로의 힘으로 하늘 나라에 이를 만큼 선하지 않은 이유는 무엇인가?
2. 요한복음 3장 2절에서 니고데모는 예수님이 하나님께로부터 오신 자임을 알고 있다고 고백한다. 왜 이것이 예수님의 관점으로는 구원하는 믿음의 조건을 충분히 갖고 있다고 생각하지 않는가?
3. 성령은 누구시며, 우리는 그분과 어떠한 관계인가?
4. 예수님은 왜 죽으셔야 했는가?
5. 하나님에 대한 우리의 믿음을 증명할 수 있는 방법에는 어떤 것이 있는가?

"니고데모 파일"은 예수 그리스도가 하나님과 하늘 나라에 이르는 길이라는 사실을 우리에게 말해 준다. 대부분의 사람들은 이것을 알고 있다. 예수님 외에 하늘 나라에 이르는 다른 방법이 있는가?

하늘 나라의 미로에서 이것을 찾아보자.

하늘 나라의 미로

미로의 목표는 구름 위에 있는 하늘 나라에 도달하는 것이다. 미로 밑에는 여러 개의 길이 있지만 오직 한 길만이 하늘에 이른다. 그 길을 찾을 수 있겠는가?

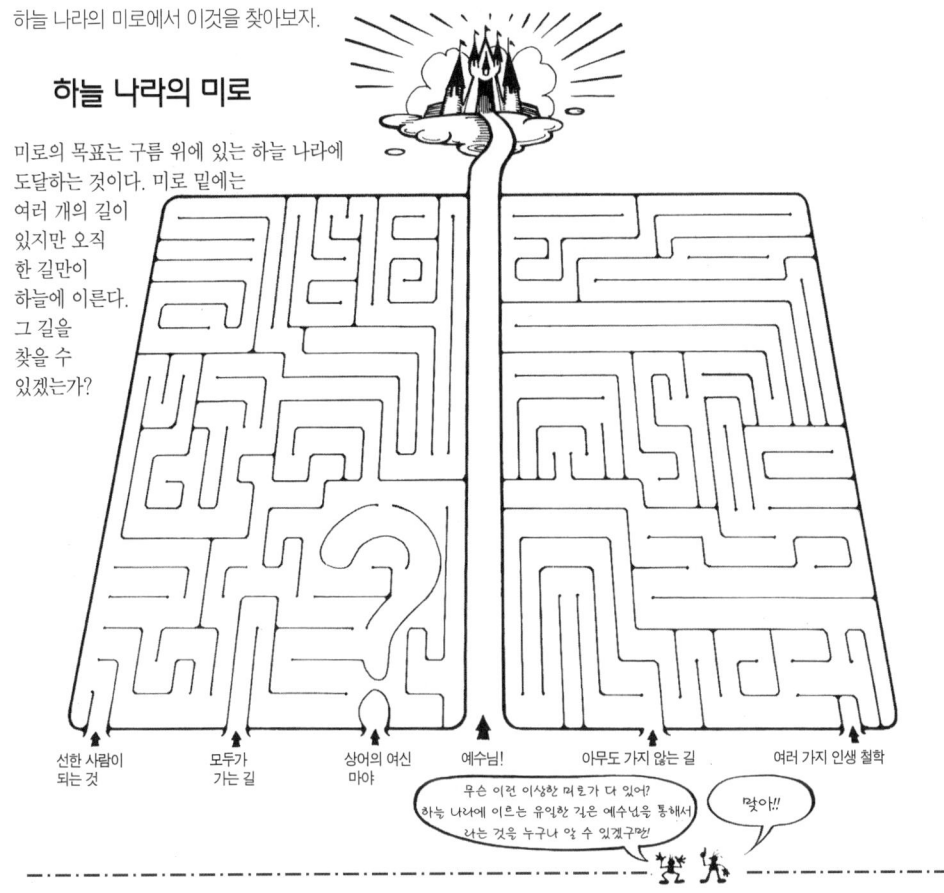

선한 사람이 되는 것 | 모두가 가는 길 | 상어의 여신 마야 | 예수님! | 아무도 가지 않는 길 | 여러 가지 인생 철학

일용할 양식

제1일 에베소서 2:11-18. 이 말씀에 의하면 예수님이 행하신 일은 무엇인가? 이것이 당신에게 개인적으로 의미하는 것은 무엇인가?

제2일 로마서 5:1. 사람은 어떻게 의롭다 함을 받는가? 믿음이 가져오는 한 가지 유익은 무엇인가?

제3일 에베소서 1:13-14. 복음의 메시지를 믿은 결과로 무슨 일이 일어나는가? 이 구절들에서 묘사된 성령의 역할은 무엇인가?

제4일 요한일서 1:9. 우리가 우리 죄를 고백하면 주님은 우리를 위해 무슨 일을 하시는가? 만일 당신이 아직도 주님께 말하지 않은 특별한 죄가 있다면 지금 기도로써 그렇게 하지 않겠는가?

제5일 요한복음 11:25. 우리가 예수님을 믿으면 그분은 우리에게 무엇을 주시는가?

제6일 야고보서 5:14-16. 죄를 범한 사람들에 대한 주님의 반응은 어떠한가? 우리가 죄를 지닌 채 예수님께 접근할 수 있는가?

예시 14.2

현장 학습

나무 위에서

큰 나무 가지에 앉아 보는 것은 세리장 삭개오의 이야기를 학생들에게 상기시키는 완벽한 방법이다. 당신은 물론 반 학생들의 무게를 지탱할 수 있는 나무를 선택해야 할 것이다. 아이들은 원숭이가 아니니 사다리를 가져가라. 나무 위에 앉아 있으면 당신은 손으로 잡거나 활동하는 데 제한을 받을 것이다. 가장 좋은 방법은 성경에 충분히 익숙해져서 나무에 앉아 간단하게 그 이야기를 할 수 있도록 하는 것이다. 나무 위는 편안한 환경이 못 된다. 야외 수업을 위해 학생들에게 편안한 옷차림을 하고 오도록 주의시키라.

요점: 예수님은 우리가 아직 죄인일 때 찾아오신다.
함께 나누고 토의할 성경 구절: 누가복음 19:1-10

도입

당신이 나무 위에 안전하게 자리잡은 후에 학생들에게 이전에 경험한 일 중에서 스포츠나 연주회 등을 보기 위해 가장 좋은 자리는 어떤 자리였는지 말해 보라고 하라. 당신이 지금 앉아 있는 자리와 비슷한 곳이 삭개오라는 사람이 그 당시 여리고에 예수님이 오시는 특별한 사건을 보기 위해 앉았던 가장 좋은 자리였다고 말함으로써 교과와 연결시키라.

말씀 연구

나무 위에서 삭개오 이야기와 그가 그리스도를 만난 일을 다시 이야기하라. 배경을 알려 주기 위해 유대 백성들에게 세금 징수원이 의미하는 바가 무엇인지 설명하라. 몇 가지 토의 문제를 준비하라. 예를 들어 다음과 같은 것이다.

1. 낯선 사람이 당신의 집에서 저녁을 먹겠다고 하면 당신의 반응은 어떠할까?
2. 삭개오가 진정으로 자신의 길을 바꾸었음을 보여 주는 증거는 무엇인가?
3. 예수님이 삭개오와 함께 식사하는 것에 대해 사람들은 왜 수군거렸는가?

일상 생활의 적용

학생들에게 다음 사항에 대해 토론하도록 하라.
1. 그 당시의 세금 징수원과 같은 사람이 오늘날에도 있다면 어떤 사람이겠는가?
2. 우리가 그리스도에 대한 진정한 믿음을 가지고 있음을 보여 주는 것은 무엇이라고 생각하는가?
3. 오늘날의 세금 징수원에 대한 우리의 태도와 행동은 어떠해야 하는가?
4. 당신은 그리스도인이 된 사람이 그리스도인이 되기 전에 속인 적이 있는 사람들에게 어떤 배상을 해 주어야 한다고 생각하는가? 왜 그렇게 생각하는가?

덧붙이는 말

반 학생들에게 그리스도를 알지 못하는 친구를 위하여 조용히 기도하는 시간을 갖도록 하라. 그들이 친절한 행동으로 그들의 깊은 신앙을 보여 줄 수 있는 기회를 주시도록 하나님께 간구하게 하라.

현장 학습

예시 14.3

다락방에서

성만찬에 대한 새로운 느낌을 주기 위하여 저녁 준비가 되어 있는 다락방으로 학생들을 데리고 가라. 원래의 장면과 유사하게 할수록 좋다. 아이들을 낮은 식탁 주위에 둘러앉히고 서로의 발을 씻어 주고 우리를 위해 죽으신 그리스도의 죽음을 기념하는 식사를 들게 하라.

요점: 그리스도는 우리의 죄값을 치르기 위해 피를 흘리셨다.
함께 나누고 토의할 성경 구절: 요한복음 13:1-17, 누가복음 22:7-22

도입

이 교과를 시작하기에 앞서 반 학생들을 데리고 갈 수 있는 다락이나 2층 방을 찾아보라.

수업을 하기 일 주일 전에 다락방 교실의 위치와 시간을 적은 초청장을 모든 학생들에게 보내라(주소록에 기록되어 있지 않은 학생이 있는 경우에는 교회 교실 문에 안내장을 붙여서 알려 주라).

먼저 방을 정돈하고 학생들이 도착하면 함께 나눌 빵과 포도주도 준비해 두라.

학생들이 방에 들어가기 전에 신발과 양말을 벗게 하고 그들이 자리에 앉기 전에 각 학생들의 발을 씻어 주라.

엄숙한 분위기를 유지하고 당신이 학생들의 발을 씻을 때 가능한 한 그들에게 말을 하지 말라(주의: 발을 씻는 것에 대한 학생들의 반응은 다양하지만 분위기가 엄숙하고 진지하다면 대부분의 아이들은 재빨리 파악할 것이다).

학생들이 자리에 앉기 전에 그들의 발을 씻은 것에 대한 느낌이 어떤지 물어 보라.

제14장 추천할 만한 청소년 교육 과정 343

말씀 연구

성경 본문을 몇 부분으로 나누어 몇몇 학생들에게 나누어 주라. 그들이 차례로 그것을 전체 학생들에게 읽어 주게 하라.

학생들로 하여금 마지막 만찬 동안 제자들의 느낌이 어떠했으며, 무슨 생각을 했을지 말해 보라고 하라.

일상 생활의 적용

종이 쪽지를 나누어 주고 그리스도의 피가 씻어 준, 그들이 이번 주에 저지른 죄를 적게 하라. 그들이 고백하고 회개한 죄를 용서하시는 하나님의 신실하심을 나타내기 위해 그 종이를 찢어 버리게 하라.

덧붙이는 말

학생들이 함께 주의 만찬을 기념함으로써 이 교과를 마치라. 이 만찬을 초대 교회에서 했던 것처럼 실제 음식으로 하라. 찬양을 부르고 헤어진다.

표 14.4
영적 교제에 관한 청소년 커리큘럼

조건 학습군	암시 학습	1. 열어 보지 않은 편지에 대한 학생들의 호기심 2. 숨겨진 암시 카드를 통한 반 학생들의 게임
	결과 학습	1. 뜯지 않은 편지를 교실에 가져오면 상을 줌 2. '작은 상'을 주는 시합 3. 모토 만들기를 위한 소그룹 활동
사회 학습군	조직화된 모방	1. 요한복음 3:1-18 읽기 2. 대리 출생에 관한 실화
	삶을 통한 모방	1. 구성원들이 간증을 나누는 소그룹 성경 공부
정보처리 학습군	동일시 학습	1. "니고데모 파일" 2. "하늘 나라의 미로"
	탐구 학습	1. 토의 문제 2. "그리스도와의 관계"

공동체

바울은 "내가 그리스도를 본받는 자 된 것같이 너희는 나를 본받는 자 되라"(고전 11:1)고 말했다. 모방은 공동체의 한 가지 중요한 요소이다. 이것은 청소년 문화에서 특히 그러하다. 당신 자신을 아래의 시나리오에 나오는 청소년이라고 상상해 보라. 당신이 경험한 성인 세계에서 점점 사라져가는 자신감을 감지해 보라.

> 내가 고등학생이 되었을 때 우리 교회 고등부 선생님은 청소년들에게 매우 인기가 있었다. 그는 교과에서 벗어나 종종 자유로운 토론을 하고, 또 여러 가지 질문들을 허용했기 때문에 그의 반은 이것을 좋아하는 청소년들로 늘 초만원을 이루었다. 교회에서 중요한 역할을 담당하고 있던 사람 중에서 한 사람이 이 교사의 비정통적인 접근법을 알아채고 그를 쫓아내기 위해 실력을 행사했다. 그 선생님은 내가 그의 반이 되었던 가을 학기 초에 교회를 떠났다. 몇 달 후 언니가 이 이야기를 전부 들려 주었는데, 난 믿음에 큰 상처를 받았다. 이 때 처음으로, 어른들이 마치 내 질문으로 무엇이 폭로되지나 않을까 염려하며 무엇인가를 숨기고 있는 것처럼, 방어적이고 믿을 수 없는 존재로 보였다.[7]

생각하기

다음 질문들에 대해 간략하게 답을 적어 보라.

1. 공동체를 가르치는 어려움에 대해서 이 이야기가 당신에게 말하는 바는 무엇인가?

2. 당신이 개인적으로 경험한 공동체의 "단점"을 한 가지 제시해 보라(즉 다른 신자들로 인해 믿음의 환멸을 느꼈던 예).

로렌스 리처드스는 말과 신앙 생활의 차이에 관해 실제적인 구분을 했다. 하나는 하나님을 믿는 신앙에 관해서 말로 주장하는 것이다. 또 다른 하나는 행동으로 말을 뒷받침해 주는 것이다. 개인의 신앙을 꾸준히 성숙시켜 가는 것은 진정한 공동체에게 더욱 필요하고 또한 어려운 일이다.

당신이 밖에 있다고 가정해 보라. 때는 1월이다. 당신은 추운 북쪽 지방에 있다. 눈보라가 휘몰아치고 당신은 청소년들과 함께 호숫가에 서 있다.

> 미시간에서의 추운 겨울은 스케이트를 몰고 온다. 난 어렸을 때 동네 호숫가에 서서 얼음이 충분히 두껍게 얼었는지 궁금해 하곤 했다. 가끔씩 친구들과 함께 조심스럽게 얼음에 한발짝 내딛어 우리의 무게를 시험해 보곤 했다. 그러다가 얼음이 빠지직 소리를 내면 더 이상 나가기를 꺼려 했다.
>
> 그런데 "애야, 나가서 놀아라. 얼음은 안전해"라고 우리에게 말하는 어른이 있다고 가정해 보라. 만약 우리가 그를 잘 아는 사람이라면 우리는 가장자리가 갈라진 얼음을 넘어서라도 갈 것이다. 우리는 위험을 무릅쓰고 나아갈 것이다. 그러나 더 좋은 방법이 있다. 그가 스스로 얼음 위로 걸어가면서 우리를 향하여 말하는 것이다: "애들아, 이리 나오너라. 얼음은 안전해. 봐라, 나도 끄덕없잖니!"[8]

리차드스는 첫 번째 성인의 태도와 두 번째 성인의 태도의 차이점을, 기독교 신앙을 "말하는 것"과 "실천하는 것"의 차이점이라고 비유함으로써 결론을 맺는다. 이러한 예는 기독교 청소년 교육을 어떻게 해석하는가? 간단히 말해서 성공적인 교사는 학생들과의 질적인 관계를 의도적으로 향상시키는 교사들이다. 즉 청소년들의 필요와 꿈에 민감하고, 그들에게 진정으로 관심이 있으며 그들을 사랑하고, "그들의 이야기를 들어 주는" 교사들이다. 이것이 공동체가 가장 잘 배우는 방법이다. 경험 있는 청소년 사역자는 일 대 일의 관계와 그룹과의 관계 사이의 균형을 잘 맞춘다. 성공적인 청소년 사역자는 계획된 정규적인 모임에 충실하지만 주간 중에 청소년들과의 비정규적인 시간도 잘 활용한다. 이러한 어른들이 청소년들에게 "일이 잘 되어 가니? 며칠 전에 토론했던 문제에 어떤 진전이 있니?"라고 물을 때 그것은 진심어린 것이다. 성공적인 청소년 사역자들은 초인적인 사람들이 아니다. 그러나 그들은 십대들이 관계 속에서 편안함을 느낄 수 있게 하는 능력을 가지고 있다.

돈 킴볼(Don Kimball, 1987, p. 12)은 공동체는 세 가지 부류의 관계로 이루어진다고 말한다. 즉 (1) 일 대 일의 유대 관계, (2) 소그룹 관계, (3) 큰 집단 관계가 그것이다. 대부분의 사람들은 보통 이 중에 한 가지에는 편안함을 느끼지만 세 가지 전부에 반드시 편안함을 느끼지는 못한다(킴볼은 개인적으로 큰 집단을 좋아한다고 고백한다).[9] 데이빗 린(David Lynn)의 저서인 「일 대 일」(One-to-One)은 킴볼의 첫 번째 범주에 대해 잘 말해 준다.[10]

소그룹 공동체(두 번째 범주)를 형성하는 방법은 일 대 일의 관계와는 다른 형태를 띤다. 대부분의 청소년들은 적어도 하나의 소그룹 구성원이다.[11] 어떠한 성인도 모든 형태의 그룹을 효과적으로 지도할 수는 없다. 짐 번스(1988, p. 44)는 성인들이 십대 소그룹의 독특한 한계 내에서 어떻게 민감하게 인식하고 봉사하는가의 좋은 예를 보여 준다.

> 1980년에 나는 캘리포니아의 뉴포트 비취에 있는 한 교회에서 청소년 사역을 새로 시작했다. 여섯 명의 신입생, 남자 세 명과 여자 세 명이 첫 번째 성경 공부에 나왔다. 다음 날 나는 방과 후 남자 아이 세 명에게 콜라를 사 주러 나갔다. 그들과 친해지기 위해서였다. 나는 가능한 모든 방법을 다 동원해 보았지만 이 청소년들에게 말을 시킬 수 없었다. 마지막으로 나는 그들에게 "여름에 이 곳에서는 무얼 하니?"라고 물어 보았다. 그들은 일제히 대답했다: "낚시요!" 낚시에 관한 이야기를 시작하자 즉시 대화의 문이 열렸다. 그들을 위한 소그룹 낚시에 대한 상호간의 관심을 중심으로 형성되었다. 나는 낚시 여행을 포함하도록 청소년 사역 프로그램을 조정해야만 했다.

소그룹 경험을 확대하여 번스(1988)는 위의 두 번째 지침을 앞에서 언급한 일 대 일 관계에 대한 요구에 결합시켰다. 어떠한 성인도 모든 십대 그룹의 필요를 들어 줄 수는 없지만 모든 성인 사역자가 몇 명의 청소년들과 어울리지 못하겠는가? 십대들 각자와 개인적으로 우정 관계를 맺지 못하겠는가? 그의 90분 계획이 청소년들의 성숙에 상당히 기여했다.[12]

큰 그룹에서의 공동체를 형성한다는 것은 어려운 일이다. 종종 두 가지의 극단적인 상황이 벌어진다. "규칙이 지배하는" 청소년 그룹은 활기 없는 통제와 율법주의로 나아가고, 공동체의 "무엇이든 좋다"는 관점은 적대감과 논쟁과 분리를 가져온다.

생각하기

다음의 아홉 가지 항목은 "청소년 클럽" 회원들의 책임에 대한 기록에서 인용한 것이다.[13] 이것을 읽을 때 이 고등학교 그룹에 관하여 당신에게 제일 먼저 와닿는 인상은 무엇인가?

1. 매주 정시에 와서 전체 프로그램에 참여할 것
2. 청소년 클럽 프로그램의 모든 활동, 즉 공예, 찬양, 게임, 공부, 봉사, 식사, 저녁 기도 등에 참여할 것. 할 수 있다면 나머지 활동에도 참여할 것
3. 시간 내내 좋은 태도와 품위있는 행동을 할 것
4. 교회 건물을 아끼고 진행되는 프로그램을 존중할 것
5. 내 식탁 자리를 깨끗이 한 후 어른이 나가실 때까지 식탁에 남아 있을 것
6. 우리 테이블이 청소를 맡게 되면 식당을 청소할 것
7. 참석하는 모든 어른들과 선생님들을 존중하고 그들을 친구로서 알려고 노력할 것
8. 청소년 클럽의 다른 모든 회원들에게 특별한 친구가 되기 위해 노력할 것 - "우리는 성령 안에서 하나이며, 주 안에서 하나이다. 사람들은 우리의 사랑으로 우리가 그리스도인임을 알 것이다."
9. 교회 내외부의 친구들과 우리의 신앙을 나누고 그들을 청소년 클럽에 손님으로 데리고 올 것. 손님들은 한 주간은 동안 무료로 온다. 회원들은 손님들에 대한 책임을 진다. 그들에게 할 일을 말하고 다른 사람들에게 소개시킨다.

이 아홉 가지 협약은, 스티븐스가 말하기를, 부모님과 청소년들이 모두 인정한 것이다. 이

제 당신 자신에게 물어 보라. 이 목록에서 말하고자 하는 메시지가 무엇인가? 어떤 것이 당신을 불편하게 만드는가?[14]

말할 필요도 없이 이 시나리오는 큰 공동체에서 나타나는 한 가지 극단적으로 정적인 면을 묘사하고 있다. 도우그 스티븐스가 정확하게 지적했듯이 이 청소년 클럽에서 "따뜻함과 친밀함"을 경험하기란 불가능하다. 대조적으로, 웨인 라이스(Wayne Rice, 1989, p. 9)는 공동체의 그 반대의 면을 생생하게 묘사한다. 이러한 대조가 당신에게 친숙하게 들리는가?

- 도니, 쉐인, 스티브는 중학교 3학년으로 친한 친구들이다. 그러나 제레미와는 그렇지 않아 그들은 키가 작다고 그를 놀린다.
- 재니와 앰버는 그 그룹의 몇몇 여학생들이 그들에 관한 소문을 퍼뜨린다고 화가 나 있다.
- 알리시아는 몇몇 소년들이 그녀를 "땅딸보"라고 불러서 그 그룹에 오는 것을 그만두었다.
- 루즈벨트 고등학교 학생들은 누구도 센트럴 고등학교 학생들 옆에 앉으려 하지 않는다.
- 제이슨은 킴과 데이트하기 시작했다. 이것은 그와 그의 이전의 여자 친구인 크리스가 서로 이야기하지 않는 것을 의미한다.
- 제시카는 청소년 그룹에 새로 나오기 시작한 소녀인데 아직 어떠한 친구도 사귀지 못했다.

우리 지도자들은 십대들의 진정한 공동체를 어떻게 형성하는가? 우리는 제레미가 필요한 사람이며 중요하다는 사실을 깨닫도록 어떻게 돕는가?[15] 알리시아의 정체성을 강화하기 위해 우리가 취할 방법은 무엇인가? 청소년들의 가치 체계와 갈등에 관하여 알려진 사실은 무엇인가?[16] 제시카의 우정의 필요성을 어떻게 채워 줄 수 있는가?[17] 우리 청소년들의 영웅이 누구인지를 알고 그들의 독특한 삶의 방식을 더 잘 이해하는 것이 가능한가?[18]

라이스(1989)는 우리가 공동체 형성에 관한 확실한 전제 조건들을 가지고 시작해야 한다고 말한다. 그런 다음 구체적인 전략을 세워야 한다. 이러한 순서로 진행하지 않으면 공동체의 의미를 잘못 해석하게 될 것이다. 라이스의 일곱 가지 전제 조건(pp. 14-17)은 다음과 같다: (1) 계획의 필요성, (2) 공동체 형성을 위해 장기적으로 헌신할 의지, (3) 15명 정도로 그룹을 제한함,

(4) 각 회원의 필요를 존중하고 충족시키고자 하는 목표, (5) 공동체를 격려하는 분위기, (6) 모든 십대들을 포용하는 마음, (7)그리스도 중심.

라이스는 또한 배우고 함께 예배할 필요, 서로를 인정하고 봉사할 필요, 함께 의미있는 시간을 보낼 필요 등 공동체 형성에 대한 아홉 가지 전략(pp. 20-25)을 제시한다.

두 번째 교과인 "교회 생활"은 '공동체'에 적합한 자료이다(예시 14.4를 보라). 예시 14.4에서 조건 학습군은 두 가지 범주를 통한 표현을 발견한다. 암시 학습은 다음을 포함한다: (1) "주의 끌기" 두 군데에서 요절(고전 12:27)을 상기시킴, (2) 이들 두 가지 활동에서 예상되는 십대의 호기심, (3) "균형 잡힌 음식"에서 발견되는 실물 학습. 이 마지막 방법은 교육 목적의 시각적인 이미지를 제시한다("인기있는 페이지" 참조). 즉 시각과 촉각(가능하면 후각과 미각도)을 사용함으로써 그리스도의 몸에 대한 유추가 더 잘 이해된다.

결과 학습은 몇 가지 점에서 나타난다. 그것은 퍼즐 조각 맞추기 연습의 설명과 마찬가지로 성경 구절 바로잡기의 대답에서 볼 수 있다("주의 끌기" 참조). 또한 학생들의 반응은 토의 질문과 고린도전서 12:12-21에 관한 8가지 질문을 통하여 예측할 수 있다.

사회 학습군에 충실한 창조적인 접근법 또한 이 예시에서 나타난다. 조직화된 모방은 교회 직원들의 녹음 테이프로도 이루어진다. 참석자들이 수수께끼 형태로 그들이 하는 일에 대해 요약 설명함으로 또 다른 교육 전략이 강조된다("성경 탐구" 제4단계 참조). 삶을 통한 모방은 적어도 세 가지 영역에서 일어난다: (1) "성경 탐구" 부분을 통한 소그룹 상호 작용, (2) 교회 청소년 사역자와의 "생생한" 면담("성경 탐구" 제5단계), (3) 반에서 교회 직원들 중 한 사람에게 보내는 편지를 씀.[19]

정보처리 학습군의 동일시 학습은 알려진 것과 알려지지 않은 것 사이의 연결 고리로 드러난다. "벽돌 쌓기 파일"은 한 가지 예를 제시한다. 내용(벽돌을 쌓는 것은 그에게 적합하지 않은 것 같다)과 그림(만화 형식)이 관련 학습으로 이끈다. 탐구 학습 전략은 학생들이 다른 문제를 해결하도록 격려할 것이다. 십대에게 호기심을 불러일으키는 것("주의 끌기" 참조)이 특정한 학습 방법임이 증명되었다는 사실을 앞서 기록한 바 있다(암시 학습에서). 구체적으로 성경 구절 바로잡기와 우송된 퍼즐 조각은 학습에 대한 긍정적인 태도를 형성한다. 도입 부분에서 이러한 문제 해결은 탐구적인 생각을 하게 한다.[20] 마찬가지로 "나는 돕고 싶다" 부분은 이러한 문제 해결 방법을 지적한다.

교회 생활

"빛의 힘" 제11과

이 과의 주제
중학생들은 그리스도의 몸의 중요한 부분이다.

공부할 성경 말씀
고린도전서 12:12-27

요절
"너희는 그리스도의 몸이요 지체의 각 부분이라" (고전 12:27).

이 과의 목표
이 과를 공부하는 동안 학습자는 다음 사항을 한다:
1. 각 그리스도인은 그리스도의 몸이 중요한 구성원이라고 말씀하고 있음을 발견한다.
2. 그 을 연령층이 교회에 기여할 수 있는 방법을 논의한다.
3. 더욱 온전히 교회 생활에 참여하는 방법을 선택한다.

지도자를 위한 도움말

오순절 날, 성령이 사도들에게 임했을 때 베드로가 일어나 요엘의 예언이 이 곳에서 성취되었다고 담대하게 말했다: "하나님이 가라사대 말세에 내가 내 영으로 모든 육체에게 부어 주리니 너희의 자녀들은 예언할 것이요 너희 젊은이들은 환상을 보고 너희 늙은이들은 꿈을 꾸리라. 그 때에 내가 내 영으로 내 남종과 여종들에게 부어 주리니 저희가 예언할 것이요" (행 2:17-18). 베드로가 인용한 요엘서의 말씀 (욜 2:28-29 참조)은 하나님의 영이 모든 연령의 사람들에게 임해서 하나님께 쓰임받도록 한다는 것이다.

예수님은 젊었거나 늙었거나 그분을 구주로 영접하는 사람이면 누구에게나 성령을 부어 주시겠다고 약속하셨다 (요 14:16-17 참조). 중학생도 집사나 장로, 목사와 마찬가지로 그분의 약속에 포함된다. 당신 반 학생들도 바로 지금 그리스도의 몸에서 한 위치를 차지하고 있다. 교회의 정책에 의하면 그들은 회원으로 등록되기도 하고 그렇지 않을 수도 있다. 그러나 학생들이 회원 명부에 있든 없든간에 그들은 그리스도의 사람들 사이에서 중요한 위치를 차지한다.

고린도전서 12장에서 바울은 성경 말씀은 그리스도인의 몸의 단일성과 다양성, 즉 "한 몸"과 "여러 지체"에 관한 것이다. 인간의 몸과 마찬가지로 그리스도의 몸은 하나의 유기체이다. 신자들은 인간의 몸이 단일성을 이해하는 것보다 그리스도의 몸의 단일성을 생생하게 이해하기가 더 어려울 것이다. 왜냐하면 그리스도의 몸은 쉽게 볼 수 있는 것이 아니라 하나님만이 보시기에, 또 실제 영적으로 몸으로 지체처럼 서로에게 밀접하게 관련되어 있다. 그리스도의 몸은 인간의 몸이 그런 것처럼 그 단일성과 '다양성'을 지닌다.

우리 육신의 손과 발, 눈과 귀, 심장과 허파와 위를 가지고 있다. 모든 것이 다르게 보이고 다르게 기능을 수행한다. 그러나 각자는 전체 몸의 기능에 지극히 중요하다. 아무도 몸의 어떤 부분 없이 살아 보기를 원치 않을 것이다. 아무도 우리 몸의 어떤 부분이 다른 부분에 필요 없다고 주장할 수 없다.

마찬가지로 어떤 그리스도인의 몸에 어떤 정당한 자리가 없다고 생각하는 것은 잘못이다: "만일 발이 이르되 나는 손이 아니니 몸에 붙지 아니하였다 할지라도 이로 인하여 몸에 붙지 아니한 것이 아니요" (고전 12:15). 마찬가지로 오

제14장 추천할 만한 청소년 교육 과정 351

넌 프로그램을 세우기를 피하라. 왜냐하면 그 활동을 즐겨워하지 않는 아이들이 그 그룹이 나머지 아이들에게서 제외되고, 참여한 아이들이 매우 좁은 시각 개념을 가지고 성장할지도 모르기 때문이다.

수업 계획

수업을 시작하기 전: 특별 지침을 위해 "주의 끌기 - 대안"을 보라. "길" 학습지와 "재미있는 페이지"를 복사하라. 탐구의 제4단계는 당신이 수업을 시작하기 전에 녹음해 놓아야 할 내용에 대해 말한다.

주의 끌기

주의 끌기(3-5분)

"길"을 나누어 주고 학생들 자자가 성경 구절을 맞추어 보도록 하라. 그들이 해답을 얻었다고 생각할 때 조용히 손을 들라고 하라. 정확한 해답은 고린도전서 12:27이다. "너희는 그리스도의 몸이요 지체의 각 부분이라." 몇몇 학생들이 손을 들면 한 학생에게 대답해 보라고 하고 그 해답을 어떻게 찾았는지 물어 보라(답들은 바른 순서로 되어 있지만 띄어 쓰기가 잘못 되어 있다).

학생들에게 고맙다고 하고 다음과 같이 말하라: "이 구절, 고린도전서 12:27은 우리들 각자는 그리스도 몸이 지체라고 말하고 있다. 우리는 오늘 이 구절의 의미가 무엇인지, 여러분이 어떻게 하면 의미있는 방법으로 그리스도의 몸에 참여할 수 있는지를 배우면서 이 수업을 진행할 것이다."

주의 끌기 - 대안(5-8분)

고린도전서 12:27을 큰 종이나 벽보에 쓰라. 그것을 정규적으로 참석하는 학생들이 하나씩 가질 수 있게 퍼즐 조각으로 만들라. 수업을 시작하기 전에 각 학생에게 하나씩 그 조각들을 우편으로 부치라. 각 봉투에 다음과 같은 메모를 넣으라: "이번 주 성경 공부에 이것을 가지고 오너라."

학생들이 공부하러 오면 그 조각들을 완전한 퍼즐이 되도록 맞추어 보라고 하라. 아마도 몇 개가 조각이 빠질 것이다. 왜냐하면 어떤 학생들은 결석을 하기도 하고 어떤 학생들은 퍼즐 조각을 가져오는 것을 잊어버린 학생도 있을 것이기 때문이다.

다음과 같이 말하면서 탐구로 들어가라: "퍼즐은 몇 조각이 빠졌기 때문에 완성되지 못했다. 각 조각은 퍼즐에서 중요한 역할을 한다. 마찬가지로 여러분과 나는 그리스도의 몸이 교회의 중요한 부분이다. 교회는 각 사람이 그리스도의 몸으로서 각자의 역할을 할 때까지 완전하지 못하다." (고전 12:27을 학생들에게 읽어 주라.)

성경 탐구

탐구(30-40분)

제1단계(10-12분): 고린도전서 12:12-21을 큰 소리로 읽으라(또는 몇 부분으로 나누어 지원자들에게 읽게 하라). "길"이 "그리스도의 몸에 꼭 맞음"이라는 제목으로 학습자들의 주의를 성경 공부로 이끌라. 학생들 서너 명씩 협동하여 그 공부를 완성케 하라(또는 도움을 인도하라).

제2단계(3-5분): 학생들을 다시 모아서 보고하도록 하라. 학습자들이 성경에서 찾은 해답에 대해 토의하라.

제3단계(5-6분): 몸의 지체들이 서로에게 가져야 할 관심을 말하면서 고린도전서 12:22-27을 간단하게 복습하라(필요하다면 "지도자를 위한 도움말"을 참조하라). 제4단계에 제5단계, 그리고 결론으로 나아갈 때 학생들은 신자들이 교회 활동에 참여해야 하는 이유를 이해할 필요가 있다.

제4단계(5-8분): "수업을 시작하기 전"에서 기록했듯이 당신은 반 학생들에게 들려 줄 녹음 테이프를 준비해야 한다. 그 주간 동안 교회 직원들과의 면담 얻은 것이 도움이 될 것이다. 각 직원들이 자기의 일에 대해 한두 문장으로 설명하는 것을 녹음하라. 더 한층 재미있게, 직원들로 하여금 목소리를 위장하고 그들이 일에 대한 묘사를 수수께끼 형식으로 하게 해 보라. 예를 들어 담임 목사님은 "나는 양떼를 기다려요. 나는 누구일까요?"라고 말할 수 있다. 전문 관리인은 "나는 주의깊게 살펴보는 지하에 있지요. 너무 늦기 전에 내가 누구인지 알아맞춰 보세요"라고 말할 수 있다. 학습자들에게 녹음 테이프를 들려 주라. 학생들이 그 직원들의 정체를 알아맞추도록 보도록 필요하다면 테이프를 잠시 끄고 기다리다라. 그리스도의 몸에서의 각 사람의 위치에 대해 토의하라. 어떤 직책은 다른 직책들보다 중요하게 보일지 모르지만 각 직책은 당신의 지역 교회의 적절한 역할에 매우 중요하다고 주의깊게 말하라.

제5단계(8-10분): 이제 당신 교회의 청소년 사역자를 소개하라(그가 당신 자신 외에 다른 사람일 경우에). 그 청소년 사역자에게 학생들이 참여할 필요가 있는 여러 가지 중요한 분야에 대해 말해 달라고 하라(전도를 교회에 초대하는 일, 집회 장소를 정돈하는 일, 찬양 인도, 성경 공부와 전교를 위해 집을 제공하는 일, 음향기기 조정 등등). 학생들에게 자신들의 생각을 말해 보게 하라. 집안에 그 모든 제안들을 기록해 보라. 주가되는 생각들을 위해 "지도자를 위한 도움말"을 참조하라.

다음과 같이 말함으로써 수업의 결론으로 넘어가라: "성경은 여러분 모두가 수년 후에 어른이 되었을 때가 아니라 바로 지금 교회에서가 중요한 위치에 있다고 말한다. 여러분이 개인적으로 참여할 수 있는 구체적인 방법을 찾기 위해 몇 가지 작업을 해 보자."

354 화목을 위한 가르침

결론과 헌신

결론(3-5분)

"길"의 "나는 듣고 싶다" 난에 주의를 끌고 다음과 같이 말하라: "여러분의 대답을 사려깊게 점검해 보라. 여러분이 어떤 대답을 했든지 내가 제출할 수 있도록 각자의 '길'을 제출하도록 할 것이다."

학생들에게 제출할 수 있도록 대답을 기록하게 하라. 그런 다음 기도로써 "길"을 당신에게 제출하라고 하라. "재미있는 페이지"를 나누어 주라. 수업후, 학생들이 제출한 "길"을 읽어 보라. 봉사하기를 원하는 학생들의 쓰임받을 방법을 찾아보라. 많은 학생들이 관심을 표명한 부분에 대해 계획을 세우라. 판심있는 학생들이 명단을 교회의 작원들과 자원 봉사자들에게 전해주어 중학생들이 그들의 관심 분야에 일할 수 있도록 하라.

결론 – 대안(10-15분)

학생들에게 다음과 같이 말하라: "우리는 교제 시간에 교회 직원들에게 보내는 편지를 함께 쓸 것이다(적절한 사람을 명시하라.) 우리는 편지에 교회에서 여러분의 역할에 대해 그룹으로서 어떻게 느끼는지를 표현할 것이다. 또한 우리가 그룹에서 생각했던 구체적인 방법으로 그리스도의 몸이 지체로서의 우리의 역할을 다할 것을 제안할 것이다. 우리는 모두 함께 어떤 말로 편지를 쓸까에 대해 준비하고 우리 중 한 사람이 그것을 글로 써서 전달할 것이다."

편지의 내용이 결정될 때까지 학생들의 생각을 실랑이에 기록하라. 그런 다음 그것을 종이에 옮겨 쓸 필요가 좋은 학생을 선택하라. 모든 완성된 편지를 작성한 교회 직원에게 전달할 지원자를 선택하라.

편지를 헌신할 당신 교회의 지도자에게 중학생들이 기도로 요청할 것이 있다는 생각을 표현하는 것임을 학생들에게 기억하도록 하라.

하나님이 중학생들에게 원하시는, 그리스도의 몸의 일부분이 되는 것에 하나님의 지혜와 인도를 구하는 기도로써 끝을 맺을 것이다.

"재미있는 페이지"를 나누어 주라.

교회 지도자에게 편지를 전달할 학생에게 편지의 목적에 대한 설명을 주라.

마하도록 도움을 주라.

길

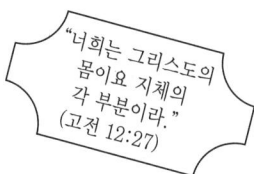

다음의 성경 구절을 바로잡아 보라.
"너희 는그리 스도 의몸이 요지 체의각 부분이라."

고린도전서 12:12-21을 읽고 다음 질문에 답하라.

1. 이 성경 구절은 _____에 관한 것이다.
2. 15-16절은 어떤 사람들에 관해 말하고 있는가?
3. 17절의 질문에 대한 답은 무엇이라고 생각하는가?
4. 누가 몸의 부분들을 그들이 속한 곳에 두는가?
5. 그들은 왜 그들의 위치에 있는가?
6. 21절은 어떤 사람들에 관해 말하는가?
7. 이 성경 구절 전체의 메시지를 한 문장으로 묘사하라.
8. 당신은 지금 교회에서 한 역할을 감당하고 있다. 그렇다( ) 아니다( ) 확실히 모르겠다( )

나는 돕고 싶다

당신을 가장 잘 묘사하고 있는 곳에 표하라.

( ) 내가 할 수 있는 일에 봉사함으로써 교회를 돕고 싶다.
( ) 관심 없다. 몇 년 후에나 가능할지…
( ) 나는 여기에 새로 왔다. 음, 글쎄…
( ) 나는 우리 교회에서 사람들에게 봉사할 수 있다고 생각한다. 다음의 일을 통해서 _____
( ) 나를 부르거나 어떤 계획을 세우고 있는 사람에게 내 이름을 건네 줄 수 있다.

이름: _____
주소: _____
전화: _____
특기: _____

356 화목을 위한 가르침

재미있는 페이지

화제거리
"너희는 그리스도의 몸이요 지체의 각 부분이라."
(고전 12:27)

벽돌 쌓기 파일 — 사건 # 고린도전서 12:27

다음은 그 일이 일어난 경위이다.
벽돌로 쌓은 벽이 있었다.
그것은 거대했다!
내가 본 것 중 가장 큰 벽돌이었다.
그러나 무슨 일이 일어났는지 기다려 보라.

사건의 경위는 다음과 같다.

그 벽은 철썩이는 파도를 지탱하고 있었다.

모든 벽돌은 튼튼한 벽을 이루기 위해 완벽하게 짜맞춰져 있었다. 각 벽돌은 그 벽을 강하게 지탱하는 데 매우 중요했다.

그러나 '릭' 이라는 벽돌은 다르게 생각하고 있었다.
"나는 벽돌일 뿐이야. 나는 여기에 맞지가 않아!"

그리하여 '릭' 이라는 벽돌은 자신에 대해 유감스럽게 생각하면서 그 벽을 떠났다.
"훌쩍"

"쾅!"

탐정의 논평

어떤 그리스도인은 릭이라는 벽돌이 자신에 대해서 느끼는 것과 같이 쓸모없고 정상이 아니며 하나님이 원하시거나 필요로 하는 사람이 아니라고 생각할지도 모른다! 그러나 성경은 각 그리스도인은 '벽' 과 같은 '그리스도의 몸' 의 중요하고도 필요한 부분이라고 말한다 (고린도전서 12장을 보라.) 그러므로 돌머리가 되지 말라! 하나님은 당신을 사랑하신다!

현상 수배

「릭이라는 벽돌」

혐의 내용: 그리스도의 몸에 중요하게 속하는 구성원이 되는 것

인상 착의: 어떠한 용모도 가능하다. 젊거나, 늙었거나, 키가 작거나, 키가 크거나, 뚱뚱하거나, 날씬한 남자나 여자. 사실, 어떠한 사람도 그리스도의 몸에 기여하는 중요한 구성원이 될 수 있고 또 당연히 그래야 한다.

특징: 주님을 사랑하고, 다른 그리스도인들을 돕기 원하고, 다른 사람들을 위해 기꺼이 자기를 내어준다.

별명: 존 스미스에서 페네로프써쥐커에 이르기까지 상상할 수 있는 어떠한 이름도 가능하다.

전과: 그리스도인이 되기 전에 이 혐의자는 단지 군중 속의 한 사람에 불과했다. 그러나 이제 그는 삶의 목적이 있으며 그의 마음에는 기쁨이 넘친다!

혐의 사실: 이 혐의자는 몇 가지 혐의 사실이 있다.
1. 예수님을 주님이시며 구세주로 믿는다.
2. 할 수 있다면 어떠한 방법으로도 주님을 섬기고 싶어한다.
3. 모든 그리스도인은 다른 사람을 섬김으로써 주님을 섬길, 그가 지닌 것과 똑같은 특권과 책임이 있음을 안다.

▶ 일용할 양식

제1일 고린도전서 12:4-6. 이 구절에서 언급한 여러 가지 "차이점들"에도 불구하고 같은 분은 누구인가?

제2일 고린도전서 12:12-13. 이 구절에서 말하고 있는 것을 요약해서 설명해 보라.

제3일 고린도전서 12:14-19. 당신의 교회에서 사람들이 완수해 나갈 규칙이나 여러 가지 "역할"에 대한 목록을 만들어 보라.

제4일 고린도전서 12:15-26. 교회의 여러 사람들은 서로를 어떻게 대해야 하는가?

제5일 고린도전서 12:27-31. 누가 그리스도의 "몸"인가? 하나님이 그분의 몸에 있는 사람들에게 주신 몇 가지 은사를 기록해 보라.

제6일 고린도전서 13:1-3. 한 그리스도인이 다른 그리스도인에게 줄 수 있는 궁극적인 은사는 무엇인가?

"재미있는 페이지"

주제: 청소년 그룹의 봉사 영역

성경 공부 개요

사도행전 2:42-47을 읽으라. 시간이 허락하는 대로 다음과 같이 설명하라.

도입: 이 구절은 예수님의 순전하신 지후의 초대 교회를 묘사한다. 이 구절로부터 우리는 현재의 우리 그룹에 대해 다수나마 배울 수 있다.

42절: 초대 그리스도인들은 배우는 학생들이었다. 그들은 오늘날 우리를 위해 성경에 기록되어 있는 사도들의 가르침에 귀를 기울였다. 그들은 교제를 나누었다. 이것은 그들이 함께 기도하며 시간을 보냈다는 의미이다. 그들은 음식을 나누고 기도하면서 시간을 보냈다. 이 구절에서 중요한 단어는 "함께"이다. 초대 그리스도인들은 예수 그리스도와 서로에게 열중적인 영적으로 그룹으로 건설했다. 어떤 면으로도 그들은 한 사람 한 사람은 지역 그룹의 속해 있었다. 이것이 건전한 교회의 강점이다. 각 구성원이 한신할 때, 우리 청소년 그룹도 강건해진다.

43절: 하나님의 영이 분명히 역사하여 하나님을 믿고 그분의 기적적인 방법으로 역사하시길 기대할 때 그분은 그렇게 하신다. 우리 그룹의 영적인 강건은 우리가 그분께 임재를 귀하게 여기고 주님으로서 그분을 의지할 때 주어진다. 하나님은 사람들을 통해서 일하신다. 오늘날 하나님은 우리 각 사람을 쓰기 원하신다.

44-46절: 초대 그리스도인들은 하나님을 즐거워했다. 그들은 함께 모이고, 나누어 주고, 서로의 필요를 채워 주고, 함께 먹으면서 그분의 영광을 돌렸다. 그러한 체험은 초대 교회에서 비교적 짧은 기간 동안 지속되었다. 하나님은 복음을 전파하기 위해 온 세상에 그들을 흩으셨다. 그들이 행한 이러한 일들에 우리도 참여할 수 있다.

47절: 그들은 주님을 찬양하기를 계속했고 그 지역 사람들의 칭송을 받았다. 왜 그렇지 않겠는가? 각 사람이 다른 사람 섬김으로써 하나님을 함께 섬겼기 때문에 사람들이 일어났다. 그들의 태도와 헌신으로 인하여 많은 사람들이 그 그룹에 참여하게 되었다.

실물 학습: 균형잡힌 음식

영양소가 풍고루 든 고기, 채소, 과일, 쥬류, 음료수 등, 켄이나 박으로 된 음식을 조금 가져가라. 식사에서 어떤 중요한 식품군을 계속해서 빠뜨리는 사람에게 무슨 일이 일어날 것인가를-지-못할 것이다. 그 사람은 건강하지 못할 것이다.

청소년 그룹의 모든 구성원들이 하나님과 그룹에 활동적으로 참여할 때 그 그룹은 건강하고 균형이 잘 잡힌 식사와 같다고 설명하라. 그러나 몇몇이 구성원들이 잘 기여하지 못한다면 그 그룹은 병들게 될 것이다. 모든 구성원이 참여해야 한다. 그것이 하나님께서 원하시는 방법이다.

토의 문제

1. 우리 청소년 그룹은 화원들에게 어떤 분야의 봉사와 경험을 제공하는가?
2. 우리는 어떤 기회를 더 제공해야 하는가?
3. 어떻게 하면 더 많은 회원들이 모임에 참석하겠는가? 우리는 어떻게 모든 사람이 하나님과, 그리고 다른 사람과 더 밀접한 관계를 유지하도록 도울 수 있는가?
4. 초대 그리스도인들이 하나님을 그토록 즐거워했던 이유가 무엇이라고 생각하는가? 우리는 어떻게 하면 그들과 같이 할 수 있는가?

현장 학습

예시 14.5
장갑차

이것은 안전한 장갑차에서 배우는 수업으로 모든 사람, 특히 중학생들이 기대하는 활동이다.

장갑차를 사용하기 위해서는 누군가의 도움이 필요할 것이다. 그러나 간단히 요청만 해도 기꺼이 도와 주겠다고 말하는 것을 보고 당신은 놀랄 것이다. 이 활동을 위해서는 소그룹이 더욱 좋다는 것을 염두에 두라.

이것을 계획할 수 있다면 당신이 수업을 진행하는 동안 운전자는 마을 주위를 슬슬 돌게 하라.

당신이 군기지 근처에 살고 있다면 녹슨 탱크나 직원용 차를 사용하도록 허락받을 수 있을 것이다. 두 가지 다 이 활동에 적합하다. 군기지의 책임자나 군목에게 이야기해 보라.

요점: 하나님은 사탄의 공격에 대한 우리의 방패이시다.
나누고 토의할 성경 구절: 에베소서 6:16, 시편 5:12, 18:30, 33:20, 84:11

도입

차주에게 장갑차의 역할과 그것이 무엇으로부터 보호해 주는지, 내벽과 유리창은 얼마나 두꺼운지 설명해 달라고 하라. 또 학생들이 질문을 하게 하라.

말씀 연구

각 학생들이 사용하도록 성경 구절을 복사한 종이를 나누어 주라. 그들에게 성경 말씀과 장갑차의 유사점을 말해 보게 하라.

1. 여러분은 이 차가 보통 차보다 안전하다고 생각하는가?
2. 하나님은 우리를 무엇으로부터 안전하게 보호하시는가?
3. 우리는 하나님의 보호를 위태롭게 하는 어떤 일을 행하는가?

일상 생활의 적용

학생들 각자가 말씀 한 구절씩을 가지고 자기 이름과 삶의 사건을 넣어 그것을 개인의 것으로 삼게 하라. 예를 들어 시편 5:12을 다음과 같이 말할 수 있다: "여호와여, 주는 존이 의롭다면 복을 주시고 방패로 함같이 팀을 이루지 못한 것에 대해 실망하던 때에 은혜로 저를 호위하시리이다."
학생들이 다시 쓴 구절들을 서로 나누어 보게 하라.

덧붙이는 말

학생들로 하여금 하나님을 찾는 자들에게 그분이 베푸시는 보호를 나타내는 표어를 만들어 보게 하라.

표 14.5는 앞의 내용을 요약한 것이다.

또한 「현장 학습」은 「복음의 빛」의 "빛의 힘" 커리큘럼을 보충해 준다. 청소년들은 개인적으로, 또는 협력하여 그들에 대한 하나님의 보호를 생각하게 된다(예시 14.5 참조). 장갑차에 타는 것은 하나님의 보호를 상징하는 것이다. 시편의 성경 구절을 의인화한 것은 하나님의 보살핌에 관한 진리를 제시한다. 공동체 차원에서 십대들은 하나님의 보호를 상기시키는 광고 모토를 위한 노래를 함께 만든다. 예시 14.5는 이 외의 정보를 제공한다.

표 14.5
공동체에 대한 청소년 커리큘럼

조건 학습군	암시 학습	1. 요절(고전 12:27)을 상기시키는 것 2. 이러한 암시에 관한 호기심 3. 실물 학습
	결과 학습	1. 성경 구절 바로잡기의 해답 2. 조각 퍼즐의 설명 3. 토의 문제 4. 고린도전서 12장에 관한 질문들
사회 학습군	조직화된 모방	1. 교회 직원들의 음성을 녹음한 테이프
	삶을 통한 모방	1. 소그룹 성경 공부 2. 청소년 목회자와의 면담 3. 교회 직원들에게 보내는 학급 편지
정보처리 학습군	동일시 학습	1. "벽돌 쌓기 파일"
	탐구 학습	1. 성경 구절 바로잡기와 조각 퍼즐의 해결 2. 교과의 결론에서의 "나는 돕고 싶다" 난

인격[21]

네 명의 십대들이 학교에서 집으로 가는 길에 매일 상점가를 들르곤 했다. 한 가게가 그들의 눈과 귀에 들어왔다. "거울 가게"의 확성기가 시끄럽게 울려 대고 있었다: "우리에게 기회를 주십시오. 당신의 삶이 변화될 것입니다." 많은 쇼핑객들이 들어가기를 주저했다. 어떤 사람들은 과감하게 들어갔다.

"한번 가 보자." 리자와 스테파니가 우겼다. 주에니타와 미쉘도 따라 들어갔다.

"얘, 전시해 놓은 것 좀 봐!" 주에니타는 상품에 비친 다양한 자기 모습을 보면서 말했다. "이렇게 다양한 거울이 있는지 몰랐어."

상상할 수 있는 모든 거울이 진열되어 있었다. 오목 거울과 볼록 거울도 있었다. 아주 작은 것도 있었고 아주 큰 것도 진열되어 있었다. 빛과 각도로 인해서 방문객들은 전에는 한 번도 보지 못했던 자신들의 모습을 보았다. 어떤 사람들은 그들의 모습을 즉각적으로 알아챘다. 다른 사람들은 한참 동안 알아보지 못했다. 어떤 사람들은 그들의 모습을 좋아했다. 거울이 보완해 주었던 것이다. 그러나 대다수의 사람들은 자신의 결점을 발견했다. 그들은 머리를 흔들거나 구실을 대고는 나가 버렸다.

네 사람은 두 번째 부류에 해당되었다. 리자는 발끈 화를 내었다. "이런 비참한 모습은 필요치 않아!" 하고 불쑥 말을 꺼내고는 가 버렸다. "여기도 마찬가지야"라며 스테파니가 눈짓했다.

몇 분 더 지체하고 있던 주에니타도 몹시 흔들렸다. "내일 연락할게" 그녀는 미쉘에게 약속하고는 출구를 향했다.

의심할 나위 없이 미쉘도 개인적인 결점을 드러내는 데 더 이상 열중하지 않았다. 누가 그런 일을 계속하겠는가? 그러나 확성기에서 계속 울려퍼지는 메시지가 미쉘로 하여금 기회를 잡도록 확신시켰다. 그녀의 세 친구는 돌아오기를 거절했지만 미쉘은 매일 거울을 들여다보았다. 첫 번째 2주일 동안, 미쉘은 얼룩진 화장을 지우고 흩어진 머리를 정돈하고 특정한 색이 자신에게 어울리지 않는다는 것을 알아차리고 의상을 바꾸었다. 한 달이 지날 무렵에는 더욱 중요한 변화가 일어나기 시작했다. 그녀는 더욱 미소를 많이 짓게 된 것이다.

어느 날, 우연히 네 명의 여학생은 상점가에서 서로 만났다. "너 정말 달라졌구나!" 주에니타가 감탄했다. "그래, 무슨 일이 있었니?" 리자도 물었다. "거울 때문이야…" 미쉘이 입을 열었다. "그렇지만 우리들 모두 그 가게에 있었잖니?" 스테파니가 참지 못하고 끼어들었다. "우리는 왜 변하지 않았지?"

미쉘이 고백했다. "나는 내가 본 것에 대해 어떤 일을 했기 때문이야."

이 현대식 비유는 청소년들에게 '인격'이라는 실제 문제와 연관하여 생각하게 한다. 이 비유로부터 다음과 같이 훈련의 네 가지 단계를 정리해 볼 수 있다.[22]

제1단계, 이 이야기는 호기심을 자극하고 참여를 도모한다. 이 이야기는 십대들의 세계 내의 중요한 주제가 무엇인가를 알려 준다. 이것은 학습자의 실제적인 취향에 맞는 언어를 사용할 필요가 있다는 것이다.

제2단계, 하나님의 진리를 강조한다. 십대들의 성격에 관하여 성경이 말하고 있는 것은 무엇인가? 성경의 관련성이 강조된다. 십대들에게 이 비유를 뒷받침하는 성경의 메시지가 생각나는지에 대해 질문해 보라. 야고보서 1:21-27이 이 이야기를 보완하는 대표적인 성경 구절이다. 성경 공부를 위해 십대들에게 다음 질문들을 해 보라. 이 구절에서 하나님의 말씀이 어떻게 묘사되는가? 야고보의 비유를 사용한다면 신자들은 성경에 어떻게 반응해야 하는가? "도를 행하는 자"에게 주어진 약속은 무엇인가?

제3단계, 첫째, 둘째 단계와 서로 관련되어 있다. 그 목적은 성경의 원리가 세상적인 필요를 어떻게 채워 주는가를 묵상하는 것이다. 이것을 가르치는 여러 방법 중 하나는 십대들과 함께 다음 질문에 관해 자유롭게 토론하는 것이다. 하나님께서 우리가 "도를 행하는 자"가 되도록 하시는 방법은 무엇인가? 여러 가지 다른 반응들이 나올 것이다.

제4단계, 개인적인 반응이 반드시 필요하다. 가르침의 마지막 단계는 학생들에게 강요하지 않고 책임을 추구하는 것이다. 강압에 의해서가 아닌 개인적인 반응을 도모하라. 각 학생들에게 네 명의 여학생 중 어떤 여학생이 자신의 삶을 나타내는지 질문해 보라. 청소년 지도자는 이렇게 물을 수 있다: "오늘 말씀의 거울로 자신을 들여다볼 때 여러분의 개인적인 반응은 무엇인가? 하나님께서 여러분에게 고치라고 하시는 개인적인 결점은 무엇인가?"

경험적인 청소년 교육의 하나로 "현장 학습"는 인격 형성에 대한 두 가지 교훈을 준다. 첫째, 청소년은 "암 병동"(예시 14.6)에서의 경험을 통해 하나님의 우선순위를 갖도록 도전받는다. 십대들은 그들의 가장 큰 두려움을 응시하도록 요구받는다. 마태복음 6:33과 같은 구절을 살펴보면 "하늘의 것들"에 주의를 집중하는 데 도움이 된다. 암 센터에 청소년들을 데리고 가거나 혹은 센터의 잔디밭에 앉아 있기만 해도 강한 느낌을 불러일으킨다. 이것은 청소년들로 하여금 진정으로 중요한 것에 집중하도록 돕는다. 간단하게 요약하는 방법으로, 두 칸으로 된 차트를 작성하게 한다. 한 쪽에는 사람들이 보통 무엇을 위해 사는지를 기록하고, 다른 쪽에는 사람들이 재난에 직면할 때 어떻게 행동하는지를 기록한다. 둘째, 두 번째 칸에 있는 것을 기초로 하여 청소년들은 가족들에게 편지를 쓴다. 그들은 인생에서 가장 의미있는 것이 무엇인지 상세하게 기록한다.

십대들의 삶에 있는 위선의 "누룩"(잠재 세력)을 해결하는 데 도움을 주는 것이 인격에 대한 또 하나의 "현장 학습" 교과이다. 예시 14.7은 청소년들이 효모가 어떠한 작용을 하는지 관찰하려면 제과점을 방문하라고 제안한다. 거울에 관한 앞의 교과에서처럼 청소년들은 "적용점 살피기"(Look) 단계에서 배움에 대한 "실천 사항을 찾기"(Took) 단계로 나아간다. "일상 생활의 적용"에서는 청소년들에게 "그리스도인들이 위선을 행할지도 모르는 수많은 영역을 추적해 보도록" 격려한다. 이 단계는 교과의 주제에 대한 여러 가지 적용 가능한 것들을 열거한다(이것은 리차드스가 말한 가르침의 "보는" 단계 이다). 그런 다음 "덧붙이는 말"은 "행하는" 단계로 나아간다. 학생들은 자유롭게 토론하여 그들에게 가능하다고 생각되는 것들 중에 하나를 선택한다. 그들은 생각의 분야를 좁힌다. 그들은 "그들이 위선적이기 쉬운" 영역을 개인적으로 택한다. 이러한 영역에서의 약점에 대해 조용히 기도를 드린다.

사명

모든 그리스도인은 교회에서 봉사하는 데 필요한 영적인 은사를 한 가지 이상 가지고 있다. 이와 마찬가지로 각 그리스도인은 세상에 대해서도 또한 해야 할 일(소명)이 있다. 월터 브루그먼(Walter Brueggeman)은 정체성 형성에 관한 대표적인 질문인 "나는 누구인가?"는 잘못된 질문이라고 말한다. "나는 누구의 것인가?"라는 질문은 초점을 자신에서 구주로, 피조물에서 창조주로 옮긴다. 이것을 브루그만은 "모든 정체성의 문제를 소명의 문제로 바꾼다"고 말한다.[23]

"소명"이라는 말은 11, 12장에서 보았듯이 "직업"이나 "일" 또는 "전문직"에 한정되지 않는다. 그것은 오전 9시부터 오후 5시까지의 시간에 제한되지도 않는다. 그것은 하나님의 부르심, 즉 우리가 인생에서 행하도록 의도된 것을 뜻한다. 브루그먼은 소명을 "하나님의 목적에 관련된, 세상에 존재하는 목적"이라고 설명한다.[24] 제임스 파울러(1984, p. 95)도 마찬가지로 소명을 "인간이 하나님의 말씀과 동역자로서의 부르심에 자신의 온전한 자아로 반응하는 것"이라고 정의한다.

동역자에 대한 이러한 자유로운 관점은 모든 것을 포함하는 것이다. 아이들이나 어른들 어느 누구도 제외되지 않는다.[25] 약한 자나 무능력한 자에 대한 편견도 없다. 성, 인종, 민족이나 종교도 소명에 이르러서는 어떤 제한된 지침이 없다. 모든 것이 하나님에 의해 임명되었다.

간단히 말해서, 소명(사명)은 하나님과의 동역을 의미한다. 특히 오늘날의 청소년들이 이 도전을 받을 필요가 있다. "자기"로부터 "하나님과의 동역"으로 초점을 옮길 때 영적인 맹목적으로부터 치유되기 시작하는 것이다. 근시안은 없어지고 하나님의 넓은 시야로 보기 시작한다. 이 유추를 마무리하면서 지혜로운 크리스천 지도자는, 무엇인가를 추구하는 십대들에게서 눈먼 바디매오를 연상해야 한다. 그는 군중들이 그를 꾸짖음에도 불구하고 하나님의 자비를 간청하였다. 하나님의 치유함을 받은 후에 그는 "예수를 길에서 좇았다"(막 10:52). 그러나 그것이 전부

현장 학습

예시 14.6
암 병동

어떤 종류의 사실들-특히 하나님의 우선순위나 가치의 분야에서-은 보통 아이들이 이해하기 어렵다. 이 세상의 대부분의 사람들은 우선순위의 배경을 가지고 있다. 종종 사람들에게 가장 중요한 것이 무엇인가를 재평가하려면 죽음에 직면해 보면 알 수 있다. 아이들을 암 병동에 데리고 가는 일은 그러한 재평가를 위해 도움이 될 수 있다.

당신의 수업을 병원에서의 어떤 봉사 계획과 연계시키는 것을 고려해 보라. 간호원들에게 아이디어를 요청하라. 그들은 무엇이 가장 환영받을 일인가를 잘 알고 있다. 당신은 병원 관계자에게 당신의 계획을 분명히 밝힐 필요가 있을 것이다.

당신이 그들에게서 기대하는 행동이 어떠한 것인가를 학생들에게 확실히 설명하라. 그들에게 환자의 입장에 서도록 노력하라고 하라.

학생들을 병원 안으로 데리고 들어갈 수 없다면 병원 밖의 잔디밭에 앉아 있는 것만으로도 어떤 영향을 줄 수 있다.

요점: 우리의 우선순위를 하나님의 방법과 일치시켜야 한다.
나누고 토의할 성경 말씀: 마태복음 6:33, 히브리서 9:27

도입

목적지를 향해 떠나기 전에(그리고 어디로 갈 것인가를 학생들에게 알리기 전에) 학생들에게 다음과 같은 질문을 해 보라: "만일 여러분이 건강 진단을 받고서 의사 선생님이 '당신에게 할 말이 있습니다' 라고 말한다면 가장 큰 두려움은 무엇일까?" 그들의 대답은 폭넓고 다양할 것이다. 그러나 아마도 어떤 학생은 죽음의 가능성을 지닌 질병을 언급할 것이다. 그들의 대답을 다 들은 후 당신이 어디로 갈 것인지와 수업의 목적을 설명하라.

말씀 연구

대부분의 사람들은 치명적인 질병에 직면했을 때 인생에서 정말 중요한 것이 무엇인지를 재평가하게 된다는 생각을 나눔으로써 수업을 시작하라. 학생들에게 당신이 선택한 성경 구절을 고찰하고 성경이 명시하는 삶의 우선순위에 대한 목록을 작성하게 하라.

일상 생활의 적용

학생들로 하여금 두 가지 목록을 작성하게 하라. 한쪽 면에는 사람들이 보통 살아가는 목적을, 다른 쪽에는 그들이 커다란 재난에 직면했을 때 살아갈 목적을 기록하게 하라. 두 칸에 나타난 가치를 대조해 보게 하라.

덧붙이는 말

학생들로 하여금 그들이 암에 걸렸다는 진단을 받고 살 수 있는 날이 얼마 남지 않았다는 것을 알게 되었다고 상상해 보게 하라. 임박한 죽음 앞에서 그들에게 중요한 일이 무엇일까를 표현하는 편지를 친구와 가족들에게 쓰게 하라.

예시 14.7

현장 학습

제과점

성경의 어떤 개념들, 특히 보통 아이들이 경험해 보지 않은 풍습에 관계된 개념들은 학생들이 생생하게 떠올리기가 어렵다. 그러한 개념 중 하나가 바리새인의 누룩에 관한 그리스도의 가르침이다. 오늘날의 아이들 대부분이 누룩이나 이스트가 무엇인지 잘 모른다. 그들은 빵이 매일 밤 수퍼나 제과점에 마법처럼 진열된다고 생각한다.

이 가르침을 실생활에 적용하는 한 가지 멋진 방법은 아이들이 빵이 준비되는 과정을 볼 수 있도록 제과점을 둘러보게 하는 것이다(따뜻한 빵이나 도너츠를 조금 얻을 수 있다면 멋진 일일 것이다).

요점: 위선자나 사기꾼이 되지 말라.
나누고 토의할 성경 구절: 마태복음 16:5-12, 누가복음 12:1-2

도입

학생들에게 "누룩"을 정의할 수 있는지 물어 보라. 할 수 없다면 "이스트"가 무엇인지 설명해 보라고 하라(이스트는 발효를 시키거나 빵을 굽는 데 사용하는 곰팡이의 일종이다).

말씀 연구

각 학생들에게 연필과 종이를 나누어 주라. 제과점을 방문하기 전에, 주어진 성경 말씀을 읽고 예수님이 말씀하고 있는 것이 무엇인지를 그들 자신의 말로 적어 보게 하라.

일상 생활의 적용

방문 후, 학생들에게 다음과 같은 질문을 하라: "예수님은 우리에게 바리새인들과 같은 죄에 빠지지 말라고 경고하신다. 여러분은 그리스도인들이 위선을 행할지도 모르는 여러 분야를 추적할 수 있는가?" 학생들이 제안하는 것을 기록하라.

덧붙이는 말

당신이 작성한 목록 가운데서 학생들이 위선적이 되기 쉬운 부분을 적어도 한 가지씩 말해 보게 하라. 그러한 부분들에서 강해질 수 있도록 하나님의 도움을 구하는 조용한 기도의 시간을 가지라.

가 아니었다. 그리스도와 함께 있던 모든 사람들이 승리의 입성을 위하여 예루살렘으로 향했다 (막 11장 참조). 성경 본문을 잘 생각해 보라. 바디매오의 눈이 열리고 그의 초점이 하나님께 맞추어지자 그의 삶의 목적도 극적으로 바뀌었다. 그는 자신을 섬기는 것에서 구주를 섬기는 것으로 방향을 전환했다. 이제는 어둠 속에서 더 이상 헤매지 않는 이전의 소경을 상상해 보라. 바디매오가 길에다 자기들의 겉옷을 펴면서 기뻐하는 군중들에 합세했을 때 그가 행한 일에 어떤 의심이 있겠는가? 그가 바로 첫 번째 종려 주일 예배에 열광적으로 참여한 것에 어떤 의문이 있겠는가? "호산나 찬송하리로다 주의 이름으로 오시는 이여"(막 11:9)라고 외치면서 목소리를 합하고 있는 그를 볼 수 있지 않은가?

이 모든 것은 근본적인 방향 전환으로 시작되었다. 새로운 시야가 새로운 목적을 가져왔다. 바디매오가 (1) 그리스도가 누구인지, (2) 자신이 누구인지[26], (3) 하나님의 도우심으로 그가 행하도록 부름받은 것은 무엇인지[27]에 대한 세 가지 진리를 발견했을 때 그의 사명은 생생해졌다.

이 마지막 특징인 봉사는 건전한 청소년 성장의 중요한 요소가 된다.[28] 딘 보그먼(Dean Borgman, 1987, p. 73)은 최근 1980년대에 '평화 봉사단'과 다른 봉사 조직의 부활을 주목한다. 그는 다음과 같이 결론을 내린다: "가장 강한 청소년 그룹은 강력한 봉사 계획을 포함하고 있는 그룹들이다. 활동-연구-잔치 프로그램은 청소년들이 필요로 하고 열망하는 활동적인 공동체의 그룹과 연계된다."[29]

청소년 사명 활동은 모든 형태와 크기로 되어 있다. 표 14.6은 체릴 엔더레인(Cheryl Enderlein)이 쓴 개척자 클럽의 「함께 하는 연구」 커리큘럼에서 수정한 여러 가지 기회들을 명시한다.[30]

표 14.6
청소년 사명 활동

> 조부모 입양. 회원들로 하여금 교회나 가까운 양로원에서 노인을 그들의 조부모로 입양하게 하라. 친숙해지기 위한 파티를 계획하라. 회원들에게 그들의 조부모님들을 방문하거나 전화를 하거나 편지를 쓰도록 하라. 회원들이 행하고 배운 것을 나눌 기회를 계속 제공하라.
> 음식 바자. 회원들이 여러 가지 음식을 만든다. 그것들을 팔아서 선교 기금으로 보내라.
> 오빠/언니. 회원들은 교회나 지역 사회에 있는 어린 아이들의 언니나 오빠가 된다. 출발 파티를 계획하라. 그런 다음, 일이 어떻게 진행되고 있는지를 물어 봄으로써 계속 접촉하라.

쇼핑 센터의 매점. 지역 쇼핑 센터에 매점을 설치하고 기독교 서적을 나누어 주라. 또는 세계 기아에 관한 정보를 나누어 주라.

선교를 위한 볼링. 회원들이 지원자들로 하여금 세 게임 동안 쓰러뜨리는 각 핀에 대해 일정한 돈을 기부하게 하라. 그 기금은 특별한 선교 계획에 기부될 것이다.

선물 꾸러미. 대학에 다니는 학생들, 병원에 있는 사람들, 외국에 있는 선교사 아이들 등을 위한 선물 꾸러미를 만들라.

안경 수집. 사용했던 안경을 수집하라. 가가호호 방문을 하거나 교회에 수집함을 놓아 두라. 안경을 가난한 나라에 있는 사람들에게 보내는 대리인에게 그것을 보내라.

무료 세차. 사람들에게 아무 것도 받지 말고 무엇인가를 주라. 당신의 지역 사회를 위하여 무료 세차를 지원하라. 광고를 위해 포스터를 만들고 지역 신문에 무료 광고 난을 요청하고 교회 안내판에 알리고 이웃의 차들에 붙일 전단을 인쇄하라.

노인 돕기. 노인들을 돕기 위한 봉사를 계획하라. 눈을 치우거나 창문을 닦거나 잔디를 깎거나 꽃을 심을 수 있다.

믿음의 영웅들을 위한 축하 잔치. 교회 회중에 있는 나이 든 성도들 중 몇 명의 삶을 되돌아 보라. "이것이 당신의 삶입니다"라는 식으로 그들을 인정해 주는 의식을 시도하라.

병원 방문. 일정한 방문객이 없는 환자들을 방문하기 위해 병원과 의논하라. 할 일이 무엇인지를 회원들이 알도록 담임 목회자나 간호원이 그들과 미리 이야기를 나누도록 하라.

양로원 방문. 양로원 거주자들을 위한 재롱 잔치나 예배를 계획하라. 이것을 분기별로 할 수 있을 것이다.

펜 팔. 선교사의 중학생 자녀들과 편지 교환을 시작하라. 그들이 살고 있는 나라에 관하여 배우라. 명절과 그들의 생일에 카드를 보내라. 그들이 정말 좋아하지만 그들 나라에서는 살 수 없는 것을 알아내어 배편으로 우송하라.

어린 아이들을 위한 장난감. 병원이나 고아원에 있는 어린 아이들을 위해 장난감을 수집하라. 장난감을 그들에게 주기 전에 포장을 하라.

학습 지도 서비스. 회원들이 어린 아이들의 공부를 도와 줄 계획을 세우라. 선생님에게 회원들과 학습 지도에 관해 이야기하도록 요청하라. 학습 지도할 일정한 시간과 장소를 계획하라.

자료: 엔더레인(1989, pp. 12-13)에서 수정

생각하기

엔더레인의 보기를 사용하여 십대들의 사명을 위한 계획을 적어도 두 가지 더 말해 보라. 구체적으로 하라(원한다면 세 가지 계획을 개발할 수도 있다. 그들을 도전할 수 있도록 저, 중, 고의 삼 단계로 구분하여 계획을 세우라).

1.

2.

「복음의 빛」의 "빛의 힘"과 릭 번즈슈의 「현장 학습」(1989) 커리큘럼이 "사명"에 대한 추천할 만한 자료를 제시한다. "당신 집으로부터의 빛"이라는 교과는 전자의 뛰어난 예를 제시한다(예시 14.8 참조). 특히 "성경 탐구"의 제1단계에서는 우리가 누구이며("세상의 빛"), 우리가 어떻게 빛이 되었는가에 주목한다. 제3단계는 우리가 어떻게 "빛"으로 살아야 하는가를 명료하게 다루기 때문에 사명을 강조한다. 제3단계에서의 세 가지 실제 삶의 사건 연구는 이 목적을 위해 제시된다("양피지"를 보라).

조건 학습군의 암시 학습은 (그 교과의 요절을 상기시키는 것으로서) 낱말 퍼즐에서 나타난다. 그리고 뒤이어 "일용할 영적 양식" 난이 있다. 이 두 번째 활동은 매일의 경건 생활 습관을 도모한다. 삶의 적용에 관한 질문뿐만 아니라 이 교과의 성경 구절도 이러한 경건 생활을 습관화하도록 도와 준다.

결과 학습은 "주의 끌기 - 대안"에서 눈가리기 활동에 잘 나타나 있다. 간단한 상 한 가지는 승리자를 위한 막대 사탕이다. 더 고급스런 상은 정확한 정보를 찾는 것에 달려 있다. 눈을 가린 사람은 옆에 서 있는 관중들이 가르쳐 주는 옳은 정보와 잘못된 정보를 구별하려고 애쓴다. 그 목적은 영적인 어두움이 세상적인 생각들로 인해 어떻게 혼돈을 가져오는가를 보여 주는 것이다. "성경 탐구" 시간은 유익한 피드백이 된다: 제1단계(마태복음 5:14-16의 그룹 공부), 제2단계(그룹별 자유로운 토론 수업), 제3단계(사례 연구). 각 단계는 교사와 학생들에게 대답을 제시한다. 지도자를 위한 커리큘럼 지침은 이 피드백 방법을 강조한다: "사려깊고 적절한 대답을 권하고 강조하라. '지도자를 위한 도움말'을 참조하여 부적절한 대답을 고쳐 주라."

조직화된 모방은 성경을 읽고 묵상하는 데서 일어난다. 그러나 이 교과는 사례 연구("양피지" 참조)를 통하여 한 가지 추가적인(다소 부정적일지라도) 모방의 예를 제시한다. 예를 들어 상황 2를 생각해 보라: "누나가 반항하고 있다. 그녀는 남자 친구를 만나기 위해 밤에 살짝 창문을 넘어 나가곤 한다." 이러한 실제 생활의 시나리오는 교과에 대한 신뢰감을 준다. 학생들이 믿을 만한 이런 이야기는 학습 의욕을 자극하며 효과적이고 상호적인 학습을 도모한다.

삶을 통한 모방은 관중들이 참여자들에게 옳고 그른 방향을 모두 다 외쳐 대는 눈가리기 경주에서 두드러지게 나타난다. 십대들의 생활 그 자체와 매우 유사하게도, 관중들의 참여가 "동료 압력"을 불러일으킨다. 커리큘럼 작성자는 교사에게 다음 사실을 상기시킨다: "눈을 가린 학생은 다른 사람들이 올바른 지시를 하는지, 아니면 혼동을 일으키려고 하는지 알지 못한다. 정말 누구를 믿어야 할지 모른다." 이렇게 해서 사회 학습군을 실제로 보게 된다. 이것은 십대의 실제 세계를 잘 그려 주고 있다.

마지막으로, 동일시 학습은 전체 교과를 통하여 전개된다. 즉 본 교과 전체가 빛과 어둠의 주제를 다루고 있고 시각적 효과가 있는 실물 교육을 통해 비유적으로 잘 나타낸다. 실물 학습인 "죄 가방"으로 빛의 성질에 대해 이해하게 한다.

탐구 학습은 재미있는 수수께끼 풀기로부터("주의 끌기" 참조) 토의 문제("인기있는 페이지" 참조)까지 제시된다. "양피지"는 사례들을 통하여 깊이 생각해 볼 만한 신앙의 딜레마를 제기한다. 이 딜레마들의 결론은 청소년들이 개인적인 삶을 변화시키도록 도전한다. 사례 연구의 결론적인 부분은 다음과 같이 요구한다: "당신의 삶에서 예수님을 만날 필요가 있는 세 사람의 이름을 쓰라. 그런 다음 그들의 삶에 예수님의 빛이 비춰도록 당신이 할 수 있는 간단한 일들을 적어 보라." 각 문제와 실생활에의 적용을 위한 도전이 짝을 이루고 있다.

표 14.7은 이것을 시각적으로 복습하는 것이다.

"현장 학습" 난의 "낚시터"는 '하나님은 우리가 다른 사람들을 적극적으로 그리스도께로 인도하기를 원하신다'는 사명에 대한 더욱 전통적인 해석을 내놓는다. 이 교과의 목표는 직설적이다. "사람을 낚는 어부"에 대한 낯설지 않은 그림을 분석해 놓았다(예시 14.9 참조).

대조적으로, 예시 14.10은 사명에 대한 비전통적인 견해를 제시한다. "양로원"은 십대들에게 옛 세대를 존중하는 문제 관하여 의문을 제기한다. '성경이 제시하는 노인들에 대한 대접은 어떠한 것이라고 생각하는가?'가 이 교과의 초점이다. 실습을 하게 한 다음, 노인들에 대한 그들의 개인적인 사명을 반영하는 "십계명"을 만들게 한다. 청소년들이 노인들에게 여러 가지 문제에 대해 조언을 구하는 편지를 쓰는 일을 통해 그들의 개인적인 책임을 깨닫게 된다.

제14장 추천할 만한 청소년 교육 과정 373

예시 14.8

당신 집으로부터의 빛

"빛의 힘" 제4과

이 과의 주제

그리스도인의 삶은 하나님이 우리 안에 역사하심을 반영해야 한다.

공부할 성경 말씀

마태복음 5:14-16

요절

"이같이 너희 빛을 사람 앞에 비취게 하여 그들로 너희 착한 행실을 보고 하늘에 계신 너희 아버지께 영광을 돌리게 하라" (마 5:16).

이 과의 목표

이 과를 공부하는 동안 학습자는 다음 사항을 한다:

1. "세상의 빛"의 의미를 정의한다.
2. 어떻게 다른 사람들에게 "빛"이 되는지를 설명한다.
3. 그들이 그리스도를 더 잘 반영할 수 있는 생활을 기록한다.

지도자를 위한 도움말

이 과의 주제는 예수께서 제자들에게 하신 "너희는 세상의 빛이라" (마 5:14)는 말씀이다. 예수께서는 무엇인가를 강조하려 하실 때에는 비유를 들어 말씀하셨는데, 이것은 그 의에 비유를 듣는 사람에게 잘 알려진 일상의 사실들을 사용한다.

예수님이 제자들에게 세상의 빛이라고 말씀하실 때에 하나님은 빛이시며 (요일 1:5, 약 1:17 참조), 아들이신 바로 그분 자신이 "세상의 빛"이 되기 위하여 오셨다는 사실을 알고 있었다 (마 4:16, 요 1:4, 9, 8:12, 9:4-5, 12:35-36 참조).

빛은 그것의 근원이나 그 빛이 반사체로부터 나온다. 그리스도의 제자인 우리가 세상의 빛이 될 수 있는 이유는 하나님으로부터 우리에게 그리스도를 통하여 그분으로부터 빛을 받을 수 있는 능력을 주셨기 때문이다. 달이나 축성이 태양의 빛을 반사하여 빛을 내듯이 우리도 하나님의 빛을 반사한다. 그리스도가 우리 안에 계시므로, 높은 등잔대 위에 있는 등잔의 빛을 발하듯 우리는 하나님의 빛을 반사할 수 있다.

는 빛임을 확실히 이해해야 하라. 그것은 다른 사람들에게는 눈이 부시는 하나님의 빛이다. 이 영광은 그분에만 돌려야 한다. 등잔의 초점이 중심이 되어서는 안 된다. 당신은 등불 바라보고 감탄하기 위해 등불을 켜지는 않을 것이다. 그 빛을 통해 "보기" 위해 등불을 켠다. 이와 마찬가지로 그리스도인들은 다른 사람들이 하나님께로 가는 길을 "보도록" 도울 빛을 비추어야 한다. 빛은 아둠을 사라지게 한다. 이처럼 하나님의 존재와 보임은 죄를 몰아낸다. 당신이 지닌 빛이 많으면 많을수록 이둠이 적어진다. 마찬가지로 하나님의 성품을 점점 더 많이 지니게 되면 우리 안에 죄가 자랄 여지가 점점 없어진다.

빛이 기능을 하기 위해서는 우리가 어디에 있는지를 볼 수 있게 해주고 영적인 면에서 우리가 무엇을 할 수 있는지를 분명히 알 수 있게 해 주는 것이다. 분명히 그분으로 빛을 우리에게 비춤으로써, 우리를 제한하시려고 하는 것이 아니라 아둠 속에 숨겨져 있는 것이 무엇인지, 아둠이 두려마기 속에 감춰져 있는 것이 무엇인지를 우리가 볼 수 있게 도우신다.

예수님은 말씀하셨다: "사람이 등불을 켜서 말 아래 두지 아니하고 등경 위에 두나니 이러한 학생들로 하여금 그리스도인의 빛을 반사하여 빛을 비추게 해야 한다.

정확한 해답을 가진 첫 번째 학생이 이긴다. 그 해답은 "빛"이다.

일상 생활에 빛이 얼마나 중요한지를 말함으로써 탐구로 들어가라. 이 과는 예수님이 제자들에게 빛이 되라고 말씀하신 것을 탐구할 것이라고 설명하라.

주의 끌기 – 대안(5–10분)

필요한 자료: 눈을 가리는 데 쓸 스카프나 큰 손수건.

수업 계획

수업을 시작하기 전: 각 학생들이 하나씩 가질 수 있도록 "양피지" 학습지를 충분히 복사하라. 양피지 바로 다음에 있는 "교수 자료 페이지"의 지시 사항을 따르라. 필요한 자료들은 "주의 끌기 – 대안"을 참조하라.

주의 끌기

주의 끌기(2–3분)

필요한 자료: "교수 자료 페이지"에서 설명한 대로 잘라내라.

학생들이 교실에 들어오면 "교수 자료 페이지"에서 잘라낸 조각들을 각 학생에게 하나씩 주라. 학생들이 그 중 조각들에 있는 수수께끼를 풀어야 하며 모두 세 가지 다른 종류의 조각들이 있다고 말하라. 모든 학생들이 세 가지 종이 조각을 다 읽을 때까지 주위를 빙빙 돌게 하라.

모든 집안 모든 사람에게 비추느니라"(마 5:15). 등불을 그들이 이유는 빛을 비추게 하려는 것이다. 하나님은 그리스도인들이 빛을 비추도록 세상에 두셨다. 우리는 다른 사람들이 하나님을 찬양하도록 그들에게 빛을 발해야 한다.

때로 우리의 빛 주변에는 이도하는 일을 못하도록 막는 장애물이 놓여 있다. 친구를 잘못 선택하는 것, 자제심의 부족, 비겁전한 행동, 나쁜 태도, 이기심, 그리고 다른 여러 가지 탈선들이 세상을 향한 우리의 빛에 어두운 그림자를 던질 수 있다.

우리의 빛을 막는 장애물로부터 스스로 자유로워질 때 우리는 보다 선명하게 그리스도를 반영할 수 있는 많은 기회들을 만들 수 있다. 청소년들은 가정에서, 학교에서, 그들의 자유로운 활동에서, 교회 프로그램을 통해서 그들이 어디를 가든지 예수님을 받을 발할 수 있다. "빛을 비추는" 그리스도인은 가정에서 예수님과 협조적이고, 형제와 자매들에게 예의 바르고 다른 사람들에게 편견을 갖지 않을 것이다. 학교에서 예와 바르고 그는 누구도 배제하지 않는 좋은 교우 관계를 유지할 것이다. 이 "반짝이는 빛"은 학교에도 최선을 다할 것이며 선생님과 교우에게 협조적일 것이다. 사랑과 친절로, 그리고 다른 사람들이 친구들에 필요로 하는 그의 태도는 물론 다른 사람들을 위해 "다니는 중에도" 분명히 나타날 것이다. 빛을 비추는 그리스도인들은 빛 되신 예수님대로 다른 사람들을 이끌 것이다.

제14장 추천할 만한 청소년 교육 과정 375

성경탐구

탐구(20-25분)

제1단계(5-7분): 한 사람이 마태복음 5:14-16을 큰 소리로 읽는 동안 나머지 학생들은 자기 성경을 펴서 눈으로 따라 읽는다. 다음 질문들을 하고 학생들이 대답을 칠판에 적으라.

1. 예수님이 "너희는 세상의 빛이라"고 말씀하신 뜻은 무엇이라고 생각하는가?
2. 진정한 빛은 누구인가?
3. 우리가 스스로 빛이 된다는 것을 어떻게 생각하는가?

사려깊고 적절한 대답을 하도록 강조하라. "지도자를 위한 도움말"의 자료를 참조하여 부적절한 생각은 수정해 주라.

제2단계(6-8분): 필요하다면 칠판을 지우고 다음 세 가지 항목을 쓰라. 빛이 근원, 빛을 차단하는 것들, 그리스도인들이 빛을 받는 장애물.

다음과 같이 설명하라: "왼쪽 간에 우리가 생각할 수 있는 모든 가능한 빛의 근원을 적어 보라. 그런 다음 중간 간에 빛을 막을 수 있다고 생각하는 것들을 모두 적어 보라. 마지막 간에 그리스도인들이 지닌 빛을 받지 못하도록 하는 것이 무엇인지 적어 보라."

학생들로 하여금 그들의 생각을 나누도록 하라. 그런 다음, 우리의 "빛"이 차단되지 않게 하는 방법은 무엇인지 물어 보라. 원하는 학생들이 대답하도록 하라.

막대 사탕이나 다른 먹을 것

다음과 같이 설명하라: "우리 모두 눈을 가린 채 방을 건너가서 내가 놓아 둔 막대 사탕을 누가 제일 먼저 발견할 수 있는지 보는 경주를 하겠다." 학생들에게 막대 사탕을 보여 주고 계속해서 말하라: "이것은 제일 먼저 찾는 사람이 가질 수 있다. 여러분 중 몇 명이 눈을 가리고 방을 가로질러 가야 한다. 나머지는 옆에 서서 눈을 가린 사람들에게 소리쳐서 방향을 지시해 준다. 그러나 눈을 가린 사람은 다른 사람들이 올바른 지시를 하고 있는지, 혹은 자기를 혼동시키려 하는지 알지 못한다. 여러분은 정말 누구를 믿어야 할지 모를 것이다."

학생이 오늘에 제일 가까운 학생들을 선택하여 눈을 가리게 하라. 그들 맞은편에다 막대 사탕을 놓아 두라. 한편 그들이 약간 어지러움을 느끼도록 방방 돌게 하라. 다른 학생들을 방 옆으로 이동시키고 경주를 시작하라. 한 학생이 막대 사탕을 찾으면 그 게임을 끝낸다. 5분이 경과했는데도 아무도 찾지 못하면 숫자 없이 그 게임을 끝내고 눈을 가렸던 사람들에게 상을 주라.

어둠과 빛이 분명한 차이점을 말해 주라. 또한 우리가 혼란을 피하려면 빛이 얼마나 도움이 되며, 올바른 길을 어떻게 보여 주는가를 말해 주고 다음 부분으로 넘어가라. 이 수업은 예수님이 세상들에게 빛이 되라고 말씀하신 성경 조절을 맞추는 것이라고 설명하라.

376 화목을 위한 가르침

제3단계(7-10분): 학생들에게 양피지 학습지를 보라 음에 나오는 질문들과 상황에 근거하여 토론을 진행하라.
고 말하라. 학생들에게 상황을 읽어 주라. 그리고 그 다 시간이 허락하면 세 가지 상황 모두에 대해 이렇게 하라.
음에 나오는 질문들과 상황에 근거하여 토론을 진행하라.

학생들은 "재미있는 페
이지" 퍼즐에 대한 해답을
보게 될 것이다.

(괜찮다면 "재미있는 페
이지"의 복사본 넣은 것에
이 해답을 써서 교실 칠판
에 붙여 두라).

결론과 헌신

질문 (2-3분)

양피지 학습지의 "나는 빛을 발해야 한다" 부분에 주의를 집중시키라. 학생들에게 다음과 같이 지시하라:
"여러분의 주위에서 그리스도를 만날 필요가 있는 사람들에 대해서 생각해 보라. 그들은 아마도 가족 구성원이거나 학
교 사람들, 당신의 팀이나 클럽에 있는 사람들일 것이다. 그들 중 세 사람의 이름을 쓰라. 그런 다음, 이들에게 주님의 빛
을 잘 받할 수 있게 도와 주시라고 주님께 조용히 기도하라."

간단한 마중 기도로 끝을 맺으라.

"재미있는 페이지"를 나누어 주라.

가로 해답

1.CHRISTIANS/ 2.RUT/ 3.SEE/ 4 AT/ 5.SHINE/ 6.NOSE/ 7.GOODWORKS/ 8.TEA/ 9.PIG/ 10.IDEA/ 11.WHY/ 14.HOUSE/ 15.DEN/ 16.LET/ 18.NIL/ 20.DARKNESS/ 23.LAMP/ 24.MIRROR/ 25.IN/ 26.SAW/ 27.TIO/ 29.RUG/ 30.DETECTS/ 31.ADAM EVE/ 36.IMA/ 39.HOUSES/ 40.BURNS/ 41.IE/ 44.UNCLE/ 45.ICE/ 46.BLIND/ 47.LEE/ 49.GO/ 52.VETO/ 53.FIRE/ 54.TOES/ 55.SON/ 56.USE/ 58.ANY/ 61.UP/ 63.IS

세로 해답

1.COO/ 6.NIGHT/ 9.PI/ 12.ID/ 13.OF THE/ 16.LIGHTS/ 17.ORANGE/ 19.EDEN/ 21.END/ 22.ILLUMINATES/ 28.WORLD/ 32.SIN/ 33.IF/ 34. EA/ 35.DIMMER/ 37.KO/ 38.WHO/ 40.BRIGHT/ 42.AMP/ 43.RUIN/ 47.LUKE/ 48.MA/ 50.ONCE/ 51.LOUVERS/ 53.FACT/ 55.SOURCES/ 57.SEEN/ 58. AI/ 59.TO/ 60.SUNSET/ 62.SUNRISE/ 64.NIECE/ 65.PD/ 66.SOL/ 67.YES

양피지

당신의 빛을 발하라

상황1: 당신의 반 아이들 대부분은 예수님이 바라시는 그리스도인이 되려고 열심히 노력한다. 그러나 나머지 아이들은 "흉내를 낼" 뿐이다. 그들은 재미있는 놀이와 게임을 위해 그 곳에 있다. 그들은 예수님에 대해 전혀 관심이 없다.

1. 예수님의 빛에 관한 말씀은 이 상황에 어떻게 관련되는가?
2. 이렇게 "흉내내는" 아이들 한두 명을 돕기 위해 당신은 무엇을 할 수 있는가?

상황2: 당신의 누나가 반항하고 있다. 그녀는 남자 친구를 만나러 가기 위해 밤에 창문을 넘어 몰래 빠져 나가곤 한다. 당신은 그녀의 속임수에 대해 뿐만 아니라 그녀가 남자 친구와 행할지도 모를 일들에 대해 염려한다.

1. 예수님이 그녀와 대면해서 이야기할 수 있다면 그분이 당신의 누나를 어떻게 다루실 것이라고 생각하는가?
2. 그분은 당신이 누나를 위해 무엇을 하기를 원하실 것이라고 생각하는가?
3. 누나가 당신의 말에 아무런 반응을 보이지 않는다면 어떻게 할 것인가?

상황3: 점심 시간에 학교 식당에서 한 아이가 잘못해서 당신 옆에 앉아 있는 친구에게 쵸코우유를 엎질렀다. 당신의 친구는 화가 나서 실수한 아이에게 소리를 지르고 욕을 한다.

1. 그 상황에서 즉시 "빛을 발할" 수 있는 말이 어떤 것인지 적어 보라. 혹은 당신이 할 수 있는 일을 적어 보라.
2. 나중에 조용할 때 당신이 친구를 돕기 위해 무슨 일을 행하겠는가?

나는 빛을 발해야 한다

당신 주위에서, 예수님을 만날 필요가 있는 사람들 세 명의 이름을 기록하라. 그런 다음 그들의 삶에 그분의 빛을 발하기 위해 당신이 행할 수 있는 몇 가지 간단한 일들을 적으라.

교수 자료 페이지

지시 사항: 이 페이지를 여러 조각으로 자르라(당신의 반에 12명 이상의 학생들을 예상한다면 각 학생들이 한 조각씩 갖도록 복사본을 충분히 준비하라).

다음의 수수께끼를 풀라: "어떤 시간에는 나는 무료로 온다. 나머지 시간에는 당신이 내 대신 지불한다. 나는 무엇인가?"	다음의 수수께끼를 풀라: "나는 가장 빠른 것보다 더 빠르다. 그러나 내가 당신과 충돌해도 당신은 전혀 고통을 느끼지 않는다. 나는 무엇인가?"	다음의 수수께끼를 풀라: "여기에 단단한 것이 있다 나는 파도를 타고 오지만, 바다는 아니다. 나는 무엇인가?"
다음의 수수께끼를 풀라: "어떤 시간에는 나는 무료로 온다. 나머지 시간에는 당신이 내 대신 지불한다. 나는 무엇인가?"	다음의 수수께끼를 풀라: "나는 가장 빠른 것보다 더 빠르다. 그러나 내가 당신과 충돌해도 당신은 전혀 고통을 느끼지 않는다. 나는 무엇인가?"	다음의 수수께끼를 풀라: "여기에 단단한 것이 있다 나는 파도를 타고 오지만, 바다는 아니다. 나는 무엇인가?"
다음의 수수께끼를 풀라: "어떤 시간에는 나는 무료로 온다. 나머지 시간에는 당신이 내 대신 지불한다. 나는 무엇인가?"	다음의 수수께끼를 풀라: "나는 가장 빠른 것보다 더 빠르다. 그러나 내가 당신과 충돌해도 당신은 전혀 고통을 느끼지 않는다. 나는 무엇인가?"	다음의 수수께끼를 풀라: "여기에 단단한 것이 있다 나는 파도를 타고 오지만, 바다는 아니다. 나는 무엇인가?"
다음의 수수께끼를 풀라: "어떤 시간에는 나는 무료로 온다. 나머지 시간에는 당신이 내 대신 지불한다. 나는 무엇인가?"	다음의 수수께끼를 풀라: "나는 가장 빠른 것보다 더 빠르다. 그러나 내가 당신과 충돌해도 당신은 전혀 고통을 느끼지 않는다. 나는 무엇인가?"	다음의 수수께끼를 풀라: "여기에 단단한 것이 있다 나는 파도를 타고 오지만, 바다는 아니다. 나는 무엇인가?"

재미있는 페이지

성경은 우리의 빛을 비취게 하라고 말씀한다(마 5:16). 이 말씀을 실현하기 위해 빛에 관한 십자말 풀이 퍼즐을 준비했다. 이 해답의 대부분은 다소 빛에 관련이 있다. 이 페이지를 여러분에게 제시한 사람이 해답도 가지고 있다.

가로

1. 예수께서 "너희는 세상의 빛이라"(마 5:14)고 말씀하실 때 "너희"는 누구를 의미하는가?
6. 낮이 지난 다음에 온다.
9. 3.14159
12. "정체성"(identity)의 줄임말
13. "너희는 세상___ 빛이라"(You are the light ___ ___ world, 마 5:14, 두 개의 낱말)
16. "___을 켜라"(Turn on the ___).
17. 무지개 색의 하나
19. ___ 동산(창 2:8)
21. 끝
22. 반짝이는 빛은 물체를 ___한다.
28. 우리는 ___의 빛이 되어야 한다(마 5:14).
32. 죄인이 저지르는 것
33. "___라면 어떻게 될까?"(What ___?)
34. each의 줄임말
35. 조명을 줄이기 위한 장치
37. 권투에서 경기자가 당신을 쓰러뜨리면 이것을 ___라 한다.
38. ___, 언제, 어디서, 무엇을, 왜
40. "침침한"의 반대말
42. 전기 용어, 전류의 단위(줄임말)
43. 파괴하다. 혹은 폐허
47. ___복음
48. 아빠가 아니라 ___
50. 두 번보다 하나 작은 것
51. 당신 창문에 이것이 있다면 빛을 조절할 수 있다.
53. 진실
55. ___의 근원: 태양, 전구, 불 등
57. "나는 빛을 보았다!"(I have ___ the light!)
58. 여호수아 7:2에 언급된 성
59. 해를 보기 위해서 당신은 보통 올려다본다(You generally look up ___ see the sun.)
60. 밤이 되기 직전에 일어난다.
62. 가로 60번 이후 약 12시간만에 일어난다.
64. 누나의 딸은 당신의 ___ 이다.
65. "경찰국"(Police Dept.)의 약자
66. 태양의 고어
67. "아니오"(no)의 반대말

세로

1. 비둘기가 내는 소리
2. 당신의 삶이 일상적이고 지루하다면 당신은 ___에 박혀 있는 것이다.
3. 눈으로 ___ 위해서는 빛이 필요하다.
4. 태양은 밤___ 빛나지 않는다.(The sun doesn't shine ___ night.)
5. 낮 동안에 태양이 하는 일
6. 누군가가 어떤 것을 이해할 때 당신은 이렇게 말한다. "바로 그거야! 정확하게 맞췄어!"(That's it! You've hit it on the ___!)
7. 성경의 여러 번역본에서 마태복음 5:16은 사람들이 우리의 ___ ___을 보도록 우리의 빛을 비추어야 한다고 말씀한다(두 가지 낱말).
8. 커피와 비슷한 음료
9. 성경에 언급된 동물
10. 전구가 당신 머리 위에 나타난다면 이것은 당신이 반짝이는 ___를 가지고 있다는 의미이다.
11. 누가, 무엇을, 어디에서, 언제, ___
14. 폭풍우 속에서 항해사는 ___(light___)을 찾는다.
15. 다니엘이 사자___ 속에 던져졌을 때 그 곳은 아마도 어두웠을 것이다(단 6:16).
16. 옛 노래: "이 작은 나의 빛, 비취게 할거야"(This little light of mine, I'm gonna ___ it shine.)
18. "아무 것도 아니다"(nothing) 혹은 "아무 효과도 없다"(of no effect)는 것을 의미하는 낱말
20. "빛이 세상에 왔으되 사람들이 빛보다 ___을 더 사랑한 것이니라"(요 3:19)
23. "주의 말씀은 내 발에 ___이요"(시 119:105).
24. 당신은 이것으로 당신의 비친 모습을 본다.
25. "우리도 빛 ___ 행하면"(요일 1:7)

26. "보다"(see)의 과거형
27. 세로 44번의 스페인어
29. 당신이 어둠 속에 무언가를 숨기고 싶다면 당신은 ___ 아래 그것을 쓸어 넣을 수 있다.
30. 이것은 탐정이 하는 일이다.
31. 이 두 사람은 원래 에덴 동산에 있었던 사람들이다: ___과 ___.
36. "I am a"의 축약형
39. 세로 14번의 복수
40. 당신이 불에 너무 가까이 가면 당신은 ___을 입을 것이다.
41. "다른 말로"를 뜻하는 축약형으로서, "즉"(that is)의 라틴어
44. 아버지의 형제는 당신의 ___
45. 물이 언 상태
46. 볼 수 없는 사람은 ___이다.
47. 남자 이름
49. "멈추다"(stop)의 반대말
52. 대통령이 어떤 법안에 대해 거부하는 것
53. 이것은 당신에게 화상을 입힐 것이다.
54. 발에 이것이 5개 있다.
55. 예수님은 하나님의 ___이다.
56. 어떤 물건을 "이용한다"는 말
58. "모조리, 전부 다"(___ and all)
61. "아래"(down)의 반대
63. "누구세요?"(Who ___ it?)

일용할 양식

제1일   누가복음 11:33-36. 몸의 어떤 부분이 등불에 비유될 수 있는가? 그것이 밝으면 어떠한가?

제2일   에베소서 5:8-14. 빛의 자녀로서 우리는 어떤 삶을 살아야 하는가?

제3일   빌립보서 2:14-15. 무슨 일을 할 때 우리는 어떤 태도로 해야 하는가? 세상 가운데서 우리는 무엇이 되어야 하는가?

제4일   디모데전서 4:12. 그리스도인들은 어떤 면에서 본이 되어야 하는가? 이번 주에 당신은 어떤 면에서 본을 보일 수 있겠는가?

제5일   베드로전서 2:9. 베드로는 그리스도인들을 무엇이라고 하는가? 그것은 무엇을 하기 위해서인가? 당신은 그러한 삶을 살고 있는가?

제6일   마태복음 5:14. 이번 주에 당신은 어떻게 함으로써 다른 사람에게 빛이 될 수 있겠는가?

화제거리

"이같이 너희 빛을 사람 앞에 비취게 하여 저희로 너희 착한 행실을 보고 하늘에 계신 너희 아버지께 영광을 돌리게 하라"(마 5:16).

제14장 추천할 만한 청소년 교육 과정 381

"빛깔있는 페이지"

주제: 그리스도인의 삶은 하나님의 빛을 반영해야 한다.

성경 공부 개요

요한복음 8:12을 학생들에게 읽어 주라. 그리스도인들은 그들이 삶 가운데 예수님을 모시고 있으며, 그러므로 그분의 빛을 소유하고 있다는 사실을 강조하라. 빛이 성질을 말해 주라(그것이 어둠을 밝혀 주고, 보여 주고, 드러내며, 주의를 불러일으킨다.) 그리고 그것을 그리스도인들이 지닌 영적인 빛에 비유하라.

이제 빌립보서 2:14-15을 읽으라. 다음과 같이 요점을 정리해 주라. 우리는 우리 시대에 드물게 보이는 두 가지 성품─나무랄 데 없고 순수함─을 지녀야 한다. 우리는 모한 왜곡되고 비뚤어진 세상에서 중심을 잡아야 한다. 다시 말하면, 우리는 곧건히 비뚤어야 한다. 죽은 성경이 결코 쉽지 않다. 우리는 "우주의 별"처럼 빛나야 한다. 매중이란 결코 쉽지 않다. 좋아하는 친구에게 "안 돼, 나는 그리스도인이기 때문에 그렇게 할 수 없어"라고 말하기가 쉽지 않다. 나는 그리스도인이기 때문에 이렇게 되고, 그리스도인이기 때문에 이렇게 살고 싶어"라고 말하도록 부름받은 삶이다. 우리는 달라야 한다. 우리는 빛나야 한다. 그리스도인의 빛이 우리를 통하여 비춰야 한다.(이게 실물 학습으로 넘어가라.)

실물 학습: 죄 가방

필요한 자료: 전구가 바로 보이도록 갓을 벗긴 탁상 램프, 필요하다면 확장 코드, 점심이 든 종이 가방 몇 개, 꼬리표

주: 이 실물 학습은 어두운 방에서 하는 것이 가장 좋다. 모두가 볼 수 있게 을라그를 꽂아서 램프를 켜라. 램프가 비추는 빛의 성질에 대해서 다시 한번 이야기하라. 어떻게 어둠을 밝혀 주며, 우리가 볼 수 있도록 어떻게 도와주는지 등등. 이제 가방 하나를 집어 들라. 그리고 이렇게 말하라: "이 가방은 죄를 나타낸다." "나쁜 말과 같은 일반적인 죄의 꼬리표를 그 가방에 달라. "내가 이 죄 가방을 빛 위에 놓으면 무슨 일이 일어나는지 보라. 그것은 빛을 침침하게 하고 보는 것을 더욱 어렵게 만든다. 친구 위에 그 가방을 놓으라. 또 하나의 가방을 가져다가 또 다른 일반적인 죄의 꼬리표를 달라(학생들에게 열거해 보라고 하라.) 그것을 첫 번째 가방 위에 덮으라. 두 번째 가방으로 첫 번째 가방을 덮으면 오직 한 점의 차단빛까지 어디 번 반 하라. 죄의 성질과 그것이 어떻게 그리스도인의 삶에서 효력과 목적을 차단해 버리는지에 대해 그리스도인의 가방을 하나씩 벗기면서 죄 고백과 용서에 관해서 말하라.

하나님의 빛을 비추는 사람은 어떻게 다른 사람의 삶에 적극적이고 중요한 영향을 끼칠 수 있는지 말함으로써 메시지를 마무리하라.

토의 문제

1. "흠 없고 순수하다"는 말의 의미는 무엇인가? 우리는 어떻게 그렇게 될 수 있는가?
2. 어떤 면에서 우리 세대가 왜곡되고 비뚤어졌는가?
3. 그리스도인인 친구들이나 가족에게 하나님의 빛을 비출 수 있는 몇 가지 실제적인 방법들을 열거하라.
4. 우리가 빛을 받하거나 흠 없고 순수하게 살기가 어려울 때 우리는 서로를 어떻게 도울 수 있는가?

예시 14.9

현장 학습

낚시터

때로 재미와 교훈을 잘 결합해서 가르친다면 성경을 결코 잊지 않도록 가르칠 수 있다. 한 가지 방법으로 "사람을 낚는 어부"에 관한 교과를 낚시 여행과 연결시키는 것이다.

물론 미끼와 낚싯대, 씻을 그릇, 휴대용 가스 레인지(잡은 고기를 요리해서 먹을 계획이라면)를 가져가야 할 것이다. 아이들은 식사를 위해 물고기를 잡는 것과 다른 사람을 주께로 인도하는 것을 비교해 봄으로써 많은 것을 배울 수 있을 것이다.

요점: 하나님은 우리가 적극적으로 다른 사람들을 그리스도께로 인도하기를 원하신다.
나누고 토의할 성경 말씀: 마가복음 1:14-20

도입

낚시터에서 당신이 잡을 고기는 어떤 종류이며 그들이 어떤 미끼를 좋아하는지에 대해 이야기하라. 아이들에게 미끼를 낚싯바늘에 어떻게 걸며, 물고기가 놀라서 도망가지 않도록 낚싯대를 어떻게 던지는지를 보여 주라.

말씀 연구

학생들에게 미리 복사해 둔 성경 말씀을 나누어 주라. 물고기가 미끼를 물기를 기다리면서 16-18절을 암송하라고 하라.

일상 생활의 적용

짧은 낚시 여행을 마무리하면서 학생들에게 다음과 같이 질문하라.
1. 우리가 "사람을 낚는 어부"라면 어떤 종류의 미끼가 그리스도를 알지 못하는 사람들을 유인할 것이라고 생각하는가?
2. 안드레와 시몬 베드로가 그리스도를 따르기 위해서 그물을 버려둔 것의 의미는 무엇인가?
3. "사람을 낚는 어부"가 될 결심을 할 때 우리가 버려야 할 옛 삶의 모습은 무엇인가?
4. 당신의 학교와 같은 곳에서 그리스도의 증인이 되는 가장 효과적이고 중요한 방법은 무엇이라고 말하겠는가?

덧붙이는 말

학생들에게 그리스도인이 아니라고 알고 있는 한 친구를 생각해 보게 하라. 이번 주에 그 학생이 더욱 흥미를 가지고 그리스도께로 나아오게 할 수 있는 행동이 무엇인지 학생들에게 생각해 보게 하라. 그들이 생각한 사람들을 위하여 조용하게 기도하게 함으로써 마무리하라.

예시 14.10

현장 학습

양로원

이 교과는 당신의 지역에 있는 노약자들, 양로원이나 병후 요양소에 있는 사람들을 위한 봉사 계획과 연결시킬 수 있다. 대부분의 아이들은 자신의 할머니와 할아버지를 제외하고는 노년층 사람들과 교류할 기회가 좀처럼 없다. 아이들을 노인과 접촉하게 함으로써(특히 여전히 활기에 넘치는 사람들과) 존경심, 동정심, 이해심, 위엄 등의 가치있는 교훈을 가르칠 수 있다. 성경은 노인들에게 배울 수 있는 풍부한 지혜와 경험이 있다고 분명히 가르친다.

주: 만일 당신의 그룹이 병들었거나, 장애가 있거나 쇠약한 사람들을 방문해야 한다면 건강한 노인과 동행하는 것이 좋을 것이다. 아이들이 노년은 자동적으로 무능력하게 된다고 생각하지 않도록 하기 위해서이다.

요점: 노인들은 위대한 진가와 가치와 지혜를 가지고 있다.
나누고 토의할 성경 말씀: 욥 12:12, 잠 16:31, 시 92:12-15

도입

다음과 같이 질문하라.
1. 당신은 몇 살까지 살고 싶은가?
2. 당신이 80세가 될 때까지 여전히 할 수 있으며 지금도 하고 있는 일은 무엇인가?
3. 노인들에 대해 가장 흥미롭다고 생각하는 점은 무엇인가?

말씀 연구

학생들에게 말씀을 읽고, 경건한 삶을 살기 위해서 갖추어야 할 태도를 함께 기록해 보도록 하라.
질문하라: 성경이 제시하고 있는 노인들에 대한 대접은 어떠한 것이라고 생각하는가?

일상 생활의 적용

노인들을 존경하고 그들에게서 배우려는 의지를 나타내기 위하여 "십계명"을 학생들과 함께 만들라. 그 "십계명"을 교실 벽에 걸어 두라.

덧붙이는 말

학생들에게 연필, 종이, 봉투, 우표를 나누어 주라. 그들 각자가 알고 있는 노인에게 여러 가지 문제에 관한 통찰력과 조언을 구하는 편지를 쓰게 하라(종이를 나누어 주기 전에 어떤 문제에 관해서 학생들과 자유롭게 의견을 나누기를 원할 것이다).

결론

수련회에 다녀온 십대의 다음 증언을 살펴보라.[31] 그리스도인의 성숙에 관한 네 가지 주제를 찾아보라.

나의 가장 큰 두려움은 군중 속에서 혼자 있는 것이었다. 나는 항상 낯선 사람들이 주위에 있으면 수줍었고, 가장 두려운 것은 나의 낮은 자존감이 드러나는 것이었다. 그때 여름 수련회가 다가왔다…첫날 저녁, 나는 잘 알지 못했던 청소년 목회자와 이야기를 나누었다. 나는 이 낯선 사람과 이야기를 하면서 느끼는 편안함에 놀랐다. 이것은 "새로운 나"—더욱 강하고 자신있는 나—가 출현한 것이다. 그 주간 동안, 나는 다른 교회에서 온 다섯 명의 참가자들과 함께 활동했다. 우리가 맡은 일은 소니와 캐롤의 집 뒤에다 잿더미 벽을 쌓아올리는 것이었다. 우리 그룹은 이렇게 낯선 사람들과 만나는

표 14.7
임무에 대한 청소년 커리큘럼

조건 학습군	암시 학습	1. 요절을 사용한 십자말 퍼즐 2. 매일의 경건 생활을 위한 도전
	결과 학습	1. 눈가리기 게임 2. 성경 탐구
사회 학습군	조직화된 모방	1. 성경 읽기와 연구 2. 사례 연구
	삶을 통한 모방	1. 눈 가리기 게임, 특히 관중들의 실제 삶에 대한 "충고"
정보처리 학습군	동일시 학습	1. 빛과 어둠의 주제-학습 개요, 실제적인 비유 2. 실물 학습 "죄 가방" 또한 이 주제를 전개 한다.
	탐구 학습	1. 수수께끼 풀기 2. 토의 질문 3. 사례 연구의 결론

일에 대해 염려했었다. 그러나 곧 동역하는 즐거움이 우리 안에 자라났다…수련회를 통해서 나는 내가 소유한 것으로 생각하지 않았던 강함이 내 안에 있음을 발견했다. 나는 독립적으로 일하는 것을 배웠다. 내게 항상 부족했던 자신감을 찾았다. 이제 나는 대학에 가서 새로운 사람들과 새로운 경험에 접하는 도전을 할 준비가 되었다. 수련회는 내가 가장 큰 두려움을 극복하고 자신있게 살 수 있다는 확신을 주었다.

생각하기

1. 이 사례 연구에서 당신이 발견한 주제는 무엇인가?

2. 각 주제가 '서로 다른 사람으로부터 받는 영향'으로 통일성이 있는 것에 주목하라. 당신이 청소년 지도자들에게 "주제의 통일성"에 관하여 조언을 한마디 하라고 요청 받는다면 무슨 말을 하겠는가?

청소년기는 특별히 감수성이 예민한 시기이다. 어떤 이들은 이를 어린 시절의 재연이라고 말한다.[32] 다른 이들은 이 시기의 강력한 기억 축적의 잠재력에 대해 말한다.[33] 결과적으로, 우리 청소년 지도자들은 그들이 성숙하도록 돕기 위해 적절한 사역을 고안해야 한다. 또한 네 가지 주제를 발전시키도록 보조 교육 자료도 준비해야 한다. 우리는 십대들이 '무관심'의 태도를 버리고 그들 자신을 넘어서도록 도와 주어야 한다. 청소년들이 그들의 잠재력을 발견하고 그 잠재력을 이용할 기회를 가질 때, 하나님에 관한 그들의 관점과 기독교 신앙, 그리고 자기 자신이 개혁될 수 있다.[34]

캠프와 선교 활동은 주로 생산적인 청소년 프로그램의 효과적인 훈련 요소들로 이루어진다.[35] 번스(1988, p. 92)는 다음과 같이 십대들의 캠프와 수련회의 경험적인 결과를 증언한다.

최근에 한 식당에서 27세 정도 된 남자가 내게로 와서 말했다: "1977년(10년 전)에 우리는 일 주일간 배로 여행을 함께 갔었죠. 그 때가 내 생애에서 가장 멋진 주간이었어요. 난 그 의미있었던 주간에 대해 생각하지 않고 지나가는 날이 별로 없어요. 최근까지도 나는 하나님을 떠나서 방황했지만 배 안에서 우리 교회 그룹과 함께 했던 그 한 주간의 추억이 나를 하나님께로 돌아오게 했습니다." 정직하게 말하면, 나는 그 여행에 대해서 거의 잊어버렸고 그 남자가 누구인지도 알아보지 못했다. 그러나 그 한 주간의 여행이 그에게는 한 평생의 추억이 되었던 것이다.

번스는 의미있는 수련회의 가장 좋은 결과는 전통을 세우는 것이라고 생각한다. 청소년들은 연례적인 주말 스키나 봉사 활동을 기다린다. 긍정적인 추억은 앞으로의 경험에 대해 그들을 준비시키고, 어려울 때 그들의 믿음을 붙들어 준다. 경험 있는 청소년 지도자는 이렇게 충고한다: "건전한 일생의 추억과 전통을 만들어 주는 힘을 결코 간과하지 말라."

폴 보스윅(Paul Borthwick)은 이러한 캠프와 선교 활동을 적극적으로 권한다. 그의 결론(1988, p. 169)은 청소년들과 함께 하는 사역의 틀을 놓는다. 십대 후반기에 있는 청소년이 대학에 들어가면 그는 이렇게 말할 것이다: "대부분의 우리 학생들은 고등학교 생활의 가장 중요하고 기억할 만한 추억은 '청소년 선교 활동'이라고 기억한다."

그러한 활동은 우리가 하나님(영적 교제)을 의지하고, 또한 다른 사람들(공동체)을 더욱 의지하게 한다. 이를 통해 자신(인격)에 대해 도전하며, 이웃에게 도움의 손길을 뻗치는 법(사명)을 확실하게 배운다. 성경 말씀에 성실하게 순종하기 위해서 우리 지도자들은 담대하게 전통적인 청소년 사역 방식에 대해 평가해 보아야 한다. 우리는 끊임없이 다음과 같은 질문을 해야 한다: "우리 십대들이 건전하게 성장하도록 돕기 위해서 무엇이 필요한가?"

제15장
아동 교육: 교실 상황

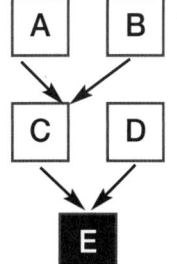

아동에 대한 성경의 견해
조건 학습에 초점을 맞추라
아동 프로그램을 위한 지침
저학년 아동 교육
고학년 아동 교육
추천할 만한 교육 과정
성경 역본 선택하기
결론

아동에 대한 성경의 견해

아동은 하나님에 관하여 배워야 한다. 그렇다면 우리 교사들은 아동에 관하여 무엇을 배워야 하는가? 아이들이란 얼마나 특별하고 유별난 존재인지 모른다. 아이들과 그들의 세계에 관해 이해해야 할 바는 무엇인가?

바울의 유년 시절에서 얻는 통찰

바울은 고린도전서 13:11에서 그의 유년 시절에 관해 놀랄 만한 성찰을 제공한다. 이 유명한 구절을 마치 난생 처음 보는 듯 한참 들여다보라. 그리고 바울이 무슨 말을 하고 무슨 말을 하지 않는지 깊이 생각해 보라. "내가 어렸을 때에는 말하는 것이 어린아이와 같고 깨닫는 것이 어린아이와 같고 생각하는 것이 어린아이와 같다가 장성한 사람이 되어서는 어린아이의 일을 버렸노라."

생각하기

1. 이 구절이 아동기에 관하여 말하고자 하는 요점은 무엇이라고 생각하는가?

2. 바울이 아동기에 관해 말하지 않는 부분은 무엇인가?

3. 바울이 아동기에 관해 단정적으로 말하는 바는 무엇인가?

4. 이 구절을 당신 나름대로 풀어 써 보라.

첫째, 바울은 아동이 다른 모든 사람들과 똑같이 지닌 유사성에 관해 말한다. 이를테면 아동은 말하고 생각한다. 5장과 6장에서 다룬 인간 발달의 모델을 기억하는가? 어른들과 마찬가지로 아동도 삶의 구조적인 측면(신체적, 인지적, 그리고 인격적 발달)과 기능적인 측면(신앙적, 도덕적, 사회적, 그리고 소명적 발달)을 지니고 있다.

둘째, 바울은 유년기의 상이성을 열거한다. 어린아이는 다른 연령 집단과 다르다. 그는 세 번이나 "어렸을 때"라고 말한다. 차별성을 부각하기 위해서이다. 예를 들어, 그는 어린아이의 말과 사고 유형에 변별적인 요소가 있다고 주장한다.

셋째, 바울은 유년기를 청소년기 혹은 장년기와 비교해서 부정적으로 대조하고 있지 않다. 사실 어떤 범주에서 볼 때 유년기는 인생의 다른 시기와 결코 비교될 수 없다. 유년기는 유년기 나름대로 가치가 있다. 아동은 불완전한 또는 축소판 어른이 아니고, 덜 자란 청년도 아니다. 바울의 고백에서 표현되지 않은 부분을 생각해 보라. 사실 그 구절에 나오는 두 개의 진술 사이에 이런 괄호문을 넣어도 무방하다. "어렸을 때에는 그렇게 행동하는 것이 마땅했다." 이런 부연 설명을 삽입하면 바울의 개인적인 고백의 진정한 의미가 살아날 것이다. 즉 '어린아이답다' 는 것 자체가 죄책감을 불러일으켜서는 안 된다는 것이다.

마지막으로, 고린도전서 13:11은 '어린아이답다'(순진무구함)는 것과 '어린애 같다'(유치함)는 것을 구별해서 사용하고 있다. 바울은 여기서 전자를 의미하고 있다. 즉 '어린아이답다' 는 말은 어린 시절에는 합당하고 용인받을 만하다는 것이다. 그러나 후자는 판단을 받을 수 있는 말이다. 어른이 아이 때의 행동을 벗어 버리지 못할 때 그의 행동을 가리켜 '어린애 같다' 고 힐책한다(고전 3:1-3 참조).[1]

어떤 사람들은 어린아이들이란 사역에 있어서 거치적거리는 존재라고 생각한다. 그들은 아이들이 말썽을 피워도 참아야 한다고 말한다. 아마 그들은 이런 연유에서 그렇게 생각하는 듯하다.

"아이들은 온전한 교회 생활을 못해. 받기만 하고 주지는 않지."
"아이들은 사역에서 중요한 기능을 담당할 수 없어. 교사가 될 수도 없고, 주방에서 일을 하거나 자동차를 운전할 수도 없지. 사역을 위해 헌금할 처지도 아니고."
"아이들은 사역에 거치적거리는 방해물이지. 울기나 하고 어리석은 짓이나 저지르지. 배우고 성장하려는 사람들의 주의를 빼앗기나 하지. 아이들을 멀리 뚝 떼어 놓고 조용히 시킬 수 있으면, 모든 사람들의 마음이 한결 가벼울거야."
"어른들(혹은 청년들)을 상대로 좀더 중요한 사역을 펼쳐야지."[2]

생각하기

아동에 대해 다음의 질문들을 숙고해 보자.

1. 왜 하나님께서는 모든 인생을 성인이 아니라 아기로 출발하게 하셨을까?

2. 왜 성인이 되기에 앞서 성장기가 있는가? 왜 하나님께서는 사람에게 마치 동물들처럼 짧은 성장기를 갖도록 하지 않으셨을까?

3. 왜 예수님은 이 땅에 오실 때 아기로 오셨을까? 왜 예수님은 성인으로 오셔서 곧바로 사람들을 구원하지 않으셨을까?

성경에서 은유적으로 사용된 아동기

그렇다면 계시된 하나님의 진리에서 아동에 관해 무엇을 배울 수 있는가? 성경은 우리에게 아이 때부터 관찰하고 배우라고 권한다. 신약성경은 영적 실물 교육을 할 때 자주 어린아이를 비유로 든다. 좋은 면과 나쁜 면, 양쪽 모두의 예가 나온다. 표 15.1에서 아동기에 관한 대표적인 구절들을 묵상해 보자. 각각의 예를 살펴봄으로써 우리의 어린 시절에 관해 더 잘 이해하게 될 것이다. 우리의 영적인 유익을 위해서라도, 우리는 아동에 대한 올바른 이해가 필요하다.

표 15.1
신약에서 아동이 은유적으로 사용된 예

"속으로 아브라함이 우리 조상이라고 생각지 말라. 내가 너희에게 이르노니 하나님이 능히 이 돌들로도 아브라함의 자손이 되게 하시리라"(마 3:9; 참조. 눅 3:8; 요 8:39).

"그 여자는 헬라인이요 수로보니게 족속이라. 자기 딸에게서 귀신 쫓아 주시기를 간구하거늘 예수께서 이르시되 자녀로 먼저 배불리 먹게 할지니 자녀의 떡을 취하여 개들에게 던짐이 마땅치 아니하니라"(막 7:26-27).

> "제자들이 그 말씀에 놀라는지라. 예수께서 다시 대답하여 가라사대 얘들아, 하나님의 나라에 들어가기가 어떻게 어려운지"(마 10:24; 참조. 요 13:33).
>
> "또 가라사대 이 세대의 사람을 무엇으로 비유할꼬 무엇과 같은고. 비유컨대 아이들이 장터에 앉아 서로 불러 가로되 우리가 너희를 향하여 피리를 불어도 너희가 춤추지 않고 우리가 애곡을 하여도 너희가 울지 아니하였다 함과 같도다"(눅 7:31-32).
>
> "영접하는 자 곧 그 이름을 믿는 자들에게는 하나님의 자녀가 되는 권세를 주셨으니…오직 하나님께로서 난 자들이니라"(요 1:12-13; 참조. 롬 8:16; 9:8).
>
> "이와 같이 우리도 어렸을 때에 이 세상 초등 학문 아래 있어서 종 노릇하였더니"(갈 4:3).
>
> "이는 우리가 이제부터 어린아이가 되지 아니하여 사람의 궤술과 간사한 유혹에 빠져 모든 교훈의 풍조에 밀려 요동치 않게 하려 함이라"(엡 4:14).
>
> "너희가 전에는 어두움이더니 이제는 주 안에서 빛이라. 빛의 자녀들처럼 행하라"(엡 5:8; 참조. 빌 2:15).
>
> "너희가 순종하는 자식처럼 이전 알지 못할 때에 좇던 너희 사욕을 본 삼지 말고"(벧전 1:14).
>
> "사라가 아브라함을 주라 칭하여 복종한 것같이 너희가 선을 행하고 아무 두려운 일에도 놀라지 아니함으로 그의 딸이 되었느니라"(벧전 3:6).
>
> "이러므로 하나님의 자녀들과 마귀의 자녀들이 나타나나니 무릇 의를 행치 아니하는 자나 또는 그 형제를 사랑치 아니하는 자는 하나님께 속하지 아니하니라"(요일 3:10).

이 은유적인 언급들을 하나로 묶어 볼 때, 성경은 성장 유형에 관해 구체적인 통찰을 제공한다. 이런 질문들을 숙고해 보자. 새신자들의 욕구는 무엇인가? 이러한 특별한 욕구들을 어떻게 충족시킬 수 있는가? 요한일서 2:12-14에서 요한은 "자녀", "청년", "아비들"이라는 가족에 관한 은유를 사용해서 유용한 양육 모델을 언급한다. 바울은 일반적 은유인 "단단한 음식"과 "젖"을 대조시키고 있다(고전 3:1-2). 이러한 대조를 통해서 성숙으로 향하는 성장의 각 단계를 묘사해 준다. 이와 같이 인간 관계와 신체적 성장의 특성은 영적 성장과 병행을 이룬다.

뿐만 아니라 그리스도께서 어린아이들을 향해 하신 말씀을 깊이 음미해 볼 필요가 있다. 그분은 여러 차례에 걸쳐 그들을 높이셨다. "예수께서 보시고 분히 여겨 이르시되 어린아이들의 내게 오는 것을 용납하고 금하지 말라. 하나님의 나라가 이런 자의 것이니라. 내가 진실로 너희에게 이르노니 누구든지 하나님의 나라를 어린아이와 같이 받들지 않는 자는 결단코 들어가지 못하리라 하시고 그 어린아이들을 안고 저희 위에 안수하시고 축복하시니라"(막 10:14-16).³ 우리는 다양한 상황 가운데서 아이들을 축복하는가, 아니면 그들에게 악담을 퍼붓는가? 현대 사회에서 그리스도께서 보여주신 모범이 어떻게 준수되고 혹은 무시되고 있는가? 예를 들어 최근 통계에 따르면, 미국 기독교인의 2/3가 18세 이전에 예수 그리스도에 관한 구원 얻는 지식을 알게 되었다고 한다(Barna, 1990, p. 119). 이 점만으로도 우리가 아동의 욕구를 진지하게 주목해야 할 필요가 있다. 아동 사역이 교회 교육에서 하찮은 자리로 밀려나서는 안 된다. 그리스도의 이름으로 "어린아이를 영접하는" 자는 누구든지 그리스도를 영접하는 것이다(마 18:5).

조건 학습에 초점을 맞추라

아동은 준비 없는 상태에서 삶 속에 던져진다. 다른 사람들이 그들을 위해 선택을 해 주는 것이다. 아동은 스스로를 돌볼 수 없기에 끊임없이 돌봄을 받아야 한다. 아동은 무기력하지만, 하나님께서 주신 천성적인 학습 능력을 가지고 있다. 이런 유년기에 우리 지도자들은 다양한 방법으로 아동의 성장을 지도한다. 예를 들어, 성인 지도자로서 우리는 아동들의 역할 모델이 된다(사회 학습군). 한 걸음 더 나아가서, 우리는 아동의 인지 능력을 자극한다(정보처리 학습군). 그러나 우리의 일차적인 책임은 그리스도를 닮는 태도와 습관을 형성해 주는 것이다. 이런 양육 전략이 조건 학습 이론의 핵심이다.

당신은 독자로서 조건 학습 이론을 아동에게 적용하는 것을 못마땅하게 생각할 수도 있을 것이다. 그러나 당신의 그러한 반응은 행동주의에 대한 편견에서 기인했을 수도 있다. 조건 학습 이론은 단순한 보상과 처벌 체계보다 훨씬 더 많은 영향을 우리의 사고와 태도에, 그리고 가치 기준과 기술에 끼친다. 이런 학습은 소위 "사회화"(socialization)를 통해서도 이루어진다. 구약 성경에 요약된 자녀 교육의 유형은 이러한 비형식적인 교육 양상을 보여준다. 당시 유대인 가정에서는 어린아이의 모든 생활 경험—일반적인 것이든 특수한 것이든, 우발적인 것이든 일상적인 것이든—이 학습 기회가 되었다(신 6:5-9). 아동은 가정과 문화 생활의 다양한 활동들을 경험했다(예를 들어, 안식일, 유월절 그리고 기타 연중 축제들). 어린이들은 먼저 이런 관습을 배우고 익혔다. 그리고 훗날 그 의미를 알게 된다(출 12:24-27). 어린이의 언어나 사고를 충분히 고려하지 않은 채 그들의 생활 양식이나 태도를 의도적으로 형성해 준다. 이와 같은 인격 형성기를 통해서 아이들은 경건한 생활 양식과 가치관을 형성할 수 있게 된다.⁴

조건 학습 방법 중 하나인 결과 학습(예를 들어 아동의 합당한 행동에 대해 "착한 아이로구나" 하고 응대해 주는 일 따위)과 암시 학습(예를 들어 잠자리에 들기 전 기도와 찬송을 부르는 일 등)을 통해서, 자녀들이 기독교적인 가치관을 습득하도록 자극을 줄 수 있다. 아동에게 있어서 자아상은 단지 주변 환경의 반작용의 결과이다. 주변 사람들이 아동에게 반응하는 양상에 따라 아동 자신의 초기 자아상이 형성된다. 우리는 보호자로서 아동들의 이러한 자아상 형성을 조심스럽게 도와야 한다. 우리는 어린이들과 의사 소통을 할 때 명시적이든 묵시적이든 주의 깊게 대해야 한다. 그렇게 할 때 우리의 어린이들에게서 하나님을 기쁘시게 하는 자아상이 싹틀 수 있기 때문이다.[5]

일부 기독교 교육가들과 지도자들은, 아동 사역의 궁극적인 목표는 어린이들이 전적으로 자율성을 갖도록 부추기는 것이라고 그릇 단정한다. 이런 그릇된 생각은 부분적으로 서구의 낡은 개인주의의 이상에서 기인했다. 즉, 그들의 "외로운 방랑자" 의식 구조에서 나온 것이다. 성경적인 성숙은 좀더 건강한 대안을 추구한다. 우리는 '의존성'을 우리의 목표로서 추구하지 않는다. 의존은 개인의 선택과 책임을 박탈한다. 그렇지만 우리는 '독립성'을 갈망하지도 않는다. 독립은 타인을 향한 의무와 책임을 상실시킨다. 다른 사람들과 균형 잡힌 모습으로 살아가기 위해서는 상호 의존성이 필요하다.

요한 마가를 기억하는가(행 13:13)? 그가 그의 일행을 떠나는 모습은 그의 어린 수준을 보여준다. 그는 독자적으로 행동했다. 모든 인간적인 의무를 훌훌 털어 버렸던 것이다. 그러나 그의 독자적인 행동 때문에 재정은 고갈되고 사역은 지지부진하게 되었다. 바나바가 인내하며 가르치지 않았다면, 요한 마가는 비생산적인 태도에서 돌이킬 수 없었을 것이다. 그의 장래 사역은 위기에 빠졌을 것이다. 그러나 하나님의 섭리로 결국에는 그도 성숙한 사람이 된다. 바울이 마침내 요한 마가의 봉사를 원했던 사실을 기억하는가? 이것은 바나바를 통해서 하나님의 일이 어떻게 이루어졌는가를 보여주며, 또한 우리의 상호 의존적인 목표를 간명하게 보여주는 예이기도 하다. "누가만 나와 함께 있느니라. 네가 올 때에 마가를 데리고 오라. 저가 나의 일에 유익하니라"(딤후 4:11).

그림 15.1은 이처럼 중요한 성장 과정을 한눈에 이해할 수 있게 해준다. 초기에 모든 아동의 능력이란 그저 잠재력에 불과하다. 출생시부터 가지고 태어난 능력은 잠재되어 있을 뿐, 아직 가용(可用) 상태는 아니다. 우리 부모들과 지도자들은 성장의 징후가 나타남에 따라 "아이들 떠나 보내기"를 한다. 우리는 아이들이 상호 의존적 역할을 하도록 등을 떠밀어 준다. 아이들이 마침내 우리와 함께 노력하는 단계에 이르도록 그들을 위해 기도해 준다.

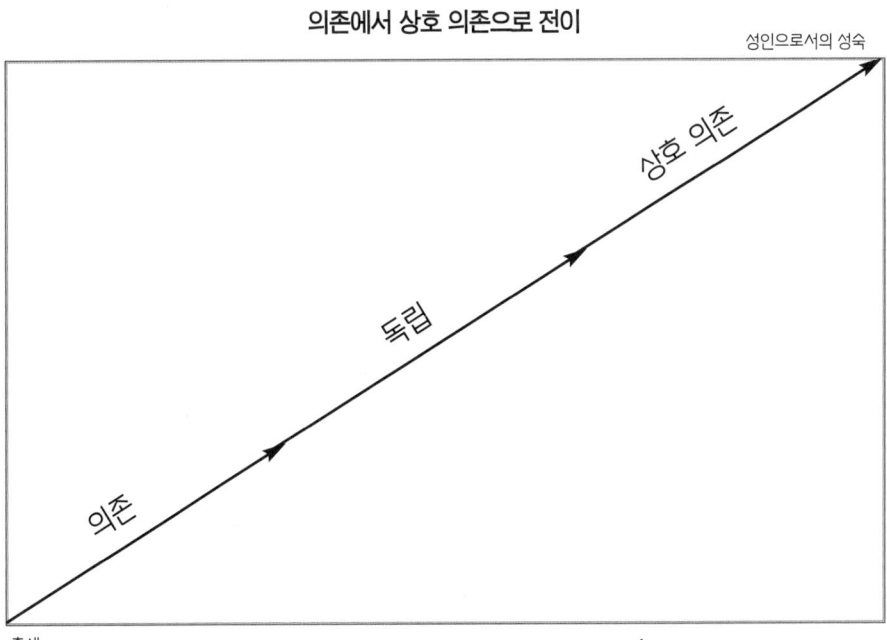

그림 15.1
의존에서 상호 의존으로 전이

　우리는 아동들의 성장에 있어서 크게 두 가지 측면에서 촉진제의 역할을 해 주어야 한다. 즉 그들에게 '안전' 하면서도 '도전적인' 환경을 만들어 주어야 한다는 것이다. 대부분의 기독교 지도자들은 전자의 가치는 인식하고 있으므로, 신체적이고 영적인 안전을 강조한다. 그러나 우리가 너무 의존적인 환경을 조장할 때 문제가 일어난다. 우리는 의식적으로, 혹은 무의식적으로 이런 실수를 저지를 수 있다. 그 결과는 뻔하다. 성장이 억제된다. 교회와 가정 밖에서 도사리고 있는 부정적인 영향 때문에, 우리는 아이들을 과잉 보호하고 세상의 영향으로부터 지나치게 민감하게 차단하려 할 수 있다. 역설적인 일이지만 이런 과보호는 아동의 성장을 방해한다. 건강하지 못한 의존심이나 극단적이고 반역적인 독립심이 길러진다(그림 15.2를 보라).

　안전을 증진하는 일에 못지 않게 중요하지만 때로 이것과 정반대처럼 보이는 일은, 우리가 한편으로 아동의 성장을 자극시켜야 한다는 점이다. "고통이 없으면 소득도 없다"는 말이 이 원리를 한마디로 설명해 준다. 이를 위해서는 우리에게나 아동에게나 모험이 뒤따른다. 전체적으로 볼 때, 이 모험은 일정한 테두리 안에서 아동이 다양한 경험을 하고 스스로 선택하는 양상으로 요약될 수 있다. 이런 도전적인 전략에 익숙해지기만 하면—어떤 전략을 따른 결과 실패할 수도

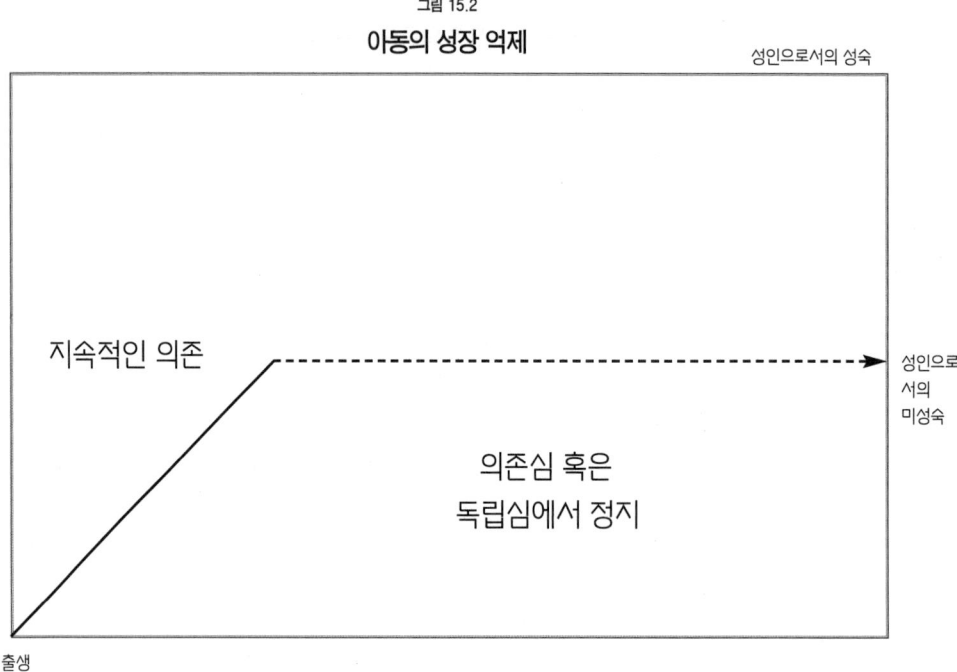

그림 15.2
아동의 성장 억제

있지만—성장이 촉진되는 경우가 많다. 어른들의 감독 아래 안전망 위로 떨어지는 "의도된 실패"를 해 보는 것이 상호 의존성을 높여 주는 현실적인 원리가 될 수 있다.

아동 프로그램을 위한 지침

교실 상황에 대한 자세한 논의를 하기에 앞서 주의해야 할 일반적인 사항들이 있다. 아동 프로그램에 운영하는 데 있어서 따라야 할 일반적인 지침이 네 가지 있다.

첫째, 어떤 식으로든 부모를 참여시켜야 한다. 어떤 프로그램은 부모를 배제한다. 어떤 프로그램은 부모의 참여를 선택 사항으로 남겨 놓는다. 그러나 다른 프로그램은 부모의 참여를 조건으로 단다. 교회가 부모들을 교육하고 구비시키는 사명에 대해 진지하게 생각한다면, 교회-가정 연결망을 의도적으로 구축할 수 있다. 그런데 유감스럽게도 어떤 아동 프로그램들은 아동을 경건하게 키워야 할 부모의 책임을 대신하려는 듯 덤빈다. 부모들의 필요와 능력과 여건을 고려해서 참여도를 결정해야 한다.

둘째, 문제성이 있는 아동들에게 주의를 기울이라. 대부분의 교회에는 다양한 배경을 가진 아동들이 있다. 건강하고 영적으로 활력 있는 가정에서부터 불신, 문제 가정에 이르기까지 다양하다. 모든 아동을 같은 교육 과정 내용으로 가르친다면, 불신 가정이나 문제 가정의 아동들은 상당히 불리하게 된다.

셋째, 연령에 알맞는 학습 활동을 해야 한다. 우리는 5, 6장에서 아동들이 성장하면서 어떻게 변하는지 살펴보았다. 예를 들어, 사고 능력의 차이는 단순히 양의 문제가 아니다. 아동은 충분하지 못한 정보량에 의해 제한을 받지 않는다. 오히려 성인에 비해 질적으로 다르게 사고한다. 아동의 인지 구조는 다른 논리 유형에 의해 제한을 받는다. 아동은 구체적인 경험이 있을 때에만 정신적인 준거를 만들어 낼 수 있다. 한 신학원생이 어린 시절 기도에 대해 어떻게 이해했었는지 살펴보기로 하자.

> 아주 어렸을 때 나는 하나님께서 기도에 응답하신다고 들었다. 어린 마음에 이 말은 "내가 하나님께 무엇을 달라고 하면 그것을 주신다"는 뜻으로 들렸다. 내가 무엇을 갖고자 하면 하나님께서 주실 것이다. 곧 나는 전에 가져 본 적이 없는 물건들을 하나님께 구하기 시작했다. 이 일은 왠지 내 마음에 찜찜함을 남겼: '하나님은 내가 구하는 것을 주신다는데, 나는 그분이 주시지 않는 것을 달라고 기도하고 있다니.' 이에 대해 나는 문제를 회피하는 방식으로 반응할 수 있었다. 즉, 응답되지 않은 기도가 있다는 사실을 무시하거나 부인해 버리는 것이다. 내가 보일 수 있었던 또 다른 반응은 '동화'(同化)였다. 새로운 현실을 이미 존재하는 틀에 끼워 넣는 것이었다. 그러니까 "그래, 그건 내가 정말 원했던 것이 아니야" 하고 말하는 것이다. 세 번째로는 가장 건설적인 방법인 '수용'이라는 해결책이었다. 사실을 직시하고, 내 생각을 좀더 현실적으로 수정하는 것이었다. 내 경우에는 이 방법으로 기도에 대해, 그리고 기도에 응답하시는 하나님에 대해 더 깊은 이해를 얻을 수 있었다.[6]

사역자들은, 아동을 효과적으로 가르치기 위해서, 무엇이 적합한가에 대한 뛰어난 감각이 있어야 한다. 사역자들은 아동을 이해할 뿐 아니라, 교실에서 어떤 기법이 성공적으로 쓰일 수 있는가를 알아야 한다. 옷을 비유로 들자면, 아동의 특성과 교실 활동에 적합한 것이어야 하는데, 너무 꽉 끼는 옷이나 자루 같은 옷도 안 된다.[7]

넷째, 아동 사역자 선임과 훈련을 조심스럽게 감독하라. 아동은 성인들에게서 상당한 영향을 받기 때문에, 아동을 가르치는 사람들에게 소정의 자격이 요구된다. 교회 봉사자들을 통틀어서 아동을 가르치는 교사와 사역자들이 가장 덜 눈에 띄고 가벼운 예우를 받는 것 같다. 그러나 바울은 덜 존중해도 될 것이라고 생각되는 몸의 지체들을 "각별히 존경"해야 한다고 권면한다(고전 12:23).[8] 이 장의 끝 부분에서 교사의 자격에 대해 다시 생각해 보겠다.

저학년 아동 교육[9]

이 연령 집단에 알맞는 지도 원리는 "유도된 놀이"이다. 아동들에게 있어서 "놀이"는 성인들에게 있어 "일"이나 마찬가지다. 이 점에서 실수를 해선 안 된다. 놀이는 진지한 과제다. 하나님께서는 아동이 놀이를 통해 성장하게 하셨다. 따라서 영아반, 유아반, 유치반의 교실 환경은 다양한 자료를 갖춘 "학습 센터"가 되도록 준비해야 한다. 이런 센터들(탁자 혹은 방으로 나누어진 구역)은 학습 주제에 따라 구획을 만들어 구상할 수 있다. 교사들은 학습 내용에 맞추어 여러 학습 센터들을 활용할 수 있다. 이를테면 블럭 쌓기(나무나 두꺼운 카드로 만든), 집 꾸미기, 도서관이나 책꽂이, 음악 코너, 퍼즐 상자, 하나님께서 하신 "놀라운 일 코너"(동물과 곤충의 생태를 보여주는 과학 코너), 그리고 그림 코너 따위가 그것들이다.

교사가 시간에 너무 매여서는 안 된다. 아동의 호기심, 능력, 그리고 관심에 따라 계획한 학습 기회를 충분히 활용하도록 해 주어야 한다. 학습 인도자는 학습 센터마다 참여할 수 있는 아동의 수를 제한할 수 있지만, 결정적으로 고려해야 할 요소는 아동의 본능적인 동기에서 찾아야 한다. 아동에게 하나님과 그분이 지으신 세계에 관하여 가르치기 위해 "의도된 대화"를 주고받으며 놀이를 하라. 이를테면, "여러분은 손을 움직이길 좋아하지요. 하나님께서 우리들의 손을 만드셨어요"라든가, "여러분의 웃는 모습이 예뻐요. 여러분이 웃으면 선생님은 기분이 좋답니다" 등의 말로 놀이에 초점을 맞추도록 이끌어 주라. 신체 접촉이나 눈 맞춤은 말로 전달할 수 없는 것들을 보충해 줄 수 있다. 웨스 헤이스테드(Wes Haystead, 1989, pp. 16-17)는 성경의 진리를 저학년 아동에게 가르칠 수 있는 여섯 가지 방법을 제시한다.

1. 교사와 학생간의 관계에 초점을 맞추라.
2. 직접적인 경험을 하게 하라.

3. 학습 기회를 찾으라.
4. 구체적인 묘사를 통해 대화하라.
5. 활동에 연관된 질문을 던지라.
6. 질문에 대답해 주라.

유아반 프로그램

유아반에서 학습을 위한 교육 목표를 세울 때에도 마찬가지다. 앞서 언급했다시피, 목표는 안전하면서도 자극을 주는 환경을 제공하는 것이다. 안전에는 방과 장난감의 청결, 그리고 도배 상태도 포함된다. 특히 아이들이 서로 놀다가 다치는 일이 없도록 잘 보호해야 한다. 각각의 아이들이 서로 다른 욕구를 가지고 있다는 사실을 기억하라. 이러한 아이들을 성장하도록 돕기 위해서는 다양한 자극의 방법이 필요하다.[10]

생각하기

당신이 난생 처음으로 교회를 방문했다고 해 보자. 또한 당신이 부모가 된 지 얼마 되지 않았다고 가정해 보자. 유아반 문앞에 다가선 당신이, 드디어 아이를 데리고 유아반으로 들어가려고 한다. 당신은 어떤 점을 보고서 아이를 유아반에 맡겨도 되겠다고 안심할 수 있겠는가? 한 가지씩 적어 보라. 또 아이를 맡기기에 염려가 된다고 생각되는 점을 한 가지씩 적어 보라.

(가) 유아반 교구(敎具)
(1) 안심이 되는 점:
(2) 염려가 되는 점:

(나) 유아반 교사들(교사들의 행동, 말씨)
(1) 안심이 되는 점:
(2) 염려가 되는 점:

(다) 유아반의 교육 방침 혹은 절차
(1) 안심이 되는 점:
(2) 염려가 되는 점:

유치부 프로그램

유치부생들을 위한 프로그램을 짤 때에는 교육 활동을 더 염두에 두어야 한다. 놀이를 하면서 의도된 대화를 주고받음으로써 교육 분위기를 한층 더 잘 조성할 수 있다. 연령에 맞는 대화를 나누어야 한다. 단어의 선택도 아동의 경험에 알맞게 이루어져야 한다. 유치부 시절에 많은 성장이 일어남을 생각할 때, 다양한 교육 방법을 동원할 필요가 있다.[11]

고학년 아동 교육

아동기 후기를 맞는 아동들은 더 큰 잠재력을 가지고 있다. 그들은 더 어려운 질문을 던지고, 더 확고한 신념을 갖게 되며, 더욱 도전적이다. 아동이 성장해 감에 따라 우리의 목표 역시 하나님에 관한 지식을 전달하는 정도가 아니라, 진리의 도(道)를 평생 좇는 제자가 되도록 하는 데 맞추어져야 한다. 고학년 아동들에게 효과적으로 사역하기 위해서는 다음의 네 가지 면에서 조화를 이루어 나가야 한다—관계(Relationship), 책임(Responsibility), 인정(Recognition), 그리고 교정(Remediation).

관계

아동들은 그들이 어떤 사람인가와 상관 없이 무조건적으로 받아들여지고 용납되어야 한다. 그럼으로써 그들이 사랑받고 있다는 것을 느끼도록 해야 한다. 친절하고 격려하는 말을 해 줌으로써, 그리고 아동의 생활에 대한 개인적인 관심을 표명함으로써, 교실에서 아이들에 대한 우리의 관심과 사랑이 전달되어야 한다. 그러나 좀더 깊은 차원의 관계를 맺기 위해서는 교실 밖에서의 관계도 중요하다. 주일학교 6학년 교사인 도우그(Doug) 씨는 교실 밖에서 맺는 관계가 시사하는 잠재력에 대해 확신을 갖게 되었다. 그는 믿는 가정의 아이였지만 산만한 편이었던 짐의 수업 태도가 긍정적으로 변해 가는 것을 발견할 수 있었다. 도우그는 토요일에 짐을 다른 주일학교 학생들과 함께 골프장으로 초대해서 골프를 치며 놀아 주었다. 격식 없이 함께 보냈던 이 시간으로 말미암아 짐은 선생님을 믿고 마음을 털어놓을 수 있는 새로운 기회를 맞게 되었다.

책임

우리는 고학년 아동들에게 무엇을 기대하는가? 그 아이들이 할 수 있는 활동을 제공하는가? 어떤 아이들은 옛날 동요곡에다 새로운 가사를 붙이는 일을 좋아한다. 그런가 하면 다른 아이들은 뉴스 리포터의 역할을 하기를 좋아해서 성경 인물에 대해 배우려고 한다. 또 다른 아이들은 포스터나 스티커 만들기를 좋아한다. 아이들에게는 하나님의 말씀을 배울 때 '손으로 만져 보는' 경험이 필요하다. 많은 시간을 이렇게 다양한 활동에 쓸 수 있다.[12] 우리가 끈기를 가지고 그들에게 긍정적인 기대를 걸고 있다는 것을 보여준다면, 아이들은 그들에게 거는 기대를 열심히 이루어 낼 것이다.[13]

인정

아동이 적절하게 행동할 때 우리가 그들을 인정해 주고 칭찬해 주지 않는다면, 우리는 아이들을 지도하는 일에서 실패하고 말 것이다("장난치지 않고 들어 줘서 고맙구나"라든가, "네가 열심을 내 줘서 선생님이 힘을 얻었어" 또는 "네 할 일을 잘 하려고 얼마나 애쓰고 있는지 선생님이 잘 알고 있단다" 등). 그런데도 우리는 부정적인 행동을 강조하려는 경향이 있다("앉으라니까!"). 가르침의 장기적인 목표를 바라보자면, 우리는 아동이 스스로를 제어할 수 있고 성숙한 성인이 되도록 돕고자 한다. 그러기 위해서는 긍정적인 기질에 주목해야 한다. 조건 학습이 가장 강조하는 바에 충실을 기하는 의미에서라도 그들의 잘한 행동에 대해 다양한 방법으로 상을 주어서 인정해 주어야 한다. 즉, 눈에 보이는 시상(뜻 깊은 상을 탔을 때마다 점수를 준다), 혹은 눈에 띄지 않는 시상(칭찬해 주기, 안아 주기 등)이 그것이다. 이런 사후(事後) 반응은 아동의 관심을 자극시켜 그들로 배우려는 노력을 기울이게 해 준다.[14] 아동들의 발전되고 잘한 행동에 대해 일관성 있고 눈에 보이는 평가(예를 들어 상을 주는 일과 같은)를 보여주지 않는다면, 그들은 소중한 기독교적 가치에 대해 무지하게 되고 말 것이다.

교정

아동의 부적절한 행동을 다루는 문제는 "캐치-22" 딜레마와도 같다. 아무도 이렇게 되기를 원치 않지만, 가만히 내버려두었다가는 걷잡을 수 없이 나쁜 행동을 낳게 된다. 놀랍게도, 아동이 교실에서 보이는 "문제 행동"의 많은 부분은 교사의 잘못에서 비롯된다. 수업 계획이 잘 되어 있지 않다거나, 수업 진행 속도가 너무 빠르거나 느리거나(여러 활동들 사이에 "어정쩡한 빈 시간"을 둔다든지), 아니면 의미 없고 부적합한 활동을 유도하기 때문이다. 뿐만 아니라, 우리의 훈계는 처음 세 가지 면—관계, 책임, 인정—을 성공적으로 잘 이루었다는 것을 전제로 한다. 밀접한 관계를 유지하지 못했거나, 해야 할 책임이 무엇인지를 밝혀 내지 못했거나, 성장에 대해 인정해 주거나 칭찬해 주지 못했을 때에는 그들의 행동을 교정해 줄 자격이 없는 것이다. 효과적인 수업 전략은 인정(상)과 교정(벌)이라는 방법을 두 가지 차원에서 활용할 수 있다—개인으로(점수를 더 준다든지 "휴식" 코너를 제공한다든지), 집단으로(아동들이 좋아하는 단체 놀이를 할 자격을 박탈하거나 부여하는 따위).[15]

추천할 만한 교육 과정

그리스도인의 성숙을 위한 화목 모델의 네 가지 주제와 관련해서, 각각의 연령층에서 '영적 교제'라는 주제를 다루어야 한다. 우리 교사들은 아동이 창조주와의 관계 속에서 성장하도록 어떻게 도울 것인가? '공동체'는 소속 욕구를 강조한다. 우리는 아동이 그리스도인의 교제에 관한 특권과 책임에 대해 알기를 원한다. 뿐만 아니라, 모든 연령층에서 '인격'이라는 주제를 다루어야 한다. 우리는 아동 각자에게 도전한다. "하나님께서 네가 어떤 사람이 되기를 원하실까?" 우리가 주변 세계와 어떻게 관계를 맺고 사는지에 따라 우리의 '사명'이 결정될 수 있다. 이 마지막 주제의 두 가지 세부 사항은 전도와 청지기직이다. 다음에 나오는 예시들은 이 네 가지 기본 주제들이 한 교육 과정에서 어떻게 나타나는지를 다룬다. 이 예시들은 한 소책자에서 뽑아 낸 것인데 아동 각자가 수업 전에 익혀서 와야 할 것들이다.[16]

영적 교제

예시 15.1의 4번에서, "나쁜 소식"은 탐구 학습을 통해서 개인의 죄를 드러낸다. 아동에게 연속적으로 죄에 대한 질문을 던진다. "좋은 소식"은 아동이 일반적으로 정의를 내린 죄에서 그들이 구체적으로 지은 죄가 무엇인지 생각하도록 한다. 아동에게 개인적으로 지은 죄를 한 가지씩 종이에 적고, 그것을 요한일서 1:9에 나오는 죄 사함에 대한 하나님의 약속에 근거하여 찢어 버리게 한다. 이것은 그들이 지은 죄와 하나님의 용서하심에 대해 의미 있는 교훈을 준다. 탐구 방법은 5번에서도 계속 나온다. 아동들은 그리스도 안에 있는 새로운 생명에 대해 구체적인 의미를 네 가지 친숙한 상황을 통해 배운다. 이 의미들은 문구나 그림을 통해 확증된다(결과 학습과 암시 학습). 표 15.2는 적합한 계획과 활동을 요약해 보여 준다.

표 15.2
영적 교제에 관한 아동 교육 과정

정보처리 학습군	동일시 학습	학교 생활의 한 장면 사용된 용어: 좋은 소식, 나쁜 소식 죄를 열거함 종이를 찢는 것은 용서를 상징함 익숙한 환경 그리기 활동
	탐구 학습	아동이 죄에 관해 생각하는 바를 밝혀 냄 각자의 죄를 종이에 적는다 그리기 활동
조건 학습군	결과 학습	우리는 죄인이고, 하나님께서 우리의 죄를 용서하신다.
	암시 학습	우리를 하나님에게서 갈라 놓는 "죄"란 무엇인가 성구 암송 종이를 찢음으로써 "용서"를 연상시킴
사회 학습군	구조화된 모방	성구의 내용 죄와 용서에 관한 성경 본문의 설명
	삶을 통한 모방	아동 각자가 공란에 적는다

예시 15.1

4. 좋은 소식, 나쁜 소식

나쁜 소식은…

요한일서 1:8을 읽으라. 우리가 인정하고 싶든 않든간에, 우리는 모두 죄를 지었다(심지어 그리스도인이 된 후에도). 죄라고 생각되는 것에 밑줄을 그으라.

죄는 하나님을 거스르는 것이다.

죄는 하나님을 무시하고, 그분을 생각하지 않는 것이다.

죄는 신경질을 내고 싸우는 것이다.

죄는 어리석게 구는 것이다.

죄는 훔치고 거짓말하는 것이다.

죄는 시험에서 부정 행위를 하는 것이다.

죄는 상소리를 하는 것처럼, 나쁜 짓을 하는 것이다.

우리는 죄 때문에 하나님과 친구가 될 수 없다. 이것이 나쁜 소식이다.

좋은 소식은…

요한일서 1:9을 읽으라. 하나님께서 우리를 사랑하셔서 우리 죄를 용서해 주시기를 원하신다. 종이를 꺼내서 하나님께서 용서해 주셔야 할 죄를 적으라. 그리고 하나님께서 여러분을 용서해 주시고 다시 죄를 짓지 않게 해 달라고 기도하라.

이제 종이를 찢어 버리라. 하나님께서 여러분을 용서하셨기에, 찢어 없어진 종이처럼, 여러분이 고백한 죄는 사라진 것이다. 하나님께서 우리들을 용서해 주실 때, 우리는 그분과 다시 친구가 될 수 있다. 이것은 정말로 좋은 소식이다.

5 새생명은 선물이다

우리가 그리스도인이 되면, 하나님께서 우리에게 많은 선물을 주신다. 우리로 그분의 가족이 되게 하시고, 우리를 용서하시며, 새로운 생명을 주신다. 고린도후서 5:17을 읽으라.

다음의 빈 공간은 그리스도 안에 있는 여러분의 새생명과도 같다. 각각의 난에 그리스도 안에서 새로운 생명을 얻었음을 나타내기 원해서 하고자 하는 한 가지 행동을 써 보라.

가정	교회
학교	클럽

6 암송 구절

로마서 1:19

로마서 5:6

사도행전 13:38

공동체

예시 15.2의 1번은 저학년 아동에게 교회를 이해하도록 돕는다. 아이들에게 교회 건물을 둘러보게 한다. 그들은 교회를 둘러보는 가운데 "각 방에서 무슨 일을 하는가?"를 놓고 생각하고 또 이야기한다. 교인들이 역할 모델을 제시한다. 그들은 자신들이 맡은 일에 대해 지도자로서의 책임에 대해 설명한다. 이처럼 실제적인 학습을 통해 아동들은 교회의 각 방들의 용도와 교인들의 역할을 연관지어 생각할 수 있게 된다(암시 학습).

2번에서는 "교회에서 어떤 일을 하는가?"에 대한 계속적인 탐구 활동을 한다. 이 때 시편 100:1-2과 예배에 대해 공부한다. 성인들과 토론을 시간을 가짐으로써 삶을 통한 모방 활동이 촉진된다. 몇 가지 그림과 개인적인 예배 경험으로 말미암아 연상 작용을 강화한다(결과 학습).

3번에서는 아이들에게 기도와 선물과 방문을 통해서 다른 사람들을 섬기도록 도전한다. 표 15.3은 이런 계획과 활동을 요약해 놓은 것이다.

인격

아동들에게 예시 15.3의 4번에서 나오는 것과 같은 실제 상황에 대해 생각해 보라고 한다. 다음과 같은 질문을 던진다: "여러분도 이런 일을 겪어 보았습니까?" 이러한 탐색 방법으로 학습자들이 개별적인 유추와 결론을 이끌어 내도록 자극을 준다. "친구들 혹은 믿을 만한 어른과 토론하라"는 추후 토의 과제를 주어서 약물을 멀리하는 생활을 하도록 친구들의 후원과 어른의 격려를 받게 한다.

5번은 학습자들이 로마서 12:1-2을 묵상하고, "친구들도 역시 약물에 대해 '아니오'라고 말할 수 있게" 도와 주도록 꾸며져 있다. 마지막으로, 친구들과 함께 텔레비전 광고를 만들어 보게 함으로써 또래들의 삶을 통한 모방의 가치를 강화시킨다. 표 15.4는 이런 계획과 활동을 요약한 것이다.

표 15.3
공동체에 관한 아동 교육 과정

정보처리 학습군	
동일시 학습	가족 혹은 친구들과 함께 교회 건물을 둘러본다
탐구 학습	교회 방문: 교회에서 어떤 일을 하는지 이야기해 본다
	예배와 관계된 그림을 고른다
	바른 예배를 보여 주는 그림을 고르고 그대로 해 본다
	친구를 격려하기 위해서 네 가지 실천 사항 중 두 개를 고른다

조건 학습군	
결과 학습	활동에 참여하는 대가로 보상을 받는다
	교회 방문에 참가한 가족 혹은 친구들과 이야기를 나눈다
	성경 본문: 시편 100:1-2
	예배에 관한 그룹 토의
	어떤 활동이 이루어졌는지 기록한다
암시 학습	교회 방문: 교회의 각 방들이 쓰이는 용도
	바른 예배와 그렇지 않은 모습을 그린 그림
	"격려"는 제시된 다양한 활동을 의미한다

사회 학습군	
구조화된 모방	교회 방문: 교회 건물
	성구
	예배에 관한 본문 설명과 격려 활동
	예배를 나타내는 그림
삶을 통한 모방	교회 방문: 가족 혹은 친구들과 대화
	교회에서의 예배에 관해 어른들을 인터뷰함
	교회 지도자 인터뷰
	친구와 기도
	기도 제목 작성

예시 15.2

성경 시상식

교회에 관하여

이 상을 얻기 위해서 다음에서 말하는 일들을 하고 하나씩 점검하라.

1. 교회는 어떤 곳인가?

교회를 둘러보라. 가족이나 친구들과 함께 둘러보라. 각각의 방에서 어떤 일을 하고 있는지 서로 이야기해 보라. 가능하면 한두 분의 교회 지도자들을 만나라. 그분들이 무슨 일을 하는지 알아보라.

2. 교회에서는 어떤 일을 하는가?

시편 100:1-2을 각자 읽거나 다른 사람이 읽는 것을 들어 보라. 어른들에게 교회에 가서 하나님을 예배한다는 말이 무슨 뜻인지 물어 보라. 하나님을 예배하는 방법들에는 어떤 것들이 있는지 아래 그림에서 골라 보라. 그런 다음에 그 중 한 가지 방법으로 지금 바로 하나님을 예배하도록 하라.

3. 어떻게 교회 친구들을 도울 수 있는가?

교회 친구들을 격려해 줄 수 있는 일 두 가지를 하라. 격려한다는 말은 도와 주거나 칭찬해 준다는 뜻이다.

- 교회 친구들과 함께 기도하라. 서로를 위해서 기도하라. 기도 제목을 한 가지씩 나누어 보라. 혹은 기도 제목을 그림으로 그려 보라.

- 교회 친구에게 줄 선물을 하나씩 만들어 보라.

    나는 _____을(를) _____을(를) 위해 만들었습니다.

- 교회 친구 중에서 아픈 친구를 찾아가거나 전화를 걸라.

    나는 _____에게 전화를 걸었다.

- 교회에서 먹을 음식을 장만하여라.

    나는 _____을(를) 만드는 일을 도왔다.

- 그 외에도 다른 도울 일들이 있다면 적어 보라.

예시 15.3

4. 여러분과 친구, 그리고 약물

오늘은 참 끔찍한 날이었다. 경찰관이 학교에 와서 약물 복용을 했던 여자 아이들 몇 명에게 무언가를 물었다.

친구들이 나에게 오후에 비밀스러운 파티를 열자고 했다. 그 중 한 친구는 자기 형이 맥주를 구해 올 수 있다고도 했다. 난 뭐라고 말해야 할지 잘 몰랐다…

우리는 한 친구 집에서 놀다가 그 애들이 못된 짓을 하는 것을 보았다. 그 애들 엄마는 집에 계시지 않았다. 딱 한 번이라면 괜찮지 않겠느냐는 생각이 들기도 했다…

대부분의 사람들은 이런 일을 당한다. 여러분도 이런 일을 겪어 보았는가? 친구들 혹은 믿을 만한 어른과 함께 약물이 청소년에게 미칠 수 있는 영향에 대해서 이야기를 나누어 보라.

5. 자, 중요한 메시지가…

여러분도 약물 남용 방지를 위해 노력할 수 있다! 어떻게? 먼저, 여러분 스스로 나쁜 약물에 대해서 "아니오"라고 말하라. (로마서 12:1-2은 그렇게 해야 할 충분한 이유를 설명해 준다.) 둘째, 여러분의 친구들에게도 역시 "아니오"라고 말할 수 있게 도와 주라.

친구들끼리 모여서 청소년들이 약물에 대해 "아니오"라고 말할 수 있도록 격려하는 광고를 만들어 보라. 그런 다음에 진짜로 텔레비전에서 나오는 것처럼 연기해 보라.

6. 내게도 두려움이 있는가?

우리 모두는 두려움을 탄다. 어떤 두려움은 정말 크고 무시무시하다. 어떤 두려움은 별것 아니고 바보스럽기조차 하다. 그렇지만 두렵기는 마찬가지이다. 여러분이 무엇을 두려워하든간에, 두려움을 이기는 첫 걸음은 여러분에게 두려움이 있다는 사실을 인정하는 것이다.

여러분에게 가장 두려운 일은 무엇인가?
_____
_____

어떤 성경 말씀이 두려움을 이기는 데 도움이 되는가?

적용할 수 있는 것들을 골라라.

신명기 31:6 _____

빌립보서 4:6-7 _____

빌립보서 4:13 _____

요한일서 2:17 _____

다른 말씀들: _____

두려움을 느낄 때 여러분이 할 수 있는 일은?

7. 암송 구절

빌립보서 4:8 _____

시편 98:1 _____

로마서 12:1 _____

표 15.4
인격에 관한 아동 교육 과정

정보처리 학습군	
동일시 학습	다양한 상황을 보여 주는 사진과 설명: 약물, 맥주, 담배 공익 광고 제작 연습
탐구 학습	약물에 대해 "아니오"라고 말하는 텔레비전 공익 광고 제작 가장 큰 두려움과 그것을 극복하는 법
조건 학습군	
결과 학습	성경 내용: 세상을 좇지 말라 두려움을 이기는 법
암시 학습	일깨워 주기: 약물에 대해 "아니오"라고 말하기 성구 암송
사회 학습군	
조직화된 모방	그림: 약물, 맥주, 담배 성경 구절들 본문 설명: 약물 거부 친구들에게 약물을 거부하도록 격려함 두려움을 이기는 법
삶을 통한 모방	친구들 혹은 어른과 약물에 대해서 토의 함께 텔레비전 공익 광고를 만들어 본다

사명

이 마지막 주제를 분명하게 드러내기 위해서, 두 가지 추천할 만한 교육 과정을 예로서 소개한다. 첫째, 학생들에게 자기가 처한 환경에서 그리스도를 증거한다는 아주 중요한 주제에 관해 생각하도록 도전한다(예시15.4의 2번). 활동 시간에는 간증할 때 할 말을 연습하게 하고(3번), 또래들 앞에서 경건한 생활을 하도록 훈련하는 내용(4번)을 포함한다. 수업 시간 전체를 통해서 선교사들을 격려하기 위한 개인적인 활동을 권장한다. 표 15.5는 계획과 활동을 간략하게 보여 준다.

두 번째 예에서는 이 땅에서 착한 청지기로 사는 것에 관해 초점을 맞춘다. 아동들에게 구체적인 청지기 계획을 세우라고 권한다(예시 15.5의 4번). 마지막으로 시편 19:1에 나타난 창조주 하나님에 대해 묵상하게 한다(6번). 표 15.6은 계획과 활동을 간략하게 소개한다.

표 15.5
사명에 관한 아동 교육 과정

정보처리 학습군	
동일시 학습	사는 지역 지도 그리기
	바퀴의 세 영역: 친구, 학교, 가정
탐구 학습	사는 지역 지도 그리기
	하나님에 관해 말해 줄 사람을 정하고, 그림으로 그려 넣기
	3번에 나오는 질문들에 답하기
	바퀴에 나오는 세 가지 영역에서 좀더 하나님처럼 되는 길
	선교사를 돕는 방법에 관한 성경 연구
	선교사를 돕기 위한 계획 수립
조건 학습군	
결과 학습	성경 내용
	다른 사람들에게서 선교사에 관한 정보 듣기
암시 학습	간략하게 그린 그림과 하나님에 관해 말해 줄 사람들
	"선교사"는 누구인가
	성구 암송
사회 학습군	
조직화된 모방	성경 구절들
	본문 설명
삶을 통한 모방	다른 사람들에게서 선교사에 관해 알아봄

예시 15.4
성경 시상식

전도하기

이 상을 타기 위해서는, 각 항의 요구 사항들을 완성하고 확인하라.

1. 여러분의 사명

여러분은 하나님의 특별한 일꾼들이다! 다음의 메모를 읽고 여러분의 사명이 무엇인지 발견하라.

메모

이 름: 특수 요원 # _____
  (무선 코드를 쓰라)

사 명: 다른 사람들에게 하나님에 관해 말하기
  (역대상 16:23-24을 읽으라)

첫 번째, 두 번째 그리고 세 번째 항이 서로 가장 잘 연결되도록 줄로 이어 보라. 그런 다음에 다른 사람들에게 하나님에 대해 가장 잘 말할 수 있는 방법을 생각해 보라.

누군가를	무슨 일을	하는지 말하라
하나님께서	예배나 주일 학교에	초대하라
그(그녀)를	모임에	설명하라
모임에서	너를 위해 하신 일을	데려와라

2. 가서 말하라

하나님께서는 여러분이 어디에 가서 사명을 행하기를 원하시는가? 브라질? 외몽고? 아마 언젠가는 이 일이 가능할 것이다. 그러나 지금은 여러분이 살고 있는 곳에서 사람들에게 하나님에 관해 말하기를 원하실 것이다. 여러분이 살고 있는 지역의 지도를 부호를 사용해서 그려 보라.

부호들

살고 있는 곳	✖
친구 집	▨
학교	⌂
놀이터	▨
공원	✝✝✝
교회	⛪

이제 여러분이 그린 지역을 잘 살펴보라. 그 곳에 사는 누군가에게 하나님에 관해서 말할 수 있겠는가? 그렇다면 그 장소 바로 옆에 사람의 모습을 그려 넣으라.

3. 다른 사람에게 말하는 연습을 해 보라

어떤 사람이 다음과 같이 말한다면 어떻게 대답하겠는가? 친구와 함께 어떻게 대답할지 연습하라. 아니면 아래 빈 칸에 말을 써 넣으라.

4. 다른 사람에게 하나님이 어떤 분이신가를 보여 주라

하나님에 관해 사람들에게 말하는 것 외에도, 그분이 어떤 분이신가를 보여 줄 수 있다. 어떻게? 좀더 그분다운 일을 함으로써 보여 줄 수 있다(데살로니가전서 1:6-7을 읽으라). 하나님이 어떤 분이신가를 생각하라. 오래 참으시고, 진실하시고, 도와 주기를 즐겨하신다 등등을 생각하라. 그리고 바퀴 안에 집과 학교에서, 그리고 친구들과 놀 때 좀더 그분처럼 될 수 있는 길을 적어 넣으라.

그런 다음에 적어 넣은 일 가운데 한 가지 옆에 별표를 그려 넣고, 이번 주에 그 일을 실천에 옮기라.

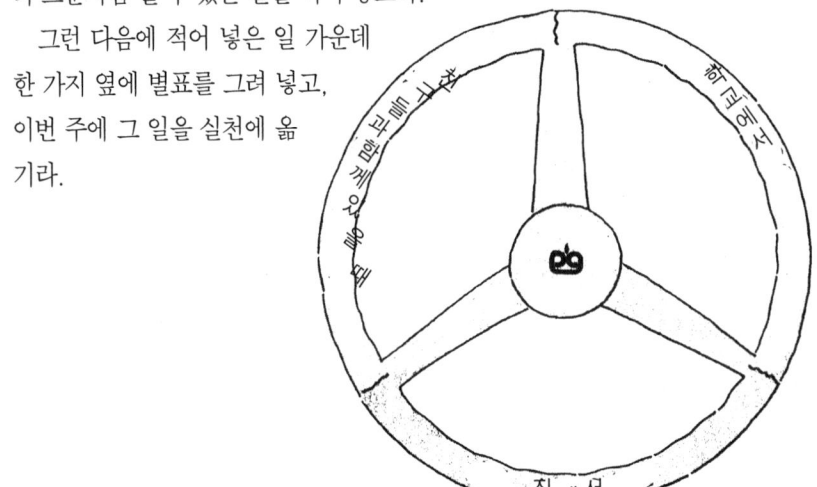

5. 선교사들을 도우라

데살로니가후서 3:1과 빌립보서 4:15-18을 읽으라. 그런 다음에 선교사들을 도울 수 있는 방법을 두 가지만 찾아보라. (최초의 선교사 가운데 한 사람이었던 바울이 이 구절들을 기록했다.)

1.
2.

선교사에 관해 알아보라(목사님, 교회 선생님, 혹은 부모님이 도와 주실 수 있을 것이다). 선교사는 어떤 일을 하는가? 선교사들에게 필요한 것은 무엇인가?

선교사를 위해서 기도한다.

다음 일들 가운데 한 가지를 한다. 실천에 옮기기 전에 어른과 의논하자.

- 격려하기. 선교사에게 편지를 보내라. 편지를 쓰거나 녹음을 해도 좋다. 자기 자신과 가족에 대해 말할 수 있다. 모임 혹은 교회에서 어떤 일들이 벌어지고 있는지 말하라. 여러분이 선교사의 일에 관심이 있음을 보여 주라. 그리고 선교사를 위해 기도하고 있다고 말하라.
- 돈을 보내기. 잔디를 깎는다든지 개를 돌본다든지 아니면 자동차를 닦는 일 등으로 돈을 모은다. 모은 돈을 선교사에게 보낸다.

- 나는 _____ 을 하겠다.

6. 암송 구절

역대상 16:23 _____

로마서 1:16 _____

고린도후서 3:18 _____

예시 15.5

4. 보존 계획

하나님께서는 여러분이 하나님께서 창조하신 세계를 잘 보존하기를 원하신다. 우리가 살고 있는 자연을 보존하는 방법은 무수히 많다! 여러분이 다음 주에 할 수 있는 한 가지를 생각해 보라. 아래의 나뭇잎 위에 계획을 써넣으라.

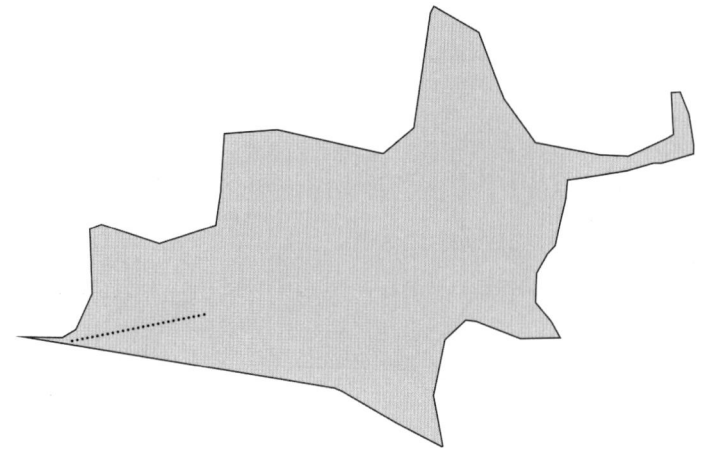

내가 계획을 실행한 날짜: _____

5. 무엇을 좋아하는가?

여러분이 가장 좋아하는 일은 무엇인가? 아래의 빈칸에 그림이나 도안으로 그려 보라. 여러분이 그려 넣은 것을 보고 여러분에 관해 사람들은 어떤 말을 할까?

6. 뭐라고요?

다음 그림의 자연 현상들이 하나님에 관해 무엇을 말해 주는지 상상력을 발휘해서 써 넣으라.

만화 밑에 자막처럼 오늘의 암송 구절인 시편 19:1을 써 넣으라.

표 15.6
사명에 관한 아동 교육 과정

정보처리 학습군
    동일시 학습   좋아하는 활동
                       잘 아는 자연 요소들
    탐구 학습   자연 보호의 방법
                       좋아하는 활동을 선택하고 그려 넣기
                       그린 대로 행동하기
                       풍선 부분을 글로 채워 넣기

조건 학습군
    결과 학습   성경 내용
    암시 학습   개념과 활동: "자연 보호"
                       성구 암송

사회 학습군
    구조화된 모방   성경 구절들
                       본문 설명
    삶을 통한 모방   학생이 쓰고 그린 것

성경 역본 선택하기

대부분의 출간된 교육 과정에서 추천하는 활동들에는 성경 읽기와 암송이 들어 있다. 사람들은 교회 지도자들에게 종종 이렇게 묻는다. "어떤 성경이 아이들에게 가장 좋을까요?" 아동들의 내적 성장의 발달론적인 본질을 고려할 때, 부모가 아이에게 가장 잘 맞는 성경을 골라 주려고 하는 것은 당연한 일이다. 예를 들어, 어떤 성경이 아이들에게 가장 친숙한 어휘를 사용하고 있는가?[17]

아동이 성장하면서 성경을 바꾸어야 하는 데 있어서 가장 큰 어려움은 암송에 지장을 받을 수 있다는 점이다. 일생에 걸쳐 한 성경만 본다면, 서슴지 않고 뉴 인터내셔널 버전(New

International Version)을 권한다. 초등학교 6학년까지의 아동들은 읽기와 공부를 위해 다른 성경을 사용할 수 있으나, 성경 암송만은 NIV에서 하라. 저학년 아동들에게는 단순 주입식(注入式) 공부를 피하기 위해 어려운 단어들을 쉽게 풀어서 설명해 주는 것이 좋다.[18]

더 나은 교사가 되기 위해서, 다양하게 나와 있는 인쇄물이나 대중 매체들을 이용하라. 이런 자료들을 이용해서 다양한 교수 방법을 사용할 수 있고, 아동의 욕구를 더 잘 이해하며, 시간을 효과적으로 안배하고, 아동을 훈계하는 문제에 있어서도 도움을 받을 있다.[19]

결론

생각하기

1. 이 장에서 아동을 가르치는 다양한 방법에 친근하게 되었다. 이제는 당신 차례이다. 3-4학년을 위한 교안을 준비한다고 생각해 보라. 공부할 내용은 에베소서 4:11-16이다. 학습 목표는 모든 사람이 교회 성장에 공헌해야 함을 설명하는 것이다. 아래에서 한두 개의 범주를 선택하고, 한 범주에 대해서 각각 두 개의 성경 공부 활동을 고안해 보라. 자, 당신의 목적을 전달하기 위해서 아동들에게 어떤 활동을 시키겠는가?

미술	드라마	음악
구두(口頭) 전달		
창의적인 글쓰기	예배 계획	
성경	게임연구	

2. 우리는 앞 장에서 아동 사역자들을 선별할 때 주의에 주의를 거듭해야 함을 보았다. 앞 장에서 요약해 놓은 아동 사역의 특수성을 생각하면서, 아동 사역에 요구되는 핵심적인 자질이 무엇인가 다섯 가지를 열거해 보라.

　　(1) _____

    (2) _____
    (3) _____
    (4) _____
    (5) _____

표 15.7
아동 교육의 목표

영적	교제공동체	인격	사명
하나님을 알아 감	서로 섬김	예수님을 닮아 감	세상을 섬김

1. 습관 형성:
   기도
   고백
   성경 암송
2. 하나님을 앎
3. 하나님을 예배함(축제)
4. 노래
5. 주님 안에서 즐거워 함
6. 세례와 성만찬에 관해 배움
7. 다른 사람을 존경함
	1. 자비를 베품
	2. 나눔
	3. 도움/섬김
	4. 다른 사람을 생각함
	5. 외국어를 배움
	6. 하나님을 찬양함
	7. 구제 헌금을 함
	8. 친구를 사귐
	9. 건전하게 이성 친구를 사귐
	10. 교회 "가족"의 중요성을 깨달음
		1. 진리를 배움
		  가. 성경 읽기
		  나. 암송
		2. 은사 사용/재능
		  가. 배우려는 자세
		  나. 적절한 의사 결정
		3. 진리를 말함
		  가. 정직
		  나. 감사
		4. 진리를 좇아 삶
		  가. 하늘의 시민
		  나. 자기 절제
		  다. 자아상
			1. 십일조/관용
			2. 진리를 분별함
			3. 다른 이들을 섬김
			4. 세계를 품는 비전 계발
			5. 간증을 나눔
			6. 그리스도를 전함

우리는 이 장에서 저작권이 등록된 교재의 사용을 강조했다. 이렇게 출간된 자료들이 아니면 교회가 곤욕을 치를 수 있다. 우리는 교과 자료들을 출간해 내는 출판사들이 제공하는 전문적인

식견과 도움을 필요로 한다. 그러나 이러한 자료들의 맹점도 있다. "최전선에" 배치된 우리 교사들은 다른 어떤 사람들보다도 우리가 처한 구체적인 상황을 잘 안다. 우리는 우리의 아동들을 가장 잘 안다. 우리의 능력(한계) 역시 가장 잘 알고 있다. 학습 환경 역시 가장 잘 파악하고 있다. 따라서 우리는 이렇게 전문적으로 연구, 출간된 자료들의 교육 과정을 우리의 구체적인 상황에 맞추어 넣는 일을 해야 한다. 우리 자신이 꼭 천재적이고 뛰어난 예술가가 될 필요는 없다. 우리는 이처럼 출간된 교재들을 우리의 상황에 맞게 적용하여 학습의 효과를 높이기면 되는 것이다.

이 적용 과정은 개인적인 확신에서 시작된다. 우리 교사들은 왜 가르치는가를 먼저 따져 보아야 한다. 예를 들어, 우리는 이 책에서 성경이 말하는 화목에 대해 일평생 기억해야 할 네 가지 주제들을 제시했다. 영적 교제, 공동체, 인격 그리고 사명이 그것이다. 표 15.7은 각 주제가 아동에게 구체적으로 무엇을 지향하는지를 보여 준다.[20] 이 지표들은 포괄적이지는 않지만, 균형 잡힌 성장을 보여 주는 대표적인 것들이다. 부수적인 지표들이 추가될 수 있다. 이 네 가지 주제가 선택되든 않든간에(아니면 다른 강조점이 선택되는), 우리 교사들은 우리의 사역을 늘 비판적으로 분석해 보아야 한다. 나는 나의 교육 목표를 제시하고 있는가? 나는 적절한 교육 전략을 구사하고 있는가? 이런 기본적인 질문을 마음에 두고서 우리는 확신 있게 전문적인 교육 과정을 접근해 가야 한다. 우리의 태도와 초점은 하나님께서 구체적으로 우리에게 맡겨 주신 학생들과 더불어 하라 하신 바에 있다. 교육 과정이란 목적 그 자체가 아니요, 목적을 성취하는 하나의 수단인 것이다.

제16장
아동 교육: 공동 전략

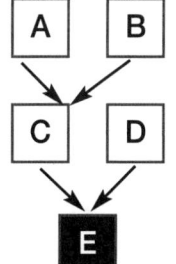

아동에게 영향을 끼치는 세계들
포괄적인 접근 방법
아동의 교회 생활
아동의 가정 생활
모든 연령층에 적용할 수 있는 프로그램
아동을 위한 학습 프로그램
아동에 관한 공공 정책 개발
결론

중국에 파송되었던 한 미국인 선교사가 귀국 후 열린 선교 협의회에서 발언을 하고 있었다. 선교사의 아내와 세 자녀는 그의 말에 귀를 기울여 듣고 있었다. 그날 밤, 회의를 마치고 집에 돌아오자 막내인 딸 아이가 아버지에게 말했다.

"아빠 엄마는 아기를 하나 더 낳으셔야겠어요. 우리 집에 아이가 넷이 있어야 해요." 이제 유치원에 다니고 있던 꼬마는 아버지가 뭐라고 채 대답도 하기 전에 또 이렇게 말했다. "그리고 막내 아기는 꼭 중국 아이여야 해요."

아이의 말에 깜짝 놀란 아버지는 그건 있을 수 없는 일이라는 것을 아이에게 설명해 주려고 진땀을 뺐다. 하지만 그 아이는 이렇게 아버지의 말을 가로막았다. "아니예요, 아빠는 할 수 있어요. 오늘밤 회의 때 그렇게 말씀하셨잖아요."

"내가 언제 그런 말을 했니?" 아버지는 어리둥절해서 물었다.

"오늘날 전 세계에서 태어나는 아기 네 명 중의 한 명은 중국인이라고 그러셨잖아요."

어린아이들의 말을 들어 보면 참 재미있다. 아이들의 말은 순진무구의 세계, 즉 어른들 같은 염려와 걱정이 없는 세계를 드러내 보여 준다. 그리고 우리가 어렸을 때 겪은 기억이 있는 아주 단순한 체험들을 떠올리게 한다. 그러나 우리가 떠올리는 이러한 낭만적인 생각들은 21세기의 문턱에서 우리가 직면하고 있는 현 세대의 현실을 보여 주지는 못한다. 아동 학대, 아동을 상대로 한 음란물, 아이의 티를 벗지 못한 어린 창녀들에 관한 기사가 신문에 심심치 않게 등장한다. 앞 장에서 이야기했다시피, 아동들은 아무 힘도 없는 무력한 상태로 이 세상에 입문한다. 아이들은 자기를 돌보아 주는 어른에게 절대적으로 의존하고 있다. 제자들이 예수께 어떤 자가 가장 큰 자인지를 묻자 예수께서는 무리들 중에 있던 한 아이를 일으켜 세우셨다(마 18:2). 어린아이의 특성과 진정한 위대함을 상징적으로 비교하신 후, 우리 주님께서는 사도들로 하여금 어린아이 자체에 주목하게 하셨다. 그분의 말씀은 심판의 전조(前兆)로서 여전히 우리 마음에 울림을 주고 있다. "누구든지 나를 믿는 이 소자 중 하나를 실족케 하면 차라리 연자 맷돌을 그 목에 달리우고 깊은 바다에 빠뜨리우는 것이 나으니라"(마 18:6). 이런 가혹한 말씀에는 우리의 아이들을 보호하고 지도해야 할 우리의 책임이 얼마나 막중한가 하는 의미가 담겨 있다.

어떻게 하면 우리 어른들은 어린아이들이 하나님을 알고 사랑하는 자로 자랄 수 있도록, 그리하여 영적으로 성숙한 성인으로 자라도록 도울 수 있겠는가? 먼저 우리 아동들의 성장에 영향을 끼치는 주된 힘이 무엇인지를 알아야 한다. 그러기 위해서 우리 아이들이 과연 어떤 환경에서 자라야 하는지 그 다양한 세계들을 간단하게 개괄해 보겠다. 알게 모르게 아이들에게 영향을 끼치는 이런 환경들을 고려하여, 아이들을 그리스도를 닮은 자로 양육하기 위해 다섯 가지 측면에서 실제적 전략을 아래에 제시한다.

아동에게 영향을 끼치는 세계들

TV 드라마 "초원의 집"의 로라 잉걸스 와일더가 살았던 그런 사회는 더 이상 존재하지 않는다. 이제 우리는 그런 영농 사회에 살지 않는다. 대부분의 사람들에게 농촌 생활은 "U. S. S. 엔터프라이즈"에 나오는 캡틴 커크의 스타 트렉(Star Trek)의 삶 만큼이나 낯설다. 게다가, 어린아이들의 활동 시간 중 가정 이외의 생활에서 영향을 받는 시간 비율도 점점 높아지고 있다.

그림 16.1은 우리의 아이들에게 일상적으로 영향을 끼치는 주요 "세계들"을 나타내는데, 첫째는 가정, 둘째는 확대 가족(조부모, 사촌 등), 셋째는 교회, 넷째는 시장, 다섯째는 이웃, 그리고 마지막으로 국가이다.

가족 공동체: 가정, 확대 가족, 그리고 교회

이 세 가지의 사회 구조는 서로 연관이 되어 있으며, 아이들을 양육하기 위한 가장 두드러진 수단으로서 하나님께서 정해 주신 것들이다. 첫째, 아이의 직계 가족이 있다. 생명을 창조하는 일에 동참하는 것은 하나님께서 부모들을 위해 마련하신 얼마나 경이롭고도 독특한 특권인가! 자녀들은 주님께서 주시는 선물이다.

그러나 자녀 양육이라는 힘든 임무가 오로지 핵가족에게만 맡겨진 것은 아니다. 직계 가족 구성원 외에도 백부모, 숙부모, 조부모 등의 확대 가족이 있다. 게다가, 교회에 속한 아이들에게는 하나님의 가족이라는 중요한 제3의 자원이 있다. 아이에게 혈육으로 맺어진 가정이 더 중요하냐, 교회 가족이 더 중요하냐 하는 것은 쓸모없는 논쟁이다. 아이에게는 두 공동체 모두가 꼭 있

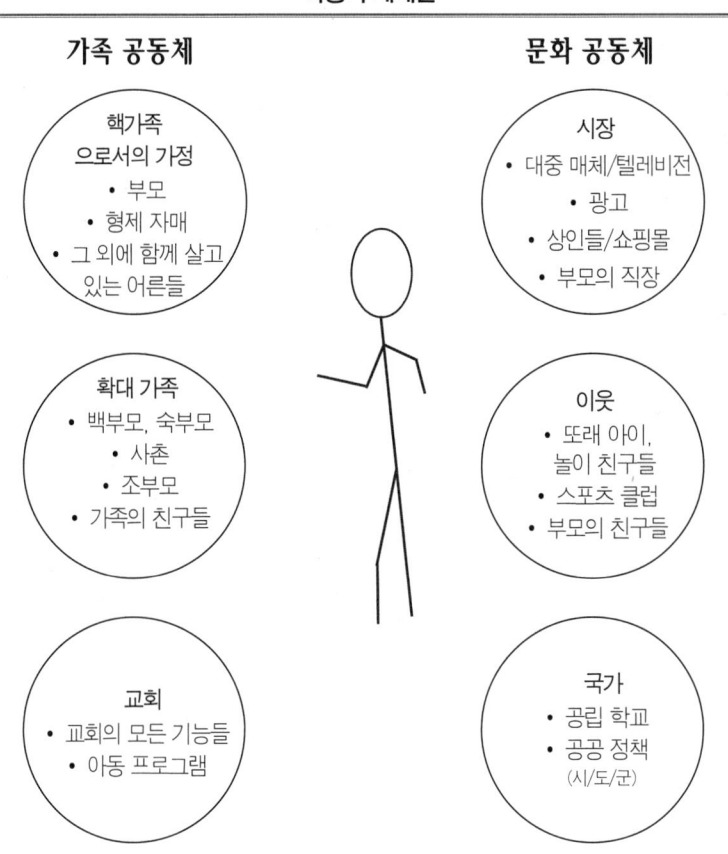

그림 16.1
아동의 세계들

어야 한다. 두 공동체 모두 한 아이에게 잠재되어 있는 성숙성을 개발시켜 준다. 이 세 그룹이 서로 협력할 때에만 아이는 온전하고도 신령한 자로서 성인기에 도달할 수 있다.[1]

문화 공동체: 시장, 이웃, 그리고 국가

가족 공동체 외에 우리 문화 역시 아이들에게 중요한 영향력을 가진다. 예를 들어, 자본주의 체제에서 시장은 우리 아이들이 관심과 애착을 갖는 곳이다. 사람들은 판매를 촉진하기 위해 끊임없이 노력한다. 광고의 사이렌 소리는 자신들의 성소(聖所)에서 돈을 쓰라고, 그 소리를 듣는 모든 이들에게 손짓을 한다. 여러 매체(媒體)들 또한 어린이를 대상으로 시장을 늘리는 데 한몫을 하고 있다. 바비 인형이든 틴에이지 뮤턴트 닌자 거북이든간에 장난감 제조 회사들은 우리의 지갑 사정에는 아랑곳하지 않고 자신들의 영향력을 과시한다.[2] 교묘하게도 그리고 때로는 그럴 의도가 아닐 때도 있지만, 시장은 우리의 가치관과 삶의 양식에 심각한 도전을 던진다.

이웃은 제2의 문화 공동체를 상징하는데, 여기에는 아이의 놀이 친구와 동년배들이 포함된다. 이 영역의 가치 체계는 기독교의 관습을 긍정하는 것일 수도 있고 반대하는 것일 수도 있다. 이웃 사람들이 제공하는 환경의 예를 들자면, 친구 집에서 밤을 새우는 것에서부터 일주일 동안 스포츠 캠프에 참가하는 것, 걸 스카웃에서부터 어린이 야구 리그, 과학 클럽에서부터 피아노 레슨에 이르기까지 아주 폭넓고 다양하다. 이 모든 일들이 다 좋게든 나쁘게든 아이의 성품에 영향을 끼칠 잠재성을 갖고 있다.

국가는 주로 정부의 후원을 받는 초등 학교를 통해서 아이들에게 영향을 끼친다(영향력의 정도는 좀 낮지만, 각종 관계 법규나 규정을 따른다는 의미에서 사립 학교나 가정 학교도 국가의 영향을 받는다고 할 수 있다). 그리고 아동에 관한 공공 정책도 우리가 어린아이를 보는 시각이나 가치 체계에 영향을 끼친다. 여기에는 아동에 관련된 세금 감면, 성년과 미성년을 구분하는 법적 연령, 아동 학대 혐의가 있는 가정에서 아이를 분리시키는 것, 낙태 지지 등과 같은 다양한 정책들이 포함된다.

생각하기

당신 자신의 어린 시절을 생각해 보라. 당신에게 영향을 끼쳤던 문화적 요인들을 기억해 보라. 다음 각각의 "세계들"과 관련하여 당신의 삶에 긍정적 영향을 끼쳤던 것은 무엇이고, 부정적 영향을 끼쳤던 것은 무엇인지 따져 보라.

	시장	이웃	국가
긍정적인 면			
부정적인 면			

포괄적인 접근 방법

스탠리 하워즈(Stanley Hauerwas)는 교인들의 기독교식 결혼을 지지해 달라고 교회에게 탄원한다. 그의 탄원은 교회 못지 않게 전체 그리스도인 가정들과도 연관성이 있다. "결혼 생활을 지탱하는 데 필수적인 성품은…가정에 의해서가 아니라 교회에 의해서 형성된다…사실, 결혼이 결혼 그 자체보다 더 중요한 공동체에 의해 지탱되어야만 가능한 것은 바로 이 때문이다"(1985, pp. 280, 282). 지역 교회는 아동들에 대한 제자화 사역의 속도와 우선 순위를 정해 준다. 아동들은 주변 환경의 영향에 크게 좌우되기 때문에 우리는 다음 몇 가지 질문들에 답변을 해야 한다. 우리는 누구를 우리 아이들의 주된 교사로 삼고 싶어하는가? 누가 우리 아이들에게 가치관을 가르칠 것인가? 우리 아이들의 일상 생활을 관심 있게 살펴보면, 다른 아이들이 우리 아이들에게 영향을 끼치는 경우가 많다는 것을 발견하게 된다. 학교에서의 여러 가지 활동이든, 이웃 아이들과의 놀이이든, 또는 형제 자매들과의 놀이이든, 아이들은 대개 동년배들 사이에 끼어 있다. 하지만 성경에서는 주로 '성숙한 어른'이 아이들의 사회화 과정에 참여해야 한다는 점을 지적하고 있다(신 6:4-9).

결론적으로, 교회의 포괄적 사역을 고려해 볼 때 우리는 아동을 위한 전통적인 프로그램 그 이상을 생각해야 한다.[3] 우리는 좀더 넓은 활동 무대, 즉 교회 가족 내에 있는 성숙한 성인 역할 모델들을 우리 아이들이 좀더 많이 접할 수 있도록 해 주어야 한다. 우리가 초점을 맞추어야 할 다섯 가지 구체적인 측면을 아래에 제시한다. 균형 있고 성공적인 어린이 활동을 위해서는 각각의 측면에 모두 전력해야 할 것이다. 쉽게 암기할 수 있도록 하기 위해 "아동"(CHILD)의 각 철자를 머릿글자로 사용했다. 이 전략들은 우선 순위에 따라 세 개의 영역으로 크게 나눌 수 있다.

1. 삶의 양식　　C - 아동의 교회 생활(Church life)
　　　　　　　　H - 아동의 가정 생활(Home life)
2. 구체적 프로그램　I - 모든 연령층에 적용할 수 있는 프로그램(Intergenerational Programs)
　　　　　　　　L - 아동을 위한 학습 프로그램(Learning Programs)
3. 그 밖의 무대　　D - 아동에 관한 공공 정책 개발(Development)

아동의 교회 생활

모든 조직에는 하나의 사명, 즉 존재 이유가 있다. 더 나아가, 모든 조직에는 그 사명의 기조(基調)를 정하기 위해 모이는 일정한 모임 시간이 있다. 예를 들어 기업에서는 주례 직원 회합이 있고, 학교에는 교직원 회의가 있다. 비교적 규모가 작은 도시에는 시의회 모임이 있다. 교회의 주된 모임은 매주의 예배를 중심으로 이루어진다.

예배

정규 예배는 온 교회가 함께 모이는 전략적 시간이다. 이러한 시간에 어린아이들이 참석하지 못할 경우(별도의 프로그램에 참석할 경우) 이들이 교회 가족이 모이는 시간에서 잃는 것은 무엇인가?[4] 어린아이들이 함께 모이는 출석 교인 수 서른여덟 명의 한 시골 교회를 상상해 보라.

두 살 반짜리 존과 생후 4개월 된 캐서린이 부모와 함께 예배드리러 왔다. 캐서린은 아버지의 품에 잠들어 있지만, 잠든 아이를 안고 있는 게 힘들지 않느냐며 많은 이들이 번갈아 가며 아이를 안아 주기를 자청한다. 예배당 뒤편에는 캐서린이 이리저리 헤집고 다니기 시작할 때를 대비하여 휴대용 아기 그네가 비치되어 있다.

존은 종이와 크레용, 강아지 인형, 담요를 가지고 왔다. 그는 자기 소지품을 들고 부모 옆에 나란히 자리를 잡고 앉는다. 하지만 오래 앉아 있지는 못한다. 돌아다니면서 누구 옆에든 자유로이 앉을 수 있지만 특별히 그에게 주목하는 사람은 없다. 설교와 기도가 진행되는 동안 사람들은 그를 일종의 온화한 무관심으로 대한다. 도움이 필요한 일이 있으며 도와 주고, 꼭 안아 주기도 하면서, 필요 이상으로 법석을 떨거나 관심을 치중하는 일 없이 적당히 무시를 하는 것이다.

존은 어린이용 찬송가를 보면서 함께 찬송을 부르기도 하고 송영문을 거의 비슷하게 외우기도 한다. 그의 찬송이 어른들의 찬송보다 더 길게 이어지기도 한다. 기도 시간에도 최소한 5초 정도는 고개를 숙이고 기도하는 흉내를 낸다. 회중석 의자 맨 가장자리에 서서 헌금 바구니에 헌금을 넣고 나서는 헌금 위원과 함께 강대상 있는 곳까지 나오기도 한다.

예배가 끝나자 목사님 옆에 나란히 서서 사람들과 잠시 악수를 나누다가, 부모가 다른 사람들과 이야기를 나누는 동안 저보다 조금 더 큰 아이들과 어울려 공놀이를 한다. 이제 잠에서 깨어난 캐서린은 예쁘다고 칭찬을 받으며 이 사람 저 사람에게 번갈아 안긴다. 교인들의 약 반수 정도가 존의 집으로 가서 차를 마셨다(Ng and Thomas, 1981, p. 10).

생각하기

위의 글에 대해 곰곰이 생각해 보라. 함께 예배를 드리는 하나님의 백성의 공동체에 관해 존이 무엇을 '배웠을' 것으로 생각하는가? 교인들이 자기 존재를 긍정해 주고 후원해 준다는 것을 존이 어떤 방법으로 감지했겠는지 이야기해 보라.

교회는 다양한 방법들을 사용하여 어린아이들을 예배에 포함시킨다.

- 아이들을 "어른" 예배에 주기적으로(한 달이나 두 달에 한 번씩) 참관시키되 때로는 예배에 참여하게 하기도 한다(어린이 성가대에서 노래를 하는 등의 방법으로).
- 아이들로 하여금 예배의 한 부분을 참관하게 한 후(설교 순서가 끝날 때까지) 어린이 교회 학교에 출석시킨다.
- 아이들을 격주로 예배의 전체 순서에 출석시킨다. 해당되지 않는 주일에는 설교가 시작되기 직전에 어린이 교회 학교로 간다.
- 아이들을 매주 예배의 전체 순서에 출석시킨다.

어린이 교회 학교를 운영하는 교회에서는 이런 일반적인 방법들 외에, 학년별로 차등을 두는 방법도 사용한다.[5] 예를 들어 6학년, 3학년, 혹은 유치부별로 출석 상한선을 제한하는 것이다.

아이들은 주의 집중력이 제한되어 있고 그들의 관심사 역시 어른들과는 다르기 때문에, 설교에 직접적으로 귀를 기울이기보다는 딴전을 피우는 경우가 흔하다. 하지만, 그렇다고 해서 아이가 학습을 하지 않는 것이라고는 단정하지 말라. 딴 생각을 하면서 빈둥거리는 것 같아도 아이의 생각 속에서는 훨씬 많은 일들이 진행되고 있다는 것을 아이가 예배 시간에 그린 "회중석의 예술"은 자주 증거하고 있다.

예시 16.1
네살바기 룻의 "회중석의 예술" 사례

내 친구 옆에는 엄마와 함께 예배를 드리고 있는 어린 여자 아이가 앉아 있었다. 설교 시간에 아이는 헌금 봉투를 꺼내어 그림을 그리고 있었다. 설교에 몰두해 있던 엄마는 딸아이가 무엇을 하고 있는지 알아차리지 못했다. 마지막 찬송 시간에 아이의 엄마는 아이가 봉투 뒷면에 그려 놓은 그림을 힐끗 보게 되었다. 그림의 내용을 채 보지 않은 엄마는 예배 시간에 그림을 그렸다고 딸아이를 나무랐다. "정신을 집중하고 있어야지"라고 성을 내면서 엄마는 서둘러서 아이를 자리에서 끌어냈다. 아이가 앉아 있던 자리에는 그림 한 장이 구겨진 채 남아 있었다. 내 친구는 그 구겨진 그림을 펼쳐 들었다. 아이는 하트 모양에 정성을 들여 장식을 했고, 그 안에 이렇게 써 놓았다: "예수님은 나를 사랑하신다"(스튜어트, 1987, p. 61).

한번은 네살바기 우리 딸아이가 예배 시간에 예시 16.1에 제시된 이 그림을 그린 적이 있다.

그 애의 "캔버스"는 주보 사이에 끼워져 있던 선교 편지 뒷면이었다. 그 그림은 우리 가족이 교회에 가는 모습을 묘사한 것이었다. 어린 룻만 빼놓고 식구들 모두 성경을 들고 있다. 자신의 성경은 "글씨만 있는 진짜 성경"이 아니라 "그림 성경"이었기 때문에 아마 제외시킨 것 같았다. 이것은 공동체 예배를 통한 아이들의 간접 학습의 한 예라고 할 수 있다. 아이들은 온 교회가 그 중요한 사명, 즉 함께 하나님을 예배하는 일을 이행하는 것을 주기적으로 체험해야 한다.[6]

공동체 차원의 아동 신앙 양육

교회들이 공적으로 자기 교회 어린아이들의 신앙 진보에 역점을 두고 행하는 경우는 극히 드물다. 교회에서 목사와 어린아이들이 함께 있는 광경은 헌아식이나 유아 세례가 있을 때에나 겨우 볼 수 있다. 어떤 교회는 어린이용 설교를 하기도 하지만, 조잡하고 일관성도 없는 경우가 흔하다. 우리 주님께서 아이들을 공공연히 환영하시고 또 다른 어른들에게도 그렇게 할 것을 권면하셨으므로, 우리는 교회 차원에서 아이들에게 더 많은 관심을 기울일 필요가 있다.

아동의 구원 체험에 대한 신학적 이해에 관해서 우리는 더 많이 생각해야 한다. 복음주의 교회는 구원 문제에 있어서 성인의 "위기" 회심 모델, 즉 한 성숙한 사람이 세속적인 것으로부터 기독교 문화로 극적으로 이동해 오는 것을 표준으로 삼아 왔다. 우리가 이 모델을 기준으로 삼는 것은 신약성경에 성인의 회심만이 배타적으로 제시되어 있기 때문이다. 어린아이들(교회 안에서 커 가고 있는)이 어떻게 해서 신앙 안으로 들어와야 하는지에 대한 지침은 실제적으로 전무(全無)하다. 유대인 가정에서 자란 디모데의 체험이 어렸을 때 기독교적 양육을 받은 개별적인 예로서 성경에 명시된 유일한 예이다(딤후 1:5; 3:14-15).

하나님을 믿기로 하는 결정은 아이들 자신이 자의적으로 해야 하는 일이지만, 예수 그리스도 안에 있는 구원을 얻기 위한 개인적인 결단을 하기 전에, 그리고 후에도 "그리스도인다운" 성품을 계발시키며 자라나는 것이 아이에게는 이상적이다.[7] 그런 회심 모델은 우리가 구원을 인생의 여러 국면을 포괄하는 것으로 인식한다는 사실을 시사한다. 그런 의미에서, 회심은 단순히 "일회적" 결단이 아니다. 여타의 중요한 결단들과 마찬가지로 거기에는 발생 시점이 있고, 뒤따르는 몇 차례의 확증 과정이 있다. 연령별 차이를 고려한다고 할 때, 이런 연속적인 결단들은 어떤 의미에서 신선하고도 독립적인 선택을 나타낸다고도 할 수 있다.[8]

이제 막 예수 그리스도를 자신의 인격적인 구주로 영접한 두 남매를 둔 어머니가 자기 아이들의 앞날을 내다보면서 다음과 같이 염려하는 말을 귀기울여 들어 보라.

이 중대한 사건에 대해 다른 어머니들과 다름없이 가슴 벅찬 감격을 느끼는 한편, 나의 기쁨 위에는 몇 가지 의혹의 그늘이 드리워졌다. '이 아이들은 너무 어려. 이 결단이 과연 확고한 것일까? 딸아이가 열두 살이 될 때, 이 순간을 과연 기억이나 할까? 아들 아이가 열여섯 살이 되면 지금 여기서 일어난 이 일의 실재를 멸시하거나 무시해 버리지는 않을까? 어떻게 하면 어린아이만이 가질 수 있는 진실함과 확고부동한 헌신으로써 이 순간을 떠올리게 해줄 수 있을까?(모건, 1991)

직계 가족만이 이 일에 책임을 지는 것은 아니다. 혈육의 가족과 교회 가족이 협력하여 이 중요한 믿음의 여행을 지원해야 한다. 교회 공동체의 차원에서 아동들의 신앙을 양육함으로써 우리는 아이들의 신앙이 성숙하여 마침내 "성인의" 신앙에 이르도록 격려해 줄 수 있다. 표 16.1은 아동들이 대중에게 그 존재가 인지될 수 있는 몇 가지 계기들을 제시한다.[9] 이런 방법으로 우리는 아이들에게 영적 이정표를 제공해 주어 그들의 신앙 여정이 정체되지 않게 해줄 수 있다.[10] 긍정적으로 말해서, 이런 성장 지표들에는 아동의 발달 단계상의 특징들을 존중하는 자세가 표현되어 있다.

표 16.1
아동기에서 성인기에 이르기까지 교회 차원의 신앙 양육

제1단계: "가족"으로 받아들여짐(생후 처음 1년간)

1부: 부모-헌아식/유아 세례
- 부모들(조부모들)을 위한 준비반
— 교회의 헌아식/유아 세례 예식은 주로 핵가족에 초점을 맞춘다. 그리고 부차적으로 회중들의 책임에 초점을 맞춘다.

2부: 아동의 구원의 결단
- 아이가 예수님을 인격적인 구주로 영접할 것을 의지적으로 선택한 후 교회 지도자(들)가 아이와 그 부모를 만난다. 그 결단의 진실성을 확실히 한다.
— 제2의 탄생을 상징하는 흰 카네이션을 강대상이나 강단에 꽂아 놓아 회중에게 이 기쁜 소식을 알린다.

제2단계: "가족"으로 소개됨(최소한의 연령: 초등학교 입학 때)
- 어린이와 부모를 위한 준비반
— 세례, 성찬식에 처음으로 참여함

> **제3단계: "가족"으로 확증됨(최소한의 연령: 고등학교 입학 때)**
> - 학생을 위한 준비반, 요리문답반
> — 공개적 간증
>
> **제4단계: "가족"으로서의 권한이 부여됨**
> **(최소한의 연령: 대학교 입학/직장 생활 시작 때)**
> - 청년을 위한 준비반
> — 선택적으로 권한을 부여받는 의식, 하나님의 부르심에 대한 자발적 응답, 직업으로 하나님을 섬김

주: 최소 연령을 제시하긴 했지만 각 단계로의 진전은 아이(학생)에게 주도권이 있다.

인생의 이 네 가지 주요 단계들은 다섯 가지 공공 예식과 연관되어 있다. 각 단계들은 영적 헌신의 주요 시기들을 말한다. 또한 각 단계에는 훈육을 위한 준비반이 포함된다. 이 때 교사가 목표로 삼는 것은 두 가지이다. 첫째는 학생들이 각자의 개인적 결단을 하도록 도와 주는 것이고, 둘째는 공공 예식의 목표와 결과를 이해하도록 도와 주는 것이다. 후자에는 교회 지도자, 부모, 그리고 아동들의 역할도 포함된다. 교회 공동체도 중요한 역할을 담당한다.

제1단계("가족"으로 받아들여짐)에서, 아이는 교회 차원의 양육을 위해 교회 가족으로 최초로 받아들여진다.[11] 이 예식 때 교회는 자기 아이를 훈련시키는 데 전념하는 그 부모를 격려하고 후원해 줄 책임을 부여받는다. 이 단계는 아이가 인격적으로 예수 그리스도를 구주로 받아들일 때 종료된다.[12] 육체적 탄생을 의미하는 붉은 장미에 곁들여, 흰 카네이션을 강대상이나 강단에 꽂아 놓으라. 그렇게 함으로써 아이의 두 번째 탄생을 상징해 준다.

"가족"으로 받아들이는 것은 제2단계의 모티브가 된다. 가족 구성원이 되기 위한 준비반 이후, 아이는 특별한 방법으로 교회 "가족"에게 소개된다. 여기서는 두 가지 중요한 사건이 영적 이정표가 된다. 첫째는 아이의 입문 의식인 세례이고, 둘째는 가족 식사인 성찬에 아이가 최초로 참여하는 것이다.[13] 이 예식 후, 교회는 갖가지 교회 사역에 참여하고 영적 은사를 활용하기 시작할 것을 아이에게 권면한다.

청소년기의 중반에 일어나는 제3단계는 "가족"으로 확증되는 것에 초점을 둔다. 십대 청소년으로서 이 이정표를 준비할 때에 이들은 기본적 교리들에 대한 "어릴 때"의 이해로부터 "성인" 수준의 포괄적 이해로 변화되기 시작한다. 이 특별한 의식 때 이들은 개인적인 간증을 통해 하나님께 대한 자신의 믿음을 공개적으로 나타낸다. 또한 교회의 사역에 책임성 있게 계속적으로 참여할 것을 권면받는다.

청소년기 동안 어떤 형태로든 신앙을 "확증"해야 할 필요성은 이제 이들이 새로운 인지 능력(공식 활동), 즉 온전한 성인으로서 사고할 능력을 갖게 되었다는 사실에서 비롯된다. 예를 들어 어떤 교회는 어린아이들에게는 교회 구성원으로서의 핵심적 책무들(특히 표결권)을 유보시키다가 십대 중반이 되면 비로소 그 책무를 이행하게 한다. 따라서 우리는 이 중요한 통과 의례를 공식화하고 특별한 훈육 기간과 연계시켜야 한다.

제4단계는 선택적이다. 청년들은 자신들의 직업과 관계 없이 공개적인 방식으로, 주님을 섬기는 데 헌신하기를 바랄 것이다. 하나님을 섬기기 위해 "가족"의 일원으로서 사명을 부여받는 이 의식에는 하나님의 진리를 열심히 연구하고, 그것을 의식적으로 깊이 묵상하는 일이 선행되어야 한다.[14] 교회 차원의 이런 의식들이 진행될 때마다 이는 교회 구성원들에게 축복이 된다. 최초의 참여자들만 영적 성장에의 도전을 받는 것이 아니라, 모든 예식들이 각각의 성도들 모두에게 자신의 신앙을 재삼 확인하는 기회를 제공해 주는 것이다.[15]

교회 지도자들의 본보기

교회에서 아동들은 단순히 주일학교에서 가르쳐 주는 것만을 배우지 않는다. 그들은 어른들 간의 교제를 주의 깊게 관찰하며, 어른들과 아이들의 연합 관계를 지켜본다. 어른들이 아이들의 수준에 맞춰 자신들과 이야기를 할 때 아이들은 그 관계를 인식한다. 그들은 어른들 중에 자신들에게 호의적인 사람은 누구이고, 그렇지 않은 사람은 누구인지 알고 있다. 성령께서 다음 사항을 교회 지도자의 중요한 자질 가운데 하나로 삼으신 것은 아마 그 때문이기도 할 것이다. "자기 집을 잘 다스려 자녀들로 모든 단정함으로 복종케 하는 자라야 할지며 (사람이 자기 집을 다스릴 줄 알지 못하면 어찌 하나님의 교회를 돌아보리요)"(딤전 3:4-5). 자기 자녀를 잘 키우는 사람은 아이들의 발달 단계에 비교적 민감한 사람들이다. 폭넓은 교회 사역에 의해 아이들의 성품이 어떻게 형성되어 가는지 그들은 알고 있다. 그런 지도자들은 또한 어른들과 청소년들에게 좋은 본보기를 보여 준다. 아이들을 그리스도의 몸의 한 부분으로 받아들임으로써 그들은 다른 이들에게 경건한 행동과 가치관의 모델이 되는 것이다.

아동의 가정 생활

도널드 조이(Donald Joy)는 가정을 아동을 위한 하나님의 "최초의 커리큘럼"(1986, p. 11)이라고 칭한다. 어린아이들은 교회에서보다는 가정에서 더 많은 시간을 보낸다. 교회 지도자들이 부모 훈련 전략에 더 많은 시간과 자원을 투자해야 하는 것은 바로 그 때문이다.[16]

성경은 한 가지 사실을 분명히 하고 있다. 부모는 아이의 성장에 중요하고도 근본적인 역할을 한다는 것이다(신 6:5-9; 엡 6:4). "서로에게 충실한 부부 관계는 대개 자녀를 생산하게 되어 있으며, 부모-자녀 관계는 하나님께서 세상을 경영하실 때, 다가올 세대를 훈육하는 데 아주 중요한 부분을 차지한다. 하나님께서는 부모에게 부모의 역할이라는 특권과 기쁨을 주셨을 뿐만 아니라, 그에 따르는 책임도 주셨다"(루이스와 데마레스트, 1990, p. 98).[17] 그런데 넬슨 엘리스(Nelson Ellis)는 이렇게 말한다.

> 우리는 신앙 교육의 책임을 부모에게만 전적으로 맡길 것이 아니라 부모 역시 심판 아래 있는 존재들로서 부모의 역할을 이행하는 한편, 그리스도인으로서의 지식의 폭을 넓히고 분명하게 할 필요가 있는 사람들이라는 사실을 알아야 한다. 그러므로 우리는 자녀를 키우고 있는 부모들에 대한 계속적인 훈련에 먼저 관심을 가야 하며, 그래서 그들이 "은혜와 지식 안에서" 장성한 분량에 이르도록 해야 한다. 그런 다음, 그 훈련의 한 부분으로서 그들이 가정에서 부모와 교사 역할을 더 잘 이행할 수 있도록 도와 주어야 한다(1971, p. 209).

교회 지도자들의 역할은 성도들을 '구비시키는' 일이다: "이는 성도를 온전케 하며, 봉사의 일을 하게 하며, 그리스도의 몸을 세우려 하심이라"(엡 4:12). 성경적 초점과 결론을 바로 이 말씀에서 찾아볼 수 있다. 교회는 부모 교육에 전념한다. 그러면 부모는 자녀 교육에 정성을 다한다. 이런 패턴이 어떤 배타적인 관계를 나타내지는 않는다. 교회 또한 아이들을 대상으로 직접 사역을 하기 때문이다. 그보다 이 패턴은 우선적 관계를 강조하는 것이며, 자녀에 대한 책임은

일차적으로 부모가 진다는 것을 말한다.[18]

　가정과 부모가 이런 요구들에 부응할 수 있도록 풍부한 자료들이 마련되어 있다.[19] 이런 자료들을 규명하고 조직화하며 더 발전시킬 유익한 훈련 프로그램이 요구된다. 가정이 여러 가지 변화의 시기를 겪을 때 그에 따르는 필요들을 다루려는 이 목표에는 거기 관련된 한 가지 도전이 있다. 즉 유익한 자료들을 제시하는 것과 그 자료들을 이용할 준비가 가장 잘 되어 있을 때 부모들에게 그 자료를 추천해 주는 것은 전혀 다른 일이라는 것이다. 부모가 예상하는 시기와 아이의 성숙 과정상 중요한 변화의 시기가 잘 맞아 떨어져야 한다. 각 변화의 시기는 자녀를 훈육할 기회로 통하는 하나의 창문과 같다. 표 16.2는 가정 생활의 이런 중요한 변화들 중 일곱 가지를 보여 주고 있다.

　한 가지 사례(事例)로서, 학령기의 변화에 관해 다음과 같이 염려하고 있는 한 어머니의 보고서에 귀를 기울여 보라.

　　지난 8월, 나는 알고 지내던 한 어머니로부터 슬픈 이야기를 들었다. 그녀는 자기 아이를 이제 막 초등학교 1학년에 입학시켰다. 지난 6년 동안 두 모자는 거의 뗄래야 뗄 수 없는 사이였다. 그들은 늘 함께 배우고, 함께 산책을 하고, 함께 도서관에 가고, 함께 쇼핑을 했다. 그런데 이제 그 아들이 입학을 하면서 엄마 곁을 멀리 떠나게 된 것이다.

　　매일 아침, 통학 버스가 아이를 태우고 가면 어머니는 그 자리에 서서 몇 분간씩 울

표 16.2
가정 생활의 전환기들

1. 결혼
2. 첫 아이(부모가 됨)
3. 첫 아이가 학교에 들어감
4. 첫 아이가 청소년기에 들어섬
5. 첫 아이가 장성하여 집을 떠남
6. 첫 아이가 결혼함(시부모, 장인 장모가 됨)
7. 첫 손자를 봄(조부모가 됨)

자료: 겜시(1982)에서 수정

곤 했다. 한 가지 이유는, 아이에게 무슨 일이 일어나는지 알 수 없다는 것이었다. 그녀의 아들은 학교라고 일컫는 신비한 세계로 사라져 갔고, 그녀는 아들이 어디서 무엇을 하는지 알 수 없는 일이었다. 외로웠다. 평소에 하고 싶었던 일, 친구를 만나거나 집안 청소를 하거나 화초를 가꾸거나 하는 등의 재미있는 일들을 하면서 시간을 보내기보다는 하루 종일 멍하니 혼자 앉아 있기가 일쑤였다. 그러다가 그녀는 문득 아이의 이러한 학교 생활이 앞으로 최소한 13년은 계속되리라는 것을 깨달았고, 이 사실이 그녀를 더욱 슬프게 만들었다.

그렇다. 정말 슬픈 이야기였다. 하지만 내가 슬픈 것은 그 어머니 때문이 아니라 그 아이 때문이다. 만약 그 어머니가 자기 행동을 고쳐야 한다고 생각했다면, 그것은 아들의 입장에 서 보는 일이다. 아들이 자기 어머니를 가장 필요로 할 때, 이 어머니는 자기 자신의 문제에 너무 깊이 몰두해 있어서 아들에게까지 신경을 쓸 여력이 남아 있지 않았다. 그것이 바로 이 사건을 슬프게 만드는 것이다(쉼멜, 1989, pp. 210-11).

교회는 각 성장 단계를 전후로 부모에게 특별한 지원을 해 주어야 한다. 예를 들면, 각 변화 단계에 있는 부모들에게 도움이 될 만한 문서 자료나 비디오 테이프(교회 도서관에 비치되어 있는) 목록을 나누어 줄 수도 있다. 인원이 충분하고 또 관심이 있다면, 주일학교에 선택 과목반을 개설하거나 주중에 모이는 후원자 모임을 만들어서 생활상의 이런 변화에 따르는 특별한 관심사들에 대해 적절한 방안을 모색해 볼 수도 있다.

생각하기

표 16.2에 있는 인생의 전환기들 중에서 한 가지를 고르라. 부모들이 그 특정한 시기를 통과하는 것을 돕기 위해 토요일 아침 워샵을 계획하고 있다고 가정해 보라. 그들에게 가르쳐야 할 중요 개념, 자세, 혹은 기술에는 어떤 것들이 있다고 생각하는가?

개인적인 도움 외에도 부모들은 아이들을 돕는 데 지침이 될 만한 것들을 요구한다. 나이를 먹어감에 따라 아이들은 앞에서 말한 세계들, 즉 가정, 확대 가정, 교회, 시장, 이웃, 국가 등과 각각 관련된 관심사들에 직면한다. 예를 들어 교회 교육 프로그램은 부모가 가정내에서의 아이들의 습관을 정기적으로 점검하는 것을 도와 줄 수 있다. 성장을 촉진하는 습관들은 무엇이고, 발달을 방해하는 경향이 있는 습관은 또 무엇인가? 가정내에서 시행할 수 있는 훈육 활동들은 저녁 식사 때의 대화에서부터 가족 오락에 이르기까지, 그리고 극기 훈련에서부터 갈등을 다스리는 법에 이르기까지 다양하다.[20]

부모들이 사용할 수 있는 가장 단순하면서도 중요한 전략은, 아이들에게 큰 소리로 책을 읽어 주는 것이다. 이런 노력 가운데 부모는 다른 데 신경 쓰는 일 없이 아이에게만 집중할 수 있다. 아이들에게 친근하게 대해 주거나 신체 접촉을 통해서 더 진전된 양육 단계로 나아간다. 대화의 기술도 개발된다. 아이는 새로운 어휘와 새로운 세계를 접하게 된다. 성경, 성경 이야기책, 도덕적 진리가 담긴 책들을 읽어 주는 것도 아이에게 큰 유익을 준다. 이렇게 함으로 가족간의 유대 관계도 증진되고, 경건한 가치관도 생겨 난다.[21]

분명히, 가정 안에는 수많은 교육적인 필요들이 존재한다. 친구들과 함께 놀 수 있는 시간, 텔레비전의 어떤 프로를 얼마나 오랫동안 볼 수 있는가,[22] 가지고 놀아도 되는 장난감은 무엇이고 가지고 놀아서는 안 되는 장난감은 무엇인가, 학교 생활을 가장 효율적으로 해 내기 위해서는 교사들이나 교장 선생님과 얼마나 협력해야 하는가[23] 하는 것 등이 바로 그것이다. 요약하자면, 교회 지도자들은 자녀 교육의 목표와 실제를 위해 성경과 상식을 종합한 지침을 제공해 줄 수 있다는 것이다.[24] 이 가정 교육의 목표는 어떤 교리를 주입시키려는 것이 아니라 가정들을 섬기고 경건한 아이들을 길러 내는 데 있다.

그러나 정보 제공만으로는 충분치 않다. 부모들을 교육하는 것만으로도 불충분하다. 사람들 중에는 개인적인 스트레스나 문제들, 그리고 많은 일들로 인해 아이들이 요구하는 것만큼 그들에게 집중하지 못하는 경우가 많다. 문제를 더욱 복잡하게 하는 것은, 편부나 편모 가정에서 자라는 아이들이 많다는 점이다.[25] 이유야 어찌 되었든, 교회는 특히 "위험에 처해 있는 아이들"을 가진 가정들을 돌아보아야 한다.[26] 진정한 그리스도의 사랑을 표현하기 위해 우리는 도움의 손길을 내밀어야 하는 것이다.[27]

모든 연령층에 적용할 수 있는 프로그램

아이들은 살아가면서 경험을 통해 많은 것을 배우므로 교회는 예배와 가정 교육에만 안주해서는 안 된다. 이런 교육 전략을 보완하면 아이들에게 더 많은 학습 경험을 제공해 줄 수 있을 것이다. 나이를 불문하고 모든 연령층의 사람들이 정규적으로 모여서 함께 하나님에 대해 배우는 주일학교나 주중(週中) 강좌를 후원하는 교회들이 많다. "그러므로 모든 연령층에 적용할 수 있는 신앙 교육(IGRE: Inter-Generational Religious Education) 프로그램의 주된 목표는, 사람들이 세대 격차를 넘어 서로 질적으로 바람직한 관계를 맺을 수 있도록 도와 줌으로써 이 문제(연령 제한을 두는 프로그램에서 사람들이 느끼는 고립감과 격리감)에 대처할 수 있게 하는 것이다"(화이트, 1988, p. 177). 그러한 학습은 아이들에게만 도움이 되는 것이 아니라 모든 연령층의 사람들에게 다 유익하다. 이는 각 연령층의 유사성과 상이점 두 가지를 모두 다 소중히 여기는 것이다. 또한 기독교의 관점에서 균형 잡힌 교육을 실시할 수 있게 해 준다.

그런 프로그램은 어떤 프로그램인가?

> 이상적인 IGRE 프로그램에서는 인간 관계의 네 가지 패턴이 모두 다 시행된다. 사람들이 모두 함께 와서 공통의 체험을 한다(1-공통 체험). 그리고 나서 자신의 학습 능력을 최고로 발휘하기에 적당한 수준에 따라 개별적으로 그 공통의 주제를 연구한다(2-수준별 학습). 다시 함께 모여 자신이 관찰해 낸 사실들과 연구 결과들을 나누는 시간을 갖는다(3-의견 발표). 마지막으로 각 연령층별로 모여 서로의 의견을 주고받는다(4-상호 의견 교환) (화이트, 1988, pp. 29-30).

아동, 청소년, 성인이 함께 모이는 모임에서는 각 연령층이 동년배들 사이에서 하나님의 말씀을 배우는 기회가 있고 세대 구별 없이 배우는 기회도 있다. 주일학교 수업 때 선택 과목 외에 이런 기회들을 가져 보는 것은 어떤가? 그러면 사람들이 어떻게 생각하겠는가? 제임스 화이트(James W. White, 1988)는 연령층의 구별이 없이 시행할 수 있는 성장과 도전의 다양한 대안 목록을 제시한다: (1) 가족 집단/영적인 확대 가족들, (2) 일일 워샵, (3) 주요 공휴일과 연관된 특별 행사, (4) 예배와 예배 관련 활동, (5) 연례 가족 캠프.[28]

아동을 위한 학습 프로그램

아동 대상 사역을 이야기할 때 "각 연령층에 알맞은 표준 프로그램" 하면 떠오르는 것이 있다.

바로 주일학교, 여름 성경 학교, 주중의 클럽 활동이 그것들이다. 이런 것을 떠올리는 것은 당연하고도 자연스러운 일이다. 그러나 이 장에서 말했다시피 그런 프로그램들은 무한한 사역의 한 부분에 불과하다.

아동에 관한 공공 정책 개발

우리가 제시한 다섯 가지 측면의 아동 사역 전략 중에서 이 마지막 측면은 보기에 따라 너무 정치적인 것으로 여겨질 수도 있다. 그러나 최소한 우리 아이들에게 직접, 간접으로 영향을 끼치

그림 16.2
학대받는 아이들의 세계

[그림: 학대받는 아이들의 세계를 나타내는 동심원 다이어그램. 가장 안쪽부터 미소 시스템(상처받는 자녀 - 학대하는 부모, 학내의 순환), 중간 시스템(학교, 일, 이웃, 정부 기관, 지방 자치, 확대 가족, 교회, 후원 체계, 우정), 외부 시스템(상품과 용역 분배, 직업 세계, 대중 매체, 단체의 교육 위원회), 거대시스템(교육 체계). 바깥 원 주위에는 "소유물로서의 자녀들", 인종 차별주의, 사회 경제 체계, 정치 체계, 폭력 인정, 개인주의, "이상적" 부모와 자녀에 대한 문화적 기대 등이 표기되어 있다.]

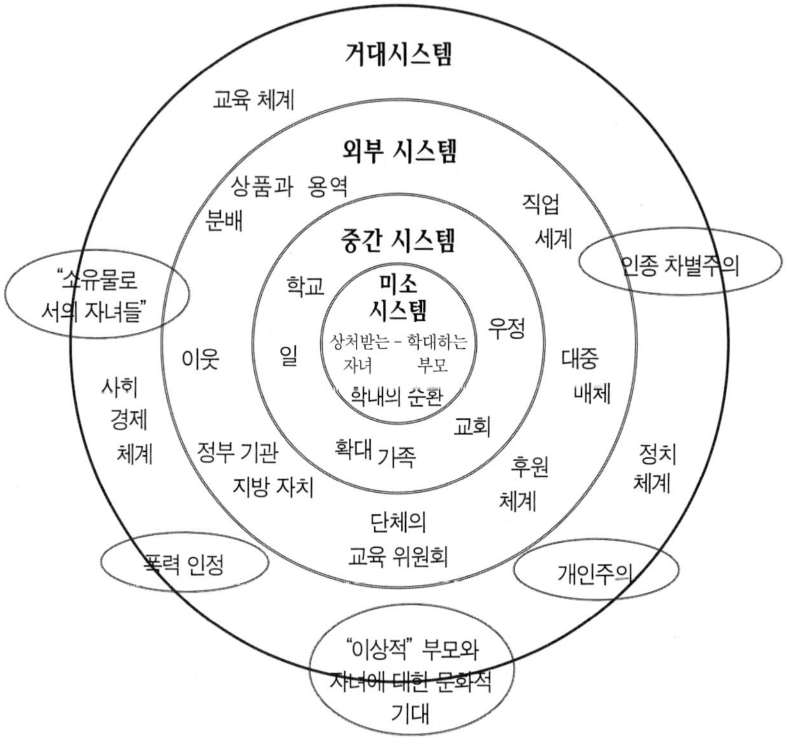

는 정책들에 대해서는 인식을 하고 있어야 한다. 그런 다양한 정책들의 표본에는 산모의 편의에 따라 낙태를 허용하는 것,[29] 아이들에게 안전하지 못한 장난감 제조 및 판매를 허가하는 것, 공립학교 교과서에 반(反)기독교적 가치관이 담긴 내용들을 싣는 것, 어린이용 TV 프로그램 광고에서 은연중에 비윤리적이고 부도덕한 표준들을 제시하는 것 등이 포함된다. 우리의 아이들에게 건전한 환경을 제공해 주고자 한다면 아이들을 보호하고("안전" 기준), 양육할("자극을 주는" 기준) 법적 장치를 마련해야 한다.[30]

우리 브론펜브레너(Urie Bronfenbrenner, 1979)의 생태학 이론은 아이들에게 미치는 다양한 영향력들을 규명할 수 있게 해 준다. 그림 16.2는 아이를 학대하는 가정에서 아이에게 직접, 간접으로 영향을 끼치는 환경적 상황들의 한 예를 보여 준다. 각각의 상황에 대한 논평은 기독교적 비평의 가치가 있다. 각 논평들은 변화를 일으키고자 하는 우리의 최선의 노력을 보증해 준다. 우리가 부여받은 '임무'에는 우리의 문화를 평가하고 그것을 변화시키기 위해 의도적으로 노력해야 할 책임도 포함된다.[31]

결론

"너희들 방으로 가서 누가복음 19:28-49을 읽어 보아라." 어느 해 부활절, 한 아버지가 두 딸에게 이렇게 말했다. "이상하게 여겨지는 부분이 있거든 내게 말하거라. 그 말씀을 읽어 보면 너희들은 아마 놀라게 될 것이다." 5학년과 1학년짜리 두 딸은 허둥지둥 자기들 방으로 올라갔다.

오래지 않아 그들은 눈이 휘둥그레져서 다시 나타났다. 그리고 한 목소리로 이렇게 말했다. "돌들이 말을 했어요!"

"오, 그래?" 아버지는 맞장구를 쳤다. "어디 얘기 좀 해 보렴." 이리하여 예수님의 승리의 예루살렘 입성(入城)에 관한 이야기가 의미 있게 의역되어 초등 학교에 다니는 두 소녀에 의해 재연되었다. 두 아이는 저마다 나름대로의 통찰력을 가지고 이야기를 했다.

"내가 얘기해 주마." 아이들의 말끝머리에 아버지가 끼어들었다. "집 밖으로 나가서 주변에서 하나님께서 창조하신 것들을 한번 모아 보자. 스티로폼 컵이나 플라스틱 포장재는 안 된다. 그러나 자연 그대로의 것은 하나님께서 원하시기만 한다면, 말을 할 수 있다는 것을 깨닫게 될 거다."

두 아이들은 즉시 밖으로 달려 나가 차고에 이르렀다. 두 번 말할 필요도 없었다. "아빠, 이리와 보세요!" 그들은 어깨 너머로 소리쳤다. "재미있을 것 같아요! 두 아이 모두 자전거에 올라타 있었다.

30분이 조금 넘는 시간 동안 별의별 것이 다 모였다. 작은 나뭇가지, 나뭇잎, 작은 야생화, 나무 껍질, 물론 돌멩이도 있었다. 두 아이들은 모아들인 것들을 모두 1학년짜리 미시의 자전거 바구니에 싣고 가기로 했다. 미시는 가족들의 보화를 자기 자전거에 싣고 간다는 것에 아주 의기양양했다.

"좋아, 이제 집으로 가자. 이만하면 됐어." 아빠가 말했다. "집에 가면 이제 어떻게 해야 할지 이야기해 주마."

집에 돌아오자마자 아이들은 자전거에 싣고 온 것들을 현관문 앞 계단에 조심스럽게 하나씩 내려놓기 시작했다. 모든 것들을 다 내려놓기도 전에 큰딸 엘리자벳이 물었다. "이제 어떻게 하죠?"

"누가복음 19장에서 읽은 것을 다시 한번 이야기해 보렴. 어떤 일이 일어났는지 말이야." 아버지가 말했다. 이야기는 20초도 안 되어서 다 끝났다. 아직도 놀라움과 흥분이 채 가시지 않았기 때문이었다. "자, 이제 우리는 돌들도 이야기를 할 수 있다는 사실을 알았다. '이야기를 하는' 자연의 다른 부분들과 마찬가지로 말이다. 그런데 우리가 모아 온 것들이 만약 말을 한다면 각각 어떤 말들을 할까? 미시, 네가 먼저 말해 보렴."

아이들은 나무 껍질이 키가 큰 참나무와 단풍나무를 덮어 준 것에 대해 감사하다고 말했다. 또한 나뭇잎들이 가을이 되어 노란색, 주황색, 빨강색, 갈색으로 단풍이 든다면 아주 행복해 할 것이라고 말했다. 아이들의 이야기는 겨우 몇 분만에 끝났다. 그러나 두 아이 모두 하나님이 창조하신 "말을 하는" 피조물들에게 진지하게 관심을 집중했던 것이 분명했다.

"너희가 할 일이 또 한 가지가 있구나. 너희가 괜찮다면 말이야." 아버지가 말했다. "너희가 수집해 온 물건 중에서 하나를 고른 다음, 그것이 하나님을 어떻게 찬양할지 그 위에다 한번 써 보거라." 아이들은 그대로 했다.

그 후 4년이 흘렀다. 두 소녀는 그 종려 주일에 있었던 "수업"에 관해 아직도 열정적으로 이야기하곤 했다. 이들은 이제 '신앙'의 생태학적 문제, '임무'라는 주제의 기본 요소들—우리와 피조물의 세계와의 관계 및 피조물과 창조주와의 관계 등—에 대해 전문적으로 배운 것이다. 아버지는 그 때의 물건 한 가지를 아직도 간직하고 있다. 반 파운드 정도 되는 돌멩이 하나가 그의 책상 위에 있었다. 그 돌에는 검은색 글씨로 이렇게 새겨져 있다. "나는 특별하다"라고, 그리고 "미시"라는 서명도 있었다.

가정과 교회는 아동 교육이라는 고귀하고도 긴박한 요구에 어떻게 부응할 것인가? 그것은 하나님만이 아신다. 그러나 성경이 말하는 화목에의 요구에 진지하게 대답하는 부모들은 그 일을 가장 잘해 나갈 것이다. 하나님의 총체적 회복 계획을 실현하고자 실제적 전략을 짜고 실행하는 교사들은 성공할 것이다. 성장과 학습에 결실을 맺게 될 것이다. 그들은, 충성스런 영적 순례자들과 마찬가지로, 그리스도의 지상 명령에 꾸준히 순종하는 자들이기 때문이다.

제17장
교사들과의 동역(사람 중심)

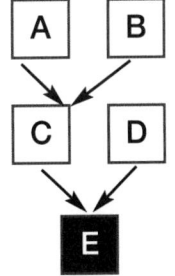

보완자로서의 지도자
교사들과의 원만한 관계
교사 발굴과 계발
결론

앞에서 우리는 기독교 교육의 연령별 문제들과 전략들을 이야기했다. 이제 이 장에서는 효과적인 교육 사역의 필수 요소들, 즉 교사, 지도자, 그리고 일꾼에 대해 분석해 보겠다. 아무리 좋은 프로그램도 그것을 운영하는 사람에 따라 효과적인 것이 될 수도 있고 그렇지 않을 수도 있다.

어떤 의미에서 이 장과 다음 장은 이 책의 종합편이라고 할 수 있다. 이 두 장은 네 가지 주제의 실제적 적용 부분이라 할 것이다. 확실한 것은, 우리는 우리 사역자들이 진정으로 성숙한 하나님의 사람들이었으면 한다는 것이다. 우리는 그들을 한 대상으로 보지 않는다. 우리는 그들의 성장 체험을 귀히 여긴다. 그래서 이 사람들간의 교제와 이들의 성품을 중시하지 않을 수 없다. 그래서 자연히 이 장에서는 이들이 이루는 하나의 공동체 문제에 관심을 기울일 것이다. 하나님 나라에서 이들은 다른 사역자들과 어떻게 원만한 관계를 이루어 나갈 것인가? 궁극적으로 그들은 지상 명령이라는 주제가 표면으로 떠오르는 것을 보게 될 것이다. 어떻게 하면 우리는 이들이 교육으로 하나님을 섬기는 능력 있는 일꾼들이 되도록 도와 줄 수 있을까? 생산적인 사역을 가로막는 장애물은 무엇인가? 어떻게 하면 기독교 교육이 지교회의 테두리 안에 머물지 않고 그 지역 사회에 의미를 끼쳐 줄 수 있을까? 이제 이런 문제들에 대해 생각해 보기로 하자.

생각하기

우리가 사랑하는 성도들과 함께 초월적인 삶을 사는 것
오… 얼마나 영광스러우리라!
그러나 우리가 알고 있는 성도들과 더불어 이 땅에서 사는 것
그래… 그것도 또 다른 즐거움!

잠깐 생각해 보라.
1. 어떤 성격의 사람이 당신을 불쾌하게 만드는가?

2. 당신의 성품 중에는 다른 사람을 화나게 만드는 요소가 없는가?

신약성경에 등장하는 신자들도 늘 사이좋게 지낸 것만은 아니었다. 바울은 빌립보 교회에 보내는 편지에서 그들 교회의 두 신자 사이에 벌어진 사소한 충돌을 해결할 것을 촉구한다. "내가 유오디아를 권하고 순두게를 권하노니 주 안에서 같은 마음을 품으라"(빌 4:2-3). 그리스도인이라고 해서 모든 일에 100% 의견 일치가 되는 것은 아니므로, 우리는 주로 어떤 일들이 그리스도인들 사이에 이런 분쟁을 촉발시키는지 알고 있어야 한다.

강조점이 다른 탓에 의견 불일치가 생기기도 한다. 지상 명령을 생각해 보자. 어떤 사람들은 지상 명령의 목표, 즉 세상 모든 사람들에게 그리스도를 전해야 한다는 사실에 초점을 맞춘다. 그들은 프로그램을 짜고 이 목표를 위해 여러 가지 프로젝트들을 실시한다. 그런데 또 어떤 사람들은 주님의 명령의 관계적 요소에 중심을 둔다. "우리는 그리스도를 닮은 자가 되기 위해 연단 받고 있는가? 우리는 개개인의 필요를 소중히 여기는가?"라고 그들은 묻는다. 어떤 이론가들은 이를 가리켜 "사역 지향적" 태도 대 "사람 지향적" 태도라고 이름 붙이기도 한다.

사람 중심이냐 과업 중심이냐 하는 것은 사역자들의 양대 관점을 대표한다. 어느 것이 중요하냐 하는 것은 우리가 한번 깊이 생각해 보아야 할 문제이다. 미국 문화에서는 특히 더 그런데, 왜냐하면 미국 문화는 무슨 일이든 분주하게 움직이는 것을 과도하게 중시하는 반면 일에서의 인간 관계는 소홀히 다루기 때문이다. 그런 왜곡된 관점은 교회에까지 흘러들어왔다. 교회 지도자들 중에 "일을 해치우는 것"을 가장 중요한 사항으로 여기는 사람들이 많다. 단순한 과업 지향적 태도는 사람의 존귀성을 위태롭게 만든다. 하나님의 말씀은 근본적으로 다른 명령을 한다. 즉, 사람들을 사랑하고 물질을 이용해야지 그 반대가 되어서는 안 되는 것이다.

주일 아침 예배 때에는 '서로 사랑'하기가 아주 쉽다. 교회에서 야유회를 가도 마찬가지로 서로 기분이 좋다. 그러나 각 기관 회의 때나 연례 공동 의회 때는 어떤가? 그리스도인의 섬김이란 우리가 섬기는 사람들에게 관심을 보인다는 것인데, 우리와 더불어 섬기는 사람들에 대해서는 어떠한가? 표 17.1에 제시된 "서로"라는 단어는 우리 스스로 어떻게 처신해야 하는지를 말해 주고 있다. 예수님께서 제자들에게 서로 사랑해야 한다고 분명히 말씀하신 것은 그저 지나는 말이 아니었다(요 13:35).

표 17.1
"서로"라는 말이 나오는 성경 구절

> 서로 받으라(롬 15:7)
> 서로 우애하고 서로 존경하기를 서로 먼저 하며(롬 12:10)
> 서로 인자하게 하며 불쌍히 여기며(엡 4:32)
> 오래 참음으로 서로 사랑 가운데서 서로 용납하고(엡 4:2/골 3:12-13)
> 너희가 짐을 서로 지라(갈 6:2)
> 다 서로 겸손으로 허리를 동이라(벧전 5:5)
> 너희 죄를 서로 고하며(약 5:16)
> 형제들아 서로 원망하지 말라(약 5:9)
> 너희가 서로 거짓말을 말라(골 3:9)
> 형제들아 피차에 비방하지 말라(4:11)
> 우리가 화평의 일과 서로 덕을 세우는 일을 힘쓰나니(롬 14:19)
> 서로 위로하라(엡 4:32/살전 4:18)
> 서로 용서하라(엡 4:32/골 3:13)
> 여러 지체가 서로 같이하여 돌아보게 하셨으니(고전 12:25)
> 형제를 존경하기를 서로 먼저하며(롬 12:10)
> 서로 마음을 같이 하며(롬 12:16/15:5)
> 서로 사랑하라(요 13:34)
> 서로 대접하기를 원망 없이 하고(벧전 4:9)
> 서로 기도하라(약 5:16)
> 사랑으로 서로 종노릇하라(갈 5:13)
> 시와 찬미와 신령한 노래들로 서로 화답하며(엡 5:18-20/골 3:17)
> 서로 돌아보아 사랑과 선행을 격려하며(히 10:24)
> 피차 복종하라(엡 5:21)
> 피차 가르치며 권면하고(골 3:16/롬 15:14)

하나님께서는 교회에게 하나님을 섬길 사명을 주셨다. 더욱이 그분은 은사 있는 신자들을 통해 그 일을 잘 해내는 데 필요한 자원도 공급해 주셨다.[1] 그리스도의 몸의 지체들은 저마다 최소한 한 가지씩의 영적 은사를 다 소유하고 있다(고전 12:7). 그러므로 신자라면 누구나 몸된 교회를 위해 어떤 식으로든 기여를 할 잠재력을 가지고 있다. 사실 우리는 몸된 교회가 스스로 세워지는 것을 도와야 한다(엡 4:16, 벧전 4:10). 그러면 어떻게 하면 이 "인적" 자원들을 사역 과정에서 혹사시키는 일 없이(사람 지향적) 사역에 활용할 수 있는가(사역 지향적)? 이 둘 사이에 계속 긴장을 유지하면 바로 거기서 건전한 대안이 모색된다. 구체적으로 말하자면, 과업 지향적 태도와 사람 지향적 태도 사이의 조화와 균형은 우리의 리더십 스타일, 즉 다른 사람들과 어떤 식으로 인간 관계를 맺으며 교사들을 어떻게 발굴하여 계발시키며 사역 프로그램을 어떻게 계획하고 체계화하느냐 하는 것 등에서 나타나야 한다.

보완자로서의 지도자

교회에서 지도자 역할을 맡고 있는 신자들이 있기 때문에, 일부 책임감이 강한 그리스도인들은 이렇게 묻는다. "지도자 자격이 있는 사람은 어떤 사람인가? 지도자 직분이라는 이 특정한 영역에 은사가 있음을 나타내 주는 지표는 무엇인가?"[2] 성경은 지도자를 고르는 포괄적인 기준을 제시한다.

- 기꺼이 지도자가 되려 하고 또 그 일에 관심을 가짐(딤전 3:1)
- 그리스도인으로서의 성숙한 성품과 확신(딤전 3:2-3, 9, 딛 1:7-8)
- 가정 생활을 모범적으로 해 나감(딤전 3:4-5, 12, 딛 1:6)
- 어느 정도의 신앙 생활 연륜(딤전 3:16)
- 사역의 경력이 어느 정도 입증된 사람(딤전 3:10)
- 그리스도인이 아닌 사람들에게 평판이 좋은 사람(딤전 3:7)
- 성경에 대한 건전한 이해와 성경 말씀을 적절히 사용할 줄 아는 능력(딛 1:9)
- 확실히 인지할 수 있는 영적 은사(엡 4:11, 벧전 4:10-11)

이 모든 사항에서 다 뛰어난 사람은 없다. 하지만 마음을 다하여 노력하는 사람의 그 열심은 높이 사주어야 하며, 지도자가 될 잠재력이 있는 사람에게서는 성장의 실질적 증거가 눈에 띄게 마련이다.

무의미하게 분주한 활동과 피상적인 인간 관계 외에 교회 생활의 또 하나의 문제점은 바로 경쟁 의식이다(참조. 마 20:21, 눅 9:46, 22: 24). 우리 지도자들은 서로를 난폭하게 밀어 제치며 나간다. 누가 최고인가? 누가 최고의 권세를 가지는가? 예수께서는 지도자직에 대한 세상 사람들의 태도와 자신의 태도를 생생하게 대조시키셨다. "이방인의 집권자들이 저희를 임의로 주관하고 그 대인들이 저희에게 권세를 부리는 줄을 너희가 알거니와 너희 중에는 그렇지 아니하니 너희 중에 누구든지 크고자 하는 자는 너희를 섬기는 자가 되고 너희 중에 누구든지 으뜸이 되고자 하는 자는 너희 종이 되어야 하리라 인자가 온 것은 섬김을 받으려 함이 아니라 도리어 섬기려 하고 자기 목숨을 많은 사람의 대속물로 주려 함이니라"(마 20:25-28).

지도자에 대한 두 가지 접근 태도를 그렇게 다르게 만드는 게 무엇인지 마침내 깨달은 사람은 열두 제자의 리더인 베드로였다. 인생이라는 학교의 문을 세게 두드린 끝에 이 거칠고 드센 어부는 서서히 경건한 지도자로 변모해 갔다. 그리스도께서 발을 씻기신 것과 같은 사건(요 13:1-17)의 의미도 마침내 깨달을 수 있게 되었다. 베드로는 기독교의 이 잘못된 지도자관을 긍정한다. "너희 중 장로들에게 권하노니 나는 함께 장로된 자요…너희 중에 있는 하나님의 양무리를 치되…맡기운 자들에게 주장하는 자세(마태복음에 쓰인 것과 동일한 단어이다)를 하지 말고 오직 양무리의 본이 되라"(벧전 5:1-3). "주장하는" 자세란 세상 지도자들의 전형적인 태도이다. 가정에서건 학교에서건 혹은 일터에서건 날마다 우리는 그런 류의 지배를 체험한다.

이런 순환 고리를 어떻게 깨뜨릴까? 다른 사람을 지배하려고 하는 이 타고난 성향을 어떻게 하면 변화시킬 수 있을까? 종된 지도자는 어떤 역할을 하는가? 이런 도전에 대처하는 한 가지 방법은 지도자를 보완자로 생각하는 것이다(브릴하트와 갤런즈, 1989, p. 194): "다른 사람은 줄 수 없는 것을 공급해 주는 정해진 지도자와 더불어 각 지체들은 각자 할 수 있는 최선의 봉사를 한다." 이렇게 지도자는 지체들이 자기 은사를 발휘할 수 있는 기회를 제공함으로써 그들의 성장을 돕는다. 더 나아가 지도자는 다른 이들은 섬기지 못하는 분야의 공백을 메운다.

매니지먼트(management)라는 말을 정의하면서 마이런 러시(Myron Rush)는 종된 지도자의 역할을 또 다르게 규명한다: "매니지먼트란 사람들이 자기 할 일을 하고 있을 때 그들이 느끼는 필요들을 채워 주는 것이다"(1983, p. 13). 다시 말해 지도자란 다른 이들을 '구비시켜 주는 사람' 인 것이다(엡 4:11-12).

교사들과의 원만한 관계

제일 교회의 주일학교 부장인 빌 크랜필드는 교회의 교육 위원회에 연례 보고서를 제출했다. 무엇보다도 그는 최근의 성장 문제에 관한 교사들의 반응을 특별히 중요하게 다루었다. 어떤 교사들에게는 그 성장이 고통이었다. 빌은 성장에 따르는 특정한 고통에 대한 교사들의 반응을 평가하기를, 공간 문제상 어떤 반은 교실을 이동시킬 필요가 있다는 것이었다.

10월 둘째 주일이 우리가 목표로 삼고 있는 날짜인데 이제 겨우 두 주밖에 안 남았습니다. 중학교 1학년과 2학년 교사들인 마크와 수 웡은 교실이 좀더 많아지기를 기대하고 있습니다. 일년 내내 비좁은 교실에서 정말 고생했습니다. 3학년 교사인 줄리 포터는 교실을 옮기는 것을 그다지 환영하지는 않지만, 주일학교 전 프로그램의 유익을 위해 때로는 약간 희생을 감수해야 한다는 것은 알고 있습니다. 현재의 교실에 깔려 있는 멋진 카펫과 커다란 창문을 두고 가는 게 아쉽기도 하겠지만 새 교실의 널따란 벽도 마음에 들어 하고 있습니다. 그녀는 또한 교실 이동 소식을 좀더 일찍 듣지 못한 것을 유감으로 생각하고 있습니다. 그리고 참, 청년 회원으로서 주일학교 교사를 맡고 있는 제리 에이브럼스가 있습니다. 그는 흥분하여 야단입니다. 그는 지금까지 3년 동안이나 정들었던 교실을 떠나기 싫어합니다. 그는 공간이 부족하다는 사실에도 동의하지 않는다고 말합니다. 사실 교사들에게 말도 없이 교실 이동 결정이 내려졌다고 생각하는 듯합니다. 교실을 옮기느니 차라리 교사직을 그만두겠다고도 합니다. 물론 또 다른 청년 교사인 조지 메이베리도 교실을 옮기는 데 늑장을 부리고 있습니다. 그는 이런 결정을 내리는 데 제가 앞장을 섰다고 생각하는 게 분명합니다.

교회 안에서 생기는 의견 불일치와 갈등을 어떻게 처리하는가? 신자들 사이의 긴장 관계를 해결할 수 있는 효과적인 방법이 있는가?

생각하기

갈등 해결 방법 몇 가지를 비교해 보자.

- 반대 의견을 가진 사람들을 공연히 문제만 일으키는 사람으로 몰아붙인다.
- 어떤 수단을 써서라도 자신의 견해를 옹호하며 자신의 계획을 관철시킨다.
- 갈등을 일으킬 상황에서는 철저히 뒤로 물러나며 자신의 입장을 철회한다.
- "겉으로는" 반대자의 의견에 굴복하지만 "속으로는" 분노를 삭이지 못해 씩씩거린다.

위의 전략 중에서 지도자로서의 당신의 태도를 가장 잘 설명해 주는 것은 어느 것인가? 그리고, 자기가 주로 그 전략을 사용하는 이유는 무엇이라고 생각하는가?

사역의 불가피한 속성 한 가지는, 언제든 변화는 반드시 일어난다는 것이다.[3] 새 교실로 옮겨 가는 것이든, 새 전도 전략을 시작하는 것이든, 혹은 새 목회자를 청빙하는 것이든, 변화는 일어나기 마련이다. 하지만 이 자명한 이치가 변화를 어떻게든 용이하게 만들어 주지는 못한다. 변화가 있는 곳에는 반드시 갈등과 긴장이 생긴다. 이기적인 태도에서 빚어지는 갈등도 있고, 변화를 이루는 과정이 세련되지 못한 탓에 일어나는 갈등도 있다. 변화에 따르는 갈등을 피할 수 없다면, 이 갈등을 최소화할 수는 있지 않겠는가? 불필요한 많은 갈등들을 줄이는 것도 가능하다. 변화가 예상될 때에는 두 가지 핵심 사항을 생각하라. 그것은 감정 이입과 적극적 참여이다(커크패트릭, 1986).[4]

감정 이입 : 입장을 바꿔 생각해 보라

어떤 익숙한 환경에서 강제로 내몰리는 기분이 어떨지 생각해 본 적이 있는가? 제리 에이브럼스의 불평은 정당한 것이었다. 지도자들로서 우리는 변화의 한쪽 측면만을 보는 경향이 있다. 즉, 변화에 따르는 좋은 점만을 크게 떠벌리는 것이다. 그러나 그 변화로 인해 손해를 보는 사람도 한둘은 있게 마련이다. 제리 에이브럼스는 자기가 직접 주문하여 디자인한 교실을 잃게 된다. 줄리 포터는 아름다운 가구들과, 넓은 창문을 통해 마음껏 즐기던 햇빛을 잃게 된다. 교사들의 그런 기분을 이해한다면 더 이상 그들의 관점을 무시할 수 없게 된다. 시간과 예산이 허락한다면, 제리가 새 교실을 자신의 취향에 맞춰 수리할 수 있도록 지원 팀을 구성할 수도 있다. 줄리의 교실에는 창문을 새로 내주거나 천창(天窓)을 달아 줄 수도 있다.

개성이 다른 탓에 나타나는 갈등들을 처리하는 방법

빌 크랜필드와 조지 메이베리는 서로 눈을 마주치지 않는다. 조지는 빌이 자기 말은 듣지 않으며 모든 일을 너무 빨리 결정해 버린다고 생각한다. 빌은 조지가 자기 확신에 따라 행동하지 않는다고 생각한다. 사람들의 의견에 너무 민감하다고 여기는 것이다. 무언가 할 일이 있을 때마다 조지는 먼저 회의를 소집하여 그 문제를 의논할 것을 주장한다. 그에 반해 빌은 무슨 무슨 위원회니 하는 것들은 다 시간 낭비라고 생각하며 "실행 위원회"라는 말도 모순이라고 생각한다. 이 한 가지 경우만 보아도 우리는 신자들 사이에 어떤 특정한 갈등의 골이 얼마나 깊어질 수 있는지를 알 수 있다. 개인의 성향과 개성이 서로 충돌하는 것이다.

바울과 바나바 사이에도 심각한 불화가 있었다(행 15장). 요한 마가가 그 둘 사이의 논쟁점이었다. 바울은 요한 마가를 자신들의 두 번째 전도 여행에 동행하기에 부적격자로 여겼다. 이번 여행에 그 전도 팀은 새로운 지역, 전보다 더 극심한 역경을 겪게 될지도 모르는 그런 지역에 들어가야 했다. 바울은 지난 번 여행 때 그렇게 쉽게 중도 포기한 사람을 다시 데려간다는 것은 위험하다고 생각했다(행 13:13). 이에 비해 바나바는 마가의 잠재력을 보았다(그는 일찍이 바울에게서도 그런 잠재력을 간파해 낸 바 있다. 행 9:26-27). 바나바가 보기에 요한 마가는 위험을 감수하면서 동행할 만한 가치가 있는 사람이었다.

누구의 생각이 옳았는가? 그런 경우의 갈등은 관점이 서로 다른 데서 빚어지는 직접적인 결과이다. 누가 옳고 누가 그르냐를 따질 수 있는 문제가 아니다. 관점의 차이 외에 영적인 은사도 그런 분쟁에서 한 역할을 한다. 바울의 은사는 비교적 과업 지향적이었고, 바나바의 은사는 비교적 사람 지향적이었다. 이 두 사람은 선교 팀을 둘로 조직함으로써 이 신경 쓰이는 갈등을 해결했다. 이들은 서로 의견이 다르다는 것을 인정했고, 그래서 각자 하나님의 일을 하기로 한 것이다.

어떤 사람의 성향이 기본적으로 과업 지향적이냐 사람 지향적이냐를 이해하는 데에는 그 사람의 개성이나 사교 스타일을 보면 도움이 된다.[5] 이 목록들은 기업체나 교회들 사이에서 널리 사용되고 있으며, 직원들이나 지도자의 장점(그리고 갈등을 일으킬 소지가 있는 영역)을 알아내는 수단 역할을 하고 있다. 어떤 사람을 평가할 때 그 사람이 사역 지향적이냐 사람 지향적이냐 하는 것 외에, "일을 떠맡는" 타입이냐("집계자") 아니면 곤란한 질문들을 던지기를 좋아하는 타입이냐("질문자") 하는 것으로 그 사람을 구별할 수도 있다. 여기에는 네 가지 기본 유형이 있다. 분석형(비버), 충동형(사자), 표현형(수달), 상냥형(골든 리트리버: 총으로 쏘아 떨어뜨린 사냥감을 물어 오도록 훈련받은 사냥개—역자 주)이 그것이다. 이들은 표 17.2에 요약되어 있다.[6]

이건 정말 동물원이군!

이 밭전(田)자 모형의 도형은 빌 크랜필드(충동형의 "사자")가 왜 교사들을 불쾌해 하는 경향이 있는지를 설명해 준다. 빌 같은 사람들은 해야 할 일이 무엇인가에 초점을 맞춘다. 그 일을 마치기 위해서는 어떤 종류의 반대이든 다 지배하려 든다. 우리가 능동적으로 어떤 행동에 돌입하기 위해서는 이런 사람들이 필요하다.

표 17.2
행동 동기 유발 유형

	사역 중심	
느리게 말음	비버/분석형 어떻게?	사자/충동형 무엇을?
	골든 리트리버/ 상냥형 왜?	수달/표현형 누구를?
	관계 중심	빠르게 말함

자료: 필립스(1989)에서 수정

신속한 결단을 내릴 수 있는 이들의 능력은 사정이 긴박한 때에 특히 유용하다.

조지 메이버리 같은 상냥형의 "골든 리트리버"는 정반대의 행동 동기를 나타낸다. 이들은 왜 우리가 그 일을 해야 하는지 섬세하게 따져 보고 결정한다. 모든 이들의 의견 수렴을 중시하며 협조적이고 충성스럽다. 이런 사람들은 팀웍의 좋은 모델이 된다. 그러나 갈등 상황이 벌어지면, 맞서서 해결하기보다는 입장을 바꾸어 버린다.

표현형의 "수달"들은 그 일에 관계된 사람이 누구인가에 촉각을 곤두세운다. 이들은 사람들과 함께 있기를 좋아한다. 이들은 훌륭한 행동 유발자들로서, 다른 이들을 잘 격려한다. 친절하게 말하고, 낙천적 정신을 지니며, 다른 사람을 인정하고 희망을 준다는 점에서 우리는 이런 사람들을 필요로 한다. 단점은, 중요한 세부 사항들을 그냥 간과해 버린다는 점이다.

분석형의 "비버"들은 그 일이 어떻게 되어 나갈지를 알고 싶어한다. 이들은 곤란한 질문들을 해대는 비판적 사고가들이다. 모든 일에 질(質)을 중시한다는 점에서 우리는 이들을 필요로 한다. 하지만 지나치게 비판적이고, 어떤 결정을 내리는 데 너무 더딘 경향이 있다.

그림 17.1은 각 스타일의 지도자들이 어떤 일의 진척에 어떻게 기여하는지를 보여 준다. 균형 잡힌 태도를 지닌 지도자이기만 하다면 결국 우리에게는 모든 스타일이 다 필요하다. 자기 자신이 어떤 성향인지를 파악하고 있다면 인간 관계에서 좌절을 겪는 이유가 훨씬 쉽게 설명될 것이다. 그리고 자신의 말과 행동이 다른 사람에게 얼마나 자주 오해되는지를 깨닫는다면 불필요한 갈등들도 훨씬 줄여 나갈 수 있을 것이다. 더 나아가, 다른 사람의 개성을 이해한다면 그들의 입장이 되어 생각해 볼 여유도 갖게 될 것이다. 그리고 자신의 은사와 개인적 관점을 초월하여 상황을 바라볼 수도 있게 될 것이다. 자신의 이기적 태도를 점검해 봄으로써 우리는 상호간에 의견이 합일되는 해결점을 향해 나아가는 화목의 과정을 시작하는 것이다.

생각하기

바람직하지 못한 갈등 해결 방법들에 대해 다시 한번 생각해 보고, 그것을 관계된 행동 유형들과 연결시켜 보라.

1. 반대 의견을 가진 사람들은 공연히 문제만 일으키는 사람으로 몰아붙인다.
2. 어떤 수단을 써서라도 자신의 견해를 옹호하며 자신의 계획을 관철시킨다.
3. 갈등을 일으킬 상황에서는 철저히 뒤로 물러나며 자신의 입장을 철회한다.
4. "겉으로는" 반대자의 의견에 굴복하지만 "속으로는" 분노를 삭이지 못해 씩씩거린다.

_____비버 — 분석형인가?
_____골든 리트리버 — 상냥형인가?
_____사자 — 충동형인가?
_____수달 — 표현형인가?[7]

적극적 참여: 의사 결정 과정에 교사들을 참여시킴

제리 에이브럼스는 소외감을 느꼈다. 교실을 재배정하기로 한 결정에서 자신은 전혀 발언권

제17장 교사들과의 동역(사람 중심) 463

이 없다고 여겼다. 의사 결정 과정에 사람들이 참여하는 것을 어느 정도 허용하면 갈등의 소지가 줄어든다. 이 원리는 인간 관계상의 말썽을 피해 가기 위한 두 번째 핵심 요소이다. 사람들은 자기에게 직접 영향이 있는 사항에 대해 자기 의견을 제안할 권리가 있다.[8]

의사소통 통로를 항상 열어 둠

교육 위원회는 제일 교회에 공간이 부족하다는 것을 제리 에이브럼스에게 납득시키는 일을 하지 않았다. 그는 위원회의 결정을 받아들일 수가 없었다. 그가 생각하기에, 그들이 제시하는

그림 17.1
보완자적인 지도자 스타일

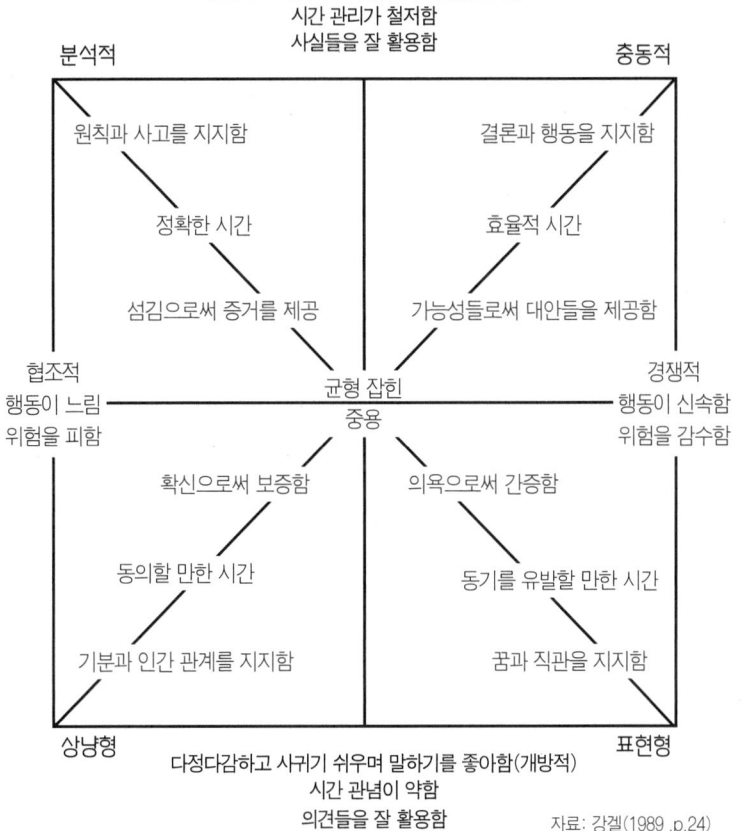

자료: 강겔(1989, p.24)

변화는 불필요한 것이었다. 제리는 9월달에 교사들에게 회람된 편지를 통해 교실 변동이 있으리라는 것을 통보받았는가? 그 문제와 관련하여 제리는 교육 위원회에 출석하여 그들이 제안하는 변동 사항에 관해 그의 견해를 밝혀 달라는 초청을 그 해 여름에 받았던가? 몇 달 전에 사전 회합을 갖는 것에 대해서는? 제리는 교회 규모가 성장하면서 생긴 문제점들에 대해 맨 처음 이야기가 나왔던 비공식 모임에 참석 권유를 받았는가? 이 청년 교사는 가능한 해결책들을 모색하는 구수 회의에 도움을 줄 기회가 있었는가? 언제 어떻게 의사소통을 하느냐 하는 것은 의사소통의 내용이 무엇이냐에 못지 않게 중요하다.

가능한 한 지도자들은 교사와 교회 직원들에게 영향을 끼치는 문제들에 대해 고지를 해주어야 한다. 그 일에 늑장을 부리면 오해가 발생하여 관련 당사자들에게 분노와 거부감을 불러일으킬 수도 있다. 변동 사항을 알려 주되 확신 있는 태도로 알려 주어야 한다. 그러나 아이디어의 소유권도 중요하므로, 일을 하는 당사자들은 전략적 시점에서 의사 결정 과정에 참여시켜야 한다. 제리 에이브럼스는 교실 변동에 관한 회람을 받기는 받았다. 그러나 단순히 "이야기를 해주는" 것과 "이해를 얻어내고" 지지를 구하는 것은 다르다. 사실 이야기를 해주는 것이 이해를 얻기는 커녕 오히려 그 반대인 경우가 더 흔하다.

생각하기

의사 결정 과정에 사람들의 참여를 고무시키는 데에는 다양한 방법들이 있다. 아주 단순한 것도 있고 비교적 복잡한 가능성들을 지닌 것들도 있다. 전에는 어떤 방법이 당신에게 도움이 되었는가? 과연 어떤 방법이 당신의 의견을 만족할 만하게 표현할 수 있게 해주는가?

- 건의함을 설치하는 전통적 방법
- 정기 교사회
- 교회 지도자들이 교사들을 자기 집으로 초청하여 함께 저녁을 먹으며 토론하는 방법
- 특정한 문제가 발생하면 그때 그때마다 특별 회의를 소집하여 해결책을 모색하는 방법
- 교회 게시판이나 기관장 회의 등을 통해 공식적으로 공지하는 방법
- 기타_____

온 교인이 다 모이는 연례 회의를 소집하여 그때까지 하나님께 어떤 복을 받았는지 뒤돌아보고 앞으로의 계획을 짜는 교회도 있다. 어떤 교회는 5월 넷째 주일 저녁을 이런 시간으로 정해 놓았다. 교인들을 열 개 그룹 정도로 나눈 다음, 제직들의 인도 아래 각 그룹별로 약 45분 정도 모임을 가졌다. 첫 모임 때에는 앞으로 할 일들의 목록을 짰으며, 모임 진행도 아주 원만했다. 그들은 그런 모임을 가질 수 있게 복을 주신 하나님께 감사했다. 또한 교회에서 왜 그런 행사들을 계속해 나가야 하는지에 대해서도 짤막하게 이야기했다. 다시 말해, 참여자들은 몸된 교회의 목표와 기능들을 평가하라는 간접적인 요청을 받은 것이었다. 화목을 향한 건전한 진전이 이뤄지고 있다는 구체적인 증거가 발견되었는가?

두 번째 모임 때에는, 교회가 사명을 이루는 데 방해가 되는 주요 문제점들이나 장애물들의 목록을 작성했다. 그리고 세 번째와 네 번째 모임 때에는 각 그룹들이 이런 문제점들 두세 가지를 해결하는 데 집중적인 노력을 쏟았다. 그들의 임무는 그 어려움들을 치료하는 실질적인 방법들을 제안하는 것이었다. 그리고 나서 교회 지도자들이 각 그룹의 제안 내용들을 평가하여 앞으로를 위한 특정 전략들을 결정했다.

결정 방법을 결정함

의사 결정 방법을 고르는 일 자체가 또 갈등을 낳을 수 있다. 엠 그리핀(1982)은 훌륭한 의사 결정만이 우리가 염두에 두어야 할 유일한 목표는 아니라는 점을 주지시켰다: "우리는 단 시간 내에 각 그룹들을 서로 연결시키고 그 과정에서 학습이 이뤄지게 되는 그런 양질의 해결책에 도

표 17.3
의사 결정의 요소들

질(質): 의사 결정 전략이 성경에 어떻게 부합되는가? 기존의 부가적 기준들(즉, 교회가 속한 교단의 입장 등)을 보완하는가, 아니면 그것들과 상충되는가?

시간: 의사 결정 과정에 시간이 얼마나 걸리는가?

해결책에 대한 사람들의 태도: 결정된 사항을 사람들이 개인적으로 어느 정도나 기꺼이 이행하고자 하는가?

그룹 호응도: 그 결정안이 그룹의 응집력에 어떤 영향을 끼치는가? 결정이 이루어진 뒤 그룹 멤버들은 그 일에 어느 정도나 협력하겠는가?

학습: 의사 결정 과정이 그 결정의 주제에 관해, 그리고 의사 결정 과정 전반에 관해 어느 정도나 학습을 고무시키는가?

자료: 그리핀(1982)에서 수정

표 17.4
의사 결정에서의 선택안들

선택안질 시간사람들의 태도그룹 호응도학습 가치
1. 표결＋ ＋＋/－－ ＋
2. 전문가? ＋＋-0 -
활용
3. 표결, 등＋ ＋＋ -- 0 -
급 매기기
4. 의견 합일 ＋＋-－＋＋＋＋
(＋＋ 크게 진보,＋ 진보,0 중간,- 퇴보,-- 크게 퇴보)
자료: 그리핀(1982, p. 85)

달하기를 원한다"(p. 67). 다수결이라는 평범한 방식 외에, 의견 합일을 도출해 내거나 전문가(혹은 전문가들로 이뤄진 그룹)의 의견을 구하거나 항목들의 중요도를 정하고 표결에 부치는 그런 방법들도 있다. 맨 마지막 방법을 사용하면 선택할 수 있는 대안들의 범위를 좁혀서 최선의 해결책에 도달할 수 있는 이점이 있다. 표 17.4에서 그리핀은 표 17.3에서 밝혀진 요소들로써 이 네 가지 방법들을 각각 평가하고 있다. 각 방법들마다 장점이 있고 단점이 있다. 지혜로운 지도자들은 과업 지향적 태도와 사람 지향적 태도가 적절히 균형을 이루는 그런 방법들을 고를 것이다.[9] 이렇게 상대방의 입장이 되어 생각해 보고 또 의사 결정 과정에 관련자들을 참여시키는 방법은, 보다 나은 인간 관계를 이룰 수 있는 동기를 제공해 준다.[10]

교사 발굴과 계발[11]

교회 교육에서 어떤 한 가지 프로그램에서의 문제가 해결되고 나면 곧 이어 또 다른 영역에서 문제가 불거진다. 옛 속담 하나를 교회 사역에 적용해 본다면, '인생에서 유일하게 확실한 일들은 세금을 내야 한다는 것, 죽음을 피할 수 없다는 것, 그리고 자원자를 발굴하는 것'이다. 예수님도 일꾼 문제가 참으로 어려운 문제임을 인정하셨다: "추수할 것은 많되 일꾼이 적으니"(눅 10:2). 어떻게 하면 교육 사역에 동참할 수 있도록(그리고 계속 그 일에 관여하도록) 자극을 줄 수 있을까?

퇴보하는 것으로 보일지도 모르지만, 이것을 한번 생각해 보라. 교회 교육 현장의 일꾼들이 장기간 그 일에 종사하게 하려면 현재의 일꾼들의 당면한 필요가 충족되어야 한다. 기존의 일꾼들은 인물 충원의 필요를 상당 부분 경감시킨다. 간단히 말해, 인물 발굴의 최고 전략은 고객 만족, 즉 현재의 교사들이 만족스런 환경에서 일할 수 있게 해주는 것이다. 아래의 일곱 가지 지침의 처음 다섯 가지에도 이 원리가 스며 있다. 나머지 두 개는 잠재적 일꾼 확보를 위한 것이다.[12] 인재 발굴을 뜻하는 "RECRUIT"의 각 철자를 첫머리로 하는 일곱 가지의 기본 개념은 다음과 같다.

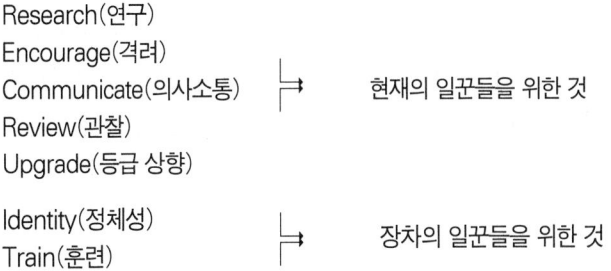

연구

"연구"(research)라는 단어는 부정적 태도를 갖게 만들지도 모른다. 학기말 보고서나 연구 계획서 같은 골치 아픈 것들을 떠올리게 하기 때문이다. 그런데 사실 이 단어는 개개인과 또 섬김의 기회를 "의식하고 있다"는 뜻이다.

사람들을 연구하라

"당신은 정말 훌륭한 은사를 받았군요, 부러워요!" 신자라면 누구나 예외 없이 이런 말을 들어야 한다. 은사를 사용하지 않는 것은 은사를 오용하는 것이다. 사람들을 "연구"할 때 가장 먼저 할 일은 그 사람의 은사가 무엇인지를 알아내는 것이다. 은사를 알아내는 방법에는 여러 가지가 있다. 은사를 알아볼 수 있는 지혜를 달라고 기도하는 방법, 자기 평가,[13] 다른 사람들로부터의 피드백(전에 했던 사역에 관한), 그 외 다양한 평가 목록들[14]을 이용하는 방법도 있다. 인내심을 갖고 노력하면 신자는 누구나 다 자기가 어느 분야에서 효과적으로 교회를 섬길 수 있는지 그 기회를 발견할 수 있다.

하나님으로부터 오는 각각의 은사들은 아주 복잡하다. 두 신자가 동일한 영적 은사를 지닐 수는 있지만, 그 은사가 발현되는 양상은 다르다(고전 12:4-6). 이런 차이가 존재하는 이유는, 하나님께서 각 사람의 심령에 특별한 짐(혹은 사역의 초점)을 지워 주시기 때문이다.[15] 예를 들어, 똑같이 "권면하는" 은사를 지녔다 할지라도 어떤 사람은 젊은 어머니가 부모 역할을 제대로 해낼 수 있도록 도와 주는 일에 치중하는 반면, 어떤 사람은 낙태 같은 중요 이슈들에 관해 그리스도인다운 의식을 고양시키는 일에 진력할 수도 있다. "돕는" 은사를 지닌 사람 중에도 복지 기관이나 거동이 불편한 병자나 노인들을 위해 음식을 장만하는 일을 주로 하는 사람이 있는 한편, 교회에 새 신자가 들어올 때 이들이 교회에 익숙해지도록 친구가 되어 주는 일을 하는 사람이 있다. 또 어떤 사람은 교회 안에 물질적으로 궁핍한 사람을 돕는 일을 하기도 한다. 개인이 부담하는 이런 책임이 다른 신자에 의해 확증이 되면 그때부터 그 사람은 모든 어려움에도 불구하고 그 책임을 다하게 된다.[16] 우리 지도자들에게는 사람들이 자신의 사역 분야를 발견하여 그 분야에서 그리스도를 섬기는 데 자신의 은사를 최고로 발휘할 수 있도록 도와줄 책임이 있다.

사역의 기회를 연구하라

어떤 사역이든 그 사역의 직책에는 구체적 요건들이 있다. 이를테면, 그 사역의 목적, 사역자가 맡아야 할 책임, 권위, 구체적인 소요 기간 등이 그것이다. 사람들을 어떤 특정한 사역과 연결시켜 줄 때에는 융통성 있는 자세를 가져야 한다. 그렇게 해야 그 직책은 개인에게 꼭 들어맞는 직책이 되는 것이다.[17] 그래서 재치 있는 지도자는 두 가지 목적을 달성한다. 한편으로는 일꾼들의 은사와 책임에 비추어 기존의 사역들을 조정하고, 다른 한편으로는 각 사람 안에서 일어나는 성령의 역사에 부응하여 새로운 사역들을 창출해 내는 것이다.[18]

격려

우리는 사역 중에 지치고 곤해지는 것을 모두 다 민감하게 느낀다. 바울 같은 사람도 때로는 낙심할 때가 있었다(갈 4:11, 19-20, 살전 3:5). 때로 우리는 이런 의문을 품는다. 우리의 노력이 정말 가치가 있는 걸까? 나의 섬김으로 인해 사람들의 필요가 정말 채워지고 있는 것일까? 신자들은 믿음이 성장해 가는가? 그들이 정말 올바른 의사 결정을 하는 것일까? 하나님의 가족이 아닌 사람들이 영적인 일들에 더욱 민감해져 가고 있는가? 교사들을 지도하는 사람으로서 우리는 그들이 "견고하며 흔들리지 말며 항상 주의 일에 더욱 힘쓰는 자들이 되라 이는 너희 수고가 주 안에서 헛되지 않은 줄을 앎이니라"(고전 15:58)고 격려해야 한다. 격려란 마치 생일 선물같이 여러 가지 모양으로 포장할 수 있다. 다정다감한 감사의 말, 쪽지에 적어서 건넨 고맙다는 말, 도움의 손길, 어깨를 감싸안는 팔, 여러 사람 앞에서의 칭찬의 말, 수고를 알고 인정한다는 뜻으로 대접하는 저녁 식사, 특별한 상 등. 격려의 개념에는 충실한 일꾼을 높이 산다는 것 이상의 의미가 담겨 있다. 상식을 지키는 태도, 잠깐이라도 상대의 입장이 되어 보는 태도가 바로 격려의 효과를 길게 한다.

의사소통

건전한 사역자 관계의 제1원칙은 "의사소통이 없어서 범하는 잘못보다는 차라리 의사소통을 너무 많이 해서 범하는 잘못이 더 낫다"는 것이다. 한번 말해 놓고 충분히 이해했겠거니 하고 지레짐작하는 것보다는 반복해서 말해 두는 편이 더 낫다. 정보 교환에 관해서는, 두 개의 대별되는 그룹이 주목된다.

자신의 통솔 아래 있는 교사들과 의사소통하라

사람이라면 누구에게나 호기심이 있다. 생일날 어떤 깜짝 파티가 벌어질지 궁금해 안절부절 못하는 사람도 있다. 특히 자신의 사역 분야에 영향을 미치는 정보가 있을 경우에는 더욱 더 그것에 대해 알고 싶어한다. 의사소통의 주제로는, 앞으로 나아갈 방향, 위원회의 결정 사항, 신입 교사들, 최근에 구매한 물품들, 설비상의 필요들, 교사들의 기도 요청, 특별 훈련 행사, 하나님을 찬양하는 간증 등 다양하다. 쌍방 의사소통이 가장 좋다. 앞에서도 말했다시피, 지도자와 교사간의 대화는 지도자로 하여금 교사의 입장에서 생각해 볼 기회를 제공한다. 더 나아가 이는 교사로 하여금 프로그램 변화에 관한 행정적 결정에 참여할 수 있게 해준다.

전체 교회와 의사소통하라

때로는 온 교회 공동체가 다 함께 자기 교회의 사역들을 포괄적으로 생각해 보는 시간들을 가져야 한다. 기독교 교육은 몸된 교회 전체를 대상으로 한다. 결과적으로, 범교회적인 지식은 범교회적인 헌신, 기도, 상담, 참여, 그리고 재정적인 도움으로 이어진다. 회중들에게 정보를 주는 의사소통 채널에는 여러 가지가 있다. 교회 게시판의 광고와 공지 사항, 공식적인 기도 요청, 연례 교회 교육 보고서, 월간 소식지 기사들, 교인 연락망 등이 그것이다. 일꾼들 각 사람마다 기도

파트너를 발굴할 수도 있다. 교사들의 이름 목록을 만들어 함께 나누어 가지고 있으면 사역상의 필요들을 상호간에 더 잘 깨달을 수 있다. 어떤 교회는 오픈 하우스 계획을 세웠다. 각 사역 부서마다 전시 부스(booth) 하나씩을 만들었다. 가벼운 다과도 제공되었다. 교인들이 전시장을 돌면 교사들이 자기 자신을 소개하고 자기 사역 부서에서 한 일들을 설명했다. 일부는 전시하기도 했다. 앞으로의 사역 목표도 크게 전시했다.

관찰

일꾼들은 주기적인 피드백을 필요로 한다. 사람들은 명시된 목표와 정책들을 자기가 얼마나 충족시켜 가고 있는지 알 필요가 있다. 각 신자들은 "그리스도의 몸을 세워 가는 데 나는 어떤 중요한 역할을 하고 있는가?"를 알아야 한다. 스포츠에 비유하자면, 선수들은 소속 팀의 승리에 공헌할 때 자신감과 승부욕을 갖게 된다. 그런 평가는 특별히 도움이 필요한 영역들을 꼭 집어내 주기도 한다. 예를 들어, 학생들이 원하는 것을 다 알아서 채워 주는 한 주일학교 여교사가 있다고 하자. 그녀가 맡는 반은 터져나갈 듯이 붐빈다. 그래서 그녀의 반을 둘로 나누어야 한다는 제안이 들어온다. 아주 단순하고도 논리적인 반응이다. 하지만, 당연한 결정(교사를 충원한다거나 교실을 늘리는 등의)을 내리는 데에도 관찰 절차가 필요하다.

관찰 절차 자체에는 별다른 선택안들이 없다. 일꾼들이 자기 평가 서식을 작성하는 것이 최소한의 방법이다. 프로그램 자체와 자신의 사역을 일꾼들이 평가하는 것이다. 그 다음 단계로, 프로그램 지도자와 개인적으로 만나서, 작성된 자기 평가서에 대해 토론을 할 수도 있다. 또 다른 평가 방법으로, 동일한 사역을 하는 일꾼들이 단체적으로 그 사역을 평가하는 것이다. 예를 들면, 주일학교 초등부 교사들이 다 함께 모여 자기가 맡는 분야에 대해 특별한 평가의 시간을 가질 수 있다.[29]

사람 관찰과 프로그램 평가를 병행하는 것이 유익하다. 그런 평가에서는 사역과 사역자 모두 유익을 얻는다. 우리 지도자들은 영적 분별력을 발휘하여 교사들의 발전을 도모해야 한다. 이렇게 해서 우리는 사역이 정상 궤도를 유지할 수 있게 하는 것이다.

생각하기

1. 당신이 참여했던 몇 가지 사역들을 기억해 보라. 사역 평가는 얼마나 자주 했는가? 지도자들로부터 어떤 종류의 피드백을 받았는가? 그것은 계획된 것이었는가, 즉흥적인 것이었는가?

2. 어떤 구체적인 피드백이 당신에게 가장 유익했는가? 당신이 부정적으로 반응하게 되었던 피드백은 어떤 형식의 피드백이었는가?

3. 만약 지금 당신이 감독자의 위치에 있다면, 일꾼들에게 건설적인 피드백을 제공하기 위해 어떤 관찰 시스템을 사용하겠는가?

등급 향상

데살로니가 신자들에게 바울은 "우리가 주 예수 안에서 너희에게 구하고 권면하노니 너희가 마땅히 어떻게 행하며 하나님께 기쁘시게 할 것을 우리에게 받았으니 곧 너희 행하는 바라 더욱 많이 힘쓰라"(살전 4:1)고 말했다. "더욱 많이 힘쓴다"는 말에는 등급을 상향시킨다는 의미가 포함되어 있다. 사역상의 기술을 향상시킨다는 의미인 것이다. 자기 평가서(그 외 다른 관찰 서식들)로 출발한 일꾼들은 해마다 개인적 성장 목표를 세워야 한다. "어떻게 하면 하나님을 위해 최선을 다할 수 있을까?" 하는 것이 등급 상향을 떠받쳐 주는 질문이다. 교육 기회들은 향상의 한 수단을 제공해 준다. 그 기회들은 교회내 세미나에서부터 부서별 협의회와 워크샵에 이르기까지 다양하다. 더 진전된 훈련으로는 자기 교육 자료들과 그룹 스터디 프로그램들이 있다.[20] 사역자 그룹(고등부 교사들 같은)들로 하여금 다른 교회들에서 혁신적 사역들을 직접 관찰하게 할 수도 있다. 유사 교회 단체들의 창조적인 아이디어를 연구해 볼 수도 있다. 그런 그룹들의 지도자를 인터뷰하거나 상담역을 찾아가 볼 수도 있다.[21]

정체성

모든 교회 기관들은 잠재적 일꾼들과 접촉하여 그들을 적재적소에 배치할 수 있는 표준 방법들을 필요로 한다. 일정한 한 사람이나 위원회가 이 일을 감독하지 않으면 혼란이 초래된다. "먼저 온 사람이 먼저 섬긴다"는 의식 구조가 보장되어야 한다. 인물 관리와 조정을 무계획하게 하면, 잠재적 인재들은 여러 가지 사역의 기회들 중에서 어떤 것을 택해야 할지 몰라 우왕좌왕하게 된다.

인재 발굴 시도를 감독하는 일은 단순히 교회 교육에 필요한 인원을 확충하는 일에 머물지 않는다. 예배, 음악, 재정, 예배당 유지 관리, 선교, 전도 등에도 인재는 필요하다. 범교회적인 "사역자 관리 위원회"를 설치해야만 모든 일꾼들을 적재적소의 사역 분야에 배치해 줄 수 있다. 위원회는 돌보는 일이라는 공통의 의무를 지고 있는 사람들, 즉 신자들이 하나님과 교회와 성도들을 효율적으로 섬기고 있는지 살피는 일을 하는 사람들로 구성된다.

위원회가 정보 센터의 역할을 하기는 하지만, 잠재적 일꾼들을 찾는 일은 각 지도자들과 기존의 일꾼들이 한다. 인재 발굴 과정은 흔히 새신자 반에서 시작된다. 새신자 반 참석자들은 교회의 각 기관들에게 소개되고, 어떤 사역 분야에 관심이 있는지, 어떤 사역을 했었는지에 대한 설문서를 작성해 낸다. 그리고 개인적인 접촉이 이어진다. 어떤 교회는 해마다 전 교인을 대상으로 개인의 능력과 이전의 사역 경험을 총체적으로 조사하는 작업을 하기도 한다. 그 과정에서 일꾼들은 자신의 사역 성적을 향상시킬 수 있게 되는 것이다.[22]

훈련

일꾼이 될 만한 사람이 누구인지 알게되면, 새 교사진 개발을 위한 중요 단계가 시작된다. 단기적 계획에 마음이 끌릴 수도 있다. 하지만, 신입자들을 사역에 빨리 끌어들이고 싶은 생각이 들더라도 지도자들은 그런 충동에 넘어가서는 안 된다. 처음부터 잠수 혹은 수영 훈련을 시키려는 전략은 너무 많은 위험을 초래한다. 교사가 긴급히 필요하다고 그것을 빠른 시간내에 충원시키는 것이 궁극적 목표는 아니다. 장기적 안목의 효과적 사역이 우리의 목표이다. 다음의 3단계 계획은 등급별 훈련을 위한 하나의 틀을 마련해 주고 있다.

1단계: 관찰과 적응

대부분의 잠재적 일꾼들에 대해서는 다음 두 가지로 전제하는 것이 가장 안전하다. (1) 이들은 자기가 고려하고 있는 특정한 사역에 대해 사전 지식이 거의 혹은 전혀 없다. (2) 사람들이 각 연령층에 따라 필요로 하는 것이 무엇인지에 대해 그들은 최소한의 이해밖에 가지고 있지 않을 것이다. 결과적으로, 장차의 일꾼들에게는 프로그램의 목표에 대한 적응 과정이 필요하다. 현재의 일꾼들과 함께 계획 수립 회의에 참석함으로써 이 새 일꾼들은 동료들과 또 사역의 목표들에 익숙케 될 것이다. 이것이 바로 현장 훈련의 시작이다. 또한 교육 프로그램에 관련된 각종 자료들을 읽어 봄으로써 새 일꾼들은 자신의 사역에 대한 이해를 증진시킬 수 있다.

지도자들에게는 각 일꾼들에게 어떤 특별 훈련 과정이 필요한지 알아볼 수 있는 안목이 요구된다. 어떤 교회에서는 주일학교 수업이나 주중 프로그램을 통해 훈련을 하기도 한다. 교사 후보들로 하여금 자기가 가르칠 학생들의 연령대별 특성과 관련된 잡지 기사들을 연구하게 하라. 진행 중인 프로그램을 충분히 관찰할 시간을 주라. 기존의 교사를 찾아가 주간 수업 계획을 짜는 것을 견학하게 할 수도 있다. 그렇게 해서, 그 교사 후보들은 수업 계획과 실제 수업 사이의 경험적 고리를 만들어 내게 된다.

2단계: 수업 계획을 세움

그 다음 수준의 훈련은 광범위한 경험을 하는 과정이다. 1단계 전략을 2주 정도 실시한 후, 교사 후보들에게 제한적으로 교육 프로그램을 실제로 할당하라. 점차적으로 할당량을 늘려 가라. 기존의 교사들과 교사 후보들이 함께 수업 계획을 세운다. 과제가 매번 끝날 때마다 그것을 평가하고 의견을 들려 주라. 마침내 후보 교사에게 한 시간 수업 전체를 다 맡긴 후 기존 교사가 그것을 관찰하고 조언을 준다.

3단계: 평가와 평가 후 과정

전체 훈련 기간은 하나의 탐구 과정을 나타낸다. 시간을 충분히 준 뒤, 모든 훈련 과정이 순조롭게 이루어졌는지 훈련자와 프로그램 지도자가 함께 의논하면서 교사 후보가 이 프로그램을 계속해 나갈 수 있겠는지 결정한다. 계속해 나갈 수 있겠다고 결정이 되면 그에게는 정규 사역자 직위가 주어진다. 계속하지 못하겠다고 결정되면 후보자는 다른 사역 분야를 찾아 제1단계부터 다시 시작한다. 사역 분야를 잘못 택한 탓에 훈련이 만족스럽지 못했던 것을 훈련 실패로 여겨서는 안 된다. 사실 이런 과정은 앞으로 현장에서 겪을지도 모를 좌절과 실패를 미리 예방하자는 의도도 있다. 이 3단계 훈련 계획은 잠재적 일꾼의 은사를 확인하고 그 사람의 직무와 적절한 사역 분야를 조화롭게 조정해 준다.

장기적 안목의 효과적인 인재 발굴 전략을 세울 때에는 두 가지를 염두에 두어야 한다. 첫째는 그 사람의 은사를 100% 활용할 수 있어야 한다는 것이고, 둘째는 기존 프로그램 사역자들의 필요가 충족되어야 한다는 것이다. 다시 말해, 교회 지도자들은 사람과 과업 둘 모두에 민감해야 한다는 것이다. 두 가지 목표를 모두 충족시킨다는 것은 곧 효과적인 기독교 교육의 튼튼한 토대를 놓는다는 의미이다.

생각하기

인재 발굴 과정의 일곱 가지 개념을 다 댈 수 있는가? 각 개념마다 거기 상응하는 행동 원칙 한 가지씩을 적어 보라. 먼저, 각 개념을 나타내는 단어를 완성시켜 보라.

개념	행동 원칙
연구(Research)	일꾼들이 자신의 장점을 파악할 수 있도록 도와 준다.
격려(E)	
의사소통(C)	
관찰(R)	
등급 상향(U)	
정체성(I)	
훈련(T)	

결론

우리의 소명: 서로를 섬기는 것

예수 그리스도의 삶은 전형적인 섬김의 삶이었다: "인자의 온 것은 섬김을 받으려 함이 아니라 도리어 섬기려 하고 자기 목숨을 많은 사람의 대속물로 주려 함이니라"(막 10:45). 제자에게 배반당하시던 고뇌의 그날 밤 예수께서는 제자들의 발을 씻겨 주심으로써 그들을 섬기셨다. "내가 주와 또는 선생이 되어 너희 발을 씻겼으니 너희도 서로 발을 씻기는 것이 옳으니라 내가 너희에게 행한 것같이 너희도 행하게 하려 하여 본을 보였노라"(요 13:14-15).

사역에 희생적으로 동참하는 것은 선택의 문제가 아니다. 우리의 섬김이 사람들에게 나타나는 것(주일학교 교사를 한다든가, 성가대에서 솔로를 한다든가 하는)이든, 혹은 무대 뒤에서 이루어지는 것(전화 거는 일을 맡는다든가, 다른 이들을 위해 음식을 만든다든가, 우편물 정리를 한다든가 하는)이든 그것은 중요치 않다. 신자는 하나님께서 그를 창조하신 의도, 즉 선한 일로써 서로를 섬기라는 말씀(갈 5:13, 엡 2:10)에 순종할 때에 비로소 자신의 목적을 이루는 것이다.

우리의 확신: 우리를 통해 이루시는 하나님의 역사를 기억함

어떤 문제든 인간의 노력이 개입될 때마다 신자는 하나님이 주권자이시라는 사실을 기억해야 한다. 우리의 삶은 지극히 세밀한 부분 하나 하나까지도 다 그분의 통제 아래 있다. 우리는 그분의 대사(大使)가 될 특권을 누린다(고후 5:20). 하나님께서는 사실 우리의 도움을 필요로 하시지 않지만, 그분의 뜻은 우리의 노력을 통하여 실현된다(빌 2:12-13).

이스라엘이 요단강을 건널 때, 언약궤를 지고 있는 제사장들이 물에 발을 대자 하나님께서 기적을 행하셨다. 그리고 나서(그리고 그때부터) 그 선택된 민족은 마른 땅 위를 걸어서 강을 건넜다(수 3:13-17). 제사장들이 물에 발을 뻗치기를 주저하였다면 이스라엘 사람들은 약속의 땅에 결코 들어가지 못했을 것이다! 성숙한 신자는 개인적 의무 앞에 위축되는 일 없이 온전히 하나님께 의지하는 모습을 보여 준다.

우리에게 주어지는 도전: 기도하라, 그리고 다른 일꾼들을 불러모으라

느헤미야와 유대인들이 예루살렘 성벽을 재건하던 때를 기억하는가? 그 일은 결코 쉬운 일이 아니었다. 더욱이, 그들은 주변 지역 사람들로부터 적대시당하며 위협까지 받았다(느 4:8). 그때 그들의 반응은 어땠는가? "우리가 우리 하나님께 기도하며 저희를 인하여 파수꾼을 두어 주야로 방비하는데"(느 4:9). 이들의 균형 잡힌 태도에 주목하라. 이들은 기도로 하나님의 보호하심을 구하는 한편, 24시간 경계를 섰다. 이런 행동들은 상호 배타적인 것이 아니었다. 하나님의 주권이 백성들의 섬김과 결합된 것이다. 이와 마찬가지로 우리 역시 더 많은 일꾼들을 보내 주실 것을 기도하는 한편, 하나님 나라를 세우는 일에 다른 신자들을 동참시키기에 힘써야 한다.

예수님께서는 "추수하는 주인에게 청하여 추수할 일꾼들을 보내어 주소서 하라"(눅 10:2)고 교회에게 친히 도전을 주셨다. 그런 간구를 하려면 우선 자기 자신부터 실제적으로 사역에 관여하지 않을 수 없다. 뒤집어 말하면, 하나님의 일은 결코 기도의 필요성을 감소시키지 않는다.

제18장
사역 프로그램의 설계(사역 중심)

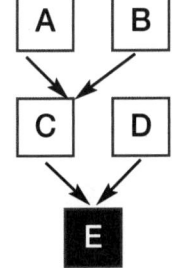

서론
내부 요소
외부 요소
결론

제3장

서론

우리는 종종 이유도 모르는 상태에서 습관적으로 어떤 일들을 한다. 이런 태도는 중요한 종교적인 전통을 다룰 때 특별한 위험을 야기시킨다. 예를 들어, 바리새인들은 자기들의 잔과 주발을 깨끗하게 유지하는 것이 종교 지도자로서 행해야 할 필수적인 직무라고 생각했다(막 7:1-15). 그들은 그와 같은 전통을 끊임없이 준행했고, 그 전통은 대대로 전수되었다. 하지만 예수님은 그들의 잘못된 판단을 지적하셨다. 그는 바리새인들에게 외적인 전통은 거룩한 내적인 생활이라고 하는 으뜸가는 목적을 알리는 부수적인 수단에 지나지 않음을 상기시키셨다.

목적과 수단의 혼동

우리는 교회의 교육 목회를 실행하면서 그런 혼동을 한다. 즉 활동의 주요 목적을 그와 관련된 문화적인 관습과 혼동하는 것이다. 전통은 종종 우리를 탈선시킨다. 예를 들자면, 우리는 주일 학교에서 새로운 출석 기록을 세우기 위해 많은 노력을 기울인다. 그러나 우리는 출석은 단지 수단을 나타내는 것이라는 사실을 항상 일깨워 줄 사람이 필요하다. 우리의 참된 목표는 모든 참석자로 하여금 하나님의 화해의 메시지에 복종하도록 도와주는 것이다.

목회의 근본 목표는 성경 역사의 과정을 통해 면면히 내려왔지만, 목회는 다양한 형태로 이루어졌다. 예를 들면, 계속해서 되풀이되는 목회의 목적 중에 과부를 돌보라는 것이 있다(신 10:18, 약 1:27). 하지만 이 목적에 접근하는 방법은 다양하다. 표 18.1은 과부들의 물질적인 필요를 채워 주는 여러 가지 양식을 보여주고 있다.

우리는 근본 목적을 변경하지 않지만, 그러한 목적을 달성하는 방법—프로그램의 형태—은 바꿀 수 있다. 그것이 복음주의의 입장이다. 진 게츠(Gene Getz, 1974)는 제도 존중주의에 빠지기 쉬운 경향에 대해 경고했다: "우리는 절대적으로 되기 위해 절대적이지 않은 것을 용납해 왔다. 이러한 사고 방식은 교회를 제도 존중주의로 이끌어 가는 가장 교활한 수단이다. 이 말은

표 18.1
과부들에 대한 성경의 입장

> **구약**
> - 과부들은 밭에서 이삭을 줍도록 허락되었다(신 24:19-22, 룻 2:2-3).
> - 과부들은 삼 년마다 내는 십일조를 나누어 받았다(신 14:28-29, 26:12-13).
>
> **신약**
> - 사도들은 과부들을 공궤했다(행 6:1-4).
> - 택함을 받은 집사들이 과부들을 공궤하는 일을 맡았다(행 6:1-6).
> - 일정한 자격이 되는 과부들은 공식적으로 명부에 올라 교회의 도움을 받았다(딤 5:3-16).

수단이 목적과 혼동되었고, 아예 목적 자체가 되었다는 뜻이다. 우리는 스스로를 여러 양식과 조직 속에 가둬 놓았다. 그런 양식과 조직들은 우리가 현대 문화 속에 살고 있는 사람들을 상대로 목회하는 것과는 더 이상 관계도 없고 적합하지도 않다"(p. 209). 목회의 특정한 형태는 과거 어느 한 시대에 고정되어서는 안된다. 과거의 틀은 이미 박물관의 작품이 되어 버렸다.[1]

사역 개발

건전한 목회는 마치 훌륭한 정원처럼 성장을 멈추지 않는다. 하지만 때때로 성장은 제대로 돌보지 않은 채소처럼 꼴사나운 모습으로 이루어진다. 우리는 어떻게 성경적인 목적들을 건전하게 보충하도록 촉진할 수 있을까? 언제 새로운 방법들을 시작해야 하는가? 어느 시점에서 프로그램을 조직이나 구성원들에게 적합하게 바꾸어야 할까? 진행 중인 사역이 그 목적을 달성하고 있는지 여부를 어떻게 평가할 수 있는가?

지도자들은 교회의 교육 목회를 성장시키는 데에 있어 생기는 문제들과 씨름하고 있다. 우리는 건강한 사역을 파생해 내는 중요한 전략들에 대해 분석할 것이다. 우리는 이와 같은 요소들을 수레바퀴 모형을 이루는 구성 요소로 지정해 놓을 수 있다. "교육 계획 모형"은 역동적인 진행 과정을 제시한다. 교육 목회가 지향하고 있는 '사역'과 그것을 이루는 '사람들'은 둘 다 동일하게 중요하다. 우리는 수레바퀴 모형을 채택했다. 그 이유는 실제로 직선형의 계획 과정이란 없기 때문이다. 모형을 이루는 여러 요소들을 동시에 살펴보게 될 것이다. 사건의 결과는 다양하다. 교회 지도자들은 사역의 성장을 촉진시키는 일은 복잡한 과정이므로 단순한 모형으로 나타낼 수 없음을 잘 알고 있다. 좀더 쉽게 설명하기 위해 논리적인 진행 과정 속에서 수레바퀴 모형의 특징을 살펴보도록 하겠다(그림 18.1을 보라).[2]

내부 요소

사도행전 6장에서 헬라파 유대인들은 자신들의 과부들이 구제의 대상에서 빠진 것에 대해 원망하기 시작했다. 그들은 히브리파 사람들에게 불평했다. 믿는 사람들의 숫자가 늘어나자 구제

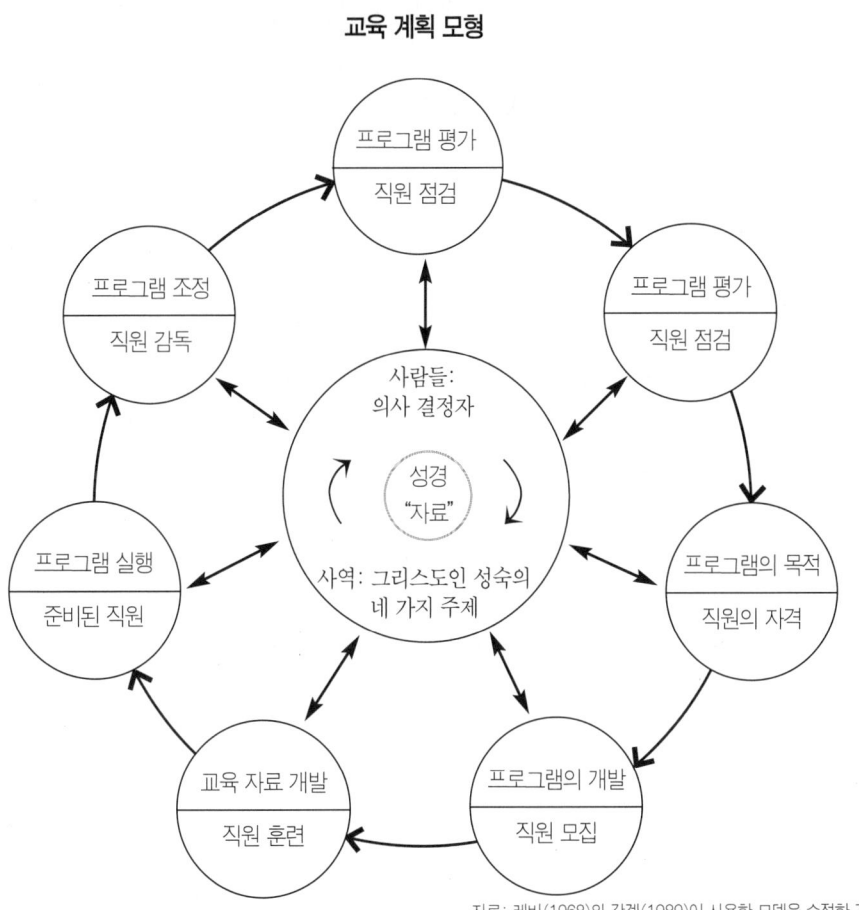

그림 18-1
교육 계획 모형

자료: 레바(1968)와 강겔(1989)이 사용한 모델을 수정한 것

프로그램은 효율성을 상실하게 되었다. 시대에 뒤떨어진 목회 방법은 바뀌어야 한다. 처음부터 과부들을 공궤하는 일은 사도들이 담당하고 있었다.³ 하지만 그들이 더욱 많은 일을 맡게 되면서 직무를 분담해야 할 필요성을 느꼈다. 사도행전 6장에 초대 교회의 운영에 대한 비판적인 견해가 묘사되어 있음을 주목해야 한다. 사도들은 자신들이 맡은 직무의 우선 순위를 평가한 다음, 목회의 기본적인 목적을 다시 회복했다.

열두 사도는 의도적으로 그들의 관심을 "기도하는 것과 말씀 전하는 것"(행 6:4)에 집중시켰다. 목회의 중심을 하나님과의 '영적 교제'에 두는 것이 중요하다. 그러한 관계 위에서 다른 사역들이 진행되어야 한다.

사도들은 또한 '공동체'도 중요시했으므로 과부들을 돌보는 일을 일곱 집사에게 맡길 것을 제안했다. 그들은 정당한 이유를 제시했다: "우리가 하나님의 말씀을 제쳐놓고 공궤를 일삼는 것이 마땅치 아니하다"(행 6:2). 열두 사도는 구제를 하찮은 일로 취급하려 하지 않았다. 그들은 여러 문제가 발생하기 전까지는 그 일을 직접 담당했었다. 사도들이 그런 결정을 내린 것은 구제를 중요하게 여기지 않아서가 아니라, 영적인 은사와 소명을 감당해야 했기 때문이다.

여기에서 '인격'의 문제도 제기된다. 사도들은 일곱 집사를 아무렇게나 선택하지 않았다. 택함을 받은 집사들은 성도들 "가운데서" 모든 사람들에게 "칭찬 듣는" 사람이어야 했다(행 6:3). 평판은 협상을 통해 얻을 수 있는 것이 아니다. 또한 모든 집사들은 "성령과 지혜"가 충만한 사람들이었다. 아마 현대 기독교의 무기력함은 그와 같은 인격의 문제를 소홀히 여긴 데서 어느 정도 그 원인을 찾을 수 있을 것이다. 마지막으로, 사도들이 직임을 위임하는 모습이 나온다— '임무'. 일곱 집사의 활동에 힘입어, 성도들은 더욱 그리스도를 활발하게 전했다. 누가는 특별히 허다한 제사장의 무리가 그리스도를 영접했음을 기록하고 있다(행 6:7).

"교육 계획 모형"을 보면, 수레바퀴의 안쪽(즉, 중심 부분)에 아래와 같은 세 가지 중요한 요소가 포함된다.

- 중심부인 성경 – 성경의 "자료"를 바탕으로 기독교 세계관을 개발한다.
- 그리스도인 성숙의 화목 모델의 윤곽을 나타내는 네 가지 주제 – 우리가 이 "사역"를 이루기 위해 부름을 받았다.
- 의사 결정자 – 이 사역을 완수하기 위해 여러 가지 방법으로 자료를 연구하고 성도들이 열심을 내도록 영향을 끼치는 사람들이다.

수레바퀴의 중심부는 전체 계획이 차질 없이 진행되도록 균형과 관점을 제공한다. 우리는 복음주의자로서 목회 신학에 근거하여 그 실천적인 면을 계획해야 한다. 내부에 있는 원은 각 사역이나 프로그램이 목회의 종합적인 관점에 집중되어야 함을 일깨워 준다. 하나님의 사람들이 하나님의 방법 안에서 생각하고자 하는 필요성이 목회의 중심부에 놓여 있다.[4] 성경을 정확히 해석하고 기독교 세계관을 개발하는 것은 교회 지도자들 뿐 아니라 믿는 자들 각자에게 주어진 의무이다. 왜냐하면 모든 사람이 교회 성장에 영향을 미칠 수도 있고 방해가 될 수도 있기 때문이다. 성도들은 화목의 네 가지 주제에 대해 깊이 이해하기 위해 성경을 정기적으로 연구해야 한다: 영적 교제, 공동체, 인격, 임무. 하지만 이러한 개념들과 실질적으로 관련된 요소들을 최종적인 결론으로 여기지 말아야 한다. 그로 인해 좀더 역동적인 과정을 계획해야 한다. 그러한 이해는 교회 지도자들과 성도들이 하나님을 더욱 아는 데 이르기까지 지속적으로 향상되어야 한다.

"의사 결정자"는 특별한 목회 분야에 영향을 미치는 사람들이다. 공식적으로 이사회나 위원회의 회원들과 프로그램 지도자들과 직원들이 여기에 포함된다. 비공식 의사 결정자들은 공적인 자격을 가진 자들은 아니지만, 그들의 영향력도 무시 못할 만큼 크다.[5] 예를 들어, 비공식 결정자 집단에 속한 개인들이 교회 행사에 참석하지 않는다면, 그들은 "불참으로" 자기의 의사를 나타낸 것이다. 그들의 불참은 그 행사가 적절하지 못하다거나 다른 일들이 그들에게 더 중요하다는 의사 표현이다. 사도행전 6장에서 공식, 비공식 의사 결정자들이 포함된 다섯 개 그룹이 새로운 구제 프로그램을 위한 방향성을 제시하는 데에 참여했다. 그들은 헬라파 과부, 히브리파 과부, 열두 사도, 일곱 집사, 그리고 다른 성도들이다.

내부 원의 둥근 화살표는 끝없이 계속되는 결정 과정을 도식화한 것이다. 이 그림은 그리스도인의 성숙이라는 주제에 대한 성도들의 구조적인 반응의 실제를 보여주고 있다. 실질적으로 이것은 모든 교육 계획을 세밀히 점검하는 평가 기준이 된다. 각각의 계획 요소에 대한 평가는 그림 18.1에서 내부 원과 외부 원 사이의 화살표 상호 운동으로 나타난다.

외부 요소

외부 원에서 사역(혹은 프로그램)과 사람(혹은 직원), 둘 모두에 대한 보완 요소들이 각각 나타난다. 이와 같이 균형 잡힌 긴장 속에서, 효과적인 리더십이 생겨난다.

새로운 프로그램을 시작하거나 기존의 프로그램에 변화를 주어야 하는 때는 언제인가? 불평은 변화가 필요하다는 것을 보여주는 징조이다. 사도행전 6장에 대한 사례 연구에서 나타나는 첫 번째 요소에서 논의를 시작하자. 이와 같은 신약성경의 사례는 외부 원의 다양한 각각의 요소들을 설명할 때마다 제기될 것이다.

프로그램 평가와 직원 점검

가끔 지도자들은 민감한 태도를 취한다. 그들은 비공식적인 평가를 기다린다. 예를 들어, 사도행전 6장에서 헬라파 유대인 성도들은 히브리파 유대인들에게 자기들의 과부들이 무시당한다고 불평했다(행 6:1). 그런 일이 없었으면, 지도자들은 더욱 순향적인 입장에서 프로그램을 평가했을 것이다. 지도자들이 어떤 선택을 하든지 상관없이, 다음과 같은 질문은 언제나 제기될 수 있다. "프로그램이 목적에 부합하도록 진행되고 있는가?" 사도들처럼, 지도자들은 인간이 만든 프로그램과 구조 속에서 비효율성을 감지하지 못할 수도 있다.

그러한 평가를 할 때 우리는 마땅히 직원과 교사들도 점검해 보아야 한다. 사도들은 구제 프로그램을 수정하는 동시에, 자신들의 역할도 다시 평가했다(행 6:2, 4). 지도자들은 여러 가지 접

표 18.2
그룹 분위기 조사

"뛰어남"에서 "매우 형편없음"에 이르는 범위는 당신이 각각의 항목에 대해 가지고 있는 만족도를 나타낸다. 각 항목에 있는 빈 공간에 당신의 대답을 뒷받침할 수 있는 특별한 경험, 생각 혹은 다른 참고 사항들을 기록하라.

1. 참가한 사람들의 분위기
나는 개인적으로 학습 과정에 참여했고, 결정을 내리는 절차에도 참여했다고 느꼈다.
☐ 뛰어남 ☐ 매우 좋음 ☐ 좋음 ☐ 보통 ☐ 나쁘지 않다 ☐ 형편없음 ☐ 매우 형편없음

2. 상호 존중의 분위기
나는 개인의 가치와 품위를 귀하게 여기고 서로를 돌아보는 분위기를 느꼈다.
☐ 뛰어남 ☐ 매우 좋음 ☐ 좋음 ☐ 보통 ☐ 나쁘지 않다 ☐ 형편없음 ☐ 매우 형편없음

3. 상대방을 용납하는 분위기
나는 내가 원하는 방식대로 믿고 행동할 수 있다고 느꼈다(간섭을 받지 않았다).
☐ 뛰어남 ☐ 매우 좋음 ☐ 좋음 ☐ 보통 ☐ 나쁘지 않다 ☐ 형편없음 ☐ 매우 형편없음

4. 자기 발견의 분위기
나는 우리의 필요를 말하는 차원에 그치지 않고 각자의 필요를 발견하고 채움을 받았다고 느꼈다.
☐ 뛰어남 ☐ 매우 좋음 ☐ 좋음 ☐ 보통 ☐ 나쁘지 않다 ☐ 형편없음 ☐ 매우 형편없음

자료: 돈 무어가 개발한 조사 내용을 수정한 것

근법을 통해 프로그램과 사람들의 정확한 실태를 파악할 수 있다. 개인적인 관찰로 세밀한 정밀 점검을 할 수 있고, 우연한 대화를 통해 그룹의 반응을 살필 수도 있다. 일반적으로 사용되는 방법이 설문 조사이다. 표 18.2는 교회나 특정 단체의 협력 분위기를 평가하는 조사지 양식이다.[6]

프로그램의 문제들과 사람들의 필요

사도행전 6장에서 성도들의 수가 점점 늘어나자 구제 프로그램이 몇 가지 중요한 필요들을 채워 주지 못했다. 사도들은 자신들이 더 이상 그 프로그램을 감독하지 못할 것을 알았다. 프로그램의 모든 부분을 분명하게 파악하고 있을 때, 우리는 효과적인 해결책을 제공하는 방법도 알게 된다. 일단 어려운 문제가 포착되면, 우리는 가능한 한 빨리 해결하려는 경향을 지니고 있다. 하지만 모든 필요들을 이러한 방법으로 해결하려고 시도해야 하는가?

생각하기

어떤 낯선 사람이 당신에게 다가와 50달러를 요구했다. 당신은 그 정도의 돈을 가지고 있다고 가정하자.

1. 다음과 같은 이유로 돈을 달라고 하면 부탁을 들어주겠는가?
   첫 번째 사람: 술을 사기 위해서
   두 번째 사람: 고급 레스토랑에서 식사하려고
   세 번째 사람: 가족들을 위해 야채를 사려고
   네 번째 사람: 공공요금을 내려고

2. 위의 항목들을 '제기된' 필요라고 부르자. 이와 대조적으로, 각각의 상황과 관련된 '근본적인' 필요를 찾아보라. 예를 들어, 첫 번째 사람은 음주 습관을 끊어야 하므로 전문적인 도움과 윤리적인 뒷받침을 위해 돈을 필요로 한다.

우리는 성도들의 이해 관계에 직면했을 때, 적절한 필요를 채워 주기 위해 최선의 방법을 제공하고 있는지 끊임없이 점검해야 한다. 동일한 필요를 동일한 효과로 만족시켜 준다 할지라도 좀더 분석해 보면 다른 결과가 나타난다. 위의 경우를 생각해 보자. 두 번째 사람과 세 번째 사람은 음식을 먹기 위해 정당한 필요를 표현했다. 하지만 두 번째 사람의 요구를 들어주는 것은 무분별한 행동으로 보인다.

십대 자녀를 둔 부모들은 교회가 신나는 레크레이션 중심의 청소년 활동을 후원해 주기 원한다. 이러한 부모들의 '제기된' 요구를 채워 준다면 교회 지도자들에 대한 믿음과 신뢰를 높여 줄 수 있다. 하지만 그런 가족들의 내부에 있는 '근본적인' 필요 또한 파악해야 한다. 가정내에서 건전한 대화를 촉진시키고 싶어하는 것 등이 그들의 근본적인 필요이다. 교회 지도자들은 조직체에서 표면적으로 제기된 필요와 근본적인 필요 모두를 채워 줄 수 있는 계획을 세워야 한다.

프로그램의 목적과 직원의 자격

열두 사도들은 구제 프로그램에 대한 불평들을 처리하면서, 자신들이 사도로서 수행해야 할 주된 목적을 교인들에게 상기시켰다. 그들은 효과를 극대화하기 위해 초점을 제한했다. 그들은 하나님과의 영적 교제를 주도해야 하는 목적을 축소할 수 없었다. 프로그램은 필요에 근거해야 하지, 필요에 따라 움직이면 안 된다. 회중이 결정한 교육 목표에 근거한 목적 진술은 모든 프로그램을 위한 지침을 제공한다. 어느 교회는 어린이 사역을 위해 도움이 되는 목표를 다음과 같이 세웠다: "우리 교회에 속한 어린이들은 6학년이 되면 예수 그리스도와의 관계에서 의미 있고 실제적인 성장을 나타내야 한다." 이러한 목표는 전통적인 성경 암송 프로그램들을 높이 평가한다. 하지만 이런 목표는 또한 어린이들이 매일 기도하는 습관을 기르도록 격려한다. 이처럼 광범위한 목표는 부모들의 협력을 필요로 한다.

사역의 목적을 규정한 후, 우리는 그 목적을 성취하기 위해 어떤 사람들이 필요한지 결정해야 한다. 이 두 가지 요소는 불가분의 관계이다. 사도들은 새로운 "담당자"[7]를 위해 다음과 같은 자격 조건을 제시했다: "형제들아 너희 가운데서 성령과 지혜가 충만하여 칭찬 듣는 사람 일곱을 택하라"(행 6:3). 요컨대, 그들은 믿는 자이고, 성도들 사이에서 영적인 성숙함으로 존경받고 널리 알려진 사람들이어야 했다.[8] 이런 조건은 다분히 상식적이다. 목적한 바를 대표하고 구체화시킬 적절한 사람을 구하지 못하면, 혼란만 가중될 뿐이다. 적절치 못한 선택은 역효과만 초래한다.

프로그램 개발과 직원 모집

사도행전 6장에서, 오랫동안 맡았던 구제 사역이 성도들의 참된 필요에 대한 반응으로 변경되었다. 사도들은 교회가 세운 전체적인 목적의 범위 안에서 필요의 진위 여부를 판단했다. (이렇게 변경된) 목회 프로그램은 시대에 뒤떨어지지 않는 방법으로 성취되어야 한다는 의미이다. 앞에서 살펴본 것처럼, 근본적인 목회의 목표는 변하지 않지만, 그 구체적인 방법은 변경될 수 있다. 예를 들어, 우리는 피차 권면하고(히 3:13) 서로 덕을 세우는 일을 힘쓰며(롬 14:19) 필요한 것을 예비하라(딛 3:14)는 말씀을 접하게 된다. 하지만 우리가 어떻게 이와 같이 사람 사이에서 일어나는 일들을 대처할 것인지는 성경에 자세하게 기록되어 있지 않다. 앞에서 과부들을 돌보는 것에 대해 인용한 내용에서 볼 수 있듯이, 성경 안에서 목회 양식들은 다양하게 나타난다.

이 원리를 다른 각도에서 살펴보자. 두 가지 중요한 문제가 이 네 번째 원을 이루는 요소이다. 즉 기능과 양식이다. 목회에서 기능은 보편적이고 영구적이다. 양식은 문화에 따라 변경이 가능하고 일시적이다. 극동 아시아에서 온 어떤 학생이 최근에 미국에서 열린 전국 청소년 회의에 참석했다. 그녀는 세미나에서 청소년 사역에 있어 보편적인 관심사(기능)를 강조했기 때문에 유익했다고 평가했다. 하지만 그 세미나가 모두 "재미와 게임"으로 진행된 것에 상당히 실망했다. 왜냐하면 이러한 특별한 활동들은 집중적인 성경 공부를 방해했기 때문이다. 그녀가 자라난 문화에서는, 젊은이들이 그렇게 다양한 활동(양식)을 하지 않아도 하나님의 말씀에 열중하도록 충분히 동기 부여가 되어 있다.

우리가 목회를 위해 특별한 프로그램을 개발하려 할 때에는 근본적인 목적들에 대한 중요한 질문 외에도, 몇 가지 다른 질문에 직면하게 된다.

어디서?   교회 건물, 집 혹은 식당, 어디서 만나야 하는가? 수업 시간 이외에도 휴식이나 교제와 같은 다른 활동을 계획해야 하는가?

언제?   얼마나 자주 만나야 하는가? 매일, 일주일에 한번, 한달에 한번? 한 시간 정도면 되는가, 혹은 더 긴 시간이 필요한가?

어떻게?   학생들은 모임에 오기 전에 공부를 해야 하는가, 아니면 전혀 준비하지 않아도 되는가? 모임은 우선적으로 새로운 정보를 나누는 데에 초점을 맞춰야 하는가, 아니면 이전에 알려진 개념들을 이해하기 위해 시간을 사용해야 하는가?

이러한 결정은 유용한 자료와 환경적인 조건, 즉 재정, 시설과 비품, 문화적인 기대의 수준 등에 비추어 이루어져야 한다. 지도자들은 아무렇게나 시작하기보다는 먼저 프로그램의 중요한 요소들을 확인하고 이 요소들을 사람들의 정황에 적용할 수 있어야 한다.[9]

우리는 새로운 사역을 설계하는 초기 단계에 있으므로, 지도부와 직원들을 채용하고자 한다. 이 그룹들이 사역을 수행하게 되므로, 그들이 처음부터 좋은 관계를 맺고 있으면 그 프로그램에 동참하기가 더 수월해진다. 여기서 우리는 여러 가지 질문을 하게 된다. 이 프로그램을 수행하기에 적합한 사람은 누구인가, 직원은 몇 명이나 필요한가, 어떤 모집 과정을 거쳐야 하는가(프로그램 홍보와 능력 있는 직원 면접을 위한 일정 계획) 등등.

우리는 사도행전 6장에서 프로그램과 인원 배치가 동시에 이루어지는 것을 보게 된다. 때로 우리는 특정한 프로그램을 위한 자격을 충족시키기 위해 직원들을 "교육"시킬 필요가 있다. 예수님이 열두 제자를 훈련시키신 모습도 이러한 동시 완성 모델의 표본이다.

교육 자료 개발과 직원 훈련

일단 기본 프로그램 구조가 결정되고 새로운 직원이 확보되면, 자료와 방법이 제시된다.[10] 이미 잘 알려진 프로그램들은 모든 것이 완벽하게 준비되어 있다. 프로그램의 목적, 구성, 직원의 자격, 커리큘럼 그리고 훈련의 기회까지 모두 포함되어 있다. 하지만 각 교회의 상황은 조금씩 다르다. 지도자들은 흔히 이미 만들어진 프로그램을 특별히 변경해야 할 필요를 느낀다.[11]

자료 개발의 직무 이외에도, 사역을 맡은 직원들은 여러 가지 역할을 수행하도록 훈련받을 필요가 있다. 이미 진행되고 있는 프로그램(혹은 미미한 정도의 변경이 계획되었을 때)을 위해서는 앞 장에서 제시한 훈련 계획을 적용할 수 있다. 새로운 프로그램을 체택하고자 할 때에는 새로운 접근 방법을 따라야 한다. 직원들은 그 프로그램이 다른 교회에서도 사용되고 있는지 살펴보아야 한다. 때때로 훈련 계획은 유능한 프로그램 지도자가 확보될 때까지 연기할 필요가 있다. 예를 들어, 어떤 교회가 소그룹 목회를 시작하기로 결정했다고 하자. 이러한 특별 사역의 효율성은 잘 훈련된 그룹 지도자들에게 달려 있다. 독서와 교실 교육 외에, 소그룹을 지도하기 위해 가장 먼저 선행되어야 할 것은 건전한 소그룹의 일원이 되는 것이다. 그러므로 최초의 소그룹 사역은 유능한 지도자 그룹만을 포함시켜야 한다. 이러한 훈련 기간을 가진 후에, 실질적인 프로그램을 시작해야 한다.[12]

준비된 직원과 함께 프로그램 실행

이론적으로 훌륭한 생각이 언제나 제대로 실행되는 것은 아니다. 우리는 여러 가지 세밀한 사항들에 관심을 쏟아야 한다. 단 한 가지의 세부적인 항목이 훌륭한 계획을 망쳐 놓을 수 있다. 프로그램 실행과 관련된 질문들은 다음과 같다.

1. 어떻게 새로운 프로그램이나 변경된 프로그램에 대해 교회에 설명해야 하는가?
2. 모든 비용을 충당할 만한 충분한 자금이 있는가?
3. 프로그램을 진행하기 위한 충분한 시설(의자나 탁자 등)이 구비되어 있는가?
4. 애초에 예상했던 것보다 많은 직원을 훈련시켜야 하지 않는가?
5. 이러한 문제들 중에 예정된 프로그램 시작 일자를 연기시킬 만한 것은 없는가?

더 중요한 것은, 우리는 그러한 변화에 대처하는 것이 쉽지 않다는 사실을 잊어버린다는 것이다. 모든 교사들은 새로운 변화에 함께 적응해야 한다. 지도자들은 인내와 신중함과 융통성을 길러야 한다.

표 18.3
변화에 대한 거부

1. 변화의 필요를 감지하지 못함
    a. 변화를 거부하는 생각("우린 언제나 이런 식으로 해 왔어요"와 같은 말들 혹은 상상력과 창조력의 결핍, 동기 부여의 부족, 선견지명의 부족, 융통성의 부족, 게으름)
    b. 변화는 이익보다는 손해를 가져온다는 생각("망가지지 않았다면 고치려 하지 마.")
    c. 개인적으로 가지고 있는 특별한 반대 감정(보통 기존의 체제를 만든 사람들이 품는 생각이다. 그들은 다른 사람들이 프로그램에 간섭하는 것을 원치 않는다.)
2. 결정 과정에 대한 참여 부족
    a. 변화에 관한 어떤 것도 들여오기를 허락지 않음
    b. 변화에 대한 이해의 부족

> c. 변화에 대한 말을 받아들이는 잘못된 태도(적합한 근거에서 직접 정보를 받아들이기 보다는 간접적으로 정보를 입수)
> d. 변화를 도입하는 잘못된 방법(권위주의, 상의 하달 방식의 접근법)
>
> 3. 나중에 일어날 손실이나 과외의 업무에 대한 예상
>   a. 개인적인 손실(기존의 이익을 상실할 가능성, 예를 들면 안전, 친구나 중요한 인간 관계, 자유, 책임, 좋은 업무 환경, 신분, 미지의 세계에 대한 두려움)
>   b. 변화의 결과와 관련된 사항(변화는 혼란이나 착오를 일으킴으로써 재훈련을 필요로 할 수도 있다)
>   c. 몇몇 사람들에게 적절하지 않은 시기(자신이나 집안에 문제가 있거나 교육학 학위를 받기 위해 공부를 하고 있거나 아르바이트를 하고 있다)
>
> 4. 원래부터 지니고 있던 부정적인 태도(어떤 변화가 일어나도 상관이 없다)
>   a. 변화 과정을 주도하는 사람에 대한 존경심의 부족
>   b. 교회와 선교 단체 혹은 그 지도자들에 대해 갖고 있는 전반적으로 부정적인 태도
>   c. 자만심: 권위에 대한 개인적인 도전("어떤 일이 있어도 나는 변하지 않는다.")

자료: 커크패트릭(1986, 4장)에서 수정한 것

우리는 여러 가지 이유를 들어서 변화를 거부한다. 표 18.3은 변화에 대한 거부의 네 가지 폭넓은 범주를 보여준다. 지도자들은 그러한 문제를 적절히 고려한 후에, 목회에서 오래 지속될 수 있는 변화를 추진해야 한다.

생각하기

표 18.3에 나온 네 개의 범주가 아래에 제시되어 있다. 다음의 두 가지 간단한 사례 연구는 변화에 대해 거부하는 태도를 다루는 특별한 전략을 제공한다. 각각의 사례 연구는 네 가지 범주 중에 적어도 하나와 관련되어 있는 전략들을 사용한다. 각각의 사례에서 어떤 범주의 반대를 다루고 있는지 찾아보라.

1. 변화의 필요를 감지하지 못함
2. 결정 과정에 대한 참여 부족

3. 나중에 일어날 손실이나 과외의 업무에 대한 예상
4. 원래부터 지니고 있던 부정적인 태도

사례 A: 당신은 하절기 동안 새로운 방식의 성경 공부를 시작한 젊은 목사이다. 9월이 되자, 참여한 모든 사람들(청년들, 장년 지도자들, 부모들)이 새로운 방식의 효율성을 평가한다. 당신은 그룹에 속한 사람들에게 질문한다. "새로운 방식이 유익했습니까? 지금까지 배운 과정 가운데 좀더 영구적인 기초 위에서 사용될 만한 것이 있습니까?"

여기에 사용된 전략은 1, 2, 3 또는 4항 중에서 어떤 경우를 다루는 것인가?

사례 B: 당신은 독신으로 사는 지도자인데 자기 반의 교실이 너무 작다고 불평하고 있다. 그 교실은 당신의 필요를 채우기에는 부족하다. 당신은 위원회의 위원들을 초대하여 주중에 열리는 친교 모임에 참관하도록 했다. 위원회는 몹시 붐비는 교실을 보고 당신의 불평을 더욱 심각하게 받아들이게 되었다.

여기에 사용된 전략은 1, 2, 3 또는 4항 중에서 어떤 경우를 다루는 것인가?

프로그램 조정과 직원 감독

만일 누군가(혹은 위원회가) 변화의 과정을 점검하지 않으면, 그 프로그램은 실패하기 쉽다. 그 상태가 더욱 악화되면, 어떤 이들은 "예전의 방식"으로 돌아가고 싶어한다. 새로운 변화에 대해 익숙해지지 않았거나 지도자들의 안내가 부족하면 그와 같은 퇴보가 일어난다. 대부분의 변화 과정이 일단 시작되면 중간에 궤도 수정이 필요하고 최종적으로 조정하는 단계가 요구된다. 거기에는 임시 직원 채용, 재정이나 물질적인 투입, 추가 직원 훈련, 그리고 정책 설명회 등이 포함된다. 새로운 프로그램이 추가되면, 계획적으로 의사 소통 창구를 열어 놓아야 한다. 교육 계획 모형의 이 마지막 요소는 지속적인 감독을 필요로 한다. 여러 가지 문제는 물론이고 프로그램 진행 과정도 점검되어야 한다. 프로그램에 기울이는 노력을 조정하는 일은 정기적으로 평가해야 한다.

협력 경로

효과적인 사역을 가로막는 잠재적인 방해물은 조직과 직접적으로 관련되어 있다. 위원회와 당회는 어떻게 연결될 수 있을까? 만일 당회가 연락 기능을 제대로 수행하지 못하면, 부적절한 당회 구조는 종종 공감대의 형성을 미묘하게 방해하고 지속시키게 된다. 어떤 교회에는 상비 위원회간의 공식적인 유대 관계가 형성되어 있지 않다.

하나의 당회와 여러 개의 위원회는 생산적인 피드백을 이끌어 낸다. 이러한 조직 구성에는 정책을 만들어 내는 하나의 당회와 필요한 만큼의 위원회를 포함한다. 모든 위원회는 당회로 통하는 직접적인 통로를 지니고 있다. 각 위원회는 당회와 공식적으로 연결되어 있다. 이러한 개념은 서로 연락할 수 있는 통로를 열어 준다. 이 개념은 책임의 소재를 분명하게 밝혀 준다. 경쟁이나 과실을 피할 수 있게 해 준다. 다음과 같은 명백한 이치가 적용된다: 사람들이 서로에 대해 더욱 깊이 이해하면 할수록 그들은 더욱 협력한다. 이런 개념을 설명하기 위해 그림 18.2에는 교회의 창조적인 구조가 제시되어 있다. 이 교회에는 집사와 장로들이 지도자로 봉사한다(다른 계층의 지도자를 세운 교회도 이 그림을 적용할 수 있다).[14]

그림 18.2
창조적인 교회 구조

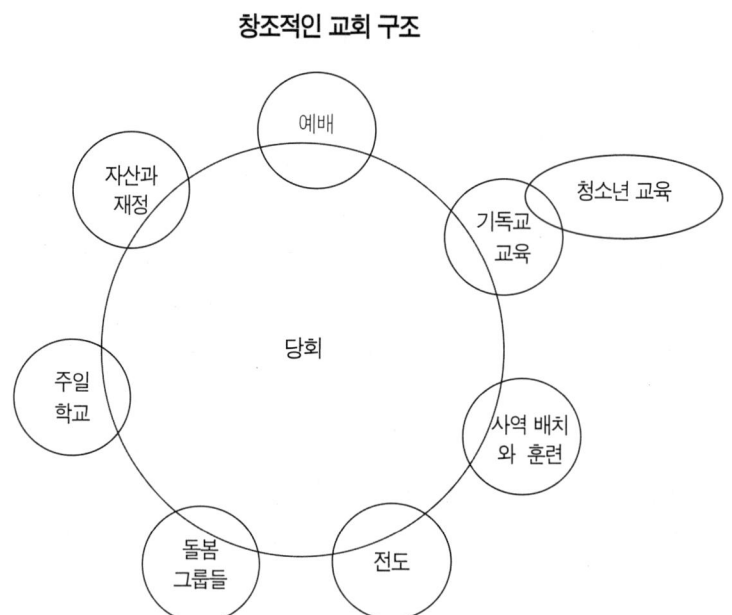

자료: 은혜 교회의 목사인 돈 위버와 클라우스 아이슬러가 1985년 6월에 개발한 모델을 수정한 것(자세한 설명은 부록 I를 참고하라)

이 그림에서 (장로들로 구성된) 당회는 교회의 전반적인 사역을 계획하고 조절한다. 당회원은 모두 특별한 책임을 맡고 있다.[15] 당회원들의 특별한 직무를 돕기 위해, 두세 명의 집사들이 한 부서에서 장로와 협력한다. 집사들의 개별적인 모임은 없어도 된다. 그보다는 집사들로 구성된 몇 개의 위원회에서 특정한 부서마다 지도자를 선정한다. 임명된 장로는 각 위원회의 위원장직을 맡는다. 작은 교회에서는 단 한 명의 장로가 한 부서에 임명된다. 좀더 큰 교회는 특정한 사역에 두세 명의 장로들을 임명할 수 있다.[16] 이 구조는 잠언 15장 22절에 제시된 그룹 결정 과정에 근거해서 지혜로운 판단을 촉진시킨다. 더 나아가 서로 협력하며 노력하는 자세는 목회자가 바뀔지라도 지속적인 사역을 가능하게 해 준다.

당회와 위원회의 구성원들은 (사역 배치 위원회의 도움을 받아) 각자 직원을 모집할 책임이 있다. 특별한 직무를 위해 임시로 특별 사역 팀이 구성된다. 예를 들어, 청소년 사역에 대한 일반적인 정책 문제는 청소년 사역 팀에 의해 먼저 연구된다(그림 18.2를 보라). 그런 후 청소년 사역 팀의 지도자(기독교 교육 위원회의 구성원이기도 함)는 그들의 건의 사항을 기독교 교육 위원회에 넘긴다. 그 건의는 교육 위원회내에서 토의를 거친 후, 당회에서 심의된다. 그 정책 건의가 받아들여지면, 그 정책을 실행에 옮기기 위한 결정이 조직의 하부 구조에서 이루어진다(이 경우에는 청소년 사역 팀이 해당된다). 조직들간의 신뢰를 구축하는 목표는 달성되었다. 더 나아가 각각의 기구는 결정권을 가진다.[17]

감독하는 직원

지도력/감독 유형에 따라 불필요한 갈등을 초래할 수 있다. 예를 들어, 10월에 어떤 부목사가 어린이부 성탄절 프로그램에 대한 책임을 경험이 없는 어떤 교사에게 맡겼다고 하자. 그는 그 여교사가 맡은 일을 완수하도록 별 생각 없이 내버려두었다. 12월초까지 성탄절 프로그램은 막연한 아이디어 상태로 남아 있었다. 그래서 부목사는 그 일에 간섭하기 시작했다. 그 프로그램을 지도하는 교사의 능력(혹은 그녀의 의지)은 인정받지 못했다. 이런 경우 부목사는 잘못된 지도 방법을 사용했다. 어떤 지도 방법이 더 적절하겠는가? 어떤 접근 방법이 좀 덜 당황케 하고 더 큰 효과를 거두겠는가?

한 가지의 감독 방법이 모든 분야에 적합할 수는 없다. 예를 들어 보자. 제일 교회에 다니는 마리아 로페즈는 중학교 3학년 학생들을 지도하는 데 있어 좀더 자유롭게 가르치고 싶은 마음이 있었다. 주일학교에서 어떤 창조적인 일을 고안하거나 교육 프로그램을 다루는 데 있어서 마리아는 자신 만만한 교사였다. 디모데와 자넷 파크는 새롭게 교사에 임명되었다. 그들은 마리아처럼 자신 만만하지 못했다. 그들은 연륜 있는 교사들에게 격려와 지도를 부탁했다. 초등학교 교사인 마리안 라윌슨은 그들의 부탁을 들어주었다. 마리안은 마치 젊은이들의 교육을 담당한 감독관처럼 봉사했다. 그녀는 디모데와 자넷을 매주 불러서 여러 가지 문제에 대해 조언해 주었다. 만일 마리안이 마리아와 같은 지도 방법을 사용했다면 어떻게 되었을까?

생각하기

당신은 어떤가? 당신은 교사로서 어떤 감독 방법을 선호하는가?

폴 허시(Paul Hersey)와 켄 블랑카드(Ken Blanchard)가 개발한 「상황에 따른 지도력 모델」(Situational Leadership Model, 1982)은 교회 지도자들을 위해 유용한 특징들을 제공한다. 그 모델은 우리의 감독 방법을 상황에 맞게 조절할 수 있는 방법을 제시해 주고 있다(그림 18.3을 보라).

말하기(S1): 특별한 가르침을 제공하고 실행하는 것을 엄밀히 감독한다.
판매하기(S2): 결정된 사항을 설명하고, 해명할 기회를 제공한다. 그러나 면밀히 감독하지는 않는다.
참여하기(S3): 의견을 나누고, 결정을 용이하게 한다. 그리고 충분한 선택의 여지를 남겨 둔다.
떠넘기기(S4): 결정과 실행에 대한 책임을 떠넘긴다.

위의 사례에서 부목사는 처음에 "위임하기(S4)" 방법이 적절하다고 생각했다. 하지만 교사는 "판매하기(S2)" 혹은 "참여하기(S3)"의 감독 방법을 원했다. 그녀는 실제로 더 많은 지도와 뒷받침이 필요했다. 위에서 살펴본 또 다른 사례에서 주일학교 교사인 디모데와 자넷 파크는 "말하기(S1)" 방법을 원했다. 반면에 마리아 로페즈는 "위임하기(S4)" 방법을 선호했다. 우리는 지도자로서 모든 사람들을 동일한 방법으로 지도하려는 경향이 있다. 하지만 그런 태도는 갈등을 일으킨다.[18]

그림 18.3
상황에 따른 지도력 모델

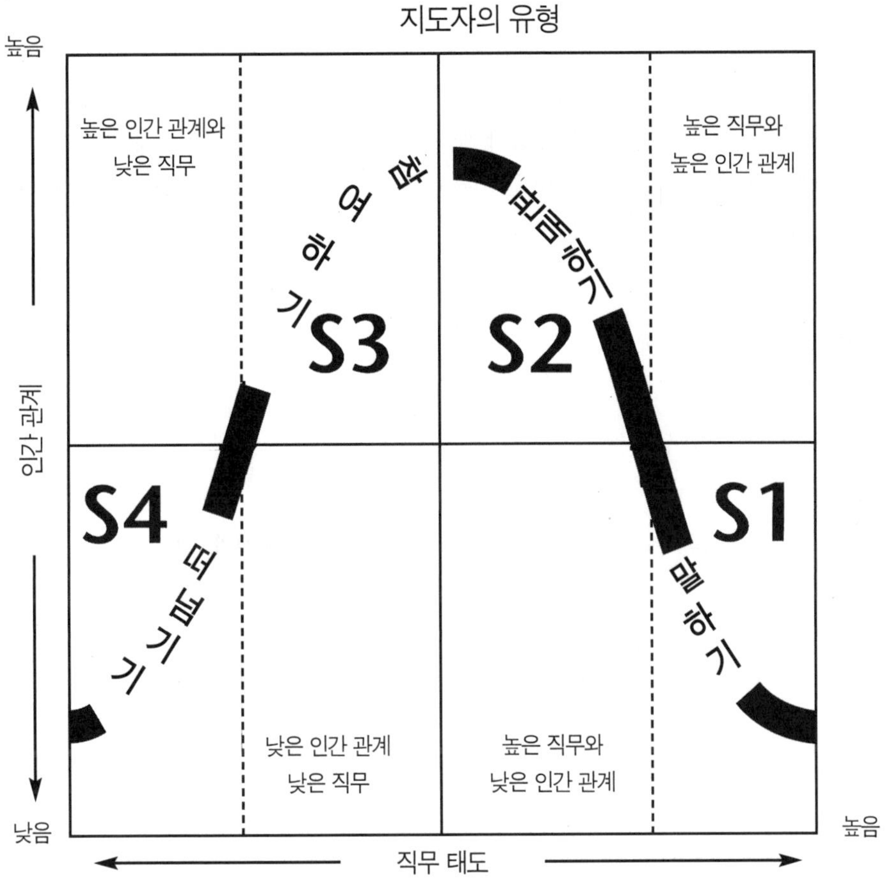

지도자의 유형

높음 ← 인간 관계 → 낮음

S3: 참여하기 — 높은 인간 관계와 낮은 직무
S2: 판촉하기 — 높은 직무와 높은 인간 관계
S4: 떠넘기기 — 낮은 인간 관계 낮은 직무
S1: 말하기 — 높은 직무와 낮은 인간 관계

낮음 ← 직무 태도 → 높음

자료: 허시와 블랑카드(1982, p. 152)

결론

이제 교육 계획 모형의 내부와 외부의 구성 요소들을 모두 살펴보았다. 외부의 일곱 가지 요소는 프로그램 개발이나 수정에서 예상할 수 있는 문제들을 위한 점검표로 사용할 수 있다. 새로운 사역을 시작하든지, 아니면 기존의 것을 수정하든지간에, 이러한 수레바퀴 모형은 유용한 정보를 제공해 준다. 이러한 일곱 개의 구성 요소 중에서 한 가지라도 변경될 때에는 언제든지 주의를 기울여라. 그때에는 외부 원에서 관련된 것도 조정되어야 한다. 예를 들어, 책임자가 그만둘 때에는 다른 사람들이 추가적인 책임을 떠맡아야 한다. 또한 새롭게 일을 하는 사람은 자격을 갖추어야 하고 적당한 훈련을 받아야 한다. 주일학교 교육 과정을 바꾸는 것은 다음과 같은 일들을 포함한다. 각 부서의 정해진 목표들을 조정하고, 새로운 학습 과정에 대해 교사들을 재훈련시켜야 하며, 추가된 교육 자료들을 새롭게 재구성해야 한다. 이러한 계획 과정의 중대한 요소들에 대한 포괄적인 시각은 지도자로 하여금 계획되거나 계획되지 않은 변화에서 야기될 잠재적인 어려움들을 예상할 수 있도록 도와준다.

 생각하기

교육 계획 모형의 외부 원에 포함된 요소들을 다시 살펴보자.

1. 일곱 가지의 사역 요소와 관련된 인적 요소(사람들)를 연결시켜 보라. 한 가지를 보기로 연결시켜 놓았다. 나머지를 연결하라.

    사역 요소   인적 요소
    ____ 교육 자료 개발   A. 준비된 직원
    ____ 프로그램 조정   B. 직원의 자격
    ____ 프로그램 개발   C. 직원 모집
    _D_ 프로그램 평가   D. 직원 점검
    ____ 프로그램 실행   E. 직원 감독
    ____ 프로그램의 문제들   F. 직원 훈련
    ____ 프로그램의 목적   G. 사람들의 필요[19]

2. 위의 연결된 구성 요소들을 본문에서 논의된 순서에 따라 보기처럼 배열해 보라.
    (1) <u>프로그램 평가와 직원 점검</u>
    (2) _____
    (3) _____

(4) _____
　　　(5) _____
　　　(6) _____
　　　(7)[20] _____

　　교육 계획 모형은 우리가 목회 프로그램을 구상할 때 사역과 인적 요소 모두를 위해 중요하다. 외부 원에 있는 일곱 개의 요소들은 역동적으로 고안된 내부 원에 있는 요소에 의해 영향을 받는다. 성경은 의사 결정자들에게 그리스도인 성숙의 네 가지 주제를 추구하도록 명령한다. 시계 방향으로 도는 외부 원의 움직임은 일직선상에 놓고 볼 필요가 없다. 사도행전 6장에서 설명된 대로, 종종 여러 요소들은 동시에 다루어진다. 정해진 순서보다 더 중요한 것은 요소 자체가 지닌 본질이다. 외부 원의 요점들은 언제든지 모든 생산적인 교육 목회에서 다루어져야 한다.

제19장
갈림길에서

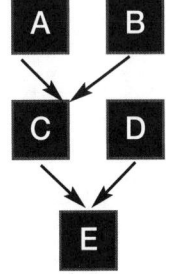

여정을 돌아보자
계속되는 여정
여정의 끝

제1장
사회복지사

여정을 돌아보자

당신이 제일 교회의 청소년부 담당 목사로 부임했다고 가정해 보자. 당신은 청소년들을 잘 지도하려는 의욕을 품고 여름 선교 여행을 계획하기 시작했다. 이런 계획은 제일 교회에서 전례를 찾아볼 수 없는 도전적인 일이었다. 당신은 스스로에게 복잡한 문제들을 어떻게 처리할 것인지 묻는다. 그 일에 누가 포함되어야 하나? 의도적으로 계획해야 할 것은 어떤 것이고, 자연스럽게 이루어지도록 내버려두어야 할 것은 무엇인가?

프랑케나가 교육 철학을 분석해 요약한 내용은 이 책을 구성하는 데에 사용되었다(그림 19.1). 제1장에서 이 모델을 소개했다. 그리고 그 다음 장들에서는 이 모델의 다섯 가지 범주에서 제기하는 내용들을 다루었다. 프랑케나 모델은 충분한 유용성을 지니고 있다는 사실이 이번 장에서 확인된다. 특별히 이 모델은 목회를 평가하고 교육 계획을 지도하는 데 도움을 준다. 이 이론을 마지막으로 살펴보면 두 가지의 긴장 상태 혹은 양극성이 드러나게 될 것이다.

그림 19.1
프랑케나 모델에 들어 있는 개념 요약

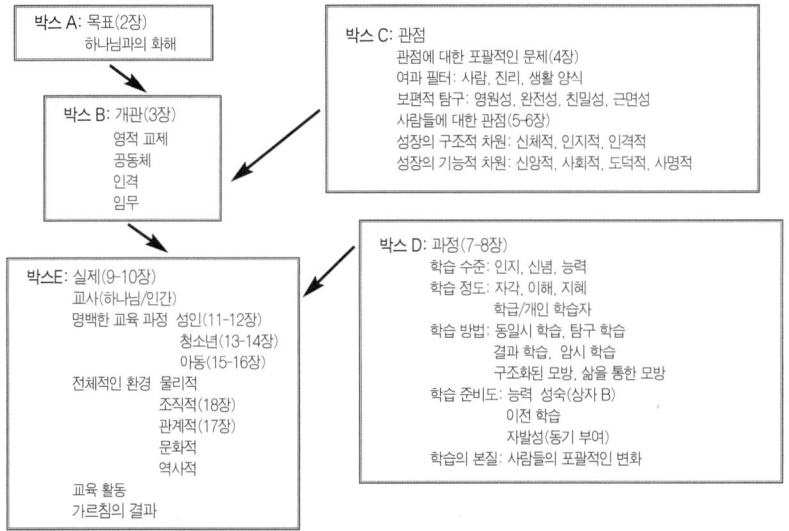

이론과 실제간의 양극성

첫 번째 양극성은 다섯 개 상자가 서로 보완하며 나누어져 보여주는 것으로 이론과 실제 사이의 긴장이다. A부터 D까지의 상자는 프랑케나 모델의 이론적인 혹은 기초적인 구성 요소들을 강조한다. 2-8장은 네 가지 관련된 범주를 다룬다. 프랑케나 이론의 실제적인 차원은 상자 E에 나타난다. 9-18장은 이에 대한 특별한 통찰력을 제공한다. 이러한 첫 번째 극단성은 목회를 위한 유용한 길잡이가 된다. 이번 장의 첫부분에 나온 사례로 되돌아가자. 당신은 교육 목회의 이론적인 문제와 실제적인 문제에 대한 이해에 근거해서, 여름 선교 여행을 위한 계획의 양식을 변경할 것이다. 표 19.1은 네 사람이 취한 다양한 접근법을 보여주고 있다.

표 19.1
교육 목회 계획에 대한 접근법

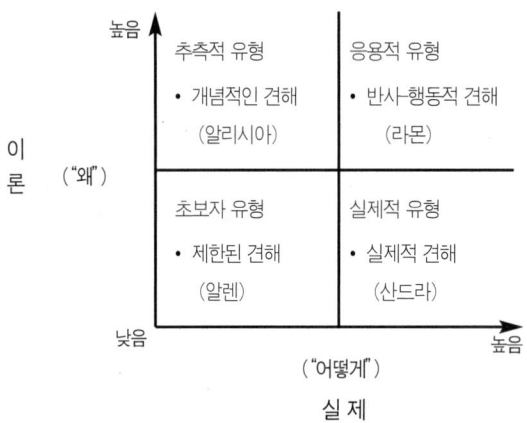

사례 #1: 알렌. 그는 신학교 2년생으로, 청소년 선교 여행을 계획하는 데 있어 초보자 유형을 따르는 학습자를 대표한다. 그는 스무 살이며 이론과 실제적인 경험을 거의 갖추고 있지 않다. 그는 청소년 사역을 "왜" 하고 "무엇"을 하는지에 대해 부딪혀 보아야 한다. 알렌은 공부할 것이 많으므로 그의 정규 학습은 주제들을 대충 살펴보는 수준으로 제한된다. 즉 2학년에서 배우는 청소년에 대한 과목의 교육 목표는 단순히 입문에 불과하다는 말이다. 대학 2학년생인 그는 여름 선교 여행의 계획에 대해 제한적인 견해를 지닐 수밖에 없다.

사례 #2: 알리시아. 그녀는 생각이 깊은 신학생으로 청소년 사역을 전공하고 있다. 알리시아는 철저한 학습을 바탕으로 신학에 대한 좋은 식견을 지니고 있으며, 청소년과 관련된 인간 발달 문제를 제대로 이해하고 있다. 예를 들면, 그녀는 청소년을 대상으로 하는 여러 선교 단체들의 역사, 공헌 분야, 결점 등을 대단히 잘 알고 있다. 하지만 그녀는 청소년 사역에 있어 실제적인 경험이 부족하다. 그녀는 전에 제일 교회에서 주로 어린이 사역에 힘썼다. 알리시아는 여름 선교 여행의 계획을 추측적 유형으로 세우는 사람들을 대표한다. "이론"은 높은 수준이지만 경험은 "빈약"하다. 그녀는 여름 선교 여행을 위해 간접적인 계획을 개발한다. 알리시아는 필연적으로 간접적이고 개념적인 견해를 지닐 수밖에 없다.

사례 #3: 산드라. 그녀는 전직 초등학교 교사이다. 청소년 사역에 잠재력을 가진 산드라는 최근에 제일 교회의 직원으로 합류했다. 그녀가 제일 교회에서 이전에 맡았던 사역은 중등부의 후원자와 주일 학교 교사였다. 그녀는 여러 번 선교 여행 팀을 이끌고 멕시코와 하이티를 다녀왔다. 산드라는 다가오는 여름 선교 여행에 실제적 유형으로 접근한다. 선교 여행에 대한 그녀의 견해는 청소년 사역에 대한 광범위하고 세밀한 경험에서 비롯된다. 산드라는 청소년 사역에 대해 실제적인 견해를 지니고 있다. 하지만 그녀는 자신의 전문가적인 강점을 관련된 이론과 신학을 통해 증대시킬 필요가 있다. 산드라는 자신이 "무엇"을 "왜" 하는지에 대한 근거를 확립해야 한다.

사례 #4: 라몬. 네 가지 가능한 시나리오 가운데 마지막 사례인 그는 청소년 선교 단체에 소속된 서른여덟 살의 전문가이다. 라몬은 기독교 교양 과목 공부를 통해 사역을 위해 유용한 기초 개념을 터득했다. 그는 12년 동안의 선교 단체 사역을 통해 의미 있는 경험을 쌓았다. 라몬은 그 동안 받은 교육과 직업 때문에 청소년층의 사역을 건설적으로 수행하는 것은 물론이고 비판적으로 생각하는 것도 배웠다. 그는 청소년 사역을 "왜" 하며 "무엇"을 해야 하는지 오랫동안 씨름해 왔다.

이제 라몬은 중년기에 인생의 변화를 맞고 있다. 선교 단체에서 제일 교회로 옮겨 교회 사역을 시작해야 한다. 지나간 12년 동안의 청소년 사역에는 자원자들의 모집이나 훈련과 같은 관리와, 교육과 상담과 봉사 등이 포함되어 있었다. 제일 교회가 수행하는 영역 중에서 부족한 것이 있다면, 그것은 봉사라는 것을 라몬은 알고 있었다. 그가 이전에 담당했던 복음 전도 사역은 오로지 고등학교와 근처의 클럽에 집중되어 있었다. 이러한 경험이 그가 여름 선교 여행을 준비하는 데 어떻게 도움이 될까? 라몬은 이론과 실제 사이의 균형을 유지하며 선교 여행 계획에 응용적 유형을 채택했다. 다시 말하자면, 그는 다른 문화권에서의 봉사에 도전하기 위해 반사-행동적 견해를 주장했다.

자세히 살펴보면 위에서 말한 네 가지 사례에는 공통점이 있다. 그들은 제일 교회에서 청소년 사역을 담당한 목회자가 어떻게 보여야 하는지에 대한 상호 보완적인 시나리오를 표현했다. 이 네 사람은 청소년 복음화에 도전하는 다양한 접근법을 제시했다. 이제 다른 각도에서 생각해 보자. 이처럼 어려운 교육 문제를 학습자의 관점에서 보지 말고, 교사의 입장에서 묘사해 보자. 당신은 프랑케나 모델을 채택하여 알렌, 알리시아, 산드라, 라몬을 어떻게 가르치겠는가?

첫 번째 사례를 생각해 보자. 알렌에게 청소년에 관한 과목을 가르친 교사는 조감도와 같은 시각을 가질 필요가 있다. 즉, 그 과목의 교사는 상자 A-D의 "이론"을 상자 E의 "실제"와 균형을 맞추어, 의도적으로 청소년과 선교에 대한 일반적인 개관을 가르쳐야 한다. 과제는 반드시 제한된 경험을 근본적으로 충족시켜 주는 특징을 지니고 있어야 한다. 알렌과 같은 학생들은 선교 비디오를 보거나 도심부의 저소득층 주거 지역을 돌아보면서 이론과 실제에 대한 낮은 수준을 끌어올려야 한다. 또한 신학과 인간 발달 분야뿐 아니라 경험을 반영할 수 있는 통합적인 논문을 쓰는 것도 한 방법이다. 알렌과 같은 학생들을 가르치는 자는 초보자 학습 유형을 높이 평가해야 한다.

생각하기

이제 당신의 차례이다. 당신은 나머지 세 학생을 어떻게 가르치겠는가?

1. 당신은 추측적 유형을 따르고 있는 알리시아에게 어떤 과제를 주겠는가?

2. 산드라가 여가를 내어 대학원에서 기독교 교양 과목을 공부하기 위해 등록했다고 가정해 보자. 당신은 그녀처럼 경험이 많은 학생을 어떻게 가르치겠는가? 당신이 세운 교육 계획은 알렌이나 알리시아에게 사용한 것과 유사한 것이겠는가, 아니면 전혀 다른 것이겠는가? 당신은 어떻게 가르치겠는가? 그 이론적 근거와 함께 한 가지 아이디어를 적어 보라.

   _____

3. 당신이 라몬의 동료라고 가정해 보자. 당신은 제일 교회에서 전문적인 직원으로서 책임을 그와 함께 지고 있다. 그가 당신에게 와서 여름 선교 여행 계획에 대한 도움을 요청한다. 당신은 어떤 반사-행동적 과제를 제안하겠는가? 왜 그러한 전략들을 제안했는가?

   _____

알리시아의 신학교 교수는 그녀가 프랑케나 모델에 대해 이론적으로 접근하고 있음을 알아야 한다. 알리시아는 근본적인 문제(상자 A-D)에 대한 유용한 사실들을 알고 있다. 또한 그녀는 좋은 결과를 가져오는 청소년 선교 사역이 "어떠해야 하는지"에 대해 개념적으로 알고 있다. 이 학생은 교육 철학을 지니고 있다. 하지만 그것은 다른 사람들이 청소년 선교에 대해 말한 내용을 반복해서 들어 간접적으로 생겨난 철학이다.

교수는 알리시아의 교육을 보완하기 위해 직접적인 과제(직접 관찰과 인터뷰 같은)를 먼저 하고, 여기에 덜 직접적인 활동(토론과 같은)을 하도록 했다. 간단히 말하자면, 그 교사는 프랑케나 모델을 거꾸로 적용했다. 예를 들어, 알리시아는 최근에 선교 여행을 다녀온 청소년 팀의 구성원과 인터뷰를 해야 한다(상자 E가 이 청소년 팀에게 어떻게 나타나는지 조사해야 한다). 그런 후 그녀는 귀납적이며 또한 연역적인 견해로서 논문을 준비하도록 요구받는다. (1) 귀납적으로, 그녀는 인터뷰 자료를 모으고 재배열한다. 또한 그녀는 관련된 신학과 청소년 이론에 대한 이해를 바탕으로 상대적인 주제를 만든다. (2) 연역적으로, 그녀는 자신의 자료에서 관련된 것을 끄집어낸다. 예를 들어, 그녀는 이렇게 질문한다: "논의되지 않은 이 여행의 중간 목표는 무엇인가?(상자 C)" 알리시아의 신학교 수업 과제를 위해 프랑케나 모델이 다시 한번 반대 순서―하의상달 접근 방식―로 사용된다.[1] 이처럼 전통적인 과제의 수준을 넘어서, 좀더 광범위하고 직접적인 경험은 알리시아에게 이루 말할 수 없이 가치있는 것임이 드러날 것이다. 예를 들어 밀접하게 관찰하는 경험은 이 학습자가 필요로 하는 균형 잡힌 교육을 제공할 수 있다.[2]

여러 가지 면에서 산드라는 교육적으로 알리시아의 정반대되는 모습을 보여준다. 산드라의 실제적 학습 유형은 정반대의 추측적인 관점과 대비된다. 산드라는 대학원의 동료들과 비교해서, 청소년 선교에 대해 견줄 수 없이 실제적인 지식을 소유하고 있다. 수업 시간에 그녀가 하는 질문과 설명이 이 사실을 증명한다. 청소년 사역에 대한 산드라의 경험이 수업 시간에 어떻게 높이 평가될 수 있을까? 아마 산드라는 수업 시간에 자신만의 특이한 경험을 말해 달라는 요청을 받을 것이다. 하지만 자신의 발전은 어떻게 이룰 수 있는가? 이전의 학습을 보완하기 위해 산드라의 교수는 그녀에게 실질적인 성취에 가려져 있는 근본적인 질문들을 심사 숙고하도록 동기를 부여할 것이다. 예를 들어, 그녀가 자기도 모르게 이전의 여름 행사 계획에 참여했다는 사실을 근거로 배타적인 행동주의나 인본주의 학습 이론을 지니고 있으면 어떻게 하나? 그녀는 그러한 제한된 관점을 계속 유지하기를 원할까? 그렇다면, 그 결과는 무엇인가? 그녀는 성경적이지 못한 이러한 이론들의 다른 측면을 맹목적으로 높이 평가하지 않는가? 간단히 말해서, 산드라를 가르치는 교수는 프랑케나 모델에 대한 상의하달식 접근법을 채택해야 한다. 관련된 이론과 신학(상자 A-D)은 학습자의 약점을 뒷받침하기 위해 필요하다.

마지막 경우 당신은 라몬의 동료로서 그의 응용적 학습 유형을 보완해 주어야 한다. 그는 자신의 귀중한 경험과 비판적인 사고 능력을 통합할 수 있다. 당신은 그 일이 용이하게 일어나도록 도와주는 자로서 그가 자신감을 갖도록 격려해 주면 된다. 예를 들어, 라몬은 어떤 청소년을 잘 파악하지 못할 때 이전의 사역 경험을 떠올리려 할 것이다. 그는 선교 여행을 위해 "필수적인" 모금 활동에 참여하지 않는 청소년에게 벌을 주었다. 라몬은 나중에 그 청소년이 가족들의 반대로 참석하지 못한 것을 알고서 너무나 당황했다. 다시 말해, 라몬은 반성을 통해 더욱 학습자의 필요를 잘 알게 되었다. 그는 어떤 정책이 어떻게 실제로 정반대의 결과를 가져오게 되는지 깨달았다. 라몬은 이같은 비판을 마음에 새기고 장래의 모금 활동 전략을 위한 더 나은 계획을 수립했다.

이러한 교육 입장을 프랑케나의 용어로 설명한다면, 동료 교사는 라몬이 상호작용 접근법을

표19.2

프랑케나 모델에 대한 교수 접근법

프랑케나에 대한 교수 접근법		네 가지 사례 연구
조감/단순한 개요	A-D / E	알렌: 초보자 학습 유형
하의상달(역순)	A-D ↑ E	알리시아: 추측적 학습 유형
상의하달	A-D ↓ E	산드라: 실제적 학습 유형
상호작용	A-D ↕ E	라몬: 응용적 학습 유형

깨달을 수 있도록 도와주었다고 할 수 있다. 이론은 실제 계획에 의해 균형을 잡는다. 마지막으로 라몬의 상호 작용 교육은 그로 하여금 다른 문화권에서의 첫 번째 청소년 사역을 잘 수행하도록 준비시켜 주었다. 여행 도중 혹은 후에 일기를 기록하는 것과 같은 추가적인 실습 과제는 앞으로 그가 해 나갈 사역을 자세하게 조정해 주는 역할을 했다.[3]

표 19.2는 위의 네 가지 교수 접근법을 요약해 놓은 것이다.

규범과 현상간의 양극성

이론과 실제간의 긴장 외에도, 두 번째 유용한 양극성을 프랑케나 모델에서 찾아볼 수 있다. 상자 A, C, E는 규범적인 결과에 중심하고 있다(그림 19.1을 보라). 무엇이 "마땅히" 우리의 생각과 행동을 인도해야 하는가? 하나님의 말씀은 어떻게 되어 있는가? 그리고 상자 B와 D는 현상적인 문제들을 강조하고 있다. 우리가 사는 세상은 어떠해야 하는가? 우리의 감각, 이성, 경험적인 연구, 개인적인 경험들이 사람들에 대해 무엇을 말해 주는가?

교육의 규범적인 측면과 현상적인 측면에서 균형을 잡기란 어렵다고 말하는 것은 지나치게 조심스러운 표현이다. 우리는 구약성경에서 잇사갈 족속으로부터 단서를 찾아야 한다. 그들은

"시세를 알고 이스라엘이 마땅히 행할 것을 아는"(대상 12:32) 자들이었다. 그들은 현상과 규범을 혼동하지 않았다. 그들은 주위 상황을 잘 알고 있었지만, 원칙과 믿음을 고수했다. 잇사갈 사람들은 훌륭한 과학자들이었다. 그들은 시세를 주의 깊게 관찰했다. 그들은 모든 생각들을 한데 모아 귀납법적으로 추론했다. 달리 말하자면, 그들은 중요한 현상의 기술을 소유하고 있었다. 또한 그들은 규범적인 진리를 지킴으로써 마땅히 해야 할 일들을 깨달았다.[4]

복음주의자들은 규범에 전문가가 되려는 경향이 있다. 우리는 하나님이 어떤 말씀을 하셨고 우리가 어떻게 행해야 하는지 알고 있다. 하지만 우리는 현상적인 문제에 대해 무지하기 쉽다. 우리는 목회의 대상이 되는 사람들에 대해 잘 알지 못한다. 우리는 교실에서 평범한 집단을 파악하며, 학생들과의 적절한 접촉점을 찾는 데 전문가가 될 필요가 있다. 표 19.3은 예수님, 베드로, 스데반, 바울이 사용한 접촉점을 약술해 놓았다. 각 사례는 저마다의 배경을 보충 설명하고 있다.[5]

표 19.3의 네 번째 사례를 좀더 자세히 분석해 보자. 바울이 아레오바고에서 복음을 전하기 위해 세운 전략은 일단 그의 현상적인 능력을 보여준다.[6] 규범적인 메시지는 사도행전 17:16-34에 분명히 나타나 있지만, "마땅히 해야 할 일"은 바울의 말을 들은 헬라인들의 말 속에서 형성되었다.[7] 바울은 '알지 못하는 신에게'라는 제단을 언급하면서 설교를 시작했다. 하지만 우리는 일반적으로 사람들에게 친숙한 인용을 미리 상기시키는 일을 실패한다. 먼저, 바울은 중요한 시간을 들여 청중들에게 다가갔다. 그는 계획적으로 그 지역을 "두루 다녔다". 그는 상당히 세밀하게 연민을 가지고 청중들에 대해 연구했다. 둘째, 바울은 틀에 박힌 설교를 고집하지 않았다. 그의 메시지는 "판에 박히지" 않았다. 셋째, 그는 자기 눈을 떴다. 바울은 "보았다"고 말했다. 그

표 19.3
가르침의 접촉점

성경 구절	요한복음 4장	사도행전 2장	사도행전 7장	사도행전 17장
교사	예수님	베드로	스데반	바울
청중	사마리아 여인	오순절 축제에 모인 유대인들	산헤드린	헬라 철학자들
접촉점	영생하는 생수	구약성경 인용	율법의 수여자 모세	"알지 못하는 신" 바울은 이교도 철학자의 말을 인용했다.

는 주의 깊은 관찰자였고, 훌륭한 과학자였다. 그는 "내가 두루 다니며 너희의 위하는 것들을 보았다"(행 17:23)고 했다. 바울이(좋지 않은 시력으로) 그러한 제단에 새겨진 글을 읽으려고 서 있는 모습이 떠오르지 않는가? 마지막으로 그는 타당한 결론을 이끌어 냈다. 그는 아덴 사람들이 "범사에 종교성이 많다"고 단정했다. 바울은 귀납적이고 연역적인 추론을 채택했다.[8]

교회는 반드시 예수님, 베드로, 스데반 그리고 바울의 사역을 닮아야 한다. 우리는 교사들에게 학생들을 "읽으라"고 가르쳐야 한다. 즉 그들의 특별한 상황과 배경을 알아야 한다는 것이다.[9] 우리는 교사들이 각 학생들의 사정이 얼마나 복잡한지 깨닫도록 도와야 한다. 왜냐하면 학생들은 스스로가 복잡하기 때문이다.[10]

계속되는 여정

우리가 교사로서 수행해야 할 명백한 일은 담당한 학생들의 성장과 학습을 촉진하는 것이다. 두 번째로 해야 할 일은(비록 중요하기는 마찬가지이지만) 교사로서 성장하는 것이다. 우리는 자신의 개인적이고 직업적인 생활 속에서 성숙해야 할 필요가 있다. 이러한 목적을 위해, 테드 와드(Ted Ward)는 교사 성장에 대한 유용한 모델을 제시한다. 그 모델은 특별히 교사와 학생 사이의 관계 변화에 초점을 맞추고 있다. 세 가지 중요한 변화가 일어난다(그림 19.2를 보라).

그림 19.2
교사-학생 관계의 전환점

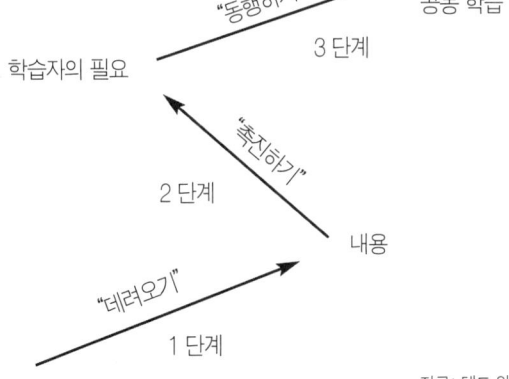

자료: 테드 와드

1단계: 내용 전문가로서의 교사

"많은 사람들이 교사가 되고자 하는 최초의 동기는 특별한 문제, 내용 혹은 기술에 대한 사랑에서 비롯된다"(Ward n. d., p. 2). 처음 교사를 하는 사람들은 내용 숙달에 초점을 맞추는 경향이 있다. 학생들은 확실하고 사전에 준비된 자료들에 정통하게 되어야 한다. 하지만 때때로 학생들은 그 문제에 대해 흥미나 이해의 부족을 드러낸다. 그러한 결과는 교사를 실망시킨다. 그들 상호간의 반응은 틀에 짜여 있다. "교사들은 학생들을 두 범주로 정확히 나누려 한다. 즉 훌륭한 학생(고도로 동기 부여된 학생)과 나쁜 학생(동기부여가 부족한 학생)으로 나눈다"(p. 3). 1단계 교사들은 내용에 대해 상당한 열심을 보이는 학생들을 통해 성공을 거둔다.

2단계: 상담자로서의 교사

어떤 학생들은 그 과목에 대한 이해가 부족하기 때문에, 교사는 학생이 무관심하게 된 배경을 면밀히 조사한다. "교사는 경험을 쌓아 가면서 이같은 복잡한 문제를 이해하고 발견하게 된다. 학생들은 개인이나 그룹으로, 내용이 적절치 않다는 요구를 한다"(p. 3). 어떤 교사들은 이처럼 새로운 통찰력을 가지고 학생들의 특정한 필요를 연구하기 시작하고, 그와 동일한 열정으로 자기 자신도 훈련하며 새로운 국면을 맞게 된다. "내용의 중요성은 무시되지 않으면서 더 고귀한 가치에 종속된다. 그 가치란 학생들의 필요를 충족시켜 주는 것이다"(p. 4). 더구나 교사들은 가르침의 정의를 더 확대하려 한다. 학생들의 필요 충족의 중요성은 더 넓은 범위를 차지한다. 하지만 이 일은 여전히 계획된 과목을 가르쳐야 한다는 목표 속에서 일어난다. 많은 학생들의 필요를 돌보아야 하는 부담감은 결과적으로 저항할 수 없는 도전이 된다. 이런 현상은 또 다른 국면을 맞게 한다.

3단계: 동료로서의 교사

이 단계에서는 내용의 중요성이나 학생이 지닌 필요의 중요성 모두가 거부되지 않는다. 3단계는 "전혀 다른 종류의 관계를 나타낸다. 교사는 학생의 인생 여정에 전적으로 참여하는 자가 된다"(p. 5). 함께 공부하겠다는 새로운 약속이 생겨난다. 이 단계는 "교사와 학생의 필요를 함께 나누는 공통 기반이며 인간 발달을 실현하기 위한 기초가 된다"(p. 4). 이러한 역동적인 관계

속에서는 학생과 교사 모두의 성장이 강조된다. (공식적인 것 뿐 아니라) 비공식적인 배경도 중요시된다. 교사와 학생은, 예수님과 열두 제자의 관계에서 나타난 것처럼, 여러 가지 가치와 생각들을 공유하기 위한 약속을 소중히 여긴다.

위에서 살펴본 모델은 우리로 하여금 교육자로서의 행동을 점검할 수 있도록 도와주는 도전적인 통찰력을 제공해 준다. 교사 발전을 위해 어떠한 접근법이 채택되더라도, 우리는 여느 때처럼 항상 부족함을 느껴야 한다. 우리는 그리스도를 따르는 교사들로서 학생들과 함께 배우며 성장해야 한다.

생각하기

당신의 여정은 거의 끝나 간다. 그 결과 당신은 이제 갈림길에 서 있다. 이 책에서 제시한 교육 목회에 관한 개념과 원리들을 어떻게 받아들이겠는가? 학습에는 변화가 포함되어야 하는데, 당신은 학생들을 가르치면서 어떤 특별한 변화를 일으키겠는가? 중요한 변화를 하나만 아래에 적어 보라.

여정의 끝

알버트 아인스타인은 이런 충고를 한 적이 있다: "모든 것은 가능한 한 단순해야 한다. 하지만 지나치게 단순해서는 안 된다."[11] 우리의 목표는 기독교 교육을 위한 새로운 계획을 제시하는 것이다. 우리는 그것을 단순화시키려 하지만, 지나치게 간소화시키지 말아야 한다. 우리는 여기서 믿는 자들을 새롭게 하시는 하나님의 계획에 대해 설명하면서 화목 모델을 제안하려 한다. 그리스도를 통하여 모든 관계는 회복과 화평이라는 하나님의 기준에 맞춰져야 한다. 여기에는 가족과 이웃들과의 연합이 포함된다. 하지만 이러한 계획에 우리의 목회에서 조금 덜 강조된 다음과 같은 주제들도 포함되어야 한다: 가난한 자들을 돌보는 것, 우리가 살고 있는 지구와 그 자원에 관심을 갖는 것, 우리 안에서 화평을 이루는 것 등등.

우리는 특별히 하나님의 화목 모델에서 네 가지 필수적인 요소들을 골라낼 수 있다: 영적 교제, 공동체, 인격, 임무. 이러한 주제들은 우리가 평생토록 수행해야 하는 과제를 위한 포괄적인 골격을 제공한다.

> "또 우리에게 화목하게 하는 직책을 주셨으니 이러므로 우리가 그리스도를 대신하여 사신이 되어 하나님이 우리로 너희를 권면하시는 것같이 그리스도를 대신하여 간구하노니 너희는 하나님과 화목하라"(고후 5:18-20).

부 록

부록 A. 1930년 이후의 개신교 기독교 교육 입문서
부록 B 탐구와 여과 필터를 위한 여러 분야의 증거들
부록 C 사람들에 대한 관점
부록 D 학습 방법
부록 E 칼 로운트리(Carl Rowntree)의 요한복음 13장 강의안
부록 F 설교와 교육의 비교
부록 G 주요 커리큘럼 출판사와 어린이 사역에 관한 자료들
부록 H 직책 명시하기
부록 I 은혜 교회의 이사회와 위원회 구성
부록 J 예수의 사역에서 나타난 교육적 질문의 실제적인 범주들
미주
참고도서

부록 A
1930년 이후의 개신교 기독교 교육 입문서

기독교 교육의 변화하는 모습은 기독교 문헌에서 쉽게 찾아볼 수 있다. "입문서들은 이 분야에 있어 하나의 의미있는 기록을 보여준다. 이러한 책들은 여기에 관련된 주제, 즉 교회의 교육 사역에 있어 기초적인 것과 실제적인 문제에 대한 것들을 말해 준다. 이러한 일반적인 요소들 외에도, 리더십이나 구성 요소들에 대한 문제와 함께, 어린이 사역, 청년 사역, 그리고 성인 사역에 대한 내용도 포함하고 있다.

여기에 제시된 책들은 포괄적인 성격을 띠고 있다. "포괄적"이라는 말은 다음과 같이 이해될 수 있다. (1) 앞에서 언급된 기준에 따라 폭넓은 주제들을 다루고 있다. (2) 그 분량이 최소한 170쪽이 넘는다. (3) 의미있는 서지학적 정보들을 담고 있다. 이러한 기준에서 볼 때, 기독교 교육의 양대 주제가 되는 교육과 행정에만 초점을 맞춘 책들, 분량이 작은 책들, 그리고 서지학적인 증거가 결여된 채 쉽게 대중적으로만 쓰여진 책들은 제외된다. 세 사람의 작가(Mason, LeBar, Gangel)가 이러한 책들을 쓰거나 편집했는데, 만약 이 책들이 서로 합쳐졌더라면 하나의 포괄적인 입문 안내서가 되었을 것이다. 여기의 여섯 가지 책들은 그 각각의 강조점(도표 A.1에서 볼 수 있는 것처럼 TE=교육(수업), AD=행정)을 갖고 있다. 여기에는 세 권의 책들 역시 포함되는데, 비록 주일학교 교재에 우선적으로 그 초점이 맞춰져 있다 하더라도, 이 책들은 기독교 교육에 관련된 유용한 주제들을 다루고 있다(Jaarsma, Byrne, Harper; CS=기독교 학교로 기술됨).

1930년대에 두 권의 중요한 포괄적인 기독교 교육 교재가 발행되었는데, 하나는 복음적인 개신교 작가들(Price와 그외)에 의해 편집, 저작된 것이고, 다른 하나는 주류 교단 개신교 작가들(Lots와 Crawford)에 의해 편집, 저작되었다. 이러한 책들의 발간은 우리의 책 목록에 자유스러운 출발점을 부여해 주었다. 비록 지면 관계로 개신교 작가들로 한정했지만, 개신교 밖에 있는 학자들의 중대한 공헌을 축소시키고 싶은 마음은 없다. 우리는 이 책의 곳곳에서 제임스 마이클 리(James Michael Lee)와 토마스 그룹(Thomas Groome) 같은 학자들의 유용한 연구 결과들을 인용했다.

도표 A.1은 편집자와 작가의 이름, 그리고 발행년도를 연대적으로 나타낸 목록이다. 두 개의 큰 항목은 크게 복음주의 학자와 주류 교단 학자로 나눈 것을 보여준다. 각 항목 안에는 편집된 책과 한 작가가 단독으로 쓴 작품으로 나뉘어져 있다. 세 사람(Daniel과 그외)이나 네 사람(Price과 그외)의 작가들이 각기 몇 장씩 나누어 쓴 경우에, 그 책은 한 사람의 작품에 포함시켰다. 이 목록은 처음으로 편집된 49권의 책에 대한 참조문도 포함하고 있는데, 이것들은 172쪽에서 702쪽, 그리고 7장에서 35장의 분량의 것들이다. 발행 날짜는 재발행되거나 개정된 책을 나타내는 괄호 안에 넣었다.

도표 A.1
1930년 이후의 개신교 기독교 교육 입문 안내서

복음주의 개신교 작가		주류 교단 개신교 작가	
편집	단독 작가	편집	단독 작가
1932 Price et al.	1939 DeBlois	1931 LotzCrawford	1933 Munro
			1939 Harner
	1940 Price et al.	1947 Vieth	
	1943 Murch		
1953 Jaarsma CS 1955 Mason TE	1950 Lotz	1954 Schisler	
	1958 LeBar TE		1954 Smart
	1958 Person		1955 Wyckoff
	(1958) Murch		1956 Miller, R. C.
	(1959) Price et al.		1956 Munro
			1958 Cully
1960 Wymore	1960 Mason AD	1960 Taylor	1960 Fallaw
1964 Hakes	1961 Byrne CS	1966 Taylor	1962 Butler
	1963 Byrne		1962 Shinn
	1968 LeBar AD		(1963) Miller, R. C.
			(1965) Cully
			1967 Lentz et al.
1978 Sanner	1970 Gangel AD	1976 Taylor	(1971) Smart

1978 Sisemore	(1973) Byrne 1975 Richards (1977) Byrne CS		
1981 Graendorf 1988 Gangel/Hendricks TE	1980 Daniel et al. 1981 Harper CS (1981) Gangel AD (1981) LeBar TE (1987) Daniel et al. (1989) LeBar TE (1989) Richards	1984 Taylor 1987 Roloff	1987 Miller, D. E. 1989 Johnson
1991 Clark et al. 1992 Anthony	1990 Bryan 1992 Habermas/Issler	1990 Foltz	

Anthony, Michael J., ed. 1992. Foundations of ministry: An introduction to Christian education for a new generation. Wheaton, Ill.: Victor. [400pp., 25 chapters; written by the Christian education faculty at Talbot School of Theology, Biola University]

Bryan, C. Doug. 1990. Relationship learning: A primer for Christian education. Nashville: Broadman. [253pp., 8 chapters]

Butler, J. Donald. 1962. Religious education: The foundations and practice of nurture. New York: Harper and Row. [321pp., 18 chapters]

Byrne, Herbert W. 1961. A Christian approach to education: Educational theory and practice. Grand Rapids: Zondervan. [372pp., 13 chapters; reissued by Mott Media, Milford, Mich., 1977]

_____. 1963. Christian education for the local church: An evangelical and functional approach. Grand Rapids: Zondervan. [355pp., 9 chapters; revised edition, 1973, 379pp., 9 chapters]

Clark, Robert E., Lin Johnson, and Allyn K. Sloat, eds. 1991. Christian education: Foundations for the Future. Chicago: Moody. [636pp., 40chapters]

Cully, Iris. 1958. The dynamics of Christian education. Philadelphia: Westminster. [205pp., 8 chapters; reissued 1965]

Daniel, Eleanor, John Wade, and Charles Gresham. 1980. Introduction to Christian education. Cincinnati, Ohio: Standard. [351pp., 26 chapters; revised edition, 1987, 352pp., 25 chapters]

DeBlois, Austen K., and Donald R. Gorham. 1939. Christian religious education: principles and practice. New York: Fleming H. Revell. [385pp., 18chapters; DeBlois wrote the entire book using the outline developed by Gorham]

Fallaw, Wesner. 1960. Church education for tomorrow. Philadelphia: Westminster. [219pp., 9 chapters]

Flotz, Nancy T., ed. 1990. Religious education in the small membership church. Birmingham, Ala.: Religious Education. [234pp., 10 chapters]

Gangel, Kenneth O. 1970. Leadership for church education. Chicago: Moody. [392pp., 30 chapters; revised and combined with Competent to lead, 1974, and retitled as Building leaders for church education, 1981, 428pp., 35 chapters]

Gangel, Kenneth O., and Howard G. Hendricks, eds. 1988. The Christian educator's handbook on teaching: A comprehensive resource on the distinctiveness of true Christian teaching. Wheaton, Ill.: Victor. [358pp., 21 chapters; written by the Christian education faculty at Dallas Theological Seminary]

Graendorf, Werner, ed. 1981. Introduction to Biblical Christian education. Chicago: Moody. [407pp., 30 chapters]

Habermas, Ronald, and Klaus Issler. 1992. Teaching for reconciliation: Foundations and practice of Christian educational ministry. Grand Rapids: Baker. [421pp., 19 chapters]

Hakes, J. Edward, ed. 1964. An introduction to evangelical Christian education. Chicago: Moody. [423pp., 32 chapters]

Harner, Nevin C. 1939. The educational work of the church. New York: Abingdon-Cokesbury. [257pp., 10 chapters]

Harper, Norman E. 1981. Making disciples: The challenge of Christian education at the end of the 20th century. Memphis, Tenn.: Christian Studies Center. [194pp., 7 chapters]

Jaarsma, Cornelius, ed. 1953. Fundamentals in Christian education: Theory and practice. Grand Rapids: Eerdmans. [482pp., 40 chapters]

Johnson, Susanne. 1989. Spiritual formation in the church and classroom. Nashville: Abingdon. [173pp., 9 chapters]

LeBar, Lois E. 1959. Education that is Christian. Westwood 1981, 256pp., 9 chapters; reissued 1989 by Victor, Wheaton, Ill., with notes by James E. Plueddemann, 314pp., 9 chapters]

_____. 1968. Focus on people in church education. Westwood, N.J.: Revell. [256pp., 7 chapters]

Lentz, Richard E., Paul H. Vieth, and Ray L. Henthorne. Our teaching ministry. St. Louis, Mo.: Christian Board of Publications, 1967. [224pp., 11 chapters]

Lotz, Philip H., and L.W. Crawford, eds. 1931. Studies in religious education. Nashville: Cokesbury. [702pp., 29 chapters]

Lotz. Philip H., ED. 1950. Orientation in religious education. New York: Abingdon-Cokesbury. [618pp., 43 chapters]

Mason, Harold C. 1955. Abiding values in Christian education. Westwood, N.J.: Revell. [176 pp., 20chapters]

_____. 1960. The teaching task of the local church. Winona Lake, Ind.: Light and Life. [214 pp., 14 chapters]

Miller, Donald E. 1987. Story and context: An introduction to Christian education. Nashville: Abingdon. [400pp., 12 chapters]

Miller, Randolph Crump. 1956. Education for Christian living. Englewood Cliffs, N.J.:Prentice-Hall. [418pp., 23 chapters; second edition, 1963]

Munro, Harry C. 1933. Christian education in your church. St. Louis, Mo.: Bethany. [240 pp., 11 chapters]

_____. 1956. Protestant nurture: An introduction to Christian education. Englewood Cliffs, N.J.: Prentice-Hall. [270pp., 10 chapters]

Murch, James DeForest. 1943. Christian education and the local church: History—principles—practice. Cincinnati, Ohio: Standard. [416pp., 35 chapters; revised edition, 1958, 345pp., 35 chapters]

Person, Peter. 1958. Introduction to Christian education. Grand Rapids: Baker. [224pp.,

16 chapters]

Price, John M., L.L. Carpenter, and J.H. Chapman, eds. 1932. Introduction to religious education: A comprehensive survey. New York: Macmillan. [489pp., 24 chapters]

Price, John M., James H. Chapman, A.E. Tibbs, and L. L. Carpenter. 1940. A survey of religious education. New York: Ronald. [333pp., 24 chapters; second edition 1959, by John M. Price, James H. Chapman, L.L. Carpenter, and W. Forbes Yarborough, 466pp., 24 chapters]

Richards, Lawrence O. 1975. A theology of Christian education. Grand Rapids: Zondervan, 1975. [324pp., 28 chapters; discussion of adult and children's ministry is included; a separate book on youth ministry was published in 1972; reissued as Christian education: Seeking to become like Jesus, 1989, 336pp., 28 chapters]

Roloff, Marvin, ed. 1987. Education for Christian living: Strategies for nurture based on biblical and historical foundations. Minneapolis: Augsburg. [236pp., 12 chapters]

Sanner, A. Elwood, and A. F. Harper, eds. 1978. Exploring Christian education. Kansas City, Mo.: Beacon Hill. [503pp., 19 chapters]

Schisler, John Q. 1954. Christian teaching in the churches—Religious education today—Its nature, scope and purpose. New York: Abingdon. [173pp., 12 chapters]

Shinn, Roger L. 1962. The educational mission of the church. Boston: United Church. [176pp., 14 chapters]

Sisemore, John T., ed. 1978. The ministry of religious education. Nashville: Broadman. [239 pp., 15 chapters]

Smart, James D. 1954. The teaching ministry of the church: An examination of the basic principles of Christian education. Philadelphia: Westminster. [207pp., 10 chapters; reissued 1971]

Taylor, Marvin, ed. 1960. Religious education: A comprehensive survey. Nashville: Abingdon. [446 pp., 37 chapters]

_____. 1966. An introduction to Christian education. Nashville: Abingdon. [412pp., 32 chapters]

_____. 1976. Foundations for Christian education in an era of change. Nashville:

Abingdon. [288 pp., 21 chapters]

_____. 1984. Changing patterns of religious education. Nashville: Abingdon. [319pp., 21 chapters]

Vieth, Paul, ed. 1947. The church and Christian education. St. Louis, Mo.: Bethany. [314 pp., 9 chapters]

Wyckoff, D. Campbell. 1955. The task of Christian education. Philadelphia: Westminster. [172pp., 18 chapters; reissued 1965]

Wymore, Leonard D., ed. 1960. Christian education handbook. Cincinnati, Ohio: Standard. [176pp., 9 chapters]

부록 B
탐구와 여과 필터를 위한 여러 분야의 증거들

탐구와 그에 관련된 분야들

영원성에 대한 추구는 현존하는 세 가지 질문의 핵심이므로[1] 우리는 시작하는 내용도 이 점에 초점을 맞추었다. 따라서 여러 분야로부터의 다양한 자료들이 전체적으로 이러한 추구가 존재하는 것을 확인하기 위해서 인용되었다.

철학적인 증거

무신론자이면서 철학자인 버트란드 럿셀(Bertrand Russell)은 "내 안에는 항상, 그리고 끊임없이 지독한 고통이 자리잡고 있다. 그것은 '이 세계 밖의 그 무엇인가를 찾아 헤매는' 하나의 알 수 없고 다루기 힘든 고통이다"[2]라고 말했다.

우리는 모두 물질 영역 밖에 있는 실재를 추구한다. 무신론자나 신앙을 가진 사람들 모두 이 사실을 증명하고 있다. 이것은 어거스틴(Augustine)이 말한 바, 모든 사람의 내면에 있는 공허 혹은 공백을 말하는데, 오직 창조주의 임재에 의해서만 채워질 수 있는 공허인 것이다. 전도서 3장 11절은 이 사실을 확증하고 있는데, (하나님이) 사람의 마음속에 영원성을 심어 놓으셨다. 그러나 사람들은 그가 태초부터 종말까지 행하시는 일을 헤아릴 수 없다고 기록되었다. 루이스(C. S. Lewis 1975, p. 16)도 "언제나 바깥쪽에서만 쳐다보던 어떤 문(門)의 안쪽으로 들어가기 위하여, 우리가 그것으로부터 단절되어 있다고 느끼는 우주의 그 무엇인가와 연합되기를 바라는 우리의 염원"에 대해 말하면서, 이 일생을 통한 영원에의 추구에 대하여 언급했다. 폴 투르니에(Paul Tournier. 1968, p. 37)는 이 인간에게 공통된 욕구를 하나의 "장소"로서 생각하기를 좋아했다. 그는 이 희망을 삶의 절망과 대비시켜서, 이렇게 말했다: "나는 그것이 사실상 이 세상에는 존재하지 않는 완전한 장소, 즉 절망으로부터 실제적인 안전과 보호를 제공해 주는 곳이라고 믿는다. 이것은 낙원(파라다이스)에 대한 우리의 향수병이다. 우리 모두가 찾고 있는 것은 잃어버린 낙원이다. 모든 인류는 소위 우리가 '실낙원 콤플렉스'라고 부르는 것으로부터 고통을 당하고 있다." 간단하게 말하자면, 우리 모두 일종의 신앙 형태에 끌리고 있다는 것이다. 우리는 모두 우리 자신을 초월하는 하나의 실재에 몰입한다. 루이스(1959)는 이 인간의 염원을 표현하기 위해 욕망과 기쁨(Desire and Joy)의 유추법을 차용했다. 그는 사람들이 신에 대해 진실하게 추구하면 신으로부터의 보상이 있을 것이라고 주장했다. 즉, 만약 사람들이 영원한 존재에 대해 진실하게 추구해 간다면, 신은 그들이 기도하는 것에 응답하실 것이라는 것이다. 루이스(1956, p. 165)는 "모든 사람은 그들이 진정으로 구하는 것을 찾는다"[3]고 말한다. 그는 그의 마지막 책 [나니아 연대기](Narnia Chronicles)에서 매력적인 말을 만들어 내었는데, 바로 끊임없이 하나님과 그의 나라를 추구하면서 "좀더 높이, 그리고 좀더 깊이 들어가라!"(p. 171)는 것이다.[4]

요약하자면, 초월자에 대한 이 우주적인 질문은 우리가 그리스도를 증거하는 데에 영향을 미친다는 것이다. 우리가 인간의 이 공통된 영적인 욕구에 대해 인식할 때 우리는 동정심과 사랑을 가지고 세상이 울부짖는 소리를 더 잘 듣게 된다. 우리 교사들은 이처럼 쏟아지는 질문들에 대해 그리스도 안에 있는 영원한 소망으로써 학생들의 갈급함을 채워 주어야만 할 것이다.

인류학적인 발견들

수년 전, 국제적인 연구 결과, 모든 인간 집단들에서 일정한 "공통 분모"를 추출해 냈다.[5] 연구자들의 질문은, "모든 사람들의 현실관에 있어, 비슷한 범주들이 존재하는가?"라는 것이었다. 인류학자 조지 머독(George Murdock)의 한 연구에 의해 부분적인 목록이 만들어졌다(1945, p. 124). 일흔세 가지의 범주 중 어떤 것들이 모든 문화에 공통된 것이었는데, 이것들 중에는 운동 경기, 달력, 우주론, 춤, 교육, 종말론, 가족, 놀이, 헤어 스타일, 농담, 언어, 약(藥), 음악, 숫자, 사람의 이름, 재산권, 초월자와의 화해, 영혼에 대한 개념, 수술, 그리고 기상 통제 같은 것들이 포함되어 있다.

로버트 레드필드(Robert Redfield 1953, p. 86)는 이러한 범주들을 종합하면 세계관이 나타난다고 제안했다. 모든 문화가 하나의 세계관을 가지고 있다는 것이다. 그들은 모두 일정한 형태의 실재성을 갖고 있다. 레드필드가 인류학적 연구 자료들을 면밀히 조사해 본 바, 그는 아주 흥미를 끄는 하나의 양식을 발견했다. 모든 참가자들의 반응은 크게 세 가지의 범주로 묶을 수 있는데, 그것은 바로 인간, 자연, 그리고 신(神)이었다. 레드필드는 이러한 기본적인 요소들이 어느 기간까지 곳곳에 존재해 왔었다는 것을 분명히 했다. 선사시대 문명에서조차도 이 세 가지 형태가 존재했었다고 하면서, 레드필드는 더 자세하게 설명하는데(1953, p. 103), "도시들이 생겨나기 이전에 이미 신관과 자연관, 그리고 인간관이 존재했었다"는 것이다.

위의 연구들을 다시 정리해 보면, 네 가지 추구들에 대한 기본적인 모양이 분명하게 드러난다. 바로, '불멸성'(예를 들어, 머독이 말한 "초월자와의 화목"), '완전성'("개인의 이름"과 "영혼 개념"), '친밀성'("가족"과 "재산에 대한 권리"), 그리고 '산업'("교육"과 "의약")이 그것이다.[6]

스티픈 그룬란(Stephen Grunlan)과 마빈 메이어스(Marvin Mayers)는 자신들의 "기능적 창조 이론"(theory of functional creation)에 근거하여 이 추구들을 이해했다. 그들은 주장하기를, 창세기의 창조 기사는 "언제", "어떻게" 생명이 시작되었는가를 설명하려고 한 것이 아니라, "누가", "왜" 생명을 창조했는가를 설명한 것이라고 한다. 이들은 특별히 세 가지 중요한 실재 체계를 제안했다(1979, p. 41). (1) 자연 체계는 우주, 지구, 식물과 동물의 생명, 즉 인간과 자연 환경과의 관계로 구성된다. (2) 사회 체계는 인간과 인간 상호간의 관계로 구성된다.(3) 정신 체계는 인간과 신과의 관계로 구성된다. 산업에 대한 추구, 완전성/친밀성에 대한 추구, 그리고 불멸성에 대한 추구도 각각 지지하고 있다. 거기에, 이 두 사람은 그들의 기능적 창조 이론에 있어 유용한 이론적 근거를 소개했다. 철학적이고 신학적인 범주에서 볼 때, 이것은 목적론적인 주장으로 분류된다. 다시 말해, 자연 그 자체가 의미와 질서를 나타내 보여준다는 것이다. 이들은 "기능 창조 이론은 신의 모든 창조를 기능적이고 목적론적으로 본다. 또한 신의 창조를 규율과 '법' 아래 있는 질서정연한 것으로 본다. 자연과학이 자연계 안에서 신의 질서를 찾아보려고 하는 반면, 행동과학은 인간의 행동이라는 영역 안에서 신의 질서를 찾으려고 한다"고 설명한다(1979, p. 41).

신앙에 대한 경험론적인 연구

제임스 파울러(James W. Fowler)와 그외 다른 사람들은 또 다른 시각에서 인간 추구의 핵심을 뒷받침하고 있다. 나이트(Knight)의 보편적인 "신앙-선택" 가설을 뛰어넘어, 사회과학자들은 각 사람들 안에서 신앙이 어떻게 실제적으로 자라가는지를 연구했다. 연구 결과를 간단하게 요약하면서, 이들은 우리 모두가 신앙 발전의 특별한 국면에 속해 있다고 주장한다.

이러한 네 가지 추구에 대해 특별히 중요한 것 중에서, 파울러는 모든 사회 안에서의 일반적인 신앙의 발전에 대해 이론적으로 정리했다. 그의 이론은 "s", "o", "scvp"와 같은 상징들을 사용하는데, "s"는 자신(self)을, "o"는 다른 사람들(others)을 말한다. 파울러는 성실과 신뢰가 이 처음 두 가지 요소들을 상호 육성시킨다는 것에 대해 동의한다. 가치(value)와 힘(power)이 공유하고 있는 중심은 이 이론의 세 번째 요소를 나타내는데, 바로 사람들 너머 초월자를 가리키는 실재를 말한다.[7] 이 마지막 요소 역시 성실성에 높은 가치를 주고 있다. 따라서, 파울러(p. 17)는 개인이나 집단 모두가 선택된 초월적인 힘에 "그들의 마음을 의지하고 있다"는 것으로 결론을 내리고 있다.[8]

선교적 제안들

파울러와 레드필드의 삼각 구조 사이에 하나의 의미있는 중복되는 부분이 나타난다. 데이빗 헤셀그레이브(David J. Hesselgrave)는 이것과 비교할 수 있는 구조를 표현했다. 그가 문화를 한 자연주의자에게 관련시켜 평가하든지, 혹은 한 부족의 세계관, 중국인이나 힌두교적인 불교의 입장에 연관시켜 평가하든지간에, 헤셀그레이브는 계속해서 삼각 구조 분석으로 생각했다((1979, p. 80). 거기에, 일생을 통한 추구가 묘사되었다. 산업, 친밀성, 그리고 불멸성-완전성에 대한 특유의 질문들이 각각 제기되었다. 세 가지 부문을 가지고 있는 이 구조에 대한 헤셀그레이브의 이론적 근거는, 인류에게 부과된 성경의 명령으로부터 나온 것이다. 첫째, "하나님은 인간에게 그의 환경에 통치권을 행사할 수 있는 '문화 위임 명령'(Cutural Mandate)을 내리셨다(창 1:26-30)." 그러므로, 산업은 승인을 받은 것이다. 하나님이 홍수로 심판을 내리신 후에, "노아와 그의 가족들은 언약과 함께 자신들과 여러 세대를 통하여 그들의 자손들에게도 해당되는 사회적인 위임 명령을 받았다(창 8:21-9:17)." 친교가 승인을 받은 것이다. 마지막으로, 헤셀그레이브가 지적하는 것처럼, 우리의 하나님과의 중요한 관계는 이러한 기본적인 의무 사항들을 뛰어넘는다. 그러나 죄 때문에, 오직 그리스도만이 사람들을 그들의 창조주와의 의로운 교제 가운데로 회복시킬 수 있다. 그러므로 마태복음 18장 18절에서 20절에 나와 있는 복음 위임 명령(Gospel Mandate)은 마지막 교훈인 것을 보여준다. 불멸성과 완전성 모두가 여기에 특징적으로 나타나 있는 것이다.

존 스토트(John R. W. Stott)는 "현대의 남녀는 초월성에 대한 추구, 의미에 대한 추구, 공동체에 대한 추구, 이 세 가지 것을 추구한다"라고 말하면서, 우주적인 인간의 질문에 대한 그의 견해를 밝히고 있다(1988, p. 125). 초월성이란 "물질 세계 저편에 있는 궁극적인 실재에 대한 탐구"를 말한다. 이것은 파울러의 "가치와 힘이 공유한 중심"과 유사한 것이다. 사람들은 마약이나 동양의 신비주의를 통하여 이러한 추구를 만족시키려 할지 모른다고 스토트는 결론적으로 말했다. 그러나 교회는 이에 대해 대안을 제시해야 하는데, 그것은 바로 전능하시며 인격적인 하나님께 진실한 경배를 드리는 것이다.

스토트가 말한 의미에 대한 추구는 개인의 정체성, 즉 존엄성과 방향성 있는 탐구를 말한다. 그는 교회가 인간의 본질적인 가치를 널리 전해야만 한다고 말한다. 창조와 구속이라는 양대 교리는 우리로 하여금 올바른 방향으로 나아가게 한다. 비록 불순종으로 인해 타락한 존재가 되어 버리긴 했지만, 본래 하나님의 형상으로 지음받은 우리는, 모든 사람이 죄성을 갖고 있는 동시에 또한 구원받을 만한 가치도 있는 존재라는 사실을 깨달아야만 한다. 하나님이 우리를 만드셨으며, 또한 그분은 우리와 화목하기를 원하신다.

공동체에 대한 추구는 사랑하고 싶고 사랑받고 싶어하는, 끝없는 인간의 욕구에 초점을 맞추고 있다. 인간은 인간을 필요로 한다. 신자들은 순수한 교제를 통해, 소속되고자 하는 인간의 욕망을 계속해서 채워 줄 수 있는 장치를 제공해 주어야 한다.

사회과학 분야에 관련된 총체적인 연구 결과를 기본으로 하여, 스토트의 삼중 이론에 하나의 부가적인 내용이 덧붙여져야만 하는데, 그것은 바로 공헌(기여)에 대한 추구이다. 레드필드는 "인간이 부닥치게 되는 책임에 대한 자세"라는 표현을 좋아한다(1953, p. 103). 우리는 우리의 삶을 통해 무엇을 해야 하는가를 알기 위해서 탐구해야 한다.

개성(인격, 성격) 이론들

에릭 에릭슨(Erik Erikson)은 이 부가된 "공헌에 대한 추구"를 "생산"과 "번식"이라고 불렀다. 사실상, 그의 정신사회학적인 단계 이론은 네 가지 추구의 몇 가지 면을 확인해 준다. 아래의 도표는 에릭슨의 여덟 단계 위기와 네 가지 추구 가운데서 서로 비슷한 것들을 짝지어 놓은 것이다. 이 도표는 에릭슨의 것을 수정한 것이다(1963/1982).

나이	심리사회학적인 위기	추구
영아기	신뢰 대 불신	영원성
유아기(1-3세)	자율성 대 수치와 의심	완전성
취학전	주도권 대 죄	완전성
취학연령	생산성 대 열등성	생산성
청년기	주체성 대 정체성 혼란	영원성과 완전성
청장년기	친밀성 대 고립	친밀성
중년기	번식 대 정체	생산성
노년기	완전 대 절망	완전성과 영원성

이해 여과 장치에 대한 가치

니일 포스트맨(Neil Postman)과 찰스 바인가르트너(Charles Weingartner)는 개인적인 "여과 장치들" 혹은 개인적인 관점의 실재성에 대해 아주 훌륭하게 잘 설명해 주었다(1969, pp. 87f, 강조점이 주어졌다). 그들은 자신들의 주장을 입증해 보이기 위해 비교적 알려지지 않은 연구, 애들버트 에임즈 주니어(Adelbert Ames, Jr.)를 끌어들였다. 아래의 역사적인 이야기 역시 관점들의 잠재성을 보여주고 있다.

1938년도부터 에임즈는 인식의 성격을 연구하기 위하여 고안된 일련의 "전시물들"을 만들었다. 그의 "실험실"은 이상한 형태의 방들, 의자들, 그리고 일반 사람들이 보기에는 "뒤틀린" 것 같이 보이는 여러 가지 물건들로 가득 차 있었다. 아마 그 중에서도 가장 인상적인 "전시품"은 360도 회전하는 사다리꼴의 창문일 것이다. 그러나 사람들은 그 문이 180도를 돌았다가는 멈추고, 그리고 다시 반대로 180도 돌아오는 것을 볼 수 있었다. 어떤 사람들은 그것들이 어떤 중요한 의미를 가지고 있는지 알지 못하고, 단지 눈의 "착시 현상"으로만 치부해 버렸다. 그러나 알버트 아인슈타인(Albert Einstein), 듀이(Dewey), 해들리 캔트릴(Hadley Cantril), 그리고 얼 켈리(Earl Kelley) 같은 소수의 사람들은 다르게 생각했다. 듀이는 에임즈가 그와 아더 벤틀리(Arthur Bentley)가 '아는 것과 알려진 것'(Knowing and the Known)에서 말한 "절충심리학"을 위한 경험적 증거들을 제시한 것이라고 확신했다. 이 아는 것과 알려진 것이라는 말은 그들이 "상호작용"이라는 말을 사용할 때, 그로 말미암아 기계적으로 지나치게 단순화되는 현상을 최소화하기 위하여 쓴 것이다. "절충심리학"은 인간이 어떤 존재인가 하는 것과, 인간이 자신을 둘러싸고 있는 것으로 무엇을 만들어 내는가 하는 것은 상호 동시적이고, 고도로 복잡하며, 인간 내부와 외부 사이에서 계속되는 "거래" 과정에서 생기는 산물을 의미한다. 듀이는 에임즈가 그 거래 과정의 성격에 대해 기본적인 지식을 제공했다고 믿었다.

포스트맨과 바인가르트너는 교육자들을 위해, 사람들의 인식에 관한 유용한 정보들을 표로 만들었다(pp. 90-91). 그들이 밝혀낸 것은 다음의 여섯 가지이다.

1. "[에임즈의] 인식 연구에 의해 밝혀진 가장 으뜸되고 중요한 사실은, 우리는 우리를 둘러싸고 있는 '사물들'(things)로부터 인식을 얻는 것이 아니라, 우리의 인식은 바로 우리 자신으로부터 온다는 것이다. 이것은 우리의 바깥에 아무것도 존재하지 않는다는 말이 아니라... '실재'는 우리의 눈이 미치지 않는, 그 어딘가에 존재하는 하나의 인식이라는 것이다."
2. "우리가 인식하는 것은 거의가, 우리가 전에 경험했던 것들, 가정하는 것들, 그리고 목적하는 것들(즉 요구들)을 포함하는 하나의 기능이다."
3. "우리는 우리의 인식에 근거한 어떤 것을 하려고 시도하다가 실패하기까지는, 그리고 실패하지 않는 한은, 우리가 가진 인식을 바꾸려고 하지 않는다. 만일 우리의 행동이 우리의 목적을 충족시키는 것 같이 보일 때에는, 다른 사람들이 아무리 그것이 '잘못되었다'고 말해도, 우리는 우리의 인식을 바꾸려고 하지 않는다."
4. "우리의 인식은 우리 자신과 그리고 우리의 과거 경험에서 기인하는 것이므로, 각 사람이 '거기에 있는 것'을 각자의 독특한 방식으로 인식한다는 것은 명확한 사실이다. 우리는 공통된 세계를 갖고 있지 않으며, 상호 의사소통도 두 사람이 비슷한 목적, 가정, 그리고 경험을 갖고 있는 한에 있어서만 가능하다. 유능한 사회적인 존재가 된다는 것은, 다른 사람들의 관점을 이해하는 데에 달려 있다."
5. "인식은, 이전에 생각하던 것보다 훨씬 더, 한 사람이 사용할 수 있는 언어적인 범주에 속

하는 하나의 기능이다. 이미 말한 바와 같이, 실재(reality)는 우리의 눈이 미치지 않는 저 어딘가에 존재하는 하나의 인식이다. 그러나 '눈 너머에' 하나의 언어 작용이 있다. 우리는 절대로 '자연'이 반복하거나 혹은 표준화될 수 없다는 것을 안다. 그렇지만 우리는 그렇게 하려고 한다. 그리고 우리가 그것을 어떻게 하는가 하는 것은, 우리의 언어 체계의 범주와 분류에 달려 있다. 우리가 말로써 '본다'고 할 때, 그것은 약간의 과장에 지나지 않는다."

6. "하나의 인식이 가지는 의미는, 그것이 어떻게 우리로 하여금 '행동'하게끔 하느냐 하는 것이다. 하늘로부터 빗방울이 떨어지기 시작할 때 어떤 사람들은 피할 곳을 찾아 들어갈 것이고, 또 어떤 사람은 그 비를 맞으며 걸어가고 싶어할 것이다. '무엇이 일어나고 있는가'에 대한 인식은, 그들이 다른 행동을 '한다'는 사실에서 볼 수 있는 것처럼, 다르게 나타난다. 두 그룹의 사람들이 '비가 내리고 있다'는 것에 동의한다고 해서, 그 사람들이 똑같은 방식으로 그 '사건'을 인식하는 것은 아니라는 것이다."

내적인 요인들, 경험과 가정들, 변화에 대한 실제적 저항, 독특성, 언어적 능력, 그리고 행동의 영향, 이런 것들이 우리의 여과 장치를 이해하는 중요한 것들이다.[9] 우리의 대스승이신 예수님은 개인들이 갖고 있는 관점을 잘 파악하고 계셨다. 예수님은 자신의 청중들의 관점 '안에서' 사역하려고 최선을 다하신 것을 우리는 알고 있다.[10] 사도 바울 역시 이러한 세계관의 특성을 잘 알고 있었다.[11]

부록 C
사람들에 대한 관점

교실 안에서 있었던 일

　브리안 교회의 시계가 오전 10시 14분을 가리키고 있었다. 질 싱클레어는 주일학교에서 초등학교 2학년을 맡아 지도하고 있는데, 지금은 만들기를 하고 있다. 그녀는 학생들에게 매일 매순간 하나님이 그들 각자와 어떻게 함께 하시는지를 설명하려고 노력하고 있다. 제일 먼저 만들기를 마친 로비는 종종 그래 왔던 것처럼 옆에 있는 아이들을 도와주려고 한다. 매릴린은 교실에서 일어나는 소음에는 관심도 두지 않은 채 창밖을 내다보고 있다. 시끌법석한 아이들의 떠드는 소리도, 종이 자르는 가위 소리도 뭔가를 주시하고 있는 그 애를 방해하지 못했다. 가장 어린 축에 속하는 스코트는 벌써 열 번째나 의자에서 일어나 책상 주위를 돌아다니다가 걸상 다리에 걸려 넘어진다. 아이들은 그 애를 보고 웃음을 터뜨리고(이 아이는 전에도 그랬었다), 스코트는 울음을 터뜨린다.

　질은 화가 나서 낙담한다. 이제 처음 아이들을 가르치는 햇병아리 교사로서 그녀는 이 수업을 위해 여러 시간 연구하고 준비를 했었다. 순간, 그녀는 오늘 자신이 가르치고자 하는 주제에 대해 속으로 조소를 던진다. '이 혼란 속에서 과연 나는 어떻게 하나님의 임재하심을 느낄 수 있는걸까?' 이 여선생님은 어떻게 해야만 하는걸까?

　이 난관에 대한 질의-반응은, 6살에서 8살난 아이들에 대해 그녀가 어떤 기대치를 갖고 있느냐와, 그녀가 아이들 각자의 생활 환경을 얼마나 알고 있느냐에 따라 달라진다. 또한 그녀 자신이 하나님, 그리고 자신의 삶에 개입하시는 그분의 손길을 어떻게 이해하고 있는가, 즉 자신의 아이들이 이해해 주었으면 하고 바라는 하나님에 대해 그녀 자신이 어떻게 이해하고 있는가에 따라 그녀의 반응은 다르게 나타난다는 것이다.

성장과 학습에 영향을 미치는 요인들

이제 이 학급의 세 명의 아이들을 만나 보도록 하자. 스코트는 행동과 인식 기능의 부조화를 유발하는 미세 뇌기능 부전증(MBD)을 앓고 있다. 이 병은 뇌가 손상된 흔적은 보이지 않는데도 불구하고 종종 과다행동증의 형태를 보인다. 보통 이것은 "과다행동 어린이 증후군"으로 불린다(Elkind and Weiner 1978, p. 340). 스코트의 문제는 유전적인 결함에서 비롯된 것이다.

매릴린은 가정 생활 때문에 심한 스트레스를 받고 있다. 이 아이의 엄마는 최근에 이혼했으며, 매릴린에게 마구 욕을 퍼붓는 그녀의 남자 친구와 함께 살고 있다. 매릴린은 또한 항상 열쇠를 들고 다니는 아이다. 수업이 끝나면, 이 아이는 엄마가 직장에서 돌아오기까지 빈집을 홀로 지켜야 한다. 이 시간을 이 아이는 몽상을 하면서 보낸다. 오직 자신만의 세계에서 이 아이는 상상 속의 아이들과 노는 것이다. 이 아이의 문제는 돌봄이 부족한 불행한 환경에 기인한다.

로비의 성실한 양부모님은 모두 대학 교수들이다. 그들은 로비에게 건강한 가정 학습 환경을 만들어 주고 있다. 예를 들자면 이렇다. 로비는 책 읽기를 좋아한다. 로비가 태어난 그 날부터 로비의 부모가 이 아이에게 책을 읽어 주었다는 것은 누구나 아는 사실이다. 이런 뛰어난 읽기 능력 때문에 이 아이는 열심히 그리고 자신의 능력에 대한 확신을 가지고 질의 수업을 따라온다.

다른 사람들과 같이, 질 싱클레어의 수업에 그녀의 개인적인 배경도 한 요인이 된다. 그녀가 서른두 살이었을 때, 그녀는 아직 미혼이었으며, 하나님과 교회를 섬기고자 하는 생각을 갖게 되었다. 질은 자신이 통제할 수 있는 환경 속에 있는 것을 좋아한다. 그런데 자신이 가르치고 있는 아이들이 이런 그녀의 바람을 방해하고 있는 것이다. 이러한 시련은 그녀의 능력에 대해 자기 분석적인 질문을 낳게 한다. 그녀는 이런 종류의 사역에 꼭 참여해야만 하는걸까? 어쩌면 모든 것을 다 아시는 하나님이 질로 하여금 매릴린과 스코트를 통해 참을성과 함께 유연성을 갖게 하고자 하시는 것일 수도 있다.

이러한 개인적인 특성들은 교육이 행해지는 곳이면 어디에서나 존재하는, 세 가지 결정적이고 또한 상호 작용하는 요인들을 부각시킨다.

1. 유전: 인간의 성격과 관계되는 "날 때부터" 자연적으로 부여된 조건들(그리고 한계들)이 여기에 나타나 있다. 여기에는 육체적이고 정신적인 능력이 포함된다. 초자연적인 것으로서는 죄 짓기 쉬운 성향, 회심 때의 (신자들에게 적용되는) 영적 거듭남(중생)이 있다. 하나님의 전능하신 섭리를 따라 사람들은 이러한 것들을 선물로 받게 된다.
2. 역사: 배경과 과거의 경험에 관련된 요소들이 강조된다. 여기에는 이전의 학습과 사람들, 장소, 그리고 사건들에 대한 기억들이 포함된다. 창조와 함께 하나님의 감독 행위가 특별히 고려된다.
3. 여기서 지금: 현재의 상황과 학습의 주변 상황이 강조된다. 하나님이 현재 성취해 가시는 것들은 기독교인의 세계관에서 볼 수 있는 것처럼 탁월한 것이다.

이러한 요인들만 합쳐 놓고 본다 해도, 이것들은 모든 피교육자들이 각기 '독특하다'는 것을 말해 준다. 이러한 기본적인 범주들을 앎으로써 교육자들은 교육-학습의 난점들을 분석하여, 교육적인 입안을 세움에 있어 하나의 틀을 마련할 수 있다. 각각의 학생들은 각자의 독특한 "타고난 기질"을 가지고 교실에 들어선다. 교사가 얼마나 그 특성들을 잘 살려 줄 수 있는가는 그 자신이 얼마나 이러한 성격들을 잘 파악했는가에 달려 있다.

예를 들어 한 아이가 주일학교 수업을 망치려고 할 때, 그러한 잘못된 행동을 가능케 하는 것들로 많은 요인들이 제시될 수 있을 것이다. 이런 방해하는 행동은 다음과 같은 요인에 의한 것일 수 있다.

1. 유전(아이는 스코트의 과다행동증에서처럼, 육체적인 문제를 갖고 있을지도 모른다. 아니면 아주 어린아이라면 선 안에 있는 그림을 꼼꼼하게 색칠하는데 필요한, 근육이 잘 발달되지 않아서 당황해 하는 건지도 모른다.)
2. 역사(아이는 충분히 자제할 수 있는 습관을 익히지 못했거나, 아니면 과거의 학대받은 기억 때문에, 친구들이나 교사와 접촉했을 때 그렇게 반응하는 것일 수도 있다.)
3. 여기서 지금(벌 한 마리가 아이를 귀찮게 하고 있는지도 모르고, 아이가 지금 영적인 싸움을 싸우고 있을 수도 있으며, 혹 어떤 아이는 지금 매우 흥겹고 배우는 것이 즐겁다고 느끼고 있는지도 모른다.)

어떠한 환경에 처하더라도 하나님은 전능하신 분이라는 사실이, 그분은 모든 것을 통제하시고 계시다는 것을 우리가 느끼게 한다. 모든 환경을 통하여, 하나님 스스로에게 영광을, 그리고 자신의 백성들에게는 그분의 선하심을 베풀어 주실 것이다(사도 바울이 로마서 9장 22, 23절에서 예로 든 욥, 바로, 그리고 이스라엘 백성을 보라). 로마서 8장 28절은 더 큰 그림을 그려 볼 수 있게 해주는 교사들의 지침 구절이다.

성공적인 교육 계획안을 세우려면 아이들의 특성들을 정확하게 분석할 줄 알아야 한다. 이 책의 7장과 8장은 과거에 일어났던 것에 대해 배우든지(역사적인 요소들), 아니면 현재 일어나고 있는 일(여기, 지금 요소)에 대해서 배우든지간에, 우리가 어떻게 배워야 하는가에 대해 기본적인 정보를 제공해 주고 있다. 성장의 형태에 대해 다루고 있는 5장과 6장은 유전적인 요인들을 논의하고 있다. 이제 몇 가지의 부가적인 문제들을 언급해 보자.

하나님으로부터 부여받은 것들

유전에 관계된 요인들은 어떻게, 그리고 무엇을 우리가 배우는가에 중요한 영향을 끼친다. "유전"이라는 것은 우리가 육체적인 출생 때(혹은 육적 출생이후 영적인 중생 때) 하나님으로부터 부여받은 능력을 말한다. 이렇게 하나님으로부터 받은 것들을 이해함으로써 우리는 학생들 각 개인의 타고난 가능성이라든지 제한성들을 더 잘 이해하게 된다. 우리가 양 손 외에 하나의 손을 더 달라고 하나님께 기도한다면 그것은 참으로 어리석은 일이 될 것이다. 하나님이 우리에게 주시지 않는 어떤 지적인, 혹은 영적인 은사를 달라고 요구하는 것 역시 쓸데없는 일일 것이다. 인간이 가지고 있는 어떤 것들은 다른 생물들과 공통적인 관련성을 가지고 있는 것도 있다(예를 들면 눈이라든지, 움직일 수 있는 손과 발, 날개와 같은 것들). 그렇지만 그외의 다른 것들은 오직 인간에게만 있다. 예를 들어 인간이 하나님의 형상으로 창조되었다는 것은 우리 인간이 양심을 갖고 있다는 것을 의미한다.

책임

앞서 묘사한 학급에서, 스코트의 뇌기능은 약간 장애를 가지고 있다. 어떤 사람들은 "약간 손상된 기관을 가지고"(유전적이든지 아니면 태아기의 문제들로부터 연유한 것이든지간에 날 때부터 결함을 가진 채로) 태어난다. 또 어떤 사람들은 출생 후에 심한 사고를 당했다든지 혹은 질병(즉 팔 다리의 절단, 약물 남용으로 인한 손상)으로 인하여 불리하게 작용하는 육체적, 정신적 장애들을 갖게 되기도 한다.

어떤 장애들은 다른 장애들보다 기능적으로 인간에게 더 불편을 준다. 스코트의 경우에는, 활동과다 증세를 줄이기 위하여 약물을 투여하는 것이 도움이 될 수 있다. 한편, 신속한 원인 추적 조사를 통해서 스코트가 자신의 행동으로 말미암아 생길 소외감이나 실패감과 같은 부정적인 태도를 미연에 방지할 수도 있을 것이다. 다른 장애들(심한 정신지체와 같은)은 지적 기능에 좀더 지속적인 제한을 가하게 될지도 모른다.

모든 인간의 육체는 태아기의 발달, 질병, 노화, 그리고 최종적인 죽음과 그리고 부패하기에 이르기까지 비정상적인 상태로 발전하기 쉽다(창 3:19; 롬 5:12-14).[1] 이 세상에서 우리의 사는 날은 제한되어 있다.[2] 저주로 말미암아 퇴락하게 된 결과는 우리 몸의 기능성에 심각한 영향을 끼쳤다.

성경적인 관점에서 볼 때, 흠없는 육체와 정신적 기능에 그 궁극적인 가치가 있는 것은 아니다. 중요한 것은, 우리가 갖고 있는 능력이 무엇이든지, 우리는 하나님께 영광을 돌리기로 결심해야 한다는 것이다. 설사 우리에게 '구조적인' 장애가 있어서 제한을 받는다 할지라도, 우리는 우리의 삶에서 역동적인 하나님의 일을 '기능적으로' 나타내기를 힘써야만 한다.

타락한 세상에서, 하나님은 그 자신의 주권적인 목적에 따라, 기능적인 지체와 그렇지 못한 지체들을 폭넓게 허용하셨다(요 9:1-3). 모든 피조물들이 신음하고 있으며, 신자들은 궁극적으로 하나됨을 소망 가운데 고대하고 있다(롬 8:19-23). 그러나 하나님으로부터 부여받은 조건이 어떤 것이든간에, 각 신자들은 주님을 위해 봉사해야 할 책임이 있다. 달란트 비유는 신자들로 하여금 그들이 받은 것을 충분히 사용할 수 있도록 권고하고, 그들이 받지 못한 것이나 손실당한 것에 연연하지 않도록 해준다(마 25:14-30; 요 21:21-22).

다양성 안에서의 하나됨: 몸과 영혼

비록 인간은 하나의 존재로서 기능하지만, 성경은 여러 가지 기본적인 인간 속성이 있음을 암시하는 다양한 용어들을 사용하고 있다. 다음의 용어들은 바울의 글에서 나타나는 것들이다 (McDonald, 1984, p. 678)

1. 프뉴마(pneuma): "정신"(spirit)의 의미로 146회 사용되었다.
2. 싸륵스(sarx): "육체"(flesh)의 의미로 91회 사용되었다.
3. 쏘마(soma): "몸"(body)의 의미로 89회 사용되었다.[3]
4. 카르디아(kardia): "생명의 좌소로서의 심장"의 의미로 52회 사용되었다.
5. 여러 가지 헬라어가 "마음"(mind)으로 번역되었는데, 그 중에서 가장 많이 쓰인 단어는 누스(nous)이며, 이런 의미로 21회 사용되었다.
6. 싸이키(psyche): "영혼"(soul)의 의미로 11회 사용되었다.

여기서 이런 의문점이 제기된다: 사람은 근본적으로 별개의 요소들이 조화를 이루며 상호작용하는 구성체로 만들어졌는가, 아니면 분리할 수 없는 하나의 구성체인가 하는 것이다.

인간을 이해함에 있어서 기본적인 것은, 인간이 하나님의 형상대로 만들어졌다는 것이다(창 1:26; 약 3:9). 이 책의 초두에서 살펴본 바와 같이, 하나님의 형상은 기능적, 그리고 구조적인 양면을 포함하는 것으로 생각할 수 있다(Hoekema 1986). 구조적인 면은 하나님으로부터 부여받은 것과 능력(예: 신체의 근육 활동이나 양심)을 말한다. 기능적인 면은 이러한 선물을 하나님의 목적에 따라 올바르게 사용하는 것과 관계된다(예: 저주보다는 축복의 말을 하는 것, 약 3:9-12).

역사적으로, 인간 구조에 대한 성경적인 이해는 두 개의 기본틀 안에서 이해되어 왔는데, '물질'(즉, 물리학에 기초한 것으로서 "몸")과 '비물질'(즉, 물리학에 기초하지 않은 것으로서, "영혼"이란 말로 대표된다)이 그것이다.[4] 육체적인 몸에 관하여, 신약에서 가장 많이 사용되고 있는 것은 쏘마(soma, 몸)이다. 싸륵스(sarx, 육체)의 경우에 있어서는, 비록 이 말이 윤리적인 의미로 더 많이 쓰이긴 했어도(예: 영혼 대 육체), "육체"(예: 고후 4:11)라는 하나의 중립적인 의미로 번역되었다. 바울은 몸(육체)에 대해서 한 번은 "겉사람"(고후 4:16)으로, 한 번은 "집"(고후 5:1)으로, 그리고 두 번은 "장막"(earthly tent, 고후 5:1, 4)으로 사용하고 있다.

정통 복음주의 신학에서는, 사람이 죽을 때에 영혼이 그 육체로부터 분리되는 것으로 생각해 왔다. 나중에 이 영혼은 부활된 몸과 연합될 것이다. 현대의 어떤 복음주의 작가들은 이러한 개념에 대해 도전장을 던지고 있다. 인간의 기능을 통합적으로 말하면서도, 그러나 여전히 성경에서는 인간이 몸과 영혼으로 구성되었다고 말하는 이 문제를 우리는 어떻게 풀 수 있을까? 이 오래된 "몸-육체" 이론, 혹은 "일원론-이원론"의 딜레마를 해결하기 위해 여러 가지 다양한 답들이 제시되었다.

왜 이 문제가 중요한 것인가? 한 사람이 존재론적 일원론을 택하느냐, 혹은 이원론을 택하느냐에 따라, 육체의 죽음 이후에 어떤 일이 일어나는가에 대한 그 사람의 관점이 달라지기 때문이다. 존 쿠퍼(John W. Cooper)가 이 문제의 중요성과 미묘한 의미상의 차이점들을 분석했다(1989). 지면 관계로 모든 문제를 살펴볼 수 없으므로 몇 가지만 간단히 정리해 보겠다.

"존재론적 이원론"은, 인간이 몸과 육체(즉, 두 가지 구성 요소)로 구성되었다고 생각한다. 죽음 이후에도, 영혼은 계속해서 존재하며, 나중에 부활된 몸과 연합한다는 것이다. 그러므로 당분간은 사람이 영혼과 몸이 분리된 상태로 존재한다는 것이다. "인류학에서의 이중성은 몸과 영혼, 그 어느 쪽이 악한가를 말하는 형이상학적 이원론을 말하는 것이 아니라, 비록 이 두 요소가 분리될 수 있는 여지를 갖고 있지만, 함께 맞물려 작용하는 이 두 요소들로써 인간이 구성되었다는 것을 말한다"(Gundry 1987, pp. 83-84).

"존재론적 일원론"은 사람을 하나의 나눌 수 없는 단위(즉, 한 개의 구성 요소)로 본다. 그래서 죽을 때에 사람은 존재하는 것을 멈추게 된다. 그래서 그 즉시 혹은 이후에, 한 개인은 영화를 입은 사람으로 재창조된다. 그러므로 여기에 존재의 지속성이란 없다.[5] 맥케이(MacKay)는, "우리의 이 지상에서의 삶의 내용은 하나님의 행위로 말미암아 현재의 우리와 하나님과의 관계의 결과로서 하나님의 기억 속에 보존되었다가 재창조되는 것"(Farnsworth 1985, p. 140)으로 보았다.

이 두 가지 사상은 혼합되거나 서로 조화를 이룰 수 없다는 사실에 주의하라. 이것들은 상호 배타적이다. 어떤 사람이 죽음 후에도 영혼이 존재한다는 중간 입장을 취하면, 그는 바로 존재론적 이원론자가 되는 것이다.[6]

일치성과 상이성: 남성과 여성

창세기 1장 26절에 의하면, 하나님은 사람을 그의 형상대로 만드셨다. 그러므로 남자와 여자는 함께 완전한 인간을 구성한다. 아담과 하와는 양쪽 모두 하나님으로부터 축복과 함께, 이 땅을 충만케 하고 다스리라는 명령을 받았다(창 1:28). 그리고 우리 모두 그리스도(갈 3:28)와 하나님의 은혜(벧전 3:7) 안에 있는 생명의 상속자들이다. 우리 모두 어떤 육체적인 속성들은 공유하고 있지만, 분명히 구별되는 것들이 있다(예: 생식선과 얼굴의 털). 심리적 상이성들이 어느 정도까지 사회화하는 과정에서 혹은 유전적 구조로부터 기인한 것인지 우리는 확언

할 수는 없다(Van Leeuwen 1990).

  그러나 우리가 그리스도의 성숙한 분량에까지 자라기 위해서는, 남자와 여자로 지음받았으므로 우리는 우리의 성을 무시하지 말고 그것의 충만한 부요함에 이르도록 서로 돕는 방법을 모색해야 한다. 현재 교회 안에서 제기되고 있는 논의는, 사역에 있어서의 남성과 여성에게 적합한 역할에 관련된 것이다. 복음주의자들 가운데 세 가지의 주요 입장이 제시되었는데, 가장 자유로운 입장에서부터 가장 제한적인 입장(보수파 침례교 신학교들, 1989, p. 5)까지 아래에 정리했다.[7]

1. 평등주의 입장: 교회의 모든 사역이 자격을 갖추고 있는 모든 남자와 여자에게 개방되어 있다. 성(性)은 한 사람을 어떤 자리에서 제외시키는 관계 요인이 되지 않는다.
2. 온건주의 입장: 오직 장로회만이 남자들에 한정된다. 여자들은 그들이 갖고 있는 자격이나 적절한 은사를 사용하여, 장로직을 제외한 모든 직위나 사역에서 섬기도록 권장한다.
3. 계급주의(전통적인) 입장: 장로직이나 보통 집사직은 남자들에게만 주어진다. 여자들은 교회 안의 한 지체를 공적으로 가르치거나, 혹은 남자에게 권위를 행사하는 어떤 사역에서도 제외된다. 남자는 여자에게 권위를 행사할 수 있지만, 그 반대는 성립할 수 없다.

  각 입장의 제안자들은 자신들의 입장을 뒷받침하기 위한 증거로서, 성경적이며 신학적 사실들을 제시해 왔다.[8] 우리는 이 문제를 아주 중요하게 생각하며, 계속적인 연구가 있어야 될 것으로 생각한다. 그렇지만 우리는 서로를 섬기며 한 몸으로서 하나됨을 나타내기 위해 노력을 다해야 할 것이다.

부록 D
학습 방법

반복되는 학습 경험을 통해서 볼 때, 우리는 각자 교육적으로 좋아하는 방법들에 마음이 끌리게 된다. 어떤 사람은 실제적인 생각을 가지고 일하는 것을 좋아하는 반면, 어떤 사람은 이론을 가지고 토론하기를 좋아한다. 어떤 사람은 어떤 주제에 대해 입으로 제안하는 것을 좋아하며, 어떤 사람은 보고서로 작성해서 올리고 싶어한다. 어떤 학생들은 조용한 방에서 공부하는 것을 좋아하는 반면, 어떤 학생들은 주위의 소음에도 전혀 개의치 않는다.

교육적 조사는 이런 각 개인들의 "학습 방법"을 이해하는 데 도움을 준다(Dunn과 그외 1989; Bonham 1988). 요약된 모델들은 네 가지 개인의 학습 방법으로 그 항목을 줄였다. 각각의 방법은 그 자체의 최선의 교육방법적 장치를 갖고 있다. 데이빗 콜브(David Kolb 1984)는 두 가지 수직적인 공리(구체적인 것 대 추상적인 것, 행동적인 것 대 명상적인 것)를 가진 네 가지 분면(分面)을 제시했다. 교사들을 위해 맥카시(McCarthy 1987, 콜브의 용어는 괄호 안에 넣었다)가 채택한 것으로서 이 네 가지는 다음과 같다.

1. '상상력이 풍부한' 학습자(다양한 것을 추구하는 사람, diverger): 다양한 방법들을 통해 여러 개념들을 알아내기 위하여 그룹 활동을 강조한다.
2. '분석적인' 학습자(동화 혹은 일치시키는 사람, assimilator): 사실, 개념의 논리적 타당성, 조직적인 정보의 제시를 강조한다.
3. '상식적인' 학습자(논리적 추론에 익숙한 사람, converger): 실제적인 것과 개념과 이론

의 실생활에서의 적용을 강조한다.
4. '역동적인' 학습자(적응 혹은 조정하는 사람, accommodator): "실천 위주", 시행착오, 그리고 여러 가지 가운데 학습자 자신이 선택한 결과를 위주로 시도한 실험을 강조한다.

이러한 특별한 학생들의 관심과 함께 일하기 위해서, 맥카시는 교사들이 가르칠 때, 네 가지 각 강조점들을 혼합하여 이 네 가지 사항을 조화시켜 가르쳐야 한다고 제안한다. 이렇게 함으로써 학생들은 최소한 일정 기간만이라도 가장 효율적인 방법으로 배울 수 있을 것이다.

어떤 학습 방법의 모델은 좀더 다양성을 갖고 있다. 예를 들어 리타와 케네스 던(Rita and kenneth Dunn)의 모델(1978; Dunn과 그외 1988)은 학습에 영향을 끼치는 스물한 가지 요소들을 다섯 개의 그룹으로 묶어 놓고 있다.

1. 환경적: 소리, 빛, 온도, 디자인
2. 감정적: 동기, 끈기, 책임, 구조
3. 사회학적: 자신, 짝, 친구, 팀, 성인, 다양한 구성원들
4. 물리적: 지각력, 인원수, 시간, 활동
5. 심리적: 포괄적 대 분석적, 활동, 충동적 대 명상적

예를 들어 물리적 범주에서, "조작적인"(활동) 학습자들은 좀더 "실천적"으로 참여하는 것을 좋아하는 반면, "시각적인"(지각적인) 학습자들은 그것을 그려 봄으로써 지식을 가장 잘 습득한다. 사회학적 범주에서, "둘이 한 조를 이루는"(쌍) 학습자들은 혼자(자신) 할 때 보다, 그리고 단체(팀)로 할 때보다도, 짝과 함께 할 때 가장 잘한다.

우리가 이 주제를 포함시킨 주된 이유는, 교사 역시 학생들의 '동기'에 관심을 기울여야 하기 때문이다. 8장에서, 우리는 어떻게 우리 모두가 배우는가에 대한 기본적인 과정을 설명했다. 그렇지만 우리는 자신의 개성과 경험을 기반으로, 우리가 배우고 싶어하는 하나의 '선호하는 방식'을 개발해 낸다. 그래서 학습 방법의 연구는 하나의 특별한 학습 활동에 있어 학생들의 '의욕'을 계속 고취시키는 또 다른 유용한 모델을 제공해 준다.

우리는 베네트(Bennett 1990)에게서, 특별히 그것이 다중문화적인 교육에 관련될 때 유용한 학습 방법 이론을 찾아볼 수 있다. 콜브의 모델에 기초한 이 "학습 방법 목록"은 McBer and Company사(137 Newbury Street, Boston, MA 02116)에서 구할 수 있다. 던(Dunn)

의 모델에 근거한 학습 방법 목록은 성인과 초등학교 3학년에서 고등학생까지의 학습자들을 위한 것으로서, Price Systems(Box 1818, Lawrence, KS 66044)에서 구할 수 있다.

부록 E
칼 로운트리(Carl Rowntree)의 요한복음 13장 강의안

장소: 매리너의 교실
시간: 9:15-10:30 A.M.
본문말씀: 요한복음 13장 1-17절
목적: 현대적인 광고문안을 만들어 봄으로써 겸손한 종의 정신을 알게 한다.
필요한 자료: 성경, 그룹 지침, 종이와 연필, OHP 종이와 펜, 이면지와 싸인펜, 잡지, 7x11 크기의 카드
수업 전 준비 사항: 교실에서 의자들을 치워 놓는다. 수업 시작하기 5분 전에 스나이더 목사님, 정커 부목사님, 그리고 트로이어 경찰서장에게 의자들을 원형으로 배치해 주시도록 요청한다. 팀과 마리아에게 다과가 준비되었는지 점검한다.

수업 시작 5분 전:
　　세 사람의 교회 지도자가 의자들을 정렬해 놓는다(수업을 위해 직접 종의 정신을 시범으로 보여준다).

A. 주의 끌기(Hook, 2-4분)
　　1. "위협을 가해서 목적 달성하기"와 "선두를 추구하기"라고 칠판에 쓴다. 학생들에게 이 문구를 이해할 수 있는지를 물어 보고 그들의 의견을 듣는다. 위협을 쓰는 전략에 대해

서 설명해 주라.
2. 칠판에서 "위협"이란 말을 지우고, 대신 "겸손"이란 말로 바꿔 쓴다. 오늘, 우리는 앞으로 전진하는 것에 대해 실제적인 비결을 가르치는 문구를 보게 될 것이다.

B. 주제를 연구하기(Book, 25-30분)
1. 칠판에 요한복음 13장 1-17절을 쓴다. 그리고 학생들로 하여금 그것을 돌아가면서 읽게 한다. 그 주제와 책의 개략적인 내용을 주지시킨다(개관을 적은 종이를 보라).
2. 요한복음 3장 1-5절을 읽는다. 그런 다음 이 사건 전에 일어났던 사건의 연대기를 복습한다(주 참조).
3. 조 활동: 예수와 그의 제자들이 다락방에 올라갔을 때 그들이 어떤 것을 기대했었는가? 학생들을 몇 조로 나눈다(각 조원은 3명 내지 5명이 되게 하고, 이름이 "ㄱ"에 가장 가까운 사람에게 조장을 시킨다. 각 조에게 발표할 것들을 지정해 준다(10분을 주고, 필요하면, 각 조에게 돌려 적게 한다).
4. 각 조의 대답: 칠판에 네 개의 중요한 표제어를 쓴다(베드로, 유다, 예수 그리고 12제자의 이름). 각 이름마다 그 답을 쓴다. 제자들의 기대치를 예수의 그것과 대조해 본다.
5. 간단한 설교: 세족식(주 참조).
6. 요한복음 13장 13, 14절에 초점을 맞춘다(우리는 다음 주에 6-11절을 배울 것이다). 13-14절을 읽는다. 학생들 각자에게 이 구절을 알기 쉽게 설명해 보라고 한다(종이와 연필을 나눠주고 시간은 3-5분을 잡는다).
7. 몇몇 학생에게 6번에서 쓴 것을 발표하게 한다. 칠판에다 "겸손한 섬김=어떠한 일이라도 너무 비천해서 못할 일이란 없다"라고 쓴다.

C. 적용점 살피기(Look, 25분)
1. 변화: OHP에 "인생의 시동 거는 법을 배우라"라고 쓴다.
   a. 이 광고에 누가 자금을 댈 것인가? 그들이 이 광고를 통해 얻으려고 하는 것은 무엇인가?
   b. 옛 노래를 부른다.
2. 조별 활동: 조를 다시 짠다(이번에는 조장을 "ㅎ"에 가장 가까운 이름을 가진 사람으로

뽑는다). 각 조는 성공적인 광고 대행업체이다. 참된 종의 정신을 전하는 현대적인 광고 문안을 작성한다. 선택(15분)

    a. 5-7단어 사이의 광고문을 작성한다.

    b. 유행하는 라디오 음악을 새 가사로 개작한다.

    c. 30초짜리 텔레비전 광고를 만든다. 필요한 자료들: 잡지, 종이, 연필

3. 조별로 광고 발표하기
4. 조별 전략 짜기: 집, 직장, 교회 모임, 동네, 운전할 때 등의 주제를 정한다. "이러한 삶의 현장에서 기독교인이 이웃의 필요를 채울 수 있는 구체적이고 실제적인 방법들에는 어떤 것들이 있는가?" 이에 대한 대답들을 칠판에 쓴다.

D. 실천사항을 찾기(Took, 5-8분)

1. 7x11 카드를 나눠준다. 칠판에 "이번 주 나는 …을 할 것이다"라고 쓴다. 요한복음 13장 13, 14절을 읽는다. 조원들에게 한 항목을 택하게 하고 이번 주에 해야 할 작은 봉사가 무엇인가 물어 본다. 이것을 각자의 카드에 쓰게 하고 학생들이 가장 잘 볼 수 있는 장소에 붙이게 한다.
2. 셀던 리브세이의 그림과 작은 봉사
3. "나를 종으로 삼으소서"를 마감하는 노래로 부른다.
4. "겸손한 섬김=어떠한 일이라도 너무 비천해서 못할 일이란 없다"라는 문구를 크게 읽게 한다. 요한복음 13장 13, 14절을 읽고 기도로 마친다.

요한복음 13장을 위한
학급 활동

그룹 지침

그 다락방에 있던 사람들이 기대했던 것들은 무엇이었을까? 그들의 태도와 그들이 몰두해 있던 것들에 대해 말해 보시오. 다음은 그 다락방의 모임 전과 도중, 그리고 그 후와 관련되는 문구들을 서술해 놓은 것이다.

1. 유다
    전: 요 12:4-8(요 11:57); 눅 22:3-6(병행구: 막 14:10-11; 마 26:14-16)
    도중: 요 13:2, 27
    후: 마 27:3-5
2. 베드로(와 요한)
    전: 눅 22:8, 9, 13
    도중: 요 13:37(병행구: 눅 22:33); 요 13:8
    후: 마 26:33(병행구: 막 14:29, 아마도 감람산에서)
3. 제자들
    전: (1) 막 9:33, 34(병행구: 마 18:1; 눅 9:46), (2) 마 20:20-24(병행구: 막 10:35-41)
    도중: 눅 22:24
    후: 행 1:6
4. 예수
    전: (1) 막9:35(병행구: 마 18:4; 눅 9:48), (2) 마20:25-28(병행구: 막 10:42-45),
        (3) 마 23:11-12
    도중: 요 13:1, 21
    후: 눅 22:41-44(병행구: 마 26:39; 막 14:35, 36)

부록 F
설교와 교육의 비교

설교는 교육과 어떻게 비교되고 대조되는가? 이 문제에 대한 각자의 의견들을 들어 보기 위해 교인들에게 투표를 하게 했다고 생각해 보자. 이 두 문제에 대해서 다음의 몇 가지 사항들이 부각될 것이다.

	설교	교육
목소리	크고, 예언적이다	부드럽고, 대화적이다
시간/장소	오전 11시/교회의 강단	오전 9시 30분/교실
목적	확신	이해
자격	성직자라야 한다	누구든지 가르칠 수 있다

신약성경을 면밀히 조사해 보면, 이러한 대조는 성경적이라기보다는 문화적인 것임을 알 수 있다. 예를 들어 같은 상황에서 설교(헬라어로 kerusso)와 교육(헬라어로 didasko)을 나타내는 기본 단어가 나타나는 곳이 다섯 군데가 있는데, 세 번은 마태복음에, 그리고 사도행전과 로마서에 각각 한 번씩 나타난다. 이것들을 조심스럽게 분석해 보면 이 두 단어는 근본적으로 동의어인 것이 드러난다. 다음의 구절들을 생각해 보자.

"예수께서 온 갈릴리에 두루 다니사 저희 회당에서 '가르치시며' 천국 복음을 '전파하시며'

백성 중에 모든 병과 모든 약한 것을 고치시니"(마 4:23과 마 9:35은 거의 동일하다).

"예수께서 열 두 제자에게 명하시기를 마치시고 이에 저희 여러 동네에서 '가르치시며' '전도하시려고' 거기를 떠나가시니라"(마 11:1).

"담대히 하나님 나라를 '전파하며' 주 예수 그리스도께 관한 것을 '가르치되' 금하는 사람이 없었더라"(행 28:31).

"어리석은 자의 훈도요 어린아이의 선생이라고 스스로 믿으니 그러면 다른 사람을 '가르치는' 네가 네 자신을 가르치지 아니하느냐? 도적질 말라 '반포하는' 네가 도적질하느냐?"(롬 2:20, 21).

"가르친다"(didasko)란 말은 "설교하다" 혹은 그와 비슷하게 번역할 수 있는 다른 헬라어와 같이 쓰였다. 그러므로 '디다스코'는 아래의 말들과 함께 쓰인다.

anangello(행 20:20)
euangelizo(행 5:42; 15:35)
laleo(행 18:25)
noutheteo(골 3:16)
parakaleo(딤전 4:13; 6:2)
logos(딤전 5:17)

교사(didaskalos)라는 말의 명사형은 "목사"(poimenas, 엡 4:11)라는 말과 긴밀하게 관련하여 쓰였으며, "반포자"(kerux, 딤후 1:11)란 말과 같은 상황에서 사용되었다.

"설교"란 말의 한 가지 역사적인 비유를 생각해 보자. 고대에 있어서 이 말은 왕의 사자의 역할에 비교할 수 있는, 즉 바울과 같이 존경스러운 전달자로서 섬기는 어떤 사람의 말을 지칭할 때 쓰였다. 반포자는 말 그대로 통치자가 명령한 것을 신속하게 온 왕국에 알리는 일을 했다. 그렇지만 오늘날의 설교를 이해함에 있어서 설교의 '형태'는 그리 중요한 문제가 아니다. 그보다는 오히려, 그 '기능'이 중요하다. 하나님의 말씀을 가르치는 것의 두 가지 주된 특징은 "반포자"의 두드러진 특징들과 쉽게 비교된다. (1) 모든 반포자는 믿을 수 있는 사람이어야 한다. 그러므로 성경 교사는 뛰어난 자격을 갖고 있어야 한다. 이러한 자격은 디모데전서 5:17과 디도서 1:9에 나타나는 장로들("설교와 교육"의 양쪽 일을 다 포함하는)에 대한 것에서 요약될 수 있다. (2) 모든 사람은 반포자가 전하는 말을 들어야 한다. 그러므로 하나님 말씀을 설교(혹은 교육)하는 것은 교회가 모이는 중요한 목적 중의 하나이다.

현대 설교의 가장 두드러진 형태는, 교육 용어로 말하면, 하나의 강의(때로 강해 설교 혹은 교육으로 불린다)라는 것이다. 예를 들어 훌륭한 강의에 있어서의 기본은 훌륭한 설교에 있어서의 기본과 아주 비슷하다. 그러나 설교의 강의적인 형태는 신성한 면이 없다. 심지어는 의상까지 갖춰서 하는 연극과 같은 공연(그것이 한 사람이, 혹은 여러 배우들이 등장하든지간에)까지도 교회에서 수용되고 있다.

오늘날 "반포자"에 대한 비유는, 전국적으로 텔레비전을 통해 방송되는 기자 회견장에서 대통령의 메시지를 발표하는 대통령 대변인의 형태로 볼 수 있을 것이다. 공식적으로 준비된 내용에 따라, 그 자리에 모인 기자들은 좀더 명확한 정보를 얻기 위해 질문할 수 있는 기회를 갖게 된다. 혹은 저녁 뉴스 시간의 주요 네트웍 진행자에 비유할 수도 있을 것이다. 주요 사건들은 자막으로, 혹은 관련 그림으로, 혹은 비디오로 찍은 사진들로 간략하게 나타난다. 이러한 두 가지 비유 모두 21세기의 문턱에서 살고 있는 청중들에게 연관성 있는 설교를 하기 위해 수용될 수 있을 것이다.

548 화목을 위한 가르침

부록 G
주요 커리큘럼 출판사와 어린이 사역에 관한 자료들

Accent Publishers
P. O. Box 15337
Denver, CO 80215
Sunday school curriculum

American Bible Society
P. O. Box 5656
Grand Central Station
New York, NY 10017
Films, Bibles

Augsburg Publishing House
426 S. 5th Street, Box 1209
Minneapolis, MN 55440

AWANA
2301 Toilview Drive
Rolling Meadows, IL 6008
Mid-week club programs

Bible Club Movement, Inc.
237 Fairfield Avenue
Upper Dailey, PA 19082

Child Evangelism Fellowship
Warrenton, MO 63383
Home Bible clubs, teaching resources

Christian Education Publishers
P. O. Box 261129
San Diego, CA 92126

Christian Service Brigade
P. O. Box 150
Wheaton, IL 60189
Boy's programs

Concordia Publishing House
3558 South Jefferson Avenue
St. Louis, MO 63118
Sunday school curriculum

Convention Press
127 Ninth Avenue North
Nashville, TN 37203
Sunday school curriculum, teacher's resources

David C. Cook Publishers
850 N. Grove Avenue
Elgin, IL 60120
Sunday school and church time curriculum/teacher training

Evangelical Training Association
P. O. Box 327
Wheaton, IL 60189
Teaching training resources

Focus on the Family
P. O. Box 35500
Colorado Springs, CO 80935
Various resources for children and families

Gospel Light Publications
P. O. Box 3875
Ventura, CA 93006
Sunday school and church time curriculum/VBS material/teacher training

Pioneer Clubs
P. O. Box 788
Wheaton, IL 60189
Boy's and girl's programs

Regular Baptist Press
1300 North Meacham Road
Schaumburg, IL 60173
Sunday school curriculum

Scripture Press Publishers
1825 College Avenue
Wheaton, IL 60187
Sunday school and church time materials/teacher training

Standard Publishing Company
8121 Hamilton Avenue
Cincinnati, OH 45231

Sunday school curriculum

Success with Youth
P. O. Box 27028
Tempe, AZ 85282

The Train Depot
5015 Tampa West Boulevard
Tampa, FL 33634
Club programs/resources

Ventura Press
1626 Ventura Drive
Tempe, AZ 85281
Voyager clubs

Westminster Press
925 Chestnut Street
Philadelphia, PA 19107

Word of Life Clubs
8280 Green Hills Way
Roseville, CA 95678

Youth Specialties
1224 Greenfield Drive
El Cajon, CA 92021

부록 H
직책 명시하기

직함: 일반적인 책임의 한계(예를 들어 책임자, 조정자, 준회원)와 책임을 지는 특별 분야를 명시하는 명확하고도 상세한 직함을 정한다.

- 기독교 교육 담당 부목사

목적/중요성: 직책의 주요 목적과 어떻게 이 직책이 교회의 전반적인 사역 체계와 조화를 이룰 것인가를 명시한다.

- 지체에 속한 각 신자들의 영적 성장을 고취시키기 위한 과정 감독하기

범위: 주요 항목/분야/책임 업무의 목록을 작성한다.

- 지도력 개발, 성장 그룹, 부모 사역, 어린이 사역, 청소년 사역, 예산, 인력, 기구 사용, 각 지체간의 대화

의무: 간단하게 책임의 세부적인 항목들을 밝힌다. 동사를 사용하여 활동의 일반적인 한계를 명시한다(예: 훈련시키다, 고안해 내다, 복종하다, 감시하다, 모집하다, 대표하다, 공급하다, 조정하다, 계획하다, 유지하다, 개발하다, 준비하다, 만들다, 조사하다, 수집하다, 계획을 짜다, 평가하다, 이행하다, 지시하다, 지도하다, 촉진시키다, 충고하다, 안내하다, 추천하다, 경

영하다, 만나다, 보고하다 등).

의사 결정 기관: 각각의 구체적인 책임을 갖는 의사 결정 기관을 명시한다.

1. 승인을 받고 행동한다(A/U: Act upon approval): 당신이 보고해야 할 사람에게 최종 결정을 위임한다. 결정이 난 후에는, 그런 사실이 당신에게 알려지고, 그후 당신은 그 결정을 수행할 수 있다.
2. 행동하고 알린다(A/I: Act and inform): 결정하는 것은 당신의 몫이다. 당신은 당신이 보고해야 될 사람에게 단지 그 사실을 통보하기만 하면 된다.
3. 행동한다(A: Act): 결정권은 오직 당신에게만 있다.

평가 기준: 어떤 종류의 책임을 지고 있는지, 그리고 일한 것이 어떻게 평가되는지를 명시한다.

여기에 (1) 특별 지침, 절차 혹은 배경적 정보와, (2) 어떤 자료들을 이용할 수 있고, 누구에게 도움을 청할 수 있을지를 덧붙인다.

- 다음 해의 교육 프로그램의 각 지도 방안에 대한 예산안(재정 장로로부터 구해서 참고할 수 있는 별지를 말함)을 짠다. 9월 1일까지는 승인을 얻기 위해 장로들에게 예산안을 제출한다(Act).

활동 관계: 담당자가 누구와 함께 일할 것인지를 명시한다.

"나는 ...에게 보고합니다": (책임자에게)

- 장로들

"나에게 직접 보고": (개인에게 직접 보고하는 사람)

- 성인 그룹, 부모 사역, 어린이 사역, 청소년 사역 책임자

"나는 ...와 협력해야 한다": (누군가와 혹은 어떤 그룹과의 개인적인 협력 계획, 인력 모집, 기구 사용)

- 사역 담당팀 장로(인력 모집 담당), 교회학교 장로와 관리자(기구 사용 담당), 어린이 보호사역 감독자(어린이 돌보기 담당)

시간 배치: 여러 가지 활동에 요구되는 대략적인 시간을 명시한다. 즉, 인력 자원을 훈련시키고 감독하기, 진행 과정과 프로그램 그리고 입안 계획 관찰하기, 연구 조사와 개발, 홍보, 회합 등.

정규 모임: (모임 진행자를 명시한다)
- 장로 모임: 매주 수요일, 오후 8:15-9:45
- 기독교 교육 위원회: 매월 둘째 주 월요일 저녁 7:30-9:00

계속적인 교육 성장 목표: 교육 지침을 제공해 주고, 개인의 특별한 분야의 사역에 있어서 사고와 행동의 균형을 이룰 수 있도록 격려하는 중요한 자료들을 제시해 주라. (개인 성장을 위한 계획을 세워 보도록 격려할 수도 있다.) 일정 기간 동안(예를 들면 3개월, 6개월, 1년)에 개인이 달성할 수 있는 실천 가능한 목표를 세우도록 하라. 다음과 같은 것들이 될 수 있다: 권별이나 주제별 성경 공부, 관심 있는 신학적 주제, 중요한 책이나 신앙 잡지에 실린 글을 읽기, 세미나나 모임에 참석하기, 사람들을 만나서 인터뷰하기 등.

정기적으로 성장을 점검하기: 다음 사항에 관하여 질문을 하고 그들의 반응을 알아보기 위해 얼마나 자주 점검을 할 것인지 명시하라.

1. 그들의 책임에 대한 적응도 또는 이해도
2. 해야 할 일, 또는 함께 일하는 사람들과의 관계에 대한 발전
3. 여러 가지 책임들을 감당하는 데 있어서 향상을 이룰 수 있는 방안
4. 계속되는 교육 프로젝트로부터 얻은 아이디어들을 사역에 적용하기

오리엔테이션과 초기 훈련: 개인의 직무가 공식적으로 시작되기 전에 그들이 새로운 영역의 임무에 익숙해지는 데 도움이 될 수 있는 훈련 과정의 개요를 잡아 주라(예를 들어 시청각 훈련, 현장 실습, 정책서, 담당자와의 면담, 계획을 세우는 데에 동참함).

자격: 이 특별한 직책을 위한 특별한 자격 조건을 제시한다. 모든 사역의 직책을 위한 일반적인 자격 조건은 다른 곳에서 제시될 것이다.

봉사 기간: 이 직책에서 일하게 될 최소한의 기간을 명시한다(예: 3개월, 1년, 3년).

날짜: 가장 최근에 이 직책 명시서를 수정한 날짜를 명시한다.

자료: 1985년 6월 돈 위버와 클라우스 잇슬러(Don Weaver and Klaus Issler)에 의해 개발된 모델을 수록한 것임

부록 I
은혜 교회의 이사회와 위원회 구성

선교에 대한 입장: 사람들을 전도하여 양육하고 제자를 만듦으로써 하나님을 영화롭게 한다.

예배: 하나님께 대한 정규적인 공동 축제와 예배를 촉진시킨다.

- 주일 아침 행사, 음악(음악가, 노래, 합창), 연극, 계절 특별 행사(성탄절, 부활절)
- 주일 아침 예배 담당자와 보조 인력(음향, 주차, 안내, 영접, 자료 준비, 성찬식과 세례식 준비 등)

기독교 교육: 그리스도를 닮은 삶으로써 하나님 안에 있는 성숙한 신앙을 향하여 단체 안에 속한 각 신자들의 영적인 성숙과 개발을 촉진시킨다.

- 성인 사역: 주일 저녁반, 소그룹, 남성 사역, 여성 사역, 미혼 사역
- 청소년/부모 사역: 주일학교반, 주중 성경공부, 사회 봉사 활동과 전도 행사, 부모 모임
- 어린이/부모 사역: (2세부터 초등학교 6학년까지) 주일학교반, 주중 어린이 클럽, 부모 모임, 부모-자녀 웍샵(이전의 "어린이 교회"), 부모-자녀 헌신반
- 세대간 제자도 행사(예: 가족 단위의 그룹들)

사역의 배치와 훈련: 한 단체와 대외 활동에 각 신자의 성숙하고 균형잡힌 참여를 촉진시킨다.

- 모든 요원을 위한 간단한 조사 제도: 사역과 사역자에 대한 테스트와 일정 기간의 사역에 대한 평가, 직책의 내용에 대한 현재까지의 기록과 교회의 모든 공적 기능에 대한 구체적인 개인의 필요 사항들
- 지도력 개발(장로와 집사의 성장): 웍샵, 평가 형식들

대외 활동: 예수 그리스도에 대한 신앙을 아직 갖지 못한 사람들에게로 나아가기 위해 신자들의 참여를 촉진시킨다.

- 네 가지의 전략이 사용된다.
    (1) 이웃들과 사귀기
    (2) 무료 지역 세미나(예: 재정 세미나)
    (3) 대형 그룹 활동(예: 연례 추수감사절 만찬)
    (4) 소그룹 활동(복음적 가정 성경공부반)
- 네 가지 전략에 있어서의 훈련: 방문자 사후 관리와 조사 제도, 새 방문객들에 대한 접대, 새신자반
- 교회와의 대화

지원단: 한 지체의 특별한 필요에 부응하는 노력들을 조정한다.

- 유아실("대소변 가리기" 전까지의 아기들, 영아, 유아)
- 평상시와 특별시의 접대(예: 식사, 꽃, 방문, 장례, 식료품, 잔디밭 관리 등)
- 사회 활동과 교회 행사(소풍, 만찬, 결혼식)

크리스천 주간학교: 취학 전 어린이나 초등학교 학생들에게 정식 기독교 교육을 베풀고, 이런 프로그램을 통하여, 예수 그리스도를 소개하기 위해 비기독교인 부모들과 접촉한다.

- 정책 수립: 취학전 어린이나 초등학교 학생들을 대상으로 한다.

담당자: "정책과 진행 안내서"를 작성한다(교육 철학, 작업의 내용, 기구 사용 등)

- 학교를 위한 종합 계획을 세운다.

- 교과 과정의 범위와 결과를 감독한다.
- 자녀/부모를 위한 복음 전도

재산과 재정: 교회가 맡은 사명을 충실히 수행하기 위하여, 하나님의 자원을 맡은 신실한 청지기로서, 적절한 설비와 적당한 자금을 공급하기 위한 노력을 조정한다.

- 예산 집행과 최종 예산 정하기, 자금 조성
- 설비: 유지, 부지 보존, 개조, 재산 취득

자료: 1985년 그레이스 교회의 돈 위버(Don Weaver)와 클라우스 잇슬러(Klaus Issler)에 의해 개발된 모델을 수록한 것임.

부록 J
예수의 사역에서 나타난 교육적 질문의 실제적인 범주들

로버트 딜레이(Robert Delnay, 1987, p. 65, 강조하다)는 "대부분의 명령은 사람들에게 무엇을 생각할 것인가를 말하는 듯하다. 그러나 '어떻게' 생각할 것인가를 가르치는 것이 더 어려운 일이다"라고 말했다. 이런 관점을 가지고, 딜레이는 그리스도께서 자신의 가르침을 듣던 청중들의 머리 속에 "어떻게 생각할 것인가"를 가르치셨는지를 기술해 나가고 있다. 예수께서는 그들로 하여금 생각하고, 면밀히 조사하고, 어려운 문제와 씨름하도록 자극을 주셨다. 그분은 작은 것에 머무르려고 하지 않았다. 딜레이(pp. 74-83)는 도전적인 문제들을 제기할 때 그리스도께서 사용하신 일곱 가지 구체적인 방법들을 인용하고 있다(예수께서 한 질문들은 주로 궁극적으로 사람들이 하나님께 더욱 가까이 나아오게 하기 위한 길을 모색하기 위한 것이었다).[1] 특별한 은혜 속에서, 저자 역시 우리 가르치는 자들이 어떻게 대스승이신 예수의 이 일곱 가지 특징을 따라갈 수 있을지를 제시하고 있다.[2]

범주 1: "대화를 여는" 질문을 한다. 예수께서는 상식적인 대화 방법을 사용하기를 즐겨하셨다. 그분은 자연스럽게 그분이 가르치고자 하시는 목적과 연관되는 질문을 하셨다.

- "예수께서 돌이켜 그 좇는 것을 보시고 물어 가라사대 '무엇을 구하느냐?'"(요 1:38).
- "예수께서 그 누운 것을 보시고 병이 벌써 오랜 줄 아시고 이르시되 '네가 낫고자 하느냐?'"(요 5:6).
- "날이 새어 갈 때에 예수께서 바닷가에 서셨으나 제자들이 예수신 줄 알지 못하는지라.

예수께서 이르시되 '애들아 너희에게 고기가 있느냐?'" (요 21:4, 5).

우리는 "일반적인" 대화 형태를 통하여 대화를 이끌어간 그리스도의 예를 따를 수 있다. 다른 사람들에게 몇 가지 진지한 질문을 통해, 우리는 그들이 처한 환경에 대해 좀더 잘 알게 될 것이다. 예를 들면 "지난 밤 텔레비전에서 방송한 특별 프로그램에 대해서 어떻게 생각합니까?" "당신의 과외 근무 수당은 얼마나 됩니까?" "우리가 예전에 의견을 나눴던 가족 문제에 대해서 뭐 새로운 정보 같은 게 없습니까?" 등과 같은 것들이다.

범주 2: "가르침을 준비하는" 질문을 한다. 요한복음 9장 35절에서, 예수께서는 종교 지도자들에게 핍박당하고 있던 사람에게 의미있는 질문을 하셨다. 이 질문은 이 남자로 하여금 육안(肉眼)의 문제를 넘어 영안(靈眼)의 세계로 들어가게 했다. "예수께서 저희가 그 사람을 쫓아냈다 하는 말을 들으셨더니 그를 만나사 가라사대 '네가 인자를 믿느냐?'" (3) 가르침에 들어가기 전, 우리는 이러한 질문도 해볼 수 있을 것이다. "의로우신 하나님이 어떻게 죄 있는 사람을 용서하실 수 있을까요? 당신은 그것에 대해서 생각해 본 적이 있습니까?"

범주 3: "깊이 생각하게 하는" 질문을 한다. 딜레이(p. 76)는 설득력 있는 문장으로 이 세 번째 항목을 시작하고 있다.

    아마도 모든 교사들은, 수업안을 짜는 동안이 아니라, 그것을 완성했다고 생각했을 때 자신에게 있어 최상의 묘안이 떠올랐던 때를 기억할 것이다. 준비 작업은 심사숙고할 때 그 성과가 나타나며, 심사숙고는 깊은 이해와 독창성에서 그 효과를 나타낸다.
    이런 심사숙고가 우리를 풍요롭게 한다면, 그것은 또한 우리의 학생들도 풍요롭게 하는 것이다. 우리는 어떻게 이런 풍요로움을 학생들에게 전달해 줄 수 있을까? 이것은 우리가 그들에게 건네줄 수 있는 물건이나 동전 지갑 같은 것이 아니다. 이것은 우리가 그들의 혀에 소금을 대었을 때 발생하는 갈증과 같은 것이다. 그러면 예수께서는 이 일을 어떻게 하셨을까?

한번은 예수께서 그 당시에 일반적으로 행해졌던 발 씻는 관습을 가지고 심사숙고하도록 유도해 내신 적이 있다. 요한은 그 때가 예수께서 마지막 유월절을 지내기 바로 직전이었다고 기록하고 있다. "(예수께서) 저희 발을 씻기신 후에 옷을 입으시고 다시 앉아 저희에게 이르시되 '내가 너희에게 행한 것을 너희가 아느냐?'" (요 13:12). 물론 예수께서는 유대인의 전통적 관습 그 이상의 것을 말씀하시고 있었던 것이다.

어떻게 우리는 이런 일을 할 수 있을까? 첫째는, 모범을 보이는 것이다. 우리의 성인 학생들은 우리의 솔직성, 다른 사람들과 교제하는 능력, 명상하는 시간들을 주의해서 볼 것이다. 둘째는, 우리가 내주는 숙제는 학생들로 하여금 깊이 생각하게 하는 것이어야 한다. 예를 들면 일기 쓰기라든지, 하나의 훌륭한 기법을 표현하는 것 등이다. 우리는 그들로 하여금 기도에 대한 응답을 규칙적으로 기록하고, 성장했다는 증거를 보이며, 주간 수업과 인격적인 상호 작용을 하도록 자극을 줄 수 있다. 전형적으로 생각하게 하는 과제는 "왜?"라는 질문과 함께 시작된다.

범주 4: "청중들을 부족한 부분으로 끌어내는" 질문을 한다. 아마도 성인 학생들은 진실로부터 빗나가 있을 것이다. 그 사실과 대면하는 것이 필요하다. 예수와 제자들이 바다에 있을 때 있었던 일을 기억하는가? 폭풍 한가운데 있을 때, 열두 제자가 예수를 흔들어 깨우며 "선생님이여, 우리의 죽게 된 것을 돌아보지 아니하시나이까?" 하며 울부짖던 것을 생각해 보라. 주님은 바람을 잔잔케 하신 다음, "어찌하여 이렇게 무서워하느냐? 너희가 어찌 믿음이 없느냐?" (막 4:38, 40)라고 물어 보심으로써 제자들의 마음을 불편하게 하셨다. 물론, 우리 인간 교사들은 우리 자신의 연약함을 겸손하게 인정하지 않으면 안 된다. 그러나 우리가 이런 문제에 부딪힐 때는 사랑을 가지고 지혜롭게 행하지 않으면 안 된다.

범주 5: "동기를 드러내는" 질문을 한다. 예수께서는 자신의 적들(마 22:18), 그리고 자신을 따르는 자들(마 26:10), 이 양쪽 사람들의 마음의 동기들을 시험하셨다. 우리와 성인 학생들과의 관계가 강화되었을 때 동기를 떠보는 것은, 주제넘는 일이 아니라 관심을 가지고 책임을 다하는 표시가 될 것이다. 다음은 이 때 쓸 수 있는 질문들이다.

- "왜 당신은 그렇게 느끼십니까?"
- "왜 당신은 그 일에서 성공하기를 바라십니까?"
- "당신의 마음을 살펴보십시오. 그것이 진짜 이유입니까?"
- "이렇게 하는 것이 당신의 은사를 가장 잘 활용하는 것이라고 생각합니까?"

범주 6: "참여를 유도하는" 질문을 한다. 설령 이런 기회가 자주 오지 않는다 하더라도, 우리 교사들은 성인 학생들이 거짓없이 안전하고 안락한 신앙의 자리를 포기할 수 있도록 돕기 위하여, 소위 "영적인 검진"을 할 준비가 되어 있어야 한다. (5) 예수께서는 선한 사마리아인의 비유의 결론에서, 그가 말하고자 하는 요점을 힘있게 주지시키고 있다. "네 의견에는 이 세 사람 중에 누가 강도 만난 자의 이웃이 되겠느냐?"(눅 10:36). 우리도 "당신은 바울이 '약한 자를 도우라'(행 20:35)고 한 명령을 어떻게 이행하겠습니까?(6) 구체적으로 말씀해 보십시오"라고 함으로써 비슷한 질문을 할 수 있다.

범주 7: "질문으로 대답하는" 질문을 한다. 예수가 성전뜰에 들어가셨을 때, 대제사장들과 제사장들이 "네가 무슨 권세로 이런 일을 하느뇨?"라고 물었다. 예수께서는 이에 직접적으로 대답하는 대신에 "나도 한 말을 너희에게 물으리니 너희가 대답하면 나도 무슨 권세로 이런 일을 하는지 이르리라"(마 21:23, 24)라고 답하셨다. 이로써 세례 요한의 사역의 보충적인 주제가 소개된 것이다. 질문에 질문으로 대답함으로써, 우리의 대스승이신 예수께서는 문제의 핵심에 도달하신 것이다. "사실로써 우리를 혼란시키지 마시오"라는 종교 지도자들의 마음가짐이 있는 그대로 드러났으니, 바로 그들의 위선이었던 것이다.

결론으로, 딜레이(p. 82)는 우리 교사들이 사용할 수 있는, 질문에 질문으로 답하는 두 가지의 기본적인 질문을 제시한다.

- "당신은 왜 그런 질문을 합니까?"
- "당신의 생각은 무엇입니까?"

이런 질문을 하면 좀더 비중 있게 여기는 관심이 무엇인지를 보여주는 반응들이 나타날 것이다. 이러한 일곱 가지 형태의 질문들은, 궁극적으로 우리의 생각들을 하나님과 그리고 성찬식의 중심 주제로 향하도록 하게 할 것이다.

미주

1장. 교육 목회 이론

1. 해리스(Harris 1987, pp. 49-50)를 보라.
2. 폴츠(Folts)는 "종교 교육"(우리는 "기독교 교육"이란 말을 더 좋아하지만)에 뛰어난 지식을 제공한다. 폴츠(1990, p. 8, 강조)는 하나의 유용한 정의에서 이 개념의 목적과 특징을 잘 파악하고 있다.

   > 종교 교육의 목적은 인간으로 하여금 신에게 반응하도록 도와주는 데 있다. 종교 교육자들은 환경을 조성하며 감독하는 사람들이다. 우리는 환경을 만들고, 가르치고 배울 수 있도록 조성하며, 우리 역시 환경에 의해 형성되어진다. 우리가 최선을 다할 때, 우리는 하나님이 어떤 분인가에 대해 가르쳐 주는 환경을 조성하는 종교 교육의 환경 감독자들이 된다. 우리는 각 사람들이 서로에게 영향을 주도록, 즉 하나님과 다른 사람들에 대한 사랑을 표현하도록 하기 위해 사람들에게 기회를 제공한다. 종교 교육은 커리큘럼, 건물, 직위에 대한 것이 아니다. 종교 교육은 우리 자신이 바로 커리큘럼이라는 것을 아는 것에 대한 것이다. 즉, 우리는 공간의 설계자이며, 그리고 궁극적인 문제는 우리 자신이 하나님과 다른 사람들에 대해 어떤 입장을 취하는가 하는 데 있다.
   >
   > 종교 교육은 매일 매일의 우리의 대인 관계의 상호 작용으로 정의할 수 있다. 가장 이상적인 상태에서, 종교 교육은 우리가 표현하는 삶의 절정을 말한다...우리가 느끼고, 생각하고, 행동하고, 그리고 가장 중요하게 여기는 삶은 우리가 어떤 사람인가 하는 것을 보여준다.

   폴츠가 앞에서 설명한 것을 보라(1988, pp. 174-75). 근본적인 방향을 위한 필요와 비교하면서, 서지학적으로 광범위한 기독교 교육 조사 자료를 보려면 부록 A를 보라.
3. 우리는 이 유용한 구절에 대해 르바르(LeBar 1958, 1981)를 보라.
4. 트웨인(Twain 1912, pp. 240-41)을 보라.
5. 우리 신앙의 모순성(서로 상반되는 것같이 보이는 진리들)을 이해하는 것은 가끔 우리를 당황하게도 하지만, 하나의 건강한 활동이다. 모순성을 존중하게 되면 복잡한 질문에 대하여, 명료하고 정교하고 그리고 간단한 대답을 하지 않게 된

다. 예를 들어, 베드로전서 2장 11절에 있는 "순례자"의 비유와 디모데후서 2장 4절에 있는 "군인"의 비유를 비교, 대비시킬 때 무슨 역설적인 생각이 떠오르는가? "종"(행 16:17)과 "하나님의 아들"(롬 8:14)에 대해서는 어떻게 생각하는가?
두 도시 이야기(A Tale of Two Cities)에서 아마도 찰스 디킨스가 실제적인 삶에 있어서의 모순성을 가장 잘 묘사했을 것이다. 디킨스가 오늘날 신자들이 전형적으로 부딪히게 되는 그러한 긴장들을 어떻게 표현했는지 살펴보라. "그것은 전성기였고 최악의 때였으며, 지혜의 시대였고 어리석음의 시대였으며, 믿음의 시대였고 불신의 시대였으며, 빛의 시대였고 어둠의 시대였으며, 희망의 봄이었고 절망의 겨울이었으며, 우리는 우리 앞에 모든 것을 갖고 있었으나 또한 우리는 우리 앞에 아무 것도 가진 것이 없었다."

6. 이 비유를 제시해 준 데 대하여 우리 학생들 중의 하나인 세릴 스파크스(Cheryl Sparks)에게 감사를 표한다.
7. 화이트(White 1984, pp. 162-66)를 보라.
8. 분명히 다른 요소들 역시 기독교 교육을 구별되게 하는데, 이를테면 성령의 역사와 같은 것들이다. 교육에 관한 장에서 이러한 포괄적인 요소들이 분석될 것이다.
9. 훼크마(Hoekema 1986, p. 76)는 물고기 비유와 이 비유의 목적을 확대시키고 있다. "하나님에 대한 인간의 관계성은 그에 있어 가장 우선적인 관계이기 때문에, 그의 모든 삶은 '코람 데오'(coram Deo), 즉 하나님의 면전에 있는 것처럼 살아야 한다. 물고기가 바다에 속해 있는 것같이 사람은 하나님께 속해 있다. 한 마리의 물고기가 바다로부터 자유롭고자 할 때, 그것은 자유와 함께 생명도 잃고 만다. 우리가 하나님으로부터 자유롭고자 할 때, 우리는 죄의 노예가 되고 만다."
10. 이 말은 콜럼비아 성경학교와 남캐롤라이나 주의 콜럼비아 선교대학원의 학장인 켄 멀홀랜드(Ken Mulholland)와의 개인적인 면담에서 온 것이다.
11. 여기서 우리가 한 분석의 순서가 사실상 이 문장의 연대표를 재정리한 것이라 할지라도, 교육 개념과 성경상 의미는 작가의 의도와 전혀 어긋나지 않는다.
12. 12장에서 히브리서에 나오는 이 문장을 더 깊게 분석해 놓았다.
13. 우리의 사역에 있어서의 교육 철학을 위한 하나의 성경적-철학적 기준으로서 몇 개의 다른 성경 구절을 인용할 수 있을 것이다. 다음과 같은 것들이다.

- 신명기 6:1-25 우리의 신앙 체계의 "핵심"은 하나님을 완전히 사랑하는 것일 뿐만 아니라, 기독교 교육에 있어서 구체적인 문제들이 제기되었다.
- 시편 8:1-9 하나님의 창조의 성격, 특별히 인간의 본래적인 가치가 부각되었다. 모든 피조물은 우리의 창조주께 찬양을 돌려야만 한다.
- 미가 6:1-8 우리의 삶에 있어서 하나님의 섭리하심을 아는 것이 여기에 그려져 있다. 그에 대한 반응으로서 우리에게는 구체적이고 윤리적인 삶이 요구된다.
- 사도행전 20:13-38 에베소에서의 바울의 3년간의 사역으로부터 신학 교육의 기본원리와 실제가 도출된다.
- 에베소서 4:1-13 사역의 보완적인 업무를 위해 교회에 대한 영적 은사들의 분배가 강조되었다. 우리의 목적은 그리스도를 닮는 것이다.
- 베드로후서 3:1-18 기독교 교육의 목적("건강한 생각")은 선지자들과 우리 구주의 영감 있는 말씀으로부터 나온다. 이러한 도전들은 임박한 주의 날에 우리로 "생각나게 하기 위하여", 그리고 합당하게 행하게 하기 위하여 주어졌다.

14. 소수의 기독교 교육가들이 유용한 교육 모델들을 만들기 위하여 프랑케나 모델을 사용했다. 근래에는, 캐롤 플류에드만과 짐 플류에드만(Carol and Jim Plueddemann 1990)이 그의 이론을 따르고 있다.
15. 그의 이론을 간단하게 살펴보려면, 프랑케나(1965)를 보라. 기독교 교육의 일반적인 필요를 채우기 위해, 그리고 이 책

의 특별한 목적을 위하여 원래의 모델로부터 어느 정도 수정을 했다.
16. 이 부분에서 한 모든 인용문은 프랑케나의 교육 철학의 서언에서 인용된 것이다(1965, pp. 1-18).
17. 프랑케나는 "윤리학의 기본적 목적과 원리"(p. 8)를 박스 A로 등식화하고 있다. "거기에는 경험과 관찰의 방법으로 증험되지 않은 형이상학적이고 인식론적인 신조들이 있을 수 있다"(p. 6). 실행어는 "아니다"(not)이다. 우리가 보는 바와 같이 실험과 관찰의 방법은 박스 B의 내용에 더 적합하다.
18. 프랑케나는 박스 B를 "인간의 성격, 삶, 그리고 세계에 대한" "전제들"(혹은 관점들)을 다루고 있는 것으로 본다(p. 8). 예를 들어 정치 경제적인 영역에서, 자본주의자들은 사회주의자들(비록 이 두 사람이 같은 자료와 근거를 사용한다 하더라도)과 인간, 진실, 그리고 삶에 대하여 전적으로 다른 "전제들"을 갖고 있으리라는 것은 분명한 사실이다.

우리가 그것에 대해 알든지 모르든지, 복음주의 기독교 교육에 있어서도 역시 기본적으로 다른 전제들(혹은 관점들)이 있다. 당신이 만약 이것을 믿지 못한다면, 그들에게 있어 세상의 소금과 빛이 된다는 것이 무엇을 의미하는지 많은 기독교인들에게 물어 보라. 만약 당신이 조금 더 깊이 조사해 본다면, 그들의 말이 내포하고 있는 관점으로부터 흥미있는 "전제들"이 드러날 것이다.
19. 프랑케나(1965, p. 8)는 박스 C에서 박스 A를 구별하는 한 가지 방법을 말하고 있다. 그는 박스 A는 교육의 "궁극적인" 목표 혹은 원리들을, 박스 C는 "개괄적인" 목표들을 갖고 있는 것으로 특징짓고 있다. 즉, 박스 C는 박스 A를 충족시키거나 만족시키는 것이다. 이것은 우리 목표의 전체적인 구성 요소를 말한다.
20. 박스 B와 마찬가지로 박스 D도 과학적인 증거들을 서술하고 있는데, 이 두 박스들은 좀더 경험적인 것에 기초한 것이다(박스 A와 박스 C가 좀더 철학적이고 신학적인 것에 근거를 두고 있는데 반해). 그러므로 프랑케나(1965, p. 7)는 박스 D는 "심리학, 사회학, 그리고 교육 과학에 호소하는" 것이어야만 한다고 말한다. 믿는 자들은 여기에 "성경에 나타난 사실들"을 첨가할 것이다.
21. 다시, 다양한 기독교 교육 철학은 이러한 상이점들을 나타낸다. 복음주의자들은, 때로는 심각하게 다수의 사람들과 의견을 달리한다. 즉 진리의 핵심과 근원, 인간 개발의 완성과 신앙 체험, 그리고 인간의 본질과 사회에 대한 인간의 책임 등 등에서다.
22. 우리는 프랑케나 모델에 두 개의 반쪽들이 있다는 것을 살펴보았다. 이론적인 것과 실제적인 부분들은 상호 긴장 관계에 있다.

- 박스 A, B, C는 이론적인 부분을 나타낸다.
- 프랑케나가 말한 대로, "이성의 이론적인 노선"은 "어떤 장점들이 계발되어야 할 것인가"를 지적한다.
- "무엇?"이라고 묻는 것은 때로 박스 A, B, C를 명확하게 해주는데, 왜냐하면 이런 질문들이 목적에 대한 언급을 이끌어 내기 때문이다.
- 박스 C, D, E는 이 이론의 나머지 반쪽인 실제적인 부분을 나타낸다.
- "사고의 실제적 노선"은 구체적인 적용과 함께 이론의 균형을 이룬다.
- "왜?" 그리고 "언제?"라고 묻는 것은 박스 C, D, E를 명확하게 해주는데, 왜냐하면 그것들은 종종 기술된 장점들을 가르치는 방법에 초점을 맞추기 때문이다.

프랑케나 모델 안에 있는 부가적 긴장에 대하여는 19장을 보라.
23. 다음의 이야기는 존 갓프레이 삭스(John Godfrey Saxe 1953)가 지은 "소경들과 코끼리"라는 잘 알려진 시를 수정하여 만든 것이다.

2장: 총체적 화목

1. 성경의 결정적인 지시들은 수정된 프랑케나 모델의 박스 A를 나타낸다.
2. 훼크마(Hoekema 1986, pp. 66-101)를 보라.
3. 훼크마(1986, p. 75)는 여기서 말하고 있는 상호 관련 개념에 대해 헨드리쿠스 벌콥(Hendrikus Berkhof)에게서 영향을 받았다고 밝히고 있다.
4. 훼크마(p. 81, 강조)는 이렇게 말한다.

    우리는 그 어떤 다른 생물도 아주 똑같은 삼각 구조의 관계 속에 살고 있지 않다는 것을 알아야 한다. 우리가 인간은 하나님에 대해 책임을 져야 하는 존재이며, 인간의 삶은 단순하게 그분을 향해야만 한다고 할 때, 우리는 천사 외에는 그 어떤 피조물 속에서도 발견되지 않는 인간의 하나님에 대한 관계성을 말하는 것이다. 우리가 인간은 자신의 이웃과 의식적인 교제를 나눌 수 있고 그들의 삶은 자신의 이웃에게로 향해야만 한다고 말할 때, 그것은 다른 피조물, 심지어 인간과 같은 방법으로 매여 있지 않은 천사들에게서조차도 발견할 수 없는 그러한 관계성을 인간에게 요구하고 있는 것이다. 그리고 우리가 인간에게는 하나님으로부터 자연을 다스리고 돌보는 책임이 부과되었다고 말할 때, 그것은 그 어떤 다른 피조물에게서도 찾아볼 수 없고, 심지어는 천사에게서도 찾아볼 수 없는 관계성을 인간에게 요구하고 있는 것이다.

5. 바울은 모든 피조물의 주인을 그리스도라고 고린도전서 15장에서 말하고 있다.
6. 밀러(Miller 1956, p. 55, 강조).
7. 월터스토프(Wolterstorff)는 인간의 공적인 책임과 사적인 책임을 구분하는데, 사회적인 의무("그의 이웃들")와 개인적인 의무들("그의 능력")이다. 이 구분은 이후에 중요하게 다룰 것이다.
8. 이 부분의 모든 인용문은 마틴(Martin 1978, pp. 420-29)의 글에서 따온 것이다.
9. 교회의 궁극적인 목적을 설명하는 하나의 보완적인 이론은 "샬롬"(평화)이다. 이런 생각은 스나이더(Snyder 1985, pp. 18-20)와 밀러(Miller 1987, pp. 81-82)와 같은 크리스천 지도자들에 의해 보급되었다. 스나이더는 더글라스 해리스(Douglas J. Harris)의 연구 결과를 인용하면서, "샬롬"(보통 "평화"로 번역되는)이란 말이 구약에서 350회 사용되었다고 한다. 평화는 신약의 요한계시록에도 역시 스며 있다. 스나이더(p. 20)가 볼 때, 샬롬은 화목과 같은 말이다. 즉, "우리는 모든 것이 그리스도 안에서 연합되고, 평화를 가져오고, 화해한다는 것을 다른 방식으로 말한 것이다. 화해는 평화를 이루는 수단이다."

    그러나 샬롬은 "갈등이 없는 내적인 평화 혹은 마음의 평화" 훨씬 그 이상의 것의 것이라는 것을 스나이더(p. 19)는 분명히 하고 있다. 이런 결론을 내림에 있어, 스나이더는 이미 언급된 삼각의 세계관 구도를 말하고 있다. 창조에 있어서의 구성 요소가 특별히 부각되었다. 다시 말해, "구약의 의미에서 볼 때, 샬롬은 생태학적인 개념으로도 불릴 수 있다. 이것은 조화의 의미들을 가지고 있는데, 즉 주위 환경과의 올바른 관계와 그 안의 모든 요소들의 올바른 기능을 말하는 것이다"(p. 19).
10. [어메리칸 헤리티지 딕셔너리](American Heritage Dictionary, 1971, p. 1089)에서 "화해"(reconcile)를 찾아보라.
11. [어메리칸 헤리티지 딕셔너리](1971, p. 276)의 "조정하다"(conciliate)를 보라. 신학적인 배경에서 볼 때, 그리스도를 통한 하나님의 화해의 교리는 이러한 각각의 주장들로 옮길 수 있다. (1) 성부 하나님은 다시 한번, 그의 이름 안에 있는 신실한 남은 자들을 "함께 모이게 하셨다". (2) 하나님은 아들을 통하여, 자신의 백성들을 위한 하늘의 목적들을 "연합하셨다". (3) 하나님은 죄로 말미암아 잃어버린 바 되고 그것에 갇혀 있던 자들을 "구원해 내셨다".

12. 밀러(Miller 1987)는 화해가 수동적인 교리를 나타낸다는 견해를 피력했다. 그는 그것이 불변의 신학적 용어라는 것을 인정하지 않는다. 그에게 있어 화해의 개념은 "훨씬 더 역동적이고, 행동적이고, 외향적이고, 힘이 넘치는 것이다"(p. 81). 사실상(그가 좋아하는 동의어 "샬롬"을 사용하면서), 밀러는 삶에 있어 우리 위에 놓여 있는 목적의 여섯 가지 성질을 제시한다(pp. 80-85). 이 여섯 가지 요소들이 우리가 알고 있는 네 가지와 어떤 관련을 갖고 있는지 주목해 보라.

   1. 인간의 가치—차별과 압제를 바로잡는 것
   2. 창조적인 변화에의 참여—잠재된 파괴적인 변화의 위험성을 인식하는 것
   3. 세계 자원 보호—사고를 요하는 하나의 비유를 듦으로써, 밀러는 "자연을 오염시키는 것은 인간의 생명줄을 파괴하는 것"이라고 말하고 있다(p. 82).
   4. 공동체 구성에의 참여—인간의 상호 의존성을 강화하는 것
   5. 하나님의 사랑과 능력의 사용—정의를 포함한 창조주의 속성을 마음속에 그려 보고 사용하는 것
   6. 생산적인 인간 상호간 갈등의 중요성--데이빗 아우구스버거(David Augsburger)의 "돌봄"(carefrontation)은 유용한 상호 참조점을 제공한다.

13. 비록 아담과 이브의 죄를 따르고는 있지만, 모든 사람들이 하나님의 형상을 간직하고 있다는 사실을 아는 것이 중요하다. 다음 부분(사도행전 2장)은 이 현상을 설명해 준다.

14. 훼크마(Hoekema 1986, p. 71)는 우리가 우리의 창조주를 반영하는 독특한 표현 방식을 나타내는 부분적인 능력들을 기록하고 있다.

    예를 들어, 인간의 추리력은 하나님의 이성을 반영하는 것이며, 어떤 의미에서 인간으로 하여금 자신 뒤에 있는 하나님의 생각을 생각해 보도록 한다. 인간의 도덕적 감수성은 선과 악의 최고 결정권자인 하나님의 도덕성을 반영한다. 예배에서 하나님과 교제하는 우리의 능력은 성부, 성자, 성령, 삼위 하나님 사이의 교제를 반영하는 것이다. 우리가 하나님과 우리의 동료 인간에 대해 반응하는 능력은 우리가 그분에게 기도할 때 우리에게 반응하는 하나님의 능력과 자의성을 모방한 것이다. 우리가 결정을 내릴 수 있는 능력은 "모든 일을 그 마음의 원대로 역사하시는"(엡 1:11) 그분의 최고의 감독하시는 능력을 반영하는 것이다. 우리의 아름다움에 대한 감각은 흰눈으로 덮인 산봉우리, 호수를 박아 놓은 것 같은 계곡들, 그리고 경외심을 불러일으키는 석양에 아름다움을 흠뻑 박아 놓으신 하나님을 희미하게 반영하는 것이다. 말을 할 수 있는 우리의 은사는 그분이 만든 세계로, 그리고 말씀으로 계속해서 우리에게 말씀하시는 그분을 모방한 것이다. 우리의 노래할 수 있는 은사는 노래로써 우리를 기뻐하시는 하나님을 반영하는 것이다(습 3:17).

15. 물론 예외도 있는데, 그것은 사람과 사탄 사이의 관계이다. 하나의 파괴된 관계라기보다는 적대적인 관계가 폭발한 것이다.

16. 골로새서 1장 21절(다음 장에서 살펴볼 것이지만)은 죄의 내적, 외적 증거들이 드러나 있는 것을 보여준다. 즉 "전에 너희들은 악한 행실로 하나님을 멀리 떠나 마음으로 원수가 되었다."

17. 러쉬(Rush 1983)는 하나님이 인간에게 관계를 설정하는 판단을 보여주는 훌륭한 작업을 했다. 우선, 그는(pp. 10-11) 하나님이 반응하시는 태도, 즉 창조주께서 사람들 사이의 죄에 어떻게 반응하시는가를 말해 준다.

    우리에게 있어 가장 큰 위험은 우리 자신으로부터 비롯된다. 하나님의 간섭을 떠나, 인간은 지면으로부터 그 자신을 멸종시키려고 한다. 우리 인간은 개인적으로나 국가적으로나 다른 사람들과 관계를 맺고 또한 조화를 이루며 살 수 없는 것처럼 보인다. 우리는 우리의 불완전성을 깨닫지 못하고, 관계를 맺는 것은 용서, 화해에 달려 있으며 서로간의 필요를 채워 주는 데에 있다는 것을 파악하지 못하기 때문에, 우리 자신의 존재를 위협

에 빠뜨리고 있다.

하나님은 우리가 서로 분리되는 것에 대해 염려하신다. "여호와의 미워하시는 것 곧 그 마음에 싫어하시는 것이 육칠 가지니 곧 교만한 눈과 거짓된 혀와 무죄한 자의 피를 흘리는 손과 악한 계교를 꾀하는 마음과 빨리 악으로 달려가는 발과 거짓을 말하는 망령된 증인과 및 형제 사이를 이간하는 자니라"(잠 6:16-19).

하나님은 이러한 것들이 관계들을 위태롭게 하고 파괴하기 때문에 미워하신다. 그분은 우리가 좋은 관계를 갖기를 의도하셨으며, 그래서 그분은 관계를 파괴하는 행위를 미워하신다. 그분은 관계의 퇴화를 통해 우리가 다른 사람과 우리 자신을 파괴할 수 있다는 것을 알고 계신다.

러쉬는 계속해서 하나님의 순향적인 태도를 말하고 있는데, 다시 말해, 그분이 자신의 계획을 포함시키는 이외에도, 어떻게 그분이 처음에 우리로 십계명을 통하여 살도록 구상하셨는가이다. "십계명의 처음 네 조항은 우리와 하나님과의 관계를 다룬 것이고, 나머지 여섯 조항은 우리 인간 상호간의 관계를 다룬 것이다. 이렇게 해서 이 모든 계명은 관계들을 다루고 있다. 이것은 하나님 편에서 볼 때 이 계명들이 가지는 어떤 중요성을 우리에게 말해 줄 것이다. 그리고 또한 이것은 우리가 하나님과 그리고 우리의 이웃 사람들과 어떻게 효과적으로 관계를 맺어 가느냐에 대한 훈련의 필요성을 제시하고 있다."

18. 쉐퍼(Schaeffer. 1970, p. 67)는 죄의 이러한 왜곡된 결과들에 대해 유용한 통찰력을 제공한다. 그러면서 그는 이미 앞에서 언급된 세계관의 삼각 구조에 대해 찬성의 표를 던지고 있다.

인간의 타락은...하나님으로부터 인간을 분리시켰을 뿐만 아니라, 또 다른 심각한 분리도 가져왔다. 창세기 3장에 기록되어 있는 거의 모든 "저주"가 외적인 것에 집중되어 있는 것은 흥미로운 일이다. 인간 때문에 저주를 받게 된 것은 땅이었다. 여자의 육체에 임신과 출산의 고통이 크게 더해졌다.

그리하여 다른 분리들도 일어나게 되었다. 첫째로는, 인간이 하나님으로부터 분리되었다. 그런 다음에는 인간의 타락으로 인하여, 인간이 그 자신으로부터 분리되었다. 이것들은 심리학적인 분리이다. 나는 이것이 타락의 결과로서 한 사람이 그 자신으로부터 분리되는 근본적인 정신 이상이라고 확신한다.

그 다음의 분리는 인간이 다른 인간으로부터 분리되었다. 이것은 사회학적인 분리이다. 그리고 난 다음에 인간은 자연으로부터, 그리고 자연은 자연으로부터 분리되었다. 그러므로 여기에는 다중적인 분리가 일어났으며, 어느 날 그리스도께서 재림하실 때, "어린양의 피"에 힘입어 이 모든 분리로부터 완전한 치유가 이루어질 것이다.

19. 바울은 로마서 5장 10-11절에서 같은 내용을 반복해서 말하고 있다. "곧 우리가 원수되었을 때에 그 아들의 죽으심으로 말미암아 하나님으로 더불어 화목되었은즉, 화목된 자로서는 더욱 그의 살으심을 인하여 구원을 얻을 것이니라. 이뿐 아니라 이제 우리로 화목을 얻게 하신 우리 주 예수 그리스도로 말미암아 하나님 안에서 또한 즐거워하느니라."

20. 중요한 차이점을 보이면서, 스미데스(Smedes 1970, p. 35)는 논평했다. "세상, 즉 옛 체제의 낡은 세상은 종말에 이르렀다. 즉 '말세'가 당도한 것이다(고전 10:11). '이전 것은 지나갔으니 보라 새 것이 되었도다'라고 바울은 말했는데, 이것은 사람들의 개인적인 경험을 말한 것이 아니라, 목적적인 역사에 있어서의 사건의 전환을 말한 것이다(고후 5:17)." 그 결과로서, 우리는 하나의 우주적 기정 사실을 선포하는 바, 옛 전쟁은 승리로 끝나고, 승리의 최후가 이제 바로 눈앞에 있는 것이다.

21. 스미데스(Smedes 1970, p. 105 강조)는 말한다.

화목에 대한 바울의 환상은 원자론적 개인주의에 의해 손상되지 않았다. 바울은 복음을 오직 사람들이 지옥을 피할 수 있게 하는 것으로 치부해 버리는 폭좁은 신학의 틀에 묶여 있지 않았다. 그는 버려진 세상으로부터 고립된 영혼들을 구원하기 위하여 그의 구원론을 위축시키지도, 또한 단순히 영혼의 내적 생명을 도덕적으로 계발하는 것도 기대하지 않았다. 하나님이 만든 온 세상, 하나님이 사랑으로 지켜 가시는 세상, 하나님이 자신의 아들을 주신 세상, 바로 이것이 그리스도를 통하여 화목된 세상이었다. 적어도 재창조된 세상에 대한 광대한 비전 이외에 아무것도 바울이 가진 화목의 비전을 사로잡지 못할 것이다.

22. 좀더 구체적인 명령들을 통해서 두 가지 특별한 기관 안에서의 화목한 생활을 부각시키고 있다. 바울은 화목이 가정에서 남편과 아내에 의해 소중히 여겨져야 한다고 주장한다. 즉, 평화는 삶의 동반자를 연결하는 것이 되어야 한다는 것이다(고전 7:10-11을 보라). 또한 교회 안에서 평화는 주 안에서 우리 서로를 묶는 것이 된다. "그리스도의 평강이 너희 마음을 주장하게 하라. 평강을 위하여 너희가 한 몸으로 부르심을 받았나니"(골 3:15을 보라. 그리고 고후 13:11, 살전 5:13을 보라).

23. 하이벨스(Hybels 1987, p. 64)는 좀더 특별한 현대의 예들을 사용해서 오늘날의 마태복음 25장에 대한 시험지를 내민다.

불구자가 돼서, 설 수도, 걸을 수도, 혼자서 옷을 입을 수도, 차를 운전할 수도 없고, 혹은 교회에 휠체어를 위한 시설이 없어서 앉을 자리조차 찾을 수 없다면 어떻게 할 것인가?

　실직을 당하고, 저당은 잡혀 있고, 지불할 능력이 없는 승용차 대금 용지서는 날아와 있고, 양육비를 감당할 수 없는 아이들이 있다면 어떻게 할 것인가?

@소수 인종에 대해서 특별히 민감하지 못한 백인 사회에서 흑인이 된다면 어떻게 할 것인가?

@이혼을 당한다거나, 과부가 된다거나, 아이나 혹은 부모를 잃는다면 어떻게 할 것인가?

@암에 걸렸다거나, 다발성 경화증, 알츠하이머씨 병, 혹은 에이즈에 감염됐다면 어떻게 할 것인가?

24. 하나님은 요나서에서 자신의 피조물에 대한 개인적인 관심을 표시하고 있다. 요나서의 마지막 절은 니느웨에 대한 심판을 유보한 것에 대한 하나님의 이유를 말해 주는데, 첫째 이유는, 12만 명이 넘는 사람들이 회개했기 때문이었고, 둘째는, 창조주 하나님께서 "또한 많은 육축"을 살리기를 원하셨기 때문이었다(4:11).

　최근, 생태학에 대한 몇 권의 기독교적 자료들이 출판되었다. 마이클 베취틀(Michael A. Bechtle)과 제이 케슬러(Jay Kesler)는 성숙한 연구 결과를 발표했는데, 〔당신의 일상의 윤리를 민감하게 하기〕(Sharpening Your Everyday Ethics. David C. Cook, 1991)이다. 생태학적 주제들은 일회용 기저귀의 사용에서부터 차를 몰 때 연료 효율을 높이는 데 이르기까지 실제적인 설명을 하고 있는 "지구에 대해 얼마나 많은 관심을?"이라고 이름 붙인 장에서 부각되고 있다. 아이들을 위한 교과과정으로는 베브 군델센과 린다 콘드라키(Bev Gundersen and Linda Kondracki)의, 중학교 선택 과목 중 하나인, 〔현대 세계에서 어떻게 살 것인가를 아이들에게 가르치기〕(Teaching Kids How to Live in Today's World. David C. Cook, 1991)를 들 수 있다. 봉사 계획에 대한 견해를 포함하는 네 과가 환경 문제에 할애되어 있다.

25. 사도행전 3장에 나와 있는 화목에 대한 세 장면은 어떤 신학자들이 구원의 위치적, 경험적, 그리고 영원한 국면에 대해 역사적으로 언급해 온 것과 유사하다. 예를 들어 거의 1세기 전에, 스트롱(Strong 1907, p. 869)은 "구원은 과거의 어떤 것, 현재의 어떤 것, 그리고 장래의 어떤 것이다. 즉, 과거의 사실에 있어서는 칭의요, 현재에 있어 진행되고 있는 것은 성화이며, 미래에 있어서는 성취, 곧 구속과 영화이다"라는 것을 인정했다. 이 세 가지 요소는 화목을 위한 하나님의 계획의 포괄적인 성경적 의미를 충분히 파악하기 위하여 긴장 속에서 유지되어야만 한다: 화목은 과거에 이루어진 것이며, 현재 이루어지고 있고, 또한 아직 다 이루어진 것이 아니다.

26. 뵈크너(Buechner 1984, p. 38)는 "크고 첫째되는 계명"에 대해 다음과 같이 설명한다.

"하나님을 사랑하라." 우리는 이 말을 너무 자주 들었기 때문에 더 이상 귀를 기울이려 하지 않는다. 이 말은 너무 큰 소리여서 들리지 않고, 너무 커서 수용할 수가 없다. 우리는 마음으로는 이 말들을 너무 잘 알기 때문에 모든 지식을 초월하는 하나의 신비로부터 마음에 들려지는 것으로서 이 말을 더 이상 거의 알지 못한다. 우리는 이 말을 너무 당연스럽게 받아들여서 어디서 이것이 우리를 포착하려고 하는지 알아보기 위해 멈추어 서려고 하지 않는다. 무엇보다도 먼저 이 말은 "너는 마땅히 사랑해야 한다"고 말한다. 네 이웃을 네 몸과 같이 사랑하는 것이 첫 번째가 아니다. 그것은 두 번째 것이며 후에 오는 것이기 때문이다. 그와는 반대로, 너는 네가 다른 어떤 것을 사랑하기 전에, 먼저 하나님을 사랑해야 한다는 것이다. 너의 전체로써, 네 속에 있는 모든 것으로써—그것이 무엇을 의미하는지, 그것이 포함하고 있는 것이 무엇이든지간에—너는 그분을 사랑해야 한다는 것이다. 이 말은 설명을 하지 않는다. 이것은 단지 선포하고 명령할 뿐이다.

27. 이런 시각에서 고린도후서 5장 17절-6장 1절을 기억하라. 하나님이 먼저 우리를 그리스도 안에 있는 그 자신에게로 이끄셨기 때문에, 우리도 화목케 하는 자가 되어야 한다. 화목의 말씀이 우리에게 맡겨졌다. 그래서 우리는 화목의 사명을 지니고 있는 것이다. 그리스도의 대사로서, 하나님은 우리를 통해 회복시키기를 원하신다. 이 구절의 충분한 의미를 살릴 때, 바울의 결론은 우리의 결론이 된다: "그리스도를 대신하여 간구하노니 너희는 하나님과 화목하라"(고후 5:20).

3장. 그리스도인 성숙의 화목 모델

1. 이 장은 주로 성숙의 목표, 혹은 화목의 구성 요소에 중점을 두었기 때문에 프랑케나의 박스 C의 문제들이 제기되었다. 박스 C가 전략적이고 독특한 위치에 있다는 것을 인식해야 한다. 박스 C는 프랑케나 모델의 전체 다섯 개의 박스 사이에서 단지 연결해 주는 역할만 하고 있다. 프랑케나(1965, pp. 8-9) 자신의 규범적인 철학의 분석을 채택하여 박스 C는 "논리적 사고의 과학적이고 실제적인 노선"(박스 C-D-E)과 "논리적 사고의 철학적이고 이론적인 노선"(박스 A-B-C)을 묶어 주고 있다.
2. 에드워드 힐(Edward V. Hill)은 교회의 과제를 다섯 단위로 나눔으로써 이 질문에 답하고 있다. 파쯔미뇨(Paxmino 1988, pp. 40-46)를 보라. 화목의 개념이 긴장을 분극화하면서 어떻게 파쯔미뇨의 결론적인 말에서 부각되고 있는지 주목해 보라.

    돕슨(Dobson 1982, pp. 45-46)은 영적 훈련을 위한 하나의 조사 목록을 개발했다. 어린이 사역을 위한 특별한 목적을 위해 제시되었는데, 돕슨의 다섯 가지 목표는 다음과 같다.

    개념 1: "네 마음을 다하여 주 너의 하나님을 사랑하라"(막 12:30).
    개념 2: "네 이웃을 네 몸과 같이 사랑하라"(막 12:31).
    개념 3: "주는 나의 하나님이시니 나를 가르쳐 주의 뜻을 행케 하소서"(시 143:10).
    개념 4: "하나님을 경외하고 그 명령을 지킬지어다. 이것이 사람의 본분이니라"(전 12:13).
    개념 5: "오직 성령의 열매는...절제니"(갈 5:22-23).

    최근 파쯔미뇨는 인간의 의무는 이중성을 갖는다고 말했다: (1) 모든 사람은 하나님께 대하여 책임이 있으며, 그리고 (2) 모든 사람은 하나님의 창조물에 대하여 책임이 있다는 것이다. 이 두 번째 범주는 자신과, 다른 사람과,, 그리고 피조된 세계와의 관계를 포함한다. 파쯔미뇨는 이것들을 한데 묶어서, "이러한 책임은 의무를 수반하는데, 이것의 성취는 인간 마음의 가장 심층부의 염원을 충족시켜 준다"([기독교 교육의 원리와 실제: 하나의 복음적 관점][Grand Rapids:

Baker, 1992), p. 36)라고 말했다.
3. 프랑케나 모델에서 박스 A는 박스 C에 직접적으로 영향을 미친다. 이 연관성을 분석해 보면, 우리는 박스 C가 중간(혹은 세부적인) 목표들을 말하는 데 비해 박스 A는 궁극적인 목표들을 다루고 있다고 말할 수 있다.
4. "영적 교제"는 주의 만찬 혹은 성찬식과 혼동되어서는 안 된다. 그보다는, 이 포괄적인 단어는 "하나님과의 영적 교제"를 의미한다. 이 말은 이 주제의 중심 구성 요소를 말해 준다.

유진 피터슨(Eugene H. Peterson)은 목사들이 수행하는 세 가지 결정적인 "행위"를 말하고 있다. 그는 이 세 가지 의무가 사역에 있어서의 모든 것의 형태를 결정짓는다고 주장한다. 이 세 가지는 기도, 성경 읽기, 그리고 영적인 방향을 제시하는 것이다.

피터슨(1987, pp. 2-3)은 이러한 세 가지 중요한 의무에 대해 세 가지 사실들을 조심스럽게 평가한다: (1) 이것들은 "조용하다". 즉, 이것들의 개인적인 성격 때문에 그들이 말을 했는지, 안했는지 아무도 알지 못한다. (2) 이것들은 절대로 요구하지 않는데, "이러한 행사에 참여하라고 아무도 우리에게 고함치지 않는다." (3) 이것들은 "만연되어 있는 무관심을 참아낸다."

피터슨은 하나님에 대한 초점을 부각시키면서, 계속해서 이 세 가지 것들을 비교한다.

> 이 세 분야는 관심의 행위들을 조성한다. 즉, 기도는 나 자신을 하나님 앞으로 데려다 놓는 행위이다. 성경 읽기는 말씀 안에 있는 하나님께 주목하는 행위이며, 이스라엘과 그리스도 안에 있는 2,000년이라는 시간을 건너뛰는 행위이다. 그리고 영적인 방향을 제시하는 것은 어떤 순간에라도 내 앞에 나타나는 사람 안에서 하나님이 행하시는 것이 무엇인가에 주목하는 행위이다. 우리가 주의를 기울이고, 혹은 주의를 기울이고자 애쓰는 대상은 언제나 하나님이다.

5. 누웬(Nouwen 1989, pp. 35-39)은 공동체를 반대하는 것을 비판하는데, 다시 말해, 현대 교회 지도층의 "외로운 방랑자" 정신 구조를 말한다. 그는 이것을, 극적인 장면을 연출하기 위해 성전 꼭대기에서 뛰어내리라고 했던 그리스도의 광야에서의 두 번째 유혹에 비유하고 있다. 누웬은 이러한 개인주의를 던져 버리고 사실상, 한 개인의 태도를 취함으로써 자신의 비평을 뒷받침했다. 그는 캐나다 동부에 있는 L' Arche 장애인 공동체에서 일하기 위해 하버드 대학의 교수직을 떠났다. 그는 공동체를 증거했다. 누웬의 경험은 지도층에 만연해 있는 기독교인들의 개인주의 풍조에 근본적으로 도전하는 것이었다. 자신의 책임에 대한 개인적 학습으로부터 배우면서 누웬은 말하고 있다.

> 자랑할 만한 다양한 재주 목록을 갖고 있는 사람은 그리 많지 않다. 우리들 대부분은, 만약 우리가 남들에게 보여줄 만한 그 무언가라도 갖고 있다면 그것은 혼자서 해야만 하는 것이라고 생각한다. 우리들 중 대부분은 수천 명의 사람들을 끌어모을 힘이 없다는 것을 깨달은 실패한 지도자들같이 느끼고, 많은 회심자들을 만들어 낼 수 없다는 것, 우리는 아름다운 의식을 만들 수 있는 재능이 없다는 것, 우리가 바랐던 것보다 청년들, 청장년들, 그리고 장년들에게 인기가 없다는 것, 그리고 우리가 기대했던 것보다 사람들의 욕구에 대응할 수 없었다는 내용을 말할 수 있을 것이다. 그러나 우리들 대부분은 여전히, 이상적으로, 우리는 그것들 모두를 그리고 성공적으로 해냈어야만 했다고 느낀다. 현대의 경쟁 사회의 이러한 두드러진 단면을 보여주는, 스타의 자리에 오르는 것과 개인적 영웅주의는 교회에서도 전혀 낯선 것이 아니다. 그리고 모든 것을 혼자 다 할 수 있는 자수성가한 남자 혹은 여자의 이미지가 교회에도 아주 지배적으로 깔려 있다.

6. 저스티스(Justice 1980, p. 143)도 역시 하나님의 용서의 두 면을 상호 연관시키고 있다. "화목을 이룬 사람은 하나님으로부터 용서를 받아들였을 뿐만 아니라, 또한 그 자신을 용서한 사람이다." 기독교인의 특성에 대한 이 해석은, "인간은 전 생애에 걸쳐 자신이 의무라고 알고 있는 것에 대해 계속적으로 역행하며, 삶의 모든 국면에 있어 자신의 양심과 상식

이 명령하는 것에 반대로 행동한다"(Willard 1988, p. 263에서 인용)고 하는 레오 톨스토이(Leo Tolstoy)의 주장과 완전히 대립하는 것이다.

7. 그리본(Gribbon. 1990, p. 42)은 "사명"이라는 주제에 적절한 하나의 일화를 말해 준다. 그의 메노나이트(Mennonite)파 농부와의 의미있는 만남은 자동차 수리라는 세속적 경험을 통해 그리스도의 사랑을 나타내 보여주었다.

> 내 차는 가다가 멈추어 서 버렸고, 그리고 거기에는 아파트 두 채가 있었으며...그는 차고에서 두 개의 새 타이어를 가지고 나왔다. 그는 내 차로 다가와 잭으로 차를 들어올렸다. 그러나 내게는 손도 대지 못하게 했다. 그는 타이어를 빼서 트럭 뒤로 던져 버렸다. 우리는 다른 농가로 가서 타이어를 바꾸었고, 그는 자신의 새 타이어를 내 차에 갈아끼웠으며 차를 작동시켰다...나는 내 운전 면허증을 주거나, 면허증과 함께 그에 대한 보답으로 20달러짜리 지폐를 주고 싶었는데, 그는 "아닙니다, 아니에요. 당신이 타이어를 구하게 되면 그때 돌려주기만 하면 됩니다"라고 말하는 것이었다.
>
> 그는 나를 알지도 못했고 전에 나를 본 적이 없는 사람이었다. 나는 그렇게 빨리 돌려주지 못했다. 그는 내가 돌아올 것을 알고 있었다. 그러나 그는 마음이 열려 있었고, 내가 찾던 것을 보여주었다. 그러나 나는 그 당시에는 그것을 전혀 알지 못했다. 내 바로 앞에서 그는 내가 찾고 있던 것을 보여준 것이다. 그는 하나님의 사랑을 소유하고 있었던 것이다. 나는 수년 동안 이 교회 옆을 자동차로 지나치면서 항상 궁금해 했었다. 메노나이트란 무엇을 말하는 것일까? 일종의 새 트럭인가? 아니면 다른 어떤 것?

8. 아담스(Adams 1989, p. 54, 강조)는 영적 교제와 공동체 사이의 중요한 관련성을 논의하면서 마태복음 5장 20-26절을 설명하고 있다.

> 두 구절이 부각되어 있는데, "먼저 가서"(24절)와 "속히 사화하라"(25절)가 그것이다. 이 두 구절은 화목의 긴박성을 강조한다. 예배의 행위를 계속하기 이전에 "먼저" 화해해야 한다는 개념이 강조되었다. 하나님은 당신이 그분과 좋은 관계를 맺기를 바란다면 당신의 형제 자매들과 좋은 관계를 가져야만 한다고 주장하신다. 만약 당신이 다른 사람에게 잘못을 저지른 후 그 사람에게 잘못을 고백하고 용서를 빎으로써 바른 관계가 회복되지 않았다면, 당신의 예배는 받아들여질 수 없다는 것이다. 하나님께 예물을 드리기에 앞서, 먼저(우선순위를 잊지 말라) 당신의 형제와의 일을 바로잡아야 한다. 하나님이 진실로 받기를 원하시는 예물은 화목이다(시 51:17).

9. 디일(Diehl 1991, p. 40)은 넓은 의미에서 소명에 대해 인용함으로써 "유능성"을 설명한다. 하나님은 꼭 목사직과 같은 "전문 사역자"가 아니라, 더 광범위한 섬김의 자리로 사람들을 부르셨다는 것이다. 디일은 한 여성이(소위 세속적인 직업으로부터) 그녀의 헌신에 대해 한 환상을 붙잡았을 때의 이야기를 하면서, 하나의 특별한 예를 들고 있다.

> 대개의 경우에 있어서 사람들은 내가 말하고자 하는 바를 지적으로만 이해한다. 그렇지만 어느 한때, 나는 우연히 이것을 교회에 환멸을 느끼고 교회를 떠났던 한 여기자에게 말하게 되었다. 그녀는 사역의 이러한 개념에 완전히 매료되었고, 우리는 얼마 동안 이것에 대해 이야기를 나누었다. 몇 년이 지난 뒤에 우리는 우연히 다시 만나게 되었는데, 그때 그녀는 우리가 나눴던 대화에 대해 나를 환기시켜 주었다. "당신이 제게 기자로서의 사명을 갖고 있다고 말씀하셨을 때, 그 때 무엇인가가 제 속에서 반짝했었다는 것을 당신에게 말씀드리고 싶군요. 저는 그것이 사실이라는 것을 알았고, 기사를 쓸 때마다 제 자신에게 되뇌곤 했지요. 그리고 저는 교회로 되돌아갔답니다. 제가 교회를 떠날 때보다 크게 좋아진 건 없지만, 이제 그것은 더 이상 문제가 안 된답니다. 저는 제가 하는 일의 내용으로써 제 신앙을 증거하고 있다는 것을 알고 있습니다."

10. 편협한 사명에 대한 개념은 버려야만 한다. 바울은 극빈자들에 대해 변호할 것을 말하면서, 이 용어를 요약하고 있다. "우리는 예수님 자신이 하신 말씀, '받는 자보다 주는 자가 복되도다'라는 말씀을 기억하면서 약한 자들을 도와야 합니다"(행 20:35). 루이스(C. S. Lewis 1950, p. 180)는 그의 책, [사자, 마녀, 그리고 의상](The Lion, the Witch and the Wardrobe)에서 사명에 대해 좀더 창의적인 시각을 보여주었다. 그의 두 남자 주인공과 두 여자 주인공들은 마침내 모두 나니아(Narnia)의 왕과 왕비가 되었다. 루이스는 그들이 물려준 것을 평화(즉, 화목)의 통치로 설명할 뿐만 아니라, 그들이 "좋은 나무들이 불필요하게 벌목을 당하는 것을 막았다"고 말한다(p. 180). 게다가, 이 통치자들은 압제받는 자들 편에 서서 중재했다. 불성실하게도, 루이스는 그들이 "어린 난쟁이들과 어린 사티로스 신들을 학교에 보내지 않게 해주었다...그리고 살고 싶어하는 보통 사람들을 격려했고 또 살게 해주었다"(p. 180)고 말한다.
11. 이 부분의 세부 사항들은 다음 장에 자세하게 설명되었다. 프랑케나 모델은 박스 B(다음 장의 내용), 박스 C(이 장의 내용) 사이의 직접적인 상관 관계를 보여주기 때문에 여기서 박스 B의 문제들은 간단하게 언급되었다.
12. "초막의 유혹"의 잘못된 생각은 "거룩함은 모든 것으로부터 완전히 분리되는 것이다"라는 신념 속에 있다. "컨트리 클럽"의 신화는 "가족"(가족이 아닌 것에 대한 반대 개념으로서) 구성원들은 교회의 가장 훌륭한 은유를 대표한다는 것이다. 전형적인 서구관을 보여주는 "줄타는 곡예사"는 지도력(예수의 가르침에 반대되는)은 "상의하달식"이어야 한다는 잘못된 생각에 사로잡혀 있다. 이리하여 소외되고, 독재적인 지도자들이 많은 기독교 단체들에 포진하고 있다. 마지막으로, "마르다 신드롬"은 바쁜 것이 곧 성장을 의미하는 것이라고 잘못 생각하는 것이다. 영성은 그 사람이 하고 있는 일이 무엇인가에 의해 결정된다. 그러므로 이런 경우, 기독교인 혹은 교회 활동이 우리의 일정표를 꽉 채워 버리고 말게 되는 것이다.
13. 프랑케나가 이론적인 것과 실제적인 것을 조화시키면서, 이러한 구절들을 만들어 낸 것을 기억하라. 위의 미주 1번에서 그가 직접 인용한 것을 보라.
14. 또한 하버마스(Habermas 1989)를 보라. 이 기사는 여섯 살짜리에게 알맞은 의사소통의 단계를 요약해서 말한 것이다.
15. 로마서 12장 18절을 보라. 바울은 이 명령에 이중의 조건을 달고 있다. 그는 "할 수 있거든"으로 시작하면서, "너희로서는"을 덧붙인다. 바울이 사람들과 "어울려 지내는 데 어려움"을 겪었다는 것은 분명한 사실이다!

4장. 보편적인 탐구와 독특한 여과 필터

1. 본 오엑(von Oech. 1986, pp. 97,99)으로부터 개작되었다.
2. The Other Side(1975년 11-12월호)의 "The Temporary Gospel"에서 수정된 것이다.
3. 크래프트(Kraft 1979, p. 53)를 보라.
4. 포스트맨과 바인가르트너(Postman and Weingartner 1969, pp. 82-83)는 이와 같이 교육적 관점은 우리가 갖고 있는 교육 개관과 유추에 의해 형성된다는 것을 생각하게 한다.

> 예를 들면, 자신이 계몽하는 일에 종사한다고 생각하는 유형의 교사가 있다. 우리는 그를 등불을 밝히는 사람이라고 부를 수 있을 것이다. 우리가 그에게 자신의 학생들과 무엇을 할 것이냐고 물으면, 그는 이런 식으로 대답할 것이다. "나는 빛이 어둠을 뚫고 들어가서 그들의 마음을 비추어 주기를 원합니다." 그런가 하면 정원사가 있다. 그는 말한다. "나는 그들의 마음을 개간하고, 비료를 주어 내가 뿌린 씨앗이 풍성하게 열매 맺기를 바

랍니다." 또한 학생들의 마음을 분주하게 하고, 그들을 효율적이고 산업적으로 만드는 것 그 이상은 원치 않는 인사관리 담당자도 있을 것이다. 보다 빌더는 낙담되어 있는 마음을 강화시키길 원할 것이고, 물 긷는 사람은 항상 그들에게 채워 주기를 원할 것이다. "인간의 마음"에 대해서, 그리고 무엇인가 해보려고 하는 언제나 불완전한 시도에 대해서 우리는 어떻게 말해야 할까?

5. 박스 B(이 장의 요지)는 프랑케나를 따라 경험적인 자료를 근거로 그려야만 한다는 것을 상기하라. 특별히 사회과학 분야의 조사 결과가 다음 항목들에 밝혀져 있다.
6. 마르시아(Marcia 1980, 특히 160쪽)를 보라. 클리프 쉬멜즈(Cliff Schimmels)는 개인적으로 수년에 걸쳐 학교들을 관찰하면서 거기서 나온 자료들을 수집했다. 그는 스물 다섯 가지가 넘게 다른 배경들을 가진 학급을 이백 곳 이상 방문했다. 동기 문제를 자아 개념(self-concept)과 연결시키면서, 쉬멜즈(1989, p. 9 강조)는 다음과 같은 자신의 책을 소개하고 있다. "우리 자신과 관련을 갖는 좀더 논쟁의 여지가 있는 주제가 있을 수는 있지만, 그러나 더 중요한 것은 없다. 학생이 얼마나 성공적인가에 더 영향을 미치는 단 하나의 요인은 없다는 것, 혹은 학교교육 과정이 얼마나 성공적인가 하는 것은 그 학생 개개인이 자신을 어떻게 생각하느냐 하는 것 이상이다." 쉬멜즈(p. 26)는 또한 일생을 통해 자아 정체성 투쟁으로 기울여졌던 자신의 성향을 고백하고 있다. "우리가 어릴 때 자아상은 매일의, 그리고 심지어 순간마다의 문제이다. (사실, 우리가 성장했을 때도 문제는 전혀 다르지 않을지도 모른다.)"
7. 에릭슨(Erikson 1968, p. 94)을 보라. 후기 저작에서, 그는 몇몇 자신의 용어와 개념들을 수정했다. 예를 들어 비록 이 단계의 요지는 변하지 않은 채로 남아 있지만, "근면"이 "숙련"으로 바뀌었다.
8. 이렇게 삶을 구분하는 것에는, 취학 아동, 청장년, 그리고 장년이 있다.
9. 이 점에 있어서 한 예로, 에릭슨이 말하는 어린이들의 "근면/숙련" 과제는 기독교인이 일생 가져야 할 청지기 정신에 대해 도전을 주는 것으로 그 범위를 넓혀 갈 수도 있을 것이다. 역사적으로, 이 개념은 "천직(소명)"으로 불렸다. 최근의 연구 결과는 이 말이 라틴어의 vocare("to call")와 vocatio("call" 혹은 "calling")에까지 거슬러 올라간다는 것을 밝혀냈다. 파울러(Fowler 1987)는 이 점에 있어서 교회에 아주 귀중한 참조점을 제공하고 있다. 그의 책 〔신앙 성장과 목회〕(Faith Development and Pastoral Care)의 제2장과 제3장은 직업의 원래의 의미에 대해 유용한 관찰을 제공한다: "그리고 vocatio의 전통에는 우리의 자리, 우리의 일터, 우리의 직업에 대한 확신이 있는데, 이것은 하나님이 단순히 우리에게 부과한 운명이 아니라, 하나님이 그곳으로 우리를 부르시고, 하나님이 그곳에서 우리를 만나 주시기 위해 선택하시고, 그리고 하나님의 목적을 이루는 데 의미있게 쓰여지기 위해 우리의 일을 가져다 드리는, 창조적인 참여가 이루어지는 하나의 장소이다"(p. 31, 강조).
10. 세 가지 "여과 필터"는 사실상 철학의 세 가지 주요 부문과 겹쳐진다: (1) 인간은 형이상학(실재에 대한 연구)을 대표하는데, 인류학은 이 부문의 주요(비록 부분 쪽이기는 하지만) 구성 요소를 표현하기 때문이다. (2) 진리는 인식론(무엇이 사실이고 유효한 원천인가에 대한 연구)과 연관성을 갖는다. (3) 생활 방식은 가치 철학(가치, 특히 윤리학과 미학에 대한 연구)을 반영한다.

이러한 "세 개의 초점"을 통하여, 박스 B—인간성, 삶, 그리고 세계에 대한 경험적인 다른 전제 조건들—에 대한 프랑케나(1965, p. 8) 자신의 정의는 적절한 것이다.

프랑케나의 이론은 신앙에 대한 진술 이외에도, 과학적 발견들을 포함한 다양한 자료들을 포함하는 것을 정당화한다. 프랑케나(1965, P.9)는 명백하게 말한다. "교육 철학의 성격은 자연과 그것이 포함하는 진술의 내용에 많이 달려 있으며, 박스 B와 박스 D 안에 있는 것들을 이용한다. 그것이 과학적이든 비과학적이든, 혹 자연적이든 초자연적이든, 그리고 세속적이든 종교적이든 간에…그것은 전적으로 B와 D에 있는 것이 어떤 제안이든지 이것을 의존하며, 그리고 C와 E의 규범적인 결론에 도달하기 위해 이용하고 있다."
11. 그리스도께서 하신 "여과 필터" 비평의 또 다른 예를 보려면, 누가복음 13장 1-5절을 읽어 보라. 우선, 예수께서는 그의

청중들의 오만한 "우리-그들"(we-they) 사고 체계를 책망했다(즉, 인간 여과 필터). 그들은 자신들이 두 가지 재앙으로부터 벗어난 것은 하나님이 그들을 축복하신 때문이라고 믿었다. 그들은 스스로를 우월하다고 생각했다. 동시에, 예수께서는 그들의 사실(즉, 진리)에 대한 개념을 정죄하셨다. 왜냐하면 그들은 "불행한 일은 심판을 받은 결과이다"라는 잘못된 믿음을 갖고 있었기 때문이다. 대스승이신 예수께서는 이러한 사실의 왜곡을 바로잡았다. 마침내 주님은 그들에게 "회개하라"(즉, 생활 방식) 그렇지 않으면 그들 "모두가 멸망할 것이라"고 말씀하셨다.

개인적 여과 필터라는 비평을 통하여(아마도 청중들의 많은 수가 예수께서 자신들의 죄악된 마음을 그와 같이 잘 알고 있었다는 사실에 대하여 놀랐을 것이다), 그리스도 역시 보편적(혹은 우주적) 탐구를 표현하고 있다. 그리스도께서는 비록 그들의 대답이 틀릴 수도 있지만 인간들이(이 경우에 있어) 영원성과 완전성에 대하여 공통된 질문을 제기하는 것을 인정하셨다.

12. 부록 B는 탐구와 여과 필터들을 보여주는 부가적인 사회과학 조사를 제공한다.
13. 본 오엑(1983, P.25)을 보라.
14. 교과과정의 심리학적(논리학에 반하여) 질서에 대한 토의 문제는 계속 이어지는 장들에서 분석되고 있다.
15. 덧붙여, 히버트(Hiebert 1976/1983, p. 356)는 다음과 같이 세계관에 대한 유익한 해석을 제공하고 있다. 히버트가 인정한 기술적인 철학 분야들과 함께 우리의 삼각 구조의 범주도 삽입되었다.

인간 문화에 있어 관찰 가능한 형태 뒤에는 세계가 서로 묶여지는 방식에 대해 어떤 가정들이 존재하는 것처럼 보인다. "존재론적인 가정들"이라 불리는 이러한 가정들의 어떤 것들은 실재성, 우주의 구조, 그리고 인간 생활의 목적과 목표(즉, 형이상학 혹은 인간에 대한 초점)를 다루고 있다. 가치와 규범 같은 다른 것들은 선과 악, 옳고 그름(즉, 가치론 혹은 생활 방식에 대한 초점) 사이를 구별짓고 있다. 이런 가정들의 어떤 것들은 믿음과 인간의 신화(즉, 인식론 혹은 진리에 대한 초점)에 있어 명확해진다. 다른 것들은 인간의 행위에 포함되기 위해 인류학자들에게 호소한다. 이런 것들을 종합해 보면, 우주에 대한 인간의 전체적인 반응을 설명하기 위하여 인류학자들이 사용하는 가정은 때때로 "세계관"으로 불린다.

16. 부분적으로 프랑케나 이론의 이해에 근거해서 모든 사람들이 경험하는 보편적인 탐구가 하나님의 주제(박스 C)를 통하여 충분히 대답되었다는 것을 깨닫는 것이 중요하다.

5장. 성장의 유형: 구조적 차원

1. 여기에 있는 반응들은 1991년 Western Seminary의 EMS 503 Learning Process class의 학생들에 의해 실시된 면담으로부터 나온 것들이다.
2. "예수 안에서, 인류는 처음으로 이교(異敎) 정신 혹은 후천적 결함에 의해 지장받음 없이, 이상적인 조건 아래서 발전하고 있었다"(Thomas and Gundry 1988, P. 40).

에릭슨(Erickson 1985, p. 735)은 예수의 신성과 인성에 대해 말한다.

두 가지 특성의 연합은 그것들이 독립적으로 작용하지 않는다는 것을 의미했다...그(예수)의 행동은 항상 신성-인성이 연합된 것이었다. 이것은 인성이 신성에 부과하는 기능적인 한계들을 이해하는 열쇠이다. 예를 들어, 그는 여전히 모든 곳에 계실 수 있는 능력을 갖고 계셨다(편재). 그렇지만 말씀이 육신의 모양으로 오신 존재로서, 그는 인간의 육신을 취함으로 인해 그 권능을 사용하는 데 제한을 받았다. 비슷한 문제로, 그는 여전히 전지(全知)하신 분이었으나, 그것이 물질적인 환경에 관한 것이든 혹은 영원한 진리에 관한 것이든, 의식 차원에서 점차로 성장해 가는 인간 기관과 연결된 지식을 소유했으며 그리고 그것을 사용하셨다. 그리하여 그의 제한받은 인간 정신은 자신이 누구이며, 그리고 그가 성취해 간 것이 무엇인가를 오직 점진적으로만 깨달을 수 있었다. 그러나 이것을 삼위 중 제이위의 권세와 능력의 축소로 여겨서는 안 되며, 그보다는 오히려 상황에 따른 그분의 권세와 능력의 제한된 행사로 생각해야 할 것이다.

3. 추리 능력에 있어 차이점들을 언급한 성경상의 다른 예를 보려면, "도덕적 책임의 시대"의 개념을 고려하라. 이 개념은 인식 능력에 있어 어떤 종류의 구별을 가정하는데, 그러한 도덕적 책임은 아주 어린 아이들과 심한 정신 지체를 갖고 있는 사람과 같이, 자신의 행동에 대해 충분히 지각하지 못하는 사람에게는 해당되지 않는다. 신명기 1장 39절은 이러한 생각을 뒷받침해 준다. "또 너희가 사로잡히리라 하던 너희의 아이들과 당일에 선악을 분변치 못하던 너희 자녀들 그들은 그리로 들어갈 것이라. 내가 그 땅을 그들에게 주어 산업이 되게 하리라"(사 7:15-16을 역시 참조하라).

4. 이 주제와 관련된 부가 자료는 부록 C에서 찾아볼 수 있다.

5. auxano(여기서는 "성장하다"로 번역되었다)의 헬라어 단어들은 식물과학과 관련을 맺고 있다. "단순한 형태로 사용한 그 이면에는 명백하게 창조계에 있어, 특히 식물계에 있어서의 성장에 대한 사상을 담고 있다...karpophereo(골 1:16과 10장)와의 연합은 다시 한번 여기서 우리가 식물계로부터 온 하나의 상(象)을 갖고 있다는 것을 보여준다"(Delling 1972, p. 518). 신약에 25회 사용된 auxano 어군은 백합(마 6:28), 겨자나무(마 13:32), 그리고 몸(눅 1:80)으로 사용되었다. 이것은 은유적으로 그리스도의 육체에 있어서의 영적인 성장을 가리킨다(골 2:19). 신자들의 이러한 상징적 성장과 관련하여, 성경은 (1) 하나님 말씀의 사역(행 12:24; 골 1:6), (2) 신자들(엡 4:15; 벧전 2:2), (3) 믿음(고후 10:15), 하나님에 대한 지식(골 1:10), 그리고 주님의 은혜(벧후 3:18)와 같은 특정한 요소들과 관련하여 이 auxano가 쓰였음을 보여주고 있다.

이 식물의 비유에 있어 중요한 것은, 씨의 성질과 다 자란 식물(약 3:12)의 성질 사이에는 일치하는 점이 있어야만 한다는 것이다. 씨의 유추는 우리의 영성, 그리고 인간성에 대해 적합한 형상을 전해 준다. 우리는 자연적 출생과 영적인 중생이라는 토대 위에서만 완전해질 수 있다. 우리가 하나님께 순종하고 그분을 신뢰할 때, 우리의 인간성은 밝혀지고 성숙해지는 것이다(빌 2:12-13).

6. 인간 발달의 측면에 대한 이러한 요약은, 미래의 조사 노력에 대한 지도와 함께 또한 과거의 조사 노력들을 조직하는 하나의 방법을 제시한다. 이 장을 통하여, 사회과학 조사자들의 작업은 인간이 어떻게 성장하는가를 명시하기 위해 인용될 것이다. 이러한 사회과학 조사자들 대부분은 복음주의 신자들이 아니다. 그러나 진리를 밝혀내는 사람이 누구이든, "모든 진리는 하나님의 진리이다"(Gaebelein 1954; Holmes 1977). 조사자들이 신자이든 비신자이든 그것과는 상관없이, 부가 자료는 하나의 판단을 명확하게 해줄 수도 있지만, 어떤 경우에는 그것을 부정하는 것이 될 수도 있기 때문에, 경험주의적 조사 연구로부터 도출된 결론은 실험적으로만 받아들여져야 할 것이다.

기독교인의 관점에서 볼 때, 사회과학적 조사 방법의 한 가지 중요한 문제점은 연구 대상자들이 타락된 상태에 있다는 것이다. 비록 중생한 사람이라 할지라도 그들이 "완전한" 인간은 아닌 것이다. 오직 우리의 '영화된' 상태에서만 우리는 인간에 대한 하나님의 총체적인 계획을 진실하게 드러낼 수 있을 것이다. 이런 문제들과 더불어 제기되는 문제는, 사회과학 조사자들 자신이 똑같은 한계점을 갖고 있다는 것이다. 그리고 신자, 비신자 할 것 없이 모두가 이런 잘못된 시각을 갖고 있다는 것이다.

성경과 함께 통합한 사회과학 지식의 주요 견해들을 논의한 것을 보려면 파쯔미요(1988, 6장)를 보라. 복음주의자들이 어떻게 사회과학 조사에 접근할 수 있을지에 대해 알기 원하면 윌호이트(Wilhoit 1991)를 보라. 또한 이 방법을 교육 사역에 이용하는 한 예로, 휘튼 대학원(Wheaton Graduate School)의 유진 깁스(Eugene Gibbs)는 "Christian Education Journal"에 게재되는 관련 사회과학 연구 기사들을 정기적으로 비평하는 작업을 하고 있다.

7. 인간 발달을 연구하는 데는 주로 세 가지 접근 방식을 사용한다. (1) 일반론적인 접근은 한 사람이 어린아이로부터 어른으로 성장해 가는 것과 같이, 인간 성장에 있어 한 분야의 변화들을 추적해 간다(예: 첫 번째가 인지적 성장이며, 그 다음이 사회적 성장, 그리고 도덕적 성장이다). (2) 연대기적 접근은 인간 발달의 모든 분야를 토론하는데, 첫째는 어린아이 시기, 다음은 청년 시기, 그리고 마지막으로 성년의 시기이다. (3) 이론적 혹은 이론가적 접근은 인간 발달의 주요 이론들을 제시한다(예: 에릭슨, 피아제). 이것은 각각의 이론들의 장점과 한계점들을 논의한다. 이 장에서는 우리는 주로 일반론적인 접근 방식을 택했다. 기독교적 관점에서 인간 발달을 살펴보려면, 스파크맨(Sparkman 1983), 앨리셔(Aleshire 1988), 스틸(Steele 1990)을 보라.

8. 하나님은 우리의 몸 속에 우리 몸의 성장 과정에 있어 그 시기와 결과를 조절하는 하나의 내부적 성장 시계를 장치해 놓으셨다. 예를 들어 우리는 영구치를 갖기 전에 젖니를 갖고 있었다. 또한 이 시계는 키(신장)와 같이 우리 몸의 외적인 기관들도 조절한다. 하나님의 다른 피조물도 또 다른 "시계 장치"를 갖고 있는데, 예를 들면 갓태어난 말들이 성숙한 어미 말로 성장하기까지는 대략 1-2년이 걸린다.

9. 인도에서 한 고아원을 운영했던 씽(J. Singh)은 늑대에 의해 양육되었던 두 어린 소녀들의 성장 과정을 실은 잡지 기사를 보관하고 있다(Singh & Zingg 1939). 이 두 소녀는 청년기에 도달하기 전에 사망했다. 이 책의 나머지 반은 지극히 억압적인 상황에서 살았던 아이들에 대한 기이한 이야기를 싣고 있다. 최근에는 AP 통신이 네 살짜리 아이가 여섯 마리의 개와 한 우리에서 지냈던 이야기를 보도하고 있다([Tacoma] News Tribune, 1990년 3월 17일). 새로 그 아이들의 양육을 맡게 된 양부모들은 매우 놀랐다고 하면서 다음과 같이 말하고 있다. "그 아이는 집안을 이리저리 난폭하게 마구 뛰어다니고 벽을 쾅쾅 치며, 대부분의 시간을 네 발로 뛰어다녔습니다. 우리의 주의를 끌고 싶을 때면, 그는 우리에게 달려와 손톱 발톱으로 우리를 긁어 대며 자기 머리를 우리에게 문지르곤 했습니다"(p. 1).

10. 인간성에 대해 순전히 물질적으로만 보는 견해는 인간을 이해함에 있어서 물리적인 활동과 뇌의 상태, 그리고 자연주의적 일원론과 같이 과학적으로 측정될 수 있는 것에 한정시켜 버린다. 그러나 성경은 인간을 구성하는 요소들의 "조건적" 혹은 "전인적"인 이원론을 가르치고 있다. 인간은 몸(물질)과 영혼(비물질)으로 이루어져 있다. 더 알고 싶으면 부록 C를 보라.

11. 신체적인 발달의 부가 자료는 부록 C에 나타나 있다. 신체의 영역에 대해 더 이상 언급하는 것은 이 장의 범위를 벗어나는 것이다. 독자들이 더 알기를 원할 때는 인간 발달에 관한 책들을 참조할 수 있다(예를 들어, Newman and Newman 1991 혹은 Dworetzky 1981을 보라).

12. 피아제(Piaget 1896-1981)는 심리학과 교육에 중대한 영향을 미친 인지적-구조적 발달에 관한 이론을 제안했다. 프랑스에서 아이들의 지능지수를 측정하면서 피아제는 아이들이 내놓은 틀린 답안지를 보고 놀랐다. 이것을 평가해 본 결과는, 그로 하여금 아이들의 추리력은 완전히 어른들의 능력에 도달하기 전에는 질적으로 다른 형태를 통하여 움직인다고 가정하게 만들었다(Peaget and Inhelder 1969).

13. 각 단계에 설정된 연령의 범위는 시사하는 것이지 규정하는 것은 아니다.

14. 우리 학생들 중의 하나님 Larry Wood에 의해 보고되었다.

15. 인지 발달에 있어 질적인 변화를 묘사하기 위해 기하학적인 형태의 사용법은 University of California, Riverside의 교육학 부교수인 딜론(J. T. Dillon)이 제안했다.

16. 피셔와 실번(Fisher and Silvern 1985)은 여덟 개의 일반적인 국면들과 단계들에 대해 더욱 정교한 설명을 제공한다. 인지 발달에 대한 일반적인 개괄을 보려면 플라벨과 마캠(Flavell and Markham 1983)을 보라. 인지 발달에 대한 다른

이론이 미국의 행동심리학자 로버트 개인(Robert Gagne 1977)에 의해 제시되었다. 그의 "누적 학습 이론"(Cumulative Learning Theory)은 어떤 질적 혹은 구조적인 단계의 변화에 대한 언급 없이 피아제 이론에 의해 예시된 효과들을 설명하려고 시도한다. "그런 다음 학습은 누적되는데, 왜냐하면 특별한 지적 기술들이 많은 고위 질서를 가진 기술과 해결되어야 하는 여러 종류의 문제들로 전환될 수 있기 때문이다...학습의 이러한 누증하는 효과들은 인간 개발에 있어 관찰되는 지적 '힘'의 증가를 위한 기초이다"(p. 145).

17. 워드(Ward 미발표문, 날짜 없음)는 피아제의 네 단계와 하나님이 역사를 통해 점진적으로 그의 백성들을 다루시는 사건 사이의 하나의 유사성을 나타내고 있다.

- 감각 동작기   아담-노아
리더십과 공동체는 개인적, 활동적, 그리고 경험적이다.

- 전조작기   바벨-출애굽
의사 전달은 실례와 이적으로 사용된 기적, 사건들, 그리고 사람들을 통해 이루어졌다.

- 구체적 조작기   시내산-그리스도
추상성은 의식과 구체적인 상징들에 대한 강조와 함께 율법 항목들과 제단에서 구체화된다. 하나님의 말씀이 처음으로 성경으로 기록되었다.

- 형식적 조작기   그리스도-현재
강조점이 근본적이고 통합적인 원리들에로 옮겨졌다. 즉, 희생 제사에서 "산 제사"로 옮겨진 것이다.

"인간의 인지 발달의 단계(스위스의 심리학자 장 피아제의 조사를 통하여 이해된 바와 같이)와 하나님의 점진적인 계시의 발전 사이에는 하나의 유사성이 있다. 왜 이런 비교가 가능한지는 분명치 않다." 이것들은 하나님이 의사 전달하는 형태로서 전체 시대에 해당하는 일반적인 비교이다. 이것은 그 시대에 살던 사람들이 오직 그 인지 단계로만 행동했다는 것을 의미하는 것은 아니다.

18. 읽기 등급과 성경 번역본 퀴즈에 대한 답:

A. 고등학교 2학년 New American Standard Version
B. 초등학교 3학년 International Children's Version
C. 대학교 2학년 King James Version
D. 중학교 3학년 New King James Version
E. 중학교 1학년 New International Version

읽기 등급은 퀼른버거(Kohlenberger 1987, p. 6)가 기록한 것인데, Fog Reading Index를 사용한 36개의 문장을 분석한 것에 기초한 것이다. 퀼른버거는 성경 번역본을 고를 때 고려해야 할 두 가지 중요한 기준을 말했는데, 그것은 정확하고 읽기 쉬워야 한다는 것이다.

19. 신약성경에서 사용된 헬라어는 문학적 혹은 고전적 헬라어가 아니라, 그 당시 시장에서 들을 수 있었던 보통(코이네, koine) 헬라어였다. 종교개혁 당시까지 서방 교회에서 가장 많이 쓰이던 성경 번역본은 제롬(Jerome)이 4세기에 라틴어로 번역한 벌게이트 번역본(the Vulgate)이었다.

20. 정서에 대한 조사는 주로 세 분야에 초점을 두는데, 바로 비언어적인 표현 요소, 감정 언어의 언어적 요소, 그리고 심리사회적 요소이다(Hesse and Cicchetti 1982, p. 10). 이러한 요소들은 전형적으로 인지와 감정의 양면을 설명하면서, 자아의 성장과 함께 취급되고 있다. 정서 발달 이론을 살펴보려면 치체티와 헤세(1982)를 보라.

21. 부스와 플로민(Buss and Plomin 1984)은 세 번째 요소를 말하는 바, 사교성 혹은 홀로 있기를 좋아하거나 다른 사람과 함께 있기를 좋아하는 성질을 말한다. 이 요소는 우리의 "자아를 조절"하고자 하는 경향의 한 국면으로 보는 것이 좋을 것이다.
22. 앞으로 17장에서 살펴볼, 유명한 네 가지 기질 이론은 우리의 작업 관계를 개선하기 위한 도움말을 제공한다. 타인의 기질 양태를 앎으로써 우리는 불필요한 갈등에서 벗어날 수가 있다.
23. 일란성 쌍둥이에 대한 조사는 약간의 해답을 줄 수도 있다. 예를 들어, 미네소타 대학에서는 서로 다른 가정에서 양육된 쌍둥이들을 포함하여 348쌍의 쌍둥이를 조사 연구했는데, 그 결과는 많은 지배적인 개성의 특성에 있어서 환경보다는 유전이 더 강한 영향력을 미쳤다는 것을 나타내었다(Goleman 1986).
24. 이 방법과 긴장을 나타내는 기술적인 용어는 "객관 관계", 혹은 더 정확하게는 "주관-객관 관계"이다(Kegan 1982, 3장을 보라). 객관 관계 이론은 자아의 건전한 성장은 좋은 관계 속에서 이루어진다고 말한다. 스틸(Steele 1990, pp. 107-8)은 기독교인의 성장을 이해함에 있어 다섯 가지 기본 요소들 중 하나로서 이 개념을 다루고 있다. 우리가 건전한 자아감으로 통합해야만 하는 하나의 중요한 요소는 성(性)이다(Van Leeuwen 1990을 보라).
25. 신약에 있어서 니 이 "삶-죽음의 역설"을 간단하게 개괄한 것을 보려면 토마스(Thomas 1991)를 보라.
26. 기독교인의 관점에서 에릭슨 이론의 이론과 실제를 좀더 살펴보려면 스틸(Steele 1990, 10-12장)과 스파크맨(Sparkman 1983)을 보라. 단계들에 대해 스틸(p. 132)이 채택한 것은 아래와 같다.

    영아기: 돌봄 대 무관심
    유년기: 문화 적응과 훈련 대 무시
    소년기: 소속 대 고립
    청소년기: 탐구 대 방어
    청년기: 통합 대 붕괴
    장년기: 재평가 대 재방비
    노년기: 기대 대 불안

27. 이 이론이 실제로 사용되고 있음에도 불구하고, 제기되고 있는 비평들은 이 이론을 경험적으로 실증하는 데는 어려웠다는 것이다. 최근의 조사에 의하면 에릭슨 이론이 가지고 있는 어떤 모순성은 실제로 여덟 개의 분리된 연속체에 존재하는 진짜 모순이 아닐 수도 있으며, 그보다는 두 주요 국면의 원인이 되는 요소, 즉 긍정적인 요소와 부정적인 요소일 수 있다는 것이다.

    레드베터(Ledbetter 1991)는 에릭슨의 이론을 이해하기 위해서 다음과 같은 다양한 제안들을 분석했다: 2요인 이론(긍정적 그리고 부정적 요인), 3요인 이론(긍정적, 부정적, 그리고 제3의 요인), 8요인 이론(에릭슨 이론의 전통적인 관점), 그리고 11요인 이론(양극 이론과 단극 이론의 결합)이다. 레드베터의 연구는 하울리(Hawley 1988)에 의해 개발된 "사회심리학적 발달 측정"의 국가적인 샘플 자료를 기초로 했다.

    에릭슨 이론을 이해함에 있어 우리는 다양한 위기들과 우리의 성장에 대한 화목 이론의 네 가지 주제를 조화시키고 싶어한다(3장을 보라). 그리하여 우리는 에릭슨에 의해 부각된 이 문제가 삶을 통하여 똑같이 중요하다고 믿는다.
28. 케건(Kegan 1982)과 뢰빙거(Loevinger 1976) 두 사람은 이러한 단계 이론들을 정리했다. 피아제 학파의 인지 구조적 입장에 선 케간은 여섯 단계를 정리했다. 처음의 세 가지는 감각 동작기, 전조작기, 그리고 구체적 조작기에 각각 연결된다. 마지막 세 단계는 형식적 조작기와 일치한다.

6장. 성장의 유형: 기능적 차원

1. 하나님에 대한 우리의 신앙은 우리가 그로부터 받은 선물(엡 2:8)과 우리가 활발히 그분 안에 두고 있는 것(히 11:6; 빌 2:12-13을 보라) 모두를 말한다. 하나님에 대한 우리의 신앙 내용은 우리가 나이들어 가면서 발전적으로 적응한다. 다음의 함축적으로 약술된 것을 생각해 보라.

   영아기와 유아기 동안에 우리가 하나님에 대해 아는 것은 사람들, 즉 우리의 부모와 다른 보살펴 주는 사람들의 성격과 삶을 기초로 한다.

   소년기에는 우리는 복음에 나타난 예수님, 즉 육신으로 오신 하나님, 우리가 그림에서 볼 수 있는 하나님에게로 시선을 돌린다. 이 단계에서 우리는 구체적인 개념을 필요로 한다. 우리가 이전에 부모나 다른 사람으로부터 얻은 지식에 우리는 예수님의 이야기를 추가한다.

   청소년기와 청년기에 있어서는 우리는 초월해 계시는 하나님, 즉 아버지되시는 하나님에 대해 생각하기 시작한다. 우리는 삼위가 있다는 것을 알지만, 실제적으로는 신격에 있어 오직 한 분만이 있는 것처럼 행동한다. 세 분보다는 한 분을 알게 되는 것이 훨씬 쉬운 일이다.

   장년기(어떤 사람에게는 더 일찍)에 있어서 언젠가는 우리는 교제 속에 계시는 분, 즉 삼위일체의 하나님을 알 수 있기까지 자랄 수 있을지도 모른다.

   휴스턴(Houston 1989)과 파이퍼(Piper 1986)와 같은 작가들은 우리로 하여금 하나님과 좀더 깊은 교제를 갖도록 자극을 주었다. 도날드 조이(Donald Joy 1985)는 "하나님의 인간과의 관계는 친밀한 연합이고, 모든 인간의 친밀함은 인간이 그들의 창조주와 궁극적으로 재결합하기 위한 '준비 작업'"이라고 주장한다(p. ix).

2. 신자들의 신앙적 발달을 측정하려고 할 때, 우리는 이중으로 어려움에 봉착한다. 하나의 방법은, 삶의 다른 시기에 살고 있는 다양한 사람들로부터 하나님과 자신의 관계에 대한 자기 보고서를 수집하는 것이다. 우리의 연구에 이런 식으로 조사한 한 예도 들어 있었다. 비슷한 방법으로, 우리는 한 사람의 하나님에 대한 이해와 개념이 어떻게 변하는가에 대한 보고서를 연구해 볼 수도 있다(이런 식의 조사에 대한 개요를 보려면 Godin(1965), Ratcliff(1985), Meier et al.(1991), pp. 249-50을 보라). 그러나 야고보서 2장 14-26절의 내용은 신앙에 대한 이런 언어적 표현은 그리 신뢰할 만한 것들이 아니라는 것을 지적하고 있다. "행함이 없는 믿음은 죽은 것"(26절)이기 때문에, 참된 신앙은 가시적인 방법으로 표현되어야만 한다. 신앙적 발달을 연구하는 다른 방법은 위대한 신앙의 발자취를 보여준 사람들의 행동과 그들의 습관을 연구하는 것도 될 것이다(참조. Willard 1988). 그러나 선한 행위에 초점을 맞출 때, 우리는 또 다른 문제들에 봉착하게 된다, 예수는 선한 행위만으로는 믿음이 살아 있다는 것을 보증하지 못한다고 주장했다(참조. 마 7:22-23). 그러므로 더욱 총체적인 자료를 수집할수록, 신앙 발달에 대한 우리의 이해도 더욱 정확해질 것이다. 따라서 신앙적 발달을 조사함에 있어서 조심스럽게 그리고 실험적으로 하지 않으면 안 된다.

3. 제임스 파울러(James Fowler 1981, 1986)는 하나의 "신앙" 단계 이론을 제공했다. 이 단계 이론은 그의 전 하버드대학 동료 퀼베르그(Kohlberg)와 피아제로부터 많은 영향을 받은 것이다. 리처드 니버(H. Richard Niebuhr)의 견해도 파울러의 신앙 이해에 신학적인 기초를 제공했다(파울러의 박사 논문은 니버의 신학에 대해 연구한 것이다). 우리는 그의 이론을 발전시킨 파울러의 목적에 동의할 수 있는 바, "만약 부정되고, 무시되고, 왜곡된다면, 신적인 교제에 대한 우리의 불안은 우리의 인간성을 상실케 하고, 우리는 서로를 파괴할 것이다. 만약 인정을 받고 돌봄을 받으면, 그것은 우리로 우리의 형제 자매와의 순수한 동반자 관계를 위해, 그리고 피조물과의 우호 관계를 위해 우리를 자유케 하시는 하나님과의 교제 사이로 우리를 인도할 것이다"(1986, p. 40). 그렇지만 파울러의 이론은 복음적인 신자들이 받아들이기 어려운 두 가지의 근본적인 난점을 갖고 있다. (1) "신앙"에 대한 파울러의 이해는 너무 광범위하고 교회 연합적이어서 모든 사람

이 신앙을 갖고 있다고 한다(즉, "믿음이 없거나" "신실하지 못한" 사람이 아무도 없다고 생각한다). (2) 신앙의 가장 성숙한 형태는 하나님에 대한 어떤 내용이나 특별한 믿음에 의해 결정되는 것이 아니라, 그보다는 그가 기독교인이든지, 유대인이든지, 혹은 회교도이든지에 상관없이 그가 수용/반영하는 관점의 수용력에 근거한다는 것이다. 파울러 이론의 개괄과 비판을 보려면 다익스타라와 팍스(Dykstra and Parks 1986)를 보라. 주로 기독교 전통 안에서 신앙 개념에 유익한 연구를 위해서는 리(Lee 1990)를 보라. 신앙과 종교에 대한 조사에 대해 검토해 보기를 원하면 스틸(Steele 1989)과 말로니(Maloney 1990)를 보라.

4. 신자들이 성장하기 위한 하나의 중요한 대인관계의 기술은 갈등을 해결하는 기술이다. 소송하기를 좋아하는 미국 사회에서는 사람들이 자기 식대로 살기 위해 미성숙하고 파괴적인 방법들을 사용한다. 고린도전서 5장의 말씀에 도전을 받아, 크리스천 화해 봉사단체(Christian Conciliation Service)가 조직되어, 교회 안에서 신자들의 크고 작은 문제들을 풀어 나가는 데 도움을 주고 있다(Buzzard and Eck, 1982를 보라).

5. 문화심리학에 대한 입문을 위해서라면, 스티글러(Stigler et al. 1990)를 보라. 다중인인 문화 사역의 한 모델을 보려면 링겐펠터(Lingenfelter)와 메이어(Mayer), 1986; 1992)를 보라.

6. 홈즈(Holmes 1991)는 비슷한 개요를 제시한다. 그는 기독교인의 특성에 도달하는 11단계 과정을 말하고 있다.

국면 1: 양심의 배양
(1) 양심 고취시키기 (2) 양심을 예민하게 하기 (3) 가치 분석 (4) 가치의 명확성 (5) 가치 비평
국면 2: 현명한 결정 내리기 학습
(6) 도덕적 상상력 (7) 윤리적 분석 (8) 도덕적 결정 내리기
국면 3: 특성 개발
(9) 책임있는 대리인 (10) 덕성 개발 (11) 도덕적 정체성

지면 관계상 위의 각각의 사항에 대한 검토는 하지 않겠다. 월터스토프(Wolterstorff 1980), 워드(Ward 1989), 윌라드(Willard 1988), 스미데스(Smedes 1986), 그리고 툰(Toon 1984)으로부터 부가적인 실제적 통찰을 얻을 수 있다. 어떻게 새로운 습관을 개발할 것인가에 대해 유익한 도움말을 받기를 원하면 왓슨과 타프(Watson and Tharp 1989)를 보라. 부모들은 리코나(Lickona 1983)가 제공한 여러 가지 충고에 고마워할 것이다.

7. 주로 인지 지향적인 사회과학 연구가들은 양심에 초점을 맞춘다. 그들은 "도덕적 발달"과 "도덕 교육"이라는 용어 아래 그들의 연구 결과를 책으로 펴냈다(Sapp 1986을 보라). 행동 연구가들은 생활 방식의 습관적 행위들에 초점을 맞춘다. 그들은 그들의 작업을 설명하기 위하여 "사회성향적 행동"이란 용어를 쓰는 경향이 있다(Staub et el. 1984; Bridgeman 1983을 보라). 커티스와 게윌츠(Kurtines and Gewirtz 1987)는 그들의 책에 다양한 조사의 전통들을 싣고 있다. 기독대학과 성경대학(Shaver 1985, 1987; Rahn 1991), 그리고 신학교들(Issler and Ward 1989)에서 도덕적 발달에 대한 소수의 연구들이 이루어졌다.

이 주제에 대한 모든 학파들의 연구 결과를 작성하려는 시도로서, 레스트(Rest 1983, 1986)는 도덕적인 행동을 취하는 데는 적어도 네 가지 구성 요소가 있다고 말한다. (1) 도덕적 예민성(도덕적 문제와 연관된 상황을 잘 인식하고 정확하게 해석하는 것), (2) 도덕적 판단력(이상적인 행동 절차에 대해 결정 내리는 것), (3) 도덕적 동기와 가치(마지막 행동 절차에 영향을 미칠 사항들을 고려하는 것), (4) 도덕적 특성 혹은 용기(어떤 반작용이 작용하더라도 계획된 행동을 실행하는 것). 그런 다음 레스트는 이러한 네 가지의 주요 표제 아래, 과거의 여러 가지 조사 결과를 정리해 놓았다.

8. 비록 콜버그(Kohlberg)의 도덕적 판단 단계 이론이 기독교 교육에 유용하다 하더라도, 복음주의자들은 그의 가정들이 신뢰할 만한 것들이 아님을 잘 인식하고 있어야 한다. (1) 중립적 무신론적 견해(도덕성은 종교와 관계없이 그것 자체로서 성립한다); (2) 도덕 자체의 인간 중심적 견해(도덕적 추론의 가장 상층의 단계는 신적 권위를 포함한 외부의 모든 영

항력으로부터의 자유를 주장한다. 그러므로 신적 권위에 매달려 있는 기독교인이나 그외 사람들은 전형적으로 저급한 수준의 도덕적 점수를 받게 된다); (3) 정의와 공정함에 초점을 맞추는 협의의 도덕적 핵심을 갖고 있으므로, 진리(정의를 포함한)와 사랑이라는 기독교에서 중요한 양대 기본 전제들을 제외시킨다; (4) 의사 결정에 있어서 중요한 근거가 되는 개인의 책임을 평가절하시키고 공동체를 무시하면서, 개인의 권리와 개인의 의사 결정이라는 자유의 문제를 지나치게 강조한다. 콜버그의 공헌에 대한 최근의 개요를 보려면 쿠머커(Kuhmerker 1991)를 보라.

9. 다음의 논의 역시 콜버그의 도덕적 판단 단계 이론에 근거한 것이다. 도덕적 판단의 여섯 단계 혹은 세 등급에 초점을 맞추기보다, 우리는 콜버그의 세 등급에 나타나 있는 세 개의 렌즈에 초점을 두었다. 이런 적용은 비록 콜버그의 이론과 관련이 있기는 하지만, 성경을 토대로 해서 나온 문제들이다.

10. 콜버그의 이론이 제시해 주고 우리도 동의하는 것은, 어른이 된다는 것이 꼭 그 사람이 의사 결정하는 데 있어 규칙적으로 하나님의 원리들을 따르는 것을 의미하는 것은 아니라는 것이다. 성인기에 도달한다는 것은 우리가 그것을 실제로 사용하는 것이 아니라, 단지 우리가 지금 그러한 사고를 할 수 있다는 것을 말한다. 그러므로 우리는 더욱 포괄적인 사고 형태들을 갖게 하기 위해 십대와 성인들에게 자극을 줄 필요가 있는 것이다.

11. 1974년, 콜버그는 어떤 사회를 "공평한 사회"로 분류하는가를 조사하기 위해 도덕적 판단과 도덕적 행동에 있어서의 성장에 대해 연구하기 시작했다. 소수의 고등학교 학생들(자의적으로 참가한 학생들과 직원들이 속한 하나의 교내 대안적 장치에서)과 함께 작업하면서, 그들은 학생들이 그들 자신들의 "실제 생활"을 도덕적 상황으로서 처리하도록 장려했다. 직원들과 학생들은 학교의 관리(학문적인 것과 학생들의 행동 문제 양쪽에 관련된) 문제에 관하여 공동으로 문제를 해결하고 조치를 취하는 데 동의하곤 했다. 이 프로그램의 중요한 특징은, 정책이 논의되고 시행되며 이러한 정책을 범하는 사람들에게 제재를 가하기도 하는 "시청"과 같은 모임이라는 것이다. 이런 종류의 조사(특히 그의 생애 마지막 10년 동안에 연구들이 완결되었다)를 기초로, 콜버그는 사람들로 하여금 정의롭고 도덕적인 사람이 되게 하는 가장 효과적인 방법은, 민주주의를 지향하는 "공평한 사회" 안에서 이것을 경험하는 것이라는 결론을 내렸다(Power, Higgins, and Kohlberg 1989). 교회는 거룩한 사회를 열망하기 때문에, 이러한 특별한 조사 방침은 교회 지도자들이 염두에 두어야 할 가능성 있는 암시들을 품고 있다.

12. 직업의 개념에 대한 논의에서, 파울러(Fowler 1984)는 우선 직업이 무엇이 아닌가를 설명한다(a job, profession, or career). 그런 다음 그는 "직업은 한 사람이 하나님의 말씀에 대해, 그리고 동반자로의 요청에 대해 자신의 전 자아로써 반응하는 것을 말한다. 하나님의 말씀에 대한 자아의 전적인 반응으로서의 직업의 형성은 하나님을 섬김에 있어 하나님의 목적의 성취에 직업을 두기 위하여, 우리의 여가, 우리의 관계들, 우리의 일, 우리의 사생활, 우리의 공적 생활, 그리고 우리가 맡고 있는 자원들의 총체적인 조화를 포함하는 것이다"(pp. 94-95)라고 말했다.

13. 예를 들어, 이 책의 마지막 장에 테드 워드(Ted Ward)의 교사를 위한 세 부분으로 된 발달 경로가 나와 있다.

14. 이러한 기준은 허시와 블랜차드(Hersey and Blanchard 1982)에 의해 개발된 상황에 따른 지도자 모델을 적용한 것이다. 이 모델은 17장에서 살펴볼 것이다.

15. 다른 사람을 훈련시키는 데 대한 보충 설명이 17장과 18장에 제시되어 있다.

16. "최선의 인간 개발"이란 말은 스틸(Steele 1990, p. 106)이 사용했다.

17. 워드(Ward 1989, p. 18)는 인간 개발 분야를 구성함에 있어 다른 방법을 제안한다. 그는 인간 개발의 다양한 국면들 가운데서 관계를 묘사하기 위하여 인간의 손을 사용하고 있다.

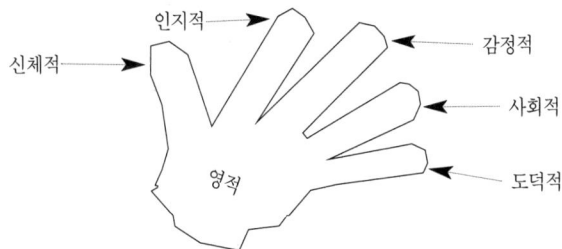

영적인 영역은 따로 분리된 여섯 번째 손가락으로 인식된 것이 아니라, 인간 발달의 좀더 가시적인 영역들과 함께 유지하고 상호 작용하는 근본적이고 비가시적인 기초로서 인식되었다.

18. 조직신학은 역시 기독교인의 삶에 있어 성숙에 이르는 구별된 경로를 말하고 있다. 여러 가지 경로들에 대한 요약된 그림들을 라이리(Ryrie 1969)와 리처드스(Richards 1987)에게서 찾아볼 수 있다. 웨슬리파, 개혁파, 오순절파, 케스윅파, 그리고 세대주의 신학들에서 볼 수 있는 것과 같은, 이러한 경로들에 있어서의 유사성과 상이성에 대한 논의는 디이터(Dieter et al. 1987)에게서 찾아볼 수 있다. 예를 들어 성화 과정에 대한 신학 이론들 사이의 중요한 차이점은 신자들이 구원 후의 축복과 헌신의 경험을 반드시 가져야만 하는가에 관한 것이다.

19. 오웬(Owen 1956-57)은 요한일서 2장의 세 가지 수준들과 매우 비슷한 세 단계 성장의 개요를 명료하게 하기 위해 히브리서 5장 11절-6장 3절을 해석한다. 첫 번째 단계는 그리스도 안에서의 어린아이를 말한다. 경험이 부족했기 때문에, 그들은 도덕적 기준에 부합된 생활 방식을 성취하지 못했다. 그들은 오직 말씀의 젖만 먹을 수 있을 뿐이었다. 두 번째 단계는 경험의 훈련을 통하여 도덕적 의의 기준의 발전 도상에 있는 사람들의 특징을 나타낸다. 세 번째 단계는 실제 삶을 통해 이미 자신들의 도덕적 기준을 발전시킨 성숙한 사람들을 말한다. 그들은 이제 말씀의 단단한 음식을 받을 수 있는 것이다.

부가적 연구의 필요성이 있는 또 다른 구절은 베드로서 1장 5-9절이다. 일곱 가지 덕목들은 신앙의 원천으로부터 후속적으로 성장한다. 주석가들은 베드로가 성장의 진행을 의도했는지, 아니면 단순히 문학적인 표현으로서 사용했는지에 대해 의견의 일치를 보지 못하고 있다.

7장. 학습의 여러 가지 면

1. "18세기와 19세기의 상당 기간, 방혈(bloodletting) 치료법은 오늘날 항생제와 같은 위치를 차지하고 있었다. 폐렴과 같이 염증을 일으키는 병에 방혈은 전통적이며 동시에 일반적으로 쓰이던 치료법이었다"(King 1991, p. 192). 이 전통적인 치료법을 옹호하면서, 19세기의 한 의사는 이렇게 쓰고 있다: "폐렴의 치료에 있어 방혈이 갖는 효력은 하나의 착오나 착각이 아니다. 그것은 자연과 사실에 근거한 것이며...명확하고, 지성적이고, 철학적인 증거를 갖고 있다"(Bartlett 1848, p. 42).

2. 방혈하는 데는 의사가 받은 훈련, 기술, 배경에 따라 여러 가지 다양한 방법이 사용되었다. 어떤 의사들은 정맥을 자름으로써("방혈"이라고 불린다), 피가 대야에 떨어지게 했다. 혹은 컵 하나를 데워서 그 젠 자리에 갖다 대고 그 안으로 피가 떨어지게 했다. 거기에는 좀더 "기계적인" 방법도 있었는데, 그것은 바로 거머리를 이용하는 것이었! 이런 방법을 사용하기 위해서는, 의사들이 정맥의 위치를 찾아내는 데 숙달되어야만 했다. 원하는 양(약 20온스)의 피를 짜내기 위해서

는 20마리 정도의 거머리가 필요했다. 거머리들을 아끼기 위해서 의사들은 거머리의 일부분을 잘라냄으로써 오직 한 마리만 사용할 수 있었고, 그래서 거머리는 완전히 충혈되지 않았던 것이다. 그런 다음 그 거머리는 죽게 되고 그것을 다시 사용할 수 없었다(Copeman 1960).

놀랍게 보일지 모르지만, 오늘날에도 거머리는 의학에 여전히 쓰이고 있다. 몸의 한 작은 부분(예: 귀, 손가락)을 봉합할 때, 동맥은 회복될 수 있지만, 정맥은 너무 작아서 꿰맬 수가 없다. 새로 이식된 부분이 피로 충혈되고 손상을 입을 수도 있다. 이런 경우에, 거머리는 피를 제거하고 부어올랐던 곳을 가라앉혀서 정맥을 낮게 해준다(사적인 대화, Dr. Mary Wilder, 1991. 7. 17). 이런 현대적인 사용법에 대하여 좀더 알아보고 싶으면 곤잘레스(Gonzales 1987)를 보라.

3. 유동체(기체, 액체)에 더하여, 거기에는 네 가지 기본적인 속성들이 있는데, 그것은 열기, 냉기, 습기, 건조성이다. 이 속성들의 합성물인 네 가지 기질은 명백하게 비슷한 특성들을 공유하는 네 가지 체액의 이름을 따라 분류되었는데, 바로 다혈질(덥고 습기 있는), 점액질(차고 습기 있는), 담즙질(덥고 건조한), 그리고 우울질(차고 건조한)을 말한다(Copeman 1960, pp. 87-88).

4. 기독교 교육에 대한 하나의 오래된 정의는 이 특별한 입장을 확인해 준다. 즉, "기독교 교육은 사람들로 하여금 그리스도를 닮은 사람으로 성장하게 하는 하나님이 제정하신 방법을 발견하며, 그 방법과 함께 일하도록 하기 위한 하나의 존경할 만한 시도이다"(Harner 1939, p. 20).

5. 이 장은 교육 사역을 위한 우리의 분석 모델에서 박스 D를 설명하는데, 어떻게 우리가 배워야 할까에 대해 연구한 것이다. 이 부분은 교육심리학에 관하여 관련된 성경과 조사를 분석하고 있다.

6. "예를 들면, 오랜 역사와 존경할 만한 지지자들의 목록에도 불구하고, '교사로서의 하나님'에 대한 [배타적인] 개념은 소멸되고 만다. 왜냐하면 결국에는 인간 교사들이 가르치고 또 인간 교사들의 역할이 명백해져야 하기 때문이다. 인간은 혼란스럽게 하는 인형인가, 아니면 단순히 기계적인 중개자에 불과한 것인가?"(Williamson 1970, p. 113)

7. [유년기의 소멸](The Disappearance of Childhood)에서 닐 포스트맨(Neil Postman)은 어떻게 다양한 과학기술 발명품들이 우리의 사고 방식들을 돌이킬 수 없을 만큼 바꾸어 놓았는가에 대해 말하고 있다. 이 책에서 기독교 교육에 중요한 암시들을 제기하고 있다.

8. 10장에서는 강의 방법에 대한 독특한 당대의 공헌들이 논의될 것인데, 이것은 지도 방법에 대해 말하고 있다.

9. 이런 혼란은, 세 사람의 다른 교사들이 말한 것("나는 수학을 가르친다", "나는 역사를 가르친다", "나는 학생들을 가르친다")에서도 지적된 바와 같이, 교육에 대해 우리가 어떻게 말하느냐에 따라 명백히 나타난다(from Mager 1984a, p. 112).

10. 다음 장은 제3의 범주, 즉 학습 "방법"에 대해 좀더 광범위한 관찰을 제공한다. 이것은 우리 모델의 박스 D의 기본 내용과 관련이 있기 때문에 이 중간 요소에 더 많은 지면을 할애했으며, 박스 D는 우리의 목적(박스 C)을 성취하기 위하여 이것을 가지고 우리가 방법(박스 E)을 결정짓는 이론을 말한다.

11. 어떤 주일학교 커리큘럼에는, 아래와 같이 각 학습의 교육 목표에 있어서 이러한 세 영역에 대한 하나의 일반적인 언급을 하고 있다.

주일학교	우리의 용어	교육 용어
"아는 것"	인식	인식 영역
"느끼는 것"	확신	감정 영역
"하는 것"	능력	정신운동 영역

12. 리(Lee 1985)는 여기에 "자기 훈련"과 "생활 방식"이라는 두 영역을 추가하고 있다. 리(p. 30, n. 5)는 자기 훈련은 추상적인 범주로 보이는 것이라고 가정을 하지만, 경험적 자료는 불충분할 것으로 판단한다. 우리는 이 중요한 요소가 정

신운동 영역, 혹은 능력 영역에 꼭 들어맞는 것을 본다. 리의 "생활 방식" 영역은 그의 책 9장에서 다루어지고 있다. 이 영역은 추상적 학습 영역의 전체적인 통합에 그 초점을 두고 있다. 우리는 전체가 부분들을 합친 것보다 크다는 것에 동의한다. 우리는 통합적으로 표현하기 위해 "화목"의 개관과 네 가지 주제들을 사용했다. 학습에 대한 통합적인 관점에 더 많은 연구가 행해져야 할 것이다. 실제 교육을 위해 다양한 영역들을 하나의 분류법에 따라 통합시키기 위한 시도를 보려면 스타이너커와 벨(Steinaker and Bell 1979)을 보라.

13. 이 세 부분으로 된 연속체는 리(1985, p. 159)가 제안했다.
14. 사도들의 경험에서 볼 때, 지상명령에 관해서 그들의 지식, 가치, 그리고 행동에서 의미있는 성장이 이루어졌다. 우선, 이 명령은 합법적으로는 오직 이스라엘 민족에게만 초점이 맞춰진 것이었다(마 10:5-6). 사도행전의 계속되는 장들에 나타나 있는 오직 유대인이라는 그들의 활동에 의해서도 볼 수 있듯이, 유대인들의 배타성은 계속되었고, 심지어는 제자들이 예수의 "우주적" 명령을 받고 난 후에도 계속되어서 사도들의 이해를 가리웠다(마 28:19-20; 행 1:8). 이어지는 고넬료와의 만남에서 베드로는 이렇게 고백하고 있다. "내가 참으로 하나님은 사람의 외모를 취하지 아니하시고 각 나라 중 하나님을 경외하며 의를 행하는 사람은 하나님이 받으시는 줄 깨달았도다"(행 10:34-35). 바울과 바나바가 제1차 선교 여행(행 13) 중에 겪은 일들에 고무되어서 사도들과 교회는 예루살렘 공의회(행 15)에서 전 세계를 위한 우주적 명령을 공식적으로 승인했다.
15. 학습의 인지적인 면은 공적 장치에서의 교육에 기본적이기 때문에 우리는 이 특별한 영역을 명확히 하는 데에 좀더 많은 주의를 기울일 것이다. 주일학교교사들을 위해 포드(Ford 1978)가 개발한 자습서에 인지적 영역을 자세하게 분석한 내용이 실려 있다.
16. 우리 동료 중의 하나인 단 스티븐스(Dan Stevens)는 블룸(Bloom)의 분류법의 다양한 범주들을 설명하기 위해 이 자전거 그림을 사용하고 있다.
17. 윌리엄즈와 핼러딘(Williams and Haladyne 1982)은 인지 영역을 위한 선택적인 분류법을 개발했다. 그들의 유형학은 상위 질서의 시험 항목 구축을 위한 더 많은 지침을 제공하기 위하여 개발되었다.
18. 감정 영역을 위한 크래드월(Krathwohl)의 분류법에 대한 간략한 설명을 보려면 11장의 미주 13번을 보라. 정서, 태도, 가치, 그리고 동기와 같은 요소들에 관련된 복잡성 때문에 하나의 종합적인 분류법을 만들어 낸다는 것은 어려운 일이다. 메이거(Mager 1984a)는 학습에 있어 "태도"를 따로 분류한다.
19. 정신운동 영역의 지배적인 개요처럼, 제시된 교육 대상에 대한 표준적인 분류법은 없으며, 다만 소수가 개발되었을 뿐이다. 심슨(Simpson 1966), 해로우(Harrow 1969), 키블러와 바커와 마일즈(Kibler, Barker, and Miles 1970), 그리고 제웨트와 뮬런(Jewett and Mullan)을 보라. 포드(Ford 1978)는 이 정신운동 영역에 짧은 입문서를 제공하면서 심슨의 범주를 사용하고 있다.

지각: 하나 혹은 그 이상의 감각들을 통해 대상들과 그것들의 특성을 알아가는 것
장치: 특별한 행동을 취하기 위한 준비
인도된 반응: 모본의 안내를 받아 수행하기
작동: 어느 정도의 확신과 능숙함으로 한 가지 과제를 계속적으로 수행하는 능력
종합적인 반응: 고도의 능숙함으로 과제를 수행하는 능력
수용: 이전에 학습된 운동 기술에 기초해서 새롭지만 관련된 과제를 수행하는것
창작: 정신운동 영역에서 개발된 이해, 능력, 그리고 기술로부터 학생들은 새로운 일을 만들어 내는 것

새로운 기술을 가르칠 때, 우선 "과제 분석"을 하는 것이 도움이 되는데, 이 과제 분석에 의해서 하위 기술들이 확인되고, 그런 다음 교육이 실시되는 것이다(Davis, Alexander, and Yelon 1974을 보라).

생활 방식의 습관 문제에 관하여, 하나의 비슷하면서도 좀더 간단한 연속 동작이 유용한 것으로 드러날 수도 있을 것이다. 습관적으로 일하기 전, 특별한 행동은 주로 국면 1에 있다(아래의 진행을 보라). 체계적인 노력을 통해, 그 행동은 한 사람의 통제 아래 들어오게 된다(국면 2). 그 행동이 일상적인 것이 될 때, 그것은 "제2의 천성적인" 습관이 된다(국면 3).

국면 1: 자신에 의해 통제되지 않은(통제를 벗어난)
국면 2: 자신에 의해 통제된
국면 3: 자신에 의해 자동적으로 통제되는

생활 방식의 습관을 개발하는 것에 관해 더 알기를 원하면 왓슨과 타프(Watson and Tharp 1989)를 보라.

20. "확대" 요소에 관계된 다른 문제는, 단기 그리고 장기의 기억력인데, 이것은 우리가 배운 것이 무엇인가를 되살려 내는 우리의 능력을 말한다. 이 기억을 방해하는 것이 무엇인가에 중점을 둔 조사 결과는 "망각"에 대한 두 가지 주요 이론을 제시한다. (1) 비활동성("사용하지 않으면 잊어버린다"), (2) 방해(옛 학습이 새로운 학습을 방해하기도 하고, 혹은 새로운 학습이 옛 학습을 "지워 버리거나" 차단해 버린다).

"망각"은 하나님의 백성들에 있어서 하나의 주요한 방해 요인이 된다(신 4:9; 6:12; 8:11). 반복 학습(overlearning), 개념에 대한 심층적 이해(기계적인 학습에 대하여), 의미있는 학습에 대한 강조, 그리고 기억 장치들과 같은 다양한 전략들은 이 습득된 지식이 더 잘 되살아나도록 도와준다. 단기, 그리고 장기 기억 작용에 대한 논의는 이 책의 범주를 벗어나는 것이 된다. 스프린탈과 스프린탈(Sprinthall and Sprinthall 1990) 같은 표준적인 교육심리학 책들은 유용한 길잡이 역할을 한다.

21. 가르침에 관한 헨드릭스(Hendricks 1987)의 훌륭한 책은 하나님의 말씀을 가르치는 어느 교사들이라도 열망을 불러일으키는 값진 내용들로 꽉 차 있다. 켈러(Keller 1987)의 동기에 대한 통합적 ARCS 모델은 네 가지 기본적인 동기 요인들을 요약하고 있는데, 바로 주의, 관련성, 확신, 그리고 만족을 말한다. 이러한 요인들은 동기에 관한 문제들을 정확하게 집어내고, 교사들이 적절한 처방책을 선택할 수 있게 해준다. 나중의 세 가지 개념들은 다음 장에서 논의될 학습의 세 가지 "방법들"과 중복되기 때문에, 여기서는 간단히 살펴보았다.

주의: 학생들은 무엇을 배우고 있는지에 대해 주의깊게 듣지 않기 때문에(즉 주의를 기울이지 않기 때문에) 배우는 데 실패한다. 사람들이 집중할 수 있는 시간은 다양하다. 어떤 사람은 몇 시간씩 한 가지 일을 지속할 수 있다. 어떤 사람은 오직 짧은 시간 동안만 노력을 지속할 수 있다. 어떤 사람에게는 교실이 너무 더울 수도 있다. 어떤 사람은 마음의 고통 때문에(최근에 친한 친구와 다툼이 있었을 수도 있다) 주의를 집중하지 못할 수도 있다. 유능한 교사는 소설을 소개한다든지, 유머, 재미있는 사적인 이야기, 풀기 어려운 문제들, 그리고 흥미있는 딜레마들을 사용하여 학생들의 호기심을 불러일으키고 그것을 유지시켜 나간다.

관련성: 다른 절박한 문제들과 비교해 볼 때, 수업 시간에 다루어지는 문제들이 학생들이 필요로 하는 것과 관련성이 적거나 없는 것일 수도 있다. 학생들은 종종 왜 이 주제를 다루는 것이 중요하며, 어떻게 이것을 자신들의 삶에 적용할 수 있을지에 대해 물어 온다. 실제적인 예들, 그리고 실습은 학생들의 삶과 관련을 맺게 해주며, 주제에 대한 설명을 해줌으로써 이 두 번째 요인인 관련성을 갖게 해준다.

확신: 학생들은 자신에 대해서, 그리고 학급의 요구에 부응하는 자신의 능력에 대해서 자기 신뢰가 결핍되어 있을 수도 있다. 이런 부정적인 시각은 그들의 학습 능력을 방해한다. 따라서, 교사의 기대는 중요한 역할을 한다. 학생들의 잠재력을 신뢰하라. 언어적 그리고 비언어적 대화를 통해 긍정적 결과를 기대하라. 브루스 윌킨슨(Bruce Wilkinson)이 그의 "학습자의 일곱 가지 법칙" 세미나에서 도전을 준 것같이, 교사는 "사람들을 꽃피우는" 자가 되어야 한다.

만족: 어떤 학생들은 수없이 많은 불만족스러웠던 학습 경험을 갖고 있다. 이런 쓰라린 기억들이 배우고자 하는 노력

22. 크게 보아서, 학습은 내적인 진행 과정이므로, 우리는 학습이 일어나는 것을 결코 완전히 볼 수 없다. 가끔 우리는 오직 학습의 효과만을 알아챌 수 있을 뿐이다(요 3:8을 보라).
23. 다음에 대한 '생각하기' 문제에 답하라: "기독교인을 위한 학습은, 성령(본질)의 감독 아래서 자유롭게 혹은 우발적인 경험들(방법)을 통하여 촉진되어진 변화(본질)이며, 그리고 그것 안에서 시대에 알맞은(준비도) 지식, 태도, 가치, 감정, 기술, 그리고 습관(수준)을 획득하고, 그것을 규칙적으로 하나의 그리스도를 닮은 생활 방식(본질)에 통합시켜(정도) 나가는 것이다."

8장. 학습의 방법

1. "정보 처리"란 용어는 조이스와 그외 사람들(Joyce et al. 1992)에 의해 사용되었는데, 이것은 우리가 "문제들을 지각하고 그에 대한 해답을 제시하며, 그것들을 전달하는 개념과 언어를 개발하면서, 자료들을 습득/조직함으로써 세계를 이해하려는 충동"을 지칭한다(p. 7).
2. 이러한 비유들은 문화적으로나 역사적으로 특별한 것이기 때문에, 우리는 이러한 성경적 묘사들을 현대적인 것으로 바꾸지 않으면 안 된다. "목자", "양", 그리고 "포도원" 등은 더 이상 많은 현대의 신자들과는 관련이 없는 말인 것이다.
3. 일치 혹은 "의미있는" 학습의 개념은 어서벨(Ausubel 1963, 1968)에 의해 개발되었다. 어서벨에 의해 소개된 하나의 교육 전략은 ??"앞서가는 조직자"이다. 새로운 학습 내용을 소개하기에 앞서, 교사는 먼저("미리") 개념적 틀을 제시하는데, 이것은 어떻게 새로운 개념이 지식의 더 큰 몸체("조직자")에 적합한지를 가리킨다. 예를 들어, 구약에 대한 내용을 가르친다고 할 때, 교사는 가장 잘 알려진 시기의 역사, 즉 왕들의 시기를 포함하는 세 기본적인 시기를 나타내는 간단한 도표를 사용함으로써 학생들이 구약의 역사를 구성하는 것을 도와줄 수 있다.

전왕국시대		왕국시대		후왕국시대
개개의 지도자들	사사들	통일 왕국	다윗 왕조	포로기간 귀환

어떤 사람들은 교사가 그 수업 시간에 다룰 학습 내용을 요약할 때, 종종 수업을 시작하면서 제시하는 간략한 훑어보기와 이 기술을 혼동한다. 이 활동은 수업의 요지를 설명해 주는 것이며, 이것이 앞서 가는 조직자는 아니다. 앞서가는 조직자는 하나의 광범위한 지식을 근거로 개념적인 개요 안에서 새로운 지식을 맞추어 넣으려고 한다. 예를 들어 "LEARN"은 학습 개념을 위한 앞서가는 조직자이다.
4. 조사 범주의 이론적인 배경은 페스팅거(Festinger 1957)의 인식 부조화 이론과 피아제(Piaget 1977)의 균형 개념에서 비롯된다. 피아제의 인지 발달 이론의 서론에 대한 취급 방법이 제5장에 나와 있다.
5. 거기에, 우리의 양심은 우리의 사고와 행동에 대한 반향을 위해 고안되었다(롬 2:15). 양심에 대한 연구는, 툰(Toon 1984)과 잇슬러(Issler)를 보라.
6. 결과 학습은 처음 스키너(Skinner 1953)에 의해 개발된 것인데, "자발적인" 혹은 "반응하는" 행동 조건에 기초한 것이다. 기독교인의 관점에서의 이러한 개념에 대한 취급은 부퍼드(Bufford 1981)에 의해 제공되었다.

7. 어떤 제자들은 처음에 세례 요한으로부터 하나님의 어린양(요 1:29)으로서의 예수를 소개받았음에도 불구하고, 이들이 예수를 메시아로서 충분히 이해하게 되기까지는 거의 2년이라는 세월이 걸렸다. 부활 사건을 제외하고, 오천 명을 먹이신 사건은, 4복음서에 모두 기록된 유일한 기적 사건인데, 이로써 그 중요성을 더해 준다.
8. 외국어를 배우고 피아노를 연주하는 것과 같은 다양한 기술은 암시 학습에 의존한다. 예를 들어 피아노를 칠 때, 우리는 두 가지 주요 연결 형태를 만든다: (1) 악보에 있는 갖가지 음표들과 그것에 상응하는 피아노의 건반을 연결, (2) 우리의 손가락들이 건반을 가로지르며 "흘러내리는" 결과와 함께 연속적으로 각각의 건반을 연주하는 습관.
9. "조건 반사"의 기본 개념과 함께 암시 학습(혹은 "고전적인" 조건 주기)은 왓슨(Watson 1930)에 의해 미국에서 개발되었다. 결과와 암시 학습의 양면을 다룬 하나의 간략하고 읽기 쉬운 논의는 메이저(Mager 1984a)의 5장-7장과 개그니(Gagne 1977)에서 찾아볼 수 있다. 개그니는 "속박"의 개념을 다루고 있다. 그는 결과(자발적인 조건)와 암시(고전적인 조건) 학습의 합성을 통해 어떻게 습관들이 개발되는가를 설명한다.
10. 밴두라(Bandura)는 "상징적 본보기"로서 이 방식을 설명한다.
11. 빌립보서 3장 17절, 데살로니가후서 3장 7절, 9절을 보라. "모방자"(mimetes)가 11번 사용되었다. "예"(tupos)는 이런 뜻으로 9번 사용되었다. 이 단어군(群) 자체가 모두 17번 사용되었다. "후포테이그마"(hupodeigma)는 이런 의미로 6번 사용되었다. 이 단어군은 모두 15번 사용되었다.
12. 주님은 항상 그분이 하시고 있는 것이 무엇인지 알고 계셨기 때문에 우리 주님이 "즉흥적으로" 모범을 보이신 것이라고 말하기는 어렵다. 그러나 제자들의 시각에서 볼 때, 이런 기적과 같은 새로운 사건들은 참가자들에게는 즉흥적인 것이었으며, 그리고 그것은 독자들인 우리들에게도 마찬가지다. 기술적인 면에서 보면, 이처럼 즉흥적인 사건들은 "삶을 통한 모방"의 정수이다.
13. "교실 회합(모임)", 즉 교사와 학생들이 수업을 평가하는 하나의 비공식 토론은 교실에 "삶을 통한 모방"을 가져오는 또 다른 방법이 된다. 이런 모임은 "공개 토론"의 형식을 가지며 어떻게 수업이 진행되어 가고 있는지에 대한 의견을 자유롭게 나눈다(Joyce and Weil 1986). "삶을 통한 모방"에 대한 올바른 이해는 교사들로 하여금 학생들과 수업 외 접촉을 늘리도록 장려해 준다.
14. 잇슬러(Issler 1990)는 교회 안에서의 건강한 결혼과 가족을 육성시키기 위한 전략을 짜기 위해 몇 가지 학습 방법을 이용한다. 탐구 학습("교육하기 좋은 순간을 포착하는 것"), 결과 학습("의미있는 반향을 제공하는 것"), 그리고 구조화된 모방과 삶을 통한 모방("성경적 규율의 본보기") 등이 그것이다.
15. 공적인 예배에는 몇 가지 학습 방법이 분명히 있는데, 예를 들어 성경 봉독(암시 학습과 구조화된 모방)과 회중 찬송(암시 학습)이 그런 것들이다.
16. 강의를 위하여:
    a. 학습 방법
        (1) 동일시 학습: 공통 단어, 예, 유추
        (2) 조직화된 모방: 계획, 편집, 연습
    b. 개선
        (1) 동일시 학습: 학생들의 생활과 관련이 있는 유머와 실례를 사용하라.
        (2) 조직화된 모방: 그 주제에 대해 열정을 표현하라.
        (3) 삶을 통한 모방: 강의 내용에 따라 질문하고 대답할 기회를 부여하라.

    그룹 토론을 위하여:
    a. 학습 방법
        탐구 학습: 블룸(Bloom)의 분류법의 "분석" 등급

b. 개선
   (1) 동일시 학습: 학생들의 생활과 관련된 토의 주제를 사용하라.
   (2) 탐구 학습과 삶을 통한 모방: 학생들로 하여금 서로 다른 학생들의 발언을 비평하게 하라.

퀴즈/시험을 위하여:
a. 학습 방법
   결과 학습: 학습 과정에 대한 반응, 보상
b. 개선
   (1) 탐구 학습: 블룸의 분류법에 따라 질문의 난이도를 다양하게 하라.
   (2) 암시 학습: 과정의 대상들을 대표할 만하고 학생들에게 의미가 있는 사실과 문제들을 반드시 점검하라.
   (3) 삶을 통한 모방: 학생들이 시험지를 교환하고 교실에서 그것을 점수를 매기게 하라.

9장. 가르침의 구성 요소 (1)

1. 1장의 다섯 가지 박스 이론에 관련하여 제2부는 박스 E에 해당한다. 가르침의 실제적인 내용은 박스 A에서 D까지에 기초한 것이다.
2. 학습 이론과 교수 이론 사이에는 주요한 개념적 차이가 있다. 전자는 설명적인 과제를 말하는데, 즉 사람들이 어떻게 배우려고 하는가를 설명한다. 후자는 학습 이론에 기초한 지시적 과제를 말하는데, 즉 우리가 어떻게 가르쳐야 하는가를 말한다.
3. 이 글귀들은 링거(Ringer 1974, 1977)가 쓴 책들의 제목들이다.
4. 이 수업 계획과 단체 활동에 대한 개괄은 부록 E에서 볼 수 있다.
5. 두 개의 창조적인 광고에 대한 찬사가 1990년 봄, Western Seminary의 교육과정반에 속한 가르침 사역 학생들에게 표명되었다.
6. 가르침과 제자 훈련을 대조시키는 사람들은 학생들에게 오직 지식을 전수하기 위하여 "가르침"이 교실 안에서 행해지고 있다고 주장한다. 이와는 반대로, "제자 훈련"은 대화를 포함하는 것으로 인식되고 있다. 이것은 사람들 사이의 토론을 요구한다. 이것은 어려운 문제를 수반하는데, 언제나 쉬운 대답이 제시되는 것만은 아니다. 제자 훈련은 전인적인 필요들에 초점을 맞춘다. 이것은 단순히 지식의 전수만이 아닌, 변화된 삶을 창출해 내는 것이다.

   그러나 이러한 대조는 지나치게 엄격하게 정의된 것이다. 헬라어 mathetes(이 단어로부터 "제자"〈disciple〉란 말이 유래되었다)는 "배우는 사람" 혹은 "학생"을 의미한다. 특히, 신약에서 이 말은 예수를 믿는 사람들을 가리키며, 오늘날에 있어서는 그를 추종하는 사람을 의미한다. 신약의 기자들은 오직 영적인 "바다"에 헌신한 중심 인물들뿐만 아니라, 신자들 모두를 가리키는 말로서 구별하지 않고 이 단어를 사용했다.

   우리 모두는 교회의 주요 과제의 하나가 "제자 양육"이라는 것을 알고 있다. 그것은 가서, 세례를 주고, 가르쳐서 그들로 하여금 순종하도록 만드는 것이다(마 28:19-20). 그러므로 지상명령을 지킨다는 것은 기독교 교육의 좀더 포괄적인 이해를 필요로 한다. 성경 교육은 절대로 사면의 울타리 안으로 제한될 수 없는 것이다. 간단하게 말하자면, 가르침은 곧 제자 훈련이다. 제자 훈련에 대해 더 자세한 성경 연구를 보려면 윌킨스(Wilkins 1992)를 보라.

7. 설교와 가르침에 대해 간략하게 논의된 것을 보려면 부록 F를 보라.
8. 가르침에 대한 신약적 개념에 대해 충실한 연구는 다음과 같은 표제들을 포함한다.

- 교사로서의 성령
- 가르치는 영적 은사
- 교사로서의 장로
- 교사로서의 여성
- 교사로서의 부모
- 교사로서의 신자들
- 하나님의 말씀과 가르침
- 가르침의 목적/결과
- 거짓 교사들

이런 분명한 논제들 외에도, 우리는 신약에서 예수 그리스도, 베드로와 그외 사도들, 그리고 바울과 같이 뛰어난 교사들의 예를 살펴볼 수 있다.

9. 이런 구성 요소들은 University of California, Riverside의 교육학과 부교수인 딜론(J. T. Dillon)이 1981년 어느 수업시간에 소개한 "가르침의 일곱 가지 문구"로부터 따온 것이다. 딜론은 이 문구들을 그의 1987년도 저서에서 사용하고 있다.
10. 예를 들어, 래드(Ladd 1974, p. 535)는 은사를 두 묶음으로 분류했는데, 카리스마적 은사(예언, 이적, 치유, 방언)와 성령에 의해 사용된 타고난 재능(목록에 나와 있는 잔존 은사들)을 말한다.
11. 특히 그것이 삼위의 하나님 중 제삼위의 활동에 관련된 것일 때, 영적 가르침의 은사에 대해 좀더 완전하게 검토해 보기를 원하면 주크(Zuck 1984)를 보라.
12. 이 점에 있어서, 가르치는 은사를 받은 사람은 그리스도의 몸인 교회에 세 가지 특별한 기여를 할 수 있다.

- 은사를 받은 교사들은 교회의 다양한 가르침 사역을 통해 본 훌륭한 지도자들을 본받아서 "훌륭한" 교사에 대한 염원을 품을 수 있다.
- 은사를 받은 교사들은 같은 은사를 소유한 사람들을 구별할 수 있으며, 이런 사람들이 훌륭한 교사로 성장할 수 있도록 육성하고 훈련시키는 데 이바지할 수 있다.
- 은사를 받은 교사들은 모든 신자들(즉, 가르치는 "은사를 받지" 못한)이 가르치고 제자 삼는 기술을 향상시킬 수 있도록 도울 수 있다(예: 부모들). 교회는 받은 바 사명을 완수하기 위하여 하나님으로부터 부여받은 모든 자원들을 충분히 활용할 필요가 있다.

13. [Walk Thru the Bible]의 대표로 있는 브루스 윌킨슨(Bruce Wilkinson)은 "학습자의 일곱 가지 규칙" 세미나에서, 교사의 의무는 한 주제를 배우기 위한 의미있는 기억 보조 장치를 제공하는 것이라고 제안했다. 사실상, 학생들이 한 논제를 위해 그들 자신의 기억 보조 장치를 개발해야 하거나 혹은 개괄을 요약해야만 할 때, 그들은 그들 스스로 가르침의 중요한 한 부분을 담당하고 있는 것이다. [Walk Thur the Bible] 신구약 세미나가 제공하는 가장 큰 유익 중의 하나는 참석자들이 창조적이고 참여적인 활동을 통해 쉽게 성경 역사의 요점을 개괄해 볼 수 있다는 것이다.

게이지와 벨리너(Gage and Berliner 1988, p. 400)는 다른 교수 방법의 효과에 대한 연구로부터 나온 조사 결과를 해석하는 어려움에 관련해서 학생들의 이러한 노력에 대해 주목한다.

자신이 학기말 시험을 치르게 될 것을 아는 학생들은, 가르침 방법에서 오는 효과의 차이들을 감소시키면서,

그 방법이 강의 형식이든 토론 형식이든간에 그들이 받은 교수 방법의 부적합성을 보충해 낸다. 맥레이쉬(McLeish)는 이것을 평등 효과라고 불렀다. "가르침을 받은 방법의 상이성과 관계없이, 학생들이 시험에 대비하기 위해 그들 스스로 한 공부는 그들의 성적을 평등하게 할 것이다"(1976, p. 271).

14. 좋은 성경 교사와 건전한 성경 교육의 특징들을 보려면 윌호이트와 라이켄(Wilhoit and Ryken 1988)을 보라.

15. 글래톤(Glatthorn 1987)은 몇 종류의 커리큘럼에 대해 말한다. (a) 문서로 작성되거나 계획된 커리큘럼, (b) 지원받은 커리큘럼(예: 예산과 다른 재원에 의해 정기적으로 지원되는 것), (c) 가르침을 받은 커리큘럼, (d) 검증된 커리큘럼, (e) 스스로 학습한 커리큘럼.

16. 국면 2와 국면 1을 구별하는 중요한 변화에 관하여, 래드(Ladd 1974, pp. 182-83)는 다음과 같이 말한다.

> 성경 기록은 가이사랴 빌립보에서 예수의 구세주 되심을 고백한 베드로의 고백을 그의 사역에 있어서의 하나의 전환점으로 삼고 있다. 가이사랴 빌립보에서의 이 고백 사건 이후 예수님의 가르침에는 새로운 내용이 첨가되었다: "인자가 많은 고난을 받고 장로들과 대제사장들과 서기관들에게 버린 바 되어 죽임을 당하고 사흘만에 살아나야 할 것을 비로소 저희에게 가르치시되"(막 8:31). 자신의 임박한 죽음에 대한 이런 가르침은 그 이후 계속하여 예수님의 가르침에 있어 하나의 중요한 요소가 되었다(막 9:12, 31; 10:33; 마 17:12; 20:18-19; 눅 17:25).

17. 성경의 연구와 가르침에 관한 접근 방식의 다양성은 복음주의자들 사이에서 분명하게 드러난다.

- 단편적 연구(예: 성경의 한 권의 책, 한 장, 한 부분, 한 단락, 한 절)
- 주제 연구(예: 기도 혹은 하나님의 주권과 같은, 한 주제에 대하여 성경은 뭐라고 말하는가)
- 이야기 연구(예: 어떤 한 가지 사건 혹은 예수 그리스도의 탄생과 같은 연속된 사건들을 살펴보기, 혹은 성격 연구하기)
- 보조적 연구(예: 1세기 고대 근동의 문화, 역사, 혹은 팔레스틴 지역의 지리와 같이, 성경을 더 잘 이해하기 위하여 배경 지식에 대한 연구)
- 출발점 연구(예: 성경 원리를 취한 다음 사업 윤리, 경제, 혹은 자녀 양육에 대한 강의와 같은 역사적이고 현대적인 적용 모색하기)

18. 다음의 요소들은 출판된 커리큘럼을 평가하는 데 이용할 수 있다.

1. 신학적이고 성경적인 정확성
2. "교사용": 교사들이 사용하기 쉽다.
3. "학생용": 학생들이 배우기에 쉬우며, 나이에 알맞은 교육 정책들을 포함한다.
4. 조직적인 문제들
   a. 성경 내용을 위한 적용 범위의 순환 주기
   b. 학생들을 어떻게 나눌 것인가(예: 학년별 혹은 부문별)
   c. 조직의 원리(예: 각각의 연령 그룹을 위해 다른 주제를 선택하거나 혹은 모든 연령 그룹이 동일한 주제를 배운다)
   d. 이용 가능한 가르침의 보조 장치들
   e. "날짜 잡기"(즉, 되도록 자료의 반복된 사용을 줄이면서 각 학습을 위해 날짜를 정할 것인가 말 것인가)
   f. 자료에 드는 비용

이런 몇 가지 요소들에 대해 주일학교 커리큘럼을 다룬 각기 다른 20개의 출판사들을 비교해 놓은 도표를 보려면 잡지("Foundations", 1988년도 봄 호, pp. 70-72)를 보라.

19. 이 장에서, 우리는 가르침 사역에 있어서의 의사 결정에 대한 광범위한 구성 요인들을 살펴보았다. 좀더 포괄적인 의사 결정 모델은 18장에 나와 있다.
20. 이 범주에 우리는 목사들도 포함시킨다. 이들은 항상 자신들이 설교의 주제를 결정한다.
21. 커리큘럼 이론과 발달에 대해 더 자세한 도움을 받기 원하면 태너와 태너(Tanner and Tanner 1980), 그리고 포스너와 루드닛스키(Posner and Rudnitsky 1989)를 보라. 기독교인의 관점을 보기 원하면 위코프(Wychkoff 1961)와 그리고 콜슨과 릭돈(Colson and Rigdon 1981)을 보라.
22. 기독교 교육에 적용된 것과 같은, 보이지 않는 커리큘럼의 개념에 대해 다룬 것을 보려면 하버마스(Habermas 1985)를 보라.
23. 교회는 구약의 역사로부터 한 가지 교훈을 배울 수 있다. 예를 들면, 이스라엘 사람들은 장막절 기간에, 자신들이 이리저리 옮겨다니며 생활했던 광야 생활을 기념하기 위해 장막을 치고 야영 생활을 했다. 이러한 것을 적용하는 방법으로, 지역 교회 지도자들은 교인들이 지역 교회로서 그들이 교회 설립 초창기에 겼었던 경험들을 되돌아보게 할 수도 있다. 연례 기념 예배는 교회 설립 당시에 드렸던 그 최초의 예배와 비슷하게, 방을 하나 빌리거나 혹은 학교 시설(접는 의자, 휴대용 라디오나 녹음기 등)을 빌려서 드릴 수도 있다.

   이런 기념 행사는 교인들로 하여금 교회의 중요한 행사들에 대해 다시 한번 주의를 환기시키면서, 구약의 희생 제사에 대해 다시 한번 돌아보게 할 수 있다.
24. 제7장은 학습의 세 가지 "수준"(혹은 영역들)을 개괄하고, 학습의 "정도"의 다양한 단계들을 제시했다.
25. 우리의 "척도"는 아이스너(Eisner 1985)의 "행동의 목표"와 관련이 있다. 우리의 "연구"는 그의 "문제-해결 목표", 그리고 "의미있는 결과"와 연관을 갖고 있다(아이스너의 책 제6장을 보라).
26. 베르닉(Wernick 1987)을 보라. 이러한 예증에 우리의 주의를 돌리게 해준 데 대해 칼 깁스(Carl Gibbs)에게 감사가 표명되었다.
27. 우리 주님의 성육신을 통하여, 하나님은 우리에게 그가 어떤 분인가에 대한 유일한 척도(요 1:14)와 기독교인의 삶은 어떠해야 되는가에 대한 예외적인 척도(벧전 2:21)를 주셨다. 우리는 주님이 행하신 모든 것, 혹은 그분이 행하신 일 그대로를 해야 하는 것이 아니라, 오직 그분이 우리에게서 무엇을 기대하고 계시는가를 알아야 한다.

   학습의 척도에 관해 더 자세한 것은 메이저(1984b)와 포드(1978)에게서 찾을 수 있다.
28. 충분히 개발된 "척도"는 세 가지 특징을 갖고 있다. (a) 이행: 가시적으로 학생들이 무엇을 할 것인가? (b) 정확도: 학생은 이 행동을 얼마나 잘 수행할 것인가? (c) 확률: 얼마나 많은 학생들이 이 정확한 수준에 도달할 수 있을까? 대부분의 경우에 있어서 추정되는 바는, 때로는 비현실적이지만, 모든 내용은 모든 학생들에 의해 학습될 것이라는 것이다. 그러므로 이 단락에 있는 척도는 "각각의 빈칸에 정확한 답을 써 넣는 학생들의 70%에 의해"로 수정될 수도 있다.
29. 브룩필드(Brookfield 1991)는 다른 결과 쪽으로 학생들을 인도해야 하는 가르침의 도전에 직면해 있는 교사들을 위해 한 가지 유용한 용어를 제공한다. 그는 이것을 "근거 있는 가르침"이라고 부르고 있다. 브룩필드는 근거 있는 이론에 관련된 생각을 근거로, 교사들이 유연하고 수용적이 될 필요가 있다고 충고한다. 다시 말해, 학생들의 학습에 대해서 교사들이 학생들과 함께 일하고, 자료들을 수집하여 필요에 따라 가르침을 수정해 간다는 것이다. 간단히 말해, 교사들은 주의깊은 여행 안내자가 되어야 한다는 것이다. 브룩필드는 너무 자주, 가르침 이론과 실제에 있어서 역설적이게도 한 가지 중요한 구성 요소가 생략되고 있다고 주장하는데, 그것은 바로 학습 과정에 대한 학생 자신의 경험을 말한다.

   이와는 대조적으로 "근거가 되는 교사들은 학생들에게서 학습 과정에 대한 그들의 이해를 제거하기 위한 체계적인 시도를 한다"(p. 35). 특별히 교사들은 "그들이(학생들) 가르침의 행사에 있어 무엇을 그들에게(교사들에게보다는) 가장 의미있는 것으로서 기억하는가"를 기록해야만 한다. 브룩필드(p. 35)는 교사들이 과정을 지향하는 근거 교육을 형성하기 위해 세 가지 특별한 자료들을 사용할 수 있다고 제안한다.

- 이전의 학습 경험들에 대한 학생들 자신의 설명적인 분석
- 학생들이 쓴 일지
- 학생들이 기록한 가르침에 관한 내용들

30. 네 가지 교수 전략에 대해 분석한 것을 보려면("모험"으로서의 가르침도 포함하여), 하버마스(Habermas 1990)를 보라.

10장. 가르침의 구성 요소 (2)

1. 비율을 사용한다면, 하나의 이상적인 차원에서 우리는 이런 방법으로 교수와 학습에 대한 책임을 표현할 수 있을 것이다: 교사 100퍼센트, 학생 100퍼센트, 성령 100퍼센트.
2. 관계적 요소에 관해서, 우리의 이론은 평범한 세상 일이 아닌 교실의 상황에 맞추어야 한다. 예를 들어, 바울은 빌레몬(노예 주인, 로마인)에게 오네시모(도망친 노예)를 노예로서가 아니라, 주 안에서의 형제로 받아들여 줄 것을 권고했다. 기독교는 세상적인 관계 이론을 무너뜨려 버린다. 기독교인을 가르치는 일에 있어서, 우리는 독단적이고 학문적인 학생-교사 관계 이론(이것은 "주인-노예"의 개념 쪽으로 기울어질 수도 있다)을 받아들이지 않는다. 성경은 가족 혹은 공동체라는 비유를 강조하고 있는데, 우리 모두는 서로 섬겨야 하는 형제 자매이다. 어떤 교사-학생 관계라도 그 핵심은 종의 마음을 가진 지도자 정신인 것이다(마 20:26-28).
3. 정규 교육기관 역시 정규적(公的)이 아닌 비정규 교육 행사들(예: 기독교인의 고급 교육을 위한 예배와 수련회)과 비형식적인 교육 행사들(예: 영구적인 사회화 과정)을 명시하고 있는 것을 보는 것은 흥미로운 일이다.
4. 대학이나 신학교 학생들이 여러 가지 다양한 교수 방법을 사용해야 하는 필요성에 대해 인식하기란 어려운 일일지도 모른다. 학생들은 "저의 (대학 혹은 신학교) 교수님은 주로 강의 형식을 사용하고 있고, 나는 그 방식을 통해 잘 배울 수 있습니다. 왜 내가 가르치는 학생들은 내가 배우는 식으로 배울 수 없는 것입니까?"라고 이유를 댈지도 모른다. 학생들이 인식하지 못하고 있는 것은, 학문상의 교육은 하나의 일괄거래 방식이고, 수업 시간은 오직 그 일괄거래 안에 포함된 하나의 요소라는 것이다. 다른 요소들은 교실에서 이루어지는 강의의 효력에 중요한 작용을 한다. 예를 들어, 교수들은 (1) 학생들은 어떤 학위를 얻기 위해서 공부하고 있다, (2) 학점은 확보되었다, 그리고 (3) 등록금은 이미 완불되었다는 이유로 학생들은 이미 그 학습 내용을 배우기로 동기부여가 되어 있다고 생각한다. 강화 학습(Intensifyed learning)은 다음의 주요 요인들로부터 비롯된다. (1) 학생들은 교과서를 읽고 보고서를 쓰기 위해 수업 시간 외의 시간을 사용한다. (2) 학생들은 간단한 쪽지 시험이나 정규 시험을 준비하면서 여러 시간을 소비하는데, 어떤 때는 학생들이 수업 시간에 미처 이해하지 못했던 것을 스스로 깨우쳐야만 한다. (3) 학생들은 점수가 매겨진 시험지나 시험을 통해서 자신들의 학습에 대한 기본적인 반영들을 볼 수 있다.

   전형적인 주일학교 학생들은 하나의 매우 다른 상황 속에 놓여 있다. 그들은 동기가 부여되어 있지도 않고, 수업 시간 말고는 어떤 숙제도 없다. 그러므로, 그 한 시간의 수업 시간 동안에 주일학교 교사들은 학생들에게 동기를 부여해야 하고, 또한 학생들이 학습 내용을 배울 수 있도록 도와줘야 한다. 어떤 "과제"는 실제로는 수업 시간 동안에 해야 한다. 그러므로 학생들을 참여시키는 그러한 다양한 교수 방법이 강구되어야 하는 것이다.
5. 표 10.4는 조이스와 그외 사람(Joyce et al. 1992)의 네 부분으로 된 기능적 조직 체제에서 채택한 것인데, 이것은 교수 방법의 다양한 범주들 혹은 "학습군"을 명시하고 있다: (a) 정보처리, (b) 사회적, (c) 개인적, (d) 행동적. 리틀(Little

1983)은 조이스와 웨일(Weil)의 체제를 수용한 다섯 범주를 제시한다. (1) 정보처리, (2) 그룹 상호작용, (3) 간접적 의사소통, (4) 개인의 발달, (5) 행동/반응.
6. 루이스(Lewis)는 기본적인 읽기 기술을 가르치는 데 있어 흥미있는 심리학적 접근 방식을 제안한다.

> 독서에 대한 학생들의 동기는 흔히 읽어야 될 책 목록에서 볼 수 있는 여러 종류의 읽기 숙제에 의해 질식될 수 있다. 이런 것들은 종종 재미가 없고 일생동안 읽어야 할 교양 도서로 장려하지도 않는다. 학생들은 언제나 "고전"을 읽어야 된다고 강요받지만, 그것은 무엇이 재미있는가에 대해서 다른 사람들이 갖고 있는 생각에 의한 것이다...학생들로 하여금 루이스 라무르(Louis L' Amour: 유명한 서구의 소설가)의 작품을 읽게 함으로써 그들로 하여금 더 많은 책을 읽게 하는 동시에 고전에 대한 그들의 관심을 불러일으키는 것도 가능한 방법일 것이다(1987, p. 261).

7. 리차드스(Richards 1970)가 제안한 바와 같이, 모든 수업이 "실천 사항을 찾기"(Took)의 요소를 갖고 있지는 않다. 일련의 수업(예: 6시간의 수업)은 마지막 시간을 하나의 중요한 "실천 사항을 찾기" 쪽으로 구성될 수 있다. 그래서 처음 두 번의 수업은 오직 "주의 끌기"(Hook)와 "주제를 연구하기"(Book) 요소만 포함할 수도 있다. 나중의 수업들은 이전의 "주제를 연구하기"의 내용을 간단하게 복습하거나 "적용점 살피기"(Look)에 더 많은 강조를 할 수도 있다. 마지막 수업 전적으로 "적용점 살피기"와 "실천 사항을 찾기"(Took) 요소만으로 채울 수도 있을 것이다.

주의 끌기(Hook), 주제를 연구하기(Book), 적용점 살피기(Look), 실천 사항을 찾기(Took)의 이론 구조는 주로 청년들과 성인들을 교육하는 데 유용하다. 이 원칙들이 어린이들에게 적용된다 하더라도, 이 요소들이 하나 하나 분리해서는 안 된다. 어린이들의 수업은 "주의 끌기-주제를 연구하기" 활동들과 "적용점 살피기-실천 사항을 찾기" 활동들을 다양하게 혼합해서 사용해야 한다.

8. 헌터(Hunter 1982)는 공교육에서 널리 사용되는 하나의 수업 구성 형식을 개발하였다. 이 모델은 일곱 가지 기본적인 요소들을 갖고 있다.

- 예상 장치(학생들의 주의 끌기)
- 수업의 대상과 목적(학생들이 배울 것과 배우는 이유)
- 주입(필요로 하는 새 지식)
- 본보기(내용이나 기술을 예증하기 위한 교사 활동)
- 지도 활동(교실에서 실습하기 위한 학생 활동)
- 이해에 대한 점검(학생들의 학습 수준을 측정하기)
- 독립 활동(숙제)

수업 계획안을 구성하는 데 대해서 더 알기 원하면 포스너와 루드닛스키(Posner and Rudnitsky 1989)를 보라.
9. 스테이크(Stake) 모델에 대한 더 자세한 것은 제13장에서 찾아볼 수 있다.
10. 기독교 교육에 있어 평가와 조치에 대한 유용한 개략을 보려면 쿠크(Cook 1988)를 보라.
11. 아직도 우리는 종종 혼동된 신호들을 보낸다. 누가복음 6장 46절에서 예수님의 관찰을 살펴보라.
12. 가르침에서 우수성을 추구하는 데 대한 부가적인 착상을 잇슬러(Issler 1987)에게서 찾아볼 수 있다.
13. 이 세 부분으로 된 사례 연구는 코르넷(Cornett 1983, p. 14)에게서 인용되었다.
14. 교육적 효과에 대해 경험적으로 조사된 연구 결과들은 우리의 일을 도와준다. 도일(Doyle 1990)과 윗트록(Wittrock 1986)은 중요한 내용들을 편집해 놓았다.

11장. 성인 교육

1. Von Oech(1983, p. 37)
2. 프랑케나 모델에 따르면, 박스 A에서 D는 "숲"을, 박스 E는 "나무들"을 가리킨다.
3. 이 열아홉 가지의 주제들을 모든 성인들이 경험하는 것도 아니며, 모든 성인들에게 적용되는 것도 아니다(그 문제라면, 이러한 경험은 성인들이 배우기에 적절한 시간을 보장해 주지는 않는다). 그렇지만 대부분의 성인들은 어느 정도 이러한 삶의 도전을 받을 것이다.
4. 더 자세한 것을 알고 싶으면, 인간 발달 이론을 다룬 제5장과 6장을 다시 살펴보라.
5. 예를 들어 스터블필드(Stubblefield 1986b, pp. 185-87)는 성인 제자 훈련의 다섯 가지 목표를 드는데, 다음과 같다: (1) 그리스도를 닮아 가는 성장, (2) 성경 교리에 대한 이해와 적용, (3) 성경 원리의 생활에 대한 적용, (4) 교회의 사역에 대한 지식과 참여, (5) 다른 사람들의 성장을 촉진시키는 것.

    파쯔미뇨(1988, pp. 218-21)는 교육을 위한 좀더 통합된 대상, 즉 기독교인을 선호한다. 파즈미뇨는 디도서 2장을 예로 들면서 몇 가지 명령들을 구별하는데, 거기서 바울은 그의 영적인 아들에게 그가 증거할 때에 업신여김을 받지 않는 사람이 되라고 명령하고 있다(예: 온유하고 존경받을 만한 사람이 되라 등등). 파쯔미뇨는 전통적으로 강조해 왔던 세 가지의 변화에 대해 "지식, 그리고 감정과 행함은 부르심에 내포되어 있다는 것은 의심의 여지가 없다. 그러나 존재에 대한 관심은 더 큰 목적, 즉 더 큰 비전에 있다. 디도는 인격 형성에 관심을 두어야 했다"(p. 219)라고 하면서 이론적 근거를 제시한다. 파쯔미뇨에게 있어 사랑과 진리로 조화를 이룬 덕목들은 경건한 본보기를 결정하는 중요한 기준을 제공해 주는 것이었다.

6. 하나의 훌륭한 이론적 자료는 엘리아스(Elias 1986)이다. 이 백과사전적 작품의 다른 주제들 가운데서도 사회적 상황, 역사적 관점, 조직적 문제들, 그리고 기독교 교육에 대한 교육적 구상에 관심을 두고 있다. 위케트(Wickett 1991)는 성인 교육을 위한 몇 가지 흥미로운 이론을 확인하고 있다. 쿤과 안토니(Koon and Anthony 1990)는 하나의 국가적인 연구를 바탕으로, 독신 기독교인들(성인)에 관한 유용한 자료를 제공하고 있다.
7. 허쉬(Hershey 1086, p. 95)는 Thousand Oaks, California의 청장년 사역을 바탕으로 하나의 철학을 제시한다. 여기서 그는 세 가지 중점 영역을 부각시키고 있는데, (1) 관련성 있는 주제 교육, (2) 소그룹 모임, (3) 월례 사회 활동이다. 이러한 영역들은 광범위한 사역의 목표들을 나타낸다. 이러한 세 영역은 고독, 직업상의 목표, 생활 방식 선택, 그리고 영적인 지도에 대한 청장년들의 필요와 직접적으로 연결되는 것이라고 지적한다.
8. 철저한 변화에 대해 말하는 적합한 구절은 사도행전 2장 37절이다. 오순절날 베드로의 설교를 들은 군중들은 극적인 태도 변화를 보였는데, 야말로 중생되지 않은 상태에서 중생된 상태로의 180도 전환이었다. "저희가 이 말을 듣고 마음에 찔려 베드로와 다른 사도들에게 물어 가로되 '형제들아 우리가 어찌할꼬' 하거늘."

    머리-가슴-손의 성장 과정은 이 방식에서 밝히 드러난다.

    - "머리"는 인식적 이해를 의미한다.
    - "가슴"은 변화된 감정과 가치를 가리킨다.
    - "손"은 의미있는 행동의 변화를 가리킨다.

    이 세 부분 강조에 대한 주목할 만한 묘사는 그룸(Groome 1980, pp. 57-66)에게서 찾아볼 수 있는데, 그는 신앙을 믿음, 신뢰, 그리고 행동으로 보았다.

9. 이러한 세 가지 구성 요소가 얼마간 결과적이긴 하지만, 그것들이 촘촘한 구도를 표현하기 위해 의도된 것은 아니다. 그

리고 영적 성장을 위한 하나의 신비스러운 공식으로서 의도된 것도 아니다.
10. 히브리서 기자는 자신의 독자들이 기독교 신앙의 "초보적인 가르침"(6:1)에 있어 다시 훈련을 받아야 한다는 사실 때문에 매우 근심했다.
11. 고린도전서 13장 11절의 바울의 개인적인 간증은, 우리로 하여금 어린아이들의 지식은 성인들의 지식과 질적, 양적인 면에서 서로 다르다는 것을 기억하게 한다.
12. 브루너(Bruner 1977, 특히 pp. 52-54)의 "나선형" 이론은 다른 것들 가운데서도 아이들은 어른들이 배우는 어떤 기본적인 진리들을 배울 수도 있다는 것을 말해 준다. 그러나 아이들의 지식은 훨씬 덜 복잡한 것이 될 것이다.

예를 들어, 히브리서 6장 1-2절을 놓고 볼 때, 좀더 자란 아이들은 구원, 교회, 그리고 종말에 대해 기본적인 진리들을 파악할 수 있다. 그렇지만 이러한 진리들은 그들의 제한적이고 추상적인 추리 능력을 통해 반드시 걸러지게 된다. 히브리서 기자는 자신의 독자들이 사고의 상층 단계에서 이러한 진리의 범주들을 재교육받아야 한다고 주장한다(예를 들어, "안수"에 대한 추상적 수준의 지식을 갖고 있는 자에게 하나님의 "나선형" 계시).

13. Krathwohl, Bloom, 그리고 Masia(1964)가 감정적인 영역을 위한 교육 목표에 대한 하나의 분류법을 개발했다. 비교해 보라.

1. 수용: 특별한 관점에 주의하고자 하는 염의
2. 반응: 만족을 주는 지속적인 고려에 대한 바람
3. 가치 측정: 특별한 관점을 받아들이고, 선호하고, 그리고 헌신하기
4. 조직: 이러한 관점에 따라 삶을 개념화하고 재정리하기
5. 동화: 완전한 조화를 수반하면서, 이러한 관점에 의해 인격이 형성됨

위 분류법의 세 번째, 네 번째 그리고 다섯 번째 단계들은 히브리서의 세 가지 성인 성장 요인들과 조화를 이룬다. 즉 "가치 측정"은 일정한 교리/신조를 수용하는 한 사람의 신자와 같이, 모든 선택할 수 있는 자리를 마다하고 하나의 입장만 선택하는 것을 강조한다. "조직"은 진리를 적용하고 행함으로써 "자신을 훈련시킨" 히브리서의 신자들과 비슷하게, 이렇게 새로 받아들인 관점에 따라 개인의 생활 방식을 재정리하는 것이다. "동화"는 지혜롭다고 소문이 난 성숙한 그리스도인과 같이, 하나의 특별한 진리를 자기의 것으로 삼아 진리와 같이 되는 것을 가리킨다.

14. 사도행전 24장 14-16절에서, 진리를 믿음은 다음과 같은 바울의 고백에 의해 입증되고 있다. "나는...조상의 하나님을 섬기고 율법과 및 선지자들의 글에 기록된 것을 다 믿으며"(14절하). 진리를 행함은 그의 생활 방식을 통해 드러난다: "조상의 하나님을 섬기고"(14절상). 마지막으로, "(이것을 인하여) 나도 하나님과 사람을 대하여 항상 양심에 거리낌이 없기를 힘쓰노라"(16절)고 하는 열정 속에서 바울의 덕행을 볼 수 있다. 그는 진리와 같이 되어 가는 것이다.

15. 이러한 연령별 모임은 많은 회중들 가운데서 볼 수 있는 "표준적인 운영 과정"이다.
16. "취학 아동을 가진 반" 논란 외에도, 이런 중년 부부들을 위한 다른 관련 관심사들은(이것은 이들을 청년층과 더 잘 어울리게 한다) 부모 교육과 나이에 적합한 가정 교육 문제들을 포함하고 있다.
17. "비슷하다"의 네모는 성인들 가운데서의 비슷한(꼭 같지는 않더라도) 경험들을 말하고, "다르다"의 네모는 다른 경험들을 반영한다.
18. 예를 들어, 우리 지도자들은 우리가 섬기는 성인들이 규칙적으로 시행되는 주의 만찬(성만찬)에서 빠지는 것을 예상하지는 않을 것이다. 우리는 비록 드문 경우라 할지라도, 이것이 시기 적절할 수도 있다는 입장을 취한다(고린도전서 11장 27절은 "합당치 않게" 참여하는 것에 대해 경계하고 있다).
19. 성인들이 그들 인생의 후반기에 고등학교 졸업장(혹은 GED)을 취득하는 일이 드문 것만은 아니다. 그리고 은퇴하는 시기도 각기 다른 것이다.

20. "첫 아기를 출산하다가 실패한 초산모를 어떻게 다룰 것인가?" 혹은 "혼외 관계에서 난 자식을 둔 엄마들에게 존경을 표하려고 할 때, 우리는 뭐라고 말할 것인가?"가 이에 관련된 두 가지 질문이다.
21. 예수께서 사용하신 질문의 다중 사용법(마가복음에서)에 대한 특별한 묘사는 이 부분으로부터 세 가지 모든 질문 방법으로 특징지어지고 있다.
22. 이 대조적인 세 범주의 질문들은 포터와 안델센(Potter and Andersen 1976, PP. 50-51)으로부터 수정된 것이다.
23. 딜론(Dillon 1987)은 정말로 학생들의 질문을 장려하는 교사는 거의 없다고 말한다. 대부분의 토론은 교사들의 질문으로부터 시작된다. 그는 전자를 이끌어내기 위해 고취시키는 개념을 제안한다.
24. 베이트맨(Bateman 1990)은 어떻게 이 연구 과정이 개발되고 유지되는지를 설명한다. 베이트맨은 학생들이 자신의 사고를 소유할 것을 장려한다.
25. 신앙의 회색지대를 위한 성경 원리들에 관하여 하버마스(Habermas 1987)를 보라. 우리는 어떻게 우리와 "다른 의견을 가진 자들과 함께 지내는" 법을 배울 수 있을까?
26. Potter와 Anderson(1976, pp. 119-21)에 기초한 것이다.
27. 예를 들어 피스케와 치리보거(Fiske and Chiriboga 1990, pp. 242-57)는 근본적으로 인간의 헌신에 대한 개념을 분석했다. 그들에게 있어 이것은 사람에 대한 연구를 하도록 도움을 주었다. 왜냐하면 "헌신"을 뒷받침하는 사실이 그중에서도 특히 한 개인의 자기 인식과 세계관을 말해 주기 때문이다.

   자신들의 연구에 근거해서, 피스케와 치리보거는 헌신의 네 가지 기본 요소들을 말하고 있다. 이 네 가지는 우리가 이해하는 바로는 네 가지 주제와 연관이 있는데, 다음과 같다: (1) "도덕적 헌신"과 영적 교제, (2) "인간 상호간의 헌신"과 공동체, (3) "자신을 향한 헌신"과 인격, (4) "성숙을 향한 헌신"과 사명.

   그밖에, 허쉬(Hershey 1986, p. 93)는 청년들이 대표적으로 생각하는 관심사들을 밝혀냈다(즉, 탐구). 우리는 우리의 주제들을 그의 표준 욕구들과 짝지어 보았다.

욕구	주제
1. 목적의 결여 2. 영적 인도에 대한 바람 3. 삶에 대한 궁극적인 질문들	영적 교제
4. 깨져 버린 관계로부터 오는 분노와 고통 5. 고독 6. 친구 혹은 조언자에 대한 욕구	공동체
7. 도덕적 결정 8. 완성과 존경에 대한 바람 9. 윤리적인 딜레마	인격
10. 금전 문제 11. 여가를 가질 수 있는 기회 12. 시민으로서의 의무	사명

28. 프롬(Fromm)은 "건전한 사회"(그의 책 제목)란 어떠한 모습을 가져야 하는지에 대해 말하고 있다. 그가 말하는 한 가지 해결책은 건전한 정신 건강에서 찾아 볼 수 있다. 이런 상태는 아래의 인간 욕구들이 충족되어야 한다는 데서 분명하게 나타난다(우리는 이에 비교될 수 있는 주제들을 제시했다).

보편적인 탐구	주제
1. 관계성(對 자기 도취)	공동체와 인격
2. 초월(창조를 통한 자기 표현 對 파괴성)	영적 교제와 사명
3. 고착성(형제애 對 근친상간)	공동체
4. 일치(개인주의 對 조화)	인격
5. 자기 정립과 헌신에 대한 감각(이성 對 비이성)	인격과 사명

29. 팍스(Parks 1986)는 "성실"에 대한 에릭슨의 요구를 확대시키면서, 청년들은 신뢰하기 위한 하나의 새롭게 발견한 능력을 개발한다고 말한다. 교육에서 종종 "소유권"이라고 불리는 것은, 또한 신앙과도 관계되는 것이라고 팍스는 말한다. 그녀는 다음과 같이 결론을 내리고 있다(pp. 77-78, 강조).

> 나는 청년기로 넘어가는 문턱은 자기 자신이 충실할 수 있는 길을 선택함에 있어 스스로 깨달아 책임을 질 줄 아는 능력에 의해 표시되는 것이라고 생각한다. 이런 깨달음은, 사람은 자신이 의지해서 살아갈 신앙에 대한 책임조차도 질 줄 알아야 한다는 인식을 가져온다. 때때로 이러한 것은 하나의 싸늘한 인식이다. 신앙은 이제 그 스스로의 의심을 가질 수 있게 되었으며, 이것은 이제 더 이상 다른 사람이 확신하는 것을 단순히 받아들이는 것이 아니다. 사람들은, 궁극적인 의미 만들기의 단계에 있어서 조차도, 자기 자신의 지식, 변화 과정, 그리고 도덕적 행동에 대해 스스로 인식한 책임을 지기 시작할 때, 신앙이라는 부분에 성인이 시작되는 것이다. … 이렇게 새로운 자기 인식과 비판력이 생기고, 노력하는 용기가 분명해질 때, 나는 이것이 성인의 능력이며, 성숙한 신앙의 출발점이라는 것을 믿는다.

12장. 추천할 만한 성인 교육 과정

1. 앞의 범주("성장을 위한 준비 상태")는 발전적이고 경험적인 문제들(즉, 학생들은 자질 혹은 능력을 갖고 있는가? 그들은 적당한 경험들이 갖고 있는가?)에 대해 말한다. 뒤의 범주("성숙을 위한 욕구")는 내적인 결단과 동기에 대해 언급한다. 학생들은 능력을 갖고 있을지 모르지만, 하고자 하는 욕구는 없다. 더 알고 싶으면, 인간 개발, 학습, 그리고 교육에 관한 장들을 보라.
2. 통합은 그것이 훌륭한 커리큘럼의 표준이 될 때 하나의 중요한 요소가 된다. 따라서 인격에 대한 주제는 이 부분에서 세 개의 다른 주제들과 연관되어 선택되었다. 다시 말해, 인격은 따로 분리되어 취급되지 않을 것이라는 것이다. 그보다는 이 주제가 각각 영적 교제, 공동체, 그리고 사명과 짝지어진 것이며, 이렇게 세 개의 짝지어진 것들은 권장할 만한 커리큘럼이라고 설명할 수 있다. 영적 교제-인격의 쌍은 우리의 첫 번째 예이다.
3. 좀더 알기 원하면, Serendipity House(Box 1012, Littleton, CO 80160, 1-800-525-9563)로 알아보라.
4. 인격은 통합적인 하나의 중개물로서 사용된 것을 기억하라. 이것은 나머지 세 가지 모든 주제들과 합성된 것이다. 그러므로, 인격을 위해 제공된 분리된 커리큘럼의 보기는 없다.
5. 더스커와 웰런(Duska and Whelan 1975, pp. 71-72)에서 수정된 것으로, 셀(Sell 1985, pp. 89-90)을 보라.
6. 이 점에 있어, 우리는 상대적인 충고를 하고 있는 것이다. 공동체-인격이라는 주제를 표현하기 위한 하나의 방법으로서

"학급 토론"은 성인 교육에 있어 하나의 단순하고 일상적인 활동을 말한다. 더 크게 볼 때는, 포괄적인 기준에서 우리 교사들은 그리스도의 지체에서 좀더 정교한 책임들에 대해 의식하고 있어야 한다. 맥켄지(McMenzie)는 우리로 하여금 이 후자의 의무를 생각나게 한다. 그는 주의 만찬(성만찬)이 진행되는 동안에 기독교 공동체의 신비스러운 외경심과 경이로움을 경험한 것에 대해 말한다. 그 다음 그는 빵과 포도주로 된 축하 행사 이상의 것을 의미하기 위하여 몸의 개념을 확장시키고 있다. 실제로, 우리의 영적 동반자 의식은 교회의 담장 너머로 훌륭하게 퍼져 나갔다. 맥켄지(1982, p. 138강조)는 다음과 같이 설명한다.

> 한마디로, 기독교 공동체는 하나의 신성한 공동체가 되는 것과 함께, 세상적인(profanum=성전 밖) 공동체가 되어야 한다. 공동체는 구성원들의 매일의 필요와 관심들에 기초를 두어야 한다. 공동체는 이 세상에서 함께 하는 것을 의미하는데, 이것은 성전 안에서와 마찬가지로 성전 울타리 밖에서도 함께 하는 것을 말한다...교회의 사명은 복음 선포와 예수에 대해 가르침으로써, 사람들이 필요로 하는 것(성스러운 것과 세속적인 것 모두)으로 그들을 섬김으로써, 그리고 공동체를 형성함으로써(전례전적인 그리고 세속적인) 유효한 의미를 창출하는 것이다.

하이네켄(Heinecken 1981, p. 85)은 매일의 활동에서 그리스도의 사랑을 이 땅에 실현하는 교회를 보고 싶어 하는 맥켄지의 간구를 반향하고 있다. "만약 이 사랑이 사람들의 살과 피로 구체화되지 않는다면 하나님의 사랑에 대한 교회의 증거는 아무 의미도 없는 것이다. 그리고 교회가 그러한 관심어린 사랑의 공동체가 아니라면, 그것은 구세주이신 예수의 교회가 아닌 것이다. 불행하게도 우리는 이런 점에 있어서, 교회 기관들의 비참한 실패를 직시해야 할 것이다."

7. 메이어즈(Meyers 1986, pp. 62-63)는 활발한 상호작용을 촉진시키기 위해 신문이나 잡지에서 논쟁거리가 될 만한 기사들을 발췌해서 사용할 것을 특별히 제시하고 있다. 그가 말하는 것이 주로 대학 교수들을 목표로 한 것이라 하더라도, 그가 제시한 세 개의 보기들이 성인 크리스천 교육자들에게, 원리에 있어서, 어떻게 관련되는지를 주의해 보라.

> 여기에 토론을 촉진시키기 위하여 교육자들이 어떻게 신문 기사를 이용할 수 있는지를 보여주는 몇 가지 예들이 있다.
> - 새로운 개념을 소개하기 위해
>   경제학 교수는 휘발유값 인상에 대한 신문 사설을 나눠주고, 수요와 공급 이론에 대해서 흔히 갖고 있는 오해에 대한 토론을 유도하기 위해 이것을 사용한다.
> - 앞서 소개된 개념을 강화하기 위해
>   마슬로우(Maslow)의 필요의 분류 단계에 대한 강의와 토론을 가진 후, 철학 개론반의 학생들로 하여금 잡지나 신문의 광고를 오려서 수업 시간에 갖고 오도록 한 다음, 특별히 그 광고가 마슬로우의 분류 단계의 등급의 하나 혹은 그 이상에 어떻게 호소하는지를 설명해 보도록 한다.
> - 이론적인 개념을 분석하고 비교하기 위해
>   어떤 자연인류학 반의 학생들은 아시아에서 하나의 고대 인류의 해골을 발굴했다는 타임지의 기사를 받는다. 학생들은 전날의 읽기 숙제, 즉 인류의 아프리카 기원설에 대한 리처드 리키의 이론을 읽고 거기에 비추어서 이 기사에 대해 발표해야 한다.

8. 때때로 교회의 일정과 그리고 모임 회원의 관계에 따라서는 중요한 토론이 근처 식당이나 주중 모임에서 차 한 잔을 나누는 가운데 속개될 수 있다. 더욱이 교실에서의 토론은 교사들이 학생들로 하여금 후속 기사를 읽어 오게 한다거나 성경의 한 부분을 연구해 오게 함으로써 그 범위가 확대될 수도 있다. 그렇게 함으로써 계속 이어지는 모임에서 학생들은 그 주제에 대해 좀더 깊이 토론할 수 있을 것이다.

9. 갤브레이드(Galbraith 1991, pp. 1-32)는 "업무 처리 과정"이라는 하나의 동의어를 좋아하는데, 그는 이것을 "상호 도전을 주는 행위로, 비평적인 반영으로, 공유하고, 지지하며, 그리고 위험을 감수하는 데서도 촉진자와 학습자들이 함께 참여하는, 하나의 민주적인 공동의 노력이다. 이 업무 처리 과정의 핵심은 공동 작업이다. 촉진자와 학습자는 학습 과정에 완전히 참여하는 자들이다"(p. 2)라고 정의한다.

10. 갤브레이드(1991, p. 5)는 업무 처리 과정에 수반되는 세 가지 심각한 위험을 말한다.

> 진정한 성인 학습 처리과정은 세 가지 유형의 위험 부담을 야기하는데, 헌신의 위험, 대면의 위험, 그리고 독립의 위험이다. 처리 과정의 이상과 행동에 대한 헌신은 하나의 위험이다. 처리 과정에 순복하는 것은 촉진자와 학습자가 자기 대면과 변화에 대한 위험을 감수한다는 것을 말한다. 이것은 참여와 행동에 있어 새로운 국면과 영역에로의 자아의 확장을 의미한다. 만약 성인 학생들이 협력적이고 도전적인 교육적 해후에 헌신된다면, 촉진자들도 기꺼이 똑같은 헌신을 해야 하는데, 그들 역시 변화, 성장, 그리고 새로운 학습에의 기회를 경험하는 헌신을 해야한다.

11. 로우맨(Lowman 1984, p. 119)은 다음과 같이 비교한다.

> 기숙사의 허튼 소리들과는 달리 유익한 학급 토의는, 빈번한 시험과는 관계없는 학생들의 발언과 학생들의 참여와 사고 개발을 촉진시키는 교사의 명확한 설명으로 이루어진다. 역동적인 강의는 각 사람들의 기묘한 발언들로 인해 학생들을 사로잡는다. 능숙한 토론 진행자들은 그 모임의 집합적인 사고 과정을 요령있게 이끌어 감으로써 똑같은 목표를 성취한다.

로우맨(pp. 120-21)은 좀더 신랄하기까지 한 대조를 하면서, 잘 사용된 강의 방법을 가지고 계속 비교하고 있다.

> 토론이 효과를 거두기 위해서는 잘 계획되어야 하지만, 그 성과는 역시 교사가 얼마나 그 토론을 잘 진행하느냐에 달려 있다. 훌륭하게 토론을 이끌어 가는 것은 강의를 하는 것 만큼의 단계 제시, 지도력, 그리고 에너지를 요구하며, 그리고 상당한 인간 상호간의 이해와 의사소통의 기술을 요구한다. 이러한 부가적인 요구 조건들 때문에, 어떤 교육자들은 훌륭하게 토론을 이끄는 것이 그에 맞먹는 수준의 강의를 하는 것보다도 더욱 어렵다고 생각한다.

12. 스윈돌(Swindoll 1983, pp. 320-21)을 보라.
13. 스윈돌(pp. 320-21)은 이것을 구별하면서 계속한다.

> 첫 번째의 접근 방식이 가장 대중적이다. 우리는 우리 자신의 유연하지 못한 행동을 합리화하는 데 선수들이다. 변화는 항상 성경 진리로부터의 이탈을 의미하는 것이라고 우리는 생각한다. 현재의 어떤 변화들은 우리를 성경으로부터 끌어낸다. 그러한 것들은 결단코 피해야 한다. 그렇지만 우리가 전통이라는 모래 위가 아닌, 성경이라는 반석 위에 서 있다는 것을 확실하게 하자. 우리는 변하지 않는 소식, 바로 예수 그리스도를 소유하고 있지만, 그분을 선포할 때는 변화하고 도전적인 영역에서 선포하지 않으면 안 된다. 돌담을 무너뜨리고, 새롭고 날카로운 사고에 대한 이러한 요청은 성경적 통찰에 근거한 것이다.

14. 하버마스(Habermas 1987)를 보라.
15. 쉬이(Sheehey 1976, p. 33)는 이 긴장에 대해 설명한다. "언제나 그런 것처럼, 두 충동이 작용한다. 하나는 '고정되기 위하여' 열렬하게 헌신함으로써 미래를 위해 하나의 견고하고 안전한 구조물을 세우는 것이다. 그러나 상당한 자기 검증 없이 이미 완성된 형태 속으로 미끄러져 들어가는 사람들은 그 안에 갇혀 있는 자신들을 발견하게 될 것이다. 그렇지만

삶에 있어 섣부른 선택들은 문제가 된다. 쉬이(p. 33, 강조)가 말하는 것처럼, 어떻게 우리가 성인들이 생각하고 선택할 수 있도록 돕느냐가 차이점을 만든다.

> 우리가 20대에 선택한 것들을 바꿀 수 없는 것은 아니지만, 그것들이 삶의 유형을 형성하기도 한다. 우리들 중 어떤 사람은 자폐형, 어떤 사람은 전이형, 수재형, 그리고 관리인형이며, 그밖에도 다른 많은 유형들이 있다. 이런 유형들은 사람이 각각의 인생 여정을 통과하는 동안 각 사람에게 제기된 특별한 질문들에 강한 영향을 끼친다. 그러므로 우리는 가장 공통된 형태를 이 책을 통해 추적해 볼 것이다.

16. 레빈슨(Levinson 1978, p. 49)을 보라. 선택과 의사 결정에 대한 다른 기본적인 언급들은 43-45쪽, 52쪽, 그리고 61쪽에서 찾아볼 수 있다. 성숙한 선택에 필수적인 레빈슨의 최종적인 통찰은 우리로 우리의 학생들 안에서 생산적이고, 비판적인 사고 기술을 구축할 수 있도록 우리에게 강력한 동기를 부여할 것이다.

> 더욱이 우리는 성년기에 있어 발전적인 변화를 필요로 하는데, 단편적으로는 자신의 모든 국면 밖에서 살도록 허용하는 삶의 구조는 없기 때문이다. 하나의 삶의 구조물을 만들어 내기 위해 나는 선택을 해야 하고, 그 우선순위를 정해야 한다. 선택함은 하나를 택하는 대신 그외 다른 많은 것을 제외시켜야 한다. 나 자신을 한 구조물에 헌신하면서, 그 안에 있는 나의 생명을 늘리기 위해, 그것의 잠재성을 깨닫기 위해, 그 책임을 감당하기 위해, 그리고 그것에 따르는 대가를 치르기 위해 일정한 시간을 투자한다.

17. 파워즈(Powers 1986a, pp. 21-26)는 연역적인 학습과 귀납적인 학습 양쪽의 필요성을 역설한다. 에릭슨(Ericksen 1984, p. 96)은 독립적인 사고를 증진시키기 위한 문제 해결적인 학습을 강조한다. 샌더스(Sanders 1990, 6장)는 교사의 관점에서 "질문의 기술"을 인식하고 있다.

맥켄지(McKenzie 1982, p. 11)는 하나의 값싼 종교에 반대하면서 신앙에 대해 철저히 연구한다는 입장을 취한다. 맥켄지(1986, pp. 10-13)는 "우리는 머리 속에 의문부호를 가지고 이 세상에 나왔다…(그것들은) 완전히 지워지지 않는다"(p. 11)는 것을 인정하면서 이러한 입장에 대해 요약하고 있다. 맥켄지 역시 검증되지 않은 신앙은 살 가치가 없다고 믿는다. 따라서 그는 이렇게 추론한다.

> 만약 우리가 종교적 전통이라는 관점에서 삶의 체험들을 바라본다면, 또한 마땅히 삶의 체험이라는 관점에서도 종교적 전통을 바라보아야 한다. 신앙이 진실로 인격적이고 단순한 종교적인 관습에의 복종 이상의 것이 되려면, 그것은 오직 비판적인 사고와 한 개인의 종교적 헌신의 평가라는 수단을 통할 때 뿐이다. 오직 인습적인, 그리고 명목상으로만 종교적인 대다수의 성인들은 어떤 종교 지도자들이 성숙한 비판적 사고에 있어서의 종교 지도자들에 대한 순종을 강조했다는 사실에 그 원인을 돌릴 것이다…결과적으로 많은 성인들은 단지 자신들이 유년기에 습득한 하나의 의미 구조를 가지고 살아가는데, 이것은 인격적이고 성숙한 신앙적인 삶에는 부적당한 의미 구조인 것이다(1986, p. 12 강조).

18. 보겔(Vogel 1984, pp. 130-33)은 그룸(Groome)의 "함께 경험한 일"에 대해 자세한 주석을 제공한다. 그녀는 그의 다섯 가지 활동을 신중하게 설명함으로써, 기독교 교육가들이 이 중요한 이론을 이해하는 데 용이하게 하고 있다. 그룹의 최근의 저서(1991)는 "함께 경험한 일" 모델을 몇 가지 교회교육적 상황에 적용시키고 있다.

이 문제에 대하여, 브룩필드(Brookfield 1991, pp. 33-56)는 "근거있는 교육"으로 불리는 하나의 교육 모델을 제안한다. 공동 경험과 비슷하게, 근거있는 교육은 성인 학생들이 기술한 학습 분석, 개인적인 일지들, 그리고 학습에 대한 문서 보고서와 같은 교육 자료들을 가지고 계획적으로 개인의 성장을 나타낸다.

19. 연령별 그룹에 따른 세 부원은 다음과 같다. 유초등부 담당 목사인 톰 뉴베리(Tom Newberry), 청년부 담당 목사인 미

키 사이크스(Mickey Sikes), 그리고 장년부 담당 목사인 돈 바우티스타(Don Bautista)이다. 엘리슨 박사(Dr. Ellison)가 톰과 돈을 선발했다. 우리는 우리의 흥미를 끌게 하는 퍼즐(puzzle)을 제공해 준 데 대해 벤 해밀턴(Ben Hamilton 1991, pp. 92, 100)에게 감사하는 바이다.

20. 다른 유용한 자료들 가운데서도 특히, 파울러(Fowler 1987, pp. 27-51)를 보라. 유진 피터슨(Eugene Peterson 1987, pp. 7-9)은 "전문가" 혹은 "기술자"로부터 "직업"을 구별함으로써 이 주제에 대한 하나의 유사한 접근 방식을 개발했다.
21. 다음에 이어지는 목록들은 파울러로부터 수정된 것이다(1984, pp. 103-5).
22. 보겔(1984, pp. 145-47)은 초기의 "목양 센터"의 대외 활동에 대해 간략한 역사적인 스케치를 제공한다(현재는 약 100개의 독립적으로 운영되는 위성들을 통해 국경을 초월하여 사역하고 있다).

> 1972년에 교회 지도자들로 구성된 한 작은 모임이 자리를 같이하게 되었는데, 그것은 캔사스 시에 교회일에 종사했던 은퇴자들을 위한 집의 건립의 필요성을 느꼈기 때문이었다. 노인들을 위한 필요는 하나의 포괄적이고, 계획적인 사역에 의해서 해결될 수 있다고 그들은 확신했다.
>
> 그들은 곧 일에 착수하여 이러한 필요성을 확인했으며, 따라서 타당성을 조사하기 위해 한 자문 회사를 고용했다. 그 결과는 다소 당황시키는 것이었다. 왜냐하면, 65세 이상 인구의 오직 5%만이 일정 기간만 자선 기관이 마련한 곳에서 살고 있었고, 그 외 95%의 사람들은 교회나 유대교 회당에 의해 운영되는 기관에서 공동 생활을 하고 있었다. 이 문제는 자신의 집 혹은 아파트에서 독립적으로 살고 있는 노인들의 필요에 부응하기 위해서 의식적으로 노력해야 하는 문제 중의 하나가 되었다. 이 교회 지도자들의 소모임은 "목양 센터"라는 이름을 골랐는데, 그것은 시편 23편에서 볼 수 있는 일종의 보살핌을 반영하기 때문이었다.

23. 보겔(1984, pp. 186-87)은 노인 문제에 대한 하나의 아주 훌륭한 자료 목록을 제공한다(특히 그녀의 미주 26과 27번을 보라). 거기에 보겔은 노인들을 이해하기 위한 훌륭한 모의 실험을 추천하고 있다. 우리는 학생들에게 그녀의 제안 몇 가지를 실험해 보았다. 여기에 그녀의 제안(PP. 161-62) 몇 가지를 소개한다.

> 젊은 사람들로 하여금 노화의 요인이 되는 감각 상실과 육체의 한계를 느껴 보게 하는 가장 효과적인 방법 중의 하나는 그러한 상실을 흉내내 보게 하는 것이다.
>
> 학생들로 하여금 장갑을 끼게 하고(관절염), 물에 적신 솜뭉치를 귀에 끼우게 해보고(청각 상실), 그리고 두 겹의 천으로 눈을 가리게 해보라(녹내장). 또 몇몇 학생들에게는 그들의 무릎 뒤쪽에 접은 신문을 대고 고무 붕대로 고정시킴으로써 경화된 관절을 흉내내게 해보라. 그렇게 한 다음 노화 문제를 다루어 보라. 영화를 보여주고 토론을 시켜 보라. 잠시 휴식 시간을 가진 다음 학생들에게 전화를 걸어 보라고 시키고, 자판기에서 카페인이 안 든 탄산수나 커피를 사게 하고(장갑을 벗지 않아야 한다), 그리고 화장실에 가게 한다. 잠시 쉬는 시간을 가진 다음, 그들이 받은 느낌을 적어 보도록 함으로써 흉내내기를 계속한다. 여기서 흉내내기 실험을 끝내고, 평가하는 시간을 갖는다. 나는 여기서 실제적인 감정이입 현상이 나타나는 것을 발견할 수 있었다.

24. 보겔(1984, PP.164-83)은 총체적이지는 않지만, 이 네 가지 목표들을 사용하는 기본적인 사역들을 부각시키고 있다. 그녀가 간추린 네 가지 주제에 대한 설명에 주의해 보라. (1) 삶의 유지해 주는 사역: 소비자 문제, 건강, 주택, 법률 자문, 영양, 사회 보장제도, (2) 삶을 풍성케 하는 사역: 사역의 내용, 창조적인 여가 활동, 자아 개발에 대한 강의, (3) 삶을 재건하는 사역: 은퇴, 사망, 이혼, 남편을 잃음, 사회 사업 기관에의 수용, (4) 삶의 마무리하는 사역: 성경 공부, 관심 사항에 대한 연구, 세대간의 연구.

목양 센터가 어떻게 이러한 네 가지 목표들에 대응해 나갈 것인지에 대해 구체적으로 더 알아보기를 원하면, 보겔을 보라(1984, PP. 147-50).

25. 보겔(1984, PP.145-46)의 열 가지 기본 전제들은 사명을 계획하고 평가하는데 있어 유용한 기틀을 제공한다. 그녀의 다섯 번째 전제가 어떻게 화목에 대한 중요 사항들을 구체적으로 설명하고 있는지에 주목하라. "완전하게 된다는 것은 자신과 타인, 그리고 하나님과 올바른 관계를 갖는다는 것을 의미한다."
26. 파워즈(Powers 1986b, p. 193)는 "사람들이 이러한 과정에 참여할 때, 종종 그들은 하나의 압도당하는 듯한 느낌을 받는다. 한정된 자원을 가진 극소수의 사람들이 장기간에 걸쳐 중요한 역할을 할 수 있는 곳은 어디일까? 그에 대한 반응은 아마도 실망, 혹은 우리가 그것을 모두 해야 한다는 강한 신념 양쪽이 될 것이다. 이렇게 양쪽에 걸친 결단은 우리의 한계성을 말해 주는 바, 어떤 사람은 전혀 시작도 하지 않는 반면, 어떤 사람은 감정적으로 그리고 육체적으로 자신의 정력을 다 소모시켜 버린다"고 말한다.
27. 파워즈(1986b, p. 193, 강조)는 "우리 모두가 언제나 모든 것을 하라고 부름받은 것은 아니다. 그러나 각 사람은 그리스도의 이름으로 그들이 부응할 수 있는 필요한 부분들을 찾으라는 부르심을 받았다. 다양한 필요성들이 존재하는 것처럼, 또한 거기에는 다양한 은사들이 있다. 우리가 기독교인으로서 봉사를 하려고 할 때, 우리는 어떤 일들은 자신에게 알맞은 일인 반면, 어떤 일들은 소그룹이나 전체 회중들에게 좀더 적합하다는 것을 발견할 것이다"라는 사실을 우리로 상기하게 한다.
28. 하버마스(1990)를 보라. 이 원리들이 청소년의 성장에 적합한 것이라 하더라도, 같은 원리들이 역시 성인 사역에서도 적용될 수 있을 것이다.
29. 리차드스의 "Hook, Book, Look, Took" 구조에 대한 우리의 설명은 이러한 교육 계획을 구성한다. 리차드스 이론에 대한 해설을 보려면, 가르침에 대한 장들을 보라.
30. 출판된 커리큘럼이 가장 유용한 것은 바로 이 시점에서다. 리더십 연구에 대한 이러한 세 가지 접근 방식들 중의 어느 하나에서도 훌륭한 자료들을 찾아볼 수 있다.
31. 예수 그리스도의 교육 과정은 리더십 훈련이 어떠해야 하는가를 보여주었다.
    - 의미성: 예수께서는 세금에 대해 윤리 문제를 제기했다.
    - 대화성: 예수께서는 토론을 통해 베드로와 교제했다.
    - 실제성: 구체적이고 현실적인 명령들이 베드로에게 주어졌다.
    - 합리성: 예수께서는 베드로에게 그의 고기 잡는 기술을 이용하라고 말씀하셨다.
    - 오락성: 베드로는 그의 이전 직업을 포함해서 아마도 그가 맡은 일을 좋아했을 것이다.
    - 책임성: 베드로는 적극적으로 하나의 중요한 역할을 감당했다.
    - 상호성: 그들 두 사람에 대한 세금을 지불함으로써 베드로는 그들의 관계를 결속시켰다.
    - 상기성: 세금 문제가 다시 제기되었을 때 베드로는 이런 훈련의 체험을 결코 잊지 않았다.
32. 피터슨(Peterson 1987, pp. 74-75) 역시 멜빌(Melville)의 이러한 유추를 사용한다. 그렇지만 우리는 이 이야기를 적용함할 경우 약간 다르게 변형시킨 것을 더 좋아한다.
33. 예를 들어, 멜빌(1983, p. 610)은 이런 방식에 있어 하나의 장면을 설명하고 있다(어떻게 환자가 외과 수술 과정과 관련 강의에서 기껏해야 하나의 장애물에 불과한지를 주목해 보라).

"그럼, 환자를 데려오시오." 큐티클이 말했다.

"제군들." 열을 지어 서 있는 동료 의료팀에게로 몸을 돌리면서 그는 말했다. "여기 있는 자네들을 보니까 한때 내가 지도했던 필라델피아 대학의 내과 반 그리고 외과 반의 학생들이 생각나는구만. 아, 그 때가 좋았었지." 그는 손수건 한 귀퉁이 끝을 자신의 안경알에 갖다 대며 한숨을 쉬었다. "제군들, 이 늙은이의 감상을 용서하게나. 그렇지만 내가 맡았던 그 많은 희귀한 사례들을 생각해 볼 때 나 자신 이런 느낌이 드는 것을 어쩔 수 없어… 이 늙은이의 충고를 듣게나. 그리고 만약 현재 미국과 멕시코 사이에 감돌고 있는 이 긴장이 폭발한다면, 자네들이 받은 해군 사령장을 육군 사령장과 바꾸게나. 멕시코는 자신의 군함을 갖지 못했기에, 언제나 외국 해군의 절단 수술대에 대상자들을 공급해 주는 역할을 해 왔지. 과학의 대의가 고통을 받게 되겠지. 제군들, 육군은 자네들의 최상급의 학교야. 그것에 맡기게나. 자네들은 외과의사의 속박, 그것을 거의 믿을 수 없을 거야." 그 젊은이에게 몸을 돌리며, "그렇지만 이것은 거의 3년만의 항해에서 내가 맡은 첫 번째 중요한 외과 수술이야. 나는 거의 이 배에 갇혀서 수술을 맡아 왔어. 해열제와 설사약을 조제하면서 말이지."

34. 닥터 큐티클의 조수는 그 외과의사에게 "이 틀니가 당신의 이야기를 좀더 이해하기 쉽게 만들어 줄 것입니다"라고 말했다(멜빌을 보라, 1983, pp. 622-23).
35. 예를 들어, 큐티클은 그 환자에게 이렇게 말한다. "보십시오, 나는 당신의 모든 손발이 완전한 휴식을 취하도록 충고했습니다.… 수술의 정확성은 종종 환자의 성급한 불안에 의해 손상을 받습니다." (멜빌 1983, p. 621).
36. 이 말이 "성령의 인도하심"에 반대하는 "출판된 커리큘럼"에 흠집을 내서는 안 될 것이다. 그보다는 오히려, 그러한 대조는 두드러진 속성들과 기능들 중의 하나이다. 교사는 한 채의 주문 주택을 지으려는 사람과 같다. 본래 글로 쓰여진(일반적인) 커리큘럼의 자료는 건축 계획안의 한 권의 자료집에 비교할 수 있다. 문서 작성은, 비록 안내 책자 안에 많은 선택 조항이 있을지라도 고정되어 있다. 한편, 성령의 역사는 사람들이 만드는 마지막 순간의 변화와 연관지을 수 있는데, 이것은 건축의 여러 다양한 경우들에 어울리는 것이다. 이것들은 역동적이며, 때로는 상호 동시적이기도 하다. 이 두 요소들은 분리될 수 없는 것이며 또한 상호 보완적이다.

13장. 청소년 교육

1. 청소년기를 역사적으로, 문화적으로, 정신적으로, 조직적으로 정의하는 배경을 연구하고자 하는 독자는 코테스키(Koteskey, 1987, 특히 pp. 11-24)와 보그먼(Borgman, 1987, pp. 61-740), 리처(Richter, 1982, pp. 11-53)를 참조하라.
2. 엘킨드(1984)를 참조하라. 도움이 되는 연구 결과 중 세 가지만 여기에서 논의되고 있다. 엘킨드의 초기 작품(1978)에서 이 세 가지 중 두 가지가 논의되었다. 그 두 가지는 개인적인 오해와 가상의 청중이다.
3. "어린애 같은"이라는 형용사는 아이들의 보통의 행동 양식을 묘사한다는 것을 상기하라. 이 말은 어린 아이처럼 행동하는 청소년들이나 어른들에게 해당되는 "유치한"이라는 말과는 대조된다. 전자는 본래의 가치가 있는 어린 시절을 지지한다. 즉 아이들은 작은 어른이나 작은 청소년이 아니다.
4. 쉬멀스(1984, p. 40)는 어린 십대들이 관념적이고 정형적인 작용으로써 생산적으로 생각하도록 돕기를 원하는 부모들에게 유익한 충고를 한다.

말하지 않겠다고 약속한다면 내 아이들이 새로운 정체성의 이 비판적인 시기를 애써 뚫고 나갈 때를 위해 비축해 둔 비장의 무기를 나누려 한다. 나는 빈 주차장을 발견하면 그들에게 운전하는 법을 가르친다. 당신은 외진 주차장의 차 안에서의 30분이 열세 살의 도덕성에 얼마나 큰 유익이 되었는지를 보면 깜짝 놀랄 것이다. 나는 문제를 해결하지 않았다. 그는 학교에서 내내 그의 운전 기술에 대해 자랑할지라도 사회적으로 더욱 용납된 것은 아니다. 그러나 그가 일단 이 시기를 견디어 낸다면, 삶이란 어떤 것인가를 어렴풋이 보게 될 것이고, 그것이 그에게 도움이 될 것이다. 아니면 적어도 그가 성장의 다음 고지를 낭만적으로 지나도록 도움을 줄 것이다.

5. 쉬멀스에게서 인용(1984, pp. 25-27).
6. 경쟁 자체는 도덕과 무관하다. 그것은 선한 목적으로도 악한 목적으로도 이용될 수 있다. 바울은 종종 기독교에 대해 적극적인 운동 경기를 비유로 설명했다. 불행히도 교회는 우리의 신앙이 이 세상에서 우리의 관점을 어떻게 형성해야 하는지를 거의 보여 주지 못하고 있다. 우리는 경쟁의 신학을 만들 필요가 있다. 그런 다음 신자들이 우리의 모든 전형적인 오락의 해로운 점들을 고칠 수 있도록 그것을 구체화해야 한다.
7. 스프린트홀과 스프린트홀(1990, pp. 158-59)은 정체성 형성에 관한 그의 연구에 사용했던 마르시아의 세 가지 면담 질문을 밝힌다. 우리는 보편적인 질문 네 가지를 덧붙였다.

- 종교적 관념에 관한 질문들: "당신의 신앙에 대해 의심해 본 적이 있는가?"(불멸과 완전무결의 추구와 같은)
- 직업에 관한 질문들: "이 직업들에 얼마나 많은 관심을 가지고 있는가?"(사업의 추구와 같은)
- 세계관에 관한 질문들: "당신 자신의 정치적 관점과 부모님들의 그것을 어떻게 비교해 볼 수 있는가?"(청렴과 친밀성의 추구와 같은)

이에 더하여 스티븐스(1985, pp. 56-57)는 마르시아의 이론을 잘 요약한다(마르시아의 이론은 아래 본문의 순서와 반대되는데, 스티븐스가 더 낫게 여기는 순서를 주목해 보라).

"정체성 획득." 개개인은 선택 사항과 씨름하고 완전한 정체성을 추구한다. 이를 위해서는 시간이 필요하며 청소년이 집을 떠나지 않고는 완전히 성취되지 않는다. 마르시아는 소녀들이 소년들보다 먼저 청소년기에 접어들지만 성인 정체성을 성취하는 데 더 오래 걸린다는 사실을 발견했다(소녀의 독립적인 어머니와의 적극적인 동일시는 도움이 되는 것 같다). 결국, 높은 정체성은 부모의 통제가 거의 없고 더 많은 칭찬과 "남자다운" 아버지와 더불어 성장할 때 이루어진다.

"정체성 유보." 이러한 사람은 예상한 선택안을 가늠해 보고 적극적으로 씨름하며 구속력 있는 결정을 하는 중에 있다. 그는(혹은 그녀는) 변하기 쉬우며 다소 불안정하지만 아마도 독립된 정체성을 위해서 필요한 과정일 것이다. 이 사람은 격려를 바라며 계획을 세울 공간을 원한다. 마르시아는 이 유보 타입은 어머니로부터의 분리를 경험한다는 사실에 주목한다.

"정체성 닫힘." 이러한 상태에 있는 사람은 종종 정체성을 성취한 자로 오인될 것이다. 왜냐하면 그들의 행동이 바르고 권위에 순종적이기 때문이다. 그들은 보통, 지연 타입과는 달리 말썽을 전혀 일으키지 않는다. 그러나 상실된 개인은 정체성의 문제와 씨름하지 않는다. 그들은 단지 그들에게 있다고 생각하는 정체성을 받아들이는 것이다. 닫힘 타입은 활동적이고 고압적인 아버지를 둔 경향이 있다.

"정체성 혼동." 이 사람은 갈등에 대해 신중하다. 과거에 자아의 추구가 곤경에 처했었다. 그는(또는 그녀는) 정체성을 실제로 분별하지 못하고 혼란스러워하며 위축되고 불편해 하며 불안정하다. 이러한 타입은 환상과 도피를 후퇴의 책략으로 삼는다. 기가 꺾인 이러한 사람들에게는 활동성이 없는 아버지가 있다.

8. 음악을 다루는 청소년 프로그램으로는 "흥미있는 주제: 청소년의 선택 과목"(Hot Topics: Youth Electives, Eligin, Ill: David C. Cook, 1989)이 있다. 이 커리큘럼은 무엇보다도 청소년들이 유행가 가사를 분석하고 절대 기준에 대해 토론하고 앨범 표지에 있는 글과 예술가들의 삶의 방식과 같은 생각들을 평가하는 데 도움이 된다. 학생들의 교류를 위한 자료로는 음악이나 옷, 머리 모양, 습관과 사고방식을 통해서 뿐만 아니라 광고를 통하여 우리에게 끼치는 영향과 같은 항목을 포함하고 있다.
9. 같은 맥락으로, 리코나(Lickona, 1983, p. 274)는 문제 해결의 가정적인 모델을 제시한다. 구체적으로 그는 부모와 십

대간의 갈등 해결을 위한(세 부분으로 된) 10단계 계획을 제안한다. 이러한 "좌담회"는 앞서 언급한 텔레비전의 결과와는 대조적으로 논리와 이성을 증진시킨다.

제1부: 상호 이해를 도움
(1) 토론의 목적을 말하라(문제를 공정하게 해결하기 위해서). (2) 탁상에서 양측 관점을 내놓는 당신의 의도를 말하라. (3) 당신이 아는 대로 문제를 말하라. (4) 그 문제에 대한 십대의 느낌을 물어 보라. (5) 이해하고 있음을 보여 주기 위해 십대의 느낌을 다시 정리하라. (6) 십대가 당신의 느낌을 다시 말해 보도록 요청하라.

제2부: 문제 해결을 함
(7) 문제에 대해 가능한 해결책을 나열해 보라. (8) 양측이 옳다고 생각하여 말한 일치된 해결책을 기록하라. (9) 일치된 의견이 어떻게 실천되었는지를 보기 위한 다음 토론회를 계획하라.

제3부: 다음 계획을 세움
(10) 당신들의 계획을 평가하기 위한 사후 토론회를 가지라.

레먼(Leman, 1987)도 건전한 부모와 청소년들의 관계에 대한 유익하고 행동 지향적인(반작용의 반대) 모델을 제시한다. 리코나(그는 십대의 부모에게 초점을 맞추고 있다)와는 대조적으로 레먼은 청소년의 관점에서 말한다. 구체적으로 그는 "부모에게 말하는 십대들의 십계명"(p. 146)을 제시한다.

1) 내가 원한다고 말하는 것은 무엇이든지 다 주지는 마세요. "안 돼!"라고 말함으로 당신이 걱정하고 있음을 나에게 보여 주세요. 나는 충고를 고맙게 여깁니다.
2) 나를 어린 아이로 취급하지 마세요. "옳은" 것이 무엇인지 당신은 알고 있지만 어떤 것은 내 스스로 발견할 필요가 있답니다.
3) 내 사생활의 필요를 존중해 주세요. 나는 종종 사물을 분별하고 공상에 잠기기 위해 혼자 있을 필요가 있답니다.
4) "내가 어렸을 때는…"이라는 말을 하지 마세요. 시대는 즉각적으로 변하는 것입니다. 게다가 우리 세계의 압력과 책임이 훨씬 복잡하답니다.
5) 나는 당신의 친구나 옷을 고르지 않습니다. 마찬가지로 내 친구나 옷에 대해 비판하지 마세요. 우리는 서로 다르므로 서로의 선택을 존중해야 합니다.
6) 항상 나를 구해 내지는 마세요. 나는 실수로부터 가장 많이 배우니까요. 삶에서 내가 내린 결정에 대해서 내가 계속 책임을 지게 해 주세요. 그것이 내가 책임을 지는 방법을 배우는 유일한 길이니까요.
7) 용기있게 당신의 실망과 생각과 느낌을 나와 함께 나누세요. 나는 사랑받고 있다는 말을 듣지 않아도 될 만큼 나이가 들지 않았답니다.
8) 일일이 설명하지는 마세요. 나는 수년간 훌륭한 가르침을 받았어요. 이제 당신이 나누어 준 지혜를 가진 나를 믿어 주세요.
9) 나는 당신 쪽에서 한 무분별한 행동에 대해 내게 용서를 구할 때 당신을 존경합니다. 그것은 우리 모두가 불완전하다는 것을 보여 주지요.
10) 하나님께서 당신에게 하라고 하신 대로 나에게 좋은 본보기를 보여 주세요. 나는 당신의 말보다 행동에 더 많은 주의를 기울인답니다.

10. 우리가 앞서 사회 학습과 청소년 사역을 짝지어 말한 것에 관하여 잘못된 개념 두 가지를 명시해야 한다. 첫째로, 사회 학습은 "어리석은 지도자"와 같지 않다. 이 개념은 교육의 장에서 강조되었다. 둘째로, 사회 학습은 수동적이고 절대적인 교육 행위에 제한되지 않는다. 우리 지도자들은 "모방"의 비판적인 생각 기법에 관하여 의도적이어야 한다. 우리는 십대

들이 우리가 세상을 대하는 방법-실제와 어떻게 상호 작용하며 믿음과 생활을 어떻게 통합하는가-을 본받기를 원해야 한다.
11. 십대의 관계에 대한 열두 가지 실천적인 교훈에 대하여는 도크리(Dockrey, 1989)를 보라.
12. 야코넬리와 번스(1986, p. 107)는 동료 사역에 대한 이론적 해석을 덧붙인다.

> 오늘날 청소년 사역자는 프로그램의 가장 좋은 자원-청소년 그룹의 아이들—을 사용하지 않은 것에 대한 변명이 있을 수 없다. 아이들은 종종 어른보다 더욱 효과적으로 프로그램의 어떠한 부분에도 참여할 수 있다. 아이들은 잘못하거나 프로그램을 망쳐 놓을지도 모른다. 그러나 실패란 배움의 가장 좋은 방법이다. 그리고 청소년 그룹은 늘 동료들의 실패를 수용할 수 있는 것 같다. 고등학교 학생들은 성인들에 대해서보다 다른 고등학교 학생들에 대해 훨씬 덜 비판적이다. 동료 사역은 직업적이지 않기 때문에 믿을 만하다.

이들은 두 가지 도움이 되는 자료를 인용한다. 브라이언 레이놀즈(Brian Reynolds)의 「봉사할 기회」(Chance to Serve, Winona, Minn.: St Mary's, 1983)와 바바라 바렌호스트(Barbara B. Varenhorst)의 「참 친구들」(Real Friends, Harper and Row, 1983)이 그것이다.

번스(1988, pp. 114-17)는 동료 사역이 어떻게 개발될 수 있는지를 설명한다. 번스는 캘리포니아 주 파사데나에 있는 미국 교회 성장 연구소의 활동에 근거하여 사람들이 그리스도인이 되어서 교회에 나가는 이유에 관한 연구를 인용한다. 무엇이 그들을 유인하는가? 우정의 힘이 압도적이다.

그냥 간 경우	2-3%
특별한 프로그램	3-4%
목회자	3-5%
특별한 필요	2-3%
방문해 본 결과	1%
주일학교	3-5%
십자가	001%
친구/친척	70-90%

13. 크리스티(1987, p. 18)는 청소년 사역자들의 성인 그룹에 대한 폭넓은 두 가지 목적을 제시한다.

> 다양한 사역 팀에는 두 가지 목표가 있을 수 있다. 첫째, 여러 가지 관계(결혼, 우정, 나이 든 그리스도인과 젊은 그리스도인 등등)에서 일어나는 상호 모방이다. 그러한 관계들 속에서 청소년 그룹 구성원들은 점차 자신을 발견할 것이다. 둘째, 직원 중에 각각의 청소년들이 동일시할 수 있는 조언자가 적어도 하나는 있도록 하는 것이다. 할머니와 할아버지가 위대한 청소년 사역자를 만든다. 그러나 당신은 손위의 성도들로만 구성된 팀을 원치 않을 것이다. 그것은 대학생들도 마찬가지이다. 그들은 열정적이고 활발한 경향이 있지만 안정감과 경험과 성숙이 부족하다. 우리에게는 세대간의 청소년 사역 팀이 필요하다.

14. 청소년에 대한 더 많은 연구와 모방 이론을 배우려면 뮤스(Muus, 1988)를 보라. 이 책의 제3장은 에릭슨과 마르시아의 정체성 형성에 관한 관점을 포함하고 있다. 제11장은 셀먼의 역할 획득 이론에 대해 생각해 본다. 청소년 자아 중심주의에 대한 엘킨드의 모델은 제12장에서 분석된다. 제13장은 사회 학습 이론의 폭넓은 기여에 대해 설명한다. 제14장은 브론펜브레너와 그 외의 사람들의 생태학의 입장을 사용한 우정의 양식과 동료의 영향을 강조한다.
15. 스테이크 모델은 특정한 연령층에 국한되지 않는다. 그러나 그것은 청소년에 관한 내용을 다루고 있는 이 장에서 분석된

다. 왜냐하면 청소년 문화의 복잡성(그리고 숨겨진 요소)이 고려되며 이 교과과정 이론 계획에 의해 대조되기 때문이다.
16. 우리는 표 13.5와 그림 13.1에 기여한 플루드먼(Plueddemann)에게 감사한다. 그의 저서는 청소년 사역에 대해서 논할 때 참고 자료로 사용된다.
17. 즉 로마서 3:23, 6:23, 5:12, 10:9-10을 사용한 복음 제시.
18. 우리는 청소년 사역에 부모가 개입하는 것이 중요하다는 것을 두 번 언급했다. 이 분야에 대한 더 많은 연구를 위해서는 번스(1988)와 르멘(1982), 야코넬리와 번스(1986)를 참조하라.
19. 1985년 7월에 캘리포니아 주, 아나하임에서 열린 빌리 그래함 복음전도 훈련 세미나에서 오스왈드 호프만에 의해 제시된 메시지로부터 인용.

14장. 추천할 만한 청소년 교육 과정

1. 이 장에서의 커리큘럼 참고 부분들은 「복음의 빛」(Gospel Light)의 "중학생 성경 공부 - 빛의 힘"(The Complete Junior High Bible Study - Light Force) 시리즈(1988)와 릭 번즈슈의 「현장 학습」(On-Site, Zondervan, 1989)에서 발췌된 것이다. 전자는 보다 상세하고, 후자는 어린 십대들을 위한 40개 장소의 청소년 프로그램을 제시한다. 후자는 특히 직접적인 생활에 대한 관찰을 통한 사회 학습 이론을 의도적으로 강조하므로 매우 적합한 자료이다.
2. 예를 들어 야코넬리와 번스(1986)를 참고하라. 도움이 되는 색인이 들어 있다. 그들의 "창조적인 학습 전략"은 다음 네 가지 주제에 대해 말한다. (1) "예배" 부분은 영적 교제를 다룬다. (2) "공동체 형성"과 "교회" 부분은 공동체에 해당된다. (3) "윤리, 가치, 도덕" 부분은 인격을 가리킨다. (4) "선교와 봉사" 부분은 사명을 위한 17가지 활동을 기록한다. 책의 마지막 부분에 있는 것들은 Youth Specialties에서 출판된 「아이디어 도서관」(Ideas Library)에서, 혹은 캠폴로(1983)에게서 발췌된 것이다.
3. 존스에게서 인용(1987, pp. 60-61). 이 양식은 모든 십대들을 위한 규범적인 형태는 아니지만 청소년의 신앙 성장을 위한 몇 가지 가치있는 활동에 대한 저자의 느낌을 표현하고 있다.
4. 벤슨(1985)은 청소년 그룹을 위해 특별히 고안된 예배 의식을 제안한다. 그의 책은 몇 가지 뛰어난 제안들을 포함하고 있다. 책의 뒷 부분에 15가지의 완벽한 예배 의식이 제시되어 있다(예를 들어 청소년 수련회에서의 예배).
5. "그것을 위해 성장하라!" 세미나는 예배와 성장을 도모하는 신앙에 기초를 둔 훈련 프로그램으로서 Youth Specialties의 지원을 받는다.
6. 번즈슈(1989)의 모든 교과는 현장 학습을 제시한다는 것을 기억하라. 다시 말해, 이것은 직접적인 관찰을 통해 청소년 사회 학습 이론을 극대화한다.
7. 존스(1987, pp. 16-17).
8. 리차드스(1982, pp. 84-85).
9. 킴볼(1987, p. 12)이 다음과 같이 덧붙인다.

이 모든 단계는 대인 관계를 포함하는데 어떤 것은 개인과의, 어떤 것은 집단과의 관계이다. 온전한 관계의 삶은 한 인간이 세 가지의 모든 단계에서, 효과적으로 그리고 사랑으로 서로 교류할 수 있다는 것을 의미한다. 그러나 정직하게 말해서 우리는 아마도 한 단계를 다른 단계들보다 더 많이 누리고 있다고 생각한다. 그렇다고

해서 우리가 다른 두 단계를 회피해서는 안 된다. 예를 들어 나는 항상 큰 그룹 앞에서 가장 편안함을 느낀다. 작은 그룹에서의 의견 교환은 나름대로 편안함을 느끼지만, 일 대 일의 관계는 많이 성장해야 할 부분이다. 아직도 그 단계가 그리 좋지는 못하지만 점차적으로 좋아질 것이다. 그렇지만 일 대 일의 관계에서 더욱 편안함을 느껴 갈 수록, 그룹에서도 더욱 편안함을 느끼게 되었다. 그러므로 이 둘은 상호 관련되어 있다고 본다.

10. 린의 목적은 일련의 준비된 질문들을 사용하여 "말하는 자"와 "듣는 자"로 교대하는 한 쌍의 청소년을 의도적으로 만들어 내는 것이다. 스프링으로 장정된 그 책은 A자 형의 집처럼 퍼져서, 대화하고 있는 파트너들 사이에 놓인다. 이러한 상호간의 교류는 가르치는 교과를 더욱 흥미진진하게 만들어 주거나 혹은 말문을 트는 역할을 해 준다.

11. 번스(1988, pp. 43-44)는, 그가 "우정 집단"이라고 칭하는 학교의 여러 패거리들을 의식한다. 그는 각 집단은 카페에서 그들이 앉는 장소에 따라 구분할 수 있다고 말한다. 어떤 그룹의 회원들은 다른 그룹에 "이중적으로 가입하는 것"이 허용된다. 어떤 그룹은 다른 그룹과 절대적으로 맞선다. 번스는 이 소그룹들을 두뇌들, 카우보이, 써퍼(파도타기 선수들), 소수 민족, 프레피(부잣집 아이들), 익살꾼, 떼거리, 그리스도인 등으로 나열한다. 각 그룹은 그들 나름의 언어와 옷, 행실과 기준을 가지고 있다.

12. 번스(1988, p. 67)는 다음과 같이 자세히 설명한다.

> 수년 동안 나는 성인 지원자들에게 매주 한 시간 반 동안의 과외의 사역을 대담하게 요청했다. 나는 항상 성인 지원자들이 사역에 더 많이 참여하면 할수록 지원자로서 더 오래 머물 것이라고 생각했다. 나는 그들에게 일 주일에 한 시간씩 성장을 위한 책을 한 학생과 함께 공부해 달라고 요청한다. 이 시간 동안 그들은 하나님의 말씀을 공부하며, 동시에 또한 이야기를 나누고 관계를 형성할 것이다. 그런 다음 나는 일 주일에 한 번씩 15분 동안 학생들에게 전화 방문할 것을 요청한다. 한 주는 그들이 아마도 한 학생과 통화할 것이다. 다음 주에 그들은 5명의 학생들에게 연락할 것이다. 이렇게 그들은 평균적으로 일 주일에 세 번 정도 전화할 것이라고 생각한다. 마지막으로, 나는 그들에게 일 주일에 한 번씩 15분을 들여 세 명의 학생들에게 적극적이고 긍정적인 편지를 쓰도록 도전한다. 당신은 15분 내에 세 장의 짧은 편지를 쓰고 봉투에 주소를 써서 우편함에 넣을 수 있다. 1시간 반에 지원자들은 7명의 학생들의 삶에 중요한 영향을 주었다.
>
> 90분의 영향력:
> 성장을 위한 책에 1시간   1학생
> 전화 방문 15분   3학생
> 편지 쓰기 15분   3학생
> 합: 7학생

13. 스티븐스에게서 인용(1985, pp. 130-31).

14. 스티븐스(1985, p. 131)는 다음과 같이 논평한다.

> 나는 이 책임에 대한 목록이 중학생 스카우트 단원에게 적합한지 혹은 소년원에 더욱 적합한지 결정할 수 없다. 어조가 비위에 거슬릴 정도로 자신을 낮춘다. 그것은 십대들의 특별한 감수성을 고려하지 않은 채 나열되어 있다. 3, 4, 5번 항목은 마치 어린 아이들에게 말하는 것처럼 특히나 비위에 거슬린다. 그리고 7번 항목은 불가능하고 모순된 주장을 한다. 호감과 친밀함을 불러일으킴과 동시에 존경심을 나타내라는 요구이기 때문이다.

15. 온타리오 주, 키치너에 있는 한 교회는 기독교 교육을 축하하기 위한 예배를 드렸다. 담임 목사는 새신자인 대리언 웰레트가 쓴 편지 한 부분을 읽었다: "예수님은 여기, 이 교회에 계십니다." 대리언이 계속해서 증거했다: "그리고 그분을 너

무나 쉽게 발견할 수 있습니다"(데이빗 C. 쿡이 출간한 「Teacher Touch」에서). 우리는 우리 그룹에 있는 청소년들이 그러한 공동체를 맛보게 할 수 있는가?
16. 포스터스키(1985)는 캐나다의 청소년과 그들의 우선순위에 대한 그의 연구에 기초한 "가치 사다리"를 발표했다. 91퍼센트가 그들의 가치 사다리 맨 윗단에 '우정'을 놓았다(10명의 고등학생 중 9명이 우정을 가장 높은 가치로 꼽았다.) 87퍼센트는 가치 사다리의 그 다음 단에 '사랑받는 것'을 꼽았다(그들을 사랑할 친구들과 가족을 찾고 있다.) 번스에서 인용됨(1988, p. 74).
17. 번스(1988, p. 74)는 포스터스키의 발견에 대해 다음과 같이 논평한다.

> 의외로 21퍼센트만이 '인기'를 그들의 가치 사다리에서 매우 중요한 것으로 여겼다. 일반적인 인기는 우정 집단에 소속되는 것으로 대체되었다.
> 청소년 사역 프로그램의 하한선은 학생들이 그룹에서 친구를 사귀지 못하면 그들은 그룹을 떠날 것이라는 점이다. 우리가 관계 중심의 복음 사역을 개발한다면 우정 집단의 개념을 염두에 두어야 함은 물론이다.

18. 스티븐스(1985, pp. 66, 91)는 과거 40년을 뛰어넘는 도발적인 생각의 청소년 문화에 대한 비교 차트를 제시한다. 그러한 경향을 이해하면 우리는 지도자로서 더욱 유능해질 수 있다. 스티븐스(p. 65)는 다음과 같이 주장하기 때문이다: "내가 관찰한 바로는 교회가 감상에 빠져 십대들을 상대하지 않고, 더욱이 청소년이 행하는 모든 일을 독선적으로 비난하거나 태평스럽게 무시하는 것 같다. 교회는 이 연령층의 문제와 상황을 이해하는 데 있어 몇 년 뒤쳐져 있다. 청소년 사역에 대한 이러한 역사 의식이 없는 딴 세계의 접근법은 그들의 상황과 그들 삶의 방식을 잘못 이해하게 한다."
다음의 스티븐스 차트를 수정, 요약해 놓은 도표가 이러한 청소년 문화를 비교해 준다.

	50년대	60년대	70년대	80년대
대표적인 영웅들	아이크 미키 맨틀 미키 마우스 엘비스 프레슬리	JFK 마틴 루터 킹 비틀즈 혁명가들	뛰어난 영웅들 알리 키스 찰리의 천사들	컴퓨터, E.T. 헤리슨 포드 맷 딜론 존 폴 2세 로날드 레이건
그들의 속성	안전함 온순함 신중함	다양함 논쟁을 좋아함	환상적임 비현실적임	냉정함 신경질적임 모험을 좋아함
그들이 동일시 하는 것	"그룹 내"의 마을 학교 종교 단체	세계: 세계적인 마을	개인	"나 자신의 부류"
그들이 신뢰하는 것	기술 (물질적인)	결합된 인류 (인본주의)	나 자신 (원자론적인)	나 자신의 능력과 고도의 기술

19. 이 세 번째 영역인 편지를 주고 받는 것은 "삶을 통한" 생생하고 직접적인 경험이다. 그 편지 자체는 "조직화된" 모방에 속한 것으로서, 사전 준비 없이 지시하는 것과는 대조적으로 조직화되고 계획적이며 준비된 전략이다("결론 – 대안" 참조).
20. 인용될 수 있는 여러 가지 중에 이 한 가지 예는 학습군에서 자주 발견되는 것으로 밀접한 관련이 있다.
21. 인격의 주제에 관한 다른 접근법이 여기에서 나타난다. 기분 전환을 위하여, 그리고 앞 장에서 설명하고 있는 필수적인

균형을 스스로 상기해 보면 독립적인 커리큘럼의 표본 자료는 십대들을 위해 추천할 만한 계획으로 제시된다. 한편, 영적 교제의 주제도 마찬가지로 이 예에서 인용되는데 여기서 강조하는 것은 변화된 인격이다.

22. 리차드스의 Hook, Book, Look, Took 모델이 이 청소년 교과의 틀이 된다. 요약하면 이 네 부분의 교육 모델은 아래와 같다.

    제1단계-HOOK: 학생들의 현재의 욕구
    제2단계-BOOK: 말씀에서 적합한 원리를 찾아냄
    제3단계-LOOK: Hook과 Book의 통합, 말씀의 원리가 학생들의 욕구에 어떻게 영향을 미치는가를 찾아냄
    제4단계-TOOK: 각 학생들을 향한 도전, "이제 무엇을 행할 것인가?"

23. 브루그먼의 「성경 해석」(Interpretation 33(2): 115-29) 참조.
24. 같은 책, p. 126.
25. 바쓰 참조(1961, p. 599).
26. 그리스도인의 자아상에 관한 다섯 가지의 간단하지만 심오한 진리가 번스의 책에 나와 있다(1988, pp. 213-14). (1) 하나님은 우리를 무조건적으로 사랑하신다. (2) 우리는 하나님의 형상으로 창조되었다. (3) 우리는 그리스도 안에서 "선한 일"을 행하도록 재창조되었다(엡 2:10). (4) 우리는 하나님의 자녀들이다. (5) 우리는 하나님의 용서를 받았다(주: 번스는 두 번째와 세 번째 항목을 하나로 묶는다).
27. 번스(1988, pp. 210-13)는 또한 새로운 환상과 새로운 목적을 십대의 자아상에 관련하여 연결시킨다. 사명-청소년이 경험하고 관여하게 되는 것-가 이처럼 생각을 바꾸는 데 얼마나 중요한 역할을 하는지를 주목해 보라. 건전한 자아상을 갖게 하는 7가지 실제적인 방법들은 다음과 같다: (1) 긍정적인 관계의 확립, (2) 어려운 상황에도 불구하고 적절한 "태도"를 유지함, (3) 신체적인 이상 징후가 있는지 살펴봄, (4) 청소년들의 재능을 성공적으로 사용할 수 있는 경험을 하게 함, (5) 감사하는 마음을 갖게 함, (6) 전문적인 상담을 하는 것이 유익하다는 것을 기억함, (7) 십대들이 다른 사람들을 섬기고 "그들 자신 밖"으로도 나가도록 도전함.
28. 단기 선교사로서 다른 사람들을 섬기는 것은 청소년들에게 실제적인 도전을 준다. 단기 선교는, 한편으로 그들의 이상적인 열정과 개척 정신을 발휘할 수 있는 기회를 제공해 주며, 다른 한편으로는 그것이 일시적으로 끝나 버린다는 점과 일회적인 그들의 헌신의 한계에 대해 깨닫게 해 준다.
29. 단순한 것에서 복잡한 계획으로 분포되어 있는 캠폴로(1983)의 봉사 기회에 대한 뛰어난 제안 참조.
30. 엔더레인(1989, p. 12)은 다음과 같이 설명한다.

    「함께 하는 연구」에서 12단위 중 각 단위마다 4주 동안에 한 가지 봉사 계획을 완성하도록 추천한다. 봉사의 기회는 중, 고등학교 학생들에게 매우 중요하다. 봉사 기회는 회원들에게 긍정적인 기독교 가치관을 형성하는 데 도움이 되는 경험을 제공한다. 청소년들은 책임감과 의미있는 활동을 하고 싶은 욕구를 점점 드러낸다. 어린 청소년들은 결정을 내리고, 어른들이 중요하게 생각하는 임무에 참여할 조직적인 기회를 가져야 한다. 지도자들은 다른 사람들의 복지를 지향하는, 공공의 문제에 초점을 맞춘 의미있는 계획에 중학생들을 참여시킴으로써 근면과 책임에 대하여 점점 커가는 그들의 욕구를 충족시키도록 도울 수 있다.

31. 쇼(1987, pp. 9-10). 쇼(p. 9)는 수련회에 대한 일반적인 정의를 한다: "수련회는 청소년들과 그들의 성인 지도자들이 가난한 사람들의 가정을 새롭게 하고 윤택하게 하며 재건하기 위하여 재능과 열정을 결집하는 조직화된 선교 활동이다. 수련회는 보통 여름에 1, 2주 정도 행해진다. 청소년 그룹은 종종 자체적으로 혹은 다른 사람들(예를 들어 다른 교파나 그룹)에 의해 조직된 수련회에 참여하기 위해 그들의 지역을 떠나 다른 지역으로 가게 된다." 제22장에서 쇼는 수련회의

여러 가지 유익들을 기록한다. 실제로 참여한 청소년들의 유익과 한 단체로서의 청소년 그룹의 유익, 그리고 주민들과 공동체, 지역 교회의 유익 등이다.
32. 키즈(1976, pp. 182-1830).
33. "성공적인" 가정들에 대한 스몰리(1984, pp. 162-63)의 연구는 가족 구성원들이 "함께 많은 일을 했을 때" 밀접한 유대 관계가 생성된다는 것을 보여 준다. 구체적으로, 스몰리는 남편들/아버지들, 아내들/어머니들 그리고 아이들과의 개별 면담을 통해서 캠프가 행복한 가정의 중요한 활동이었음을 발견했다. 캠핑에서의 절대적인 세 가지 교육 전략이 이러한 강력하고 즐거운 추억에 영향을 주었을 것이다(Youthworker〈1990〉에 나오는 하버마의 사설 참조).
34. "'나'의 장벽을 깨고-당신 자녀의 세계를 넓히는 프로그램"(Youthworker, 1985 여름, p. 34)에서.
35. 존 웨스터호프는 다음과 같은 대담한 주장을 한다: "우리가 기독교 교육을 효과적으로 하기를 진정으로 원한다면, 주일학교를 없애고 주일학교에 들였던 돈을 캠프와 수련회를 위해 사용할 것이다. 만일 당신이 1년에 두 번만 주말 수련회에 당신의 교회에 있는 모든 사람을 보낸다면 1년 동안 공부한 1시간의 주일학교보다 더욱 효과적으로 더욱 좋은 기독교 교육을 하게 될 것이다"(번스에서 인용됨, 1988, p. 91).

15장. 아동 교육: 교실 상황

1. 고린도전서 13장 8-12절에 있는 바울의 주장 가운데 11절을 말한 목적은 두 가지 다른 시각의 예를 제공하는 것이다. 첫 번째 시각은 제한된 것이고(현재 이 땅에서 지닌 관점: "이제는 내가 부분적으로 아나"), 두 번째 시각은 완전한 것이다("그 때에는 주께서 나를 아신 것같이 내가 온전히 알리라").
2. 40년 전 필라델피아 교회의 회중들은 세 명의 아홉 살난 소년들이 세례를 받고 교인이 되는 광경을 지켜보았다. 얼마 지나지 않아, 그 교회는 교인들의 수가 급격히 감소하자 더 이상 견디지 못하고 건물을 매각하고 없어져 버렸다. 토니 캄폴로 박사(Dr. Tony Campolo)는 그 소년들 중의 한 사람으로, 지금은 펜실베니아의 이스턴 대학에서 기독교 사회학을 가르치고 있다. 그는 이렇게 말했다. "몇 년 후 나는 우리 교단의 기록 보관소에서 어떤 연구를 하면서 내가 세례를 받았던 해의 교회 기록을 찾아보기로 마음먹었다. 거기에는 내 이름과 딕 화이트의 이름이 있었다. 그는 지금 선교사이다. 또한 아프리카 신학교의 신학 교수인 버트 뉴만의 이름도 있었다. 나는 거기서 내가 세례받은 해의 교회 기록을 읽어 보았다.
   '올해는 우리 교회에게 썩 좋지 못한 한 해였다. 27명의 교인이 나갔다. 그리고 아직은 어린아이들 세 명만이 등록했다.' 아직 어린아이들이라고! 아이들을 몇 년 동안만 그리스도인으로 양육하면, '아직은 어린아이들'이 세상을 바꾸어 놓을 것이다"(LeFever 1991, p. 1).
3. 우리는 종종 성장이 오직 한 방향으로 이루어진다고 생각하여 아이들은 자라 어른이 될 것이라 확신한다. 여기에서 예수님은 어떻게 어른들이 아이들처럼 "성장"해야 하는지에 대해 깊이 생각하도록 우리를 자극하신다. 이 구절은 하나님 앞에서 아이들이 어떤 모습을 지니고 있는지 설명하고 있다. 이 구절의 의미에 대해 알고 싶으면, 크레고에(Cragoe, 1987)를 보라.
4. 레빈(Levin 1990, pp. 113-14)은 다음과 같이 주장한다.

    도덕인인 행동은 반성이 아닌 훈련의 산물이다. 아리스토텔레스가 수천 년 전에 강조한 것처럼, 아이들이 옳은 일을 하도록 습관을 들이면 자라서 훌륭한 성인이 된다. 진실을 말할 때 칭찬하고 거짓말할 때 벌을 주면, 그 아이는 조만간 "자연스럽게" 정직해진다.

선과 악에 대한 추상적인 지식이 인격에 기여하지 않는 것은, 물리학의 지식이 자전거를 타는 데에 기여하지 않는 것과 마찬가지 원리이다. 자전거를 타는 사람은 어느 쪽으로 기울어질 것인지 생각할 필요가 없고, 정직한 사람은 어떻게 해야 틀림없이 대답할 것인지 생각할 필요가 없다.

5. 아이들이 실제적인 자아상을 개발하도록 돕는 방법을 알려면, 돕슨(Dobson 1974)의 글을 보라.
6. 존 로버트슨(Jon Robertson), 학습 과정 수업(learning process class), 웨스턴 신학교, 1990년 가을. "동화"(assimilation)와 "적응"(accommodation)은 피아제의 인지 발달 이론의 기초이다. 존은 다음과 같이 말했다. "교사들은 [탐구] 학습이 어쩌면 많은 해를 끼칠 수도 있음을 알아야 한다. 만일 학습자가 너무나 엄청난 모순에 부딪히면, 그는 이전까지 지니고 있던 믿음을 버리고 그 갈등을 해결하기 위해 노력할 것이다. 만일 내가 보기에 모순을 도저히 이겨내기 힘들다면, 나는 하나님에 대한 믿음을 포기할 것을 결심할지도 모른다."
7. 다양한 연령의 아이들에게 적합한 교수 방법과 학습 활동은 볼튼(Bolton 1980)과 하이스테드(Haystead 1989)를 참조하라.
8. 쉘러(Schaller 1977)는 명예의 문제에 대한 자극적인 통찰력을 제공한다. 그의 책 제4장은 "은빛 비버들냐, 죽은 쥐들이냐?"(Silver Beavers or Dead Rats?)라는 제목으로 되어 있는데, 그 내용은 교회 지도자들에게 이처럼 중요한 직무를 상기시킬 의도로 쓰여졌다.
9. 우리의 동료였던 앤 샌도발(Anne Sandoval)에게 감사를 전한다. 그녀는 여러 연령층의 어린이 사역에 깊은 식견을 지니고 있었고, 부록 G 편집에 많은 도움을 주었다.
10. 대소변 훈련은 아장아장 걷는 아이가 유치원 교육을 받기 위해 "졸업"할 준비가 된 때를 쉽게 파악할 수 있는 지표이다. 이것은 한 살 반에서 세 살 반 사이에 이루어진다.
11. 특히 언어 능력이 생겨난다. 부모가 어린아이와 효과적으로 대화하는 것을 돕는 의사 소통의 여섯 단계는 하버마스(Habermas 1989)를 참조하라. 교회 유치부 교사들을 위한 유용한 자료에는 하이스테드(Haystead 1989), 래트클리프(Ratcliff 1988), 바버(Barber 1981) 등이 포함된다.
12. 아이들은 학기의 처음 기간 동안 다음과 같은 프로그램에 바쁘게 참여해야 한다. 미술, 드라마, 음악, 대화, 글쓰기, 봉사계획, 성경 게임, 연구 등 관련된 성경 학습 활동, 그런 후 그들에게 자기가 발견한 것을 그룹별로 나눔, 적용, 찬양하는 시간을 통해 발표할 기회를 주어야 한다. 볼튼(Bolton 1987)은 그러한 성경 학습 활동을 효과적으로 사용하는 방법을 설명했다.
13. "초원의 집"(Little House on the Prairie)에서 로라 잉겔스 와일더는 알몬조 와일더가 열 살 때 황소들을 훈련시키는 모습을 묘사했다. 그는 겨울 동안 황소들을 이용하여 목재를 운반했다. 농업을 근간으로 한 생활 양식이 사라지자, 가정 내에서 어린이들이 책임져야 하는 일들이 없어졌다. 교사는 교실내의 여러 가지 일들을 각 어린이들에게 한 달 정도의 간격으로 맡겨야 한다. 이렇게 할당하는 일은 아이들을 바쁘게만 하고 성과가 없는 것이 되어서는 안 되고, 교실 생활의 중요한 면으로 포함되어야 한다.
14. 결과적으로 우리는 자기 행동의 기초를 이루는 동기들을 살피는 데 실패했다. 우리가 하는 모든 행동에 빠뜨리지 말아야 하는 일은 이기심을 측정하는 일이다. 우리는 무엇을 하느냐에 따라 개인적인 이득(하나님을 찬양한다거나, 최선을 다하여 일을 하는 것 등등)을 얻는다. 이러한 개념을 아이들에게 적용해 보자. 우리는 아이들이 학습 활동에 노력을 기울이도록 의욕을 고취시킨다. 그러한 동기 부여는 유형 혹은 무형의 보상에 근거하고 있다. "보상"은 아이로 하여금 그 일을 끝까지 하도록 용기를 북돋울 때에 진정한 보상이 된다. 우리는 아이들이 무엇에 관심을 기울이는지를 배워야 하고, 그러한 관심을 배우고자 하는 의욕을 일으키는 데 사용할 줄 알아야 한다.

"보상"과 "뇌물"의 차이점은 다음과 같다. 뇌물은 아이로 하여금 주로 교사들의 유익을 위하여 어떤 행동을 하도록 조장한다(예를 들면, 교사가 수업을 진행하기 위하여 떠들지 못하게 한다). 보상은 아이가 주로 자신의 이익을 위해 어떤 방식으로 행동하도록 조장한다(예를 들면, 피자 파티를 약속한다). 그러한 목적(성경 구절을 암송시킴)을 위한 수단은 바람직한 것이다.

15. 스프린덜과 스프린덜(Sprinthall and Sprinthall 1990, 제20장)에는 콜버그(Kohlberg)의 도덕 증명 이론에 근거한 올바른 교실 관리 전략이 발전적으로 약술되어 있다.

16. 구체적인 예증을 위해, 대표적인 어린이 조직인 Pioneer Club의 교육 자료를 살펴보겠다. 특별히 아이들을 위한 세 가지 학습장이 검토되었다. Voyager Handbook(1-2학년용), Pathfinder Handbook(3-4학년용), Traliblazer Handbook(5학년-중 1학년용).

17. 콜렌버거(Kohlenberger 1987, p. 61)는 아래의 성경 역본들마다 독서 수준을 설정해 놓았다.

International Children's Version(ICV)	3.9
New International Version(NIV)	7.8
Living Bible(LB)	8.3
New King James Version(NKJV)	9.1
Revised Standard Version(RSV)	10.4
New American Standard Version(NASV)	11.3
King James Version(KJV)	14.0

데이비드 쿡(David C. Cook)의 그림 성경(Picture Bible)은 아직 글을 읽지 못하는 아이들이나 이제 막 읽기 시작한 아이에게 성경을 살펴볼 수 있는 훌륭한 방법을 제공해 준다. 이 성경은 만화식으로 구성되어 있다.

18. 기억을 위한 바른 접근법은 암송, 다시 말하기, 복습으로 구성되어 있다. 아이가 한 구절을 기억해 낸 후에, 부모나 교사는 아이에게 그 구절의 의미를 설명하도록 요구한다. 처음에는 어른들이 아이를 도와주어야 한다. 나중에 아이는 좀더 성경 구절을 설명하는 일에 익숙해진다. 결국 계속해서 기억한 구절을 복습시키는 것은 아이가 하나님의 말씀을 깊이 생각하는 것을 도와준다.

19. 각 교회에서 어린이 교육을 맡고 있는 교사들을 위한 기초적인 참고 자료는 클라크(Clark 1986), 브라운(Brown 1986), 리처드스(Richards 1983) 등이 제시했다. 대부분의 자료가 주일 학교 문제와 관련된 것이므로 적절한 주의가 요구된다. 우리는 어느 특정한 주일 학교 커리큘럼을 선택하면 미리 정해진 결과가 분명히 나타나리라고 확신하지 말아야 한다. 많은 요소들이 커리큘럼의 원래 목적에 영향을 미치기 때문이다.

어떤 교사들은 제공된 자료를 효율적으로 사용하는 방법을 모른다. 몇몇 교사들은 충분히 검증된 자료를 사용하지 않는다. 그들은 자기만의 목표와 수업 방법을 개발하거나 다른 출판사에서 나온 교재와 자료를 사용한다. 마지막 시간에 대용 자료가 요청될 때, 커리큘럼이 준비되어 있지 않다면 다른 내용을 가르쳐도 된다.

절기나 특정 주일(신년 주일, 부활절 등)과 특별한 행사(달란트 잔치나 총동원 주일)가 정규 수업을 대신할 수 있다.

아이들은 아프거나 여행을 하느라 수업에 빠진다. 아이들은 수업 시간에 마음이 산만해지거나 떠들기도 한다. 또한 아이들을 모든 교육 과정에 정기적으로 참석시키는 것도 어려운 일이다.

아이들을 위한 주요 커리큘럼과 여러 단체들의 프로그램을 다룬 출판사 목록은 부록 G에 제공되어 있다.

20. 이 목록은 오레곤 주(州) 포틀랜드에 있는 은혜 공동체 교회(Grace Community Church)의 Children's Task Force에서 발전된 것을 조금 바꾼 것이다.

16장. 아동 교육: 공동 전략

1. 가정, 확대 가족, 또는 교회가 제 기능들을 다하지 못하면 아이에게 기대할 수 있는 발전을 이룰 수 없다.
2. "틴 에이지 뮤턴트 닌자 거북이"의 판매 전략에 주목하라. 먼저, 텔레비전 만화 시리즈를 성공시킨 다음, 메이저 영화사에서 영화를 만들고, 이어서 컴퓨터 비디오 게임을 만들며, 그 다음엔 닌자와 관련된 장난감 제작 등으로 사업을 확대시킨다.
3. 이 장(章)의 나머지 부분은 실제적인 사항에 초점을 맞추게 될 것이다. 성경에 기초하고 있으며, 문화적으로도 적절한 어린이 전인 교육 전략을 보여 줄 것이다. 적절한 교수 방법에 관해 좀더 구체적인 정보를 얻고자 하는 독자는 이 장에 인용된 자료들의 도움을 받을 수 있을 것이다. 어린이들의 연령별 특성 목록에 대해서는 전(Choun, 1988, pp. 109-17)을 보라.
4. 만약 부모들이 어린아이들을 어른들과 함께 식사하지 못하도록 다른 방에서 음식을 먹게 한다면 우리는 우스꽝스러운 일이라고 생각할 것이다. 그런데 어떤 교회에서는 이와 같은 일이 벌어지고 있다. 그들은 정규 예배에서 어린아이들을 제외시키고 있다.
5. 대형 출판사들은 대부분 교회에서 사용될 자료들을 만들어 내고 있다. 어떤 출판사들은 주일학교 교재와 연관시켜서 일관성 있는 교육 과정을 만든다. 그들은 같은 교육 목표를 가지고 있지만 서로 다른 활동들을 사용하여 독특한 교육 과정을 만드는 것이다.
6. 어린이들의 주일 낮 예배 출석을 고무시키기 위한 실제적이고도 유익한 조언은 스튜어트의 책(1987)에서 찾아볼 수 있다. 파이오니어 클럽의 어린이용 경건의 시간 자료〔데일리 워치〕(Daily Watch, 1990)는 성경 공부를 여러 가지 재미있는 활동들과 결합시킨 것으로서, 주일 아침 예배가 진행되는 동안 회중석에서 사용하기 쉽게 되어 있다.
7. 호레이스 부쉬넬의 말을 빌리자면, "아이는 그리스도인으로 자라야 하며, 자기 자신을 그 밖의 다른 어떤 존재로 알아서는 안 된다"(1916, p. 4)는 것이다.
8. 어린이 전도와 구원에 대해서는 다음의 책들을 참고하라. 제시크(1983), 하이예스(1986, 23장), 리차드스(1983a, 20장), 다운즈(1983), 잉글(1970), 요더(1959), 크레이고(1987).
9. 교회 지도자들은 자기 교회의 전통에 맞게끔 이것을 각색해야 한다. 이런 예식들을 진행할 때 어떤 말씀, 어떤 음악을 사용해야 하는지 그 상세한 개요를 알고 싶으면 스파크맨(1983, 부록 5)을 보라.
10. 요더(1955)는 교회 사역의 중대한 맹점, 교회의 건강을 해칠 수도 있는 사항을 다음과 같이 규명한다.

> 재세례파의 역사를 통틀어 볼 때, 부(富)를 소유하게 된 것을 제외하고 관용의 시대에 이들이 영적 쇠퇴를 겪은 주된 원인은 그리스도인의 자녀들을 교회 안으로 너무 쉽게 통합시켰다는 것이다. 핍박이 계속되는 동안에는, 한 개인의 신앙 고백 행위에 포함된 제반 의미와 세례에의 요구가 세상과 단절하기 위한 위험하고도 자의적인 결단의 특징을 그대로 유지했다는 것을 모든 사람들이 분명히 알고 있었다. 그러나 핍박이 사라지자, 젊은이가 교회 공동체를 떠나는 것보다는 그 안에 머무는 것이 더 용이해졌고, 이는 그의 가정도 마찬가지였다. 세례는 세상과의 단절 행위라기보다 오히려 세상에 동조하는 행위가 되었고, 제 아무리 진지하고 선한 젊은이들이라 해도 세례에 어떤 헌신의 의미가 담겨 있는지 사실은 알지 못했다. 그런 관행이 두 세대 동안 계속되고, 게다가 그리도인으로서의 연단마저 부재(不在)하는 상황은 그 어떤 교회라도 미적지근하게 만들기에 충분한 것이다(p. 29).

어린이와 청소년을 위해 주기적으로 강도 높은 교육 훈련반과 공중 예식을 운영하는 것이 이 맹점을 처리하는 데 도움이 될 것이다.

11. 어떤 교회는 매년 이 날을 기념일로 삼아 아이 부모에게 촛불을 밝히게 한다. 이렇게 촛불을 밝혀 놓고 부모는 아이와 함께 헌신의 스토리를 재연(再演)한다. 당시를 떠올리기 위해 서약문이나 사진, 또는 비디오 등과 같은 시각 자료를 사용하기도 한다.
12. 하이에스(1986, p. 409)는 아이에게 복음을 제시하고 그에 응답하게 하기 위해 다음과 같은 일반적 지침을 제시한다.

    1. 외적으로 응답하기 전에 "마음속으로" 응답할 것을 아이에게 요구하라.
    2. 복음 초청을 분명하게 하라.
    3. 자연스러운 상황을 이용하여, 그리스도를 받아들이는 것에 관해 아이에게 이야기하라.
    4. 너무 가볍게 초청함으로써 아이가 진지하지 못한 태도로 복음을 받아들이게 만드는 우를 범치 말라.
    5. 집단으로 결단시키는 일은 피하라.

    아이에게 하나님에 관해 가르치기 위한 그 외의 지침으로는 하이스테드(1974)를 보라.
13. 초대 교회의 세례 관행을 학자들이 어떻게 취급했는가에 대해서는 쥬이트(1978)를 보라.
14. 웨스터호프는 현재 주류 교단에서 행해지고 있는 관행들은 일종의 성인 의식이 되어야 한다고 주장한다. 즉 성령께서 성인들에게 안수하여 교회와 사회의 사역자로 세우는 의식으로 이해해야 한다는 것이다(1982, pp. 114-15).
15. 어린이들이나 청소년들이 하나님께 대한 개인적 응답과 상관없이, 정해진 나이가 되면 일률적으로 이런 예식을 통과하게 한다면 한 가지 문제가 발생할 수 있다. 이미 말했다시피, 각 단계들은 개개인이 자질을 갖추고 스스로 주도권을 쥐는 가운데 통과해야 한다. '몇 살까지는' 당연히 몇 단계를 통과해야 한다는 등의 규정을 둘 수는 없다. 다만 이 단계를 통과하려면 최소한 몇 살은 되어야 한다는 하한선은 둘 수 있다. 어린이들이나 청소년들이 집단으로 준비반에 참석하기는 하지만, 어떤 단계의 예식에 공개적으로 헌신할 각오가 되어 있느냐 하는 것은 개개인 스스로 평가해야 한다. 이 일반적인 단계들을 수정하여, 초대 교회에서 행해졌던 것처럼, 초신자 학교의 성인 초신자용으로 사용할 수도 있다. 초신자 학교에 대해 좀더 자세한 정보를 얻으려면 강겔과 벤슨(1983, pp. 88-90)을 보라.
16. 셀(1986)은 여러 가지 다양한 이슈들에 관한 가정 사역 지침을 제공해 주고 있다.
17. 루이스와 데마레스트는 더 나아가 이렇게 말한다. "가정을 파괴하는 최근의 도덕적, 경제적, 교육적 압력에도 불구하고, 서로에게 충실하고 서로를 사랑하는 남편과 아내, 그리고 부모와 자녀 관계는 가정 안에 평화와 정의라는 목표를 섭리적으로 성취하시기 위해 하나님께서 확실하게 사용하시는 도구 역할을 한다. 그리고 자녀들이 자라 가정을 떠날 때 이들은 이런 가치관을 지니고 가게 된다"(p. 99).
18. 불신자 가정 출신의 아이들을 위해서는, 성숙한 신앙을 가진 교회 안의 다른 어른들이 "영적 부모" 역할을 해 줄 수 있다.
19. 예를 들면, 아이를 가르치기에 적합한 순간들을 적절히 이용하는 데 관한 지침들(펠프리 1988), 취학 전 아동들을 위한 실제적 활동들(헤이디디언, 1989), 8-12세 아동을 위한 성경 공부 시리즈(라인하르트, 1988-89), 음악으로 표현한 카셋 테입 성경 시리즈(킹 커뮤니케이션즈의 G. T.와 할로 익스프레스를 보라)가 있다.
20. 부모 역할 스타일과 그것이 아이들에게 미치는 영향에 관해서는 앤더슨과 게른시(1985, 제10장)를 보라.
21. 어떤 책을 읽어 주어야 하는가에 대해서는 래릭(1975), 헌트(1978)를 보라. 특히 후자는 기독교적 관점에서 조언을 주고 있다. 어린이들을 위한 기독교 잡지, 비디오 테입, 라디오 프로그램에 관한 정보를 얻으려면 "포커스 온 더 패밀리"(Focus on the Family, P. O. Box 35500, Cololado Springs, Co 80935)로 연락하라.
22. 헥스와 제이저(1988)는 메이저 방송사에서 보급한 7,500여 가지 프로그램들에 대한 요약 평가 자료를 마련하였다. 이 소책자는 미국 카톨릭 협의회의 후원으로 제작되었다.
22. 헥스와 제이저(1988)는 메이저 방송사에서 보급한 7,500여 가지 프로그램들에 대한 요약 평가 자료를 마련하였다. 이 소책자는 미국 카톨릭 협의회의 후원으로 제작되었다.

23. 공립 학교든, 사립 기독교 학교든, 아니면 가정 학교든 학교 선택에 관한 정보로는 하우스(1988), 〔포커스 온 더 패밀리〕 잡지(1991년 4월호)를 보라. 교사용 잡지인 〔피 델타 카판〕(Phi Delta Kappan)도 부모의 참여에 초점을 맞추고 있다.
24. 부모들을 위한 자료는 다양하게 나와 있다. "포커스 온 더 패밀리"에 연락해 보라. 리코나의 저서(1983)는 특별히 기독 교적인 것은 아니지만, 아이들에게 도덕성을 키워 주기 위한 지침을 주고 있다. 파인(1988)은 가정 교육 분야를 학구적 으로 소개하고 있다.

네브라스카 대학교가 후원하는 가정의 건강이라는 폭넓은 개념의 연구 시리즈는 다음과 같은 여섯 가지 주요 특성을 제시한다(스티네트와 드프레인 1985, p. 14를 보라). 건강한 가정의 식구들의 성향은 다음과 같다.

1. 서로의 안녕과 복락을 증진시키는 데 헌신한다. 이들은 가족의 연합을 소중히 여긴다.
2. 서로의 가치를 인정한다.
3. 의사 소통 기술이 좋으며 서로 이야기를 나누는 데 많은 시간을 할애한다.
4. 서로 함께 보내는 시간도 많을 뿐더러 질적으로도 좋은 시간을 보낸다.
5. 인생에 더 큰 선(善), 혹은 더 큰 힘이 있다고 느끼며, 그 믿음은 그들이 교회에 다니면서 공식적인 예배에 참여하든 안 하든 상관없이 이들에게 힘과 목적 의식을 불어넣어 준다.
6. 생활의 스트레스나 위기를 성장의 기회로 본다.

커랜(1983)은 가정 생활 전문가로서의 자신의 광범위한 연구 결과에 근거하여, 강한 가정은 (1) 의사 소통이 잘 이루어 지며 서로의 말을 경청한다. (2) 서로를 인정해 주고 지지해 준다. (3) 상호 존중을 가르친다. (4) 신뢰감을 가질 수 있게 한다. (5) 놀 때는 놀 수 있는 여유와 유머 감각이 있다. (6) 공동 책임 의식을 보여 준다. (7) 옳고 그름에 대한 감각을 가르친다. (8) 각종 의례와 전통이 풍부한 가족 의식이 있다. (9) 가족 구성원들 간에 균형 잡힌 상호 교제가 있다. (10) 신앙적인 면에서 구심점이 있다. (11) 서로의 사생활을 존중한다. (12) 서로를 섬기는 것을 소중히 여긴다. (13) 가족끼 리 모여 대화하는 시간을 반드시 갖는다. (14) 여가 시간을 함께 즐긴다. (15) 문제가 생겼을 때 이를 인정하고 도와 줄 방법을 찾는다. 이 열다섯 가지 특성들에 대한 좀더 큰 통찰력을 주기 위한 비디오 테입(커랜 1987)과 연구 지침(1988) 이 다 나와 있다.

25. 얼마나 많은 아이들이 편부나 편모 가정에서 자라는지에 대한 평가는 다양하게 나타난다(25-50%). 정확한 비율이 어떻 든 어린이에게 미치는 영향은 지대하다. 신약성경에서 말하는 "참 과부인 과부"(딤전 5:3)는 오늘날 의미로 말하면 혼자 서 아이를 키우는 어머니를 말한다고 할 수 있을 것이다. 성경이 "결손 가정"의 아이들의 특별한 필요들을 조명하고 있 다는 것은 주목할 만하다. 야고보는 이렇게 말한다. "하나님 아버지 앞에서 정결하고 더러움이 없는 경건은 곧 고아와 과 부를 그 환난 중에 돌아보고"(1:27).
26. 다른 아이들에 비해 특별히 더 "위험에 처해 있는" 아이들이 있다. 편부나 편모 가정의 아이들 외에 엄마 아빠의 이혼과 재혼으로 한 가족이 된 이복 혹은 의붓 형제 자매들, 부모가 그리스도인이 아닌 가정의 자녀들, 자녀 학대의 이력이 있는 가정의 아이들 문제도 심각하다. 교회에서 아이들을 섬기려는 전략을 세울 때에는 이 "위험에 처해 있는" 아이들에게 특 별한 관심을 보여 줄 필요가 있다.
27. 부모들에게 상담이 필요할 수도 있다. 논쟁 해결을 위해 중재자가 필요한 가정도 있다. 교회는 문제 가정들과 가족 학대 가 일어나고 있는 가정들에 대해서 어떤 주목할 만한 변화가 일어날 때까지 그 가정들을 감시 관찰할 필요가 있다. 그런 어려운 상황에서 교회가 기꺼이 짐을 나눠 져 주지 않는다면 그 때에는 국가가 간섭하게 될 것이다. 교회 지도자들은 부 모들이 책임을 감당할 수 있도록 그들에게 "힘을 주는" 역할을 기꺼이 맡아야 한다. 가정에 변화를 일으키기 위한 첫 단 계로서 자기 가정의 습관들과 관행들을 평가하는 것을 돕기 위한 제안들로는 아이슬러(1990)를 보라.
28. 모든 연령층에 적용 가능한 활동과 커리큘럼 아이디어에 관해서는 마일즈(1990), 맥기니스(1986), 셀(1981, 18-20장)

을 보라.
29. 낙태와 영아 살해에 관한 찬반 논쟁을 철학적으로 분석해 놓은 읽어볼 만한 글로서는 모어랜드와 가이슬러(1990, 2-3장)를 보라.
30. 예를 들어, 미국의 여러 주(州)에서는 어린이를 포함한 모든 자동차 승객들에게 안전 벨트 착용을 의무화하고 있다. 이와 관련된 문제인데, 요즘 미니 밴이 스테이션 왜건을 제치고 가족용 나들이 차량의 주종을 이루고 있다. 부모들은 미니 밴이 "트럭"으로 분류되며 따라서 "승용차"에게 요구되는 엄격한 안전 기준이 적용되지 않는다는 것을 알지 못할 수도 있다.
31. 이 논제에 대해 더 자세히 생각해 보려거든 브라운(1977), 놀(1983), 니이버(1951)를 보라. [더 시티즌] 잡지는 미국의 공공 정책과 가정에 관해 시종일관 기독교적인 시각을 잃지 않는다. 이 잡지는 [포커스 온 더 패밀리]에서 매월 받아 볼 수 있다. 공립 학교와 관련된 한 가지 중요한 사역은 "어머니의 손길"(Moms in Touch)로서, 자모들이 자발적으로 함께 모여 자녀가 다니는 학교를 위해 기도하는 모임을 말한다.

17 장. 교사들과의 동역(사람 중심)

1. "천부적"(giftedness)이라는 말에는 영적 은사뿐만 아니라 타고난 재능의 의미도 담겨 있다. 두 가지 모두 하나님께서 당신의 영광을 위해 주신 것이다(골 3: 17/약 1:17).
2. 교회 지도자의 주요 기능 중의 하나는 바로 인도(leading: "지도하다", "다스리다", 딤전 5:16)하는 일인 것으로 볼 때, 하나님께서 주신 바 이 일에 적합한 재주로는 어떤 것이 있는가? 롬 12:8은 "다스리는" 은사에 대해 말한다. 여기서 사용된 단어는 딤전 3:5("사람이 자기 집을 다스릴 줄 알지 못하면 어찌 하나님의 교회를 돌아보리요")과 딤전 5:17("잘 다스리는 장로들을 배나 존경할 자로 알라")에도 나온다. "다스림의 은사"라는 이 어구는 고전 12:28에도 사용되었다. "다스림"(administration)이라는 말은 여기 외에는 헬라어 신약성경 다른 어느 부분에서도 사용되지 않는다. 관련된 단어가 행 27:11에서 '선장'을 뜻하는 말로 사용되기는 했지만 말이다. 여기서 은사라는 말이 두 가지의 뚜렷이 구별되는 의미로 사용된다고 할진대, "리더십"의 은사에는 사람들을 감독하고 돌보는 일이 포함될 것이고, "다스림"의 은사는 더 기술적이고 논리주의적인 전문적 기술을 뜻하는 말이라 해야 할 것이다.
3. 기독교 세계관은 문화에 대해 건전한 회의주의를 견지하는데, 이는 곧 변화에 대해 열린 태도를 갖는다는 것이다.

> 허버트 슈나이더(Herbert Schneidau 1976)는 서구 문명이 변화에 대해 개방적이고 어떤 제도나 사상이든 영원한 것으로 받아들이기를 거부하는 태도, 우리의 지적(知的) 유산으로 영양을 공급받은 그 비판적 탐구 정신은 바로 성경으로부터 직접적으로 영향을 받은 것이라고 주장한다. 슈나이더는 말하기를, 신화적 문화는 그 종교 체계에 의해 전적으로 통합되고 인준된다고 한다...왕과 왕의 법이 정당한지 어떤지를 판단할 수 있는 초월적 도덕법의 개념조차 없다는 것이다.
> 그런 사회들은 변화에 저항하는 뚜렷한 특징이 있다. 뉴기니의 어떤 부족들은 아직도 석기 시대 조상들의 행습을 답습하고 있다...이와 반대로 우리 서구 문명은 겨우 이천여 년, 겨우 백여 년, 겨우 십여 년 동안에 엄청나게 변화해 왔다. 그 이유는 바로 성경이라고 슈나이더는 말한다. 성경의 영향을 받는 사회는 정부가 신성하며 사회는 거룩하다고 믿는 게 도저히 불가능하다는 것이다. 인간이 만든 제도는 저절로 신성한 것이 될 수 없다. 사회 체제를 초월하는 도덕법이 있다. 왕이라 해도 하나님의 법에 따라야 한다. 오직 하나님 한 분만이

영원하고 거룩하시다. 다른 모든 것은 다 일시적인 것들이고 또 변화한다. 하나님의 법과 상충될 경우, 그런 것들은 변화할 수밖에 없는 것이다(바이스 1987, pp. 70-71).

4. 커크패트릭이 말하는 세 번째 개념, 즉 "서로를 이해하게 하는 의사소통"은 "적극적 참여" 항목에서 다뤄진다.
5. 다음의 목록들은 유사한 네 가지 요소로 그 사람의 사교 스타일을 알 수 있다는 입장에 근거한 것들이다. 1)퍼스널 프로필 시스템(DiSC)은 칼슨 학습 회사에서 발간한, 자기가 직접 점수를 매기는 20페이지 짜리 설명서로서 다음 주소에서 배포하고 있다. Charles E. Fuller Institute of Evangelism and Church Growth, P.O.Box 91990, Pasadena, CA 91109, (800) C-FULLER. 2)사교 유형(Social Styles)은 PC로 점수를 매기며, 다음 주소에서 구입할 수 있다. University Associates, 8517 Production Avenue, San Diego, CA 92121, (619) 578-5900. 3)사교 유형 프로필(Social Style Profile)은 컴퓨터가 사교성을 채점하는 조사표로서, Tracom Corp., 3773 Cherrry Creek North Drive, West Tower, Suite 950, Denver, CO 80209, (800) 221-2321에서 구할 수 있다.
6. 이 네 가지 행동 유형에 관해 더 알기 원하면 메릴과 레이드(1981), 볼튼과 볼튼(1984)을 보라. 기독교적 관점에서 씌어진 것으로는 필립스(1989), 버지스와 브라운드(1989), 스몰리와 트렌트(1990), 퍼킨스와 쿠퍼(1989)를 보라. 스몰리와 트렌트는 네 가지 동물 이름을 사용하고 있다. 어떤 스타일이 자신의 관점을 가장 잘 표현하고 있는지를 알려면 필립스(1989)의 책 제 2장에 실린 간단한 테스트를 받아보라.
7. 답:비버(3), 골든 리트리버(4), 사자(2), 수달(1). 이 밭 전(田)자 구도를 이해하게 되면, 여러 학습자들을 교사에게 계속 주목시키기 위해 교사가 알아야 할 요소들이 무엇인지에 관해 그들에게 한 모델을 안내해 줄 수 있다. 예를 들어 충동형의 교사는(수업 초기에) 수업 목표가 무엇인지를 알아야 할 뿐만 아니라 수업 방식이 그 목표에 어떻게 부합되는지도 알아야 한다. 표현형의 교사는 이야기와 예화를 즐겨 사용하며, 상냥형의 교사는 교사 자신의 체험에 관한 개인적 논평이 아이들에게 얼마나 흥미를 주는지 그 진가를 알고 있으며, 분석형 교사는 일반적 명제나 원리의 사실적 본체를 학생들에게 알려 주는 데 진력한다.
8. 교인들(대 비교인들)의 의견은 배타적으로는 아니더라도 진지하게 고려되어야 한다. 교인이 아닌 사람들도 교회 문제에 대해 소중한 통찰력을 제공해 줄 수 있다.
9. 행 15장에 기록된 공의회의 예에서 이런 신중한 태도를 엿볼 수 있다. 모든 관점들이 다 개진되었다(즉, 회심한 바리새인들과 이방인 신자들의 생각까지도 바울이 대신 전해 주었다). 이 공의회에서는 예루살렘 교회의 존경을 받는 전문가들(즉, 바나바와 야고보)의 의견뿐만 아니라 관련 성경 말씀에 정통한 전문가들의 입장도 발표되었다. 그리하여 사도들과 장로들과 교회는 그 문제에 관해 마침내 의견 합일에 이를 수 있었다. 안디옥 교회는 서신(즉, 과업적 요소)을 통해 이 동의안(同意案)에 대한 소식을 들을 수 있었으며, 이 서신은 예루살렘 교회와 안디옥 교회 두 곳 모두의 존경을 받는 주도적 인물들(즉, 관계적 요소)에 의해 전달되었다.
10. 제직 수가 많은 상황에서 목회자가 이 일에 어떻게 함께 사역할까에 관한 실제적 논의로서는 샬러(1980), 웨스팅(1985)을 보라.
11. 이 단락은 전에 발행된 글(아이슬러 1989)을 수정한 것이다.
12. 처음 다섯 가지 지침 역시 잠재적 일꾼 확보를 위한 중요한 암시를 담고 있다. 이 다섯 가지 원리를 시행하면 잠재적 일꾼들은 자신들이 어떤 지원을 받을 수 있고 어떤 자료를 사용할 수 있으며 또 교회가 자신들에게 기대하는 것이 무엇인지 깨닫는 데 도움이 된다.
13. "믿든지 말든지 자유지만, 어떤 사람의 은사가 무엇인지 알아내는 가장 쉬운 방법은 그 사람이 주로 어떤 일을 비판하는지를 살펴보는 것이다!"(조지 1982, p. 84. 강엘 1989, p. 318에 인용됨).
14. "영적 은사" 목록은 다음 주소에서 구할 수 있다. Charles E. Fuller Insti- tute of Evangelism and Church Growth,

P.O.Box 91990, Pasadena, CA 01109. 수신자 부담 전화 1-800-C-FULLER. 54가지의 선천적 재능 목록인 "재능 발견 지침(The Talent Discovery Guide)"은 IDAK, 7931 N.E. Halsey, Portland, OR 97213, (503) 252-3495로 연락하라.
15. 리차즈와 마틴(1981)은 자신들 저서 8장과 12장에서 이 개념을 설명하고 있다.
16. 신자가 다른 신자의 조언이나 확증하는 말을 귀담아 듣지 않을 경우에는 하나님께서 책망을 통해 그에게 말씀하실 수도 있다. 리차즈와 마틴의 책(1981, pp. 274-75)에 실린 하비 이야기를 보라.
17. 부록 H에 사역 형편을 기록하는 문서들은 어떤 것인지 그 예가 나와 있다.
18. "교회를 자유롭게 한다(unleashing the church)"는 이 개념은 틸러포(1982)가 말한 것이다. 교회 유아부 같은 어떤 기본적이고 필수적인 사역들은 완전히 "자유롭게" 될 수 없다. 하지만 유아부의 혁신적인 전도 방법은 이 개념을 충족시킬 수 있다.
19. 이 주제를 더욱 상세하게 다룬 글로는 러시(1983, 제 12장)를 보라.
20. 예를 들어 리로이 포드의 [티칭과 트레이닝 설계: 혼자서 공부하는 수업 계획 지침서(Design for Teaching and Training:A Self-Study Guide to Lesson Planning, Nashville:Broadman, 1978)]는 특별히 주일학교 교사들을 위한 자료이다. Walk Thru the Bible Ministries는 신구약 역사를 기억하기 쉽게 개관해 주는 두 개의 세미나를 후원하고 있다(61 Perimeter Park, N.E., Atlanta, GA 30341, (404)458-9300).
21. 청년 사역에 도움이 되는 상담 서비스로 유사교회 단체인 선라이프(Sonlife)가 있다. 자신들의 사역에 대해 이들이 하는 말, 즉 "비교적 젊은 이 지도자 세대를 복음화와 제자도라는 성경적 전략으로 훈련시키는 것"이라는 말은 이들이 구체적으로 어떤 의무를 지고 있는지 상세히 알려 준다. 이 단체는 무디 성경 연구소와 10여 년 간 직접적인 연관 관계를 맺어 오다가 최근 사역의 초점을 확장시키기로 했다. 이 글을 쓸 즈음, 미국 내 열 개의 주요 교단들이 선라이프와 특별 결연을 맺었다. 이런 동역 관계 내에서 선라이프는 리더십 트레이닝과 각 교단을 상대로 동원 활동을 위한 장기적 계획을 세운다. 매해마다 3년 단위의 사역 비전을 평가하고 구체적 목표 설정을 통해 이 비전을 실현해 나간다. 상세한 내용은 Sonlife, 1119 Wheaton Oaks Court, Wheaton, IL 60187로 알아보라.
22. 잠재적 일꾼들을 발굴해 내기 위한 창조적 전략에 대해서는 몇 권의 책들이 개요하고 있다. 이를테면 센터(1990)를 보라.

18장. 사역 프로그램의 설계(사역 중심)

1. 도전: 우리는 문화와 관련된 창조적인 방법론에 대해 판단하는 것을 유보해야 한다.
2. 우리의 차바퀴 구도는 계획 수립 과정에 대한 전통적 이해를 수용한 것이다. 이런 접근 방법은 복음적인 교육자들에 의해 사용되었다("교육 주기"에 대해 LeBar 1968, p. 27; Getz 1974, p. 250; Gangel 1989, p. 38을 보라). 이 개념을 현대적으로 사용하는 것에 주목한 점에 대해 로버트 래드클리프(Robert Radcliffe: LeBar의 전 학생 중 한 명)에게 감사한다.
3. 처음에 신자들은 가난한 사람들에게 나눠주기 위해서 사도들에게 금전을 갖고 왔다(행 4:34-35,37; 5:2을 보라).
4. 강겔(Gangel)은 크리스천 교사들이 이러한 기독교적 세계관을 개발해야 할 필요성을 인식했다.

> 이 책의 전제조건은 이중(二重)의 가정에 있다. 즉, 크리스천 교사는 비이성적인 시대에 있어서 합리성을 위한 우리의 최고의 희망이다. 그리고 그러한 크리스천 교사들은 이와 같은 시대에 있어서 지도자에 대한 도전에 부

응하기 위해서 최고로 개발되고 온전히 성화된 마음의 소유자여야 한다. 이러한 마음은 신앙과 학습이라는 지속적인 성경적 완성의 과정으로 조율되는데, 이것은 만족스러운 전달이라는 경계선 훨씬 밖까지 뻗어나가는 영적이고 학문적인 헌신을 말한다(1988, p. 74).

5. 의사 결정자들과의 사역에 대한 개념은 패턴(Patton 1978)에 의해 개발되었다.
6. 이 특별한 개괄은 단 무어(Don Moore)에 의해 개발된 것을 수정한 것이다. 어떻게 조사하고 면담하는지에 대해 좀더 알기 원하면, 서드맨과 브래드번(Sudman and Bradburn 1982)과 고든(Gorden 1980)을 보라. 교육 평가 요령에 관한 정보를 보려면, 워든과 샌더스(Worthen and Sanders 1987)를 보라.
7. 우리가 쓰는 영어 단어 "집사"(deacon)는 기본적으로 '식탁에서 시중드는'(diakoneo; 행 6:2)이라는 뜻을 가진 헬라어 동사를 음역한 것이다. 누가복음 22장 27절에 나와 있는 명사형의 용례와 비교해 보라.
8. 성경을 통해서, 우리는 하나님이 먼저 사람들에게 합당한 자격을 부여하심으로써 새로운 형태의 사역을 시작하시는 것을 볼 수 있다(예: 출 18:17-23의 모세와 사사들, 출 31:1-6의 성막 기술자들, 레 21-22장의 레위 지파 제사장들, 딤전 3장; 딛 1장의 교회 지도자들).
9. 프로그램과 과정을 고안하는 데 있어서의 원리에 대해 더 알기 원하면, 포스너와 루드닛스키(Posner and Rudnitsky 1989)를 보라. 기독교적 관점에서 쓰여진 자료를 보려면, 콜슨과 릭던(Colson and Rigdon 1981)을 보라. 교회의 교육적 사역은 언제나 비형식적 교육 형태를 취하는데, 그것은 삶을 영위하는 기술, 즉 기능적인 강조점에 초점을 두기 때문이다.
10. 어떤 사람들은 이 단계의 특별한 과제에 대해 "커리큘럼 개발"이라는 용어를 사용한다. 이렇게 용어에 대한 광범위한 관점을 갖는 사람들은 이 단계와 앞서의 두 가지를 설명하기 위하여 이 용어를 사용한다. 즉, 프로그램의 목표와 프로그램의 개발, 그리고 자료 개발을 말한다.
11. 다른 목적에도 쓸모있는 다양한 교육 자료들을 이용할 수 있다. 어떤 커리큘럼은 기본적인 "교과서" 혹은 내용 중심적인 접근 방식을 따르고 있다. 그것들은 주로, 조금은 백과사전 같은, 하나의 정보 자료를 제공하는 도구로서의 역할을 한다. 그외 다른 것들은 학습에 관해 구체적인 도움을 주는 "학생용"이 있다(예: 학생 지침서). 한편 또 다른 자료들은 "교사용"이다. 이 자료들은 효과적인 교육법에 대한 제안들을 제공하는데, 일련의 세분화된 수업 계획들을 통해서 제공한다(예: 교사 혹은 지도자 지침서). 이런 자료들과 함께, 교사들은 많은 교육 방법 중에서 선택하는 것이다.
12. 소그룹 지도자들을 훈련하는 데 대한 유익한 도움말을 보려면, 맥브라이드(McBride 1990)를 보라.
13. 전략 A는 범주 2와 3을 사용하고, 전략 B는 범주 1과 어쩌면 2를 다룬다.
14. 그림 18.2의 다양한 사역과 책임에 대한 설명은 부록 1에 나와 있다.
15. 디모데전서 5장 17절은 오직 몇 사람의 장로들만이 교육 사역에 참여한 반면, 모든 장로들이 관리하는 기능("다스리는")을 갖고 있다고 말한다.
16. 전임의 직업적인 목사는 어떻게 이 구조와 조화될 수 있을까? 장로와 집사라는 하나의 이중 구조 속에서 목사직을 맡은 사람은 그들의 자격과 사역적 배경에 따라 당회의 회원(예: 장로들) 혹은 제직회의 위원(예: 집사들)으로서 이 양쪽의 자격을 갖는다. 예를 들어, 경험이 많은 목사는 예배와 설교를 관장하는 장로가 될 수 있을 것이다. 최근에 신학교를 졸업한 젊은 목사는 처음에는 청소년 사역에서 다른 집사들과 함께 집사로서 봉사할 수도 있을 것이다. 마침내 이 젊은 목사는 한 사람의 장로가 되고, 당회의 한 회원이 될 수 있는 자격을 갖추게 될 것이다.
17. 대부분의 기독교 교육위원회의 구성에 관해서는, 두 가지의 주요 선택 사항이 있다. (1) 전통적인 대표 위원회가 있는데, 여기에는 주요 교육 프로그램의 각 지도자들이 있다(예: 주일학교 감독, 육아실 책임자, 어린이 클럽 지도자, 청소년 클럽 지도자, 교회 사서 등). (2) 정책 입안 위원회가 있는데, 여기 회원들은 프로그램 지도자들이 아니며, 이들은 사역의

더 큰 부분을 감독한다(예: 유년부 담당자, 소년부 담당자, 청소년부 담당자, 장년부 담당자). 대표 위원회는 프로그램 지도자들 사이의 직접적인 의사소통은 허락하지만, 그러나 그런 토의는 전반적인 정책 문제보다는 세부적인 사항에만 초점을 맞추는 경향이 있다. 역시 "가장 삐걱거리는 바퀴가 가장 많은 기름을 소비한다." 정책 입안 위원회는 교육 사역에 있어서의 좀더 포괄적인 문제들에 관심을 둔다. 각 프로그램의 특정 문제 해결은 각 위원회 회원과 그 프로그램 지도자에 의해 처리된다.

18. "자발성"과 "능력" (1982년 허시와 블렌차드에 의해 사용된)의 개념에 대한 토의는, 제6장의 "소명적 발달" 부분에서 볼 수 있다. 감독 교사들에 대해 더 알고 싶으면, 글릭맨(Glickman 1985)을 보라.
19. 답안은 순서대로 작성되어야 하는데, 수직으로 F, E, C, D, A, G, B이다.
20. 정확한 결과는 다음과 같다. (1) 프로그램 평가와 요원 평가, (2) 프로그램의 문제들과 인력에 대한 필요, (3) 프로그램의 목적과 요원의 자질, (4) 프로그램 개발과 요원 모집, (5) 교육 자료 개발과 요원 훈련, (6) 준비된 요원에 의한 프로그램의 수행, (7) 프로그램 조정과 요원 감독. 그림 18.1을 보라.

19장. 갈림길에서

1. 전통적인 교육 환경에 있어서도 이론과 실제에 대한 균형잡힌 접근 방식을 창조해 내는 몇 가지 방법이 있다. 예를 들어, 청소년 사역에 있어서의 하나의 과정을 생각해 보라. 학생들에게 그 지역의 한 학교에서 반나절을 보내는 숙제를 내줄 수도 있을 것이다. 그들은 체육 시간, 점심 시간, 복도에서의 우연한 만남, 그리고 수업 시간과 같은 활동들을 체험할 수 있을 것이다. 학생들은 청소년에 대한 적절한 신학과 이론에 대한 읽기 과정을 통해 자신들의 "활동"을 비판할 수도 있을 것이다.
2. 앨리샤(Alicia)의 교육에 대한 열 가지 현실적인 대안은 혁신적 기독교 고등교육 모델에 대한 페리스(Ferris 1990)의 연구에서 인용된 것이다.
3. 다음의 부가적인 사례 연구를 검토해 보라. 이것은 그룬란과 메이어즈(Grunlan and Mayers 1979, p. 247)로부터 약간 수정된 것이다.

> 말레이안 섬에는 파도가 몰려와서 부딪쳤다가는 부서지고, 메리는 태평양 바다를 바라보며, 백사장의 바람에 흔들리는 종려나무 그늘 아래 앉아 있다. 그녀 옆에는 메리와 자기 나라 사람들의 전통에 대해 얘기를 나누며 아기에게 젖을 먹이고 있는 젊은 엄마가 앉아 있다.
>
> 해럴드는 아프리카 캐냐에 있는 한 오두막집 밖에 뜨겁게 내리쬐는 태양 아래 한 테이블에 앉아 있다. 종이 한 장과 연필을 가지고 그는 한 아프리카 청년에게 사람의 모습을 그려 달라고 부탁한다.
>
> 필립은 시카고 교실에서 누가 결석했는지를 적고 있다. 여느 날과 마찬가지로 그 날도 종일 그는 비언어적 행동을 마음속으로 기록한다. 그는 사회적인 상호 행동과 숙제의 특징을 포함해서 또한 다른 징후들을 관찰한다. 그의 가장 훌륭한 학생들 중 세 사람이 이 주간 매우 문제성이 있던 것으로 드러났다.
>
> 칼은 한 인디언의 결혼식을 보면서 열대성 우림의 개간지 끝자락에 앉아 있다. 그는 누가 어디에 앉아 있으며 누가 누구랑 얘기하는지를 자세하게 적고 있다.

메리, 해럴드, 필립, 칼, 그리고 린다가 공통적으로 한 행동은 무엇인가? 그들은 모두 그룬란과 메이어즈(1979, p. 247)에 따라 "인류학적 조사에 참가하고 있다". 그들은 모두 그들이 처한 환경의 특별한 요소들에 대해 민감성을 보이고 있다. 이러한 조사는 교육 철학을 이해하는 데 있어 아주 귀중한 것이다. 이것은 실습 학습에 적합한 문제들을 보여주는 경향이 있다.

4. 우리는 적절하게 복음을 전해야 한다. 우리가 적당한 도구를 갖지 않는 한, 우리는 다양하게 요구되는 필요에 대해 말할 수 없다. 우리는 훌륭한 관찰자가 되기 위해 훈련을 받아야 한다. 우리는 우리의 특별한 청중들에 대해 알아야 한다. 루이스(Lewis 1970, p. 94, 강조)는 이것을 이런 식으로 요약해서 말한다. "우리는 우리 청중들의 언어를 배워야만 한다. 나는 시작하면서 '보통 사람'들이 이해하지 못하는 것에 우선 순위를 두는 것은 소용없는 일이라는 것을 말하고 싶다. 당신은 체험으로 그것을 알아내야만 한다."

앤더슨(Anderson 1990, p. 134)은 하위 문화적인 필요들에 복음을 조화시키는 루이스(Lewis)의 원리들을 기초로 하여 실제적인 충고를 제공한다. "만약 기독교인들과 교회가 현대의 이방인들에게 접근하는 데 효과적이 되려면 우리는 그들에게로 가야 할 필요가 있다. 다른 말로, 우리는 복음의 출발점을 바꿀 필요가 있다. 우리는 우리가 있는 공간이 아닌, 그들이 있는 지점에서 시작할 필요가 있는 것이다.

5. 이 4중의 비교를 지적해 준 데 대해, 우리 목사들 중의 한 사람인 톰 모슬리(Tom Mosely)에게 감사한다.
6. 여기에 있는 유용한 식견에 대해 우리 학생 중의 한 사람인 마크 샌드버그(Mark Sandberg)에게 감사한다.
7. 이 문제에 있어서, 구약에 대한 참조 사항들이 바울의 긴 설교에서 현저하게 빠져 있다는 것은 주목할 만하지 않은가? 이와는 반대로, 바울은 그의 메시지에 확증을 세우기 위한 목적으로 이방 헬라의 저작들을 인용하고 있다.

따라서 브루스(Bruce 1959, p. 11, 강조)는 "우리가 전하는 예수가 언제나 동일하고 복음이 변하지 않는 한, 복음을 변호하기 위해 취하는 방법들은 호교론자들이 그 자신과 그가 대면하는 대중들을 발견하는 상황에 따라 다양해야 할 것이다"라고 결론을 내리고 있다.

8. 바클레이(Barclay 1970, p. 166, 강조)는 바울 설교의 몇 가지에 대해 언급하면서, 바울이 보여준 묘사 기술의 다섯 번째 특징을 부여한다.

> 바울에게 있어 전도 설교는 독백이 아니라 하나의 대화였다. 사실, 그것은 선포였는데, 그러나 양자택일의 선포는 아니었다. 그것은 선포에 설명과 변호를 더한 것이었다. 공회에서 행한 바울의 전도 설교의 특징적인 단어는 "강론하다"라는 말이었다. 바울은 다메섹, 데살로니가, 아덴, 고린도, 그리고 에베소 공회에서 강론했다 (행 9:22; 17:2, 17; 18:4; 19:8). 신앙은 선포되는 동시에 변호되었다. 신앙의 수용은 감정의 파도 위에서 된 것이 아니었으며, 처음부터 마음(mind)이 가슴(heart)만큼 충족되어야 했다.

9. 예를 들어, 누가복음 16장 1-13절의 지혜로운 청지기의 비유를 읽어 보라. 그리고 당신 자신에게 다음과 같은 질문들을 해보라. (1) 예수께서 "이 세대의 아들들이 자기 시대에 있어서는 빛의 아들들보다 더 지혜로움이니라"(8절하)라고 말했을 때, 그분이 의미한 것은 무엇인가? (2) 지혜로운 청지기로부터 대답하기 위해 우리 신자들이 배워야 하고, 그리고 배우지 말아야 할 것은 무엇인가? (3) 이 특별한 진리에 대한 예수의 비유를 확장해서, "이 세대의 아들들"에게서 배운다는 것은 무엇을 의미하는가?

10. 교육의 복잡성에 대한 사실적인 묘사를 보려면, 보우맨(Bowman 1990, pp. 9-10)을 보라. 그는 하나의 기독교적 교육 배경 안에서 세 명의 가공의 학생들의 내면 사고 과정과 반응에 특별히 초점을 맞추고 있다. 그는 다음과 같이 결론을 맺는다. "이렇게 기민한 학급 구성원들에게서, 이러한 모든 내적 반응은 1분에 약 450단어의 비율로 줄달음치고 있다. 한편, 교사가 매우 중요한 네 개의 요약된 문장을 말해 주면서, 잠깐 멈추어서 그림을 설명해 주는 것은 잘하는 것이다. 그리고 이번에는 각각의 묘사적인 부분들이 학습자의 반응을 좀더 촉진시켜 줄 것이다"(p. 10). 주의깊은 독자들은 그림들

을 사용하라는 충고가 학습의 여섯 가지 방법들 중의 하나인 동일시 학습에 의해 지지되었다는 것을 기억할 것이다.
11. 민스키(Minsky 1986, p. 17)의 서언에서 인용되었다.

부록 B. 탐구와 여과 필터를 위한 여러 분야의 증거들

1. 신(神)과의 교제라는 대응 주제는 제3장에 있는 제시에 중심을 두었다는 것을 기억하라.
2. 얀시(Yancey 1988, p. 253, 강조)에서 인용.
3. 이 사실은 사도행전 10장의 고넬료의 회심과 대응한다. 누가는 이 백부장을 "하나님께 항상 기도하는 경건하고 하나님을 경외하는"(2절) 사람이라고 부르고 있다. 이후, 고넬료가 구원을 경험하는 순간에, 베드로는 "각 나라 중 하나님을 경외하며 의를 행하는 사람은 하나님이 받으시는 줄 깨달았다"(35절).
4. 앤더슨(Anderson 1950/1975, p. 236)은 다른 종교를 통한 하나님의 은혜의 역사에 대한 질문에 직면한다. 그는 오직 그리스도 한 분 안에서 완전히 해결된 영원성의 추구에 대해 말한다. "내가 보는 바와 같은 '구원의 구조'는 다른 종교를 통해서가 아니라, 그보다는 오히려 그것은 자연과 진리인 모든 것(물론, 다른 종교 안에 있는 진리도 포함하여)에 부여하신 하나님의 일반 계시라는 기본 사실을 통해서이며, 그리고 우리 공통된 인간성에 있어서의 똑같이 기본적인 사실, 즉 하나님의 영 혹은 '우주적 그리스도'는 그들이 필요로 하는 어떤 것을 절실히 느끼게 한다."

    그의 제안에서, 앤더슨은 또한 다른 종교를 경험한 후에 그리스도를 믿은 사람들에 관해서 말한 뉴비긴(Newbegin 1969, p. 59, 강조)의 말을 인용한다. 뉴비긴은 다른 종교로부터 기독교로 전향한 많은 사람들의 체험에서 확인된 "지속성의 원리"를 논의한다. "이러한 개종은 급격한 단절을 의미하는 것이지만, 그러나 이후에는 종종 그들이 예수 믿기 전, 시련의 시기에 그들을 다루신 분은 살아 계시고 참되신 하나님이었다는 사실에 대한 강한 확신을 갖게 된다."
5. 머독(Murdock 1945)을 보라.
6. 스마트(Smart 1969, pp. 6-11)는 모든 종교들 안에 있는 비슷한 특성들에 대해 말한다. 스마트는 여섯 가지에 대해 부연 설명을 하는데, 바로 의식적, 신화적, 교의적, 윤리적, 사회적, 그리고 체험적인 면들을 말한다. 크래프트(Kraft 1979, pp. 84-89)는 인간의 경험과 필요의 네 가지 주요 부문을 지시한다. 이러한 것들은 마슬로우(Maslow 1954/1970)의 생리학적이고 심리학적인 관심사들과 같은 그러한 요소들을 포함한다. 크래프트는 그 네 가지를 생물학적, 심리학적, 사회문화적, 그리고 영적인 인간의 필요들로 분류한다.
7. 성숙한 신앙 발달에 대한 하나의 포괄적 연구 결과, 초월 개념은 성장에 있어 하나의 주목할 만한 중요한 요소라는 것이 밝혀졌다. [Faith Development in the Adult Life Cycle, (1987), Part 3, Module 2, p. 46을 보라]: "약 35%의 사람들이 성스러운 느낌 혹은 일상적인 것들이 특별하게 느껴지는 초월적인 순간을 체험한 사실에 대해 말했다. 이러한 것들은 한 사람이 자신 저편에 있는 어떤 힘이나 원천에 연결되었다고 느꼈을 때 갖게 되는, 기대하지 못했던 감동스러운 순간이었다. 이러한 순간들은 한 사람이 자연에 가까이 있었을 때, 혹은 음악이나 미술과 함께 하는 체험을 통해서 종종 발생했다. 남성이나 여성 모두 이런 경험들을 갖고 있었다."
8. 아레오바고에서의 바울의 경험은 파울러의 세 번째 구성 요소를 공언한다. "알지 못하는 신에게 바쳐진" 제단은 "가치와 힘을 공유한 중심(들)"에 대한 우주적인 흡인력에 대해 증명하는 것이다.
9. 크래프트(1979, p. 93)는 여섯 가지 자신의 가치들을 정리했는데, 다음과 같은 것에 대한 용이성들을 포함하고 있다. "(1) 우리가 무의식적으로 사용한 몇 가지 교육적인 기준을 발견하라. (2) 좀더 적절한 기준('적합하고' '타당한')을 사

용하는 것을 배우라. (3) 문화 전체보다는 문화의 구성 성분을 평가하는 것을 배우라. (4) 과제의 복잡성을 인식하라. (5) 우리가 평가할 때 우리가 문화적으로 편향될 수 있다는 가능성을 인식하라. (6) 평가 작업에 있어서 하나의 조심스럽고 겸손한 태도를 개발하라."

10. 크래프트(1979, p. 30)는 이 원리를 다음과 같이 말하고 있다. "예수께서는 자신의 청중 입장에서 기준과 모범의 변화를 향해 계속적으로 일하셨다. 그의 비유들은 규칙적으로 '천국은 이와 같으니...'라는 구절과 함께 소개되었다. 이 땅의 왕국 안에서 작용하는 한 왕국에 대한 전체적인 개념은 그것과 경쟁한다기보다는, 현저하게 다른 하나의 실제적인 모델이었다. 그의 청중들의 마음에 이미 자리잡고 있는 기준과의 상이성은, 그들이 그 기준을 이해하고 그들의 마음을 바꾸는 데 있어 그들이 겪었던 극단적인 어려움에 의해 증명되었다. 그런 다음 그 왕국을 제시함에 있어, 예수께서는 계속해서 겨자씨, 씨 뿌리는 자, 누룩, 보화, 그리고 진주 등과 같은 모델형(model-type) 유추를 계속 사용하셨다. 예수께서는 하나님을 '아버지'로, 그리고 그 자신을 '아들'로 제시하셨다. 이것은 히브리인들의 마음속에 있던 맏아들의 중요성에 근거한 하나의 강력하게 침투해 들어가는 모델이었다."

11. 크래프트(pp. 57-58)는 이런 설명을 덧붙인다.

예를 들어, 사도행전 14장 8-18절에 기록된 사건들 저변에 있는 가정들 사이에 있는 갈등을 주목해 보라. 바울과 바나바는 루스드라 성읍의 한 앉은뱅이를 고쳐 주었다. 루스드라 사람들은 오직 신들만이 이러한 일을 할 수 있다고 생각했기 때문에 이 사건을 둘러싸고 큰 소동이 일어났다. 그들은 어떤 일이 일어났는지를 보고, 바울과 바나바를 신이라고 생각하고 경배하며 그들에게 제사를 드리려고 했다. 사도들이 생각했던 것은, 물론 이 앉은뱅이 남자를 고쳐 줌으로써 그 곳에서의 그들의 증거를 힘있게 하려고 한 것이었다. 전형적인(기독교인이 아닌) 미국인들은 이러한 사건을 보고, 바울은 단지 한 사람의 훌륭한 심리치료학자였을 뿐이라고 생각하고 싶어 하는데, 왜냐하면 이들은 이러한 사건에 대해 하나의 자연적인(초월적이 아닌) 설명만을 가정하기 때문이다.

사도행전 28장 1절-6절에서, 우리는 루스드라 사람들의 생각과 비슷한 결론에 도달했던 멜리데 사람들을 볼 수 있다. 이 사람들 역시, 오직 신들만이 독사에게 물린 사람을 살려낼 수 있다고 생각했다. 이와 같은 사건을 보는 아메리카 사람들은 그들의 가정이 다를 것이기 때문에, 다시 하나의 다른 결론에 도달하게 될 것이다.

부록 C. 사람들에 대한 관점

1. 아담과 이브의 육체가 본래 불멸하는 것이었는지는 토의해 봐야 할 문제이다 (창 3:22를 보라).
2. 노아의 홍수 이전에는, 인간은 더 오래 살았었다. 아담과 므두셀라는 900세 이상을 살았다(창 5:5, 27). 현재의 한계는 기네스 기록에 의하면 120세 이하로 나타난다(참조. 시 90:10).
3. 군드리(Gundry 1987)는, "쏘마(soma)는 물질적인 몸을 말하는데"(p. 50), 오직 육체적인 몸을 말하는 것이라고 주장한다. 그는 이 용어는 절대로 사람 전체를 말하는 것이 아니라고 역설한다.
4. 이분적(2개의 요소: 몸과 영/혼), 그리고 삼분적(3개의 요소: 몸, 영, 혼) 관점은 그것들의 일치점(모두 인류학적 이원론을 지지한다)이 차이점보다 크기 때문에 함께 묶을 수 있을 것이다. 삼분적 관점은 인간의 비물질적인 면, 즉 혼과 영 사이에서 좀더 구분된다.
5. 사후의 "사멸-재생" 관점은 존재론적 일원론에 있어 오직 논리적으로만 방어할 수 있는 결론이며, 맥케이(MacKay

1980)와 레이켄바흐(Reichenbach 1983, 비록 그는 중간 상태를 지지하지 않지만)로 대표된다. 다른 관점, 즉 "중간 부활"은 죽음의 순간에 순간적인 "몸의 변형"을 말하고 있다. 이러한 특별한 관점은 앤더슨(Anderson 1982)과 해리스(Harris 1985)에 의해 지지되었으며, 그리고 캐리(Carey 1977)에게서 추론될 수 있을 것이다. 그러나 만약 존재의 지속성을 가정할 수 있다면, 이원론 형태의 어떤 것은 확인되어야 한다(Cooper 1989, pp. 180-85).

6. 일원론-이원론 논쟁은 뇌검사 결과로 인해 다시 한번 크게 대두되었다. 의식의 상태는 주로 뇌의 기능에 크게 의존한다는 것이 밝혀진 것이다. 뇌에 대한 전기적 자극과 어떤 화학 약품의 사용은 한 사람의 사고와 감정에 영향을 줄 수 있다. 이런 저런 연구 결과에 대한 반응으로, 맥케이(1980)와 마이어즈(Myers 1978)는 개인 특성에 대한 일원론적 관점을 선택했다.

사회과학적 관점에서 기독교적 이해 안에 있는 문제들에 대해 더 자세하게 다룬 것을 보려면, 밴 류웬(Van Leeuwen 1985, 제6장)을 보라. 철학적인 관점에서라면, 에반스(Evans 1981)와 모어랜드(Moreland 1987, 제3장)를 보라.

7. 다음의 내용은, 보수 침례교협회(Conservative Baptist Association)를 위해 한 신학교 교수 위원회가 준비한 45쪽 짜리 보고서로부터 인용된 것이다. 이것은 토론에 붙여졌던 주요 용어, 문제, 그리고 귀절들에 대해 비평하고 있다. 이 연구 보고서는 Western Seminary, 5511 S. E. Hawthorne Boulevard, Portland, OR 97215에서 구입할 수 있다.

8. 좀더 공부하기를 원하면, 온건 입장(아직 계급적 적용이 이루어지는 경향이 있다)을 대표하는 헐리(Hurley 1981)를 보라. 평등 입장을 대표하는 사람으로는, 빌레지키언(Bilezikian 1985)을 보라. 좀더 계급적인 제안을 하는 사람으로는 클라크(Clark 1980)을 보라. 여성에 대한 성직 수여는 관련성은 있지만, 그러나 별개의 문제이다.

부록 J. 예수의 사역에서 나타난 교육적 질문의 실제적인 범주들

1. 그의 초점은 영적 교제라는 주제에 있다.
2. 다음 부분은 델네이(Delnay 1987, PP. 74-83)의 일곱 범주들을 요약하고 수정한 것이다. 여기에 기록된 문장들과 함께, 다른 것들 가운데서도 특히 요한복음 8장 10절과 누가복음 24장 17절을 보라.
3. 델네이(1987, P. 75)는 말한다. "이런 경우, 주님은 교리를 언급하는 질문을 사용하셨다. 이 질문은 '네' 혹은 '아니오'의 답변을 이끌어내는 것처럼 보이는 한편, 또한 한 꾸러미의 의미를 전달한다. 한때 소경이었던 남자는 어떤 이해에 도달하게 되었는데, 바로 이 사람은 예수가 하나님의 사람인 것을 알게 되었던 것이다. 주님의 질문은 하나의 바위처럼 이 남자 위로 떨어졌는데, 경건이 한 가지 문제라면 신성은 훨씬 그 이상의 문제였던 것이다. 단순한 질문에 의해서 이러한 것이 소개되었다. 이 남자는 성실한 유대인이었기 때문에 그는 경외스러운 주장을 이해하고 그것을 받아들였다."
4. 델네이(P. 79)는 마태복음 16:8; 누가복음 12:26; 24:38; 요한복음 3:10-12; 4:35; 10:32; 11:26; 13:38; 16:31; 21:15-17; 그리고 특별히 21:22과 같은 대질적인 구절들을 열거한다.
5. 델네이(1987, P. 81)는 "우리 학생들 중 몇 명은 사실상의 질문 공세자일 수 있다. 다른 한편, 우리의 착실한 제자들 중 몇 명은 여전히 떨쳐 버리기 어려운, 그렇지만 비성경적인 사상들을 입수할 것이다. 이런 경우, 우리는 강의를 하지만, 그러나 우리의 고집센 학생들은 다만 그의 안전모의 끈을 조이기만 할 것이다. 그의 마음을 열어젖힐 수 있는 무슨 방법이 없을까? 그런 방법이 없다면, 그의 저항을 억제하는 무슨 방법은 없을까?"라고 기록했다.
6. 바울의 명령은 예수께서 말씀하신 "주는 자가 받는 자보다 복되도다"라는 유명한 원리와 직접적으로 연결되어 있다(같은 사도행전 20:35에서).

참고 도서

Adams, Jay E. 1989. From forgiven to forgiving. Wheaton, Ill.: Victor.
Aleshire, Daniel. 1988. Faithcare: Ministering to all God's people through the ages of life. Philadelphia: Westminster.
Allen, Ronald. 1985. Lord of song: The messiah revealed in the psalms. Portland, Oreg.: Multnomah.
Anderson, Leith. 1990. Dying for change. Minneapolis, Minn.: Bethany House.
Anderson, Morman. 1950, 1975. A Christian approach to comparative religion. In The world's religions, ed. Norman Anderson. 4th ed. London: InterVarsity.
Anderson, Ray. 1982. On being human: Essays in theological anthropology. Grand Rapids:Eerdmans.
Anderson Ray, and Dennis Guernsey. 1985. On being family: A social theology of the family. Grand Rapids: Eerdmans.
Ausubel, David. 1963. The psychology of meaningful verbal learning: An introduction to school learning. New York: Grune and Stratton.
____. 1968. Educational psychology: A cognitive approach. New York: Holt, Rinehart and Winston.
Bandura, Albert. 1977. Social learning theory. Englewood Cliffs, N.J.: Prentice-Hall.
____. 1986. Social foundations of thought and action: A social cognitive theory. Englewood Cliffs, N.J.: Prentice-Hall.
Barber, Lucie W. 1981. The religious education of preschool children. Birmingham, Ala.: Religious Education.
Barbour, Ian G. 1974. Myths, models and paradigms. New York: Harper and Row.
Barclay, William. 1964. New Testament words. Philadelphia: Westminster.
____. 1970. A comparison of Paul's preaching. In Apostolic history and the gospel, ed. W. Ward Gasque and Ralph P. Martin. Grand Rapids: Eerdmans.
Barna, George. 1990. The frog in the kettle: What Chirstians need to know about life in the year 2000. Ventura, Calif.: Regal.
Barth, Karl. 1961. Church dogmatics. Vol. 3. Edinburgh, Scotland: T. & T. Clark.Bartlett, Josiah. 1848. An inquiry into the degree of certainty in medicine, and into the nature and extent of its power over disease. Philadelphia: Lea and Blanchard.
Bateman, Walter L. 1990. Open to question: The art of teaching and learnig by inquiry. San Francisco: Jossey-Bass.
Bausch, William J. 1984. Storytelling: Imagination and faith. Mystic, Conn.: Twenty-Third.
Bellezza, Francis. 1981. Mnemonic de ices: Classification, characteristics and criteria. Review of Educational Research 51 (2): 247-75.
Bennett, Christine L. 1990. Learning styles: Interactions between culture and the individual. In Comprohensive multicultural education: Theory and practice. 2d ed. Boston: Allyn and Bacon.
Benson, Dennis C. 1985. Creative worship in youth ministry. Loveland, Calif.: Group Books.
Bertolini, Dewey. 1989. Back to the hert of youth work. Wheaton, Ill.: Victor.
Bilezikian, Gilbert. 1985. Beyond sex roles. Grand Rapids: Baker.
Bloom, Benjamin, et al. 1956. Taxonomy of educational objectives. Handbook 1: Cognitive domain. New York: David

McKay.

Bolton, Barbara, Charles T. Smith, and Wes Haystea. 1987. Everything you wanted to know about teaching children: Grandes 1-6. Ventura, Calif.: Regal.Bolton, Robert, and Dorothy Grover Jolton. 1984. Social styles management styles: Developing productive work relationships. New York: American Management Association.

Bonham, L. Adrienne. 1988. Learning style use: in need of perspective. Lifelong Learning: An Omnibus of Practice and Rrsearch 11 (5): 14-17, 19.

Bonhoeffer, Dietrich. 1963. The cost of discipleship. Rev. ed. New York: Macmillan.

Borgman, Dea. 1987. A history of American youth ministry In The complete book of youth ministry, ed. Warren S. Benson and Mark H. Senter, III. Chicago: Moody.

Borthwick, Paul. 1988. Youth and missions. Wheaton, Ill.: Victor.

Bowman, Locke E., Jr. 1990. Teaching for Chrisian hearts, souls, and minds: A constructive holistic approach to Christian education. San Francisco: Hprper and Raow.

Bridgeman, Diane L. 1983. The nature of prosocial development. New York: Academic.

Brilhart, John, and Gloria Galanes. 1989. Effective group discussion. 6th ed. Dubuque, Iowa: William C. Brown.

Bronfenbrenner, Urie. 1979. The ecology of human development. Cambeidge, Mass.: Harvard University Press.

Brookfield, Stephen D. 1987. Developing critical thinkers: Challenging adults to explore alternative ways of thinking and acting San Francisco: Jossey-Bass.

_____. 1990. Discussion. In Adult learning methods: A guide for effective instruction, ed. Michael W. Galbraith. Malabar, Fla.: Krieger.

_____. 1991. grounded teaching in learning. In Facilitationg adult learning, ed. W. Galbraith. Malabar, Foa.: Krieger.

Brown, Harold O. J. 1977. The reconstruction of the republic. New Rochelle, N.Y.: Arlington.

Brown, Lowell. 1986. Sunday school standards. Rev. ed. Ventura, Calif.: Gospel Light.

Bruce, F. F. 1959. the defence of the gospel in the New Testament. Grand Rapids: Eerdmans.

Brueggemann, Walter. Covenanting as human vocation. Interpretation 33 (2): 115-29.

Bruner, Jerome. 1977. The process of education. Cambridge, Mass.: Harvard University Press.

Buechber, Frederick. 1969. The hungering dark. San Francisco: Harper and Row.

_____. 1984. A room called remember. San Francisco: Harper and Row.

Bufford, Rodger. 1981. The human reflex: Behavioral psychology in biblical perspective. San Francisco: Harper and Row.

Burns, Jim. 1988. the youth builder. Eugene, Oreg.: Harvest House.

Bushnell, horace. 1916. Christian nurture. New Haven, Conn.: Yale University Press.

Buss, A. H., and R. Plomin. 1984. Temperament: Early developing personality traits. Hillsdale, N.J.: Erlbaum.

Buzzard, Lynn R., and Laurence Eck. 1982. Tell it to the church: Reconciling out of court. Elgin, Ill.: David C. Cook.

Campolo, Anthony. 1983. Ieas for social action. Grand Rapids: Zondervan.

Carey, George. 1977. I believe in man. Grand Rapids: Eerdmans.

Choun, Robert J. 1988. Teaching children. In The Christian educator's handbook on teaching: A comprehensive resource on the distinctiveness of true Chistian teaching, ed. Kenneth O. Gangel and Howard G. Hendricks. Wheaton, Ill.: Victor.

Christie, Les. 1987. nsung heroes: How to recruit and train olunteer youth workers. Grand Rapids: Zondervan.

Ciccheti, Dante, and Petea Hesse, ed.s 1982. Emotional development. New directions for child development, 16. San Francisco: Jossey-Bass.

Clark, Robert E., Joanne Brubaker, and Roy B. zuck, eds. 1986. Childhood education in the church. Rev. ed. Chicago: Moody.

Clark Stephen B. 1980. Man and woman in Chirst. Ann Arbor Servant.

Cole, Elbert C. 1981. Lay ministries with older adults. In Ministry with the aging, ed. William M. Clements, San Frnacisco: Harper and Row.

Coleman, Lucien E. 1984. Why the church must teach. Nashville: Broadman.

Colson, Howard, and Raymond Rigdon. 1981. Understanding your church's curriculum. Nashville: Broadman.

Conservative Baptist Seminaries. 1989. Women's minisry roles and ordination study packet. Portland, Ore.: Western

Seminary.
Cook, Stuart. 1988. Measurement and evaluation. In The Christian educator's handbook on teaching: A comprehensive resource on the distinctiveness of true Christian teaching, eds. Kenneth O. Gangel and Howard G. Hendricks. Wheaton, Ill.: Victor.
Cooper, John W. 1989. Body, soul, and life everlasting: Biblical anthropol9ogy and the monism-dualism debate. Grand Rapids: Eerdmans
Copeman, W. S. C. 1960. Doctors and diseases in Tudor times. London: Dawsons of Palll Mall.
Cornett, Clqudia. 1983. What you should know about teaching and learning styles. Bloomington, Ind.: Phi Delta Kappa Foundation.
Cosgrove, Mark. 1987. The amazing body human: God's design for personhood. Grand Rapids: Baker.
Cragoe, Thomas. 1987. An examination of the issue of infant salvation. Th.D. diss., Dallas Theological Seminary, 1987.
Curran, Dolores. 1983. Traits of a healthy family: Fifteen traits commonly found in healthy families by those who work with them. San Francisco: Harper and Row.
____. 1987. Traits of a healthy family. San Francisco: Harper and Row. (video, 55 min.)
____.1988. Traits of a healthy family study guide. San Francisco: Harper and Row.
Daily Watch. 1990. Wheaton, Ill.: Pioneer Clubs.
Davis, Robert H., Lawrence T. Alexander, and Stephen L. Yelon. 1974. Learning system design: An approach to the improvement of instruction. New York: McGraw-Hill.
Delling, G. 1972. Huperauxano. In Theological dictionary of the New Testament, vol. 5, ed. G. Friederich. Grand Rapids: Eerdmans.
Delnay, Robert G. 1987. Teach as He taught. Chicago: Moody.
Dickens, Charles. n.d. A tale of two cities. New York: Random House.
Diehl, William E. 1991. The Monday connection. San Francisco: Harper.
Dieter, Melvin, et al. 1987. Five views on sanctification. Grand Rapids: Eerdmans.
Dillon, J. T. 1987. Questionning and teaching: A manual of practice. New York: Teacher's College.
Dobson, James. 1974. Hide or seek. Old Tappan, J.J.: Revell.
____. 1982. Dr. Dobson answers your questions. Wheaton, Ill.: Tyndale.
Dockery, Karen. 1989. Combined efforts: A youth worker's guide to ministry to and through parents. Wheaton, Ill.: Victor.
Doud, Guy Rice. 1990. Molder of dreams. Pamona, Calif.: Focus on the Family.
Dpwms. (erru/ 1983. Child evangelization. Christian Education Journal 3 (2): 5-13.
Doyle, Walter, ed. 1990. The handbook of research on teacher educatio. New York: Macmillan.
Dunn, Rita, Jeffrey Beaury, and Angela Klavas. 1989. Survey of research on learning styles. Educational Leadership 46 (6): 50-58.
Dunn, Rita, and Kenneth Dunn. 1978. Teaching students through their individual learning styles: aA prctical appriach. Reston, Va.: Reston.
Dunn, Rita, and S. A. Griggs. 1988. Learning style: quiet revolution in American secondary schools. Reston, Va.: National Association of Secondary School Principals.
Duska, Ronald, and Mariellen Whelan. 1975. Moral development: A guide to Piaget and Kohlgerg. New York: Paulist.
Dworetzky, John. 1981. Introduction to child development. St. Paul, Minn.: Qwar.
Dykstra, Craig. 1990. Learning theory. In Harper's encyclopedia of religious education, eds. Iris V. Cully and Kendig B. Cully. San Francisco: Harper and Row.
Dykstra, Craig, and Sharon Parks, eds. 1986. Faith development and Fowler. Birmingham, Ala.: Religious Education.
Eisner, Elliot. 1985. The educational imagination. 2d ed. New York: Macmillan.
Dlias, Hohn\. 1983. Psychology and religious educatio. 3d ed. Malabar, Fla.: Robert E. Krieger.
____. 1986. Foundations and practice of adult religious education. Melbourne, Fla.: Robert Krieger.
Elkind, David. 1978. Understanding the young adolescent. Adoliscence 13: 127-34.
____. 1984. All grown up and no place to go. Reading, Mass.: Addison-Wesley.
Elkind, David, and Irving B. Weiner. 1978. Development of the child. New York: Wiley.

Ellis, C. Nelson. 1971. Where faith begins. Philadelphia: John Knox.
Enderlein, Cheryl. 1989. Searching together. Wheaton, Ill.: Pioneer Clubs.
Ericksen, Stanford C. 1984. The essence of good teaching. San Francisco: Jossey-Bass.
Erickson, Millard. 1985. Christian theology. Grand Rapids: Baker.
Erikson Erik. 1963. Childhood and society. 2d ed. New York: Norton.
____. 1968. Identity: Youth and crisis. New York: Norton.
____. 1982. The life cycle completed: A review. New York: Norton.
Evans, Stephen. 1981. Separable souls: A defense of minimal dualism. Southern Journal of Philosophy 19: 313-31.
Faith development in the adult life cycle. 1987. Prepared for the Religious Education Association of the United States and Canada, Minneapolis, Minn.
Farnsworth, Kirk. 1985. Whole-hearted integration: harmonizing psychology and Christianity through word and deed. Grand Rapids: Baker.
Ferris, Robert W. 1990. Renewal in theological education: Strategies for change. Wheaton, Ill.: Billy Graham Center, Wheaton College.
Festinger, Leon. 1957. A theory of cognitive dissonance. Stanford: Stanford University Press.
Fine, Marvin J. 1988. The second handbook on parent education: Contemparary perspectives. New York: Academic.
Fisher, Kurt, and Louise Silvern. 1985. Stages and individual differences in cofnitive development. Annual Review of Psychology 36: 613-48.
Fiske, Marjorie, and David A. Chiriboga. 1990. Change and contriving in adult life. San Francisco: Jossey-Bass.
Flavell, John J., and E. Markham, eds. 1983. Cognitive development. In Handbook of child psychology, ed. Paul Mussen. New York: Wiley.
Foltz, Nancy T., ed. 1986. Handbok of adult religious education. Birmingham, Ala.: Religious Education.
____. 1988. The context of wanting. In Does the church really want religious education? ed. Marlene Mayr. Birmingham, Ala.: Religious Education.
____, ed. 1990. Religious education in the small membership church. Birmingham, Ala.: Religious Education.
Ford, LeRoy. 1978. Design for teaching and training. Nashville: Broadman.
Fowler, James W. 1981. Stages of faith: The psychology of human development and the quest for meaning. San Francisco: Harper and Row.
____. 1984. Becoming adult, becoming Christian: Adult development and Christian faith. San Francisco: Harper and Row.
____. 1986. Faith and the structure of meaning. In Faith development and Fowler, ed. Craig Dykstra and Sharon Parks. Birmingham, Ala.: Religious Education.
____. 1987. Faith development and pastoral care. Philadelphia: Fortress.

Frankena, William K. 1965. Philosophy of education. New York: Macmillan.
Fromm, Erich. 1955. The sane society. New York: Rinehart.
Gaebelein, Frank. 1954. Patterns of God's truth. Chicago: Moody.
Gage, Nathan L., and David C. Berliner. 1988. Educational psychology. 4th ed. Boston: Houghton Mifflin.
Gagne, Robert. 1977. The conditions of learning. 3d ed. New York: Holt, Rinehart and Winston.
Galbraith, Michael W. 1991. The adult learning transactional process. In Facilitationg adult learning: A transactional process, ed. Michael W. Galbraith. Malabar, Fla.: Krieger.
Gangel, Kenneth O. 1974. 24 ways to improve your teaching. Wheaton, Ill.: Victor.
____. 1988. Biblical integration: The process of thinking like a Christian. In The Christian educator's handbook on theach, ed. Kenneth O. Gangel and Howard G. Hendricks. Wheaton, Ill.: Victor.
____. 1989. Feeding and leading: A practical handbook on administration in churches and Christian organizations. Wheaton, Ill.: Victor.
Gangel, Kenneth O., and Warren Benson. 1983. Christian education: Its history and philosophy. Chicago: Moody.
Geertz, Clifford. 1972. Religion as a cultural system. In Reader in comparative religion, ed. W. A. Lessa and E. A. Vogt. 3d ed. New York: Harper and Row.

George, Carl. 1982. Recruitment's missing link. Leadership.
Getz, Gene. 1974. Sharpening the focus of the church. Chicago: Moody.
Glatthorn, Allan. 1987. Curiculum leadership. Glenview, Ill.: Scott, Foresman.
Glickman, Carl. 1985. Supervision of instruction: A developmental appriach. Boston: Allyn and Bacon.
Godin, A. J., ed. 1965. From religious experience to a religious attitude. Chicago: Loyola University Press.
Goldschmidt, Walter. 1966. Comparative functionalism. Berkeley: University of California Press.
Goldsmith, H. H. 1983. Genetic influences on personality from infancy to adulthood. Child Development 54: 331-55.
Goldsmith, H. H., et al. 1987. Roundtable: What is temperament? Four approaches. Child Development 58: 505-29.
Goleman, D. 1986, December 2. Major personality study finds that traits are mostly inherited. New York Times, 17-18.
Gonzales, Arturo F., Jr. 1987, February. Giving a sucker an even break. MD: 65-69.
Gorden, Raymond. 1980. Interviewing: Strategies, techniques and gactics. Homewood, Ill.: Dorsey.
Gribbon, Robert T. 1990. Developing faith in young adults. New York: Alban Institute.
Griffin, Em. 1982. Getting together: A guide for good groups. Downers Grove, Ill.: InterVarsity.
Groome, Thomas H. 1980. Christian religious education: Sharing our story and vision. San Francisco: Harper and Row.
_____. 1991. Sharing faith: A comprehensive approach to religious education and pastoral ministry. San Francisco: Harper and Row.
Grunlan, Stephen A., and Marvin K. Mayers. 1979. Cultural anthropology: A Christian perspective. Grand Rapids: Zondervan.
Guernsey, Dennis. 1982. A new design for family ministry. Elgin, Ill.: David C. Cook.
Gundersen, Bev, and Linda Kondracki. 1991. junior electives: Teaching kids how to live in today's world. Elgin, Ill: David C. Cook.
Gundry, Robert. 1987. Soma in biblical theology, with an emphasis on Pauline anthropology. Grand Rapids: Zondervan.
Habermas, Ronald T. 1985. Even what you don't say counts. Christian Education Journal 5 (2): 24-27.
_____. 1987, August 7. Gray matters. Christianity Today: 23-25.
_____. 1989, Spring. Speaking in a language your family will hear. Christian Education Today 41 (2): 24-26.
_____. 1990, Summer. Three distinctives of adolescent learning. Youthworker 7 (1): 70-73.
_____. 1990. An examination of teaching paradigms: Three dialogical approaches which strengthen traditional androgogical practice. Christian Education Journal 10 (2): 47-54.
Hadidian, Alan, et al. 1989. Creative family times: Practical activities for building character in your preschooler. Chicago: Moody.
Hall, Ecward T. 1059. Silent language. Greenwich, Conn.: Fawcett.
Hamilton, Ben. 1991. Kung-Fu conflict. Sky 20 (9): 92, 100.
Harris, Murray J. 1985 Raised immortal: Resurrection and immortality in the New Testament. Grand Rapids: Eerdmans.
Harrow, A. 1969. A taxonomy of the psychomotor domain: A guide for developing behavioral objectives. New York: David McKay.
Harner, Nevin C. 1939. The educational work of the church. New York: Abingdon-Cokesbury
Harper, Norman E. 1091 Making disciples: The challenge of Christian education at the end of the 20th century. Memphis: Christian Studies Center.
Hauerwas, Stanley. 1985. Spring. The family as a school for character. Religious Education 80: 272-85.
Hawley, Gwen. 1988. Measures of psychosocial development. Odessa, Fla.: Psychological Assessment Resources.
Hayes, Edward. 1986. Evangelism of children. In Childhood education in the church, ed. Robert E. Clark, Joanne Brubaker, and Roy B. Zuck. Chicago: Moody.
Haystead, Wes. 1974. Teaching your child about God: You can't begin too soon, Ventura, Calif.: Regal.
_____. 1989. Everything you wanted to know about teaching young children: Birth-6 years. Ventura: Calif.: Gospel Light.
Heinecken, Martin J. 1981. Christian theoloOgy and aging, ed. William M. Clements. San Francisco: Harper and Row.
Hendricks, Howard G. 1987. Teaching to change lives. Portland, Oreg.: Multnomah.
Hersey, Paul, and Ken Blanchard. 1982. Management of organizational behavior: Utilizing human resources. 4th ed.

Englewood Cliffs, N.J.: Prentice-Hall.
Hershey, Terry. 1986. Young adult ministry. Loveland, Colo.: Group.
Herx, Henry, and Tony Zaza, eds. 1988. The moral and entertainment values of 7500 movies on TV and video cassettes. New York: Crossroads/Continuum.
Hesse, Petra, and Dante Ceccheti. 1982. Perspectives on an integrated theory of emotional development. In Emotional development, ed. Dante Ciccheti and Petra Hesse. New Directions for Child Development, 16. San Francisco: Jossey-Bass.
Hesselgrave, David J. 1979. Communicating Christ cross-culturally. Grand Rapids: Zondervan.
Hiebert, Paul G. 1976, 1983. Cultural anthropology. 2d ed. Grand Rapids: Baker.
____. 1985. Anthropological insights for missionaries. Grand Rapids: Baker.
Hoekema, Anthony. 1986. Created in God's image. Grand Rapids: Eerdmans.
Hoffman, Martin. 1977. Personality and social development. Annual Review of Psychology 28: 259-331.
Holmes, Arthur. 1977. All truth is God's truth. Grand Rapids: Eerdmans.
____. 1991. Shaping character: Moral education in the Christian college. Grand Rapids: Eerdmans.
Horne, Herman Harrell. 1982. Teaching techniques of Jesus: How Jesus taught. Repr., Grand Rapids: Kregel.
House, H. Wayne, ed. 1988. Schooling Choices: An examination of private, public, & home education. Portland, Oreg.: Multmomah.
Houston, James. 1989. The transforming friendship: A guide to prayer. Oxford: Lion.
Hunt, Gladys. 1978. Hone for a child's heart: The imaginative use of books in family life. Grand Rapids: Zondervan.
Hunter, Madeline. 1982. Mastery teaching. El Segundo, Calif.: TIP.
Hurley, James. 1981. Man and woman in biblical perspective. Grand Rapids: Zondervan.
Hygels, Bill. 1987. Who are you when no one's looking? Downers Grove, Ill.: InterVarsity.
Hyman, Ronald. 1974. Ways of teaching. 2d ed. Philadelphia: Lippincott.
Ingle, Clifford, ed. 1970. Children and conversion. Nashville: Broadman.
Issler, Klqus. 1987. A conception of excellence in teaching. In The best in theology, ed. J. I. Packer. Carol Stream, Ill.: Christianity Today.
____. 1989, Fall. Recruiting and retaining volunteer staff. Christian Education Today 41 (4): 6-9.
____. 1990. Nurturing marriage and family life. Christian Educational Journal 10 (2): 75-85.
____. Forthcoming. Conscience: Moral senitivity and moral reasoning. In Christian perspectives on being human: A multidisciplinary approach, ed. J. P. Moreland and David Ciocchi. grand Rapids: Baker.
Issler, Klaus, and Ted W. Ward. 1989. Moral development as a curriculum emphasis in American Protestant theological education. Journal of Moral Education 18 (2): 131-43.
Jaarsma, Cornelius. 1964. The learning process. In An introduction to evangelical Christian education, ed. J. Edward Hakes. Chicago: Moody.
Jackson, Philip. 1986. The practice of teaching. New York: Teacher's College Columbia.
Jesxhke, Marlin. 1983. Believers baptism for children of the church. Scottdale, Pa.: Herald.
Jewett, A., and M. Mullan. 1977. Movement process categories in physical education in teaching-learnign. In Curriculum design: Purposes and precedures in physical education teaching-learning. Washington, D.C.: American Alliance for Health. Physical Education and Recreation.
Jewett, Paul K. 1978. Infant baptism and the covenant of grace. Grand Rapids: Eerdmans.
Jones, Stephen D. 1987. Faith shaping. Rev. ed. Valley Forge. Pa.: Judson.
Joy, Donald. 1985. Bonding: Relationships in the image of God. Waco, Tex.: Word.
____. 1986. Why reach and teach children? In Childhood education in the church, ed. Robert E. Clark, Joanne Brubaker, and Roy B. Zuck. Chicago: Moody.
Joyce, Bruce, and Marsha Weil. 1986. Models of teaching. 3d ed. Englewood Cliffs, N.J.: Prentice-Hall.
Justice, William G., Jr. 1980. Guilt and forgiveness. Grand Rapids: Baker.
Kagan, Jerome. 1972. A conception of early adolescence. In Twelve to Sixteen: Early Adolescence, ed. Robert Coles et al. New York: Norton.
Kane, J. Herbert. 1981. The Christian world mission: Today and tomorrow. Grand Rapids: Baker.

Keesing, R. M., and F. M. Keesing. 1971. New perspectives in cultural anthropology. New York: Holt, Rinegart and Winston.
Kegan, Robert. 1982. The evolving self: Problem and precess in human development. Cambridge, Mass.: Harvard University Press.
Keillor, Garrison. 1987. Leaving home. New York: Viking.
Keller, John. 1987. Development and use for the ARCS model of instructional design. Journal of Instructional Development 10 (3): 2-10.
Keyes, Ralph. 1976. Is there life after high school? New York: Warner.
Kibler, R., L. Barker, and D. Miles. 1970. Behavior objectives and instruction. Boston: Allyn and Bacon.
Kimball, Don. 1987. Power and presence. San Francisco: Harper and Row.
King, Lester. 1991. Transformations in American medicine: From Benjamin Rush to William Osler. Baltimore: Johns Hopkins University Press.
Kirkpatrick. Donald. 1986. How to manage change effectively: Approaches, methods and case studies. San Francisco: Jossey-Bass.
Kneller, George F. 1971. Introduction to the philosophy of education. 2d ed. New York: Wiley.
Knight, George R. 1980. Philosophy and education: An introcuction in Christian perspective. Berrien Springs, Mich.: Andrews University Press.
Knowles, Malcolm S. 1980. The modern practice of adult education: From pedagogy to andragogy. Rev. ed. Englewood Cliffs, N.J.: Prentice-Hall.
Kohlberg, Lawrence. 1981. The philosohy of moral development. San Francisco: Harper and Row.
____. 1984. Essays on moral development, vol. 2, The psycholo9gy of maral development. San Francisco: Harper and Row.
Kohlberg, Lawrence, Charles Levine, and Alexandra Hewer. 1983. Moral stages: A current formulation and a esponse to critics. Basel, Switzerland: Karger.
Kohlenberger, John. 1987. Words about the Word. Grand Rapids: zondervan.
Kolb, David. 1984. Experiential learning: Experience as the source of learning and development. Englewood Cliffs, N.J.: Preneice-Hall.
Koons, Carolyn, and Michael J. Anthony. 1990. Single adult passages: Uncharted territories. Grand Rapids: Baker.
Koteskey, Ronald L. 1987. Understanding adp;escemce/ Wheaton, Ill.: Victor.
Kraft, Charles H. 1979. Christianity in culture. Maryknoll, N.Y.: Orbis.
Krathwohl, David, Benjamin Bloom, and Bertram Masia. 1964. Taxonomy of educational objectives—The classification of educational goals. Handbook II: Affective domain. New York: David McKay.
Kuhmerker, Lisa. 1991. The Kohlberg legacy for the helping professions. Birmingham, Ala.: R.E.P.
Kurtines, William M., and Jacob L. Gewirtz, eds. 1987. Moral development through social interaction. New York: Wiley.
Kwast, Lloyd E. 1981. Understanding culture. In Perspectives on the world Christian movement, ed. R. D. Winter and S. C. Hawthorne. Pasadena, Calif.: William Carey Library.
Ladd, George. 1974. A theology of the New Testament. Grand Rapids: Eerdmans.
Larrick, Nancy. 1975. A parent's guide to children's reading. 4th ed. New York: Bantam.
Laurent, Robert. 1988. Keeping your teen in touch with God. Elgin, Ill.: David C. Cook.
LeBar, Lois E. 1968. Focus on people in Christian education. Oled Tappan, N.J.: Revell.
____. 1958, 1981. Education that is Christian. Old Tappan, N.J.: Revell.
Ledbetter, Mark. 1991. An evaluation of the construct validity of the Measures of Psychosocial Development using the normative sample: A confirmatory factor approach. Psy.D. diss., George Fox College.
Lee, James Michael. 1985. The content of religious instruction. Birmingham, Ala.: Religious Education.
____, ed. 1990. Handbook of faith. Birmingham, Ala.: Religious Education.
LeFever, Marlene. 1985. Creative teaching methods. Elgin, Ill.: David Cook.
____. 1991, Fall. Only children. Teacher Touch. Elgin, Ill.: David C. Cook.
Leman, Kevin. 1987. Smart kids, stupid choices. Ventura, Calif.: Regal/Gospel Light.

Levin, Michael. 1990, March. Can ethics be taught. Reader's Digest: 113-14.
Levinson, Daniel J. 1978. The seasons of a man's life. New York: Ballantine.
Lewis, C. S. 1950. The lion, the witch and the wardrobe. New York: Macmillan.
____. 1956. The last battle. New York: Macmillan.
____. 1959. Surprised by joy. London: Fontana.
____. 1970. Christian apologetics. In God in the dock, ed. Walter Hooper. Grand Rapids: Eerdmans.
____. 1975. The weight of glory and other addresses. New York: Macmillan.
Lewis, Gordon R., and Bruce A. Demarest. 1987. Integrative theology, vol. 1, Knowing ultimate reality, The living God. Grand Rapids: Zondervan.
____. 1990. Integrative theology, vol. 2, Our primary need, Christ's atoning provisions. Grand Rapids: Zondervan.
Lewis, Harold E. 1987, February. L'Amour on education. Clearing House 60 (6): 261-62.
Leypoldt, Martha. 1967. 40 ways to teach in groups. Valley Forge, Pa.: Judson.
____. 1971. Learning is change: Adult education in the church. Valley Forge, Pa.: Judson.
Lickona, Thomas. 1983. Raising good children: Helping your child through the stages of moral development. New York: Bantam.
Lifton, Robert Jay. 1971. History and human survival. New York: Vintage.
Lingenfelter, Sherwood. 1992. Transforming culture: A challenge for Christian mission. Grand Rapids: Baker.
Lingenfelter, Sherwood, and Marvin Mayers. 1986. Ministering cross-culturallly: An incarnational model for personal relationships. Grand Rapids: aker.
Little, Sara. 1983. To set one's heart: Belief and teaching in the church. Atlanta: John Knox.
Loevinger, Jane. 1976. Ego development: Conceptions and theories. San Francisco: Jossey-Bass.
Lorayne, Harry, and Jerry Lucas. 1974. The mimory book. New York: Ballantine.
Lowman, Joseph. 1984. Mastering the techniques of teaching. San Francisco: Jossey-Bass.
Lynn, David. 1988. One-on-one. el Cajon, Calif.: Youth Specialties.
Lynn, David, and Mike Yaconelle. 1985. Grow for it! Journal. El Cajon, Calif.: Youth Specialties.
McBride, Neal. 1990. How to lead small groups. Colorado Springs, Colo.: NavPress.
McCarthy, Bernice. 1987. Teh 4MAT system: Teaching to learning styles with reght/left mode techniques. Rev. ed. Barrington, Ill.: Excel.
McDonald, H. D. 1984. Man, doctrine of. In Evangelical dictionary of theology, ed. W. A. Elwell. Grand Rapids: Baker.
McGinnis, James. 1986. Helping families care: Practical ideas for intergenerational programs. New York: Crossrads/Continuum.
MacKay, Donald. 1980. Brains, machines, and persons. Grand Rapids: Eerdmans.
McKenzie, Leon. 1982. The religious education of adults. Birmingham, Ala.: Relifious Education.
____. 1986. The purposes and scope of adult religious education, ed. Nancy T. Foltz. Birmingham, Ala.: Religious Education.
McLeish, J. 1976. The lecture method. In The psychology of teaching mithods: Seventy-fifty yearbook of the National Society for the Study of Education, ed. N. L. Gage. Chicago: University of Chicago Press.
Mager, Robert. 1984. Developing attitudes toward learning. Belmont, Calif.: David S. Lake.
____. 1984b. Preparing instructional objectives. Rev. ed. Belmont, Calif.: David S. Lake.
Maloney, H. Newton. 1990. The concept of faith in psychology. In Handbook of faith, ed. James Michael Lee. Birmingham, Ala.: Religious Education.
Mannin, E. E. 1966. Loneliness. London: Hutchins.
Marcia, James E. 1966. Development and validation of ego identity status. Journal of Personality and Social Psychology 3: 551-58.
____. 1980. Identity in adolescence. In Handbook of adolescent psychology ed. Joseph Adelson, New York: Wiley.
Martin, Ralph P. 1978. New Testament foundations. A guide for Christian students. Vol. 2. Grand Rapids: Eerdmans.
Maslow, Abraham H. 1954, 1970. Motivation and personality. 2d ed. New York: Harper and Row.
Maxwell, John C. 1989. Be a people person. Wheaton, Ill.: Victor.
May, Rollo. 1953. The loneliness and anxiety of modern man. In Man's search for himself. New York: Norton.

Meier, Paul D., Frank aB. Minirth, Frand B. Wichern, and Danald E. Ratcliff. 1991. Introduction to psychology and counseling: Christian perspectives and applications. 2d ed. Grand Rapids: Baker.
Melville, Herman. 1983. White-Jacket. New York: Literary Classics of the United States.
Merrill, David W., and Roger H. Reid. 1981. Personal styles and effective performance. Radnor, Pa.: Chilton.
Meyers, Chet. 1986. Teaching students to think critically. San Francisco: Jossey-Bass.
Miles, M. Scott. 1990. Families growing together: Church programs for family living. Wheaton, Ill.: Victor.
Miller, Donald E. 1987. Story and context. Nashville: Abingdon.
Miller, Randolph Crump. 1956. Education for Christian living. Englewook Cliffs, N.J.: Prentice-Hall.
Minsky, Marvin. 1986. The society of mind. New York: Simon and Schuster.
Moreland, J. P. 1987. Scaling the secular city: A defense of Christianity. Grand Rapids: Baker.
Moreland, J. P., and Norman Geisler. 1990. The life and death debate: Moral issues of our time. New York: Praeer.
Morgan, Elisa. 1991. Chronicles of childhood: Recording your child's spiritual journey. Colorado Springs, Colo.: NavPress.
Murdock, George Peter. 1945. The common denominator of cultures. In The science of man n the world crisis, ed. Ralph Lomton. New York: Columbia University Press.
Muus, Rolf E. 1988. Theories of adolescence. 5th ed. New York: Random House.
Myers, David. 1978. The human puzzle: Psychological research and Christian belief. San Francisco: Hprper and Row.
Newbigin, Lesslid. 1969. The finality of Christ. London: SCM.
Newman, Barbara, and Philip Newman. 1991. Development through life: A psychosocial approach. 5th ed. Pacific Grove, Calif.: Brooks/Cole.
Ng, David, and Virginia Thomas. 1981. Children in the worshiping communith. Atlanta: John Knox.
Nicholas, Ron. 1985. Good things come in small groups. Downers Grove, Ill.: InterVarsity.
Nida, Eugene A. 1960. Message and mission. New York: Harper and Row.
____. 1964. Toward a science of translating. Leiden: Brill.
Niebuhr, Richard. 1951. Christ and culture. New Yord: Harper and Row.
Noll, Mark, Nathan O. Hatch, and George M. Marsden. 1983. In search of a Christian America. Westchester, Ill.: Crossway.
Nouwen, Henri J. M. 1989. In the name of Jesus. New york: Crossroad.
Owen, H. P.1956-57. The "stages of ascent" in Hebrews V.11-VI.3. New Testament Studies 3: 243-53.
Packer, J. I. 1973. Knowing God. Downers grove, Ill.: InterVarsity.
____. 1983, April. Soldier, son, pilgrim: Christian know thyself. Eternity.
Parks, Sharon. 1986. The critical years: The young adult search for a faith to live by. San Francisco: Harper and Row.
Patton, Michael Quinn. 1978. Utilization-focused evaluation. Beverly Hills, Calif.: Sage.
Pazmino, Robert W. 1988. Foundational issues in Christian education: An introduction in evangelical perspective. Gand Rapids: Baker.
____. 1992. Principles and practices of Christian education: An evangelical perspective. Grand Rapids: Baker.
Pelfrey, Wanda. 1988. Making the most of your child's teachable moments. Chicago: Moody.
Perkins, Bill, and Rod Cooper. 1989. Kids in sports: Shaping a child's character from the sidelines. Portland, Oreg.: Multnomah.
Peny, William G. 1968. Forms of intellectual and ethical development in the college years: A scheme. New York: Holt, Rinehart and Winston.
Peterson, Eugene H. 1987. Working the angles: The shape of pastoral integrity. Grand Rapids: Eerdmans.
Phillips, Bob. 1989. The delicate art of dancing with porcupines: Learning to appercciate the finer points of others. Ventura, Calif.: Regal.
Phillips, J. B. 1956. Your God is doo small. New York: Macmillan.
Piaget, Jean. 1977. The development of thought: Equilibration of cognitive structures. New York: Viking.
Piaget, Jean, and Barbel Inhelder. 1969. The psychology of the child. New York: Basic.
Piper, John. 1986. Desiring God: Meditations of a Christian hedonist. Portland, Oreg.: Multnomah.
Plueddemann, James, and Carlo Plueddmann. 1990. Pilgrims in progress: Growing through groups. Wheaton, Ill.:

Harold Shaw.
Posner, George, and Alan Rudnitsky. 1989. Course design: A guide to curriculum development for teachers. 4th ed. New York: Longman.
Posterski, Donald C. 1985. Friendship: A window on ministry to youth. Scarborohugh, Ont.: Project Teen Canada.
Postman, Neil. 1985. Amusing ourselvers to death. New york: Viking.
Postman, Neil, and Charles Weingartner. 1969. Teaching as a subversive activity. New York: Delacorte.
Potter, David, and Martin P. Andersen. 1976. Discusion in small groups: A guide to effective practice 3d ed. Belmont, Calif.: Wadeworth.
Power, F. Clark, Ann Higgins, and Lawrence Kohlberg. 1989. Lawrence Kohlberg's approach to moral education. New York: Columbia University Press.
Powers, Bruce P. 1982. Growing faith. Nashville: Broadman.
____. 1986a. Adults continuing to learn. In A chruch ministry to adults, ed. Jerry M. Stubblefield. Nashville: Broadman.
____. 1986b. Mission education and involvement. In A church ministry to adults, ed. Jerry M. Stubbledfield. Nashville: Broadman.
Presseau, Jack R. 1982. Teach-niques. Atlanta: John Knox
Pulaske, Mary Ann. 1980. Understanding Peaget: An introduction to children's cognitive development. Rev. ed. New York: Harper and Row.
Rahn, David. 1991. Faith domain distinctions in the conceptualization of morality and social convention for evangelical Christians. Ph.D. diss., Purdue University.
Ratcliff, Donald. 1985. Teh development of children's religious concepts: Research Review. Journal of Psychology and Christianity 4 (1): 35-43.
____, ed. 1988. Handbook of preschool religious education. Birmingham, Ala.: Religious Education.
Redfield, Robert. 1953. The primitive world and its transformations. Ithaca, N.Y.: Great Seal.
Reichenbach, Bruce. 1983. Is man the phoenix? A study of immortality. Grand Ranpids: Eerdmans.
Rest, James. 1983. Morality. In Handbook of child psychology, ed. Paul Mussen, 3:557-629. New York: Wiley.
____. 1986. Moral development: Advances in research and theory. New York: Praeger.
Rice, Wayne. 1989. Up close and personal. Grand Rapids: Zondervan.
Richards, Lawrence O. 1970. Creative Bible teaching. Grand Rapids: Zondervan.
____. 1982. Teaching youth. Kansas City, Mo.: Beacon Hill.
____. 1983a. A theology of children's ministry. Grand Rapids: Zondervan.
____. 1983b. Teh Word parents' handbook. Waco: Tex.: Word.
____. 1987. A practical theology of spirituality. Grand Rapids: Zondervan.
Richards, Lawrence O., and Gib Martin. 1981. A theology of personal ministry. Grand Rapids: Zondervan.
Rechardson, Don. 1974. Peace child. Ventura, Calif.: Gospel Light.
Richter, Don. 1982. A bibliographic survey of youth and youth Ministry. In Religious education ministry with youth, ed. D. Campbell Wyckoff and Don Richter. Birmingham, Aoa.: Religious Education.
Rinehart, Paula. 1988-89. The starting strong series. Colorado Sprigns, Colo.: NavPress.
Ringer, Robert J. 1974. Winning through intimidation. New York: Funk and Wagnalls.
____. 1977. Looking out for #1. New York: Fawcett Crest.
Rogers, Everett M. 1983. Diffusion of innovations. 3d ed. New York: Free.
Rush, Myron. 1983. Management: A biblical approach. Wheaton, Ill.: Victor.
____. 1983. Richer relationships: How to be a conflict-solver and friend-winner. Wheaton: Ill. Victor.
Ryrie, Charles. 1969. Balancing the Christian life. Chicago: Moody.
Sandberg, Mark. 1988. Paul's method in Acts 17-19: Reasoning and persuading. Unpublished paper.
Sanders, Ray E. 1990. The art of questioning. In Adult learning mithods: A guide for effective instruction, ed. Michael W. Galbraith. Malabar, Fla.: Krieger.
Sapp, Gary L., ed. 1986. Handbook of moral development. Birmningham, Ala.: Religious Education.
Saxe, John Godfrey. 1953. The blind men and the elephant. In The home book of verse, selected and arranged by

Burton Egbert Stevenson. 9th ed. New York: Holt, Rinehart and Winston.
Schaeffer, Frances A. 1968. The God who is there. Downers Grove, Ill.: InterVarsity.
____. 1970. Pollution and the death of man. Wheaton, Ill.: Tyndale.
Schaller, Lyle. 1977. Survival tactics in the parish. Nashville: Abingdon.
____. 1980. The multiple staff and the larger church. Nashville: Abingdon.
Schimmels, Cliff. 1984. Whwn junior highs invade your home. Old Tappan, N.J.: Revell.
____. 1989. Parents' most-asked questions about kids and schools. Wheaton, Ill.: Victor.
Schneidau, Herbert N. 1976. Sacred discontent: The Bible and western tradition. Baton Rouge, La.: Louisiana State University Press.
Seamonds, David A. 1991. Healing our innermost needs. In Touch. Atlanta, Ga.: In Touch Ministries.
Sell, Charles M. 1981. Family ministry. Grand Rapids: Zondervan.
____. 1985. Transition. Chicago: Moody.
Senter, Mark. 1990. Recruiting volunteers in the church. Wheaton, Ill.: Victor.
Shaver, D. G. 1985. A longitudinal study of moral development at a conservative religious liberal arts college. Journal of College Student Personnel 26: 400-404.
____. 1987. Moral development of students attending a Christian liberal arts college and a Bible college. Journal of College Student Personnel 28 (3): 211-18.
Shaw, John C. 1987. The workcamp experience. Loveland, Calif.: Group Books.
Sheehey, Gail. 1976. Passages: Predictable crises of adult life. New York: Dutton.
Simpson, Elizabeth. 1966. Texonomy of objectives: Psychomototor domain. (ERIC EC 010368)
Singh, J., and R. Zingg. 1939. Wolf-children and feral man. New York: Harper and Row
Skinner, B. F. 1953. Science and human behavior. New York: Macmillan.
Smalley, Gary. 1984. The key to your child's heart. Waco, Tex.: Word.
Smalley, Gary, and John Trent. 1990. Teh two sides of love. Pomona, Calif.: Focus on the Family.
Smart, Ninian. 1969. The religious experience of mankind. New York: Charles Scribner's Sons.
Smedes, Lewis B. 1970. All things new. Grand Rapids: Eerdmans.
____. 1986. Choices: Making right decidsions in a complex world. San Francisco: Harper and Row.
Smith, T. C. 1970. Acts. In The Broadman Bible commentary, vol. 10. Nashville: Broadman.
Snyder, Howard A. 1985. A kingdom manifesto. Downers Grove, Ill.: InterVarsity.
Sparkman, G. Temp. 1983. The salvation and nurture of the child of God: Teh story of Emma. Valley Forge, Pa.: Judson.
Sprinthall, Norman, and Richard Sprinthall. 1990. Educational psychology: A developmental approach. 5th ed. New York: Random House.
Stake, Robert. 1967. The countenance of education evaluation.Teachers College Record 68 (7): 523-40.
Staub, Ervin, et al., eds. 1984. Development and maintenance of prosocial behavior. New York: Plenum.
Steele, Les. 1989, Winter. Research on faithe development. Christian Education Journal 9 (2): 21-30.
____. 1990. on the way: A practical theology of Christian formation. Grand Rapids: Baker.
Steinaker, Norman, and M. Robert Bell. 1979. The experiential taxonomy: A new approach to teaching and learning. New York: Academic.
Stevens, Doug. 1985. Called to care: Youth ministry and the church. Grand Rapids: Zondervan.
Stewart, Stan. 1987. Going to church with children. Melbourne, Australia: Joint Board of Christian Education.
Stigler, James W., Richard A Schweder, and Gilbert Herdt, eds. 1990. Cultural psychology: Essays on comparative human development. Cambridge: Cambridge University Press.
Stinnett, Nick, and John DeFrain. 1985. Secrets of strong families. New York: Berkley.
Stott, John R. W. 1964. The epistles of John. Grand Rapids: Eerdmans.
____. 1988, April-June. The world's challenge to the church. Bibliotheca Sacra 145 (578).
Strommen, Merton P. 1974. Five cries of youth. New York: Harper and Row.
Strong, Augustus H. 1907. Systematic theology. Valley Forge, Pa.: Judson.
Stubblefield, Jerry M. 1986a. Discipleship training. In A church ministering to adults, ed. Jerry M. Stubblefield.

Nashville: Broadman.
Sudman, S. andk N. Brodbur. 1982. Asking questions. San Francisco: Jossey-Bass.
Swindoll, Charles R. 1983. Growing strong in the seasons of life. Portland, Oreg.: Multnomah.
Tanner, Daniel, and Laurel N. Tanner. 1980. Curriculum development: Theory into practice. New York: Macmillan.
The American heritage dictionary of the English language. 1971. New York: American Heritage.
Thomas, Robert L. 1991, March. Improving evangelical ethics: An analysis of the problem and a proposed solution. Journal of the Evangelical Theological Society 34 (1): 3-19.
Thomas, Robert L., and Stanley N. Gundry. 1988. The NIV harmony of the Gospels. San Francisco: Hqrper and Row.
Tillapaugh, Frank. 1982. Unleashing the church: Getting people out of the fortress and into ministry. Ventura, Calif.: Regal.
Tippett, Alan R. 1987. Introduction to missiology. Pasadena, Calif.: William Carey Library.
Toon, Peter. 1984. Your conscience as your guide. Wilton, Conn.: Morehouse-Barlow.
Tournier, Paul. 1968. A place for you. New York: Harper and Row.
Tracy, Myrlin. 1991, Fall. Teaching Tammy. Teacher Touch. Elgin, Ill.: David C. Cook.
Twain, Mark. 1912. The adventures of Huckleberry Finn. New York: Collier.
Van Leeuwen, Mary Stewart. 1985. The person in psychology: A contemporary Christian appraisal. Grand Rapids: Eerdmans.
_____. 1990. Gender and grace: Love, work and parenting in a changing world. Downers Grove, Ill.: InterVarsity.
VanderBoot, Mary. 1987. Helping children grow healthy emotions. Grand Rapids: Baker.
Veith, Gene. 1987. Loving your God with all your mind. Westchester, Ill.: Crossway.
Vogel, Linda Jane. 1984. The religious education of older adults. Birmingham, Ala.: Religious Education.
Voges, Ken, and Ron Braund. 1989. Understanding how others misunderstand you: A unique and proven plan for strengthening personal relationships. Chicago: Moody.
von Oech, Roger. 1983. A whack on the side of the head. New York: Warner.
_____. 1986. A kick in the seat of the pants. New York: Harper and Row.
Wallace, A. F. C. 1956. Revitalization movements. American Anthropologist 58: 264-81.
Ward, Ted. n.d. Development levels of the teacher. Unpublished manuscript.
_____. n.d. Non-formal education. Unpublished manuscript.
_____. 1989. Values begin at home. 2d ed. Wheaton, Ill.: Victor.
Watson, David, and R. Tharp. 1989. Self-directed behavior. 5th ed. Monterey, Calif.: Brooks/Cole.
Watson, John B. 1930. Behaviorism. Rev. ed. New York: Norton.
Wernick, Robert. 1987, September. Where there's fire, there is smoke—and usually a "chimney." Smithsonian 18 (6): 140-52.
Westerhoff, Hohn H. 1976. Will our children have faith? New York: Seabury.
_____. 1982. Aspects of adult confirmation. In Confirmation reexamined, ed. Kendig Brubaker Cully. Wilton, Conn.: Morehouse-Barlow.
Westing, Harold. 1985. Multiple church staff handbook. Grand Rapids: Kregel.
Whitcomb, John C. 1977, October-December. Proof texts for semi-rational apologetics. Bibliotheca Sacra 134: 291-98.
White, James W. 1988. Intergenerational religious education. Birmingham, Ala.: Religious Education.
White, John. 1984. Parrot fish. In The race. Downers Grove, Ill.: InterVarsity.
Wickett, R. E. Y. 1991. Models of adult religious education practice. Birmingham, Ala.: R.E.P.
Wilhoit, Jim. 1991. Christian education and the search for meaning. Rev. ed. Grand Rapids: Baker.
Wilhoit, Jim, and Leland Ryken. 1988. Effective Bible teaching. Grand Rapids: Baker.
Wilkins, Michael. 1992. Following the master: Discipleship in the steps of Jesus. Grand Rapids: Zondervan.
Willard, Dallas. 1988. Teh Spirit of the disxiplines. San Frnacisco: Harper and Row.
Williams, Reec G., and Thomas M. Haladyne. 1982. Logical operation for generating intended questions (LOGIQ): A typology for higher level test items. In A technology for test-item writing, ed. Gale H. Roid and Thomas M. Haladyne. New York: Academic.
Williamson, William. 1970. Language and concepts in Christian education. Philadelphia: Temple University Press.

Wittrock, Merlin, ed. 1986. Handbook of research on teaching. 3d ed. Washington, D.C.: American Educational Research Association.
Wlodkowski, Raymond J. 1985. Enhancing adult motivation to learn. San Francesco: Jossey-Bass.
Wolterstorff, Nicholas. 1980. Educating for responsible action. Grand Rapids: Eerdmans.
Worthen, Blaine, and James Sanders. 1987. Educational evaluation: Alternative approaches and practical guidelines. New York: Longman.
Wyckoff, D. Campbell. 1955. The task of Christian education. Philadelphia: Westminster.
____. 1961. Theory and design of Christian education curriculum. Philadelphia: Westminster.
Yaconelli, Mike, and Jim Burns. 1986. High school ministry. Grand Rapids: Zondervan.
Yancey, Philip. 1988. Disappoinment with God. Grand Rapids: Zondervan.
Yoder, Gideon. 1959. The nurture and evangelism of children. Scottdale, Pa.: Herald.
Yoder, John Howard. 1955, January-March. Discipleship as missionary strategy. Christian Ministry 8.
Zuck, Roy. 1984. The Holy Spirit in your teaching. Rev. ed. Wheaton, Ill.: Victor.

화목을 위한 가르침

1쇄 인쇄 1997년 10월 10일
2쇄 발행 2016년 7월 25일

지은이 로날드 하버마스 & 클라우스 이슬러
옮긴이 김성웅
펴낸이 고종율

펴낸곳 주)도서출판 디모데 〈파이디온선교회 출판 사역 기관〉
등록 2005년 6월 16일 제 319-2005-24호
주소 서울특별시 서초구 서초대로 141-25(방배동, 세일빌딩)
전화 마케팅실 070) 4018-4141
팩스 마케팅실 031) 902-7795
홈페이지 www.timothybook.com

값 25,000원
ISBN 978-89-388-0234-7 03230
Copyright ⓒ 주)도서출판 디모데 1997 〈Printed in Korea〉